Treasures for Scholars Worldwide

本书出版得到广东省文化和旅游厅、广东省博物馆事业发展基金会资助

MUSEUM
HANDBOOK

博物館工作指南

李卓祺書

广东省文化和旅游厅　策划

广东省博物馆协会　编著

GUANGXI NORMAL UNIVERSITY PRESS
广西师范大学出版社　·桂林·

BOWUGUAN GONGZUO ZHINAN
博物馆工作指南

图书在版编目（CIP）数据

博物馆工作指南 / 广东省博物馆协会编著；广东省文化和旅游厅策划. --桂林：广西师范大学出版社，2023.5（2025.6 重印）
ISBN 978-7-5598-5990-7

Ⅰ. ①博… Ⅱ. ①广… ②广… Ⅲ. ①博物馆－工作－指南 Ⅳ. ①G26-62

中国国家版本馆 CIP 数据核字（2023）第 065515 号

广西师范大学出版社出版发行
（广西桂林市五里店路 9 号　邮政编码：541004
网址：http://www.bbtpress.com）
出版人：黄轩庄
全国新华书店经销
广西昭泰子隆彩印有限责任公司印刷
（南宁市友爱南路 39 号　邮政编码：530001）
开本：787 mm × 1 092 mm　1/16
印张：50.25　　字数：926 千
2023 年 5 月第 1 版　　2025 年 6 月第 3 次印刷
定价：168.00 元

序 言

发展中国特色的以人为本的征藏见证物的博物馆

《博物馆工作指南》是由广东省文化和旅游厅（广东省文物局）策划指导、广东省博物馆协会组织编著的博物馆实用工作手册。本指南汇聚了全省乃至全国博物馆人的经验和成果，全面系统地回答了怎样创办博物馆、怎样运营博物馆、怎样管理博物馆、怎样发展博物馆等问题，是广东博物馆人集体智慧的结晶，是如何创办、运营、管理、提升博物馆的工具书。

作为一名从事文物工作 35 年的从业者，也常常思考应当怎样办博物馆、办怎样的博物馆、怎样发展博物馆等基本问题。博物馆既有国际性、区域性，又有国家性、民族性。国际组织和世界各国对博物馆的定义不断演变，既有历史性和共性，又有时代性和个性。例如，欧洲的历史悠久，欧洲的博物馆较为注重藏品收藏和保护研究；美国的历史较短，美国的博物馆更加注重展览策划和公众教育。当前，中国对博物馆最权威的定义是《博物馆条例》中的界定：博物馆是指以教育、研究和欣赏为目的，收藏、保护并向公众展示人类活动和自然环境的见证物，经登记管理机关依法登记的非营利组织。博物馆是连接过去、现在、未来的纽带。国际博物馆人的使命就是通过征藏、保护、研究和展示人类活动和自然环境的见证物，教育和启迪人们更好地了解过去和现在，创造更美好的未来。历史和实践证明：博物馆存在和发展的关键在于藏品征藏、研究诠释、陈列展览和教育传播。博物馆最应当关注的是人、藏品和未来。人是博物馆的立馆之本，藏品是博物馆的立馆之根，未来是博物馆的立馆之魂。英国藏品信托机构首席执行官 Nick Poole 从随机挑选的 40 家博物馆和美术馆使命声明中排列出的关键词，居榜单前二位的是“人”和“藏品”。大力发展中国特色的、以人为本的、征藏见证物的博物馆，是中国博物馆人的历史使命和责任担当。

一、发展中国特色的博物馆

（一）坚定文化自信自强，走中国特色的博物馆发展之路。中国是有着自身独特历史、文化、制度、国情的国家。中国特色是我们党一以贯之的坚持。党的二十大报告的主题开宗明义就是高举中国特色社会主义伟大旗帜，全面贯彻习近平新时代中国特色社会主义思想。这向全党、全国、全世界郑重宣示我们的伟大旗帜和指导思想，全党必须坚持以马克思主义中国化时代化最新成果为指导，坚定中国特色社会主义道路自信、理论自信、制度自信、文化自信，坚持道不变、志不改，确保党和国家事业始终沿着正确方向胜利前进。中国的博物馆建设与发展，既要与国际同步、与时俱进，又要符合中国的国情。必须坚持以人民为中心的发展思想，增强历史自觉，坚定文化自信，正确学史用史，努力建立中国特色、中国风格、中国气派的博物馆学科体系、学术体系、话语体系，更好构建中国力量、中国精神、中国效率，铸牢中华民族共同体意识。必须坚持博物馆的人民性、公益性。自 2008 年开始，中央对全国所有公立博物馆、纪念馆实施全面免费开放政策（利用文物古迹设立的博物馆除外），这在全世界是独一无二的。

（二）坚持党的全面领导，完善中国特色的博物馆管理体制。完善由党委领导、政府主导、部门协同、行业指导、社会参与的符合国情的博物馆管理体制和运营机制。在党委的领导下，政府要履行博物馆改革发展的主体责任，将博物馆发展纳入国民经济和社会发展规划。文物部门要履行发展博物馆事业的主责主业，加强对博物馆的监督管理，强化日常巡查、“双随机、一公开”检查、事中事后监管，接受媒体、行业组织和社会监督。建立健全博物馆运行评估、绩效考评、专业评价、第三方评估等考评监督机制，健全博物馆质量评价体系。完善博物馆的人员管理、财务管理、征藏管理、安全管理等内部组织管理架构，守好博物馆领域意识形态安全。教育、科技、文化、旅游等相关部门应当将博物馆事业发展列入其专项规划，发挥博物馆在经济社会发展中的作用，形成工作合力。组织部门应当落实好中央编办关于加强文物和考古机构编制保障的通知要求，增设文物保护管理机构，增加人员编制，壮大文博人才队伍。深化博物馆改革，增加博物馆公共服务产品供给。推动博物馆展览和教育活动进乡村、进社区、进校园，虚拟展览进入城市公共空间。鼓励有条件的博物馆错峰延时开放，服务十五分钟城市生活圈。倡导社会参与，完善参与广泛、形式多样、管理规范的社会力量参与机制。大力开发文创产品，向社会开放共享文化创意产品资源库。发展壮大博物馆之友和志愿者队伍。

（三）坚持社会主义法治，完善中国特色的博物馆法律制度。完善博物馆法律、法规、规章、标准和各项管理制度，推进博物馆改革发展实施。对博物馆实行分级分类管理，公平对待国有、非国有博物馆，完善博物馆设立、藏品、展览备案制和非国有博物馆登记注册制。完善博物馆法人治理结构和馆长负责制、岗位责任制、民主决策制、从业人员工作守则、文物标本征集制度、文物标本保管制度以及陈列展览、宣传教育、科学研究、建筑和设备管理、财务管理、行政办公等各项管理制度。创新文物博物馆事业多元化投入机制，落实文物博物馆财政支持政策，完善博物馆免费开放经费分配制度，支持公益性捐赠。完善文物藏品的认定、定级、登录制度，实施文物藏品分级分类保护制度。

（四）坚持胸怀天下，促进文明交流互鉴。习近平总书记强调，中华文明自古就以开放包容闻名于世，在同其他文明的交流互鉴中不断焕发新的生命力。要坚持弘扬平等、互鉴、对话、包容的文明观，以宽广胸怀理解不同文明对价值内涵的认识，尊重不同国家人民对自身发展道路的探索，以文明交流超越文明隔阂，以文明互鉴超越文明冲突，以文明共存超越文明优越，弘扬中华文明蕴含的全人类共同价值，推动构建人类命运共同体；要让更多文物和文化遗产活起来，挖掘文物和文化遗产的多重价值，传播更多承载中华文化、中国精神的价值符号和文化产品，增强做中国人的志气、骨气、底气。处在改革开放前沿阵地的广东的博物馆，更应以开放包容的心态与其他文明交流互鉴，让世界人民更好地了解中国的过去、现在与未来，让世界更好地理解中华文化的今与昔，促进人类社会文明进步。

二、发展以人为本的博物馆

（一）人是博物馆的立馆之本，博物馆的一切业务都应当以人为中心来开展。博物馆的管理者应当坚持以人为本，坚持以人民为中心的发展思想，为观众提供丰富而优质的产品与服务。陈列展览作为博物馆最主要的职能之一，是博物馆开展公共文化服务、为人们提供知识的直接载体和最佳切入点。策划作为创造性运作展陈的有效手段，与展陈水平密切相关。展陈策划能力是博物馆核心竞争力的主要构成要素，有助于提升博物馆的文化影响力，越来越受到博物馆界的重视。2014 年 2 月，习近平总书记在首都博物馆参观北京历史文化展览时强调，搞历史博物展览，为的是见证历史、以史鉴今、启迪后人。时任国家文物局博物馆与社会文物司司长段勇强调："从一个特别的主题切入，利用有限的藏品和空间，对藏品进行排列组合，让不会说话的文物活起来，为参观者提供难忘的观赏体验，留下深刻印象，真正实现博物馆的社会教育功能，这就是展览策划的神奇魅力。从这个意义上，可以说展览策划是博物馆的灵魂。我们的展览策划需要响应时代要求，必须学会'讲好中国故事'。"博物馆陈列展览的魅力不仅体现在单个展陈带给观众的独特视听感受和心灵启迪，还体现在展陈体系所产生的系列性、规模化的综合展示效应带给观众的持久文化吸引和多元文化享受。实践表明，凡是主题鲜明、特色突出，能够引起广泛社会关注甚至产生轰动效应的陈列展览，无一例外都是精心策划的结果。单个展陈主题鲜明、内涵丰富，数个展陈呈系列化、规模化，使参观陈列展览真正成为观众的一次与历史对话的精神之旅、一次高雅的艺术之旅和一次身心愉悦的休闲之旅。博物馆作为征集、保护、研究、传播并展出人类及人类环境见证物的机构，实际上是多种文化交互作用中的复合体，但"博物馆文化的意义就在于为人们提供了一种博物馆意识，其核心是展示和参观的概念"。陈列展览是包括藏品、科研、展示、教育等在内的博物馆整体工作水平的集中体现，是博物馆实现与社会公众对话交流的主要方式。以陈列展览为主体还会延伸出教育传播、画册出版、学术研讨、讲座及其他相关文化活动等一系列配套项目。

（二）深化学术研究阐释，以史育人、以物化人。学术研究是博物馆事业发展的核心，是实现博物馆藏品收藏、保护、展示和教育等一切功能的基础，是博物馆生存与发展的根基。"科研是立馆之基，是兴馆之本，是强馆之源。"博物馆的藏品、展陈和教育都是最基础的科研范围。中外优秀的博物馆，都拥有较强的科研力量，因此他们能以高超的水平将所收藏的文物展示出来、阐释清楚，达到教育引导公众的目的。有实力的大型博物馆更加应当完善博物馆研究平台，推动研究型博物馆建设，加强对文物与藏品历史、艺术、科学价值及其蕴含的当代价值的研究阐释，结出更多更优的原创性科研成果，促进研究成果及时转化为展览、教育资源。

（三）强化教育传播功能，重视观众的学习成果和观赏感受。"博物馆观众：博物馆的沟通与教育"是博物馆可持续发展的助动力，对这一问题的研究和探讨，成为博物馆学界关注的重点课题。博物馆对于个人的价值，在21世纪受到更大的关注，特别是英国、美国等博物馆先进的国家认为，博物馆观众学习成果与影响是博物馆向社会展现其价值与功能的直接证据，在社会不断要求博物馆效能的同时，已逐渐成为博物馆不可回避的现实。美国与英国的博物馆观众学习成果的评量已从理论研讨与倡导进入实践阶段，美国所实施的非制式科学教育方案影响评量架构和英国的总体学习成果模式可为我们提供参考。关注博物馆教育的不仅仅只是博物馆界的业内人士，在社会各界还有着更广泛的人群关注着博物馆教育功能的发挥。发达国家在过去30年间将博物馆的社会使命与公共服务纳入国民终身教育与创立学习型社会的范畴，日本的5600座博物馆已经成为国民进行终身教育的三大支柱平台（公民馆、图书馆、博物馆）之一。日本引进、消化、吸收了欧美国家创建学习型社会的经验，全面打造具有亚洲文化特色的国民终身教育体系。在全球化的进程中，博物馆不仅是连接过去、现在与未来的有形纽带，而且还是保护全人类文化遗产，连接各个国家文化多样性与生物多样性的无形平台。我们应当将博物馆视为公众陪伴终生的教育场所。博物馆工作者应该成为从事“知识中介”的咨询师，根据公众在终身教育各个阶段的各种需求，无论是面对何种民族、宗教、职业、教育程度或年龄组的人群，都能通过推陈出新的博物馆教育计划，创造、获取、消化、利用及传播知识，帮助国民实现对中华文化遗产的再认识、对道德伦理的再认识，为构建和谐社会培养世代相传的价值观。

（四）人才决定着一个馆的实力、水平和发展方向，应当大力加强博物馆人才队伍建设。健全文物人才激励机制，完善文博行业职称和职业资格制度，推动符合条件的文博从业人员享受创新扶持政策。完善文博人才培养体系，分级分类开展人才培训，加强文博复合型管理人才、专业研究型人才、保护修复技能型人才、创新创意型人才的培育。加强文博领域高水平创新团队建设，探索建立人才联合培养基地和交流合作平台，推动高校教育与文博工作紧密结合。推进文博队伍结构优化，探索符合文博人才成长规律的用人机制，支持文博单位设立流动岗，加大文博专业人才引进力度。

三、发展征藏见证物的博物馆

（一）藏品是博物馆的立馆之根。从博物馆诞生之日起，藏品就是博物馆的象征。没有藏品，只能称之为“展览馆”或“会展中心”，而不能称之为“博物馆”。换言之，拥有藏品是一个博物馆的标志。拥有高品质和多数量藏品是一个博物馆规模和地位的重要标尺。许多著名的博物馆，都以拥有数量可观的珍贵文物而显赫于世界博物馆之林。故宫博物院、大英博物馆、卢浮宫博物馆等世界著名的博物馆无不以其藏品著称。同时，博物馆所拥有的藏品数量和质量，是一个博物馆发挥社会教育功能的基础。所谓“巧妇难为无米之炊”，没有藏品，博物馆就无生存之本。世界一流的博物馆，其标志不是一流的建筑场馆，不是一流的设备设施，不是一流的技术条件，也不是一流的资金保障。这些都很重要，但决定一个博物馆发展的基础是“藏品”和“人才”。

（二）世界上最早的博物馆都是因藏品而生。欧洲是博物馆的发祥地，是最早成立博物馆的地区。公元前 3 世纪托勒密·索托在埃及的亚历山大城创建了一座专门收藏文化珍品的缪斯神庙（公元 5 世纪时毁于战乱）。这座“缪斯神庙”，有人认为是人类历史上最早的“博物馆”，博物馆一词，就是由希腊文的“缪斯”演变而来。17 世纪私人收藏家开始公开其珍藏文物供民众参观，博物馆相继成立。在 18 世纪，英国有一位内科医生汉斯·斯隆为了让自己的收藏品能够永远“维持其整体性、不可分散”，将近 8 万件的藏品捐献给英国王室。王室由此决定成立一座国家博物馆。1753 年，大英博物馆建立，成为全世界第一个对公众开放的大型博物馆。

（三）完善藏品征藏体系，通过多种方式丰富馆藏。实施现当代物证征藏工程，强化党史、新中国史、改革开放史、社会主义发展史相关藏品征集，注重旧城改造、城乡建设、工业遗产、疫情防控等反映经济社会发展变迁物证的征藏，丰富自然、科学、艺术、工业、非物质文化遗产等专题收藏，鼓励反映世界多元文化的收藏新方向。加强藏品规范管理，拓展藏品入藏渠道。推动考古出土文物和罚没文物移交工作，充实博物馆藏品。鼓励机关、团体和个人向博物馆移交或捐赠具有历史、艺术、科学价值的藏品。完善博物馆藏品认定、定级和登录制度，推进藏品档案信息化标准化建设，逐步推广藏品电子标识。

（四）藏品科技保护与修复，具有很强的专业性和实践性。科技保护涉及各类不同质地藏品的修复、保养、复仿制及装裱等业务，分别属于不同的专业研究领域，从业者需要有专业的理工科功底和对文物博物比较全面的知识，才能胜任这项工作。在博物馆科技保护部门需要不同专业背景的人员协力工作，化学、物理、生物等专业毕业的学生，都可以在这里发挥专业优势，找到可以成才的岗位。利用现代科技设备和手段对藏品进行技术分析和保护是博物馆未来业务发展大势。在藏品保护还有一类人才是不可多得的，那就是中国传统字画装裱、文物修复、文物复仿制人才。这些传统工艺的继承和发展是非常必要的，有计划地继承和培养这些特殊技术人才，使某些工艺技术不会失传，是当务之急。我们应当高举中国特色社会主义伟大旗帜，贯彻落实新时代文物工作方针，自信自强、守正创新，踔厉奋发、勇毅前行，大力发展中国特色的、以人为本的、征藏见证物的博物馆，是新时代新征程上中国博物馆人的崇高使命和责任担当。

广东省文化和旅游厅（广东省文物局）龙家有执笔

2023 年 2 月 18 日

前 言

受广东省文化和旅游厅委托，在深圳市博物馆协会协助下，广东省博物馆协会邀请广东博物馆行业一线工作的众多专家撰写，经全国博物馆行业专家协助审核，历经两年时间通力合作，形成了这本博物馆行业的工作指南。

本书针对中国博物馆行业发展中的现实工作需求，围绕如何创办与运营管理博物馆和提高博物馆发展水平，从实际工作的科学程序出发，设计了一套博物馆工作的框架体系，理论与实践在工作案例中完美结合，特别强调实用性和可操作性，是一本博物馆创办、运营和发展的实用工作手册。

博物馆是人类文明的载体，习近平总书记指出："博物馆是保护和传承人类文明的重要殿堂，是连接过去、现在、未来的桥梁，在促进世界文明交流互鉴方面具有特殊作用。"进入 21 世纪，中国的博物馆事业发展进入了快车道。2021 年我国备案博物馆总数达 6183 座，与 2000 年底中国博物馆总数 1384 座相比，增长了近 350%。现有文物部门所属国有博物馆 3987 家，占全国博物馆总数的 64%。非国有博物馆 1801 家，占全国博物馆总数的 29%。由以上数据不难看出，中国博物馆发展之势方兴未艾，博物馆如雨后春笋般涌现出来。在博物馆人的不懈努力下，在人民群众文化需求日益增长的大环境推动下，社会大众逐渐形成了可称之为"博物馆文化"的消费意识。越来越多的国人，特别是青少年一代，把参观博物馆，乃至参与博物馆活动，当成了文化生活的组成部分。无论是政府、企事业单位还是个人，对创办博物馆都付出了极大的热情。但我们也应该清楚地看到，在世界博物馆史上，中国博物馆还是年轻的。世界博物馆诞生于 300 多年前，目前全世界已有约 10 万家博物馆。

对于拥有 14 亿人口的中国而言，我国的博物馆不论在数量上还是在质量上，都与发达国家存在较大的差距。我国博物馆事业发展任重道远，但我们拥有丰厚博大的文化资源，我们有信心也有决心，在大家艰苦卓绝的不懈努力下，大力推动我国博物馆事业稳步健康发展，使我国博物馆屹立于世界博物馆之林。

博物馆的创办和运营，是一项复杂的系统工程，其发展实属不易。如果对博物馆客观规律认识不足，对博物馆举办者实力认识不足，对举办博物馆的专业性和困难估计不足，或者重建设轻运营，都会导致博物馆发展举步维艰。目前，全国各博物馆创办条件优劣不一，博物馆之间发展水平参差不齐，部分博物馆运营开放不够规范、运转困难。甚至有的博物馆收藏来源不合法的藏品、展示的是赝品或者“奇葩”的展品，有的博物馆滥用娱乐性展示手段，误导了观众，损害了博物馆行业和政府主管部门的形象。因此在博物馆发展过程中，不论是国有的还是非国有的博物馆，都需要举办者保持清醒的头脑，具备稳定持续的投入和专业化、科学化的运营。

面对博物馆行业众多的现实问题，博物馆工作者知识需求如此强烈，需要有一套行之有效的博物馆工作指南，来引导他们正确地创办运营博物馆。中国博物馆学发展尚不成熟，院校里关于博物馆学的基础教材往往侧重于博物馆理论，并未着重研究具体的工作方法，也未侧重博物馆专业科普工作。而博物馆实际工作者往往需要的不是理论教材和学术论著，他们需要的是直接实用的工作指南。本书试图从博物馆专业人士的角度，把专业的博物馆学理论和实践成果，结合经典案例，用深入浅出的平实语言，一步步告知博物馆举办者应该怎样做，以帮助博物馆举办者提高资源的使用效率，减少失误，少走弯路，从而专业、规范而且科学地办好一家博物馆。

本书起始，首先告诉博物馆举办者需要具备的基本认知，包括博物馆简史、博物馆行业概况、博物馆行业规则、博物馆社会联系、博物馆扶持政策等。其次，为举办者梳理办馆步骤，包括博物馆定位、博物馆命名、博物馆成本测算、博物馆馆长选任、博物馆团队组建、博物馆建馆规划、博物馆建筑设计、博物馆工程管理、博物馆设立手续等内容。结合具体案例，一步一步告诉举办者及其团队怎样从零开始筹建博物馆。再次，讲述博物馆建成以后怎样运营、管理，包括博物馆运营概述、博物馆藏品征集、博物馆当代物证征藏、博物馆藏品管理、博物馆藏品保护、博物馆学术研究、博物馆展览内容设计、博物馆展览形式设计、博物馆展览工程实施、博物馆展览传播推广、博物馆精品展览策划、博物馆入境展览筹备、博物馆出境展览筹备、博物馆展览照明、博物馆展品说明牌、博物馆标识系统、博物馆公众服务、博物馆观众研究、博物馆教育、博物馆讲解、博物馆宣传、博物馆信息化、博物馆智能建筑、博物馆数字藏品、博物馆文创基础、博物馆文创实践、博物馆员工管理、博物馆部门设置、博物馆财务管理、博物馆物业管理、博物馆安全防范、博物馆消防管理、博物馆节能管理等内容。又次是更加深入的内容，告诉博物馆在运营稳定之后如何发展壮大，包括博物馆理事会、博物馆基金会、博物馆志愿者、博物馆慈善组织认定、博物馆协会、博物馆定级、博物馆代际传承、博物馆社会传承等内容。这些深入部分的内容，告诉有志于把博物馆推向更高层次的创办者应该怎样做成高质量博物馆。最后，在上面理论和实践完成的基础上，以生动的案例，具体分析各类博物馆如何办好，如科学类、文物类、艺术类、金融类、遗址类、纪念类、国企类、商业类博物馆等。这些博物馆各有特色，需要分类指导、因时因地制宜，各施良策。

适用本书的读者主要包括以下几类：一是国内有意愿和正在筹建博物馆的各级政府、企事业单位、高等院校、科研机构和个人；二是国内现有各类博物馆的从业人员；三是博物馆之友、博物馆志愿者等“半从业者”；四是高等院校、科研机构中博物馆专业的师生；五是与博物馆类似的美术馆、展览馆、纪念馆、陈列馆、玉石馆、展示中心、校史馆、村史馆、镇史馆、厂史馆、民俗馆、工艺馆、档案馆、科技馆、生态园、动物园、植物园等机构的工作者；六是各级文物主管部门负责博物馆管理的公务员；七是对博物馆的内部运作感兴趣的观众朋友和关心博物馆事业发展的社会公众，想系统学习博物馆知识的爱好者；八是文物爱好和收藏者。

当前，在党的二十大已胜利召开，文化事业迎来大发展大繁荣的背景下，在中国博物馆事业紧追中国经济社会发展步伐而迅猛发展之际，在广东区县博物馆密集规划建设之际，在经济发达地区镇村博物馆规划建设纳入经济社会发展蓝图之际，在粤港澳大湾区都市圈博物馆群进入深度融合交流阶段之际，在粤港澳大湾区多个城市提出建设“博物馆之城”之际，在粤港澳大湾区非国有博物馆建设发展进入高潮之际，我们组织策划这本《博物馆工作指南》，期望对广东乃至国内博物馆同行在今后的工作中有所助力，能有助于广大博物馆工作者提升对博物馆专业和博物馆事业发展规律的认识和理解，自觉加强对博物馆业务的科学运营和管理，这既是本书出版的意义和价值所在，也可以达到我们编撰、出版这本工作指南的初心、愿望和目的。

博物馆行业发展日新月异，博物馆的形态和功能一直在变化和发展进步中，博物馆理论和知识也在不断更新。本工作指南的撰写是全新的探索和尝试，意图梳理行业规则、总结过往、立足现实、展望未来。由于博物馆工作涉及面广、专业繁多，功能复杂，难免挂一漏万，我们的观点和见解也不一定合适和正确。冀望广大读者给予我们批评指正，有机会的话我们将进行补充和完善。更重要的是我们抱着抛砖引玉的态度，希望在未来看到同行们在此基础上设计出更好的理论框架，编著出更好的工作指南，这将是博物馆事业进步的幸事。

广东省博物馆协会陈邵峰执笔

目录

博物馆概览

博物馆简史

提起博物馆，很多人总会联想起精美的历史文物。然而博物馆既然号称“博物”，那么它的藏品和展示必然是广博的，绝不能仅仅局限于人类历史上产生的古物，至少还要有博物学（即自然史，natural history）方面的藏品，如动物、植物、矿物以及工艺美术品等。自人类历史上看，现代博物馆从诞生到现在已有近400年的历史，而汉语“博物馆（院）”一词在1841年左右创造出来到现在，还不到200年，所以收藏了各种古物、看似很“古老”的博物馆，若和图书馆（藏书楼）、档案馆（档案典藏机构）等比较，其实还是一个相当年轻的新式机构。“博物馆”这种社会建制诞生于欧洲文艺复兴之后，兴起于大航海时代，中国的博物馆也出现于鸦片战争前后，这就直观说明了博物馆的重要特征：它脱胎于欧洲的历史文化传统，伴随西方势力在全球的扩张，博物馆从观念到实体机构，在包括中国在内的世界各地开花结果，最终形成了今天的世界博物馆体系。

众所周知,“博物馆”对应的英文是“museum”,那么到底什么才是“museum”？为什么又要用“博物馆”来翻译“museum”？“museum”在西方的发展，和博物馆在中国的发展，又各是什么样的情形？这些问题，首先要从博物馆的定义和历史谈起。

一、中外博物馆定义的演进

对于中国而言，博物馆首先是一个舶来品，是晚清以来中国向西方和日本学习

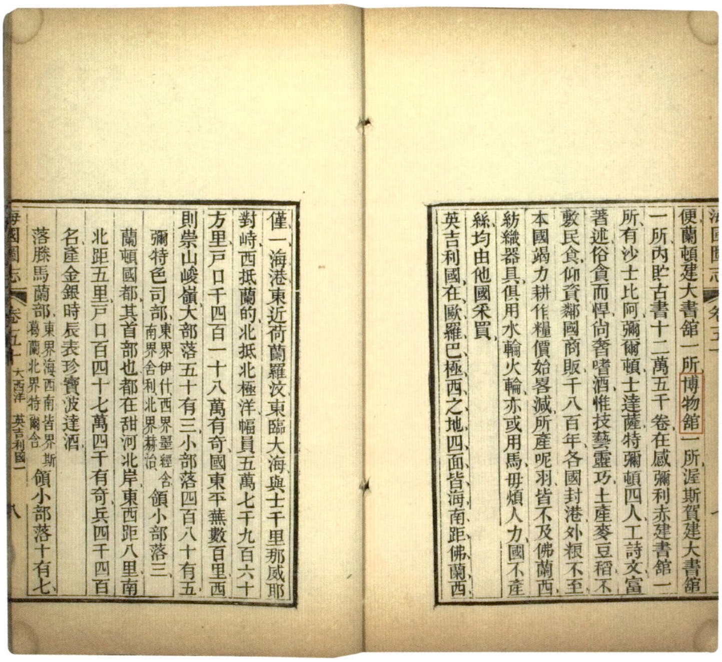

便蘭頓建大書館一所博物館一所渥斯賀建大書館
一所內貯古書十二萬五千卷在感彌利赤建書館一
所有沙士比阿彌爾頓士達薩特彌頓四人工詩文富
著述俗貪而悍尚奢嗜酒惟技藝靈巧土產麥豆稻不
敷民食仰資鄰國商販千八百年各國封港外粮不至
本國竭力耕作糧價始畧減所產呢羽皆不及佛蘭西
紡織器具俱用水輪火輪亦或用馬毋煩人力國不產
絲均由他國采買
英吉利國在歐羅巴極西之地四面皆海南距佛蘭西

僅一海港東近荷蘭羅汶東臨大海與士千里那威耶
對峙西抵蘭的北抵北極洋幅員五萬七千九百六十
方里戶口千四百一十八萬有奇國東平蕪數百里西
則崇山峻嶺大部落五十有三小部落四百八十有五
彌特色司部東界伊什西界壘經合南界舍利北界赫治領小部落三
蘭頓國都其首部也都在甜河北岸東西距八里南
北距五里戶口百四十七萬四千有奇兵四千四百
名產金銀時辰表珍寶波達酒
落滕馬蘭部東界海西南皆界斯葛蘭北界特爾合領小部落十有七
海國圖志 卷五十 大西洋 英吉利國一 八

图 1　1841 年《四洲志》中出现了“博物馆”一词，当是该词的最早出处。《四洲志》几乎被全文收入《海国图志》

借鉴的结果。汉语“博物馆”一词发明于鸦片战争前后，最早出现于 1841 年林则徐组织编译的《四洲志》。因为要介绍西方“museum”这种机构，不得已才要专门创造一个新词“博物馆”以方便使用。那么西方的“museum”究竟有何等魅力，值得要专门为它创造一个新名词？

想回答这个问题，首先要搞清楚什么是“museum”。在古希腊神话中，掌管艺术和科学知识的是一群女神，统称为“缪斯”（Moûsa），英文写作“muse”。祀奉缪斯诸神的神殿，希腊语写作 Mouseîon，英文就是在“muse”后面加上一个表示场所的后缀“um”，就成了“museum”，意为“祭祀缪斯诸神的神庙”，所以“museum”源于 Mouseîon。缪斯诸神既然掌管艺术和科学知识，那么在她们的神殿中收藏代表艺术和科学知识的各类器物、博物学标本和书籍以取悦神灵，就是很自然之事。目前追溯西方“museum”的历史，多要谈及希腊化时代埃及的托勒密王朝，该王朝建立者托勒密一世是马其顿亚历山大大帝的好友兼部将，幼年之时两人一起在亚里士多德门下接受教育。亚历山大去世后，托勒密一世占据埃及建立王朝，定都亚历山大港，打造了一座典型的希腊化城市。在城内他修建了一座祀奉缪斯诸神的神殿（即 Mouseîon，museum），殿内除供奉的缪斯诸神和专门的祭司外，还收藏了大量

图 2 阿波罗和九位缪斯女神一起舞蹈。作者巴尔达萨雷·佩鲁齐（Baldassare Peruzzi）（1481—1536）

的自然类和人文艺术类实物，并附有图书馆、植物园、动物园、天文台、天文学院和竞技场以及休息室、工作室等。在这个神殿中还驻有四类学者，分别为天文学家、作家、数学家、医生，他们专事研究和教学工作。著名者如欧几里得、阿基米德都曾在此工作。这个神殿功能上类似现代的国立研究院，但因同时收藏了大量的古物、自然类标本、艺术品和书籍，内涵远比今天的“研究院”丰富。所以欧洲后世，至少在文艺复兴时期，多以“museum”形容某人的收藏之富，或指某一个与世隔绝、可供人潜心研究的场所，如知识分子的书房，这是“museum”最初的含义。

17 世纪欧洲文艺复兴后，随着现代民族国家的兴起和市民公共文化的发达，常有富裕的私人藏家把自己的藏品出售或捐献给国家或某公立机构的现象，如 1683 年英国贵族阿什莫尔就把他拥有的货币、徽章、武器、考古出土文物、民族民俗文物和各种动植矿物标本全部捐献给牛津大学。以此为基础，牛津大学建立了阿什莫林博物馆（Ashmolean Museum），通过公开陈列的形式，向公众和学者展示阿什莫尔的藏品，成为世界上较早的、具有现代意义的公共博物馆。从此之后，欧洲出现了大量名为“museum”，虽源自私人收藏却对公众开放的机构，这时的“museum”不再是与世隔绝的神殿，而成为理想层面能让普罗大众集中获取科学知识的重要场所。

19 世纪之时，以英国为代表的欧洲列强几乎横扫全球，诞生于欧洲的“museum”，因有着独特的教育公众的价值，遂和铁路、学校、轮船、蒸汽机、报纸、邮局一样，成为西方文明先进发达的象征物。直到 1915 年，留学美国康奈尔大学的胡适还在日记中写道：“国无海军，不足耻也；国无陆军，不足耻也！国无大学、无公共藏书楼，无博物院，无美术馆，乃可耻耳。我国人其洗此耻哉。”

然而国际上对“museum”却一直没有清晰固定的定义。在“museum”事务方面，全球最为权威的当属国际博物馆协会（International Council of Museums，简称ICOM）。ICOM是关于博物馆学和博物馆管理的国际性非政府组织，1946年11月在法国巴黎成立，成立之初就对“museum”进行了定义，指出“museum”是包括收藏了艺术、科学、技术、历史、考古等诸多藏品的机构，还包括动物园、植物园，但不包括图书馆，除非图书馆中有常设展览室。1951年ICOM对“museum”概念进行修订，指出博物馆是为了公众兴趣设立运行，旨在保存、研究和运用多种方式（比如展览）让公众娱乐、学习的场所，公共图书馆和常设有展览室的机构都属于“museum”。1969年又修订强调“museum”是为了研究、教育和娱乐而收藏和展示各种具有文化或科学意义的藏品的常设机构。1970年后，伴随西方新博物馆学思潮的萌动，开始重视并强调博物馆要为社会与文化发展服务，所以1974年和1995年的两次“museum”定义，皆明确指出博物馆是要为社会服务，且对公众开放的非营利性机构。之后又经过2001年、2007年两次修订，改为：

> 博物馆是一个不以营利为目的的、为社会和社会发展服务的、向公众开放的常设性机构。它为了教育、研究和欣赏之目的而获取、保存、研究、传播和展示人类及环境的物质和非物质遗产。

这个关于博物馆的定义影响较大。2019年ICOM在日本京都召开会议，试图推出一个关于“museum”的新定义，但最终未获通过。2022年8月，ICOM特别大会在捷克布拉格召开，通过了博物馆的最新定义：

> 博物馆是为社会服务的非营利性常设机构，它研究、收藏、保护、阐释和展示物质与非物质遗产。向公众开放，具有可及性和包容性，博物馆促进多样性和可持续性。博物馆以符合道德且专业的方式进行运营和交流，并在社区的参与下，为教育、欣赏、深思和知识共享提供多种体验。

这个最新的定义和2007年的表述相比，明显增加了关于博物馆要“促进多样性和可持续性”，要“以符合道德且专业的方式”和社区更多互动，为公众提供各类体验，背后则反映出对博物馆发挥更多社会功能的期许。

再来看看中国对“博物馆”的官方定义。

1936年上海博物馆陈端志在《博物馆学通论》中认为："博物馆乃保存最足以说明自然的现象，及人类的业绩等物品，利用之以为民众知识的向上，及文化事业的发展之一种设施。"这个定义中规中矩，指出博物馆首先要保存与自然和人类相关的物品，博物馆的目的在于推进民众知识和发展文化事业。

1949年后，中国对博物馆的定义受苏联博物馆学较大影响。如《苏联博物馆学基础》提出博物馆是"文化纪念物——独一无二的、罕有的、某点突出或对当地说来是典型的物品的国家主要储藏库，也保存有我国自然财富的标本和其他能反映自然历史的物品……既是科学研究机关，而同时又是科学教育机关"。这种把博物馆看作国家机关，肩负有收藏、研究和教育三大功能的观点，深刻影响了中国的博物馆事业。1961年11月文化部编印《博物馆工作概论》，就把博物馆定为："文物和标本的主要收藏机构，宣传教育机构和科学研究机构，是我国社会主义科学文化事业的重要组成部分。"1979年国家文物事业管理局发布《省、市、自治区博物馆工作条例》，继续沿用这样的说法。

2005年文化部颁布《博物馆管理办法》，提出博物馆是"收藏、保护、研究、展示人类活动和自然环境的见证物，经过文物行政部门审核、相关行政部门批准许可取得法人资格，向公众开放的非营利性社会服务机构"。这个新定义强调了博物馆的非营利性，显然呼应了ICOM在1974年后关于"museum"的新定义，背后也透露出中国博物馆的创办主体由此前国家机构的一家独大，开始向社会力量扩展。2015年国务院颁布《博物馆条例》，明确指出：

> 博物馆，是指以教育、研究和欣赏为目的，收藏、保护并向公众展示人类活动和自然环境的见证物，经登记管理机关依法登记的非营利组织。

这是中国目前关于博物馆的最权威定义，这个定义与ICOM 2007年的定义基本相通：ICOM的定义强调了"museum"要为社会和社会发展服务，且是一个常设机构；中国关于博物馆的定义虽没有这层意思，但专门有一条明确指出"博物馆开展社会服务应当坚持为人民服务、为社会主义服务的方向和贴近实际、贴近生活、贴近群众的原则，丰富人民群众精神文化生活"。

所以，国际关于"museum"的定义和中国对博物馆的界定，其中有重合的部分：博物馆要收藏、研究和展示关于自然和人类历史文化的藏品，对公众开放，以教育、研究和欣赏为目的，是非营利性机构，且能对社会发展和公众起到服务作用。这也是现代博物馆的核心特征。

二、世界博物馆发展简史

博物馆和收藏的关系密不可分，相生相伴。从人类史来看，“收藏”的历史非常古老。如公元前 6 世纪巴比伦的纳波尼德国王就从地下挖掘出 2000 年前的基石，他自己收藏古物，他的女儿恩尼加迪公主也收藏了不少美索不达米亚文物。在中国历史上，《尚书 · 分器》记录了周武王克商之后，将作为战利品的殷商贵族所存之青铜器、玉器分给有功贵族。商代妇好墓出土的 755 件玉器中，发现有来自新石器时代“早于妇好几百年或千余年的古玉”，可见中国王室收藏古物风气，至少从考古材料上看，可推至晚商（公元前 1200 左右）。

在西方历史上，文艺复兴之前的收藏主体，多为王室、贵族、市民、教堂、神庙等，收藏种类也不尽相同。如古罗马时期，罗马皇帝哈德良就热衷收藏古希腊和古埃及的文物，艺术品、自然标本和来自世界各地的奇珍异宝也是王室和贵族的收藏对象，这些收藏基本不对外开放。中世纪时期的欧洲，遍布各地的修道院收藏有大量圣人骸骨、宗教圣器等，当然主要是为了宣传宗教思想，偶尔会把收藏的圣人遗骸或圣椅放在阳台或阁楼上展示，供大众朝圣、观赏。除修道院外，热衷收藏的

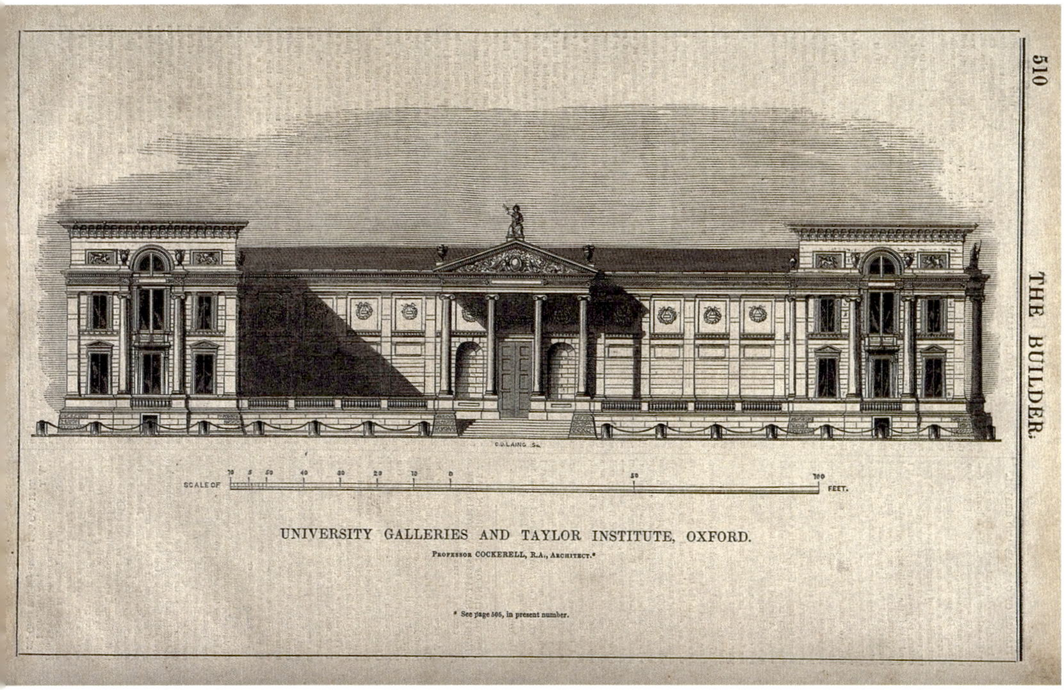

图 3　阿什莫林博物馆（Ashmolean Museum）木刻版画

贵族、王室和富裕市民也很多，收藏的种类各式各样，大体上也是来自世界各地的艺术品、自然界中的稀有物、珠宝、工艺制作品、人物肖像画等。

14—17 世纪，欧洲处于文艺复兴时代，涌现出非常多的藏家和艺术品赞助商，其中很多具有王室或贵族的身份。那一时期的收藏，也是贵族们彰显身份、互相夸耀的方式，就连梵蒂冈的教皇们，如保罗二世、西斯图四世、保罗三世等也顺应潮流，收藏了大量古典时期的雕塑、艺术品和各类非宗教文物。家族式收藏也相继出现，如意大利佛罗伦萨的美第奇家族，其中一个著名人物劳伦佐不但收藏古典时期的古物，还收藏了很多当时的艺术品，如雕塑、书籍、绘画、珠宝、乐器、浮雕，还把教皇保罗二世的收藏收入囊中。当时的贵族收藏一般被称为“奇珍室”（cabinet of curiosity），但劳伦佐为了标榜自己收藏数量多、档次高，而使用了“museum”一词，据说他是第一个用“museum”称呼自己收藏的人。

这个时期的收藏同样多种多样，王室收藏如西班牙国王菲利普二世到菲利普四世，一直在搜集意大利等地古典时代的艺术品；法国国王法兰西一世，建造了卢浮宫和枫丹白露宫园，用来存放他收藏的珍奇；英国国王查理一世收藏了 1700 多件绘画、雕塑作品：这些是属于艺术的。随着欧洲殖民势力在世界的扩张和航路的不断开辟，兴盛的海外贸易将欧洲以前闻所未闻的动物、植物等自然物和各类人造物不断带到眼前，由是激起了欧洲人对博物学的研究兴趣。植物园在各地开始兴建，矿物、化石、动物标本成为重要的收藏物。其中奥地利斐迪南大公二世颇具代表性，他的收藏种类包括艺术品、来自世界各地的动植物、种子、宝石、武器、肖像画、象牙、金银器、纺织品、陶瓷、徽章、机械工具和手卷等。这些王室或贵族的收藏几乎都不对外公开展示，往往秘不示众，或只在一个小圈子内互相夸耀。这个时期的“museum”，保留了缪斯神殿的最初含义，即指代某藏家收藏之富，或一个与世隔绝、可供单独读书研究的地方，具有私密和不对外开放的特点。

文艺复兴时代之后，经过第一次工业革命的欧洲经济大发展，富裕的市民阶层和中产阶级经济实力增加，也加入了收藏大军。如 1683 年英国贵族阿什莫尔将他收藏的货币、徽章、武器、服饰、美术品、考古出土文物、民族民俗文物和各种动植矿物标本全部捐献给牛津大学，成立了牛津大学阿什莫林博物馆。1753 年，英国博物学家、内科医生和收藏家汉斯·斯隆去世，根据他的遗嘱，他的 71000 多件藏品（价值 5 万英镑），以 2 万英镑的价格转让给国家，英国国会于当年 6 月通过法案，批准以这批藏品为基础建立大英博物馆，这些都是对公众开放的公共博物馆。国家或团体力量（如大学、学会、地方组织等）介入博物馆事业后，欧洲的博物馆事业进入了大发展期。首先是国家公立博物馆的纷纷出现，如 1793 年法国卢浮宫变成博物馆对外开放，这是博物馆史上的一个里程碑，继英、法之后，匈牙利、丹麦、奥地利、捷克、荷兰、德国、瑞典等国都成立了国立（国家）博物馆，对民众开放。区域博物馆、城镇博物馆也都相继成立，藏品以本国或本地的博物学标本、历史民族古物或工艺制造品为主，目的在于教育民众。如《申报》1875 年 11 月 4 日第 1 版《创设博物院》一文称："泰西各大城池夙有成例，凡在该地方人，必公建一院，将飞禽走兽以及各动物并列于内，以便博物者随时赏玩。如在府城，则将阖郡之物实之；如在都城，则将天下之物实之，名曰博物院。"

1773 年，在尚未独立的美国南卡罗来纳州，建成了一座公共博物馆，收藏了自然类标本、木乃伊和一些武器及民俗类珍奇。继而博物馆大师皮尔（Charles Wilson Peale）在费城创立博物馆，收藏自然标本和各类珍奇。1846 年英国富商詹姆士·史密森（James Smithson）赞助成立了华盛顿史密森研究院，这是美国最重要的博物馆机构之一，收藏了从艺术品到工业展品的大量实物。19 世纪受惠于美国的经济发展，美国的精英们不甘心在文化艺术方面做欧洲的附庸，遂兴建了一批高质量博物馆，如大都会博物馆、波士顿美术馆等。经过两次世界大战，欧洲元气大伤，美国却一枝独秀，博物馆事业发展迅猛，成长为美国社会的文化艺术中心，段勇在《当代博物馆》中认为，它们"代表着优雅的品位和高贵的档次"。

随着从欧洲到美洲、大洋洲、亚洲，世界各地大大小小的公立或私立博物馆纷纷建立，博物馆协会这种行业组织也就应运而生。1889 年英国博物馆协会成立，1906 年美国博物馆协会成立，1935 年中国博物馆协会成立，1946 年国际博物馆协会（ICOM）成立。ICOM 是世界上唯一一个能代表博物馆和博物馆从业者的国际性专业组织，也是国际博物馆界规模最大、最有影响力的组织。

三、中国博物馆发展简史

汉语"博物院"一词，目前所见最早出现于 1838 年美国传教士裨治文（Elijah Coleman Bridgman）所著《美理哥合省国志略》一书，指的就是美国费城自然科学学会附属的"museum"。所以汉语"博物院"一词诞生之初，"博"的这个"物"，就是指动物、植物和矿物。但汉语的"物"含义又很宽泛，几乎所有非"人"的物品，皆可用"物"来替代，这也造成了今天中国"博物馆"含义模糊、指代不精确，比如很多地方建立了"某某博物馆"，但只收藏历史文物，观众进去后发现除了历史文物，动物、植物、矿物和别的工艺制造品都没有，这样的"博物馆"其实名不副实，改为"某某历史博物馆"方名正言顺。

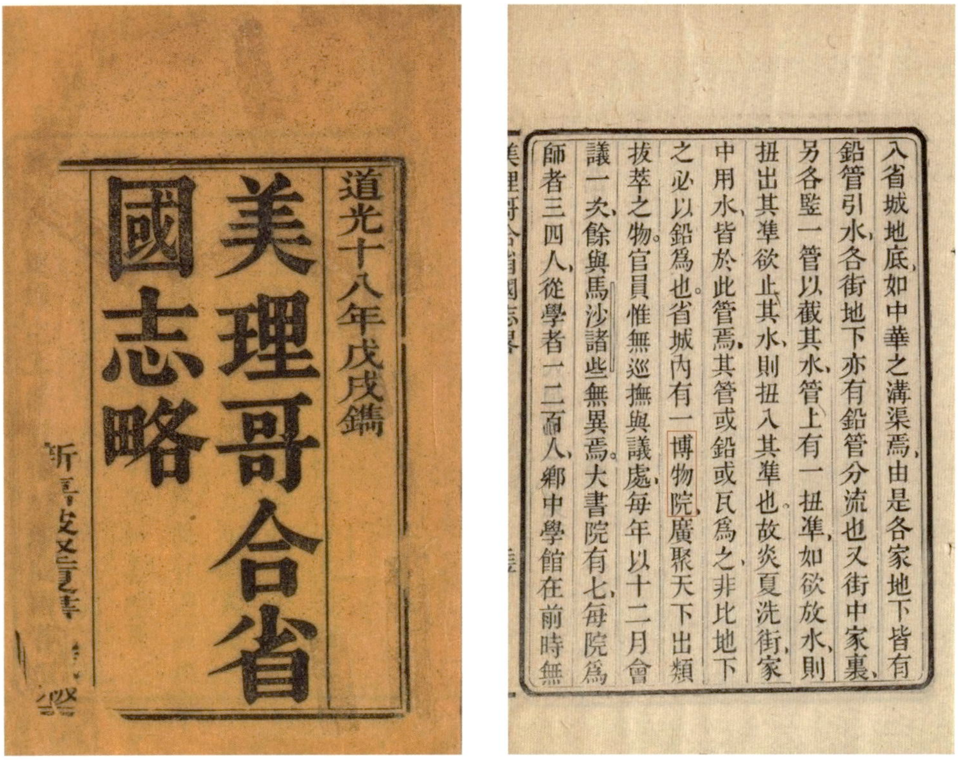
道光十八年戊戌鐫
美理哥合省
國志略

入省城地底，如中華之溝渠焉，由是各家地下皆有
鉛管引水各街地下亦有鉛管分流也又街中家裏、
另各鑿一管以截其水，管上有一扭準，如欲放水，則
扭出其準，欲止其水則扭入其準也。故炎夏洗街，家
中用水皆於此管焉，其管或鉛或瓦爲之，非比地下
之必以鉛爲也。省城內有一博物院，廣聚天下出類
拔萃之物。官員惟無巡撫與議處，每年以十二月會
議一次，餘與馬沙諸些無異焉。大書院有七，每院爲
師者三四人，從學者一二百人，鄉中學館在前時無

图 4　1838 年出版的《美理哥合省国志略》，书中出现“博物院”一词，可能是该词的最早出处

19 世纪的欧洲，以“日不落帝国”英国为代表，科技发达，技术进步，加上资本主义制度需要占领原材料产地和销售市场，西方势力几乎席卷全球。在历史浪潮中，诞生于欧洲的“museum”这个社会机构，也被介绍和移植到中国。那个时期也有远游海外目睹“museum”的中国人，他们深刻认识到“museum”的重要性，如王韬游览大英博物馆后在《漫游随录》中写道：

> 盖人限于方域，阻于时代，足迹不能遍历五洲，见闻不能追及千古，虽读书知有是物，究未得一睹形象，故有遇之于目而仍不知为何名者。今博采旁搜，综括万汇，悉备一庐，于礼拜一、三、五日启门，纵令士庶往观，所以佐读书之不逮而广其识也，用意不亦深哉?

意思是说，博物馆收集了古代文物和来自五洲的各类物品，让士人和庶民自由观看，与书上的知识相互参照，民众知识由此扩展，这才是建立博物馆的深意。概括说来，“museum”的作用就是教育民众，为国育才。

对于不能踏出国门的广大中国人而言，国内也有一些博物馆的例子。在19世纪的中国，澳门、上海、香港、青州等地都出现了由外国传教士、外国商人或外国学会创设的博物馆。如1829年英国东印度公司的职员在澳门设立澳门英国博物馆（British Museum in Macao）；1872年法国耶稣会传教士韩伯禄在上海创办徐家汇博物馆，收藏长江中下游动植物标本；1874年英国亚洲文会北中国支会在上海创办亚洲文会博物馆，收藏中国境内的鸟类、兽类、爬虫类等标本，也涉及一些古物和艺术品。这种类型的博物馆进入20世纪后依然有所延续。这些博物馆虽在中国境内，创办主体却不是中国人或中国机构，经费不来自中国，人员不来自中国，只是藏品源于中国而已。此类博物馆，可看作西方博物馆的分支和衍生，它们一方面为西方了解中国的自然和历史知识提供了实物资料，一方面在客观上也为当时有限地参观过这些博物馆的中国士大夫打开了一扇窗口，让他们知道在西方还有这么一种“博学有方”的机构。

1900年庚子之变后，清朝政府决心变法图强，实行新政，一时之间，如教育品陈列馆、考工厂、劝工陈列所、商品陈列所、农事试验场（万牲园）等纷纷开办，旨在用公开陈列实物的方式推动中国现代教育、工业、商业和农业发展，培育专业人才，由此开启了中国后世学校博物馆、商业展览馆、工业博览馆、农业博物

图5　南通博物苑苑景

馆、国货陈列馆、教育专题博物馆、动物园等多类型博物馆的先河。今天认为是中国人自办最早的公共博物馆——1905年创办的南通博物苑，和中国最早的私人博物馆——由直隶总督端方于1910年创办的陶斋博物馆，都在这个阶段出现。

1912年中华民国成立后，延续了清末新政的思路，在教育部内设立社会教育司，负责全国的博物馆、图书馆、美术馆和动植物园事业。1912年，教育部在北京国子监旧址筹设建立了国立历史博物馆，以接收的太学器皿等文物为馆藏。1914年，内政部将清廷奉天、热河两地行宫的部分古物运到紫禁城的武英殿、文华殿，建成古物陈列所，这是中国近代第一所以帝王宫苑和皇室收藏开设的博物馆，首开皇室收藏和宫殿社会化的先例。1915年新文化运动兴起后，博物馆类型增多，如1915年北京卫生陈列所、1916年农商部地质调查所地质陈列馆、1916年保定教育博物院、1918年江西省立教育博物馆、1919年山西教育图书博物馆、1925年江西省立科学博物馆、1927年两广地质调查所地质矿产陈列馆等。这一时期博物馆的特点是多为官办的专题类博物馆。1925年10月10日，故宫博物院对外开放，这是中国博物馆史上的一件大事，开放当天，北京城内“万人空巷，咸欲乘此国庆佳节，以一窥此数千年神秘之蕴藏”。然而故宫博物院的收藏展览，多为青铜瓷玉等历史古物，或珐琅、珠宝、书画等皇室收藏的艺术品，缺乏博物学和工艺美术方面的收藏和展示，当时已有人指出“故宫博物院”名不副实，改成“故宫历史博物院”较为贴切。

1928—1936年，南京国民政府形式上统一全国，中国博物馆迎来发展黄金期。各地陆续兴建博物馆，如1928年兰州市立博物馆、1929年广州市立博物院、1929年浙江省立西湖博物馆、1930年天津美术馆、1934年广西省立博物馆等。中央政府亦筹备设立国家博物馆，1933年成立国立中央博物院筹备处，下设自然、人文、工艺三馆。这一阶段因博物馆数量众多，全国达到近百所，1935年在北京成立了中国博物馆协会，以“研究博物馆学术，发展博物馆事业，并谋博物馆之互助”为宗旨，调查编行《中国博物馆一览》，编辑出版《中国博物馆协会会报》，这是中国最早的现代博物馆协会组织。

1937年全面抗战爆发，大量博物馆内迁或关闭，中国博物馆发展黄金期由此中断，抗战胜利后不久进入解放战争时期，因时局不宁，博物馆事业难有起色。

1949年中华人民共和国成立后，党和中央政府重视发展为人民服务、为社会主义服务的博物馆事业，使博物馆成为社会主义科学文化事业的组成部分。在文化部设立文物事业管理局，专门管理全国文物与博物馆事业。1951年文化部《对地方博物馆的方针、任务、性质及发展方向的意见》指出“博物馆事业的总任务是进行革命的爱国主义教育，通过博物馆使人民大众正确认识历史，认识自然，热爱祖国，提高政治觉悟与生产热情”，并且强调“博物馆事业仍应以改造原有的为主，仅在个别有条件地区，得筹建新的博物馆”。大批省（大区）级地志性博物馆和专题纪念馆等先后建成，如 1949 年东北博物馆、沈阳故宫陈列所，1950 年西南博物院、上海鲁迅纪念馆，1952 年上海博物馆等，1956 年山东博物馆完成包括自然环境和自然资源、历史发展与中华人民共和国时期三部分内容的地志性基本陈列，成为全国第一家地志性省级博物馆。

“文化大革命”十年间，中国博物馆事业发展基本停滞，很多博物馆被迫关闭，或撤去展览。1978 年改革开放之后，文化事业领域内全面拨乱反正，中国博物馆迎来又一个快速增长期。从改革开放至今的 40 多年中，全国博物馆在数量、类型、分布、创办主体方面，呈现出多元井喷的特点。1988 年统计全国文化系统共有博物馆 903 家，截至 2021 年，全国备案博物馆 6183 家，总数排名全球前列，免费开放的博物馆有 5605 家，占比高达 90% 以上。其中，国家一、二、三级博物馆共有 1200 多家，覆盖面广、类型全面、体系多元、便于人民群众随时满足精神文化需求的现代博物馆体系已基本形成。

从历史上看，博物馆的本质，是私人收藏社会化、公开化的结果，所以对于博物馆而言，收藏是最为核心的业务，没有收藏，或不进行收藏，馆舍修得很大、很气派，也不能称为“博物馆”，因为无“物”可博。而现代博物馆的核心特征，无论“museum”在西方，还是“博物馆”在中国，均强调博物馆是收藏和展示自然类标本和与人类有关的历史文物、工艺美术品实物，以举办展览等方式为公众和社会服务的常设的非营利性机构。由此可见贯穿于“藏品公开”“服务公众”的公共意识，是博物馆的核心特征，若丧失了这种公共性，博物馆也就倒退回文艺复兴时期，沦为仅供私人赏玩的“奇珍室”。

在当代中国，创办博物馆的主体可以是国家机构、社会团体、企业单位或者私人，都需在相关管理机构登记核准。对于博物馆的定名，尤其值得注意，严格说来，必须要同时包括自然类（博物学）藏品和有关人类活动的历史文物等，才能称为“博物馆”，如只收藏了历史文物，不妨直接命名为“历史博物馆”，走专题性博物馆发展之路，如此方名正言顺，名实相副。要之，“博物馆”是一个内涵丰富，外延极具开拓性的概念，凡是公藏、公开、为社会公众服务，不以营利为目的的常设展示机构，都可纳入“博物馆”的范畴。

深圳博物馆李飞执笔

博物馆行业概况

博物馆举办者在筹建博物馆之前，最好对整个博物馆行业有一个基本了解。如果举办者对博物馆行业概况一无所知，就容易找不准自身定位，走向两个极端——要么妄自菲薄要么妄自尊大，设定不合实际的办馆目标，浪费时间和资源在错误的办馆方向上。整个世界包括中国的博物馆行业是什么样的？虽然这是一个因人而异、没有固定答案的主观问题，但是根据我们与博物馆新人打交道的经验，还是可以大致明白他们的知识需求。我们从实际工作出发，列举一些读者可能会希望了解的博物馆行业情况，并在此基础上传递几个从过往经验教训中提炼出来的办馆建议，以帮助读者快速对博物馆行业形成概览和建立正确的博物馆工作理念。

一、世界博物馆行业概况

花草树木生长需要一定的气候和土壤，博物馆生存发展也需要合适的社会环境。世界的和平与战争、生产力水平、人口数量、文明水平和社会分工程度，这些要素都是影响博物馆生存、发展的土壤。工业革命之前的千百年，博物馆类机构寥寥，即便有也形如秘府，不向社会开放共享。工业革命以来，全球生产力水平跃升，人口数量激增，现代文明普及，社会化大分工中各类机构日趋专业化，博物馆就在这样的社会土壤中开始了大发展。

（一）世界博物馆总体发展脉络

根据《博物馆学概论》：早期公共博物馆最先出现于17世纪的欧洲，如牛津大学阿什莫林博物馆、大英博物馆等。随着18世纪后期殖民势力的扩张，公共博物馆在欧洲和北美之外的地区也落地生根。在亚洲等地陆续出现一些公共博物馆，如印度博物馆和印度尼西亚国家博物馆。进入20世纪特别是第一次世界大战之后，现代博物馆开始进入一个发展时期。第一次世界大战结束后，爱国主义情绪在欧洲各国蔓延，博物馆因其在教育中的特殊地位而受到各国政府的高度重视，各主要国家博物馆都获得了不同程度的发展。第二次世界大战后，世界进入一个和平发展环境，为博物馆的发展创造了条件。20世纪六七十年代，欧美发达国家出现文化建设高潮，带动了博物馆事业的兴盛，全世界60%以上的科技馆都建立于那时。欧美发达国家一直引领着世界博物馆发展的潮流。20世纪八九十年代，全世界四分之三的博物馆都在发达国家，这些博物馆拥有最大的观众群。美国博物馆在数量、理念和实践上走在世界前列。战后从殖民统治下独立的新兴国家，高度重视博物馆对民族独立和国家统一的象征意义，尽管兴办博物馆数量与规模有限，但打破了以往世界博物馆由欧美发达国家一统天下的格局。一些发展中国家和地区在被殖民统治期间，曾有许多古代文物被肆意掠夺到国外。今天在大英博物馆、大都会艺术博物馆、卢浮宫博物馆、艾尔米塔什博物馆等一些国际著名博物馆中，都收藏着许多来自不同时期殖民地或被占领国家和地区的重要文物，也包括中国的文物，发展中国家的流失文物返还之路还很漫长。

根据苏东海《融入社会　服务社会——世界博物馆的大发展及其走向》，二次世界大战之前，全世界只有几千家博物馆，战后几十年间猛增到数万家，70年代达到35000家以上，20世纪末已超过50000家。根据安来顺《数字化时代之超级连接的博物馆》，1975年世界各国登记注册的博物馆总数为25000家；2012年，仅197个国家的统计，博物馆数量达到55097家。联合国教科文组织于2020年5月发布《世界各地的博物馆——面对Covid-19》（*Museums around the World : In the Face of Covid-19*）（以下简称《联合国教科文组织报告》），我们依据中国2021年度博物馆数据修正后，得到全球博物馆总数99828家。不到10年，全世界博物馆总数增长了约80%。

（二）世界博物馆格局现状

不平衡的世界博物馆发展历史，形成了不平衡的世界博物馆格局现状。虽然博物馆大小馆之间在规模上可能差别巨大，一个大馆的规模可能比得上一百个小馆，但是博物馆总数的比较依然是有意义的，尤其是全世界博物馆的数量达到 10 万家左右的时候。如其他社会机构一样，世界上每年都有新的博物馆产生、旧的博物馆消亡，这是一个动态发展的状态。我们根据上面提到的《联合国教科文组织报告》，从地区分布、国家分布、每百万人拥有量等博物馆数量和全世界知名大博物馆的分布等四个角度来叙述世界博物馆格局现状。

首先，世界各地区的博物馆分布数量不均衡。欧洲和美国的博物馆总数达 73099 家，占全世界的 74%，其中美国最多，达到 33082 家，欧洲 40017 家。亚非拉美地区博物馆总数只有 26081 家，其中亚太地区 16700 家，南美地区 8067 家，非洲 841 家，阿拉伯国家 473 家。中国所在的亚太地区位于第二梯队，与第一梯队差距甚大。

其次，各个国家的博物馆数量也不均衡。世界上有 5 个国家各自拥有超过 5000 家博物馆，其中美国 33082 家，德国 6257 家，俄罗斯 5415 家，日本 5738 家，中国当时有 5535 家，中国位于第一梯队。截至 2021 年底，中国博物馆总数达到 6183 家，已经超过该报告中俄罗斯的博物馆总数。有 12 个国家各自拥有 1000—5000 家博物馆。有 68 个国家各自拥有博物馆数量低于 10 家，其中还有 13 个国家拥有博物馆数量为 0 家。

再次，从每百万人拥有的博物馆数量这一指标来分析，世界各国博物馆发展更不均衡。每百万人拥有博物馆数量超过 100 家的国家有 13 个，主要分布在欧美。每百万人拥有博物馆数量在 1—5 家之间的国家有 100 个，主要分布在欧美之外的地区，其中就包括中国，中国每百万人拥有的博物馆数量为 3.9 家。

最后，从知名大馆的分布看，各国数据同样不均衡。当今世界比较著名的国际大馆，多数都在欧美发达国家，如卢浮宫博物馆、大英博物馆、纽约大都会艺术博物馆、艾尔米塔什博物馆、梵蒂冈博物馆等。当然，中国故宫博物院、埃及博物馆、墨西哥国家人类学博物馆、印度国家博物馆等也是世界著名博物馆。

（三）世界博物馆格局变化态势

我们应该清醒地认识到，在当今世界博物馆的舞台上，欧美发达国家依然占据中央位置，它们集中了全世界数量最多、密度最大、藏品最丰富优质、实力最强的博物馆，牢牢掌握着全球博物馆舞台的话筒。但是随着二战以后亚非拉美地区国家在国际舞台上政治实力的逐步增强、经济的飞速发展、民族文化的复兴，这些国家的博物馆正在世界博物馆舞台上占据越来越多的位置。

全球博物馆最先进的理念和做法，包括博物馆法律、博物馆形态、藏品研究、展览教育、社会服务等各方面，在 20 世纪一般都是先在欧美博物馆产生，再逐步扩展到其他地区的博物馆。博物馆法律、城市博物馆群、综合博物馆体、博物馆科技、生态博物馆、工业遗址博物馆、移动博物馆、社区博物馆、博物馆数字化、文化创意产业等，都首创于美国、英国、德国、法国、日本等国家。随着世界各国文化交流的日益频繁，这些先行的理念和做法很快普及和应用到其他国家和地区。但是，包括中国在内的亚非拉美地区的博物馆，学习到欧美博物馆同行的先行理念和做法之后，善于将他山之石融会贯通、发扬光大并在其基础上予以创新，逐步显现出强劲的赶超潜力。

2020 年以来，新冠疫情对全世界政治经济和文化都产生了巨大影响，小小病毒影响了人际交往，影响了经济活动，博物馆作为人员密集的公共文化服务场所受影响更大。根据《联合国教科文组织报告》，2020 年全世界有 90606 家博物馆临时闭馆，占总数的约 90%，更为严重的是，其中有约 10%可能永久关闭，这意味着约有 10000 家博物馆再也醒不过来。博物馆永久关闭未必全是坏事，部分仓促上马、没有生存能力的博物馆关闭也许有利于社会资源的重新整合，对其他博物馆也能起到警醒作用。面对危机，全世界博物馆都不约而同开始在数字化方面发力，包括开发和共享藏品数字资源、线上展览、社交媒体交流等方式，这也给全世界博物馆带来了新的发展机遇。

二、中国博物馆行业概况

从总体上来看，中国现代意义上的博物馆是在西学东渐过程中借鉴而来的，其出现晚于欧美地区，博物馆的发展模式和管理模式也长期受到欧美、苏联等地区和国家的影响。同时，中国在政治、经济、文化、历史等方面与其他国家不同，我们的博物馆在发展中也呈现出自身特点。

（一）中国博物馆总体发展脉络

陈卓《中国博物馆事业的发展与现状剖析》，将中国博物馆事业的发展分为三个阶段。根据国家文物局编的《中华人民共和国文物博物馆事业纪事（1949—1999）》和发布的历年全国博物馆名录，我们也可以得到全国历年博物馆总数。《中国博物馆事业的发展与现状剖析》中的部分情况和数据，根据《中华人民共和国文物博物馆事业纪事（1949—1999）》进行了修订。以下关于三个阶段的描述，均摘自以上文章和书。

第一个阶段，是中国博物馆事业初创期，时间自外国人在华建立博物馆起至 1949 年中华人民共和国成立前。先是外国殖民者于 19 世纪中期在中国创办博物馆，如徐家汇博物馆、格致书院博物房等，这对中国人自建博物馆起到示范作用。1905 年，随着南通博物苑的建立，中国人自己创办的博物馆诞生。1920 年，全国博物馆数量已经达到 27 家。此后数年间，博物馆事业发展很快。1935 年，中国博物馆协会成立。1936 年，中国人创办的博物馆已经达到 62 家。这一阶段难得有和平稳定的发展时期，但是这些博物馆依然做了很多工作，向民众灌输博物馆与人民生活的各种知识，举办科普展览，出版专业性出版物，配合学校教育，传播科学文化知识，其所昭示出的价值观正是中国社会从传统走向现代不可或缺的有机组成部分，为之后博物馆的发展积累了宝贵的经验。

第二个阶段，是中国博物馆事业发展期，时间自 1949 年中华人民共和国成立至 1978 年改革开放前。中华人民共和国成立后，在党和政府的高度重视下，中国博物馆事业进入第一个大发展时期。1949 年 11 月，中央人民政府文化部成立，设一厅六局，文物局是其中之一，统一管理全国的文物、博物馆、图书馆事业，由郑振铎担任局长。1949 年，全国只有博物馆 21 家。国家一方面对旧有博物馆进行整顿改造，各地人民政府陆续接管了包括故宫博物院、上海市立博物馆等在内的 25 家博物馆，并对其进行机构健全和加强管理，一方面有计划地建立了一批新型博物馆。文化部决定参照苏联博物馆的建设经验，要求全国各地以当地的自然资源、历史发展和社会主义建设为陈列内容建立地志性博物馆。文物主管机关在全国博物馆范围内开展了以苏联模式为范本的大规模博物馆理论和专业知识的学习运动。这是一次博物馆学的大普及，并且在博物馆内部推行陈列、保管、群工的“三部制”业务模式。这是一种平行结构的机制，三个部门分别承担和完成博物馆的陈列、保管、宣传教育工作，具有分工明确、责任清晰等特点，但也造成各自为政、缺乏沟通的局面。到了 1958 年，全国共有博物馆 360 家。1958—1976 年，中国博物馆事业在曲折中不断前行。中国革命博物馆、中国历史博物馆、中国人民革命军事博物馆等三大馆的建成是 20 世纪 50 年代我国博物馆事业发展的重要标志，为全国各地博物馆建设起到示范作用。1966—1976 年，国家的文化遗产遭到政治运动造成的损失和破坏，博物馆事业首当其冲。1966 年，全国共有博物馆 193 家。到了 1976 年，全国只有博物馆 263 家。1971 年，周恩来总理牵头在北京筹办了“文化大革命”期间全国出土文物精品展和出国文物展览，这两个全国性展览为全国博物馆事业的复苏注入了活力。此后，各地博物馆的建制也陆续恢复。

第三个阶段，是中国博物馆事业繁荣期，时间自 1978 年改革开放至今。1976 年以后，特别是改革开放以来，我国的博物馆事业开始进入振兴和不断发展的历史新时期。博物馆事业的生存环境伴随国家经济社会的发展逐步改善，博物馆对区域发展所具有的价值逐渐被社会所认同，对博物馆是一个城市历史和文化象征的认识逐渐提高。1979 年 7 月，国家文物局颁布《省、市、自治区博物馆工作条例》，总结了中华人民共和国成立以来博物馆工作的经验，进一步明确博物馆的性质、方针、任务和工作方法，保证博物馆工作的“重点转移”，特别是对“文革”对博物馆事业的干扰进行拨乱反正，使博物馆工作者更好发挥积极性。这是中华人民共和国成立以来第一个最系统、最完整的管理博物馆的法规。1982 年，《中华人民共和国文物保护法》颁布，奠定了我国文物博物馆事业的法制基础。1998 年，国家文物局开始评选年度“十大精品陈列”，促进了全国博物馆对提高陈列展览水平的关注。2000 年以来，随着各类经济主体的壮大和居民收入的增长，非国有博物馆和文物系统之外的其他国有博物馆作为博物馆行业的重要成员，逐渐发展壮大。2008 年起，全国国有博物馆、纪念馆陆续向社会免费开放，这不仅改善了博物馆基础设施，提升了展示服务水平，促进了博物馆社会功能更加有效的发挥，还引起了社会各界的高度关注。2008 年，国家文物局启动博物馆评估定级工作，积极推动博物馆管理体制机制创新。这一阶段，博物馆的硬件与软件均飞速提升，经费更加充足，为博物馆发展提供了充分保障。博物馆内设机构的调整更加适应时代的发展，“三部制”被打破，文保、信息、文创、媒体等新兴部门出现。展览陈列方面反映地域文化的展览增多，博物馆作为文化交流的使者，走出去的机会越来越多。博物馆由“以藏品为中心”向“以公众服务为中心”转变，更加注重自身的社会责任。这一时期，是新中国博物馆数量快速增长的阶段。1978 年，全国共有博物馆 349 家。1988 年，全国博物馆总数为 903 家。1998 年，全国博物馆总数为 1331 家。2008 年，全国博物馆总数为 2970 家。2018 年，全国博物馆总数为 5354 家。截至 2021 年底，全国博物馆总数为 6183 家，国家一、二、三级博物馆总数达 1224 家。“十三五”以来，我国平均每 2 天新增一家博物馆，达到每 25 万人拥有一座博物馆。我国类型丰富、主体多元、梯队多层的现代博物馆体系基本形成。

在新冠疫情暴发之前的 2019 年，全国博物馆全年举办展览 2.86 万个，教育活动 33.46 万场，接待观众 12.27 亿人次。在全球博物馆受到新冠疫情广泛影响的背景下，2022 年“5 · 18”国际博物馆日主会场活动开幕式上，李群在致辞中说：“2021 年，6183 家博物馆中有 5605 家博物馆实现免费开放，占比达 90% 以上。当年全国博物馆举办展览 3.6 万个，教育活动 32.3 万场。虽受新冠疫情影响，全国博物馆在做好疫情防控工作的前提下，仍做好开放服务工作，接待观众 7.79 亿人次。策划推出 3000 余个线上展览、1 万余场线上教育活动，网络总浏览量超过 41 亿人次。”根据 2022 年 5 月抖音发布的《博物馆数据报告》，2021 年抖音上博物馆相关视频数量同比增加 70%，点赞量超过 12 亿次，播放量超过 394 亿次，相当于全国博物馆 2021 年接待观众 7.79 亿人次的约 51 倍。由此看出，博物馆线下接待观众之门受限的同时，线上服务之门在越开越大。

（二）中国博物馆发展的几个特点

第一，党和政府高度重视博物馆的发展。这从最高领导人对博物馆的多次视察和指示批示中即可以看出。习近平总书记在中央政治局第二十三次集体学习时强调：“我们要加强考古工作和历史研究，让收藏在博物馆里的文物、陈列在广阔大地上的遗产、书写在古籍里的文字都活起来，丰富全社会历史文化滋养。”2018 年 10 月，中共中央办公厅、国务院办公厅印发的《关于加强文物保护利用改革的若干意见》要求“强化国家站位、主动服务大局，加强文物价值的挖掘阐释和传播利用，让文物活起来，发挥文物资源独特优势，为推动实现中华民族伟大复兴中国梦提供精神力量”，文件同时也提出了激发博物馆创新活力的具体要求。

第二，社会对博物馆的需求方兴未艾。人民群众的精神文化需求无论在数量还是质量上都十分巨大，博物馆是公共文化服务产品的重要提供者。从博物馆观众数的持续增长，到热播的《国家宝藏》《我在故宫修文物》《博物馆说》等，再到春晚中成为主角的天龙山佛首、《唐宫夜宴》、三星堆出土文物等，再到频出爆款的博物馆文创产品，都可以看出人民群众的精神文化需求增长潜力是巨大的，这是未来博物馆继续发展的肥沃土壤。

第三，全国博物馆家底清晰。根据国家文物局发布的《第一次全国可移动文物普查工作报告》和《第一次全国可移动文物普查数据公报》，全国国有文物收藏单位所藏文物共计 108154907 件 / 套，登录进全国普查数据库的文物共计 26610907 件 / 套（实际数量 64073178 件 / 套），全国各级综合档案馆馆藏纸质历史档案 181544000 卷 / 件。在所有文物类别中，钱币、古籍图书、档案文书、陶器、瓷器数量最多，占比 70.78%。经过全国非国有博物馆藏品备案工作，我国也基本摸清了全国非国有博物馆的馆藏家底。面对如此巨大的文物宝库，怎样更好地为国家、民族服务，是摆在所有博物馆面前的一个艰巨任务。博物馆藏品的数字化存储、藏品在展览中的高效利用、藏品数字化资源的向全社会公开共享，这些都是博物馆应有的社会职责和功能，也是社会各界对博物馆提出的正常需求和期望。博物馆在藏品数字化存储方面已经开展了艰苦卓绝的摸底工作，取得了很好的效果，藏品在展览中的高效利用、藏品数字化资源向全社会公开共享将成为博物馆继续努力的方向。

第四，大部分博物馆免费开放。中国的博物馆与国外的博物馆相比，在开放服务方面有一点不同，就是超过九成博物馆实行了免费开放。如前所述，2021 年底，全国 6183 家博物馆中有 5605 家实现免费开放，占比达 90% 以上。全国博物馆大规模免费开放，起源于中宣部、国家文物局等于 2008 年 1 月印发的《关于全国博物馆、纪念馆免费开放的通知》，规定全国各级文化文物部门归口管理的公共博物馆、纪念馆，全国爱国主义教育示范基地全部免费开放。其中，文物建筑及遗址类博物馆暂不实行全部免费。这项文件具有阶段性的意义，标志着国家财政全面负担国有博物馆的运营开放。几乎全部国有博物馆的免费开放，也在客观上形成倒逼效应，大部分非国有博物馆也相应实行免费开放。免费开放产生了巨大的社会效果，全国博物馆观众数在 2008 年有 2.8 亿人次，2020 年已经达到 12 亿人次，相当于每一位中国人在一年当中都去一次博物馆，在满足人民群众精神文化需求方面，博物馆发挥了重要作用。全面免费开放的大环境，促使全国 1711 家非国有博物馆努力挖掘自身潜力，找寻适合博物馆生存发展的路径，一些优秀的非国有博物馆正在脱颖而出。当然，免费开放也带来一些问题，如观众珍惜意识不强、参观人员拥挤、设备设施承压、服务质量参差不齐等，这些发展中的问题，希望通过进一步发展来解决。

（三）中国博物馆格局现状

在质量等级方面，经过国家文物局和中国博物馆协会的四次定级评估，全国被评为国家一、二、三级的博物馆共计 1224 家，占全国博物馆总数的约 20%，其中一级博物馆 204 家、二级博物馆 455 家、三级博物馆 565 家。能够获评国家一、二、三级博物馆，是对一家博物馆综合实力、工作成果、社会影响力的全面科学评价。这也意味着还有接近八成即 4959 家博物馆尚未具有国家三级博物馆的实力，当然有些未评上级的博物馆不是实力不够，而是开馆时间还达不到参评要求。与两成大馆、强馆同时存在的，是八成的基层馆、小馆、弱馆。有些著名大馆拥有员工成百上千人，有些小馆只有区区几个人，人员规模差了几百倍。不过，哪个行业都不可能是平均发展的，有强有弱才会促使博物馆之间相互学习、互相竞争、共同发展。

博物馆藏品数、珍贵文物数、观众数量，也是反映博物馆实力的重要指标。以目前最详细的全国博物馆数据统计来看，有 11 个省的博物馆数量超过 200 家，其中山东最多，达到 567 家。有 6 家博物馆的藏品数量超过 100 万件 / 套，分别是故宫博物院、陕西历史博物馆、中国国家博物馆、中国科学院上海昆虫博物馆、中山大学生物博物馆、上海博物馆。有 5 家博物馆的珍贵文物数量超过 10 万件 / 套，分别是故宫博物院、中国国家博物馆、南京博物院、上海博物馆、天津博物馆。有 13 家博物馆的年度观众数超过 500 万人次，其中故宫博物院以 1933 万人次居首位。当然，还有大量博物馆馆藏数量低于 300 件 / 套，没有珍贵文物，观众数量不稳定甚至门可罗雀。

（四）中国博物馆行业未来发展方向

要探寻中国博物馆行业未来发展方向，有一个重要文件是值得研读，即中共中央宣传部、国家发展和改革委员会、教育部、科技部、民政部、财政部、人力资源和社会保障部、文化和旅游部、国家文物局于 2021 年 5 月联合印发的《关于推进博物馆改革发展的指导意见》。根据国家文物局官方网站 2021 年 5 月 26 日对《关于推进博物馆改革发展的指导意见》的政策解读：目前，我国博物馆在场馆建设、文物保护、藏品研究、陈列展览、开放服务、教育传播、国际交流等方面不断取得新进展，日益成为世界博物馆发展的中心和热点。面对新时代、新形势、新需求，博物馆发展不平衡、不充分与人民日益增长的美好生活需要之间的矛盾还比较突出，如何回应时代需求，进一步激发博物馆发展活力，实现博物馆由数量增长向质量提升的根本性转变，是博物馆事业发展迫切需要解决的问题。文件提出，到 2025 年，形成布局合理、结构优化、特色鲜明、体制完善、功能完备的博物馆事业发展格局，博物馆发展质量显著提升，在弘扬中华优秀传统文化、革命文化和社会主义先进文化，构建公共文化服务体系、服务人民美好生活、推动经济社会发展、促进人类文明交流互鉴中的作用更加彰显。到 2035 年，中国特色博物馆制度更加成熟定型，博物馆社会功能更加完善，基本建成世界博物馆强国，为全球博物馆发展贡献中国智慧、中国方案。这是中国首次提出建成世界博物馆强国目标，国家对博物馆行业对社会的贡献期许很高。

为了达到以上目标，文件提出了实施路径。一是坚持改革创新。坚持问题导向、目标导向，上下联动、横向联合，鼓励先行先试，破除体制机制束缚，释放发展活力。如探索建立行业博物馆联合认证、共建共管机制。二是坚持统筹协调。统筹不同地域、层级、属性、类型博物馆发展，提高博物馆内部管理和外部治理水平。提高博物馆公共服务均等化、便捷化、多样化、个性化水平，实现博物馆高品质、差异化发展。如实施中国特色世界一流博物馆创建计划，重点培育 10—15 家代表中国特色中国风格中国气派、引领行业发展的世界一流博物馆。三是坚持开放共享。营造开放包容的发展环境，通过区域协同创新、社会参与、跨界合作、互联网传播等方式，促进资源要素有序流动，优化资源配置，多措并举盘活博物馆藏品资源。如实施“博物馆 +”战略，促进博物馆与教育、科技、旅游、商业、传媒、设计等跨界融合。

三、办馆理念

对一个发展了几百年的博物馆行业，以上区区几千字是无法完整描绘其概况的，难免挂一漏万。本文不是为了写成学术论文中的集大成者，也不是为了构建完美的理论体系。本文描绘世界和中国的博物馆行业的出发点和落脚点是博物馆的实际工作。在实际工作中，有些同行因为专心低头走自己的路，没有抬头环顾四周的博物馆行业，会在思想观念上产生一些不切实际的想法，容易走弯路和岔路。我们希望在以上概览介绍的基础上，进而提出几个经过实践检验的办馆建议。

（一）博物馆举办者要有自知之明

博物馆不是想办就办的，对举办者的要求很高。横向比较各类社会机构，博物馆的数量远远少于其他机构如政府、企业、医院、学校等。根据《第四次全国经济普查公报》，中国的企业有 1857 万家，中国的博物馆却刚超过 6000 家。为什么横向比较各行各业机构数量时，博物馆相对数量这么少？一方面，可能是因为在一定社会发展阶段，社会总需求有上限，政府、企业、医院、学校等是管理和生产领域的刚需，没有这些机构的话社会便无法顺畅运转；但是没有博物馆的话，人们的基本生活短时期并不会受到明显影响。博物馆属于社会需求中的精神文化需求，丰富的物质生活保障和多样的物质文明需求满足以后，人们的精神文化需求才会逐步增长，人们对博物馆的需求才会越来越大。另一方面，创办博物馆的要求比较高，举办博物馆的政府、企事业单位和个人，不仅要有持久而充足的财力、物力、人力、藏品、场所等物质条件，也要有较高的精神文明认识和修养，更要有主动为社会大众提供文化产品的服务意识和奉献精神。

所以，一般来说一个县区只有一家国有博物馆，有的县区甚至一家国有博物馆都没有，只有行业领先的企业、学校、科研机构才有能力创办博物馆。并且，博物馆开馆只是起步，其运营管理、藏品征集、学术研究、陈列展览、安防消防、开放服务、发展壮大等工作，需要举办人每年持续投入大量的人力、物力、财力。博物馆还有一个特点，不像一个小企业作坊一样，经济不景气的时候说关就关、说转型就转型，无论举办人还是公众都期望一家博物馆能够办成长期事业。可见，博物馆不是谁都有条件办的，如果没有充足的条件和基础，就不要轻易举办博物馆。有能力没情怀不要办，有情怀没能力也不要办，有能力有情怀没持久力要慎重办。

（二）博物馆举办者要明确办馆目的

举办博物馆是为了什么？举办者要清醒地认识到，在社会众多的机构中，博物馆不同于政府、学校、医院、银行、企业等机构。根据世界博物馆同行的规则和300年的发展经验，博物馆是非营利组织，不以营利为目的，不同于企业以营利为目的。在中国的管理体制中，博物馆是事业单位和民办非企业单位，单位性质也决定了其不以营利为目的。举办者需要明白，如果你的最终目的仅仅是营利，博物馆就不是你的最佳选择，去办公司就好了。如果要办博物馆，举办者需要保持无私和开放的心态，以春风化雨的缓慢节奏，为全社会的观众提供源源不断的展览、教育等精神文化产品。当然，对于一些成功的博物馆，由于其具有较高的社会知名度和公信力，各类机构乐意与之合作，博物馆往往会得到不错的经济回报，产生无心插柳柳成荫的效果。但是，博物馆即便产生经济效益，其收入分配的目的也是为了博物馆的进一步发展。

博物馆生存发展得好不好，与举办者的办馆目的有深刻联系。新冠疫情前后，经济大河水位起起落落，博物馆小河的水位也随着起起落落。对国有博物馆而言，财政收入如果吃紧，会优先保民生保运转，虽然国有博物馆属于财政要保障的基本民生项目，但是部分地区财政如果更吃紧，则会削减对国有博物馆的投入，仅维持其基本运转，或者暂停开放。对非国有博物馆而言，虽然有些可以享受财政的免费开放补贴，但是补贴毕竟不是全包，举办者自身的投入才是大头。作为举办者的企业和个人，在经济困难时期，能够投给博物馆的资金波动也许更大，有的甚至不得不闭馆。全中国超过6000家博物馆，办馆效果差别这么大，有的人流如织，有的门可罗雀，有的滚雪球般壮大，有的多年无起色，这是为什么呢？有人归因到先天条件，有人归因到办馆能力，但是我们觉得这并没有触及根本原因，根本原因是办馆目的。

为什么博物馆的生存发展，跟举办者的办馆目的有关？所有的博物馆无论国有还是非国有都有一个相同目的，即为国家民族保存和展示纪念物，提供精神文化产品，彰显历史和文明。这是博物馆理所当然应当做到的共同基本动作，是博物馆的无用之用，方为社会大用。但是具体到某一家博物馆的时候，在考虑共同目的同时，这家博物馆还应当考虑一些更具体的目的，也就是有用之用。对具体的某家博物馆个体而言，有用之用也许更是决定博物馆生存发展的关键。任何一家博物馆，都处在一定的地区和社会经济环境中，满足一定的社会需求，才能得到社会相应的支持，包括资金、人力和物力的支持。无用之用和有用之用没有高低之分，一个理性的博物馆举办者应当同时兼顾考虑。

一个地区在大力发展旅游产业，这个地区的博物馆在做好自身运营的同时，如果也能主动融入旅游产业中，为增加旅游产品供给、扩大地区影响力做出贡献，当然会受到本地的重视和投入。以广东为例，广东正在建设粤港澳大湾区世界级旅游目的地，广东省文化和旅游厅在博物馆方面提出的具体举措是，以博物馆所擅长的精品展览、文创产品、博物馆研学等，为建设世界级旅游目的地做出自身贡献，这就是广东省文化和旅游厅及全省博物馆的主动为社会服务、主动作为。

一个地区大力发展科技产业和制造业，博物馆如果能够主动提供一些经典的文化产品，如图片设计素材库、精品展览、学术和产业交叉研究和交流，为本地区产业的工业设计、宣传推广等环节做出贡献，当然也会受到当地政府和产业企业的欢迎。我们以广东的几家博物馆为例，简单列举一些博物馆有可能为产业做出的贡献。南越王博物院收藏了许多精美文物，2008 年奥运会“金镶玉”奖牌挂钩参考了其馆藏玉璜的造型，广州知名建筑“广州圆”也以其馆藏玉璧为灵感，2022 年冬奥会奖牌装饰纹样的主要视觉来源是其馆藏同心圆纹玉璧。松山湖是东莞市产业结构升级的重要园区，有 IT、光电、生物技术、环保、装备制造等高新技术产业，望野博物馆落户在这里，是园区唯一的一家博物馆，博物馆的展览和藏品如果能为产业专家提供研究灵感，产业如果能为博物馆开展分析检测提供方便，双方未来就可能会互相促进。罗西尼表业有限公司举办了珠海市罗西尼钟表博物馆，既展示钟表的历史、艺术和科技，也展示钟表的先进加工制造过程，带动了罗西尼手表产品的销售，也成为珠海市的一个特色旅游路线，为当地和本公司的经济发展做出了博物馆独有的贡献。

如果一个地区的人民群众有很多家庭纪念物需要保存和展示，博物馆能够敏锐发现和主动对接群众的这种越来越刚性的精神需求，群众当然乐于免费把自己家庭的纪念物捐赠给博物馆，并给博物馆的展览捧场助威，博物馆也能以极小的成本来增加馆藏。个人和家庭的纪念物，相比于传统的历史文物，也许历史、科学、艺术价值没有那么高，但是这些小小物品对个人、家庭、社区和城市意义重大，因为它们是群众身边的物品，群众对它们更有感情。博物馆不应当忽视这种感情，这种感情也是一种精神刚需，博物馆不应当轻视普通群众一个个微小的感情。涓涓细流汇聚成海，件件物品见证当代，点点感情聚起来就是人民群众的汹涌民意，博物馆要善于服务好人民群众的感情需求。2020 年以来，国内许多博物馆开展抗疫物证资料的征集，并举办主题展览。2021 年，沈阳博物馆推出“百万收藏计划”，提出要在 5 到 10 年内收藏 100 万件当地民众日常生活用品，打造全球最大的城市居民日常生活记录、展示和研究中心，让沈阳博物馆成为真正意义上的“人民的博物馆”。杭州博物馆也推出了“百万收藏计划”，计划用 10 年时间征集能展现杭州人民生活履迹、具有浓重杭州文化印迹、体现杭州城市发展建设历程的物证，要打造成“百姓的博物馆”。深圳博物馆一直重视改革开放以来的物证征藏，既有见证大时代的“大潮起珠江——广东改革开放 40 周年展览”，也有见证普通市民命运的小展览。2021 年，深圳博物馆推出“追梦——我和深圳的故事”展览，选取基建工程兵、港商、打工者、特区干部、创业创新者等代表性群体来深圳追梦、筑梦、圆梦的奋斗历程，折射这座城市的勃勃生机和发展奇迹，让每一时期的“追梦人”都能在展览中见人见己见深圳，引发观众共鸣，感受源源不断的精神力量。

基层博物馆最适合开展当地当代物证征藏工作，发挥服务家乡和群众的作用。有的地区对基层博物馆重建设轻运营，基层博物馆反映本馆的藏品征集经费很少甚至没有，博物馆藏品寥寥可数，制约了博物馆的发展。目前，基层博物馆藏品征集经费不足的问题不是一时半刻可以解决的，既然如此，基层博物馆能否穷则思变，发挥主观能动性，主动向当地政府、社会各界和群众提出当代物证征藏呢？有的当代物证由于即将或者已经退出使用，价格不高甚至不用给钱。博物馆是正规机构，与政府、社会各界和群众打交道的过程中，大家天然会对博物馆有信任感，乐于捐赠身边的纪念物给博物馆，也会觉得进入博物馆以后纪念物会得到妥善的保管和展示。博物馆只需要发挥主动意识，合理引导群众发掘自己身边的物证，并经常推出反映家乡变化、群众生活变迁的主题展览，总能得到群众的支持。坚持做这项工作，基层博物馆的藏品将会越来越充实，藏品和展览越来越有地方特色，与政府、社会各界和群众的联系会越来越紧密，成为当地不可或缺的一类机构。

以上列举了博物馆的部分有用之用，建议博物馆举办者既要重视无用之用，也不要忽略博物馆的有用之用。非国有博物馆的举办者更要重视博物馆的有用之用，因为非国有博物馆在中国发展的时间只有二十多年，国外博物馆生存发展的成熟经验放在中国未必走得通。中国特色的非国有博物馆要想生存发展得好，要摸索出适合国情的路线，考虑好自身能给社会带来的有用之用。企业办的博物馆，要适当展示出对企业发展和盈利所提供的独特贡献，董事会看到有利可图，才肯源源不断地投入资源支持博物馆发展。个人和政府合作举办的博物馆，要适当展示出对所在地区政治经济文化所提供的独特贡献，政府经过综合评估，才有理由提供免费场地和办馆资金给博物馆。

（三）博物馆要设定合理目标

有的博物馆举办者会豪情万丈地说："我要办成中国最好的博物馆！我的博物馆是全世界最好的！我的博物馆藏品是全国最多的！我的博物馆展览是最牛的！……"如果实力跟得上，这些豪言壮语自然要说；如果实力跟不上，则容易沦为笑柄。实际上，有些博物馆并没有举办者说得那么好。这是为什么？是他们喜欢说大话吗？也并非如此，大部分博物馆举办者是原来行业中的优秀人士，具有冷静的智慧，他们这样说也可能是因为没有意识到自己在说大话。他们没有意识到自己说大话的原因，是他们没有对博物馆行业进行一个基本的了解和摸底，无知者无畏，说出了大话。如果媒体缺乏对博物馆行业概况的了解，也不对相关情况进行求证的时候，有时在冲动的热情之下会附和这样的大话，最终把笑话放大到新闻媒体中。

新筹建的博物馆，参与者可以在阅读本书的基础上，主动与本地区现有的博物馆、文物主管部门和专家建立联系，当然要确保所建立联系的博物馆是合法登记备案的，博物馆专家也是货真价实的。怎样知道博物馆是合法登记备案的？经合法登记备案的博物馆名单，可以通过查询国家文物局官方网站—办事服务—公共信息服务—全国博物馆名录得到，或者用搜索引擎搜索上一年度全国或者全省博物馆名录。但因为博物馆名录反映的是上一年度的博物馆名单，本年度 1 月 1 日以后新登记备案的博物馆可能未及时反映在名单上，你可以主动联系所在地区的文物主管部门，主管部门一般是当地文化广电旅游体育局或者文物局，它们掌握本地区所有合法登记备案的博物馆名单。如何知道联系的博物馆专家是货真价实的？同样也可以问询博物馆和文物主管部门。本地区其他博物馆、文物主管部门和博物馆专家，是博物馆行业重要的一部分，他们熟悉相关的法律政策、专业内容、行业动向，与他们建立联系，也就具备了融入博物馆行业的基础。如果有时间的话，最好多实地参观、走访几家博物馆，在家想一年，不如实地看半天。看的博物馆越多，对于自己的博物馆应该建成什么样子、确定什么定位、设定什么目标就会越清楚。对一家博物馆应该具备的建筑要求、空间布局、部门设置、各项功能，通过实地走访会体会得更深刻。

（四）博物馆要办出自身特色

举办博物馆要避免同质化，如果一个县政府要举办县博物馆，就不要像国家博物馆、省博物馆那样追求大而全，能够办成突出县域特色的精品小馆，也不会输于综合性博物馆。2017 年，习近平总书记在参观合浦汉代文化博物馆时指出，博物馆建设不要“千馆一面”，不要追求形式上的大而全，展出的内容要突出特色。全世界博物馆行业发展到现在，你能够想象到的博物馆种类，可能都有人在办。无论政府、企事业单位和个人，办馆资源都是有限的，要把有限的资源集中在自身的优势上面。如果你收藏的陶瓷是最好的，就不要跟人家拼玉器，把全部精力集中在陶瓷收藏、保护和研究上，收藏出精品，研究出深度，把最好的展厅、展柜和灯光资源都用在陶瓷的效果呈现上，让看过的观众深深记住你的特色。

（五）博物馆要融入行业发展

每一家博物馆，都是世界包括中国博物馆这个整体的一部分，无法脱离整个行业单独生存发展。政府部门出台对国有和非国有博物馆的扶持政策，也建立在相应区域已经存在一定数量博物馆的基础上。博物馆要打开局面，办出社会影响力，必然要定期更新展览、举办文化交流活动和教育活动，这就需要博物馆与国内外、省内外其他博物馆同行互借展品、互通有无、沟通消息、常来常往、互相捧场。我们还没有见过哪家博物馆不融入行业，纯粹靠自身力量就发展起来的，即便馆藏丰富、经济实力强如故宫博物院，也需要与国内外博物馆行业打成一片，与其他大小馆互通有无。

（六）博物馆要立志长久发展

博物馆有生有死，有起有伏，举办者需要做好充足的心理准备。全世界在一年之中有约 10000 家博物馆因疫情、经营不善等各种原因倒闭，这是残酷的现实。博物馆不是经营机构，收入来源本就受限，所以举办者应时刻把对闭馆的担心高悬在自己的脑海中。博物馆设立要花钱，运营要花钱，发展更要花钱，作为一个不挣钱的机构，只有认真为博物馆的资金来源做长远打算，才有可能把博物馆办成百年基业。实际上，世界上的百年大馆也不是很多，尤其非国有博物馆成为百年大馆更难，但是举办者如果不在办馆之初就立下百年志向，并做出相应规划和努力，则博物馆在社会变迁中要实现长久生存发展便会更难。

综合以上，初入博物馆行业的举办者，通过了解世界、中国和本地区的博物馆行业概况，有助于减少行业陌生感，较快融入行业工作。了解博物馆行业当前的发展阶段，才能正确认识你的博物馆所处的历史位置。了解博物馆行业的总体数量，才能意识到你的博物馆的稀缺度。了解博物馆行业大、中、小馆水平，才能清醒认识你的博物馆的真正实力，进而设定合理的发展目标和发展计划。掌握博物馆行业的整体发展方向，才能跟随大方向大潮流，跟随整个行业共同发展。本文所建议的办馆理念，是我们从大量博物馆走过的成功之路和失败弯路中提炼出的经验之谈，希望能帮助读者们避开别人的失败老路，从一开始就走在博物馆顺畅发展的康庄大道上。

广东省文化和旅游厅程国锋、深圳市宝安区世纪琥珀博物馆刘莹莹执笔

博物馆行业规则

随着博物馆行业的发展壮大，博物馆行业规则也越来越完备。博物馆从业者向我们咨询的问题很多是博物馆行业规则问题。熟悉并依照博物馆行业规则开展工作，博物馆的工作会更顺利更高效；不按照博物馆行业规则行事，博物馆工作则容易遇阻。本文所介绍的博物馆行业规则，包括博物馆相关法律法规、部门规章、规范性文件、重要文件、标准、国际公约和职业道德准则。我们建议所有博物馆工作者都了解一下博物馆行业规则。博物馆行业规则的内容很多，分布在不同的地方，博物馆工作者无须全面熟记，但是对于关键规则和行业规则的出处是有必要掌握的。我们将解析大部分博物馆行业规则的关键内容，并指出行业规则的查询方法。

一、博物馆相关法律法规

博物馆事业的大发展离不开博物馆法制的健全和完善，依法合规、有序繁荣是博物馆科学发展的应有之义。国家文物局《博物馆法规文件选编》提到：1982 年，《中华人民共和国文物保护法》颁布施行，奠定了中国博物馆事业的法制基础。为切实贯彻落实《中华人民共和国文物保护法》，2005 年国家文物局出台《博物馆管理办法》。2015 年，国务院出台《博物馆条例》，这是我国博物馆行业第一部行政法规。本部分主要介绍与博物馆行业相关性最强的几部法律法规，分别是《中华人民共和国文物保护法》《中华人民共和国文物保护法实施条例》《博物馆条例》。熟悉以上三部法律法规，有助于对博物馆行业的规则形成整体性和根本性理解。同时，也简要介绍一下与博物馆行业密切相关的其他几部法律和地方性法规。

（一）《中华人民共和国文物保护法》和《中华人民共和国文物保护法实施条例》

《中华人民共和国文物保护法》（以下简称《文物保护法》）是关于文物的综合性法律，该法由第五届全国人民代表大会常务委员会于 1982 年 11 月通过并施行，是我国在文物方面位阶最高的法律，《博物馆条例》也遵循该法。该法随着文物和博物馆事业的发展历经 5 次修正和 1 次修订，当前版本为 2017 年 11 月第十二届全国人民代表大会常务委员会修改。该法第四章“馆藏文物”对博物馆的核心馆藏文物进行了规定，第六章“文物出境进境”对博物馆的出境进境展览进行了规定。《中华人民共和国文物保护法实施条例》（以下简称《实施条例》）根据《文物保护法》制定，对《文物保护法》相关条款进行了细化，目前已历经 4 次修订。本文主要介绍以上两部法律中的四个要点，分别是：文物认定和定级；馆藏文物合法来源；馆藏文物修复、复制、拓印；馆藏文物出境进境。

1. 文物认定和定级

《文物保护法》第二条规定：在中华人民共和国境内，下列文物受国家保护：具有历史、艺术、科学价值的古文化遗址、古墓葬、古建筑、石窟寺和石刻、壁画；与重大历史事件、革命运动或者著名人物有关的以及具有重要纪念意义、教育意义或者史料价值的近代现代重要史迹、实物、代表性建筑；历史上各时代珍贵的艺术品、工艺美术品；历史上各时代重要的文献资料以及具有历史、艺术、科学价值的手稿和图书资料等；反映历史上各时代、各民族社会制度、社会生产、社会生活的代表性实物。文物认定的标准和办法由国务院文物行政部门制定，并报国务院批准。具有科学价值的古脊椎动物化石和古人类化石同文物一样受国家保护。第三条第二款规定：历史上各时代重要实物、艺术品、文献、手稿、图书资料、代表性实物等可移动文物，分为珍贵文物和一般文物；珍贵文物分为一级文物、二级文物、三级文物。

2001 年 4 月，原文化部根据《文物保护法》和《实施条例》制定了《文物藏品定级标准》。标准明确：文物藏品分为珍贵文物和一般文物。珍贵文物分为一、二、三级。具有特别重要历史、艺术、科学价值的代表性文物为一级文物；具有重要历史、艺术、科学价值的为二级文物；具有比较重要历史、艺术、科学价值的为三级文物。具有一定历史、艺术、科学价值的为一般文物。标准分别用详细的篇幅列举了一级文物、二级文物、三级文物和一般文物的定级标准。以一级文物为例，其标准如下：反映中国各个历史时期的生产关系及其经济制度、政治制度，以及有关社会历史发展的特别重要的代表性文物；反映历代生产力的发展、生产技术的进步和科学发明创造的特别重要的代表性文物；反映各民族社会历史发展和促进民族团结、维护祖国统一的特别重要的代表性文物；反映历代劳动人民反抗剥削、压迫和著名起义领袖的特别重要的代表性文物；反映历代中外关系和在政治、经济、军事、科技、教育、文化、艺术、宗教、卫生、体育等方面相互交流的特别重要的代表性文物；反映中华民族抗御外侮、反抗侵略的历史事件和重要历史人物的特别重要的代表性文物；反映历代著名的思想家、政治家、军事家、科学家、发明家、教育家、文学家、艺术家等特别重要的代表性文物，著名工匠的特别重要的代表性作品；反映各民族生活习俗、文化艺术、工艺美术、宗教信仰的具有特别重要价值的代表性文物；中国古旧图书中具有特别重要价值的代表性的善本；反映有关国际共产主义运动中的重大事件和杰出领袖人物的革命实践活动，以及为中国革命做出重大贡献的国际主义战士的特别重要的代表性文物；与中国近代（1840—1949）历史上的重大事件、重要人物、著名烈士、著名英雄模范有关的特别重要的代表性文物；与中华人民共和国成立以来的重大历史事件、重大建设成就、重要领袖人物、著名烈士、著名英雄模范有关的特别重要的代表性文物；与中国共产党和近代其他各党派、团体的重大事件，重要人物、爱国侨胞及其他社会知名人士有关的特别重要的代表性文物；其他具有特别重要历史、艺术、科学价值的代表性文物。

2009 年 8 月，原文化部根据《文物保护法》制定了《文物认定管理暂行办法》，对文物认定和定级的程序进行了详细规定。至此，关于文物认定和定级工作的标准、程序规则基本齐全。

经常有博物馆工作者自豪地说："我馆的文物是很珍贵的，我馆的文物是国宝，我馆的文物是一级的……"但是有时他们说的"珍贵"只是自己觉得珍贵，并不是法律层面的"珍贵文物"。"国宝"这个词，在法律法规和政府文件中没有提及，只是民间的朴素称呼。一级文物、二级文物、三级文物、一般文物，是要经过严格的文物认定和定级程序才能认定的。建议博物馆工作者应当了解文物认定和定级的规则，按照标准和程序申请，以免在档案和宣传中出现错误。

2. 馆藏文物合法来源

《文物保护法》明确了博物馆取得文物的合法方式。该法第三十七条规定，文物收藏单位可以通过下列方式取得文物：购买；接受捐赠；依法交换；法律、行政法规规定的其他方式。国有文物收藏单位还可以通过文物行政部门指定保管或者调拨方式取得文物。该法第五十条规定，文物收藏单位以外的公民、法人和其他组织可以收藏通过下列方式取得的文物：依法继承或者接受赠与；从文物商店购买；从经营文物拍卖的拍卖企业购买；公民个人合法所有的文物相互交换或者依法转让；国家规定的其他合法方式。文物收藏单位以外的公民、法人和其他组织收藏的前款文物可以依法流通。《实施条例》第三十八条规定：文物收藏单位以外的公民、法人和其他组织，可以依法收藏文物，其依法收藏的文物的所有权受法律保护。公民、法人和其他组织依法收藏文物的，可以要求文物行政主管部门对其收藏的文物提供鉴定、修复、保管等方面的咨询。这一条对公民收藏文物的所有权进行了明确保护，并规定公民可以要求文物主管部门对其收藏的文物提供鉴定、修复、保管等方面的咨询。

同时，《文物保护法》也明确了取得文物方式的禁止性规定。该法第五十一条规定，公民、法人和其他组织不得买卖下列文物：国有文物，但是国家允许的除外；非国有馆藏珍贵文物；国有不可移动文物中的壁画、雕塑、建筑构件等，但是依法拆除的国有不可移动文物中的壁画、雕塑、建筑构件等不属于本法第二十条第四款规定的应由文物收藏单位收藏的除外；来源不符合本法第五十条规定的文物。该条中的国有文物是什么？该法第五条对此有详细规定：中华人民共和国境内地下、内水和领海中遗存的一切文物，属于国家所有。古文化遗址、古墓葬、石窟寺属于国家所有。国家指定保护的纪念建筑物、古建筑、石刻、壁画、近代现代代表性建筑等不可移动文物，除国家另有规定的以外，属于国家所有。国有不可移动文物的所有权不因其所依附的土地所有权或者使用权的改变而改变。下列可移动文物，属于国家所有：中国境内出土的文物，国家另有规定的除外；国有文物收藏单位以及其他国家机关、部队和国有企业、事业组织等收藏、保管的文物；国家征集、购买的文物；公民、法人和其他组织捐赠给国家的文物；法律规定属于国家所有的其他文物。属于国家所有的可移动文物的所有权不因其保管、收藏单位的终止或者变更而改变。国有文物所有权受法律保护，不容侵犯。

收藏文物的国有博物馆和非国有博物馆，应当熟记以上规定，因为这是博物馆征集文物的底线和红线。触碰这些规定的行为，对博物馆和博物馆工作者的影响是很大的。《新京报》2019 年 6 月 9 日新闻《从西北盗墓头子手中买赃，揣着明白装糊涂？》讲述了一个案例，涉及的单位和个人，本文以某馆某馆长替代：“由公安部挂牌督办的陕西淳化‘7・20’盗墓大案，一举打掉盗掘、倒卖文物犯罪团伙 8 个，破获被盗掘案件96起，追回被盗文物1000余件，包括100余件青铜编钟、汉代陶俑等罕见文物。也正是由这起惊天大案，挖出了西北盗墓‘一号人物’孟老大，也让非国有博物馆馆长张某某‘浮出水面’。因被控从西北盗墓‘一号人物’孟老大处非法购买文物，甘肃省原政协委员、某馆馆长张某某于6月5日上午受审。检方起诉称，张某某明知涉案文物是赃物，为了博物馆馆藏的需要，非法予以收购，应当以掩饰隐瞒犯罪所得罪追究被告单位某馆的刑事责任，被告人张某某系被告单位某馆法定代表人，应当依法追究其刑事责任。”该案经陕西省中级人民法院审理、陕西省人民检察院审查、陕西省高级人民法院裁定，最终陕西省咸阳市人民检察院发出不起诉决定书："审查查明，某馆所购的文物是非法盗掘出土的涉案文物。不起诉决定书认为，被不起诉单位某馆及被不起诉人张某某的上述收购行为是出于馆藏的需要，并非谋取非法利益，且并未造成涉案文物的流失和损毁，情节显著轻微、危害不大，不构成犯罪。决定对某馆及张某某不起诉。查封、扣押、冻结的与本案无关的物品及款项应返还被不起诉单位及被不起诉人。”该案在国内博物馆行业曾引发热议，很多非国有博物馆及其馆长都经此一案开始关心文物的合法来源这个法律问题。经常有博物馆工作者问："出土出水文物能不能购买？"从以上的法律条文就可以看出，出土出水文物属于国家所有，是不能购买的，非法盗掘的出土出水文物更不能购买，买了之后要承担相应法律责任。有人问："古玩城和街边走鬼档的文物能不能买？"《文物保护法》第五十五条对此有明确回答：除经批准的文物商店、经营文物拍卖的拍卖企业外，其他单位或者个人不得从事文物的商业经营活动。如果古玩城和街边走鬼档没有取得合法文物买卖资格，其文物经营也是非法的。

3. 馆藏文物修复、复制、拓印

对馆藏文物的修复、复制、拓印工作，《文物保护法》和《实施条例》进行了明确规定。《文物保护法》第四十六条规定：修复馆藏文物，不得改变馆藏文物的原状；复制、拍摄、拓印馆藏文物，不得对馆藏文物造成损害。具体管理办法由国务院制定。不可移动文物的单体文物的修复、复制、拍摄、拓印，适用前款规定。《实施条例》第三十二、三十三、三十四条对馆藏文物的修复、复制、拓印的审批权限、单位条件和审批程序进行了更加详细的规定。其中，第三十三条规定：从事馆藏文物修复、复制、拓印的单位，应当具备下列条件：有取得中级以上文物博物专业技术职务的人员；有从事馆藏文物修复、复制、拓印所需的场所和技术设备；法律、行政法规规定的其他条件。根据以上规定，国家文物局于2011年1月印发了《文物复制拓印管理办法》，于2014年7月印发了《可移动文物修复管理办法》。这两个办法对可移动文物修复、复制、拓印的资质管理和工作管理进行了更加详细和量化的规定，便于实际工作中文物主管部门、博物馆和资质单位依据统一的标准来实施。

4. 馆藏文物出境进境

《文物保护法》的第六章标题是“文物出境进境”，从第六十条至第六十三条，对文物出境进境的审批权限、程序、禁止条款进行了规定。相应地，《实施条例》第六章从第四十四条至第五十三条，随之进行了细化规定。随着文物出境进境事项的增多，2005 年 5 月，为规范文物出境展览的管理，国家文物局根据《文物保护法》和《实施条例》，印发了《文物出境展览管理规定》。2010 年 6 月，国家文物局印发了《文物入境展览管理暂行规定》。至此，文物出境进境展览都有了详细的规定。博物馆要举办文物出境进境展览的，要根据规定逐级报送至国家文物局审批，凭国家文物局批复文件在海关办理出境进境手续。2017 年 11 月，国家文物局印发了《文物进境展览备案表》，对文物进境展览的审批程序进行了大幅调整：办展单位应当在文物进境展览举办前，向所在地文物主管部门备案，填写《文物进境展览备案表》并提供相关材料。办展单位对完成备案的展览材料，按规定要求向文物进出境审核机构和海关申报文物进出境。从这一文件可以看出，文物进境展览无须审批，备案即可。

（二）《博物馆条例》

中华人民共和国国务院于 2015 年 2 月出台的《博物馆条例》，是我国博物馆行业第一部行政法规。该条例产生于中国博物馆蓬勃发展时期，规范了博物馆的设立、变更和终止程序，在设立条件、税收优惠等方面对国有和非国有博物馆一视同仁，要求加强藏品尤其是文物藏品的保护和管理，禁止博物馆获得来源不明或不合法的藏品，同时支持博物馆事业发展，鼓励博物馆向社会免费开放，强化服务教育、科研、文化建设和大众生活的社会功能，开发相关文化创意产品，丰富人民群众精神文化生活。条例体现了立法意图，是为了鼓励博物馆事业发展。本文主要介绍该条例的五个要点，分别是：博物馆的分类；博物馆设立、变更、终止的备案手续；博物馆设立条件；博物馆接受捐赠规定和税收优惠政策；博物馆经营规定。

1. 博物馆的分类

《博物馆条例》第二条第二款规定：博物馆包括国有博物馆和非国有博物馆。

利用或者主要利用国有资产设立的博物馆为国有博物馆；利用或者主要利用非国有资产设立的博物馆为非国有博物馆。在此之前，非国有博物馆在政府文件中和民间都称为“民办博物馆”，在此之后，法律法规和正式文件中统一称为“非国有博物馆”。但是，民间习惯的力量还是很强大，在有些新闻报道中还会见到民办博物馆的叫法，这两个叫法指的是同一类主体。

国家文物局组织的博物馆年度统计工作，是按照三分法对博物馆分类的：文物、行业、非国有博物馆。国有博物馆中，又分为文物系统直接举办和管理的博物馆，即文物博物馆，以及其他政府部门和国有企事业单位等机构举办和管理的博物馆，即行业博物馆。很多人误把行业博物馆当做非国有博物馆，在这个三分法口径中，行业博物馆不是指各行各业举办的博物馆，也不是非国有博物馆，这是需要注意的。

近年来，随着合作办馆模式和其他组织举办博物馆现象的出现，博物馆的国有和非国有性质越来越难以分辨。国家机关、国有企事业单位与非国有企业、个人合作举办博物馆时，双方会拿出博物馆机构、土地、场馆、藏品、运营资金、人员等有形资产和无形资产来合作，其中有的属于国有资产，有的属于非国有资产，并且有些资产的定量核算无法做到特别准确，所以有时举办者和文物主管部门都难以确定博物馆的性质。在有的博物馆工作者观念中，藏品尤其是文物是无价的，如果估价的话是对文物的不尊重，加上国内能够对文物进行估价的权威机构不是很多，导致资产定量核算工作更加不易。博物馆的性质如果无法确定，则设立手续也无法确定。在实际工作中，我们发现很多通过合作模式举办、同时包含国有资产和非国有资产的博物馆，对自身的性质没有特别在意，也分不清自身是否利用或者主要利用国有资产设立。有的乡村也会举办博物馆，村所有的资产属于集体资产，不属于国有资产，但是有的举办者以为自身属于国有博物馆。要解决这个难题，一方面需要法律法规进一步完善灵活，充分跟上博物馆行业中合作办馆的新模式，一方面需要文物资产的估价机制成熟完善。

2. 博物馆设立、变更、终止的备案手续

《博物馆条例》第十二条规定：国有博物馆的设立、变更、终止依照有关事业单位登记管理法律、行政法规的规定办理，并应当向馆址所在地省、自治区、直辖市人民政府文物主管部门备案。该法第十三条规定：藏品属于古生物化石的博物馆，其设立、变更、终止应当遵守有关古生物化石保护法律、行政法规的规定，并向馆址所在地省、自治区、直辖市人民政府文物主管部门备案。该法第十四条规定：设立藏品不属于古生物化石的非国有博物馆的，应当向馆址所在地省、自治区、直辖市人民政府文物主管部门备案。该法第十五条规定：设立藏品不属于古生物化石的非国有博物馆的，应当到有关登记管理机关依法办理法人登记手续。前款规定的非国有博物馆变更、终止的，应当到有关登记管理机关依法办理变更登记、注销登记，并向馆址所在地省、自治区、直辖市人民政府文物主管部门备案。以上四条确定了国有博物馆和非国有博物馆的设立、变更、终止手续的方向。更具体的内容，可以阅读本书《博物馆设立手续》一文。

3. 博物馆设立条件

《博物馆条例》第十条规定，设立博物馆，应当具备下列条件：固定的馆址以及符合国家规定的展室、藏品保管场所；相应数量的藏品以及必要的研究资料，并能够形成陈列展览体系；与其规模和功能相适应的专业技术人员；必要的办馆资金和稳定的运行经费来源；确保观众人身安全的设施、制度及应急预案。博物馆馆舍建设应当坚持新建馆舍和改造现有建筑相结合，鼓励利用名人故居、工业遗产等作为博物馆馆舍。新建、改建馆舍应当提高藏品展陈和保管面积占总面积的比重。该条在定性方面列明了条件，但是缺少定量的指标，在实际工作中，申请人无法按照具体的标准来准备申请材料，文物主管部门也无法按照统一的标准来审核。为了解决这个问题，国家文物局于 2015 年 3 月紧接着印发《关于贯彻执行〈博物馆条例〉的实施意见》，根据《博物馆条例》中的设立条件要求提出了定量指标。该文件第三条要求：博物馆展厅（室）面积应与展览规模相适应，原则上不宜低于馆舍建筑面积的 40% 或小于 400 平方米。博物馆藏品应真实可靠且来源合法，原则上不应少于 300 件 / 套。虽然该文件不属于强制性要求，但其在没有更具体依据的前提下，提供了一个便于操作的依据，便于各级文物行政部门据此审核博物馆的设立条件。

4. 博物馆接受捐赠规定和税收优惠政策

向博物馆捐赠文物是国家鼓励的行为。《文物保护法》第十二条规定，有下列事迹的单位或者个人，由国家给予精神鼓励或者物质奖励：将个人收藏的重要文物捐献给国家或者为文物保护事业作出捐赠的。《文物保护法》第三十七条规定，文物收藏单位可以通过下列方式取得文物：接受捐赠。该法第五十二条规定：国家鼓励文物收藏单位以外的公民、法人和其他组织将其收藏的文物捐赠给国有文物收藏单位或者出借给文物收藏单位展览和研究。国有文物收藏单位应当尊重并按照捐赠人的意愿，对捐赠的文物妥善收藏、保管和展示。接受捐赠也是博物馆取得藏品的重要途径。《博物馆条例》第二十一条规定：博物馆可以通过购买、接受捐赠、依法交换等法律、行政法规规定的方式取得藏品，不得取得来源不明或者来源不合法的藏品。

捐赠可以获得的权益。《博物馆条例》第二十条规定：博物馆接受捐赠的，应当遵守有关法律、行政法规的规定。博物馆可以依法以举办者或者捐赠者的姓名、名称命名博物馆的馆舍或者其他设施；非国有博物馆还可以依法以举办者或者捐赠者的姓名、名称作为博物馆馆名。与捐赠相关的法律还有《中华人民共和国公益事业捐赠法》《中华人民共和国慈善法》等。

《博物馆条例》第六条规定：博物馆依法享受税收优惠。依法设立博物馆或者向博物馆提供捐赠的，按照国家有关规定享受税收优惠。根据这个条文，无论国有博物馆还是非国有博物馆都可以接受捐赠，也可以享受税收优惠。一般来说，博物馆成立以后即可以接受资金和实物捐赠，但是接受资金和实物捐赠以后的税收优惠并不是自然而来的，而是需要通过后续的手续才可以申请。博物馆的税收优惠有多种，既包括博物馆自身能够申请到的税收优惠，也包括博物馆的捐赠者享有的税收优惠，这里主要讲后者。

《中华人民共和国公益事业捐赠法》第二十四条规定：公司和其他企业依照本法的规定捐赠财产用于公益事业，依照法律、行政法规的规定享受企业所得税方面的优惠。该法第二十五条规定：自然人和个体工商户依照本法的规定捐赠财产用于公益事业，依照法律、行政法规的规定享受个人所得税方面的优惠。国家文物局于2017年7月印发的《关于进一步推动非国有博物馆发展的意见》提出：支持非国有博物馆依法申请登记为慈善组织，接受社会捐赠并享受相关税收优惠、金融政策支持。鼓励有条件的非国有博物馆依法取得公开募捐资格或发起设立基金会，多渠道筹措发展经费。对于非国有博物馆接受捐赠形成的财产应当根据《慈善法》《公益事业捐赠法》的有关规定加以严格管理。支持非国有博物馆从事文化创意产品开发并享受相关扶持政策。支持非国有博物馆申请相关文化产业发展专项资金及税收、投融资服务等优惠政策。中共中央宣传部、国家发展和改革委员会、教育部、科技部、民政部、财政部、人力资源和社会保障部、文化和旅游部、国家文物局于2021年5月联合印发的《关于推进博物馆改革发展的指导意见》，对非国有博物馆的税收政策进行了进一步明确，该文件第十九条提出，博物馆认定为非营利组织的，其符合条件的捐赠收入按规定享受免税政策。企业或个人等通过公益性社会组织、县级以上人民政府及其部门等国家机关，向博物馆进行公益性捐赠的，按规定享受所得税税前扣除政策。在实际工作中，博物馆的税收优惠要落到实处，涉及文物、民政、财政、税务多部门，申请人需要详细了解其中的法律条文和操作规定，具体内容可以阅读本书中《博物馆慈善组织认定》一文，也可以延伸阅读李无言《我国非国有博物馆税收优惠政策的现状问题与完善路径初探》。

5. 博物馆经营规定

《博物馆条例》第十九条规定：博物馆不得从事文物等藏品的商业经营活动。博物馆从事其他商业经营活动，不得违反办馆宗旨，不得损害观众利益。博物馆从事其他商业经营活动的具体办法由国家文物主管部门制定。金锦萍于 2015 年 3 月发表在中国政府法制信息网的《〈博物馆条例〉专家系列解读文章系列之四——漫谈博物馆的“非营利性”》对此有详尽的阐述：“‘非营利性’并不排除博物馆从事经营性活动的可能性，而且从实践来看，博物馆的确通过艺术纪念品销售、开设咖啡馆等方式获得收入。这也符合世界范围内非营利组织的发展趋势。美国著名学者莱斯特·M. 萨拉蒙对全球 22 个国家的非营利组织比较研究结果表明：非营利组织的收入来源包括慈善事业、会费和公共部门的支持，而仅会费和其他商业收入就占非营利组织总收入的近一半（49%）。这样的政策选择表明了各国政府意欲为非营利组织的发展提供更好的环境和物质条件。为此，《条例》也专门规定，‘鼓励博物馆多渠道筹措资金促进自身发展’，‘鼓励博物馆挖掘藏品内涵，与文化创意、旅游等产业相结合，开发衍生产品，增强博物馆发展能力’。博物馆为实现资产保值增值，持续开展公益慈善事业，可合法、安全、有效地从事经营性活动。但是博物馆从事经营性活动不得违反和削弱公益组织的宗旨和使命。经营性活动的规模应以公益事业的合理发展为目的，以从事公益事业的支出为必要限度，且应与博物馆的实际情况相适应，正如《条例》所规定的，‘博物馆从事其他商业经营活动，不得违反办馆宗旨，不得损害观众利益’。博物馆从事经营性活动的，应恪守‘禁止利益分配原则’，扣除合理成本之后，收益需继续用于博物馆的公益宗旨和目的，不得分配给任何组织和个人。博物馆需谨慎选择经营性活动的领域和方式，避免从事高风险的投资活动；建构风险控制机制，适时提取风险准备金；博物馆的理事会需尽到谨慎投资人的注意义务。我国的博物馆事业发展需要在下列两种价值中艰难地寻找平衡：坚持非营利性和维持自身可持续发展。《条例》对于博物馆法律性质的界定和有关规定正是寻求这一平衡的努力。”

2016 年 5 月，为深入发掘文化文物单位馆藏文化资源，发展文化创意产业，开发文化创意产品，国务院办公厅转发文化部、国家发展改革委、财政部、国家文物局《关于推动文化文物单位文化创意产品开发的若干意见》。文件要求具备条件的文化文物单位应结合自身情况，依托馆藏资源、形象品牌、陈列展览、主题活动和人才队伍等要素，积极稳妥推进文化创意产品开发，促进优秀文化资源的传承传播与合理利用。鼓励文化文物单位与社会力量深度合作，建立优势互补、互利共赢的合作机制，拓宽文化创意产品开发投资、设计制作和营销渠道，加强文化资源开放，促进资源、创意、市场共享。2021 年 8 月，为进一步推动文化文物单位文化创意产品开发，经国务院同意，文化和旅游部、中共中央宣传部、国家发展和改革委员会、财政部、人力资源和社会保障部、市场监管总局、国家文物局、国家知识产权局等八部门联合印发了《关于进一步推动文化文物单位文化创意产品开发的若干措施》，文件要求坚持把社会效益放在首位、实现社会效益和经济效益相统一，鼓励开发兼具艺术性和实用性、适应现代生活需要、符合市场消费需求的文化创意产品。

（三）与博物馆有密切关系的其他几部法律法规

除了以上三部与博物馆相关性较强的法律法规，还有几部法规与博物馆有密切关系，分别是《中华人民共和国公共文化服务保障法》《中华人民共和国民法典》《民办非企业单位登记管理暂行条例》《古生物化石保护条例》。《中华人民共和国公共文化服务保障法》对包括博物馆在内的所有公共文化服务机构的建设管理、服务提供和保障措施等进行了规范。《中华人民共和国民法典》《民办非企业单位登记管理暂行条例》中涉及民办非企业机构的权利、义务、程序等，与非国有博物馆密切相关。《古生物化石保护条例》对古生物化石征集、保管和陈列的相关规定，与利用古生物化石建设的博物馆密切相关。下面以《公共文化服务保障法》为例，简要介绍一下这几部法律对博物馆的有用性。

《公共文化服务保障法》由中华人民共和国第十二届全国人民代表大会常务委员会于 2016 年 12 月通过，弥补了我国文化立法的短板。该法要求公共文化设施选址应当征求公众意见，符合其功能和特点，有利于发挥其作用。该法第十九条规定：任何单位和个人不得擅自拆除公共文化设施，不得擅自改变公共文化设施的功能、用途或者妨碍其正常运行，不得侵占、挪用公共文化设施，不得将公共文化设施用于与公共文化服务无关的商业经营活动。因城乡建设确需拆除公共文化设施，或者改变其功能、用途的，应当依照有关法律、行政法规的规定重建、改建，并坚持先建设后拆除或者建设拆除同时进行的原则。这样的保护性条款，会对城市建设和博物馆的博弈产生决定性的作用。2020 年 11 月 4 日，南方新闻网以《广州东山口征拆最新回应：陈树人纪念馆、越秀区图书馆等房屋暂不拆迁》为题报道了以下事例：

“刚刚，广州地铁发布了《关于十号线署前路站建设拆迁的情况说明》，只拆除车站建设范围内的房屋。经过广泛征求意见，有关部门研究确定，十号线署前路站与东山口站的换乘通道按远期实施思路开展深化研究，过程中将广泛听取各方意见。位于署前路上的陈树人纪念馆、越秀区图书馆等房屋暂不拆迁。”陈树人纪念馆在广东博物馆名录中，是登记在册的博物馆，与越秀区图书馆一样都属于公共文化设施。有相关法律的规定，加上市民的热切关注，广州地铁及时回应了社会关切，对这两家单位暂不拆迁。

（四）博物馆相关地方性法规

地方性法规指法定的地方国家权力机关（人大及其常委会）依照法定的权限，在不与宪法、法律和行政法规相抵触的前提下，制定和颁布的在本行政区域范围内实施的规范性法律文件。《广东省实施〈中华人民共和国文物保护法〉办法》《湖北省文物保护管理规定》《北京市博物馆条例》《太原市博物馆促进条例》《广州市博物馆规定》等，都是一些省市从本地区博物馆发展的现实需求出发，根据《中华人民共和国文物保护法》《博物馆条例》制定的适合本地区博物馆发展的法规。这些地方的博物馆创办者，应当同时学习遵守本地区的博物馆相关地方性法规。

二、博物馆相关部门规章和规范性文件

博物馆相关部门规章、规范性文件，在本文中是指作为全国博物馆业务监督管理部门的文化和旅游部（原“文化部”）和国家文物局发布的部门规章、规范性文件，主要形式有命令、规定、办法等。部门规章主要有《文物认定管理暂行办法》《文物进出境审核管理办法》《博物馆管理办法》《文物藏品定级标准》等；规范性文件主要有《可移动文物修复管理办法》《博物馆定级评估办法》《博物馆定级评估标准》《关于民办博物馆设立的指导意见》《文物复制拓印管理办法》《文物入境展览管理暂行规定》《文物出境审核标准》《文物出境展览管理办法》《博物馆藏品管理办法》等。

2015 年 3 月《博物馆条例》出台之前，文化部于 2005 年 12 月印发的《博物馆管理办法》在博物馆行业的管理中起到了重要的规范作用，其对博物馆设立、运营的方方面面进行了规定。《博物馆条例》出台之后，很多博物馆工作者会询问《博物馆管理办法》有没有废止。实际上，《博物馆管理办法》没有随之废除，其与《博物

馆条例》抵触的条款相应失效，不抵触的条款继续有效。如《博物馆管理办法》规定博物馆设立方式是审批制，《博物馆条例》要求设立方式是备案制，则审批制的相应程序和条件废止。但是，《博物馆条例》没有更改的部分如博物馆藏品退出等，《博物馆管理办法》相关条款继续有效。

《博物馆定级评估办法》《博物馆定级评估标准》是关于全国博物馆定级评估的重要规范性文件和标准，国家文物局和中国博物馆协会据此实施全国博物馆定级评估工作。定级评估工作每三年开展一次，对参评博物馆的软硬件进行精细打分，能够获评国家一、二、三级博物馆，代表了国家对一个博物馆综合质量的认可，也是各级政府对博物馆进行科学管理和政策扶持的重要依据。博物馆如果对该办法不了解，有时会闹出笑话，如有的博物馆自我感觉良好，认为自己的博物馆一级棒，就会对外宣传自己是国家一级博物馆。

《文物认定管理暂行办法》《文物进出境审核管理办法》《文物藏品定级标准》属于博物馆领域更细的部门规章；《可移动文物修复管理办法》《文物复制拓印管理办法》《文物入境展览管理暂行规定》《文物出境审核标准》《文物出境展览管理办法》《博物馆藏品管理办法》属于博物馆领域更细的规范性文件，分别从博物馆藏品管理、文物认定、文物定级、文物进出境、古人类化石和古脊椎动物化石、可移动文物修复、复制、拓印等方面进行了规定。

三、博物馆相关重要文件

博物馆相关重要文件，在本文中是指由较高部门如中共中央、国务院、相关国家部门等发布、对博物馆行业较长时期内有持续影响的重要文件，其重要性也不容忽视。有的重要文件也涉及对博物馆的运营发展的要求。本文主要介绍《关于全国博物馆、纪念馆免费开放的通知》《关于加强文物保护利用改革的若干意见》《国务院关于进一步加强文物工作的指导意见》《关于推动文化文物单位文化创意产品开发的若干意见》《关于进一步推动非国有博物馆发展的意见》和《关于推进博物馆改革发展的指导意见》。

中共中央宣传部、财政部、文化部、国家文物局四部委于 2008 年 1 月印发《关于全国博物馆、纪念馆免费开放的通知》，要求全国各级文化文物部门归口管理的公共博物馆、纪念馆，全国爱国主义教育示范基地全部免费开放。其中，文物建筑及遗址类博物馆暂不实行全部免费开放，继续对未成年人、老年人、现役军人、残疾人和低收入人群等特殊群体实行减免门票等优惠政策。博物馆、纪念馆按照市场化运作举办的特别（临时）展览，可根据实际情况确定门票价格。文件要求各级财政部门应将博物馆、纪念馆免费开放相关经费纳入财政预算，切实予以保障。这个文件确立的博物馆免费开放政策一直持续到现在，对全行业产生了巨大影响。

中共中央办公厅、国务院办公厅于 2018 年 10 月印发了《关于加强文物保护利用改革的若干意见》，要求："强化国家站位、主动服务大局，加强文物价值的挖掘阐释和传播利用，让文物活起来，发挥文物资源独特优势，为推动实现中华民族伟大复兴中国梦提供精神力量。"文件同时也提出："激发博物馆创新活力，分类推进博物馆法人治理结构建设，赋予博物馆更大办馆自主权。发展智慧博物馆，打造博物馆网络矩阵。鼓励文物博物馆单位开发文化创意产品，其所得收入按规定纳入本单位预算统一管理，可用于公共服务、藏品征集、对符合规定的人员予以绩效奖励等。落实非国有博物馆支持政策，依法依规推进非国有博物馆法人财产权确权。"

2016 年 3 月印发的《国务院关于进一步加强文物工作的指导意见》，提出为保障人民群众基本文化权益服务，完善博物馆公共文化服务功能，扩大公共文化服务覆盖面，将更多的博物馆纳入财政支持的免费开放范围。建立博物馆免费开放运行绩效评估管理体系。加强革命老区、民族地区、边疆地区、贫困地区博物馆建设，促进博物馆公共文化服务标准化、均等化。考古发掘单位要依法向博物馆移交文物。推动博物馆由数量增长向质量提升转变，完善服务标准，提升基本陈列质量，提高藏品利用效率，促进馆藏资源、展览的共享交流。实施智慧博物馆项目，推广生态博物馆、流动博物馆，有条件的地方可以建立社区博物馆。

2016 年 5 月，国务院办公厅转发文化部、国家发展和改革委员会、财政部、国家文物局《关于推动文化文物单位文化创意产品开发的若干意见》，要求充分调动文化文物单位和社会力量两方面积极性，加强文化资源开放和共享，鼓励文化文物单位与社会力量深度合作，吸引社会力量参与研发、生产、经营。博物馆馆藏资源丰富，一直是文化创意产品开发工作的富矿和重要依托单位。这是全国首次在国务院办公厅层面对博物馆文化创意产品开发进行了倡导和扶持。该文件印发以来，文化文物单位按照要求推动文化创意产品开发，取得了一定成绩，但也面临试点政策落实没有完全到位、激励机制有待完善等问题。2021 年 8 月，经国务院同意，文化和旅游部、中共中央宣传部、国家发展和改革委员会、财政部、人力资源和社会保障部、市场监管总局、国家文物局、国家知识产权局印发了《关于进一步推动文化文物单位文化创意产品开发的若干措施》，在把握正确导向、推进先行先试、健全收入分配机制、用好税收优惠政策、增强文化创意产品开发主体活力、提升知识产权评估管理水平等方面进行了进一步规范和扶持。

国家文物局于 2017 年 7 月印发了《关于进一步推动非国有博物馆发展的意见》，提出非国有博物馆要加快现代博物馆的制度建设，要落实法人财产权，健全退出机制，探索建立信息公开和信用档案制度。以健全退出机制为例，该文件提出：非国有博物馆设立应以永久性为目标，如因特殊原因确需终止的，不得向举办者、出资者或理事等分配剩余财产。剩余财产应当按照相关法律、法规和本馆章程的有关规定用于公益目的。非国有博物馆终止后的藏品应优先转让给宗旨相同或者相近的博物馆；没有宗旨相同或者相近博物馆接收的，应由省级文物主管部门主持转让给其他博物馆并向社会公告。省级文物主管部门负责结合本省实际制定具体办法。

中共中央宣传部、国家发展和改革委员会、教育部、科技部、民政部、财政部、人力资源和社会保障部、文化和旅游部、国家文物局于 2021 年 5 月印发的《关于推进博物馆改革发展的指导意见》，是建设文化强国宏伟目标下博物馆事业繁荣的纲领性文件，意义重大。文件提出，党的十八大以来，我国博物馆在场馆建设、文物保护、藏品研究、陈列展览、开放服务、教育传播、国际交流等方面不断取得新进展，日益成为世界博物馆发展的中心和热点。但同时也要看到，博物馆发展不平衡不充分与人民美好生活需要之间的矛盾仍很突出，在发展定位、体系布局、功能发挥、体制机制等方面尚需完善提升。提出了中国博物馆的发展目标，到 2025 年，形成布局合理、结构优化、特色鲜明、体制完善、功能完备的博物馆事业发展格局，博物馆发展质量显著提升，在弘扬中华优秀传统文化、革命文化和社会主义先进文化，构建公共文化服务体系、服务人民美好生活，推动经济社会发展、促进人类文明交流互鉴中的作用更加彰显。到 2035 年，中国特色博物馆制度更加成熟定型，博物馆社会功能更加完善，基本建成世界博物馆强国，为全球博物馆发展贡献中国智慧、中国方案。该文件经过长期调查研究，颇多创新之处，有许多名词和措施是历史首创，对中国博物馆未来很长一段时间的发展具有极强的指导作用，值得每位博物馆工作者认真研读，深入思考，顺势而为，融入中国博物馆发展的大局中。

四、博物馆相关标准

博物馆相关标准，在本文中是指博物馆行业需要统一的技术要求。《中华人民共和国标准化法》第二条规定：标准包括国家标准、行业标准、地方标准和团体标准、企业标准。国家标准分为强制性标准、推荐性标准，行业标准、地方标准是推荐性标准。强制性标准必须执行。国家鼓励采用推荐性标准。本文只介绍博物馆行业的国家标准和行业标准。国家标准中的强制标准冠以“GB”，推荐标准冠以“GB/

T”。博物馆行业常见的行业标准一般冠以“WW”。

目前，博物馆行业的国家标准有 50 个左右，涵盖博物馆开放服务、安全防范、质量管理、讲解员资质、照明设计、卫生标准、修复记录规范、文物病害与图示，如《博物馆开放服务规范》（GB/T 36721—2018）、《博物馆和文物保护单位安全防范系统要求》（GB/T 16571—2012）、《文物出境审核规范》系列、《文物运输包装规范》（GB/T 23862—2009）、《馆藏文物病害图示》系列、《文物展柜密封性能及检测》（GB/T 36110—2018）、《博物馆照明设计规范》（GB/T 23863—2009）等。

博物馆的行业标准有 100 个左右，包括博物馆建筑、运行评估、藏品保管、展览、文物修复科技等种类，如《博物馆建筑设计规范》（JGJ 66—2015）、《博物馆运行评估指标》（WW/T 0092—2018）、《馆藏文物登录规范》（WW/T 0017—2013）、《文物藏品档案规范》（WW/T 0020—2008）、《博物馆展览内容设计规范》（WW/T 0088—2018）、《博物馆陈列展览形式设计与施工规范》（WW/T 0089—2018）、《馆藏文物预防性保护方案编写规范》（WW/T 0066—2015）等。

这些国家标准和行业标准是博物馆行业各类项目工程、活动的重要依据和准绳，一般情况下博物馆行外之人或者博物馆的宏观管理者不会注意到这么多标准规范，但是进入细分领域之后，它们显示出强大的现实指导性，相关从业者有必要知道。

五、博物馆相关国际公约

博物馆方面专项的国际公约不多，只有《关于博物馆向公众开放最有效方法的建议》和《国际博物馆协会章程》等，侧重于共识而非强制。与博物馆密切相关的国际公约有《关于禁止和防止非法进出口财产和非法转让其所有权的方法的公约》《保护和促进文化表现形式多样性公约》《武装冲突情况下保护文化财产的政府间会议通过的决议》等。可以尤其留意一下《关于禁止和防止非法进出口财产和非法转让其所有权的方法的公约》，该条约禁止文物、博物馆藏品等的非法进出口，支持合法文物追索。2019 年，由文化和旅游部、国家文物局主办的“回归之路——新中国成立 70 周年流失文物回归成果展”在中国国家博物馆开幕。国家文物局原局长刘玉珠指出：“文物的聚散回归，与国家治乱兴衰息息相关，紧紧牵动中华儿女心弦。从 1949 年至今，通过执法合作、司法诉讼、协商捐赠、抢救征集等方式，成功促成了 300 余批次、15 万余件流失海外中国文物的回归。”每一件珍贵文物的回归背后，都凝结着文物法律工作者的智慧和心血。不熟悉国际公约和国内外文物博物馆法律，是很难追索回这些文物的。

六、博物馆相关职业道德准则

职业道德准则并非强制性的，触犯职业道德准则不会违法，但是会受到同行和舆论的压力。职业道德准则与法律互相配合，对从业者的行为共同起到规范作用。在中国，博物馆相关的职业道德准则有《文物工作人员守则》和《中国文物、博物馆工作者职业道德准则》。根据王云霞《〈国际博物馆协会博物馆职业道德准则〉的法律意义》，《文物工作人员守则》由国家文物局于1981年公布。《中国文物、博物馆工作者职业道德准则》由国家文物局于1997年公布，历经2001年、2012年修订。总的来说，道德准则在朝着更加精简、更加人性化的方向修订，目前的《中国文物、博物馆工作者职业道德准则》只有五条。

职业道德准则并非中国独有，国际博物馆协会以及美国、英国、意大利等国都有这样的准则。《国际博物馆协会博物馆职业道德准则》内容更多，达到一万多字。准则分序言、机构道德准则和职业行为三部分，对博物馆从建筑、人员、藏品征集、社会活动等方方面面进行了详细的规范。这个准则相当于博物馆行业的工作规定和工作手册的综合体，是对国际博协会员国所有博物馆的最低道德要求，也成为诸多会员国据此制定本国法律法规和工作制度的依据。

七、遵守博物馆行业规则的重要性

“离娄之明、公输子之巧，不以规矩，不能成方圆；师旷之聪，不以六律，不能正五音。”博物馆同样要在一定的规则中创造发展。博物馆创办者能熟悉行业规则并借助规则，可以顺应时势发展，不会遇到各方面的阻力，更可以借助规则对自身博物馆事业起到助推作用；不熟悉或者违反行业规则，得不到各方面的支持，也许会导致博物馆多年工作成果毁于一旦。我们在与诸多博物馆工作者交流的过程中，发现不论政府、企事业单位还是个人，都存在着不少不熟悉博物馆行业规则的现象。有的不明白自身博物馆的性质，把国有企业投入国有资源创办的博物馆当做非国有博物馆，要去民政部门办理民办非企业法人登记手续，差点把偌大的国有资产转移为社会资产。有的以为博物馆是公司一样的组织，或者是一个临时的公司，在办馆方向上一开始就走错了。有的以为自己挂一个牌子就是博物馆了，不办手续即开馆，造成不良的社会舆论。有的购买来源不明或者来源不合法的藏品，结果触犯了法律。有的不知道登记进博物馆的藏品不得随意买卖，以为博物馆像公司一样可以随意买卖自己的藏品，把博物馆办成了公司。

综合以上，本文介绍了博物馆相关法律法规、部门规章、规范性文件、重要文件、标准、国际公约和职业道德准则，并强调了遵守博物馆行业规则的重要性。建议所有的博物馆从业者都重视并研读这些规则。博物馆规模越大，影响力越大，越要加强博物馆行业规则学习。如果读者想系统和详细了解这些博物馆行业规则，国家文物局博物馆与社会文物司（科技司）于 2021 年编辑出版的《博物馆工作手册》，可以满足你的大部分要求。《手册》将十几年来发布的与博物馆事业有关的法律法规、部门规章、规范性文件汇编成册，全书分为八个部分，分别是综合、博物馆管理、藏品管理、陈列展览、社会教育、开放服务、安全保卫、国家标准和行业标准清单，对当下博物馆领域开展工作具有重要参考价值。本文所提到的大部分规则名称也可以通过互联网搜索到。当然，随着博物馆行业的发展，后续还会有新的行业规则出现，博物馆工作者可以在学习本文的基础上保持对行业的关注，更新自己的博物馆行业规则知识框架。

广东省文化和旅游厅程国锋、深圳市宝安区世纪琥珀博物馆刘莹莹执笔

博物馆社会联系

博物馆作为公共文化服务场所，是敞开门的社会服务机构，需要同行业内外打交道。凡是影响力大的优秀博物馆，往往都是既注重做强自己，又注重开放共享和交流合作。越强大的博物馆越乐于交流合作，越交流合作博物馆越强大，而合作交流就需要处理好方方面面的社会联系。本文将博物馆要处理的社会联系分为十种，分别是与观众、同行、国家机关、行业协会、行业公司、基金会、新闻媒体、研究机构、举办者和自己的联系。博物馆需要处理好这些联系，以便在合作交流中吸取社会各方面资源，发展壮大自己。

一、与观众的联系

博物馆与观众的联系，是博物馆要处理的诸多联系中最重要的一种联系。博物馆是公共文化服务机构，服务好观众是博物馆日常开放最基本的任务。博物馆通过展览和教育活动等，为观众提供高品质的精神文化产品。观众的参观和互动，体现着博物馆的社会价值和经济价值。博物馆要重视对观众的调查研究，不断优化服务，实现博物馆与观众关系的良性发展。

在思考博物馆与观众的联系之前，我们不妨先思考博物馆行业的一个老问题：博物馆应该是以藏品为中心，还是以观众为中心？世界博物馆行业经历了一个从以藏品为中心到以观众为中心的工作理念转变，但这个行业大转变并不是整齐划一的，目前依然有许多博物馆和博物馆新人执着地认为博物馆应该以藏品为中心。他们认为，只要有了好藏品，酒香不怕巷子深，哪怕展览做得一般，观众服务一般，观众也依然会踏破博物馆的门槛。复旦大学郑奕《博物馆强化“观众服务”能力的路径探析》一文对此情况有形象描述：“长期以来，我国博物馆都偏重收藏和研究等幕后业务，后来虽不断加大对展示和教育等台前领域的重视，但对观众服务这项不属于核心的外围工作，始终投入不足，并直接导致‘一流的藏品、二流的展览、三流的服务’窘境。”观众是博物馆的最终目的，一家博物馆藏品再好，如果没有观众，它就失去了存在的意义和价值。博物馆只有把理念转变到以观众为中心上，才能认真思考博物馆与观众的关系。

博物馆能够为观众提供精美的展览、高雅的环境和贴心的服务，它不仅是科普、教育和学习的场所，同时也日益成为人们休闲、社交、聚会的选择之一。首先，博物馆能够为观众提供高品质精神文化产品，以博物馆重要的观众群体之一青少年为例，在青少年的生活、学习和成长过程中，博物馆正在逐渐成为越来越重要的教育活动机构。2020 年 9 月，教育部、国家文物局联合印发《关于利用博物馆资源开展中小学教育教学的意见》，对中小学利用博物馆资源开展教育教学提出明确指导意见，鼓励学生课后到博物馆学习、馆校合作、博物馆进校园等，为进一步健全博物馆与中小学校合作机制，促进博物馆资源融入教育体系，提升中小学生利用博物馆学习效果奠定了基础。以南越王博物院为例，该馆与广州市越秀区建设大马路小学共建“乐游南越——南越王宫博物馆课程”。在课程实施前期，该馆宣教人员联合数名资深语文教师组成专业课开发团队，充分发挥各自优势，结合对方需求共同发力，通过课堂学习、实地考察、讨论互动、小组合作以及动手制作、期末汇报交流等多样化方式实现探究性主题学习。目前，该馆累计与 6 所中小学共建合作，面向 7 个年级开发了 13 套主题课程，累计授课 123 节。随着经济、社会的发展，人们对高品质多样化的文化生活、文化消费和文化产品的需求日益增长，博物馆在人们文化娱乐生活中的重要性也日益提升。越来越多人选择博物馆作为社交场所，在他们的选择清单上，除了传统的餐厅、酒店、景区、电影院、游戏厅、酒吧、运动场外，博物馆也逐渐成了重要选择之一。复旦大学郑奕《博物馆强化“观众服务”能力的路径探析》一文提出：“超过 65% 的观众同家人或朋友一起前来博物馆，目的是娱乐、学习或消遣。事实上，参观本身即是一项社交体验，无论你是单独前往还是与他人一起。而观众来馆主要有三项目的：看看那儿有什么、学习、与家人朋友在此共度好时光。”

观众数量是衡量博物馆工作效果的准绳。一家博物馆藏品好不好，展览美不美，服务到不到位，社会影响力大不大，都能在观众数量上体现。据相关统计，2008 年，全国共计 2970 家博物馆服务了 1.54 亿人次的现场观众；2019 年，全国共计 5535 家博物馆服务了 12.27 亿人次的现场观众和 50 亿人次的线上观众，平均每家博物馆服务 22.17 万人次的现场观众和 99.37 万人次的线上观众。从全国博物馆观众数量的变化，我们可以看出全国博物馆事业的发展成效。以广东省博物馆为例，2010 年新馆开馆当年服务了 152.19 万人次的观众，2019 年服务了 223.48 万人次的观众，观众数量级的提升，反映的是广东省博物馆在软硬件建设、社会影响力等方面的全面发展。博物馆可以对照全国和全省的观众数，结合自身条件，设定一个合适的观众数量目标。博物馆的观众数量，如果高于平均值，说明该馆运行状况尚可；如果低于平均值，则意味着还需要进一步努力。

博物馆的生存发展系于观众。纵观新中国博物馆的发展，正是因为观众的增长，才使得博物馆数量越来越多，质量越来越高，影响力越来越大，越来越得到国家和社会各界重视。国家对博物馆进行资金补贴和运行评估，其中一个重要依据就是观众数。国家一、二、三级博物馆定级评估时，观众多的可以拿到 20 分，观众少的只能拿到 1 分或者不得分。大多数博物馆，尤其是非国有博物馆的生存和发展，除了举办者的持续投入以外，更多取决于观众的贡献。观众在参观博物馆的过程中，通过购买门票、文创产品、教育活动等，也可为博物馆提供持续收入来源。

观众是博物馆的良师益友，可以促进博物馆不断进步。博物馆的陈列展览、教育活动、文创产品和公众服务工作，不可能完美无缺，总会存在需要改进的不足之处。观众在接受服务的过程中，遇到不满意的地方，会向博物馆提出投诉或者建议。这些投诉或者建议，不管合理与否，都会促进博物馆对自身工作进行反思和优化。近年来，我国的博物馆大多采取了预约参观制。在施行的过程中，观众向文物主管部门和博物馆反馈了许多改进意见，经过一段时间的磨合，博物馆的预约服务越来越成熟和人性化，观众的预约参观体验也逐步好转。

观众可以是博物馆的重要合作伙伴。在参观过程中，观众并非完全被动接受博物馆的教育，观众也可以帮助到博物馆，成为博物馆的合作伙伴。观众来自各行各业，他们可能是本行业的专家能手，利用得好，可以成为博物馆展览和学术研究的重要伙伴。以江门五邑华侨华人博物馆为例，2019 年 9 月，西班牙巴塞罗那大学博士时光参加广东华侨历史学会组织的考察活动，参观了江门五邑华侨华人博物馆，对展出的史料产生了兴趣。同年 11 月，时光到江门五邑华侨华人博物馆访问调查，馆方提供了一些之前征集的西班牙语档案史料供其查阅和翻译。时光发现这些是古巴契约华工的劳工合同和死亡记录档案，是非常珍贵的研究史料。于是时光便以这些史料作为其博士论文的研究对象。目前，其西班牙语研究成果已基本完成，相关中文翻译和合作正在推进中。这个小小事例，就是观众成为博物馆学术研究合作伙伴的生动证明。

博物馆要重视对观众的调查研究。观众的类型是多种多样的：按照参观目的分，有小学生、中学生、大学生等学习型观众，有专家学者、文博相关工作者等研究交流型观众，有散客、团队游等观光旅游型观众。按照地域分，有国外观众、省外观众、市外观众、市内观众等。按照年龄层次分，有婴幼儿、青少年、中年和老年观众。按照参观性格分，有安静型和活跃型观众。有的观众在参观过程中会与博物馆积极互动，博物馆可以明确得到他们的反应，大多数观众则是静悄悄来安静静走，他们不会告诉博物馆自己满意与否，博物馆就需要察言观色。不同博物馆的观众群体构成可能是不一样的，历史类、自然类、艺术类、科技类、工业类、饮食类等不同主题的博物馆，来馆参观的观众面貌必然是有差别的。博物馆要根据观众情况，深入研究各类观众群体的具体需求，提供更有针对性的服务，改善观众的体验。

博物馆既要重视展览和教育服务等工作，也要重视参观全链条中从预约到离馆的生活服务，以改善观众的参观体验。如郑奕的文章《博物馆强化“观众服务”能力的路径探析》也提出：“即便场馆供给了优质的学习服务，但若在生活服务上不到位、让人产生负面印象，参观者就不会再来，同时他们还容易将糟糕体验传播。值得比较的是，在一家餐馆受冷遇并不会让一个人放弃下馆子，而在一家博物馆受冷遇，尤其是那些不常光顾的人，则会让他一辈子不再进馆。”文章也提到：“与其将自身定位为供家庭一同学习的教育机构，不妨强调是一个供探索和发现的地方，家庭可享受一次短途旅游，与他人在此共度好时光等。时下，公众对于将要消耗金钱和有限休闲时间的活动，都变得越来越谨慎和挑剔。毕竟，在服务经济时代，人人都期待物有所值，并在价格和价值之间权衡。同时，即便是免费入场的博物馆，他们也希望在参观上花的时间与精力是值得的，能学习新知识、有娱乐性，并获得宾至如归的感受等。”只有全方位地关注观众的参观体验，博物馆才有可能在当代社会多种多样的文化娱乐休闲方式中脱颖而出，成为新型文化业态、文化消费模式中的重要一环。

总之，博物馆应认识观众的重要性，逐步从过去以藏品为中心的观念，转向以观众为中心的观念。观众的正当需求和愿望代表着社会公众的要求，观众的批评建议也能为博物馆的工作带来启发，观众与博物馆之间也正在逐渐从单向的参观关系转变成互动的参与关系。博物馆工作应当多多注重从观众的意见中汲取有益养分，并从中找出改进工作的方向和途径，真正做到从群众中来到群众中去，只有这样，博物馆的工作才能得到观众的喜爱。如果读者想了解更多有关博物馆观众的内容，可以阅读本书中《博物馆观众研究》一文。

二、与同行的联系

这里说的同行，就是其他所有博物馆。博物馆只有了解同行，才会认清自身的实力与位置，才可以与同行深入开展竞争合作。按照国家文物局对博物馆性质的分类，全国博物馆行业分为文物、行业、非国有三种博物馆类型，了解文物、行业、非国有三类博物馆的概况，有助于我们与同行关系的处理。本文数据来源于《2019年度全国博物馆名录》和国家文物局印制的《全国博物馆统计便览（2019 年度）》。之所以选取 2019 年的数据，是因为 2022 年全国博物馆总数与 2019 年相比差别不是很大，2019 年度全国博物馆各项数据更为详细，并且疫情之下有些种类的博物馆数据变化较大不利于横向比较，而 2019 年的博物馆各项数据与之前相比保持了较好的稳定性。

文物系统博物馆在数量、质量上稳居全国博物馆的领先位置。博物馆总数方面，2019 年全国共有博物馆 5535 家，其中文物系统国有博物馆 2929 家，占比 52.92%。博物馆质量方面，851 家国家一、二、三级博物馆中，文物系统国有博物馆共有 752 家，占绝大多数。藏品数量方面，全国博物馆藏品共计 4223.98 万件 / 套，其中文物系统国有博物馆藏品共计 2781.9 万件 / 套，占比 65.86%。全国博物馆珍贵文物藏品 460.56 万件 / 套，其中文物系统国有博物馆拥有 451.52 万件 / 套，占比 98.04%。展览方面，全国博物馆举办陈列展览数量合计 28630 场次，其中文物系统国有博物馆举办了 17627 场次，占比 61.57%。教育活动方面，全国博物馆举办教育活动数量合计 334610 场次，其中文物系统国有博物馆举办了 178633 场次，占比 53.39%。观众数方面，全国博物馆全年参观人数近 12.27 亿人次，其中文物系统国有博物馆就有 8.83 亿人次，是其他行业国有博物馆参观人数的近 4 倍，是非国有博物馆的 7 倍多。从以上数据可以看出，文物系统国有博物馆，无论是从数量上还是发展水平上看，都是全国博物馆行业的龙头。

文物系统国有博物馆占优势的情况，有其历史原因。新中国成立以来，我国建设博物馆的主体是各级政府，政府举办的博物馆多归文化文物系统管理。这些博物馆大多是所在区域的综合性大馆，享有得天独厚的竞争优势，在群众心目中具有较高知名度。经过多年发展，文物系统国有博物馆在工作的系统性、规范性和连贯性上也更具优势。文物系统国有博物馆大部分是公益一类事业单位，享有全额财政补贴，可能有发展的困惑，但是没有生存的忧虑。得益于国家财政的支持，文物系统国有博物馆在藏品征集、陈列展览、文化交流、科技保护、宣传推广、博物馆信息化等方面持续发展。考古出土和执法机关罚没的文物，一般也会移交给文物系统国有博物馆。文物系统国有博物馆提供的平台优势和薪酬待遇，吸引了越来越多的博物馆青年人才，人才的不断涌入促进了文物系统国有博物馆整体的进一步发展。

行业博物馆是国有博物馆的重要组成部分，具有鲜明的行业特色。博物馆总数方面，全国 5535 家博物馆中，行业国有博物馆有 895 家，占比 16.17%，在全国三大类博物馆中数量最少。博物馆质量方面，全国 851 家国家一、二、三级博物馆中，只有 83 家行业国有博物馆。藏品数量方面，全国博物馆藏品 4223.98 万件 / 套，行业国有博物馆有 1038.32 万件 / 套，占比 24.58%。全国博物馆珍贵文物藏品 460.56 万件 / 套，行业国有博物馆有 7.12 万件 / 套，占比 1.55%。展览方面，全国博物馆举办的 28630 场次陈列展览，由行业国有博物馆举办的为 4071 场次，占比 14.22%，数量最少。教育活动方面，全国博物馆举办了 334610 场次教育活动，行业国有博物馆举办了 126284 场次，占比 37.74%。观众数方面，全国博物馆全年参观人数近 12.27 亿人次，其中行业国有博物馆为 2.25 亿人次，与文物系统国有博物馆的 8.83 亿人次相差较大。

行业国有博物馆与文物系统博物馆虽然同属国有博物馆，但二者有很大区别。它一般是文物部门之外的其他政府部门、高等院校、科研院所、国有企业等根据自身优势和专业特色举办的博物馆。这一类博物馆的举办者和运营者，对博物馆的理解及专业能力不一定充足，因此往往在设立手续、藏品保管征集、展览和社会服务等方面体现出规范性和专业性的不足。有些博物馆未主动融入行业，较为闭塞，制约了自身的长远发展。但是，能举办博物馆的国有单位一般都有自己行业的专业研究人员和技术人员，因此在创办博物馆上也具有自身的优势。如深圳中国钢结构博物馆，由中央企业中建科工集团创办，在建筑领域拥有自己的工程师团队，设计的展览的内容和形式都体现了工程师的严谨作风。

非国有博物馆是我国博物馆行业日益崛起的有生力量。非国有博物馆也称“民办博物馆”，2015 年《博物馆条例》将国有博物馆之外的、利用或者主要利用非国有资产设立的博物馆称为非国有博物馆。博物馆总数方面，《2019 年度全国博物馆名录》的 5535 家博物馆中，有 1711 家非国有博物馆，占比 30.91%。博物馆质量方面，851 家国家一、二、三级博物馆中，非国有博物馆有 16 家，占比 1.88%。藏品数量方面，全国博物馆 4223.98 万件 / 套藏品中，非国有博物馆有藏品 403.76 万件 / 套，占比 9.56%。全国博物馆珍贵文物藏品 460.56 万件 / 套中，非国有博物馆拥有

1.92 万件 / 套，占比 0.42%。展览方面，全国博物馆 28630 场次陈列展览中，非国有博物馆举办了 6932 场次，占比 24.21%。教育活动方面，全国博物馆 334610 场次教育活动中，非国有博物馆举办了 29693 场次，占比 8.87%。观众数方面，全国博物馆 2019 年度参观总人数为 12.27 亿人次，其中非国有博物馆为 1.19 亿人次，不到国有文物博物馆的十分之一。

从这些数据可以看出，无论是数量还是发展水平，相比于国有博物馆，非国有博物馆都有很大提升空间。三类博物馆中，非国有博物馆的增速最快，是中国博物馆体系的重要组成部分。以广东省的非国有博物馆为例，1997 年，深圳成立了第一家非国有博物馆，到 2012 年底，广东全省非国有博物馆数量达到 44 家，到 2022 年底则超过了 120 家。非国有博物馆的创办者，往往是各行各业的成功者，可以把原行业的成功经验复制到创办博物馆中，给办馆带来先进的理念和手段。他们可以利用原行业的资源，来为非国有博物馆提供源源不断的支持。有的非国有博物馆经过在专业研究和收藏上的多年发展，其积累的研究能力和藏品的珍贵程度不弱于国有博物馆。当然，在规范性和专业性方面，非国有博物馆与国有博物馆整体相比，需要学习的地方还有很多。不管性质如何，非国有博物馆和国有博物馆在法律地位上是平等的，《博物馆条例》规定了国家在博物馆的设立条件、提供社会服务、规范管理、专业技术职称评定、财税扶持政策等方面，公平对待国有和非国有博物馆。

博物馆与同行之间有竞争关系。虽然博物馆是非营利性机构，但馆与馆之间的竞争无处不在，主要体现在藏品资源、社会关注、国家保障扶持等方面。在一定时期和地区，观众总量通常相对固定，一家博物馆观众增多，意味着另一家博物馆观众减少。政府、企事业单位如与博物馆有合作事项，会优先考虑品牌美誉度更高、实力更强的博物馆，而品牌美誉度更低、实力更弱的博物馆得到的合作机会就少。此外，国家财政资金补贴也是根据博物馆的等级和运营状况考虑的，并非平均分配。一家博物馆等级越高，运行评估分值就越高，获得的资金补贴也越高；相对应地，一家博物馆等级越低，运行评估分值就越低，获得的资金补贴也越低。

在现实中，博物馆是可以共同做大的。现阶段博物馆总体情况是合作大过竞争：一方面，群众对美好生活和精神的追求在提升和扩大，对博物馆的需求持续增长；另一方面，博物馆的数量和质量还有很大的提升空间。各博物馆依法设立后，就可以开展各项业务，加强与全国、全世界博物馆的沟通交流，掌握行业动向，向行业优秀者学习、借鉴，不断推动自身的持续发展，向着更高更强的方向前进。

三、与国家机关的联系

国家机关有很多，本文主要介绍博物馆与国家领导人、博物馆与文物主管部门的关系。

习近平总书记曾在多个场合多次强调文物博物馆工作的重要性。2020 年 9 月，习近平总书记在中央政治局第二十三次集体学习时说："让收藏在博物馆里的文物、陈列在广阔大地上的遗产、书写在古籍里的文字都活起来。"2021 年 4 月，习近平总书记在广西民族博物馆考察时说："我到地方考察，都会抽时间到博物馆走一走、看一看，目的是更好了解一个地方的历史文化沿革。"2022 年 7 月，习近平总书记在给中国国家博物馆的老专家回信中说："博物馆是保护和传承人类文明的重要场所，文博工作者使命光荣、责任重大。希望同志们坚持正确政治方向，坚定文化自信，深化学术研究，创新展览展示，推动文物活化利用，推进文明交流互鉴，守护好、传承好、展示好中华文明优秀成果，为发展文博事业、为建设社会主义文化强国不断作出新贡献。"国家领导人对文物博物馆工作高度重视，广大文博工作者应该牢记嘱托，感恩奋进，奋力在文博工作中干出新气象，展现新作为。

博物馆有时还承载着更深远的内涵。2012 年 11 月 29 日，习近平总书记第一次对公众阐述"中国梦"，就选择在国家博物馆参观"复兴之路"展览时。2017 年 11 月 8—10 日，应中国国家主席习近平邀请，美国总统特朗普对中国进行访问。习近平和夫人彭丽媛陪同特朗普夫妇参观故宫博物院，两国元首夫妇在故宫宝蕴楼茶叙，共同参观故宫前三殿，观看文物修复技艺展示和珍品文物展，并欣赏京剧表演。人民网《特写：习特故宫行，一次历史和未来的对话》描述了故宫在中美元首会面和两国之间起到的重要作用："第一次到访中国，故宫的选择实在是一招妙棋。正如习主席所说，故宫是了解中国历史文化不可或缺的窗口。它其实有两个名字，一个名叫故宫博物院，90 岁了；一个名叫紫禁城，再过三年，整整 600 岁了。而据说特朗普是有史以来在故宫待得时间最长、走得路最多的外国元首。……在故宫，中美元首思考着中国发展的历史轨迹，也思索着中美关系在浩浩大潮中的发展轨迹。"2022 年 7 月，适逢香港回归 25 周年，香港故宫文化博物馆建成并亮相，共展出 914 件来自北京故宫博物院的文物，有 166 件文物为国家一级文物。文化和旅游部副部长、国家文物局局长李群表示，香港故宫文化博物馆的建设，是故宫所代表的中华优秀传统文化与现代化、国际化香港之间的创造性结合，是内地与香港文化文物合作的里程碑事件，是香港与内地共享中华优秀传统文化、赓续传承中华文明的创新性实践。香港故宫文化博物馆的建成，让香港市民能够零距离欣赏美轮美奂的珍贵文物，体悟中华优秀传统文化的厚重底蕴，感受当代中国发展的强劲脉搏，增强香港繁荣昌盛的文化自信。

在各类国家机关中，与博物馆关系最密切的是文物主管部门。《中华人民共和国文物保护法》《博物馆条例》规定了国家文物主管部门负责全国博物馆监督管理工作，国务院其他有关部门在各自职责范围内负责有关的博物馆管理工作，县级以上地方人民政府文物主管部门负责本行政区域的博物馆监督管理工作，县级以上地方人民政府其他有关部门在各自职责范围内负责本行政区域内有关的博物馆管理工作。简单说，就是国家文物局负责全国博物馆的监督管理工作，各省文化和旅游厅（文物局）监督管理全省的博物馆，各地市文化广电旅游体育局（文物局）监督管理全市的博物馆，各县区文化广电旅游体育局（文物局）监督管理全县区的博物馆。

文物主管部门依法负责本地区博物馆行业的政策制定、执法督察、业务指导、行政审批、组织协调、资金分配、人才培训等工作，国家文物局还负责文物出入境和博物馆的对外交流等工作。博物馆从设立、运营、展览、活动到变更、退出等，都需要直接与相应级别的文物主管部门打交道。文物主管部门鼓励和扶持所辖区域内博物馆的规范发展，对运营得好的博物馆予以鼓励奖励，对不规范运营的博物馆予以引导规范，维护公平的博物馆发展环境。文物主管部门可以作为本地区博物馆行业的代表，开展对外交流活动。文物系统的各类国家支持资源，包括财政经费、业务培训、活动交流等，一般都是通过文物主管部门予以协调分配。博物馆应当保持好与上级文物主管部门的关系，取得他们对本馆发展的支持。

博物馆除了与文物主管部门有密切关系外，还需要和相关部门打交道。相关部门在这里指的是县级以上地方人民政府除文物主管部门以外的其他部门。举例来说，其他行业国有博物馆一般由该行业的相关主管部门管理，高校类博物馆一般由教育部门管理，科学类博物馆一般由科技部门管理，文物主管部门则负责对其进行业务指导。对非国有博物馆，民政部门负责对其进行登记管理。民政和文物主管部门是与非国有博物馆存在管理和被管理关系的政府部门，市场监督部门则不涉其中。博物馆作为公共文化服务机构，属于人员密集场所，消防部门负责监督管理博物馆的消防安全，公安部门负责监督管理博物馆的公共安全，税务部门负责博物馆的税务管理，卫生部门负责博物馆的卫生防疫安全，等等。相关部门在各自的职责范围内都有对博物馆的管理职责，博物馆在接受各级文物主管部门管理的同时，也要接受相关部门的管理。

博物馆由以上部门管理，意味着既要接受监督，又伴随着法律、政策、平台、经费方面的保障和扶持。博物馆在接受各级文物主管部门管理的同时，大多也能得到文物主管部门的免费开放经费补助和荣誉奖励。

四、与行业协会的联系

博物馆行业协会是由开展博物馆有关业务的组织和个人自愿结成的，并依法登记的行业性、非营利社会团体法人，是民间组织、社会团体的一种。我国的博物馆行业协会一般需要在民政部门登记，以文物主管部门为业务主管。博物馆行业协会起到沟通协调的作用，左手沟通政府部门，右手协调会员单位。其职责是依法制定行业自律规范，维护会员的合法权益，指导、监督会员的业务活动。目前，我国有中国博物馆协会，有些省、地市、县区也有自己的博物馆协会。我国的国有博物馆数量多，影响力大，引领着整个博物馆行业的发展，因此我国的博物馆协会大部分由文物主管部门发起设立，由文物系统国有博物馆工作者担任理事长，会员也大多来自文物系统国有博物馆。未来，行业国有博物馆、非国有博物馆、博物馆科研院所和公司所占的比重与话语权将会越来越大。

博物馆行业协会在运营过程中，除了联络会员开展各类业务，也可以承担政府部门委托的事项，并代表行业向政府部门建言献策。博物馆行业协会可以协助政府部门开展评估、标准制定、人才培训、交流活动等，把行业问题和需求集中反映给政府部门。例如，中国博物馆协会开展由《博物馆条例》授权的全国博物馆定级评估活动，对全国博物馆行业的质量评定具有权威性，还会组织全国博物馆十大陈列展览精品推介、博物馆运行评估、博物馆陈列展览设计、施工单位资质评估推介等活动，举办中国博物馆及相关产品与技术博览会（简称“博博会”）。地方博物馆协会不但承担类似任务，而且会根据地方实际开展更具特色的业务。以广东省为例，广东省博物馆协会、深圳市博物馆协会等与政府部门保持良好沟通，积极为会员单位创造各类机会，承接政府部门交办的任务，对外开展一系列活动。由于博物馆业务众多，协会一般下设众多专业委员会，如藏品、陈列展览、公众服务等专业委员会，一般由一家行业认可的博物馆或者其他机构担任主任单位，代表协会开展细分业务。此外，博物馆也可以积极关注国际博物馆协会等国际博物馆行业组织的动向。

博物馆可以主动加入各级博物馆协会，融入行业，掌握行业信息，争取参与协会开展的各类行业活动。一些优秀的博物馆会积极主动争取担任协会的各种职务，以协会的名义和优势开展各类行业活动，博物馆也能够进一步发挥公共服务功能，增强自身的话语权和社会影响力。

五、与行业公司的联系

如果把博物馆行业比作一座大舞台的话，站在舞台中央的主角就是博物馆，但同时舞台上还不乏其他角色。全国围绕博物馆行业开展业务的公司数量很多，涉及博物馆综合运营、建筑、安防、消防、文物征集、文物柜架、文物修复、科技保护、展览设计施工、科普、研学教育、培训、文化创意产品开发和服务、旅游、数字化、公共服务、物业服务、媒体宣传等领域。

博物馆的业务并不是全部由博物馆工作人员自己完成的，其中有些是由博物馆发起组织，并邀请与此业务有关的公司来具体实施的。2020 年 9 月 26 日至 11 月 15 日，由国家文物局指导、腾讯公司主办、11 家文博单位合作支持的“互联网 + 中华文明”数字体验展在首都博物馆举办。展览以“文物的时空漫游”为主题，首次以数字化形式结合创意互动玩法，共同呈现近百件珍贵文物，用数字技术为大众带来一场沉浸式体验的中华文明探索之旅。该展览获得中国文物交流中心、首都博物馆支持，敦煌研究院、上海博物馆、湖南省博物馆、河南博物院、陕西历史博物馆、湖北省博物馆、浙江省博物馆、重庆中国三峡博物馆、山西博物院、秦始皇帝陵博物院多家文博单位共同合作，是全国博物馆领域首个纯数字（文物）体验展。从以上案例能看出，博物馆与行业公司之间可以是密切协作的伙伴关系，公司是博物馆行业不可或缺的重要成员，能为博物馆行业带来更多有生力量。

行业公司之间开展竞争，从某种程度上说，可以帮助博物馆不断提高产品和服务质量，降低成本，这对博物馆是好事。但市场上公司众多，选择哪一家进行合作，博物馆需要搜集信息自行判断，比如向可靠的同行或者协会咨询。为激励文博机构和各类企业积极投身文博技术产品研发和推广服务，中国文物报社每年举办一届全国十佳文博技术产品及服务推介活动，参评文博机构和企业的产品及服务，需要是自主研发、生产的具有自主知识产权的技术产品和已经在文博机构中实际应用的技术产品，并取得良好社会效益和经济效益，对文博行业文物保护、公共文化服务等具有推动作用。从历届活动效果来看，该推介活动逐渐成为我国博物馆和企业展示角逐最新产品和服务的平台。随着博物馆功能的深化拓展和博物馆影响力的加大，与博物馆合作的公司会越来越多。如近年来随着博物馆文化创意产业的大发展，众多创意设计公司与博物馆开展合作，创作出众多受观众欢迎的文创产品和服务，博物馆和公司都从中受益。

六、与基金会的联系

（本部分内容主要来源于刘皓、黄哲京《略论博物馆基金会的建设与完善》）

博物馆基金会通过接受社会捐赠等方式形成公益资产，并通过运营公益资产实现资金的保值增值，然后以各种方式投入博物馆公益事业。从世界博物馆发展历史来看，基金会在其中起着举足轻重的作用。以基金会为主的非政府捐助是国外大多数博物馆运营经费的主要来源之一。2010 年开始，国内的博物馆开始积极探索更为多元的博物馆资源筹措机制。国有博物馆如宁波博物院、故宫博物院、中国国家博物馆、广东省博物馆、苏州博物馆等相继成立了博物馆基金会，用以筹措社会资金支持博物馆事业的发展。但在目前，我国博物馆基金会总体发展仍旧较为迟缓，无论从数量、资金规模、关联博物馆数量等何种方面来看，都与国外存在差距，尚处于初期阶段。

基金会作为一种社会组织和制度形态，不同于政府、企业，也有别于一般的非营利组织，公益性、非营利性、非政府性和基金信托性是基金会的基本特征。而基金会所表现出的公益性和非营利性，与博物馆的基本特征有很多相似之处。博物馆与基金会虽为两个不同的概念，却又可以密切相连，当它们所承担的角色定位与社会责任发生某种程度上的交叉乃至重叠的时候，我们就需要促成它们二者的合作，达到双赢。

博物馆自身也同样具备接受社会捐赠的功能，尽管这一功能较少实现，但还是使得博物馆在是否有必要成立基金会上陷入困惑。常见的问题是，博物馆既然具备接受社会捐赠的功能，为何还需要单独设立基金会呢？博物馆成立基金会，首先是出于募资行为专业化的需要。传统博物馆虽然也具备接受社会捐赠的功能，但这种功能主要是基于捐赠人的自觉行为；博物馆发生的捐赠以接受藏品捐赠为主，资金上的捐赠少之又少；对于股权和其他形式资产的捐赠，博物馆完全缺乏接受的经验和准备。博物馆设立基金会，在将募资行为专业化的同时，也使得募资成为主动吸纳社会公益资金和财富的手段，能为博物馆的可持续发展提供能量。其次，是可以对政府在公共文化领域的财政投入做必要的补充。在过去相当长的一段时间里，我国的国有博物馆运营的主要资金来源于门票收入和国家财政支持。2008 年，国家鼓励国有博物馆逐步免费开放，时至今日，博物馆运营发展所需要的资金已非常庞大，仅凭财政资金，已难满足博物馆事业飞速增长的需要。博物馆基金会不仅可以对政府在公共文化领域的投入做必要的补充，更可以未雨绸缪，提前做好资金准备。

博物馆基金会将是促成优秀非国有博物馆成为永续事业的重要动力来源。非国有博物馆举办者自身的财务状况、对博物馆的认识和兴趣都有可能随着时间推移而变化，使得他们对博物馆的投入往往出现变数。我国早期举办的博物馆中，已经有一些博物馆因为各种原因面临关闭的尴尬境地，有的是企业经营困难或举办人的财务状况改变，有的是举办人的兴趣改变，有的是举办人和政府等机构的合作方式发生了变化，等等。非国有博物馆如果能得到博物馆基金会的支持，很大程度上可以避免上述情况的发生。

我们将那些主要致力于支持博物馆建设、运营的基金会称为博物馆基金会。博物馆基金会是社会力量参与博物馆事业的重要形式。目前社会力量参与博物馆事业的形式主要是举办非国有博物馆、博物馆的社会化运营、博物馆基金会这三种形式。这三种形式中，有关博物馆基金会的法律法规相对最为健全。目前国内的基金会总数已经超过了博物馆总数，但是我国公益资源大多聚集在传统慈善领域，真正将主要业务范围清晰定位为博物馆的基金会数量少、规模小，真正资助博物馆事业的基金会才十来家。通过成立博物馆基金会的方式，广泛动员社会力量参与博物馆事业，可以说正当其时。

下面介绍几家有代表性的基金会，供读者加深了解。北京故宫文物保护基金会是国内首家国家级博物馆基金会，于 2010 年 10 月正式成立。北京故宫文物保护基金会属于非公募基金会，是由故宫博物院发起，由多位企业家以自然人或企业法人身份参与的独立运营组织。其宗旨是维护和扩大故宫博物院藏品和建筑，为故宫博物院学术研究和公众服务提供支持，并扩大故宫博物院国际、国内影响力。其业务范围是资助故宫博物院建设、藏品保护利用及其他社会文化公益活动，奖励文物、博物馆学相关领域的教学和研究。

广东省博物馆事业发展基金会于 2012 年 10 月由广东省民政厅批复成立，该基金会属地方性公募基金会，是全国国有博物馆成立的首家公募基金会。该基金会以整合社会资源、关注文博事业、为广东省博物馆开展各项公益活动提供资助为宗旨，为开展文物征集、收藏、保护、研究、展示、教育等公益项目提供资助。该基金会成立以来，每年都发布公益资助项目的结项结果公示，资助类型从展览、藏品保护与管理、教育培训、科研到出版等，涉及博物馆事业的方方面面。

深圳市慈善会·文物保护公益基金，是 2019 年 3 月由民间力量发起，经深圳市慈善会批准成立的全国慈善系统第一家专注于文物保护和博物馆事业的公益基金。该基金旨在科学地传承、弘扬中华优秀传统文化，致力于文化遗产的研究与保护，努力推动博物馆领域的社会公共文化服务。深圳市慈善会·文物保护公益基金通过联合大型国有银行，利用成熟的金融理财产品，嵌入有效的慈善捐赠机制，让更多富有文化爱心的社会人士加入到文物修复和保护事业中来。基金成立后，共有3629位深圳市民参加了捐助。上述捐助资金资助了南山区铁炮文物保护修复等一批项目，改变了原来文物保护完全依赖政府拨款的面貌，开拓了一条通过专业公益机构协作分工的道路，将原来默默无闻、不被人关注的文物保护事业，转化为有广泛社会参与度的公共文化行为。

综上，博物馆基金会以自主筹集等方式获得资金，一方面帮助博物馆更好地实现自身职能和永续发展的愿景，另一方面也帮助资助者实现其自我价值，满足精神需求。随着我国博物馆服务效能不断提高，公益影响力日渐增强，特别是在国家重视第三次分配作用的战略背景下，税收减免、抵扣配套政策逐步完善，一定会有越来越多的博物馆设立符合自身发展需要的基金会。如果读者想要了解更多有关博物馆基金会的内容，可以阅读本书中《博物馆基金会》一文。

七、与新闻媒体的联系

媒体分为传统媒体和新媒体，传统媒体包括电视、广播、报纸、杂志等，新媒体主要有图文类的平台如微博、微信公众号、知乎、小红书、今日头条、简书等，视频类的平台如优酷、爱奇艺、腾讯视频、哔哩哔哩、抖音、西瓜视频等，声音类平台如荔枝FM、喜马拉雅等。随着互联网的迅速发展，新媒体在社会各个领域日渐深入，形式也变化多端，博物馆应该充分利用新媒体技术，采取多样化的方式来发挥博物馆的价值。

媒体是博物馆的好朋友。博物馆可以主动建立自己的媒体朋友圈，为博物馆扩大影响力提供助力；与此同时，媒体也能从博物馆获取优质的内容。博物馆与媒体合作，要做好两件事，一是广交朋友，二是做好自己。博物馆的藏品蕴含历史、艺术和科学价值，展览能够唤起人的兴趣，保存文明的高雅环境令人神往。很多博物馆坐落在城市最核心的位置，本身就是城市的标志性建筑。同时，博物馆又具有非营利的属性和提供公共文化服务的职能，在社会大众心目中就是关于历史文化信息的权威发布机构，深受人们信任，这些都是博物馆交朋友的实力和底气。如果博物馆保持谦逊，注重和媒体的沟通和合作，就较易和媒体界建立良好的关系。长期以来，博物馆的各项新闻和成果都是媒体的报道对象。媒体的报道，对博物馆事业的发展有莫大的好处。媒体如此支持博物馆，博物馆更要做好自己，管理好自己的阵地，征集更多更好的藏品并保护好，深入研究藏品内涵，为媒体和社会提供更多关于历史、艺术、科学的价值和信息，向观众提供优质的服务。博物馆做好自己，媒体自然就上门了。

新媒体是博物馆实现传播功能的新兴手段，它具有传播信息方便快捷的特点，已经成为公众日常生活不可或缺的一部分。为了让更多人认识并了解博物馆藏品的含义及它所蕴含的历史、艺术和科学价值，博物馆应顺应时代发展，与新媒体紧密合作，建立起与公众沟通的桥梁，满足公众的需求。目前，很多博物馆在微博和微信等新媒体平台建立了官方账号，分享日常工作，为公众提供咨询服务，加强与公众沟通交流。在新媒体的影响下，观众的体验逐渐丰富，博物馆的社会影响力逐步扩大，越来越多人被吸引成为博物馆的观众。

随着信息时代的深刻变化，新媒体凭借迅捷的传播速度、良好的传播反馈和极强的互动性迅速成为博物馆宣传的重要方式。与此同时，传统媒体在博物馆宣传推广工作中仍然起着重要作用。博物馆要想做好宣传工作，让文物价值更好地传播，必须重视和媒体的关系。

八、与研究机构的联系

博物馆藏品大都具有一定的历史、艺术和科学价值，这些价值需要经过研究才能被发掘出来。但博物馆自身的研究力量往往有限，为了全面发掘藏品的丰富价值，需要与社会，尤其是高等院校、科研院所等研究机构开展合作和共同研究。这种合作，可以是博物馆向研究机构提供研究资源，研究机构独立进行研究，也可以是博物馆利用研究机构的科研仪器，和高端研究人员合作研究，共同发掘藏品的潜在价值。

以中国国家博物馆为例，我们来看看一所博物馆如何与高校、科研院所等开展合作。2018 年，中国国家博物馆与清华大学合作，借用清华大学雄厚的研究力量，联合开展藏品研究、学术会议举办及文博人才培养。2021 年，中国国家博物馆与中国科学院高能物理研究所合作，围绕博物馆文物无损检测、数据采集处理、金属器和油画保护修复等方面，利用高能所在结构成像技术、锈蚀机理研究、数据处理和谱系研究等方面取得的前沿科技成果开展合作。

从以上案例可以看出，博物馆如果要分析和保护馆藏文物，未必全部需要自己花钱买回来所有科研仪器，可以考虑与有这些仪器和专家人才资源的科研机构合作，不求为我所有，但求为我所用。另外，博物馆观众中也有不少各行各业的专家，博物馆也可以想办法让有能力的观众参与到藏品的研究中。

九、与举办者的联系

博物馆举办者有政府部门、事业单位、国有企业、私营企业、个人等。博物馆从正式设立起，就是独立于举办者的机构，举办者不应该直接涉足博物馆应当自决的具体事务。不过，举办者可以在博物馆的宗旨定位、发展目标、管理理念、奋斗精神等宏观方面影响博物馆。以企业举办博物馆为例，企业办博物馆的动机是什么呢？是为了取得良好的品牌效应，使得企业在社会效益、经济效益和品牌价值方面得到收获。但问题是，博物馆一般是非营利性的，收藏和维护成本巨大，不可能单单通过门票、文创产品、教育活动等收入来维持，如此一来便难免会陷入亏损的境地。有些企业举办博物馆，没有捋顺企业和博物馆双方的关系，导致博物馆一直无法独立，最终沦为企业的一个部门，越办越差，陷入恶性循环。有的企业举办博物馆，正确处理了企业和博物馆的关系，最终办出了影响力，为企业带来了更大的品牌价值，企业乐于继续增加投入，博物馆就越办越好，走向良性循环。

创办和运营博物馆是一个漫长过程，举办者要有耐心，要想将博物馆越办越好，离不开举办者的持续投入；当博物馆独立强大之后，就可以反哺举办者。就像虽然婴儿是由母亲诞下的，但自诞生那一天起，他就是一个独立的人。但是，婴幼儿仍然需要父母的精心抚育。到了青少年时期，通过努力学习和融入社会，他会有自己独立的天地。到了青壮年时期，他有了工作能力，就能创造社会财富，并回报父母和养育下一代。万物生长皆遵循这个规律，博物馆亦如是。

十、对自身的定位

有些博物馆之所以创办一段时间后发展情况并不理想，部分是因为没有认识到自己是独立存在的博物馆。我们常说“巧妇难为无米之炊”，博物馆属于非营利性质的社会教育机构，想要长期运营下去，资金问题是一大挑战。许多博物馆在工作中缺乏开拓精神，一味依托政府补贴，不懂得利用博物馆在文化事业方面的优势，寻求社会资源力量，弥补自身资金短缺。一些博物馆馆长认为自己是上级主管部门任命的，担心犯错，工作只按照上级意图办，没有自己的运营思路。有的博物馆馆长认为自己博物馆不过是企事业单位的一个小部门，自己不用为博物馆负担责任，也不用考虑博物馆的人事、财务、展览、保管等。还有一些博物馆馆长认为政府部门有义务帮自己解决大小困难，天天等着别人来帮自己，工作缺少开拓精神。实际上，馆长的责任，就是要抓关系到博物馆生存与发展的大事，馆长应当在调查研究的基础上，为博物馆制定符合馆内实际情况的、有特色的、可持续的发展目标。

综上，博物馆与相关机构都是社会化大分工的产物，彼此之间相互依存，分工越细，彼此的相互依存度就越高。处理好这些联系，是博物馆的生存发展需要。当然，博物馆打交道的对象远不止以上十类。例如，博物馆会接受国内外各界的文物捐赠和标本捐赠，这对博物馆来说是很重要的一项工作，但这些捐赠机构是不特定的、无法预知的，所以不再列出。博物馆仅仅依靠自己，是无法发展起来的，应当根据自己的优势、所处行业和地区，尽可能与更多的机构合作。世界因为博物馆而更美好，为世界带来美好的博物馆亦终将收获世界丰厚的回报。

广东省文化和旅游厅程国锋、深圳市宝安区世纪琥珀博物馆刘莹莹执笔

博物馆扶持政策

国家对博物馆的扶持政策是很多博物馆都非常关心的问题。从与博物馆有关的法律法规、政策文件中可以看出，国家对博物馆的保障扶持政策涵盖了博物馆工作的方方面面，包括法律保障、购买服务、合作办馆、用地优惠、财税优惠、资金扶持、对口帮扶、人才培训、文化交流、表彰奖励等。博物馆对国家扶持政策进行全面了解，主动适应和利用政策，在政策范围内实现自身利益最大化，对博物馆合规发展有好处。本文根据相关法律法规和政策文件，结合实际案例，着重介绍国家对博物馆的资金扶持情况，简要介绍国家对博物馆相关的法律保障、购买服务、合作办馆、用地优惠、财税优惠、对口帮扶、人才培养、文化交流、表彰奖励等政策。

在具体介绍各类保障扶持政策之前，要先消除常见的博物馆工作者对国家保障扶持政策的三个疑虑：第一，有的非国有博物馆担心这些保障扶持是只针对国有博物馆的，非国有博物馆无权享有。其实不必担心，《博物馆条例》第二条规定，国家在博物馆的财税扶持政策等方面，公平对待国有和非国有博物馆。第二，很多博物馆只关注资金扶持，对其余的扶持没有太多关注。这种现象也情有可原，毕竟博物馆柴米油盐都需要资金，但是其他的保障扶持政策有时却可以发挥比资金扶持更大的作用。第三，有的博物馆以为国家对博物馆的保障扶持政策是秘密。其实，国家对博物馆的保障扶持政策是公平公正公开的，博物馆也需要勤加关注。

一、国家对博物馆的资金扶持

光明网2020年6月11日新闻《国家一级非国有博物馆　最高补贴1000万元》报道："记者6月10日从深圳市财政局获悉，近日，深圳市财政局联合深圳市文化广电旅游体育局等部门联合印发了《深圳市非国有博物馆扶持办法》。《办法》明确：7月1日起，深圳将提高非国有博物馆扶持标准，在原《深圳市民办博物馆扶持办法》的基础上，将运行补贴上限从50万元提高到100万元，并新增运行评估和定级补贴。对国家一、二、三级非国有博物馆，分别给予1000万元、800万元、500万元补贴，对被评为'优秀'的非国有博物馆给予30万元补贴。"这个办法颁布以后，深圳市文物主管部门的电话接连不断，咨询者一上来就问："请问我怎样能拿到这个1000万？"从我们与博物馆举办者长期打交道的经验来看，无论博物馆的举办者是政府及其有关部门还是企事业单位、个人，对国家补贴真的抱着无所谓态度的是不多的，多数举办者直言不讳地问或者旁敲侧击地问，都对这个问题最关心。我们以广东省的一家博物馆为例，开门见山地介绍一下举办一个博物馆可能会获得的各类资金补贴。

一是中央补助地方博物馆、纪念馆免费开放经费。该项经费由中央财政设立，用于补助博物馆、纪念馆免费开放所需经费支出，鼓励改善陈列布展，支持重点博物馆提升服务能力。这项经费不用地方申报，由省文物主管部门根据中央核定广东省纳入中央补助地方博物馆纪念馆免费开放补助名单，并结合博物馆级别和运行评估结果划定补助标准进行分配，在每年年底前划拨到各地。经费可用于补助博物馆正常运转、提升公共服务能力等方面支出，不得用于支付各种罚款、捐款、赞助、投资等支出，不得用于发放编制内在职人员和离退休人员基本工资、基本建设、大型维修改造、文物征集等支出，不得用于偿还债务。

这项经费补贴的背景是2008年6月印发的《关于全国博物馆、纪念馆免费开放的通知》，要求全国各级文化文物部门归口管理的公共博物馆、纪念馆，全国爱国主义教育示范基地全部实行免费开放。其中，文物建筑及遗址类博物馆暂不实行全部免费开放，继续对未成年人、老年人、现役军人、残疾人和低收入人群等特殊群体实行减免门票等优惠政策。博物馆、纪念馆按照市场化运作举办的特别（临时）展览，可根据实际情况确定门票价格。为了建立免费开放的保障机制，通知要求各级财政部门应将博物馆、纪念馆免费开放相关经费纳入财政预算，切实予以保障。中央财政设立专项资金，重点补助地方博物馆免费开放所需资金，鼓励改善陈列布展和举办临时展览，支持重点博物馆提升服务能力，对实行低票价的博物馆和自行实行免费开放并取得良好效果的省份给予奖励，等等。其中，博物馆、纪念馆免费开放单位门票收入减少部分全部由中央财政负担；运转经费增量部分由中央财政分别按照东部 20%、中部 60% 和西部 80% 的比例进行补助。地方财政部门要承担相应职责，保障当地博物馆、纪念馆免费或优惠开放的资金投入。要统筹使用中央和地方财政资金，落实配套设施建设和设备更新经费，落实增强接待能力、增设服务项目、改进服务手段所需资金，落实人员培训经费及增加业务时间和业务强度的必要补助，保证博物馆正常、高效运转。

二是中央补助地方博物馆、纪念馆免费开放陈列布展专项资金，用于补助文化文物主管部门归口管理的博物馆、纪念馆改善基本陈列的方案设计、相关材料及设备购置、施工、监理和专家咨询等支出。经费补助范围包括新建馆的陈列布展，欠发达、少数民族地区博物馆陈列布展提升改造。需要各地文物主管部门每年 7、8 月份前先储备好项目，待国家通知报送后，就逐级报送项目申请，申请材料包括项目情况表、陈列展览大纲、资金预算文本、项目可行性真实性承诺书、项目绩效目标表。

三是省财政补助市县级博物馆、纪念馆免费开放补助资金，用于支持未纳入中央财政补助的博物馆、纪念馆，包括列入全省博物馆名录的国有博物馆和非国有博物馆，以上博物馆名单根据省财政的总盘子和分配原则每年可能会有不同。根据《中共广东省委办公厅　广东省人民政府办公厅印发〈关于深化省级预算编制执行监督管理改革的意见〉的通知》精神，自 2019 年开始，广东省文物主管部门下放了项目的审批权限，资金以切块形式，在每年年底前划拨到各地市，由各地市文物主管部门对经费进行分配。2022 年，广东省财政厅印发《广东省博物馆免费开放补助资金管理办法》，进一步规范资金分配和使用。

四是国家文物保护专项资金，主要补助国有博物馆馆藏珍贵文物的保护，包括预防性保护、文物本体修复、数字化保护等。涉及一级文物修复的，需要先报年度计划；涉及预防性保护、数字化保护的，需要将项目方案先报省文物主管部门审批，通过后才可申报经费。

五是省重点文物保护资金，由各地按照资金申报的通知要求进行申报，通知在每年 8 月份左右印发。主要补助博物馆建设、提升项目，包括国有博物馆安防、消防、防雷等保护性设施建设，以文物建筑为场馆的博物馆的维修保护，欠发达地区新建的国有博物馆基本陈列，国有文物收藏单位馆藏珍贵文物和残损文物的保护修复等。

六是省级以下的博物馆相关专项资金。一般来说，这类扶持资金的额度与地方财政资金富裕程度、地方对博物馆工作的重视程度、博物馆对地方经济社会的影响力程度成正比。我们以广州、深圳两个地市和广州市黄埔区、佛山市南海区两个区为例介绍这些区域的博物馆可能会得到的扶持资金。《广州市博物馆扶持资金管理办法》规定："新设立的非国有博物馆和其他国有博物馆，给予一次性 10 万元的新建补助。此外，博物馆展厅面积 400 平方米以上的部分，按照 1000—1200 元 / 平方米的标准给予额外的新建补助，最高不超过 60 万元。扩建博物馆项目。新增展厅面积在 300 平方米以上（含 300 平方米），且新增符合本馆宗旨、性质的藏品 80 件 / 套（含 80 件 / 套）以上的非国有博物馆和'其他国有博物馆'，按照 600—800 元 / 平方米的标准给予补助，最高不超过 30 万元。运行奖励项目。市文物行政主管部门每年根据博物馆运行评估结果和年度工作考核结果，分别对非国有博物馆和'其他国有博物馆'的上年度工作进行综合评定，从高到低评出一至三档，分别给予 15 万元、10 万元、8 万元奖励。"深圳市的具体扶持办法，本文前面已经提到过，不再赘述。《佛山市南海区非国有博物馆发展扶持办法》规定："符合扶持条件的非国有博物馆，经申报评审后，对博物馆的藏品管理、陈列展览、科学研究、社会服务等管理运营工作进行补贴，扶持标准为每年 500 万元。自获评国家一级博物馆起，每年补贴 1500 万元；自获评国家二级博物馆起，每年补贴 1000 万元；自获评国家三级博物馆起，每年补贴 800 万元。"2022 年 2 月印发的《广州市黄埔区文化广电旅游局关于印发促进文化旅游产业发展办法实施细则的通知》规定："对首次评为国家一级、二级、三级博物馆的非国有博物馆，分别给予 1000 万元、800 万元、300 万元一次性奖励。升级档次的，可申请差额奖励。每家非国有博物馆在《办法》有效期内累计奖励不超过 1000 万元。"各个地方的情况都不同，博物馆可以向所在地各级文物主管部门具体咨询。

七是文物主管部门之外的其他各级各类国家机关对博物馆的扶持资金。各级各类部门都可能会根据地区和行业情况，对经评选出的各类基地、路线、品牌等的博物馆给予资金扶持。宣传部门对确定为相应级别的爱国主义教育基地的博物馆给予经费补助。科技主管部门对认定为科普基地的博物馆，也会给予相应的建设和运营资助。有些部门对认定为青少年研学基地的博物馆有相关的经费补贴。博物馆如果有实力有心争取的话，广开资金源头，也可以获得不错的扶持资金。

前面讲了这么多各类扶持资金，但是博物馆举办者要清醒地认识到，对博物馆负有最直接、最根本、最长久义务的，永远是举办者自身，这一点无论对于作为博物馆举办者的政府、企事业单位还是个人都一样适用。这项原则在法律上也是明确的，《博物馆条例》第五条规定："国有博物馆的正常运行经费列入本级财政预算；

非国有博物馆的举办者应当保障博物馆的正常运行经费。国家鼓励设立公益性基金为博物馆提供经费，鼓励博物馆多渠道筹措资金促进自身发展。”从某种程度上来讲，举办者之外的扶持资金对于博物馆而言更多是锦上添花的作用，举办者自身长期稳定的资金才是博物馆可持续发展的根本保障。

二、国家对博物馆的法律保障

博物馆工作者很少会问法律如何保障自身的问题，但法律保障对博物馆而言可能是根本问题。《中华人民共和国宪法》第二十二条规定：国家发展为人民服务、为社会主义服务的文学艺术事业、新闻广播电视事业、出版发行事业、图书馆博物馆文化馆和其他文化事业，开展群众性的文化活动。国家保护名胜古迹、珍贵文物和其他重要历史文化遗产。宪法对博物馆的规定，反映出国家是把发展博物馆事业作为国家为人民服务、公民基本权利的重要内容之一的。《文物保护法》《公共文化服务保障法》中关于博物馆和教育的内容，都是根据宪法精神制定的。《博物馆条例》为体现《宪法》的要求，第一条规定：为了促进博物馆事业发展，发挥博物馆功能，满足公民精神文化需求，提高公民思想道德和科学文化素质，制定本条例。该法对博物馆的目的、高度的认识，与各国对博物馆事业的看法是一致的。该法第四条规定：国家制定博物馆事业发展规划，完善博物馆体系。国家鼓励企业、事业单位、社会团体和公民等社会力量依法设立博物馆。前文讲到《公共文化服务保障法》要求公共文化设施选址应当征求公众意见，符合其功能和特点，有利于发挥其作用。该法第十九条规定：任何单位和个人不得擅自拆除公共文化设施，不得擅自改变公共文化设施的功能、用途或者妨碍其正常运行，不得侵占、挪用公共文化设施，不得将公共文化设施用于与公共文化服务无关的商业经营活动。因城乡建设确需拆除公共文化设施，或者改变其功能、用途的，应当依照有关法律、行政法规的规定重建、改建，并坚持先建设后拆除或者建设拆除同时进行的原则。该法条力度很大，是对博物馆的坚强保护。

由此可以看出，国家是鼓励和支持举办博物馆的，无论对国有博物馆还是非国有博物馆均一视同仁。我国的法律把博物馆提到保存历史文明、满足人民群众精神文化需求、提高国民素质这样的高度来看待，对博物馆兼有规范管理和保障扶持两个作用。管理规范和扶持保障是互相促进的关系，管理规范最终还是为了扶持保障。法律对不规范运营的博物馆进行规范管理，有利于维护博物馆行业的整体公平竞争环境。在公平的法律之下，博物馆才能有序发展，办得好的博物馆才能发展得越来越好。

三、国家对博物馆的购买服务

党的十八届三中全会提出，适合由社会组织提供的公共服务和解决的事项，交由社会组织承担。政府向社会力量购买公共文化服务，既是转变政府职能、建设服务型政府的重要环节，也是规范和引导社会组织健康发展、推动公共文化服务社会化发展的重要途径。本部分主要讨论公益二类国有博物馆、非国有博物馆和博物馆行业协会承接国家机关的购买服务。财政部于2020年1月印发的《政府购买服务管理办法》对政府购买服务中的购买主体和承接主体有明确规定。该文件第六条规定：依法成立的企业、社会组织（不含由财政拨款保障的群团组织），公益二类和从事生产经营活动的事业单位，农村集体经济组织，基层群众性自治组织，以及具备条件的个人可以作为政府购买服务的承接主体。该文件第八条规定：公益一类事业单位、使用事业编制且由财政拨款保障的群团组织，不作为政府购买服务的购买主体和承接主体。文化部、财政部、新闻出版广电总局、体育总局于2015年印发的《关于做好政府向社会力量购买公共文化服务工作的意见》，制定了面向全国的政府向社会力量购买公共文化服务指导性目录，目录包括文化遗产保护、传承与展示，优秀民间文化艺术的普及推广与交流展示，公共博物馆等运营和管理，博物馆面向社会提供的免费或低收费服务。

一般来说，国家机关计划举办文化类活动、开展文物博物馆课题研究、举办展览、开展交流等活动时，博物馆可以积极关注，如果能争取到相关项目，既增加了博物馆的收入，又增加了博物馆的业绩，增强了博物馆的业务能力，也密切了博物馆与政府部门的联系。有时，博物馆可以主动联系国家机关，从其工作需求考虑，提前主动展现自身实力和影响力，这样国家机关在制定购买服务项目时也会更多考虑到博物馆能起到的作用。2020年12月，由佛山市南海区防范处置金融风险和非法集资工作领导小组主办，南海区金融办、市公安局南海分局、中国人民银行南海支行、南海区金融行业协会、广东大观博物馆、佛山市岭南金融博物馆共同承办的“聚焦金融安全　普惠南粤菁华——2020年‘防范涉众金融风险　守护百姓财富安全’中国钱币精品文物特展”展览，在广东大观博物馆一楼开展。这是广东大观博物馆、佛山市岭南金融博物馆利用馆藏的金融文物优势，积极与南海区金融主管部门沟通，充分理解金融主管部门的业务需求之后，成功争取的一项政府购买服务。

近年来，博物馆在青少年教育方面做的工作越来越多，教育等部门也日渐注意到博物馆的独特资源和作用，博物馆可以在青少年教育方面大有作为。教育部、国家发展和改革委员会、公安部、财政部、交通运输部、文化部、食品药品监管总局、国家旅游局、银保监会、共青团中央、中国铁路总公司于2016年11月印发的《关于推进中小学生研学旅行的意见》提出："健全经费筹措机制。各地可采取多种形式、多种渠道筹措中小学生研学旅行经费，探索建立政府、学校、社会、家庭共同承担的多元化经费筹措机制。交通部门对中小学生研学旅行公路和水路出行严格执行儿童票价优惠政策，铁路部门可根据研学旅行需求，在能力许可范围内积极安排好运力。文化、旅游等部门要对中小学生研学旅行实施减免场馆、景区、景点门票政策，提供优质旅游服务。保险监督管理机构会同教育行政部门推动将研学旅行纳入校方责任险范围，鼓励保险企业开发有针对性的产品，对投保费用实施优惠措施。鼓励通过社会捐赠、公益性活动等形式支持开展研学旅行。"教育部、国家文物局于2020年10月印发的《关于利用博物馆资源开展中小学教育教学的意见》提出："开发博物馆系列活动课程。各地文物部门和博物馆要会同教育部门和学校，结合中小学生认知规律和学校教育教学需要，充分挖掘博物馆资源，研究开发自然类、历史类、科技类等系列活动课程，丰富学生知识，拓展学生视野。中小学语文、历史、地理、思想政治、美术、科学、物理、化学、生物等学科教学和综合实践活动，要有机融入博物馆教育内容。博物馆系列活动课程应涵盖小学、初中、高中不同学段，明确不同类型课程的教学目标、体验内容、学习方式及评价办法。"博物馆在青少年教育、学校教育、青少年研学中所起到的作用是独特的，该项工作才刚刚起步，未来发展空间依然很大，博物馆可对此多加重视。

博物馆所能承担的购买服务不止以上，因为国家机关所管理和服务的内容涵盖社会各个领域、行业和人群，除了国家机关，还有其他国有企业、事业单位、科研院所、高等院校等也可能购买服务，博物馆可以服务的人群除了青少年还有中青年、老年人、学生、职工、退休人员等各年龄段和各行业的人，博物馆尽可以发挥聪明才智，深挖自身资源，关注社会需求，拓展服务领域，提高服务质量。

四、多元主体合作办馆

国务院办公厅转发财政部、国家发展和改革委员会、中国人民银行印发的《关于在公共服务领域推广政府和社会资本合作模式的指导意见》要求："探索在民办博物馆领域积极开展政府与社会资本合作（PPP）的模式创新。支持因地制宜开展差别化试点，探索符合当地实际和博物馆行业特点的做法、经验，形成可复制、可推广的发展模式。鼓励有条件的地方在县级新建博物馆中探索多元主体合作办馆模式，在不改变国有藏品的所有权属性及馆舍土地使用性质的前提下，允许符合条件的社会力量依法参与博物馆基础设施建设与运营管理、提供专业化服务。同时，县级以上文物主管部门要按照属地管理原则，加强文物安全、展览内容的监管。”《关于推进博物馆改革发展的指导意见》提出“对于部分符合条件的新建博物馆，在不改变藏品权属、确保安全的前提下，经批准可以探索开展国有博物馆资产所有权、藏品归属权、开放运营权分置改革试点，提升博物馆公共服务效能”，也提出“创新博物馆发展多元化投入机制，在加强监管、防范风险的前提下，鼓励社会资本以直接捐赠、设立基金会等形式支持博物馆发展”。向人民提供公共文化服务是政府的基本职能之一。只要能实现政府提供公共文化服务的职能和满足人民群众精神文化需求，国家机关、博物馆和社会机构、个人可以在以上政策文件的要求下，开展模式多样、形式灵活的合作，办出优质博物馆。

可以以博物馆借出或者提供藏品、政府提供场地和运营资金的方式合作办馆。故宫博物院官方网站2022年6月7日发布消息：“2017年6月，在国家主席习近平的见证下，故宫博物院与香港西九文化区管理局举行《兴建香港故宫文化博物馆合作协议》的签署仪式。根据该合作协议内容，位于香港西九文化区的香港故宫文化博物馆建成后，将持续展出故宫博物院文物藏品，丰富香港文化生活。历经4年筹划，值此香港特别行政区成立二十五周年之际，2022年7月故宫博物院联合香港故宫文化博物馆举办7项开幕展览。本次开幕展览共展出故宫博物院珍贵文物九百余件，其中约七成文物为首次赴港展出，包括绘画、法书、青铜器、陶瓷、金银器、珐琅、玉器、漆器、玻璃、玺印、织绣、首饰、雕塑、图书典籍、古建藏品等类别，展现了源远流长和博大精深的中华文明，是截至目前故宫博物院规模最大、级别最高的文物出境展览。”光明网2022年5月13日报道《广东佛山非国有博物馆：从靠“输血”变“造血”》提到：“位于佛山的广东大观博物馆·佛山市岭南金融博物馆是广东唯一一家由省文化和旅游厅作为业务主管单位、拥有大量一级文物、藏品达1.2万余件的非国有博物馆，特别是其中国古代青铜镜和纸币门类收藏在全国博物馆中首屈一指。该博物馆由佛山民营企业家丁方忠、丁芳桂兄弟创办，通过企业收入提供稳定的经费支撑。丁方忠介绍，在广东大观博物馆的建设和运营中，佛山市、区两级政府提供了政策、资金、馆舍方面的扶持。如南海区政府将位于千灯湖畔的公有物业资产免费提供给广东大观博物馆作为馆舍，并免费提供水电。相关部门还向其购买公共文化服务。”

政府可以设立机构、提供资金委托社会机构运营博物馆。深圳商报2020年4月19日报道《深圳国有博物馆再添新成员，“金石文化”中标华强北博物馆运营项目》提到：“福田区将国有公共文化机构通过公开招标委托市场化专业运营。深圳金石文化资产管理有限公司与深圳市本色文化艺术空间管理有限公司组成的联合体，以充分的服务方案响应、完善的质量保障措施、丰富的业绩经验及综合的人力配置等，中标成为深圳市福田区政府‘华强北博物馆项目的运营管理项目’服务商。”深圳金石文化资产管理有限公司具有运营博物馆的经验，其时正在受托运营国家三级博物馆深圳市金石艺术博物馆。2020 年 4 月，深圳市福田区率先将国有公共文化机构通过公开招标委托专业机构社会化运营，华强北博物馆作为深圳市福田区区属第一家国有博物馆，通过创新博物馆运营管理模式，为国有博物馆的运营管理打开了一个全新局面。华强北博物馆社会化运营模式有几个特点：一是博物馆的展览、活动主题及宣传内容须申报政府主管单位审核，以使博物馆的公共文化建设方向符合时代精神。二是在政府的监督和考核下，博物馆年度展览及活动场次需要满足招标文件规定的各项指标，如年参观人数、展览、社会教育活动开展场次及参与程度等。三是在确保实现公益目标前提下，可就场馆特性依法开展相关的收费经营活动以实现社会化运营的经济收益。四是政府财政按博物馆免费开放基本运营管理成本补贴博物馆基础的固定运营费用，大大减少了政府的财政开支。五是以二类事业编的机构设立方式，博物馆不设事业单位编制，解决了政府专业人才不足和增设编制的问题。六是社会化运营的企业化管理模式的灵活性和决策速度提升了运营管理效率。2021 年 10 月，福田区文化广电旅游体育局正式任命深圳市合尊文化管理有限公司王晓君女士为华强北博物馆馆长兼法定代表人，相关经费按照合同约定，由运营单位承担。华强北博物馆的案例，生动体现了《关于推进博物馆改革发展的指导意见》关于国有博物馆资产所有权、藏品归属权、开放运营权分置改革试点的要求。

五、国家对博物馆的用地优惠

大部分国有博物馆的用地，一般由政府以划拨方式给予。大部分非国有博物馆的用地，一般由举办者自己购买或者租用。少部分非国有博物馆的用地，由政府以无偿划拨或者优惠的价格给予。国家文物局、民政部、财政部、国土资源部、住房和城乡建设部、文化部、国家税务总局于 2010 年 1 月印发的《关于促进民办博物馆发展的意见》提出：“切实帮助解决民办博物馆的馆舍与经费保障问题。推广民办公助、公建民营等形式，在有条件的地区，建立政府对民办博物馆单位的资助机制。各地可利用在布局结构调整后闲置的房产，支持民办博物馆发展。可在旅游景区和文化产业园区内规划建设民办博物馆，为民办博物馆提供馆舍和基础设施运行保障。对符合国家《划拨用地目录》规定的非营利性民办博物馆的建设用地，经县级以上人民政府批准，可以划拨方式供地。民办博物馆建设必须贯彻节约集约用地的原则，严格执行《博物馆建设用地指标》的规定，严禁改变博物馆用地的土地用途，不得以划拨土地使用权抵押。民办博物馆因故终止的，其用地由国家依法收回后继续作为博物馆建设用地。”2017 年 7 月印发的《国家文物局关于进一步推动非国有博物馆发展的意见》再次强调：“落实土地和财税等优惠政策。各地要认真做好国家文物局、民政部、财政部、国土资源部、住房和城乡建设部、文化部、国家税务总局七部门《关于促进民办博物馆发展的意见》（文物博发〔2010〕11 号）的落实落地，明确非国有博物馆比照国有博物馆享受公益性事业单位土地、税收、规费等方面的优惠待遇，用电、用水、用气、供暖价格执行当地居民标准，帮助非国有博物馆降低运营成本。”2021 年 5 月的《关于推进博物馆改革发展的指导意见》再次提出：“规范和扶持并举，加强对非国有博物馆业务帮扶，推动落实土地、税收等优惠政策。”在实际工作中，有些幸运的非国有博物馆享受到了该项政策，但是对大部分非国有博物馆而言难度还是不小。同时，也要防止以下情况发生：个别博物馆以举办博物馆的名义取得用地，但是辜负了政府的美意，没有好好办馆，或者谋取博物馆业务之外的利益。

六、国家对博物馆的财税优惠

《关于推进博物馆改革发展的指导意见》第十九条提出：博物馆认定为非营利组织的，其符合条件的捐赠收入按规定享受免税政策。企业或个人等通过公益性社会组织、县级以上人民政府及其部门等国家机关，向博物馆进行公益性捐赠的，按规定享受所得税税前扣除政策。《博物馆条例》第六条规定：博物馆依法享受税收优惠。依法设立博物馆或者向博物馆提供捐赠的，按照国家有关规定享受税收优惠。根据这一条文，无论是国有博物馆还是非国有博物馆都可以接受捐赠，都可以享受税收优惠。一般来说，博物馆成立以后即可以接受资金和实物捐赠，但是接受资金和实物捐赠以后的税收优惠并不是自然而来的，需要通过后续的手续才可以申请。博物馆的税收优惠有多种，既包括博物馆自身能够申请到的税收优惠，也包括博物馆的捐赠者享有的税收优惠。

七、国家对博物馆的对口帮扶

本文所讲的帮扶，一般是指文物主管部门牵头组织国有博物馆对非国有博物馆、行业博物馆开展帮扶，也包括大馆、强馆对中小博物馆、基层博物馆开展帮扶，强帮弱，大帮小，专业帮非专业，通过帮扶达到区域所有博物馆共同进步的目标。当然，被帮扶者也要有追求上进的意愿，才能真正起到帮扶的作用。有些优秀的行业博物馆、非国有博物馆、基层博物馆的实力并不弱，其实是不需要帮扶的，它们甚至可以反过来帮扶一些国有中小博物馆。2019 年，广东省在全省范围开展国有博物馆对口帮扶非国有博物馆工作，推动博物馆平衡发展。《广东省文物局关于国有博物馆对口帮扶非国有博物馆的通知》要求：每一家非国有博物馆均有一家以上国有博物馆进行帮扶，实现对口帮扶全覆盖，帮扶内容包括新馆设立、藏品管理、陈列展览、人员培训、科学研究等，促进非国有博物馆提高专业化水平。

八、国家对博物馆的人才培养

博物馆要开展工作，离不开博物馆专业人才。《关于推进博物馆改革发展的指导意见》第二十条提出：“加强队伍建设。健全博物馆人才激励机制，按照国家有关规定进行表彰奖励，加强博物馆管理人才、专业人才、研究人才、创新型人才培育，为人才发展营造良好的制度环境。加强国家文博领域高水平创新团队建设，培育跨领域、跨学科创新团队。按照人力资源和社会保障部、国家文物局《关于进一步加强文博事业单位人事管理工作的指导意见》精神，拓宽人才汇集机制，支持博物馆设立流动岗，吸引相关专业技术人员兼职。加大博物馆专业人才引进力度，提高队伍专业化水平。推进文博行业相关职业资格制度建设。强化人才培训，根据不同岗位要求，开展分级分类培训，提高队伍整体素质能力。”文件中提到的《关于进一步加强文博事业单位人事管理工作的指导意见》是由人力资源和社会保障部、国家文物局于 2019 年 11 月印发的，该文件提出：“管理人员培训，注重提高文物保护利用管理能力、专业水平和职业素养；专业技术人员培训，注重提高文物保护利用专业技术水平和依法利用文物资源参与创新创造创业的能力；工勤技能人员培训，注重提高文物修复技能水平和服务保障能力。注重培养专业能力、专业精神，根据不同岗位的要求，编制工作人员培训计划，对工作人员进行分级分类培训，切实提高文博事业单位工作人员整体素质能力”，也提出要“深化文博系列职称制度改革。坚持以品德、能力、业绩为导向，不唯学历、不唯资历、不唯论文、不唯奖项，科学评价文博事业单位专业技术人才。”博物馆工作者可以认真研读一下该文件，明确国家对博物馆人才培养的方向和要求。

各级文物主管部门每年会提前制定或者公布下一年度博物馆业务培训计划，按照计划开展培训工作，培训对象包括辖区所有博物馆，培训内容涵盖综合管理、藏品保管、陈列展览、讲解教育、文创开发、保护修复、信息化建设、安全等内容。除此之外，各级文物行政部门也可以创新人才培养的形式和机制，支持非国有和行业博物馆专业人员到文物系统大型博物馆挂职、访学，探索将部分符合条件的非国有和行业博物馆的优秀专业技术人员纳入高层次文博人才提升计划培养范围。文物主管部门鼓励、支持行业和非国有博物馆从业人员参与职称评定，广东省目前已有一位非国有博物馆馆长获评为研究馆员，有两位非国有和行业博物馆馆长入选第六届广东省文物鉴定委员会。

九、国家组织博物馆的文化交流

《关于推进博物馆改革发展的指导意见》第十四条提出："增进国际合作。实施中华文明展示工程，深入挖掘中华优秀传统文化精髓，弘扬中华文化蕴含的人类共同价值，打造一批中国故事、国际表达的文物外展品牌。实施世界文明展示工程，通过长期借展、互换展览、多地巡展等方式，共享人类文明发展成果。加强青年策展人培养，造就一批政治过硬、功底扎实、国际接轨的博物馆策展人队伍。支持中国专家学者参加国际博物馆组织，积极参与博物馆国际治理。"同时，国家也鼓励各级各类博物馆开展国内文化合作交流。博物馆主动开展国内外文化合作交流，能逐步扩大自身影响力，塑造和巩固自身良好品牌。

要完整展现一个文化、主题、人物并制作展览，仅凭一家博物馆有时是很难做到的，需要国内外多家博物馆互通有无、加强交流、合作办展才能实现。环球网 2022 年 5 月 19 日报道《传承发展中华优秀传统文化　增强文化自觉坚定文化自信——传统之美　浸润人心（谱写新篇章）》提到：以"多元文明并置，古今文明相通"为主线，采取"传统展示＋媒体技术"相结合的方式，展示亚洲历史悠久、文化融合、多元共生的文明特征，反映地缘相近、民心相通、和平相处的亚洲文化。亚洲文明对话大会期间，"大美亚细亚——亚洲文明展"举办，来自 40 多个国家的 400 多件文化瑰宝荟萃一堂，展现了文化遗产跨越时空的魅力。《广州日报》2021 年 8 月 26 日报道《这个展览，走进容庚的学术人生与收藏人生》提到：近日，"与古为徒——容庚的学术和时代"展览在深圳博物馆古代艺术馆开幕。展品来自中国国家博物馆、深圳博物馆、上海博物馆、广东省博物馆、广州博物馆、广东省立中山图书馆、广州艺术博物院等单位共 207 件文物。据主办方介绍，本次展览最大的亮点是容庚先生私人收藏的青铜器首次系统地、完整地向公众开放。

博物馆可以积极主动地参与国家组织的各类博物馆、文化类展会、评选等。“博博会”自2004年开始，每两年举办一次，已经成为展示中国博物馆领域发展成果、推动国内外博物馆合作、开拓博物馆文化产业发展的重要平台。类似这样的博物馆、文化类展会还有很多，博物馆可以积极参加，保持对行业最新发展形势和成果的了解，并展现自身形象特色。

十、国家对博物馆的表彰奖励

《博物馆条例》第九条规定：对为博物馆事业作出突出贡献的组织或者个人，按照国家有关规定给予表彰、奖励。《文物保护法》第十二条也有国家给予精神鼓励或者物质奖励的条款。很多博物馆尤其看重国家对博物馆的表彰，因为这代表了国家和社会对博物馆工作的认可。国家文物局官方网站2017年4月7日消息：日前，国务院第一次全国可移动文物普查领导小组办公室发出《关于表彰第一次全国可移动文物普查先进集体和先进个人的决定》，授予首都博物馆等80个单位“第一次全国可移动文物普查先进集体”荣誉称号，授予薛俭等80名同志“第一次全国可移动文物普查先进个人”荣誉称号。

除了国家机关的表彰奖励之外，各级博物馆协会、基金会等也会设置相关的表彰。中国新闻网2018年10月20日的报道《樊锦诗获中国文保基金颁发“薪火相传——终身成就奖”》提到：“薪火相传”是中国文物保护基金会主办的全国性评选活动，旨在表彰在文化遗产领域作出杰出贡献的个人和团队，弘扬他们参与文化遗产保护的感人事迹和奉献精神，激励社会公众积极参与文化遗产保护利用与传承。中国文物保护基金会理事长励小捷表示，十年来，“薪火相传”先后评选出100多名杰出个人和团队，评选出的每个人和团队都是中华优秀传统文化的守护者、传承者，是文物遗产保护领域的标兵，他们分布在各个领域，遍布全国每个角落，甚至扩展到海外。十年的薪火相传，见证了我国文物保护事业的加强与发展，见证了社会力量参与文物保护由涓涓细流到激流澎湃的过程，见证了中华传统文化创新性发展创造性转化的历史趋势。

习近平总书记曾经说过：“评价一个制度、一种力量是进步还是反动，重要的一点是看它对待历史、文化的态度。”以上十个方面，从法律到文件，从硬件到软件，从物质到精神，全面反映出国家对博物馆的保障扶持态度。身处国家鼓励扶持的行业中，博物馆发展如顺风顺水行船。博物馆举办者要成为机灵主动的船长，善于利用各项保障扶持政策，驾驶博物馆的小船乘风破浪。习近平总书记也说过：“中国要发展，最终要靠自己。”这句话同样适用于博物馆。博物馆要发展，最终要靠自己。博物馆也要明白，保障扶持政策主要针对自强不息、奋发向上的博物馆，而不是唉声叹气、坐等靠要的博物馆。博物馆必自助，而后人助之，而后天助之。

广东省文化和旅游厅程国锋、深圳市宝安区世纪琥珀博物馆刘莹莹执笔

博物馆筹建

博物馆定位

博物馆的定位和宗旨就像一个人的性格与品格，是区别于其他馆的个性特征，是筹建规划的目标方向。筹建博物馆如同女娲抟土造人，要根据藏品、设施、筹建方的思路等要素，提前明确要“造”一个什么样的馆，建成后主要服务的目标观众是谁，未来要实现一个什么样的规划目标。因此，找准定位，明确宗旨，是博物馆筹建的重要前提，是规划发展的长远考虑。

一、博物馆的定位

（一）博物馆的共性定位

这是博物馆的共性和基本特征，是所有博物馆的共同定位。

1. 基于国际博物馆协会博物馆定义的定位

2022 年 5 月，国际博物馆协会公布了经特别咨询委员会会议投票产生的博物馆定义两个最终提案，并于 2022 年 8 月举行的国际博协布拉格大会中的特别全体大会上进行最终表决。提案一：博物馆是常设的非营利机构，面向公众，为社会服务。它以专业的、符合道德且可持续的方式研究、收集、保护、阐释和展示物质和非物质的文化与自然遗产，致力于提供教育、深思和欣赏。博物馆以具有包容性、多样性和参与性的方式进行运营并与社区和公众进行交流。提案二：博物馆是为社会服务的非营利性常设机构，它研究、收藏、保护、阐释和展示物质与非物质遗产。向公众开放，具有可及性和包容性，博物馆促进多样性和可持续性。博物馆以符合道德且专业的方式进行运营和交流，并在社区的参与下，为教育、欣赏、深思和知识共享提供多种体验。综合两个提案，博物馆是为社会及其发展服务的、向公众开放的非营利性常设机构，公益性、公共性、服务性、持续性等是博物馆的基本定位。

2. 基于我国法律法规对博物馆的定位

2015 年 3 月 20 日开始施行的《博物馆条例》明确："博物馆，是指以教育、研究和欣赏为目的，收藏、保护并向公众展示人类活动和自然环境的见证物，经登记管理机关依法登记的非营利组织。" 2017 年 3 月开始施行的《中华人民共和国公共文化服务保障法》中就明确了博物馆的公共文化服务性，"是指由政府主导、社会力量参与，以满足公民基本文化需求为主要目的而提供的公共文化设施、文化产品、文化活动以及其他相关服务"。综合两项法律，博物馆的机构属性确定为公共文化服务机构和非营利组织，需经登记管理机关依法登记。

3. 基于博物馆定级评估的发展定位

2020 年 1 月，国家文物局公布了修订后的《博物馆定级评估办法》《博物馆定级评估标准》《评分细则计分表》，明确凡经依法登记备案、正常运行 36 个月以上的各类博物馆，均可申请参加定级评估，分为国家一、二、三级。博物馆定级工作原则上每三年集中开展一次。截至目前，国家文物局已组织了四次评估定级，国家一、二、三级博物馆总数为 1224 家，其中一级博物馆 204 家，二级博物馆 455 家，三级博物馆 565 家；国家一、二、三级博物馆序列中非国有博物馆总数为 91 家，其中一级博物馆达到 2 家。定级评估不只是意味着获得一个质量等级、一项荣誉称号，更重要的是通过参加评估，提高博物馆各项业务能力和服务水平。综上情况，筹建博物馆时可先对照评估标准和细则进行自评，确立运行三年后的评估定级的目标定位。在运营过程中，更要对照评估标准和细则，不断强基础、补短板、提质量，为实现评估定级定位做足准备。

（二）博物馆的个性定位

这是博物馆的个体特征，是特色定位。

1. 基于所有制形式的定位

分为国有博物馆和非国有博物馆（民办博物馆）。《博物馆条例》明确："博物馆包括国有博物馆和非国有博物馆。利用或者主要利用国有资产设立的博物馆为国有博物馆；利用或者主要利用非国有资产设立的博物馆为非国有博物馆。"2014 年国家文物局印发《关于民办博物馆设立的指导意见》，非国有博物馆又有"民办博物馆"的叫法。

2. 基于藏品、功能、观众等的定位

按收藏展示内容可分为历史类、艺术类、自然类、科学与技术类和综合类等，按功能可分为收藏与保护型、研究型、教育型、互动观光型；按管理体制可划分为国家级、省级、市级、区县级；按目标观众可分为儿童类、妇女类、社区类、高校类等。

举例来说，中国国家博物馆是文化和旅游部直属的国家级综合性博物馆，历史与艺术并重，集收藏、展览、研究、考古、公共教育、文化交流于一体，是国家最高历史文化艺术殿堂和文化客厅。湖南省博物馆是一座主要反映湖南省区域文明的国家级综合性博物馆。中国化工博物馆是中编办批准成立的国家级科学与技术类博物馆，举办单位为中国化工集团公司，收藏展示中国化学工业的发展历程和重要成果，传播化学工业文明。大唐西市博物馆是遗址类非国有博物馆，以反映盛唐文化、丝绸之路文化和商业文化为主题，并以"公益性、专业性、人本性、互动性、产业性"为其定位。以上为已建成开放的博物馆。目前正在规划建设的榄菊大湾区博物馆已明确了定位：将按照国家一级博物馆标准建设并运营，打造富有湾区特色，集收藏、展览、教育、产业发展、人才建设为一体的博物馆综合体，力争成为世界级的大湾区文化新地标。

需要进一步补充说明的是关于"公益性""非营利"的理解，"公益性""非营利"并不是意味着博物馆不能开展经营活动，故宫博物院原院长单霁翔曾经指出，"不以营利为目的"强调的是博物馆的本质，而并不意味博物馆不能有经济收入，并不反对博物馆在经营过程中的正当利益。2021 年 8 月，文化和旅游部、中共中央宣传部、国家发展和改革委员会、财政部、国家文物局等部门联合印发《关于进一步推动文化文物单位文化创意产品开发的若干措施》，允许部分博物馆试点单位设立从事文化创意产品开发的企业，鼓励多家试点单位联合与社会资本合作设立企业等，从政策措施、激励机制等方面对开展经营活动进行了保障。博物馆在保持"公益性""非营利"的前提下，立足于市场，开展适度经营，可为博物馆发展补充必要的资金支持，提升博物馆的可持续造血功能。非国有博物馆在体制机制方面更为灵活，在开展经营方面可以打开思路、先行先试，但应遵循一条明确的方针，即经营的所有项目和从事的一切活动都要与博物馆藏品、定位等紧密相关。

二、博物馆的宗旨

博物馆宗旨是博物馆的工作职能、业务范围、服务对象以及规划目标，博物馆业务的开展要依照和遵从宗旨。博物馆宗旨要根据藏品、征集、保管、研究、展示、社教、文创、公共关系等方面情况确定，并与筹建理由、目标愿景、服务对象息息相关。

下面按照不同类型博物馆举例说明。如前所述，中国国家博物馆是代表国家征集、收藏、保管、展示、阐释能够充分反映中华优秀传统文化、革命文化和社会主义先进文化代表性物证的最高机构，该馆的宗旨也必然是高格调的：发挥行业头雁作用，建设与世界大国地位相称、与中华民族悠久历史和灿烂文明相称、与蓬勃发展的中国特色社会主义事业相称、与人民日益增长的美好生活需要相称的世界一流大馆，努力成为具有世界影响的收藏中心、研究中心、展示中心、传播中心和交流中心。其宗旨体现了中国国家博物馆作为中华文明祠堂和祖庙的地位和目标。广东省博物馆作为国家一级博物馆，其对宗旨的表述是“收藏、保护、研究、传承、弘扬人类优秀历史文化成果和自然环境发展的代表性实物；向公众提供公益文化服务”，这体现了省级大型博物馆的全面和实力。

行业博物馆作为博物馆重要的分支，汇集了某一行业发展进程中各个时期的历史实物资料，集中展现了某行业的历史沿革。深圳中国钢结构博物馆是中国首个以建筑钢结构和桥梁钢结构为主题的博物馆，由中建科工集团有限公司举办。该馆以“行业首创、中国一流”为建馆目标，以历史和科技并重为陈列原则，以实物、模型、图片、文字、多媒体等为展示手段，集收集、展览、研究、教育、交流于一体，融科普性、学术性、趣味性、参与性于一身，旨在让观众了解世界钢结构的发展历程、探寻中国钢结构的崛起之路以及感受钢结构文明的气韵，是建筑科普的重要基地和科技交流的重要平台。该馆从筹建之初，其宗旨就一直秉承着对钢结构行业的藏品征集和展示服务，展厅中也未提及其筹建企业的情况。筹建行业博物馆，一方面体现了企业在整个行业的龙头地位，能够完整展现行业历史并为公众服务；另一方面体现了企业的社会和文化责任，对企业本身也是一种无形的宣传。

高校博物馆作为我国博物馆体系的重要组成部分，承担着收藏、展示、研究、教育等职能，特别是服务师生、服务科研与教学是其最重要的宗旨之一。北京大学赛克勒考古与艺术博物馆是著名的高校博物馆，其宗旨在于收藏、保存、展示、研究、解读藏品并加强对藏品和资源的保护，发现新知，并与世界分享；博物馆通过科研、教学、专业培训和公众教育，提高公众对考古与艺术的理解和欣赏。北京大学赛克勒考古与艺术博物馆兼具科研教学和服务公众的宗旨。

对中小型特别是非国有博物馆来说，应深入挖掘本馆的独特资源，制定适合自身发展的战略规划，努力找到达到目标的实施路径，在确定宗旨时更要注意实事求是、扬长避短。深圳望野博物馆作为近年来深圳发展比较好的非国有博物馆，2020年被认定为国家二级博物馆。该馆馆长一直致力于其藏品的研究，积极将展览推广到国有大馆展出，并汇集了一定的研究力量。该馆的宗旨是“致力于通过展览、研究普及大众对古代器物与古代艺术的认知，拉近大众与中华传统文化的距离”，十分贴近该馆的实际情况和发展方向。深圳市龙岗区龙岭邮票博物馆是位于深圳市龙岗区龙岭初级中学内的一家非国有博物馆。在筹建之初，其馆长的目标很坚定，主要是搭建平台并为学校和社区服务，其博物馆宗旨也集中体现了这一点：致力于中华人民共和国成立后的邮品收藏、邮票发展史研究，建立集邮爱好者的交流平台，以及邮票文化的普及、教育、推广工作；链接校园及周边社区，让观众通过邮票了解国家历史、文化传统；开展世界邮票博物馆间的交流，鼓励更多人成为终身学习者。

按照《博物馆条例》的要求，宗旨确定后，要写进博物馆的章程里相对稳定下来，博物馆的各项工作都要按照和围绕宗旨来推动，要积极塑造符合宗旨表述的品牌形象，为公众提供更多更优质的公共文化服务。

博物馆的宗旨与定位是“瓶罄罍耻”的关系，相互依存，互相影响。筹建博物馆时明确其定位，既是了解博物馆相关法律法规章程、行业标准和所在城市对博物馆发展规划政策的过程，又是对自身藏品资源、投资方诉求、规划目标等进行自我审视的过程。明确了定位，博物馆的宗旨也就迎刃而解，在表述宗旨时要明确博物馆的筹建初衷、实现方式、未来规划、服务范围与服务对象等，既实事求是，又有一定的前瞻性，切忌盲目跟风、自吹自擂。明确了博物馆定位和宗旨，筹建工作才会有方向有目标，才能胸有成竹，更能避免眼高手低。博物馆建成开放后，各项工作的开展都应强调与定位宗旨的关联性，不偏离博物馆作为公共文化机构的公共属性，并根据形势变化进行合理适当适时的调整，满足新时代人们日益增长的美好生活需求。

深圳市文化遗产保护中心王军执笔

博物馆命名

为博物馆起一个好名字的确很重要，名称寄予着举办者对博物馆的期望和定位，是大家对博物馆的第一印象。举办者不仅仅需要发挥文采，更需要从博物馆实际出发，遵循一定的法律法规和社会规范，并到相关部门备案和登记。本文将介绍国有博物馆和非国有博物馆的命名规则，并根据工作经验总结几个命名原则。

一、国有博物馆命名规则

国有博物馆要按照事业单位或者有关国有单位的命名规则来命名，并经过上级主管部门或编制管理部门的同意。根据原文化部于 2005 年 12 月印发的《博物馆管理办法》和国家事业单位登记管理局于 2014 年 2 月修订印发的《事业单位登记管理暂行条例实施细则》，国有博物馆的命名要符合以下规定：

（一）博物馆名称一般不得冠以“中国”“中华”“国家”等字样（简称“中国”等字样）；特殊情况确需冠以“中国”等字样的，应由中央机构编制委员会办公室会同国务院文物行政部门审核同意。（二）事业单位名称是事业单位的文字符号，是各事业单位之间相互区别并区别于其他组织的首要标志，应当由以下部分依次组成：字号：表示该单位的所在地域，或者举办单位，或者单独字号的字样；所属行业：表示该单位业务属性、业务范围的字样，如数学研究、教育出版、妇幼保健等；机构形式：表示该单位属于某种机构形式的字样，如院、所、校、社、馆、台、站、中心等。（三）事业单位名称应当使用符合国家规范的汉字，民族自治地方的事业单位名称可以同时使用本自治地方通用的民族文字。（四）事业单位名称不得使用含有下列内容的文字：有损于国家、社会公共利益的；可能造成欺骗或者引起误解的；其他法律、法规禁止的。（五）申请登记的事业单位名称不得与已登记的事业单位名称和注销登记未满三年的事业单位名称相同或者相近似。（六）除特殊情况外，一个事业单位使用一个名称。申请人申请登记多于一个名称，登记管理机关经审查确认必要的可以核准登记，并在法人证书上将第一名称之外的名称以加括号的形式显示在第一名称之后。

国有博物馆的命名，是由行政部门或者其他国有部门提议和决定的，行政部门的相关负责部门和负责人熟悉相关规定和流程，并经过严格的多部门审核流程，一般来说比较规范。譬如，广州艺术博物院，经广州市机构编制部门和广州市文物主管部门审核同意，“广州”代表所在地域，“艺术”代表行业属性和主题。

政府及有关部门、事业单位、高等院校、国有企业举办的博物馆，有些在成立独立的博物馆机构编制方面存在困难，一般以其内部的现有独立机构、内设部门等为依托，建设成为一个机构不独立、业务相对独立的博物馆。这类博物馆的命名也可以遵循以上命名规定，并结合自身所在单位的规定和特点。如中山大学依托几个院系成立的中山大学生物博物馆、中山大学人类学博物馆、中山大学医学博物馆等属于此类。粤海关博物馆，是中央驻粤国家机关广州海关依托粤海关大钟楼创办的博物馆。该馆在筹建之初的设想是以中国海关博物馆广州分馆命名，这一设想在具体手续和定位方面遇到了不少难以协调的问题，也无法凸显本身的特色。在文物主管部门的建议下，广州海关重新梳理定位，“粤海关”这三个字本身就是中外皆知的一个专有名词，且历史悠久，广州海关最终决定以“粤海关博物馆”定名。

二、非国有博物馆的命名规则

非国有博物馆的命名，主要依据是国务院于 1998 年 10 月公布的《民办非企业单位登记管理暂行条例》、民政部于 1999 年 12 月印发的《民办非企业单位名称管理暂行规定》，具体如下：

（一）申请登记民办非企业单位，应当具备下列条件：①经业务主管单位审查同意；②有规范的名称、必要的组织机构；……民办非企业单位的名称应当符合国务院民政部门的规定，不得冠以“中国”“全国”“中华”等字样。（二）民办非企业单位名称应当由以下部分依次组成：字号、行（事）业或业务领域、组织形式。民办非企业单位名称应当冠以民办非企业单位所在地省（自治区、直辖市）、市（地、州）、县（县级市、市辖区）行政区划名称或地名。（三）民办非企业单位名称不能单独冠以市辖区的名称或地名，应当与所在市的行政区划名称或地名连用。民政部登记的民办非企业单位，其名称一般不冠以行政区划名称或地名。（四）民办非企业单位的字号应当由两个以上的汉字组成。可以使用本地或者异地的地名作字号，但不得使用县以上（含县）行政区划名称作字号。（五）民办非企业单位应当根据其业务，依照国家行（事）业分类标准划分的类别，在民办非企业单位名称中标明所属行（事）业或者业务特点。（六）民办非企业单位名称中所标明的组织形式必须明确易懂，一般称学校、学院、园、医院、中心、院、所、馆、站、社、公寓、俱乐部等。不得使用"总"字。（七）民办非企业单位名称应当使用汉字，民族自治地方的民办非企业单位名称可以同时使用本民族自治地方通用的民族文字。（八）民办非企业单位名称应当符合法律、法规的规定，不得含有下列文字和内容：冠以"中国""全国""中华"等字样；有损于国家、社会公共利益的，违背社会道德风尚，带有封建迷信色彩的；可能对公众造成欺骗或者误解的；政党名称、党政军机关名称、人民团体名称、社会团体名称、事业单位名称、企业名称及宗教界的寺、观、教堂（佛、道教的寺、观，伊斯兰教的清真寺，天主教、基督教的教堂）名称；已被撤销的民办非企业单位的名称；其他法律、行政法规规定禁止的。（九）民办非企业单位只准使用一个名称，在登记管理机关管辖范围内不得与已登记的同行（事）业单位名称相同。（十）民办非企业单位申请成立登记、变更名称登记，业务主管单位应当将民办非企业单位拟定名称意见报登记管理机关。（十一）两个以上民办非企业单位向同一登记管理机关申请相同的符合规定的民办非企业单位名称，登记管理机关依照申请在先原则登记。（十二）非国有博物馆的名称不得冠以"中国"等字样。

近年来，随着国家粤港澳大湾区战略的实施，有些博物馆有意以"粤港澳大湾区"冠名。2019 年 3 月，广东省推进粤港澳大湾区建设领导小组办公室印发《关于规范以粤港澳大湾区名义开展有关活动的意见》。《意见》要求严格规范涉"粤港澳大湾区"社会组织登记和监管。明确对涉"粤港澳大湾区"社会组织的登记设立从严规范，申请成立涉"粤港澳大湾区"领域或名称中包含"粤港澳大湾区""粤港澳湾区""大湾区"等字样的社会组织，须先报请业务主管部门审查同意并按程序向民政部门申请登记。明确相关社会组织不得超出章程规定的宗旨和业务范围开展活动、设立分支机构等，另外成立涉"粤港澳大湾区"的联盟等，须依法办理相关注册登记手续。

一般来说，非国有博物馆举办者在命名时，未必能做到事先了解国家相关规定，他们有时会从最朴素的角度来为博物馆考虑名称，如果名称不合适可能就会被主管部门打回重命名，他们在这方面遇到的问题会比国有博物馆多一点。如以东莞市唯美陶瓷博物馆为规范命名的例子，“东莞市”代表行政区划，“唯美”是举办者的企业字号，“陶瓷”代表行业，名称恰如其分。有些非国有博物馆有深深的“中国”情结和“大牌”情结，喜欢冠名“中国 ×× 博物馆”。他们可能不知道，非国有博物馆是不得冠名“中国”字样的，如果在此情况下开放，可能会被认定为非法社会组织。国家社会组织管理局于 2017 年 3 月公布《关于公布未在民政部登记的组织名单（第一批）的公告》，“中国航天博物馆”就在其中。人民日报 2018 年 4 月 17 日新闻《切勿上当！民政部曝光 307 个非法社会组织》报道：“民政部社会组织管理局接到反映，下列组织未经登记擅自以社会组织名义开展活动，涉嫌为非法社会组织，现将名单予以公布……”名单中第 246 项就是中国航天博物馆。2021 年 4 月，民政部会同中央网信办依法关停第二批 10 家非法社会组织网站，其中就有“中华旗袍博物馆”。

三、博物馆命名四原则

我们见证过很多博物馆名称的诞生过程，根据我们的经验，建议博物馆命名遵循四个原则：信、达、雅、简。信，就是名要符实。名称要符合博物馆馆藏特色、宗旨和业务范围以及综合实力，不宜过于拔高或者压低。比如珠海市罗西尼钟表博物馆，大家一眼看去就知道是珠海市的罗西尼公司举办的钟表主题博物馆。假如一个收藏和展示所在地市民俗文物的小型博物馆，执意起名世界艺术博物馆，就是名不副实。达，就是要通达、不拗口。有的举办者为了表现出高深文化，会找一些生僻字来冠名，普通人一眼望过去读都不知道怎么读。博物馆名称中一字多音也容易造成大家的困扰。雅，就是要文雅好听。办博物馆是雅事，所以名称不能太俗气。简，就是简练，惜墨如金，能少一字不多一字。有的博物馆举办者希望把所有美好的希望都放进名称中，博物馆名称有一二十个字，但是用力过度的负面效果就是大家很难记住博物馆的名称。

综合以上，博物馆的命名规则虽然不少，但真正命名时也很容易，只要按照规则和自身特色，还是可以想出一个好名称的。博物馆举办者应该重视博物馆的命名，但也不能过度重视或者只重视命名。博物馆名称与博物馆的真正实力相比，举办者于二者之间应更重视后者。博物馆名字起得好，会给博物馆的业务和知名度增色不少，但是从长远来看最终起决定作用的还是博物馆自身实力和影响力。看看一些世界著名的博物馆，如卢浮宫博物馆、纽约大都会艺术博物馆、古根海姆博物馆，这些博物馆的名称当初听起来也平平无奇，没有冠以“世界”或者“国家”字样。博物馆实力和影响力强大到一定程度，即使其名称再普通，也会达到“天下谁人不识君”的效果。如果博物馆实力平平，却冠以“全球”或者“中国”字样，其实就是“德不配位”，会起到反面效果。

广东省文化和旅游厅程国锋、深圳市宝安区世纪琥珀博物馆刘莹莹执笔

博物馆成本测算

成本是从事生产经营活动所必须耗费资源的货币表现。对于博物馆而言，博物馆的成本投入是一个博物馆从建设到运营所需要投入的经费，其充足性和合理性影响着博物馆的可持续发展。为了让大家对博物馆成本有基本的了解，本文将从博物馆成本涵盖的主要内容、广东省内各类博物馆运营成本概况以及博物馆运营成本的简单测算等方面，帮助大家了解和估算博物馆的成本。从成本投入的角度，更好地保障博物馆运营和发展的可持续性。

一、博物馆成本构成

为了大家可以直观地了解博物馆成本的构成，根据博物馆成本的主要使用方向，我们将其分为四个层级，详见下图 1。博物馆成本位于第一层级，将其细分为第二层级的建设成本和运营成本。第二层级的建设成本分为工程费用、工程建设其他费用和预备费。第二层级的运营成本细分为第三层级的基本支出和项目支出，而第三层级的基本支出细分为人员经费和公用经费，第三层级的项目支出细分为运行类经费和职能类经费。下面将具体介绍博物馆成本构成层级分类中的具体内容。

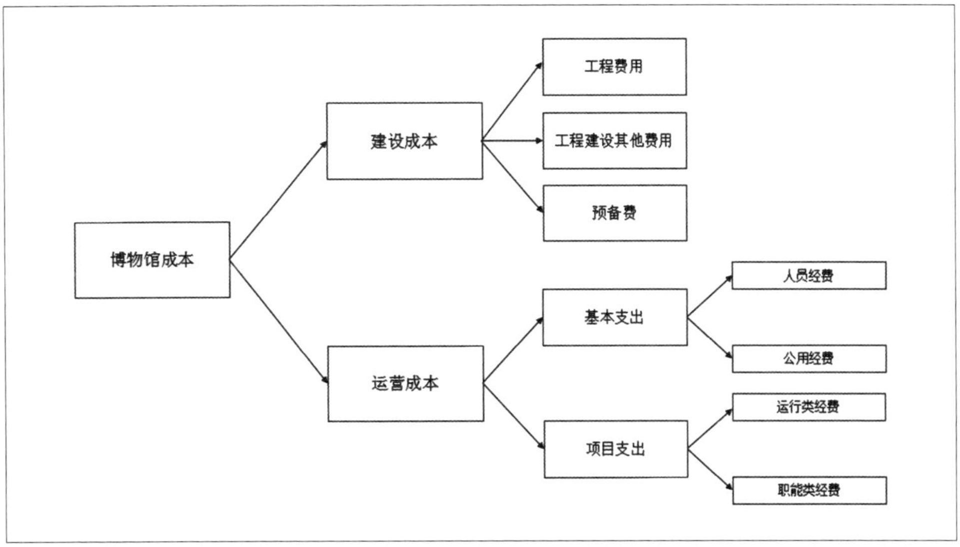

图 1　博物馆成本构成示意图

（一）建设成本

博物馆成本构成层级分类中位于第二层级的建设成本，是指为完成博物馆的建筑物工程项目建设并达到使用要求，在建设期内预计或实际投入的总费用，主要包括工程费用、工程建设其他费用、预备费等。国有博物馆的馆舍建设一般由当地政府土地与建设等相关部门和博物馆相关方共同完成。

1. 工程费用，主要包括建筑安装工程费、展览陈列工程费，以及配套的设备购置费。一是建筑安装工程费，囊括了建筑物的主体建设以及室内室外的装饰工程的各项支出，如博物馆的房屋建设前期场地“三通一平”，建筑工程（结构、防水、装饰、环境绿化、美化等），房屋的供水、通风、消防、安防、技防等工程及其装饰油饰工程，各种管道、电力、电信和电缆导线敷设工程，机械设备的装配费用，设备绝缘防腐保温、设备系统调试等费用。一般委托专业的工程公司按建筑工程施工相关标准和测算方法对该部分进行成本估算。二是展览陈列工程费，主要包括首次开馆前交付使用的基本陈列及临时展厅布展实施工程（含装饰工程、电气工程、布展工程、展柜工程、场景展具、多媒体互动展项、专业灯光及灯光控制系统）以及智慧场馆（含智能场馆建设、智慧导览系统、物联网展品管理系统、数据中心）等各项支出。三是设备购置费，包括场馆空调及通风设备、文物库房设备、安防技防设备、展厅的展柜展架等展陈设备、厨房配套设备，以及其他功能性用房如图书存放及阅览室、教育活动教室、公众服务中心等配套设施设备的购置费用。

2. 工程建设其他费用，是指建设期发生的与土地使用权取得、全部工程项目建设以及未来运营有关的，除工程费用、预备费等以外的费用。主要包括建设单位管理费、用地与工程准备费、市政公用配套设施费、技术服务费（勘察设计费、工程造价咨询费、工程招标服务费、监理费、工程交易服务费、工程保险费、第三方测评费等）、白蚁防治费、余土弃置费等。工程建设其他费用一般按照工程概算计算的一定比例估算。

3. 预备费，为建设期内因各种不可预见因素的变化而预留的可能增加的费用。

待工程完工验收后，将属于资本化的部分转入博物馆的固定资产，由博物馆进行后续的运营管理。

关于博物馆的建设成本，可具体参考《基本建设项目建设成本管理规定》（财建［2016］504号）等文件。

（二）运营成本

博物馆成本构成中位于第二层级的运营成本，具有长期、持续的特点，主要包括博物馆的年度正常运行固定投入的成本和根据博物馆发展情况按需投入的成本。按照预算支出分类，我们将其细分为第三层级的基本支出和项目支出。

1. 基本支出，按照预算支出方向分为人员经费与公用经费两类。国有博物馆的人员经费与公用经费投入，一般按照当地财政定额标准和相关规定执行。公用经费主要包括办公费、办公场所水电费、公务用车运行维护以及工作人员的培训等。而非国有博物馆在用人管理、组织机构运行等方面与国有博物馆有差异，一般根据经费情况按照内部规章制度执行。

2. 项目支出，按照预算支出方向分为运行类经费和部门职能类经费两类。

运行类经费主要用于博物馆日常运行维护，保证场馆正常开放运营的相关辅助支出，包括业务用房物业管理、设施设备购置、房屋维护维修、信息化运维服务等。其中，业务用房物业管理包含了博物馆对外开放场馆用水用电、安全保卫及监控、展场服务（讲解、清洁等）、设备及系统保养维护（含给排水系统、消防系统、安防系统、技防系统、机电系统及其他电气系统等）、绿化服务等基本运行开支。这部分经费是博物馆年度运行及对外开放的必要保障，相对而言年度间差异较小，容易被量化预估。

职能类经费主要用于向公众展示人类活动和自然环境的见证物，以及普及文化教育等博物馆特色职能的项目，包括举办展览，开展社会教育与活动、藏品征集与保护、展陈设施及环境提升、研究成果出版与宣传交流、信息化系统开发等项目，体现了传播历史传统文化与推进精神文明建设的博物馆行业宗旨，发挥博物馆行业服务于公众的作用。

其中，举办展览是博物馆的核心业务支出。博物馆的陈列展览包括基本陈列和临时展览。国有博物馆每年临时展览的数量，与各地区博物馆相关规定和博物馆自身的年度计划有关，如《广州市博物馆规定》中就有“博物馆应当定期举办临时展览，其中利用或者主要利用市级财政性资金设立的博物馆每年举办的临时展览不少于四次，利用或者主要利用区级财政性资金设立的博物馆每年举办的临时展览不少于两次”的规定。临时展览支出主要包括展览的制作费、借展费（如有外借展品，应包含借展费、运输与保险费等）、设计与布展费、展览配套材料费和教育宣传费等。而基本陈列的展览支出主要内容与临时展览基本一致，因展期较长（一般在五年及以上），除初始布展、后续更换及改陈期投入外，其他正常对外开放的年度支出为展厅设备设施维修费、文物与陈列品维护保养费等。此外，近年来越来越多博物馆加大对线上展览的成本投入，满足了观众足不出户也能观展的需求。非国有博物馆的展览支出方向基本与国有博物馆一致。

藏品征集与保护，是衡量一个博物馆发展质量的标志之一。藏品征集，作为丰富馆藏的主要方式，征集的数量与质量会受到成本投入的约束。部分博物馆面临年度藏品征集成本投入不足的情况，国有博物馆如有机会征集与本博物馆性质和定位高度契合且具收藏价值的文物藏品，可通过申请专项资金、约定分期付款等方式解决临时困境。而非国有博物馆由于经营模式的差异，可在年度计划初始，预留部分藏品征集预备费。藏品保护是文博人持之以恒的坚守。藏品保护支出主要包括日常维护与修复。除了需要配备防火、防盗、防自然损坏等安全设施与系统等必要的固定成本投入外，由于文物藏品的特殊性，需要维持防虫、无氧、恒温恒湿等特殊保护环境，也需要持续的可变成本投入。

此外，开展社会教育与活动是博物馆的主要社会职能。社会教育与活动的方式各博物馆可能不尽相同，通过举办丰富多彩且富有教育意义的活动，传播历史与文化知识。社会教育与活动成本投入主要包括场地布置、聘请专业人员（专家、非遗传承人、民俗文化表演者等）、活动相关材料等。

由于职能类经费使用侧重点和方向的年度差异性，这部分经费相对难以被量化预估。

二、博物馆运营成本概况

由于博物馆的建设成本受多方因素的影响，如博物馆建设选址，建设博物馆的类型和规模，设计与施工难度，以及安全标准，基础场馆与展陈设施布置等，各博物馆间差异较大，难以分析其成本差异性。博物馆的运营成本是每年需要持续投入的成本，横向对比投入运营的博物馆的成本投入，对预估拟运营的博物馆具有参考价值。根据全国博物馆年度报告公开数据统计，截止至 2021 年 12 月 31 日，广东省已备案博物馆有 367 家。本文使用广东省内博物馆 2021 年的统计数据，以博物馆年度经费支出为博物馆运营成本，从下列四个方面分析博物馆的运营成本概况。

（一）博物馆运营成本分布情况

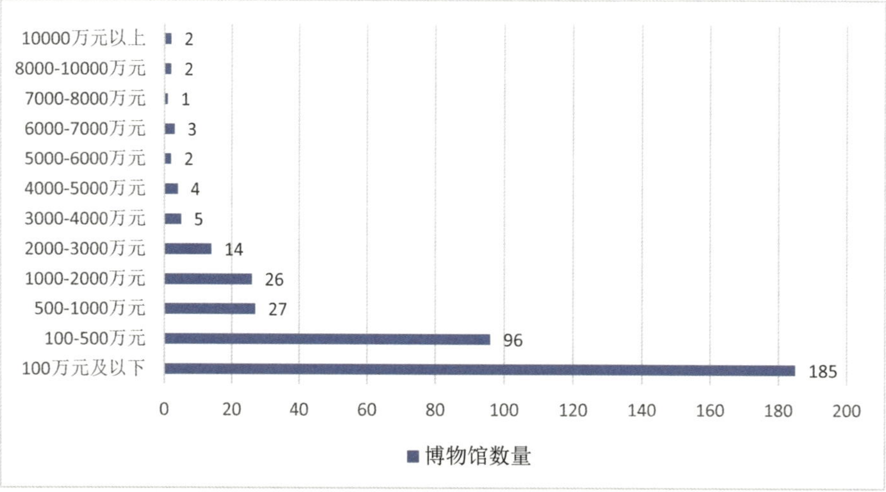

图 2　广东省内博物馆运营成本频数分布图

图 2 呈现了 2021 年广东省内博物馆数量在运营成本的各区间段的分布情况，由图可知，基本呈现金字塔结构。博物馆运营成本 100 万元以下的博物馆有 185 家，100—500 万元的有 96 家，说明运营成本在 500 万元及以下的博物馆共有 281 家，占比达到 76.57%。关于如何提升博物馆的影响力，特别是处于图 2 运营成本金字塔结构底端的博物馆的影响力，可以考虑从成本的投入和产出角度进行资源整合和优化的角度着力推进。

（二）博物馆性质运营成本差异分析

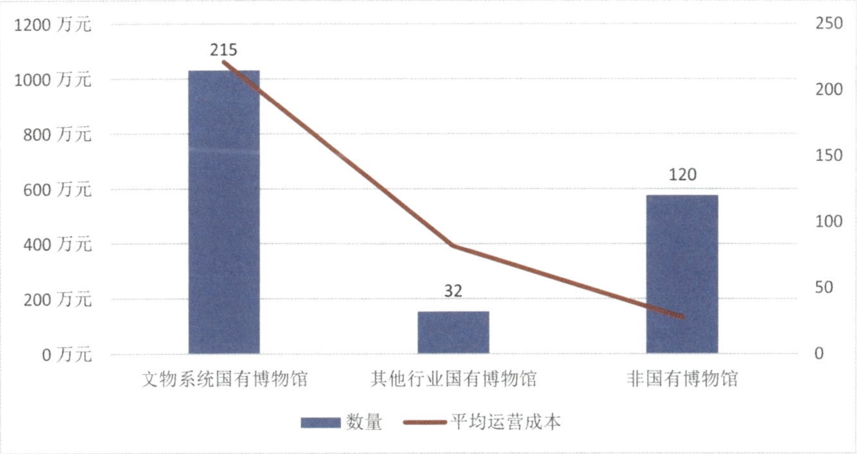

图 3　博物馆性质分类平均运营成本分布图

根据全国博物馆年度报告统计，如图 3 所示，将博物馆按性质分为三类：文物系统国有博物馆、其他行业国有博物馆和非国有博物馆。2021 年全省有文物系统国有博物馆 215 家，其他行业国有博物馆 32 家，非国有博物馆 120 家。可以观察到国有博物馆的平均运营成本整体高于非国有博物馆。在运营成本超过 1000 万元的 61 家博物馆中，58 家为国有博物馆，仅有 3 家为非国有博物馆。且文物系统国有博物馆的平均运营成本远高于其他行业国有博物馆和非国有博物馆，说明不同性质的博物馆，平均运营成本存在较大差异，分布不均衡。

（三）博物馆地区运营成本分布差异分析

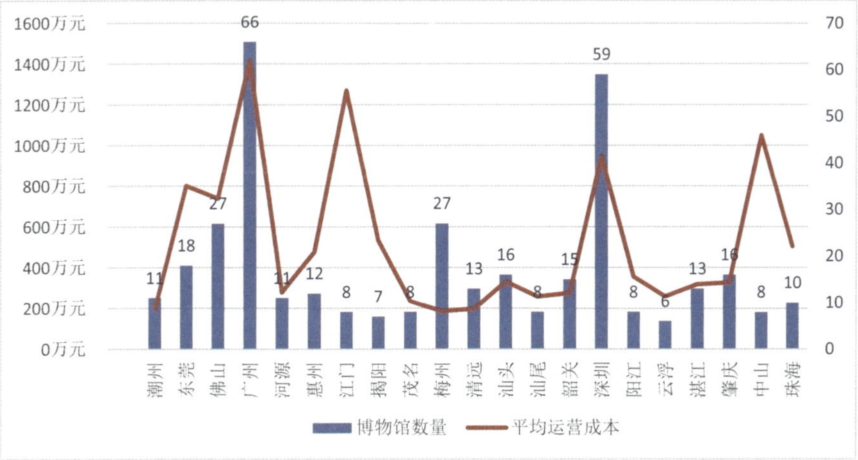

图 4　广东省各城市博物馆平均运营成本分布图

图 4 显示了广东省内各城市拥有的博物馆数量以及博物馆平均运营成本的分布情况，其中 2021 年广东省 GDP 前三位的城市深圳、广州和佛山，拥有的博物馆数量较多，平均运营成本较高。而拥有国家一级馆的东莞、中山，以及江门市，博物馆的平均运营成本也较高。

（四）博物馆题材类型运营成本差异分析

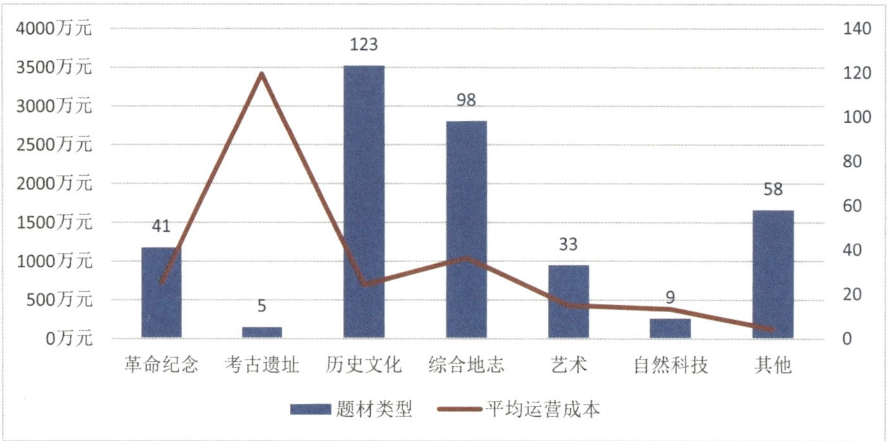

图 5　各题材类型博物馆平均运营成本分布图

如图 5 所示，考古遗址类博物馆数量最少但平均运营成本最多，平均运营成本为 3411.2 万元。这是因为考古遗址的发掘与保护，对博物馆专业人员与设备，以及遗址的维护保养需求较高，相对而言须付出的成本也较多。综合地志博物馆大多数为省、市或县级综合博物馆，相对规模较大，平均运营成本约为 1032.98 万元。归属于“其他”题材类型的博物馆平均运营成本相对最低，约为 119.54 万元。其余的题材类型博物馆平均运营成本水平差异不大。

三、运营成本测算

博物馆的成本测算，一直是业界研究的难点。早在 1988 年，Jackson 刊登在 *Journal of Cultural Economics* 期刊的文章，根据西方博物馆的特征构建了博物馆成本函数，对博物馆成本进行测算。近年来，更多的研究文献关注博物馆的成本投入产出方向，如 2019 年 María José del Barrio-Tellado 和 Luis César Herrero-Prieto 根据西班牙的 23 家博物馆的数据用包络法分析博物馆成本投入后会产生的效果等。然而，无论是国内还是国外，关于博物馆成本的研究都较为匮乏，由于博物馆服务本身具有公共性，许多非量化的指标如文化自信、文化认同感等难以被量化统计和收集。西方的博物馆研究由于其博物馆私有化数量占比较多，调研以及手工收集难以获取公开准确的数据。我国博物馆有公开大数据统计的年份较短，有待完善。

我们选取了全国博物馆年度报告2020—2021年广东省内博物馆的数据作为样本，通过构建博物馆成本函数，分析影响博物馆成本的因素及其影响效果，为测算博物馆的运营成本提供参考，以期通过简单快捷的方法估算一个博物馆的运营成本。为满足研究需要，剔除相关变量缺失的样本后，得到576组研究样本。使用Excel2010和Stata16进行数据处理和回归分析。

（一）变量定义

根据现有的博物馆成本函数及相关的文献研究，结合广州市财政局关于大型公共场馆基本运行物业管理费标准等文件，以及广东省内博物馆部门决算公开中项目设立的绩效指标，我们选取了全国博物馆年度报告中博物馆成本的主要构成因素作为变量，具体如下：

表1　相关变量定义

变量分类	变量名称	代表符号	备注及说明
被解释变量	博物馆运营成本	TC	博物馆年度经费支出，单位为万元
解释变量	年度观众总数	Visitors	
	博物馆规模	Size	馆舍建筑面积
	从业人员总数	EM	
	临时展览数	TEX	
	新征集藏品数	N-Collection	
	新媒体浏览量	Flow	新媒体包括网站、微博、公众号等
控制变量	所在城市发展水平	GDP	博物馆所在城市当年的GDP
（客观影响因素）	依托国保单位建立	Protection	国保即全国重点文物保护单位。设置虚拟变量，国保单位为1，非国保单位为0
	博物馆性质	Nature	设置虚拟变量，国有博物馆为1，非国有博物馆为0

（二）模型设计与回归分析

为研究影响博物馆运营成本的因素，我们以博物馆运营成本为被解释变量，影响运用成本的各因素为解释变量和控制变量，建立多元线性回归模型：

$$TC=\beta_0+\beta_1 Visitors+\beta_2 Size+\beta_3 EM+\beta_4 TEX+\beta_5 N\text{-}Collection+\beta_6 Flow+\beta_7 GDP+\beta_8 Protection+\beta_9 Nature+\varepsilon$$

1. 描述性统计分析

下表 2 显示了处理后的 2020—2021 年广东省内博物馆样本统计数据情况，其中被解释变量博物馆运营成本最大值和最小值差距较大，中位数、第 75 百分位数均小于均值，说明运营成本样本受到极值的影响，进一步验证了广东省内博物馆运营成本呈现金字塔结构。此外，由下表可知影响博物馆运营成本的各因素，即解释变量与控制变量变量样本的取值统计情况均在合理的范围。

表 2　全样本描述性统计

	均值	最大值	最小值	标准差	第 25 百分位数	中位数	第 75 百分位数	数量
TC	834.599	19884	0.04	1918.512	47.19	165.165	696.67	576
Visitors	108101.72	3831400	0	265264.16	14814	35000	86574	576
Size	5955.651	76961	0	9263.186	1249.5	2500	5998.5	576
EM	24.002	599	0	47.621	6.5	11	23	576
TEX	4.8	299	0	13.41	0	2	6	576
N−Collection	82.191	13519	0	588.761	0	0	19.5	576
Flow	772642.19	1.57×10^8	0	7635231.4	0	742.5	25591	576
GDP	11758.27	30664.85	1002.18	11587.497	1777.2	3881.75	25019.109	576
Protection	0.116	1	0	0.321	0	0	0	576
Nature	0.672	1	0	0.47	0	1	1	576

2. 回归分析

在回归分析之前，我们先对样本的相关性进行分析，得到博物馆运营成本与影响成本的各因素均呈显著正相关，且均在 1% 置信水平上显著，符合实际情况。使用方差膨胀因子（VIF）进行检验，变量间 VIF 最大值为 7.25，Mean VIF 3.18，数值低于 10，表明变量之间多重共线性不严重，可使用样本数据进行回归分析。

表 3　博物馆运营成本与成本影响因素回归分析

Variable	TC
Visitors	0.00042**
	（2.11）
Size	0.0599***
	（11.21）
EM	21.12***
	（19.03）
TEX	−20.38***
	（−3.037）
N−Collection	−0.468***
	（−2.966）
Flow	7.90e−05***
	（8.764）
GDP	0.0192***
	（5.903）
Protection	332.7***
	（2.765）
Nature	411.8***
	（4.913）

续表

Variable	TC
Constant	−540.0***
	(−6.679)
Observations	576
R−squared	0.817

注：***、**、* 分别表示在 1%、5%、10% 水平下显著。

由表 3 回归分析可知，除参观人数在 5% 水平上显著，其余影响成本的因素均在 1% 水平上显著，说明解释变量和控制变量中影响成本的各因素都对博物馆运营成本产生显著影响，其中年度观众总数、博物馆规模、从业人员总数、新媒体浏览量、所在城市发展水平，这几个因素会对博物馆运营成本产生正向影响，即数值越大，博物馆运营成本越高。

R^2 是趋势线拟合程度的指标，它的数值大小可以反映回归趋势线的估计值与对应的实际数据之间的拟合程度，拟合程度越高 R^2 越接近 1，趋势线的可靠性就越高。因此，表 3 显示 R^2 值为 0.817，说明博物馆运营成本的变动有 81.7% 可以由解释变量和控制变量的变动所描述，回归模型拟合效果较好。

由于篇幅限制，模型通过了 RESET 检验，此处不再赘述。我们可以将上述的回归模型简化为以下的成本测算公式，由于目前广东省内暂无国保单位为非国有博物馆，我们将博物馆类型分为三类。

类型一：若博物馆是国有博物馆和全国重点文物保护单位，成本测算公式如下：

博物馆年度运营成本 =0.00042× 年度观众总数 +0.0599× 博物馆规模 +21.12× 从业人员总数 −20.38× 临时展览数 −0.468× 新征集藏品数 +7.9×10^{-5}× 新媒体浏览量 +0.0192× 所在城市发展水平 +204.5

类型二：若博物馆是国有博物馆，非全国重点文物保护单位，成本测算公式如下：

博物馆年度运营成本 =0.00042× 年度观众总数 +0.0599× 博物馆规模 +21.12× 从业人员总数 −20.38× 临时展览数 −0.468× 新征集藏品数 +7.9×10^{-5}× 新媒体浏览量 +0.0192× 所在城市发展水平 −128.2

类型三：若博物馆是非国有博物馆，成本测算公式如下：

博物馆年度运营成本 =0.00042× 年度观众总数 +0.0599× 博物馆规模 +21.12× 从业人员总数 −20.38× 临时展览数 −0.468× 新征集藏品数 +7.9×10^{-5}× 新媒体浏览量

+0.0192× 所在城市发展水平 −540

为方便理解，我们对上述公式所列成本测算举例如下：

孙中山大元帅府纪念馆是依托 1996 年国务院公布的全国重点文物保护单位广州大元帅府旧址而建的文物系统国有博物馆，符合类型一。2021 年孙中山大元帅府纪念馆年度观众总数为 392139 人次，博物馆规模即馆舍建筑面积为 5561 平方米，从业人员总数为 90 人，临时展览数 11 个，新征集藏品数 90 件 / 套，新媒体浏览量为 1110010 次，广州 2021 年 GDP 为 28232.97 万亿元。可以使用公式计算：

孙中山大元帅府纪念馆年度运营成本 TC=0.00042× 年度观众总数 +0.0599× 博物馆规模 +21.12× 从业人员总数 −20.38× 临时展览数 −0.468× 新征集藏品数 +7.9×10^{-5}× 新媒体浏览量 +0.0192× 所在城市发展水平 +204.5 =0.00042×392139+0.0599×5561+21.12×90−20.38×11−0.468×296+7.9×10^{-5} ×1110010+0.0192×28232.97+204.5=2870.16

2022 年孙中山大元帅府纪念馆预算公开的运营成本为 2863.73 万元，在误差允许范围内与成本测算数基本符合。

由于该成本测算公式是根据广东省内博物馆 2020—2021 年综合数据分析得出，而博物馆成本投入数据是动态的，具有鲜明的年度特征和个例差异性。因此若想获得更准确和应用更广泛的计算模型，需要更加完善的大数据统计和时间的积累。

四、广东省部分博物馆运营成本

我们从 2021 年广东省内博物馆选取了部分具有代表性的博物馆，根据其公开的部门决算数据，列举其运营成本以供参考。大家可以去博物馆实地走访，了解运营中的博物馆的成本投入情况，可以更直观地感受博物馆成本投入带来的效果呈现。

（一）部分文物系统国有博物馆运营成本

1. 国家一级馆运营成本

广东省博物馆（广州鲁迅纪念馆），坐落于广州市天河区，主管部门为广东省文化和旅游厅。2021 年运营成本 16098.86 万元，基本支出 6994.03 万元，项目支出 8976.25 万元。

深圳博物馆，坐落于深圳市福田区，主管部门为深圳市文化广电旅游体育局。2021 年运营成本 16999.74 万元，基本支出 6404.65 万元，项目支出 10595.09 万元。

广州博物馆，坐落于广州市越秀区，主管部门为广州市文化广电旅游局。2021年运营成本3856.15万元，基本支出2028.02万元，项目支出1828.13万元。

广东海上丝绸之路博物馆，坐落于阳江市江城区，主管单位为阳江市人民政府。2021年运营成本2164.16万元，基本支出1493.9万元，项目支出670.26万元。

2. 国家二、三级馆运营成本

东莞市博物馆，坐落于东莞市莞城区，主管部门为东莞市文化广电旅游体育局。2021年运营成本2405.34万元，基本支出1412.07万元，项目支出993.27万元。

中山市博物馆，坐落于中山市石岐区，主管部门为中山市文化广电旅游局。2021年运营成本2567.67万元，基本支出1513.59万元，项目支出1054.08万元。

台山市博物馆，坐落于江门台山市，主管部门为台山市文化广电旅游体育局。2021年运营成本678.02万元，基本支出342.37万元，项目支出335.65万元。

佛山市顺德区博物馆，坐落于佛山市顺德区，主管部门为中共佛山市顺德区委宣传部（佛山市顺德区文化广电旅游体育局）。2021年运营成本2535.72万元，基本支出1472.1万元，项目支出1063.62万元。

3. 未定级博物馆运营成本

封开县博物馆，坐落于肇庆市封开县，主管部门为封开县文化广电旅游体育局。2021年运营成本309.65万元，基本支出169.15万元，项目支出140.5万元。

五华县博物馆，坐落于梅州市五华县，主管部门为五华县文化广电旅游体育局。2021年运营成本82.25万元，基本支出65.24万元，项目支出17.01万元。

新丰县博物馆，坐落于韶关市新丰县，主管部门为新丰县文化广电旅游体育局。2021年运营成本242.19万元，基本支出54.72万元，项目支出187.47万元。

（二）部分其他行业国有博物馆国有博物馆运营成本

广东华侨博物馆，坐落于广州市越秀区，主管部门为广东省人民政府侨务办公室。2021年运营成本812.57万元，基本支出597.57万元，项目支出215万元。

广州体育文化博物馆（挂广州亚运会亚残运会博物馆牌子），坐落于广州市天河区，主管部门为广州市体育局。2021年运营成本937.15万元，基本支出384.16万元，项目支出552.99万元。

佛山市禅城区石湾镇街道陶瓷博物馆（广东石湾陶瓷博物馆），坐落于佛山市禅城，主管部门为佛山市禅城区石湾镇街道办事处。2021 年运营成本 1168.31 万元。

（三）部分非国有博物馆运营成本

广东大观博物馆，坐落于佛山市南海区，2021 年运营成本 808 万元。

珠海罗西尼钟表博物馆，坐落于珠海市香洲区，2021 年运营成本 25 万元。

综上所述，博物馆的建设和运营均离不开成本投入，博物馆的成本投入有固定性，也有难以估量的可变性。博物馆应立足自身优势，合理预估及分配年度运营成本投入方向及规模，为博物馆事业发展提供有力的保障。

此外，与时俱进的大数据统计也让博物馆成本测算更加科学与完善。博物馆成本投入带给我们的影响不仅仅体现在可以量化测量的指标数据中，还有很多非量化的体验等待我们去实地探索和感悟。博物馆的成本投入不一定会取得立竿见影的肉眼可见效果，因为建立文化自信是个潜移默化的过程。

孙中山大元帅府纪念馆肖婧怡执笔

博物馆馆长选任

博物馆筹建得顺不顺、发展得好不好，关键之一在馆长。条件类似、类型相仿的博物馆，在不同馆长的运营管理下会有各自的特色和差异；即使是同一家博物馆，在不同馆长的领导下也会有不同的风格和表现。因此，任命一位与博物馆“门当户对”的“完美”馆长就显得尤为重要，当然“完美”只是程度的表达。本文对博物馆馆长的职责、类型等进行分析，以为博物馆举办者任命、选拔馆长提供参考。

一、博物馆馆长的职责

（一）国有博物馆馆长

国有博物馆馆长大多由上级行政主管部门任免，如广东省博物馆馆长由广东省文化和旅游厅（文物局）任免，深圳博物馆馆长由深圳市文化广电旅游体育局（文物局）任免。以深圳博物馆馆长为例，馆长由深圳市文化广电旅游体育局（文物局）任命后，经深圳市事业单位登记管理局核准登记后，取得法定代表人资格，其工作职责在博物馆章程中有明确表述，馆长全面负责博物馆的日常业务工作，组织制定并组织实施工作计划、规划等。对上代表博物馆向深圳市文化广电旅游体育局（文物局）汇报年度工作目标，接受其年度考核；对内管理全馆业务，统筹负责馆内的行政、人事、财务、保管、研究、展览、教育、安全等部门；对外负责馆际交流，接受市民监督；等等。国有博物馆特别是大型综合博物馆担负着城市文物的收藏、展示、研究重任，因此对国有博物馆馆长的要求就会较高，要有必备的专业背景、管理能力等。

（二）非国有博物馆馆长

非国有博物馆实行理事会制度，理事会是博物馆的决策机构，理事长一般由博物馆举办方任命。非国有博物馆馆长由博物馆的理事会选拔、任免，但不是博物馆的法人代表，对上对理事会负责，向理事会汇报年度工作目标，接受其年度考核；对内主要负责博物馆的运营管理，主要包括馆内的研究、展览、教育等业务工作，相当于企业里的职业经理人角色；非国有博物馆法人代表一般由理事长担任。以深圳市宝安区世纪琥珀博物馆为例，该馆由深圳市松岗琥珀交易市场有限公司筹建，为了更好地运营博物馆，由专业人做专业事，博物馆理事会从北京选拔了一位从事琥珀行业多年、现为中国珠宝玉石首饰行业协会常务理事、国际琥珀协会（IAA）荣誉会员的专家作为馆长，负责博物馆的展陈、研究、宣传等业务工作。也有由举办者直接担任馆长的情况，这类博物馆一般规模不大或者正处在筹建初期或许由个人举办，举办者对自己的藏品、展陈等各方面情况都知根知底，考虑到成本、时间等因素就自己担任馆长一角了。

但对非国有博物馆来说，举办者和馆长的职责还是不尽相同、不能混为一谈的。这要根据博物馆的发展阶段进行调整，下面篇章会有论述。随着博物馆规模的不断扩大，或者博物馆是由公司出资举办的，安排独立专职馆长是必由之路。建川博物馆、观复博物馆等博物馆虽然由举办者任馆长，但他们手底下也有一个完整的运营团队具体负责博物馆运营，实际有个“隐形”的执行馆长，从实际操作来说是同样道理。

（三）馆长要有一定的独立自主权

从近年的情况看，文物部门主办的国有博物馆的馆长基本能作为法人代表行使法定的职责，在博物馆运营、管理方面发挥馆长的专业能力。但从部分国有行业博物馆和多数非国有博物馆的实际情况看，很多所谓“馆长”往往会沦为举办机构或举办者的“傀儡”，更多是一个执行者、下属或者部门主任的角色，只能被动执行上级的指令和任务。从这个角度看，他们并不能算作真正意义上的“馆长”。选拔任命博物馆馆长的根本目的是遴选有一定水平和能力的专业人员来运营、管理博物馆，对通过考核的馆长就应该给予充分的信任，给予相对独立完整的运营、管理的自主权，如此才利于博物馆的长远发展。举办者可以在选拔任命馆长时制订相应的绩效目标作为考核指标，主动来应聘并被选中的馆长在一定的自主权下，会发挥出更多的主动性，运营好博物馆，实现良性循环。

二、博物馆馆长的类型

（一）管理型

管理型馆长国有博物馆中较为普遍。管理型馆长的特点是熟知国家政策法规和大政方针，思想政治作风过硬，优势是行政能力和综合协调能力较强，情商较高，对未来有眼界，具有较强的社会活动能力，善于搞活疏通博物馆与有关政府主管部门关系、馆际关系，能为博物馆争取到更多的政府和社会资源，较强的决策能力和解决问题的果敢力能使博物馆各部分正常高效地运转。在此基础上，管理型馆长要从善如流，善于听取馆内相关专家和业务骨干的意见，保证博物馆的专业化发展。

（二）专家型

专家型馆长是目前比例较高的博物馆馆长类型。博物馆的重要地位和社会角色决定了博物馆的专业性、特殊性，实行专家管馆可谓顺理成章。博物馆学家、历史学家、考古学家、自然学家、地质学家、美术学家等不同类型的专家，可以去对应类型的博物馆担任馆长。据不完全统计，我国现有博物馆馆长中，拥有研究生学历的比例可达 70%，知识文化水平较高，有足够的文化和理论背景来管理博物馆。专家型馆长的特点是熟悉博物馆的业务知识和工作规律，优势是业务能力和研究水平较强，能够领导和推进全馆业务和学术工作，善于带动提升博物馆的研究、策展和藏品征集保管水平，培养一批博物馆专业人才，重视观众和服务，不断提升博物馆的影响力。从发展的角度讲，专家型馆长应该自觉提升自己的博物馆学专业能力、管理能力与公共关系能力，保证博物馆可持续性发展。

（三）复合型

复合型馆长是博物馆发展到一定程度后出现的馆长类型。随着博物馆的创新发展，理事会制度的建立和不断完善，以及国有博物馆人员编制管理的逐步严格，复合型馆长适应社会需求逐步增多，并成为新兴的博物馆馆长力量。复合型馆长类似于职业经理人，可能是博物馆某一业务领域的专家或有一定学术影响力的人物，特点是对博物馆行业有一定的了解和理解，对博物馆事业有相当的热情，优势是既具有较强的管理能力，又善于沟通、协调、规划统整、决策执行、培训发展，善于与人沟通合作，知人善任，能调动馆内各部门的积极性、能动性，从而实现博物馆的使命。深圳正在筹建的深圳自然博物馆，初步确定未来将采取社会化运营模式，全球招聘复合型馆长。对非国有博物馆的举办者而言，选拔任命复合型馆长也许是最合适的。

三、博物馆馆长的挑选任命

以上三种博物馆馆长类型并不是绝对的，在博物馆运营、管理过程中，既有某一方面能力特出的馆长，也有各方面能力皆备的馆长。馆长作用的发挥也需要全馆上下的支持与配合。下面按照博物馆的发展阶段，对馆长的挑选任命进行分析。

（一）筹建期

筹备新馆是一项复合型工作，对大型国有博物馆来说，需要发改、财政、建设、工务、征集、展陈等部门的支持，调度多方面的资源和力量，偏管理型的馆长更能发挥带动和推动作用。对中小型博物馆特别是非国有博物馆来说，在经费、场地有一定保证后，选择任命偏专家型的馆长，可快速按照博物馆备案的条件和要求做好备案工作，也能更好地确定博物馆的发展思路和方向。很多非国有博物馆举办者在筹建阶段，为节约成本和加快筹备，选择自己直接当馆长，一是他们对博物馆藏品和展陈比较熟悉，二是便于调动自身资源，这也是馆长专家型和管理型特色兼而有之的体现。

（二）稳定期

博物馆建成后需要不断拓展业务，加强藏品征集、保管、保护，提升研究水平，策划临时展览，举办教育活动，服务市民观众。在发展起步阶段，偏专家型馆长更会得心应手；随着发展趋于稳定，偏管理型馆长也会是理想型馆长。前面提到，很多非国有博物馆举办者选择自己当馆长，但考虑到举办者还有其他产业消耗其不少的精力、时间，难以兼顾，往往只能日常维持，这不利于博物馆的发展壮大。因此，非国有博物馆可以多从长远考虑，挑选任命一名复合型的专职博物馆馆长，带领博物馆不断提升发展。

（三）发展期

博物馆事业进入新时代发展阶段，中宣部、国家文物局等九部委印发了《关于推进博物馆改革发展的指导意见》，要求持续推进我国博物馆事业高质量发展，并提出了很多创新举措。为贯彻落实指导意见，目前很多省市的国有博物馆努力改革创新，推进博物馆发展理念，推动业态创新，破除体制机制束缚，不再采用传统的事业单位管理体制，通过设立体制灵活的二类事业单位或者委托社会运营的方式，释放更多发展活力，更加注重博物馆运营、观众服务。这对博物馆馆长提出了更多更新的要求，要求他们既能把握住形势，又能创新发展。在此背景下，复合型馆长的优势将逐渐展现。非国有博物馆馆长同样要立足当下，不断调整运营思路，紧追时代要求。

四、对博物馆馆长的绩效考核

国有博物馆馆长、非国有博物馆馆长由于体制和任命程序的不同，绩效考核机制和形式也有所差异。国有博物馆馆长主要由上级主管部门考核，馆长向上级主管部门述职，并接受馆内员工的评议，考核内容主要是年度工作目标，主要包括评估定级、展览、教育活动、藏品征集保护、研究、观众数、影响力等方面的情况，以及德、能、勤、廉等方面的评价。目前，对国有博物馆馆长的考核还缺少观众、社会等方面的评价。非国有博物馆也要建立馆长评价考核机制，非国有博物馆馆长要向举办者和理事会述职。考核内容可以是评估定级、展览、教育、藏品、研究、观众数、文创产品、奖项、经营收入、社会影响力等所有方面，也可以根据实际情况和发展需要，每年重点考核某几项指标。绩效考核的目的，一方面是考评博物馆馆长的运营水平和能力，一方面是不断总结提高，推动博物馆事业的高质量发展。

说到底，博物馆馆长作为博物馆的组织者、领导者和管理者，其素质、能力直接影响甚至决定着博物馆的发展水平。博物馆馆长要不断提升自身的管理水平，正确认识博物馆所处的发展环境，处理好博物馆内外关系，不断调整运营理念，努力实现博物馆的目标价值。博物馆举办者更要充分认识博物馆馆长的重要性和不可替代性，不断磨合调整，挑选任命与博物馆最匹配的完美馆长。

深圳市文化遗产保护中心王军执笔

博物馆团队组建

中国博物馆正迎来一个蓬勃发展的新时期。党的十八大以来，我国博物馆数量持续增长，从 3866 家增长至 6183 家，十年间增长近 60%。博物馆从业人员也随之大幅度增加，据统计 2021 年全国博物馆从业人员超过 11 万人，再加上为博物馆提供服务的展陈、志愿者、安保、后勤等，其人员数量将远超这个数字。这些服务博物馆的工作人员，分别在藏品鉴定、研究保护、宣传策划、展览设计、宣传交流、教育推广、讲解服务、文创运营、数据信息管理、安全保护、后勤服务等方面努力坚守、发光发热，共同推动了博物馆事业的发展。本文将简要分析国有博物馆和非国有博物馆在不同发展阶段对工作团队的基本需求，以供博物馆筹建方和管理者参考。

一、筹建阶段

筹建阶段属于研究和规划阶段，主要由馆长带领工作团队进行前期研究、组织编制建馆规划、编制项目建议书和申报立项。

筹建国有博物馆，首先要尽快确定馆长人选，馆长是筹建工作的牵头者和组织者。如此时尚未确定馆长，筹建方也需确定一位牵头人员代为行使馆长职责。工作团队主要包括综合协调团队、藏品展陈团队和专家团队，人数根据实际需要确定。综合协调团队的工作人员需了解博物馆建设过程、预算编报和工程项目管理，具有综合协调能力，对接发改、财政、规划等立项审批部门，并对接、协调藏品展陈团队和专家团队。藏品展陈团队要根据博物馆主题开展藏品征集、研究工作，并对展陈方向提出建议。专家团队由博物馆研究、展陈设计、建筑规划、工程管理等方面的专家组成，主要对筹建工作提出建议，对建馆规划、编制项目建议书等进行论证，专家团队不用固定，可根据实际需要即时组织。

中小型非国有博物馆在筹建阶段主要做前期研究、编制建馆方案等工作，同样需要确定一位馆长或牵头人员，根据需要由现有工作人员组成小型筹建团队，按照博物馆备案的相关要求，至少需要 6 位专业人员。在博物馆筹建专业力量不足的情况下，可积极借助博物馆协会、大学以及经验丰富的咨询机构等专业力量完成前期筹建工作。

二、建设阶段

建设阶段工作强度大、复合工作多，需要多个工作团队紧密配合。

筹备国有博物馆，要成立馆长负责制的工作专班，在条件具备的情况下到施工现场集中办公，以有效推进建设工作。工作专班可包括现场指挥部（办公室）、藏品征集部、展览大纲部、展陈部、工程管理部等机构，人数根据实际需要确定，分别负责相应的工作任务，并逐步建立内部控制体系和工作机制。博物馆建设工作涉及面广、专业性极强，这个阶段还需要多个第三方团队的参与，包括可行性研究报告编制团队、展陈概念设计团队、项目总概算编制团队、展陈深化设计团队、展陈施工团队、建筑设计团队、项目监理团队、专家团队等。第三方团队确定后，工作专班需与其建立一对一的联系，建立相对稳定的工作机制。现场指挥部（办公室）负责筹建工作的统筹协调，包括工作专班的对外联系、内部协调、重要会议的组织安排、后勤服务、预算经费管理等，工作人员可按照综合协调、综合材料、财务管理等岗位设置，分别需具备较强的协调能力、较高的文字材料起草水平、熟悉工程财务预算支出等，还负责招标确定并对接可行性研究报告编制团队、项目总概算编制团队和专家团队等。藏品征集部负责藏品、图片、视频、文献等展览相关资料的征集、保护工作，工作人员可按征集、保管、保护等岗位设置，并需在相应岗位具有一定的专业水平。展览大纲部负责展览大纲、展览脚本的撰写，工作人员需熟悉藏品并对展览内容有一定的研究。展览部负责展陈概念设计、深化设计及施工、组织展陈设计施工招投标工作，工作人员需熟悉展陈形式设计，了解最新的展陈动态，并对接好展陈概念设计团队、展陈深化设计团队、展陈施工团队。工程管理部负责建筑设计、施工、工程现场管理等，工作人员需熟悉建筑规划设计、工程施工、工程管理、监理等业务，并对接好建筑设计团队、项目监理团队和规划、住建等政府相关部门。由馆长牵头的这个工作专班实际上就是未来运营、管理博物馆的基本班底和架构雏形，他们作为未来博物馆的运营者，要全程主导博物馆建设的各项任务。在建设过程中，各个团队不但要排出任务书、挂出作战图、定出时间表，更要拧成一股绳、劲往一处使，团结合作、形成合力，建立工作机制，发扬团队精神，以此确保建设工作高质量、高效率地完成。

新建的非国有博物馆可以参照这个架构。使用现有场地筹建的非国有博物馆，其组织架构可以进行压缩调整，可不单独设立内设机构，可以工作任务带动分工，这个阶段的主要任务是藏品征集梳理、大纲编写和布展，可把工作团队集中分配到这几项工作中，如专业力量不足可继续借助博物馆协会、大学等组织的人才队伍。

三、开馆阶段

开馆阶段的工作主要是讲解服务、宣传推广、运营筹备等。讲解服务和宣传教育是博物馆及其展览的直观阐述和内容延伸，其服务水平的高低会在很大程度上影响前期筹建和筹展工作的成功与否。

筹备国有博物馆要根据博物馆规模的大小，至少提前半年启动开馆准备工作。这个阶段要在内部工作团队中增加讲解、社会服务、文创经营、安全保卫等部门。讲解部主要负责开馆后的讲解服务，需要提前招聘具有一定文化水平的讲解员，进一步熟悉博物馆建筑、熟练博物馆展陈和讲解词，为开馆的讲解服务做好准备。社会服务部要提前策划配合开馆、搭配展览的教育、亲子、讲座、宣传等活动，其工作人员需具有较强的策划宣传能力，也可以委托有经验的第三方团队负责。文创经营部负责开发、制作文创产品，做好博物馆商店、餐厅的经营准备，如委托第三方经营则需做好相应的对接工作。安全保卫、物业保障等一般委托第三方团队实施，也需提前确定工作团队。开馆所需团队确定后，要根据开馆方案进行多次演练，加强相互磨合，确保顺利开馆。

对中小型的非国有博物馆来说，这个阶段的主要任务也是讲解、宣传和教育等方面的准备。但实际情况是很多非国有博物馆忽略了讲解的重要性，据不完全统计，已开放的非国有博物馆配备专职讲解员的比例低于 50%。对非国有博物馆来说，配备专职讲解员尤为必要：一是可向观众介绍博物馆并解读展览，更好地为观众服务；二是讲解员的主要工作是在展厅里，在一定程度上可保证博物馆的日常开放。讲解员的数量可以根据博物馆规模和经费等情况灵活安排，但要确保有 1—2 位。

四、运营阶段

博物馆的管理运营目标是实现博物馆的功能定位，发挥既定的社会作用。工作团队要围绕这个目标的实现进行配置和分工。

筹建国有博物馆可根据人员编制数量和“三定”方案，整合建设团队和后来增设的开馆团队，并按照功能定位明确各部门工作职责，将其逐渐转型为博物馆日常运营管理团队。基本团队可包括综合部、展览部、保管部、保卫部、信息资料部、教育推广部、社会服务部、文物保护部、文创部等。除了上述基本团队，还可以按照博物馆主题和功能设立特色部门。以深圳博物馆为例，该馆根据其收藏方向、展陈主题和馆舍情况，另外设置了古代艺术研究部、深圳历史文化研究部和深圳改革开放史研究部等三个专业部门，分别对应不同历史阶段的藏品和展陈主题，临时展览主要由这三个部门策展。运营阶段的博物馆团队不能一成不变，要根据博物馆的发展情况和最新趋势进行动态调整。

志愿者团体是服务博物馆的重要力量，也是连接博物馆与公众的纽带。志愿服务作为一种社会服务，同时也被视作一种以社会进步和人的提高为目的的社会行为。博物馆具有志愿服务的天然平台和历史文化氛围，更容易得到志愿者的青睐。博物馆招募有一定文化基础的志愿者，通过扎实的上岗培训，推动志愿者团队参与博物馆各部门的工作，包括讲解稿撰写、博物馆教育活动策划、讲解等工作，一方面可以缓解博物馆人手不足的情况，另一方面可通过社会力量提升公共文化服务水平。因此，各博物馆要十分重视志愿者团体，要将其作为博物馆公共教育的重要部分，并通过培训、锻炼和志愿服务，推动志愿者的自我实现。深圳博物馆一直高度重视志愿者团队，在册志愿者已超过 2000 名，他们主要分为展览讲解志愿者和新媒体志愿者，负责协助线上媒体运营和展览宣传工作，每年暑假举办的“小讲解员志愿者培训”更是成为热门的品牌项目。

中小型的非国有博物馆的运营团队不需要大而全，除了藏品保管、陈列展览、宣传教育等基本团队外，可根据自身特色和发展方向设置，如侧重研究就加强研究团队力量，侧重研学就加强教育服务团队力量，侧重元宇宙数字藏品就加强数字化团队力量，等等。非国有博物馆本身作为民办非企业组织，更要重视志愿者等社会团体的力量，并发挥机制优势，通过定制个性化服务等吸引更多的志愿者和社会团队参与到博物馆服务中来。

每个阶段的团队及其任务明确后，选人选准、用人用好就显得十分重要。国有博物馆在选人用人方面占有很大优势，编制和稳定的收入吸引了很多博物馆、展陈、保护等方面的专业人才，他们在博物馆建设和发展过程中发挥了十分重要的作用。但随着人员编制的紧缺和博物馆运营体制的创新，“打破铁饭碗”的情况越来越多，如正在筹建的深圳自然博物馆、深圳海洋博物馆将采用新的体制，尝试通过以事定费的形式委托社会机构进行运营，在选人用人上也将采用新的方式，馆长、核心岗位专业人员将通过国内外招聘形式确定，打破传统的人事编制，通过绩效考评、业务能力确定岗位和待遇等；教育推广、社会服务、文创开发等业务可委托给有丰富经验的机构承担，吸引更多社会力量参与。非国有博物馆与国有博物馆相比，工作团队不需要那么全面，但从实际需要和长远发展来看，非国有博物馆对专业人才的需要更加渴望，特别是馆长和业务骨干等，专业人才对推动博物馆业务开展、博物馆规划目标的实现都极其重要，特别是在新时代博物馆高质量发展的黄金背景下，非国有博物馆更要发挥好工作团队的作用，利用好基金会、慈善基金以及其他社会团队力量，在藏品征集、展览策划、研究推广、文创产品研发等方面积极创新，走出新路，不断提升自我造血功能，努力实现可持续发展。

深圳市文化遗产保护中心王军执笔

博物馆建馆规划

博物馆的筹建工作不仅程序多、涉及面广，而且专业性极强。其中，博物馆建馆规划是指导博物馆建设的行动纲领和路线图，是建馆成功与否的重要保障。本文侧重介绍建设单体博物馆的规划编制和规划筹建博物馆的基本过程。一个城市或者一个区域的博物馆发展规划一般会由当地政府部门组织编制，不在此赘述。

一、编制博物馆建馆规划

编制博物馆建馆规划是筹建工作的开始。规划是对基本性、整体性、长期性问题的思考和编排。博物馆建馆规划本质上是策划书、研究报告，明确了博物馆的资源现状、规划目标和实施路径，是筹建博物馆的顶层设计和指导性、纲领性文件。

（一）建馆规划的主要内容

建馆规划应主要包括但不限于以下内容：

1. 对博物馆功能定位等进行规划。明确建设博物馆的目的、功能作用定位、选址方案、建设规模和建设目标、观众目标定位分析和研究等。

2. 对博物馆基础情况的分析规划。依据目前掌握的资源状况，对博物馆筹建可行性进行分析，包括藏品基础、学术研究、经费情况、投资估算和效益分析等。

3. 对博物馆组织架构进行规划。阐明博物馆的管理和组织构架模式、功能设施构架、运营商业模式、与政府及其他公共部门的关系、博物馆未来营运规划等。

4. 对展览、观众进行规划。阐述藏品规划、学术研究规划、展示主题和内容规划、形式表现规划、观众体验规划等。

5. 对实施进程进行规划。执行实施规划、博物馆建设实施规划、建设的科学流程及管理要求、建设的时间进度、开放时间等。

（二）建馆规划编制实施的重点环节

编制好博物馆的建馆规划，相当于构思出一个建馆流程的完整闭环，在很大程度上可保证博物馆建设工程的科学有效进行，包括资金使用的合理性、工程质量的可控性等重点要素，确保博物馆建设目标高质量实现。编制建馆规划要重点把握以下环节和事项：

1. 要先确定博物馆的主题和功能定位，这是编制规划的前提。规划内容和工作事项都要围绕主题和功能定位进行编排。博物馆的主题和功能定位的确定可参考本书相关章节内容。

2. 要有一个熟悉建馆流程或对博物馆藏品有一定研究的相对稳定的筹建团队。这个筹建团队要贯穿始终。最小规模的筹建团队至少包括三方面人员：馆长（未来博物馆的运营管理方）、研究人员（侧重研究博物馆藏品和展览）、综合人员（最好熟悉建馆流程或具有较强协调能力）。

3. 要加强各环节的沟通和交流。理想的情况是，有条件有实力的筹建方自行组建第二条所述的稳定筹建团队，从规划编制、论证到最终实施一直由该团队落实把控。如确实受制于客观条件，无法完全由自己的团队完成，筹建方可委托经验丰富、具有相应资质的咨询机构编制建馆规划，但筹建方也必须组建一个最小规模的工作团队，在编制过程中与被委托方充分沟通交流，并在编制完成后充分论证，确保规划符合功能定位，具有科学性和可操作性。

以深圳博物馆新馆建设为例。由于深圳博物馆新馆被深圳市政府列为深圳“新时代十大文化设施”建设项目，为加快推进，深圳博物馆集中馆内精干力量组成筹建团队，迅速编制完成了《深圳博物馆新馆建设规划》，明确了新馆“立足深圳，面向湾区，辐射全国，放眼世界，突出深圳与湾区历史文化、红色文化、中华优秀传统文化、世界文明交流互鉴，打造国际领先、湾区特色的大型历史、文化与艺术博物馆”的功能定位，确立了常设展览（基本陈列）、专题展览与临时展览“4+7+3”的展览体系，还明确了藏品、建设规模、经费预算、建设进度等方面的情况。该规划经过论证即是深圳博物馆新馆建设的指导性文件。

二、建设博物馆

编制好博物馆建馆规划还只是“万里长征”第一步，建设博物馆是实施博物馆建馆规划的过程。建设一座博物馆是一项复杂的系统工程，在建馆规划的指导下，需逐步开展立项、建设、开馆、总结等具体工作。下面按照国有博物馆和非国有博物馆的情况分别进行介绍。

（一）立项

立项主要是解决建馆资金问题。国有博物馆一般由政府投资。按照政府投资项目的程序，由项目实施主体向发改部门分步提交项目建议书、可行性研究报告、初步设计和项目总概算等文件，由发改部门审核立项。项目建议书、可行性研究报告、初步设计和项目总概算等文件要在博物馆建馆规划的框架内编制。国有行业博物馆（企业博物馆）的立项可参照政府投资的程序，按照企业内部规程操作。非国有博物馆的立项基本分为两种情况：一是使用自有场馆或者租用场馆筹建的，其资金由筹建单位（人）自行解决，按照其内部规程操作即可，在做博物馆备案时需提供相应的资金文件；二是通过“招拍挂”等方式购买国有土地或者由政府部门提供土地新建馆舍的，需按照当地规划建设部门的政策要求提供相应立项文件。非国有博物馆的立项有较强的独立性和自由度，但为推动规范、可持续发展，在人财物等条件基本具备的情况下，建议尽量参照政府立项的相关要求，编制相应的可行性研究报告、初步设计和项目总概算等文件，一方面便于筹建单位（人）把握总体情况，另一方面也为之后博物馆的备案奠定基础。

（二）建设

在立项时，建设工作可以同步启动。博物馆建设可以主要分解为组建团队，藏品和资料整理及研究，展览大纲、脚本编写和展陈概念设计，建筑设计，建筑施工，展示深化和施工设计，布展，竣工验收等。

1. 组建团队。筹建国有博物馆一般由政府（上级）主管部门牵头，并作为业主单位；传统的历史、综合类博物馆一般由文化文物部门牵头，行业或企业博物馆一般由该行业主管部门牵头。筹建阶段，要成立工作专班，可下设现场指挥部（办公室）、征集部、大纲部、展陈部、工程部等内设机构，分别负责相应的工作任务，并逐步建立内部控制体系和工作机制。这个工作专班也是将来运营管理博物馆的基本班底和架构雏形。新建的非国有博物馆可以参照这个框架进行组织。使用现有场地筹建的非国有博物馆，如果受场地、经费等条件限制，其筹建组织架构可以进行压缩调整，如可不单独设立内设机构，可以工作任务带动分工，特别是要满足藏品征集、大纲展陈、开放服务等核心任务需要。

2. 藏品和资料整理及研究。较强的收藏基础和较为扎实的学术研究是建成一个理想博物馆的重要前提。《博物馆条例》对博物馆设立条件明确规定，博物馆要有相应数量的藏品以及必要的研究资料，并能够形成陈列展览体系。藏品是博物馆的基础和支撑，没有藏品的博物馆只是一个建筑的躯壳。筹建国有博物馆时，需要有一定的与博物馆主题相匹配的藏品基础，如深圳筹建的深圳自然博物馆，就是以美国收藏家贝林先生捐赠的动物标本作为基本藏品。但在目前博物馆事业快速发展的情况下，也有因城市发展需要而以零藏品筹建的情况，如深圳海洋博物馆就是在深圳大力发展海洋经济、建设“全球海洋中心城市”的背景下，在零藏品的情况下筹建的。这样的情况就对藏品征集提出了更高和更有效率的要求，需要在经费安排、征集人员组织等方面予以全面保障，才能确保藏品和展陈不拖筹建整体进度的后腿。筹建非国有博物馆的单位（人）都是已经有了一定的藏品基础的，想把收藏分享给大众，这个时候需要筹建方对藏品做进一步的梳理分类，以满足展览和备案的需要。

3. 展览大纲、脚本编写和展陈概念设计。展览是对藏品的学术解读，展览的内容策划、主题提炼、大纲编写、辅助模型创作等都要建立在对藏品和资料科学、正确的研究基础上。博物馆展览的内容和形式设计的过程与影视剧创作类似：先根据博物馆建馆规划确定的定位、主题、藏品、学术资料、研究成果等拟定陈列大纲，陈列大纲要经过充分论证和上级主管部门（筹建方）审批。陈列大纲基本确定后，要把藏品、图片、图表、展项建议等事项穿插到陈列大纲里，形成一个图文并茂的展览脚本。展览脚本基本确定后，展陈设计单位按照展览脚本进行概念设计创作，明确展陈的风格、颜色、展项、科技手段等事项。

4. 建筑设计。建筑是构成博物馆的重要元素，《博物馆建筑设计规范》对博物馆的选址、功能布局等有十分明确的规定。影响建筑设计的因素很多，包括定位、选址、周围环境、藏品、展览内容、展陈形式、公众服务等。博物馆筹建团队需与建筑设计团队密切沟通，明确博物馆各功能区的空间需求，明确博物馆观众参观流线、工作人员和物品的进出动线等。博物馆建筑的形态、布局和体量要服务于收藏、展览、服务等博物馆功能发挥，建造博物馆不仅仅是去建一座建筑，与精彩展览的完美搭配方能真正吸引观众。

这里需要多说一些的是关于展陈与建筑的“鸡蛋先后之争”。很多学者强调展览先行，建筑在后，建筑空间规划要适应展览需求；也有人认为建筑在先，展览后行，展览要去适应空间。这两个观点都有各自的道理，也有需要进一步探讨的地方。先展陈后建筑，建筑设计和空间布局会更好地服务展览，其建筑功能适应性较好，也会避免空间浪费，但8—10年后展览陈旧需调整改进展览的时候也只能在现有建筑空间内进行新的展陈设计，某种程度上变成了先建筑后展陈。实际上，谁先谁后不必过于强求，可根据现实条件和具体情况实事求是地做出选择，要强调的是建筑与展陈的关联性、紧密性和时间点，避免两者过于脱节。

5. 建筑施工、展陈深化和施工设计。在建筑施工期间，展陈深化、施工设计、智慧博物馆设计要同步开展，可为一些特别的设计和要求预留有效空间。建筑施工有自己的客观规律，需要有一定的时间保障。需要提醒的是，博物馆不是普通的公共建筑，目前各地国有博物馆建设多数是“交钥匙”工程，由建筑工务署或代建单位负责施工，这就要求在建设过程中，博物馆工作团队要全程介入，要与施工单位充分沟通，严格按照博物馆建筑设计规范的有关要求执行。建设质量和速度是紧密联系的，建设博物馆这样一座永久性的公共文化机构允许有“磨洋工”的时间，尽量避免因为抢行政命令规定的时间节点，按非常规程序操作而造成工程质量问题。

6. 布展。布展是藏品、展陈设计等多项前期工作成果的直观体现，在很大程度上决定了筹建工作的成败。布展要强调对藏品的保护，展柜、照明和恒温恒湿等方面的特殊要求，要使用环保材料等。布展跟建筑施工一样，需要一定的时间保障。在这个阶段，智慧博物馆、公共服务配套设施、办公场所的施工等也要一并完成并进行反复调试。

7. 竣工验收。各项建设完成后，博物馆筹建方会同代建方、监理单位及相关专家组成验收小组，对博物馆建设情况进行验收。博物馆建筑和展陈要通过住建部门的消防验收。

上述环节不是绝对的递进顺序，需要各环节之间多轮的相互推进、反复、纠错和调整，并且藏品的征集、内容的策划修改、展陈设计修改等工作往往需要持续到竣工验收前。以上对建设过程的介绍是以大中型博物馆的建设为例的，中小型或者非国有博物馆可根据实际情况压缩简化。

（三）开馆

开馆准备工作要提前做。根据博物馆的规模大小，可提前半年甚至1年开始着手准备。首先要组建新的团队，在筹建团队中增加讲解、社会服务、文创、安全保卫等人员，分别对应相应的开馆任务。要提前招聘讲解员，熟悉博物馆建筑，熟练博物馆展陈和讲解词，为开馆的讲解服务做足准备。社会服务要提前策划配合开馆、搭配展览的教育、亲子、讲座等活动，在建设过程中宣传建馆进度，确定了开馆时间后宣传开馆安排。文创经营要提前开发、制作产品，做好博物馆商店、餐厅的经营准备。在各项开馆准备工作完成后，博物馆即可开馆为市民观众和社会服务。按照《博物馆管理办法》，国有博物馆全年开放时间不少于10个月，非国有博物馆全年开放时间不少于8个月。

博物馆新馆建成后，都会设置一个试开馆时间，一是馆方会收集市民观众对博物馆各方面的意见和建议，二是部分设施和展线也可能会有进一步调试和修正的需要。因此，在试开馆后根据观众建议和设施情况进行调整改进，可进一步提升博物馆的展陈、服务质量，为市民观众提供更为优质的公共文化服务。这样的总结提升是持续性的。博物馆建设不管对国有大型博物馆还是非国有中小型博物馆来说，都是一个十分复杂且动态的过程，往往细节决定成败，有了《博物馆建馆规划》这个路线图和指南针，筹建工作会更加从容不迫，遇到问题也会有的放矢。以上对博物馆建设过程的分析，希望能加深博物馆筹建者对博物馆建设规划重要性的理解，也为编制博物馆建设规划提供参考。

深圳市文化遗产保护中心王军执笔

博物馆建筑设计

因博物馆的规模、类型、所处环境的不同，每个博物馆的建筑设计都会面临不同的挑战，而且不同建筑师也会有自己的主观能动性，会选择不同的切入点和方法进行建筑设计。关于博物馆的建筑设计，已经有不少权威的出版物可供阅读了解，比如：想了解博物馆设计规范性要求，可阅读《博物馆建筑设计规范》；想了解博物馆设计系统，可阅读《建筑设计资料集（第三版）》第 4 分册的《教科 · 文化 · 宗教 · 博览 · 观演》。考虑到本书所要面对的读者的多元化特点，我们对博物馆建筑设计的介绍采取分阶段、分重点的方式，重在交流博物馆的各类从业人员在参与设计相关工作中，在设计的各主要阶段需要了解的主要问题，以及一些设计经验。

一、前置条件：前期策划与设计任务书

建筑设计是博物馆建设过程中的一个重要环节，在常规项目建设程序上，设计工作开展之前要有项目策划和决策，包括项目建议书和可行性研究报告，其中政府投资的项目必须有可行性研究报告和立项审批环节，非政府投资项目需报相关部门核准或登记备案。一般在前期的策划和决策阶段完成后才正式启动设计工作，但在正式立项之前也可以启动一些带研究性质和咨询性质的设计工作。

正式启动后的建筑设计工作可分为方案设计、初步设计、施工图设计、施工现场指导及竣工验收等 5 个阶段，方案设计又可细分为概念方案设计、方案设计。在正式启动设计工作时一般需要提供以下资料和信息作为基础资料：

（一）与用地相关的资料：用地红线、用地的相关规划指标和条件（如建筑密度、容积率、绿地率、建筑限高、建筑退线、场地开口、周边道路及竖向标高、地下空间利用等）、原始地形图、市政等基础设施相关资料（供电、供水、排水、排污等）。

（二）投资立项的相关资料：建设规模（总建筑面积）、建设投资估算、可行性研究报告、环评报告和相关立项批复等。

（三）设计任务书：包括项目定位，设计原则、设计任务、设计成果要求等，其中最核心的内容是建筑功能组成及面积配比、各部分功能分区的主要用房组成和面积要求、各类用房的层高或净空要求、特殊空间或特殊工艺流程要求等。一般来说，任务书对主要的功能用房、管理或工艺流程等要求越细致越好，这有利于最终的设计更贴近于实际的使用需求。当然在一些功能需求还不确定的情况下也可以采用相对弹性的限定，以留给设计师一定的发挥空间。

设计任务书对于设计单位来说是不可或缺的基础资料，综合表达了建设方对于博物馆的项目定位、目标和使用功能需求。但在项目启动之初，建设方往往对建设内容还没把握或有多种想法，或是希望能通过一些具体形象的方案成果来帮助项目决策，那么在这个阶段可以委托有经验的设计师提前介入做一些带研究和探讨性质的概念方案，通过概念方案的推演来验证项目策划团队的顶层设计工作并最终明确使用需求，以设计任务书的形式将需求明确传达给设计单位，并正式进入建筑方案设计阶段。

二、设计定位：容器与内容

博物馆建设的各参与主体对博物馆建筑设计的定位是不同的，我们听到最多的是博物馆和展品是容器和内容的关系，作为展品展示的空间载体，博物馆不宜喧宾夺主，其功能主要是展览的容器。对于建筑设计师而言，博物馆本身就应该传递一定的语意，在满足作为容器功能的基础上，进而在其文化层面做更高的要求，往往要结合和呈现以下几方面：第一，对博物馆所处环境（用地红线、地形地貌、周边道路、邻近建筑、树木等）的思考和应变；第二，对所处地域历史和文化的理解和演绎；第三，对所展览对象和主题的理解和演绎；第四，对社会和时代发展趋势的思考和应对。我们认为这些都是博物馆设计中需要思考和回答的问题，重建筑轻展览或重展览轻建筑都是片面的本位思考。

一方面，片面追求建筑的外观形式、标新立异，或者牵强附会于展览对象而牺牲其作为展览容器的功能是不可取的。展览和收藏是博物馆的两大最主要功能，研究、教育和经营管理是其次，室内空间形态应满足这些使用功能的需求，如展览空间方正、规整、少柱、控制自然光，库区确保文物安全、防水、防潮、恒温恒湿，研究区、办公区有良好自然采光通风等，都是设计中必须要满足的。另一方面，建筑作为城市环境（或自然环境）中的一个部分，对建筑的定位除了内部使用功能之外，也不能忽略其作为公共建筑存在于公共环境、社会公众视野之中的角色。一个对环境不友好、不协调的建筑就是环境和对社会资源的浪费，更何况博物馆这种作为文化载体和时代精神的典型建筑类型，其建设标准往往要求有 100 年及以上的使用年限，其使用寿命和存在是大大长于其他普通建筑物的，对其建筑呈现的外观形态的要求理应更加慎重和经得起推敲。“建筑是凝固的音乐”“建筑是石头的史诗”，这些观点都表达了建筑非单一使用功能的价值所在。因此，我们认为不应该将建筑与展览、建筑形态与功能空间对立起来，“好看”包含了与环境协调、有美感、有创意、有文化内涵、有意境，同时又“好用”，很好地满足展览、收藏、研究、教育的功能使用需求，才是一个好的博物馆设计应该达到的标准。高水平的设计应该体现在对这些问题的综合思考和整体统筹、应对上，也由此体现设计的价值所在。那么如何实现“好看”又“好用”的目标？我们认为需要将展览陈列的工作与建筑设计的工作协调起来，展览策划、展陈大纲、展览内容、展陈方案等展览的工作要与建筑设计的各个阶段相互配合、协调推进，一方面落实在设计任务书中，另一方面在建筑方案的深化设计过程中同步推进展陈设计的相关工作，使得建筑空间与展览的对象内容相匹配，不能等到建筑施工完工后才开始展陈设计。

在“好看”“好用”的基础上，对博物馆的运营管理者而言，博物馆还要“好管”。博物馆在建成后移交给运营方，马上就会涉及日常运营的问题，因此，对于运营方来说，“好管”是很重要的：一方面体现为管理人员可以很高效地管理，比如在设计中做到展品（或文物）流线和展览参观流线完全独立，展品从库区到展厅全程不与公众的参观流线交叉，这对于文物来说是安全的，对于管理来说也是最高效的；另一方面体现为日常运营维护的便捷，在设计过程中要采用易清洁和维护的材料与构造措施。比如，美术馆一般会采用白色作为空间主基调以突出美术作品，在墙体的装饰材料方面通常选用白色涂料，但一些中庭走廊人多的位置，如中庭安全护栏位置如果与墙面一样采用白色涂料，会给日常的清洁和维护会带来很大问题，因此可选用白色铝蜂窝板、人造石等易于清洁的材料。再如，在当代博物馆设计中一般都会有一些高大的中庭空间作为观展流线组织的核心空间，其中的灯光、空调等设备的日常维护难度很大，在设计的时候如果有后期运营的意识，就会提前做好充分

图 1　天津博物馆实景（源自华南理工大学建筑设计研究院 / 何镜堂建筑创作研究院）

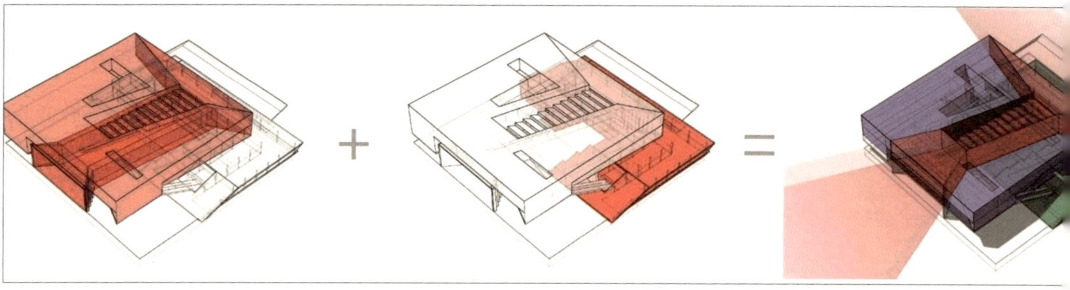

图 2　天津博物馆建筑设计概念（源自华南理工大学建筑设计研究院 / 何镜堂建筑创作研究院）

的考虑，如集中设置在一些易于维修的位置，或考虑在常规的登高车可以到达的高度内进行设置，那么后续的运营维护就会方便很多。

三、总体布局：建筑与周边

博物馆设计的总体布局的主要工作内容是在分析用地规划条件、场地条件、周边环境整体关系的基础上，确定地上、地下建筑的位置和边界，组织场地的功能分区，如广场、道路、停车场、展（藏）品装卸区、景观绿化等，组织场地及建筑的出入口、人流、车流、物流等各类流线，组织场地的竖向标高，组织水、电、智能化等市政管线的综合管线布置，等等。

《博物馆建筑设计规范》（JGJ 66—2015）（下文简称《规范》）明确建筑总体布局应遵循以下原则：（一）应便利观众使用、确保藏品安全、利于运营管理；（二）室外场地与建筑布局应统筹安排，并应分区合理明确、互不干扰、联系方便；（三）应全面规划，近期建设与长远发展相结合。规范也明确了总平面设计需满足的相关规定，在此不再赘述。总体布局方面有以下几点问题值得关注：

第一，停车场（库）的配置数量和位置：按照规范和各地方的规划管理要求需要配置一定数量的停车位，包括大巴车位和装卸泊位，但馆方往往从展（藏）品安全的角度出发，会提出不在建筑主体下方设置对社会车辆开放的地下停车库的要求。在规范上，并没有强制要求不能在主体建筑的地下设置社会停车库；从设计的角度，不论地下是否设置库房，从安全和便于管理的角度出发，内部停车区和社会公众停车区都以分开设置为宜，能通过设备区或其他功能区域作为隔离和缓冲更佳，且在流线上做一定的区分，便于日后管理。大巴车位、装卸泊位除非用地十分紧张，否则也不建议放到地下。例如天津博物馆，不在建筑主体下方，而在博物馆主体建筑投影线之外与美术馆之间的过渡地带集中设置了地下车库，这是比较好的解决文物安全问题的方案。

第二，如果场地涉及历史保护建筑或历史遗址，特别是遗址类的博物馆，其总体布局和建筑形体控制需特别谨慎，以尊重历史文物和遗址为前提，在使用性质、高度、体量、立面、材料、色彩等方面与之相协调。按照历史建筑保护的相关规定，在文物保护红线内以保护为主，不得进行新建；在建设控制线范围内新、扩、改建，应按相关控制管理规定，保护历史建筑本体安全、环境、历史风貌。例如安阳殷墟遗址博物馆洹河西岸的遗址区中心地带，“为减少对近在咫尺的遗址区的干扰，设计尽量淡化和隐藏建筑物体量，设计师将博物馆主体沉入地下，地表用植被覆盖，使建筑与周围的环境地貌浑然一体，最大限度地维持了殷墟遗址原有的面貌”。

第三，前场和后场的区分：在场地设计中，应该有前场、后场的界定和区分，这样更有利于日后的使用和管理。前场主要是面向参观公众的公共性一面，需要有足够空间用于博物馆展示和人流的集散，按《规范》需要设置人流量 1.2 倍的集散空间，在特大型馆需要提供遮风避雨的设施，特别是遇到特殊情况时，需要更多的排队入馆的缓冲空间。入口广场的尺度需与博物馆的整体关系进行综合考量，也不是越大越好。后场主要是面向藏品、展品和内部管理的一面，特别是物流的装卸场地，需要隐蔽和安全，避免受公众人流干扰。另外，还有一些需要设置室外展场的博物馆，需重点处理好与室内公共空间和观展流线的统筹组织。

第四，场地竖向设计：虽然一直以来博物馆的防水防涝问题就是重中之重，但是近来多发的城市内涝问题又将人们对这一问题的重视程度再一次提高。一方面，对于文物库房的位置是否一定放在地下有重新的思量；另一方面，场地的竖向设计需要充分考虑内涝的隐患和快速排水可能，主体建筑周边场地的标高和首层出入口标高的设置需要慎重考虑，场地内最低点的标高、位置和排水方向与顺畅性都需要考虑，地下车库或其他可能导水进入室内的位置需留有防汛的应急措施和构造。

四、建筑空间：功能特性、流线以及空间需求

《规范》将博物馆建筑主要用房组成分为公众区域、业务区域以及行政区域。公众区域包含陈列展览区、教育区与服务设施，业务区域包含藏品库区、藏品技术区与业务研究用房，行政区域包含管理办公、附属用房。其中，对于陈列展览区和藏品库区这两大主要功能区占总建筑面积的比例，《规范》针对不同类型的博物馆有相应的规定和建议。这里需要提醒的是，按面积比例计算出来的展览区和库房区的功能分区的面积，不是纯展厅和纯库房的面积，比如展览区除了展厅还包括展区内的设备间、展具储藏间、楼梯和走道等辅助功能面积，这个问题在各功能分区内均有。按我们的经验，展区的实际展厅内面积一般占展区面积的 55%—70%，并且受高层建筑的疏散要求和恒温恒湿的功能要求影响较大。

中国建筑工业出版社出版的《建筑设计资料集（第三版）》第 4 分册（下文简称《资料集》）将博物馆划分为综合类、专题类、艺术类、自然类和科技类五种类型。不同类型的博物馆场馆根据不同的需求，各功能区的面积配比会有所差异。在综合类博物馆中，业务类的收藏与研究保护功能需求较为重要。以天津博物馆为例，其建筑总体规模 64003 平方米，其中库房的面积约 11000 平方米、研究与文物保护的面积约 3000 平方米。而在专题类博物馆中，以宁波帮博物馆为例，收藏与研究保护功能需求较少，建筑总体规模 24107 平方米，其中库房面积约 600 平方米，且不需要设置研究与文物保护用房。宁波帮博物馆属于人文类专题馆，相较其他博物馆比较特殊的是同时设有会所功能，包含少量客房、餐厅等功能区（在实际运营中会所并未投入使用，后续改建为办公区）。因此，各博物馆场馆应根据自身需求，合理设定各类功能用房。

各部分功能区的建筑设计需求在《资料集》博物馆篇章中均有较为全面的介绍，这里不再赘述。公众区域、业务区域以及行政区域概括了博物馆建筑的主要功能组成，下文将根据实际项目中获得的设计经验，详细阐述不同区域不同功能性质用房的功能特性以及建筑空间需求。三个区域均应设置既相互独立又相互关联的流线组织，各个区域的关联需求将在论述中分别展开。

表 1　建筑功能区域划分及各类用房构成表

<table>
<tr><td rowspan="4">公众区域</td><td rowspan="2">陈列区</td><td colspan="2">序厅、过厅、常设展厅、特殊展厅、临时展厅、儿童展厅、导览视听室、室外展区等</td></tr>
<tr><td colspan="2">展具贮藏室、讲解员室、安保室、管理员室等</td></tr>
<tr><td>公众服务区</td><td colspan="2">售票、门厅、休息室（廊）、饮水、厕所、清洁室、茶座、餐厅、商店、银行、游戏体验、接待室、信息咨询服务、广播室、医务室、寄存、安检等</td></tr>
<tr><td>研究教育区</td><td colspan="2">研究讨论室、教室、专业图书阅览室、学术报告厅、互动式体验区等</td></tr>
<tr><td rowspan="3">业务区域</td><td rowspan="2">藏品库区</td><td>库前区</td><td>拆装箱间，包装材料库，暂存库房，周转库房，保管员工作室，保管设备贮藏室，鉴选、分级、编目室等</td></tr>
<tr><td>藏品库区</td><td>分类库房、珍品库房、文献库房等</td></tr>
<tr><td>藏品保护技术用房</td><td colspan="2">摄影室、熏蒸消毒室、实验室、文物复制室、标本制作室、书画装裱与修复室、模型（标本）室、研究室、图书档案室等</td></tr>
<tr><td rowspan="2">行政区域</td><td>行政管理用房</td><td colspan="2">办公室、会议室、值班室、安防消防室、接待洽谈室、资料室等</td></tr>
<tr><td>设备用房</td><td colspan="2">电梯机房、空调机房、变配电室、冷冻机房、水泵房、车库等</td></tr>
</table>

（来源：《建筑设计资料集（第三版）》第 4 分册，中国建筑工业出版社，2017 年，第 333 页）

（一）公众区域

1. 陈列展览区

陈列展示主要分为常设展厅与临时展厅，此外结合场馆类型还设有儿童博物馆、特殊展厅以及室外展场。儿童博物馆较为嘈杂，一般脱离主要观览流线，可以考虑结合首层团队入口片区或社会教育功能区综合组织。特殊展厅则根据场馆特殊展品进行设置，比如船厅展示空间需要满足船体大小，遗址博物馆的考古展示空间需满足考古设备使用。室外展场则结合场馆周边环境状况，在有条件的情况下整合景观广场组织。

展示空间按照展览内容需要采用不同的空间形态，可分成密闭式展厅与开放式展示空间，通常在博物馆建筑中以设置密闭式展厅为主，结合公共大厅空间、公共廊道设置开放式展示空间。常设展厅通常设置为密闭式展厅，展厅的设计需依据展陈大纲（另由展陈专项团队提供给建筑设计团队），结合展览空间需求组织。根据日常的阅读习惯，展陈一般要求观览流线以顺时针方向为宜。但观览流线应结合整个展示空间序列安排做统筹考虑，兼顾观览习惯。

临时展厅是博物馆运营中较为重要的部分，可通过设置特展观览门票获得收益。临时展厅需要经常进行布展、撤展，需要充分考虑展品出入口和布展设备的进出途径，且在布展阶段能够相对封闭独立，不影响其他常设展厅的使用，因此临时展厅一般设置在首层或近地面层的尽端。当临时展厅设置在其他楼层时，需要设有大型货梯进行展品输送。

在展厅空间内，应尽量避免结构柱对展览空间产生影响。展厅空间内以无结构柱为最佳。但综合结构跨度、空间高度以及造价等因素，结合展示空间开间以及适宜的梁高，展厅结构柱的跨度以 12—15 米为宜。展厅层高根据展览需求进行设置，一般性的展览内容建筑层高一般以 6—8 米为宜，特殊展览内容应根据展品需求设定层高。其中临时展厅由于需要适应不同的展示需求，应采用更为通用的展厅空间，层高设置以 8 米以上为宜。因展览空间尽量少柱或无柱，也会使结构梁高比普通建筑要高，加上设备管线，特别是风管，展厅的净空要求更为重要，需在任务书中明确。

根据博物馆展品的展览需求，对空间的温湿度要求不同，如要求恒温恒湿，需要提前跟设备工种进行充分沟通。土建设计阶段预留好设备端口以及设备用量，展品的展示方式以及光照环境等由专项展陈设计团队推进。

在陈列展览区需要配套设置展具储藏室、讲解员室以及上述设备所需的设备用房。此类用房不宜集中组织，应靠近展区较为均匀地设置，比如每层展厅均设有相应的配套用房，便于工作人员使用。

展厅是博物馆建筑最为重要的功能组成。与此同时，为了服务展厅，配套了公共大厅、交通空间以及各类服务设施与设备。密闭式展厅面积在整个博物馆中的占比，可以从一些博物馆实例中获得基本了解：天津博物馆总体规模 64003 平方米，其中密闭式展厅面积合计约 14000 平方米；宁波帮博物馆总体规模 24107 平方米，其中密闭式展厅面积合计约 6000 平方米。

2. 教育区

当代博物馆除了展示功能，通常也被赋予了教育、交流功能。因此博物馆一般均设有中小型报告厅或多功能会议厅，其他教育空间类型还有影视厅、教室、实验室、青少年活动室、阅览室等用房（详见《资料集》)，可根据不同博物馆场馆的需求进行选择设置。

教育区应与博物馆公共大厅有便捷的交通联系，一般设有独立的对外出入口，

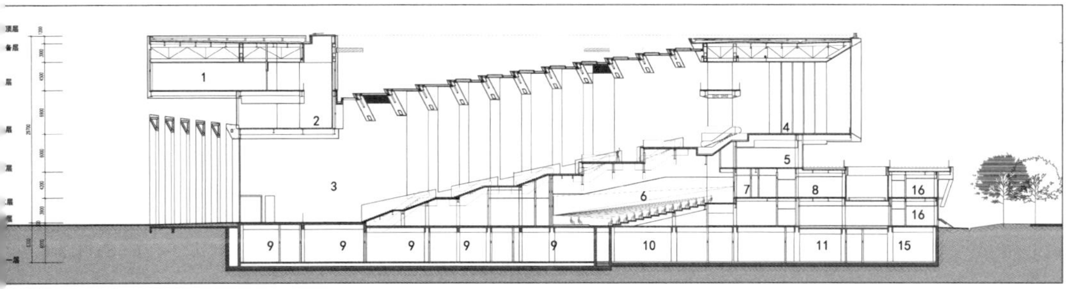

图 3　天津博物馆利用公共大厅台阶空间组织报告厅（源自华南理工大学建筑设计研究院 / 何镜堂建筑创作研究院）

可考虑结合博物馆的团队出入口组织，相应可配备宣讲室（配合团队使用需求）、贵宾休息室等用房。

报告厅主要发挥学术会议功能，一般采用阶梯式。阶梯根据观众视线需求进行起坡升起，在起坡设计过程中应避免阶梯升起高度过大，建议采用错位隔排升起方式组织，在满足视线需求的同时兼顾空间体验感和舒适度。报告厅的室内装修应综合声学、灯光设计进行精细化的设计，一般设有专项的声学设计。报告厅属于较为高大的功能用房，通常会结合阶梯下部设置设备夹层，采用座位下送风的方式。

3. 服务设施

公众区域除了陈列展览区、教育区，还有一系列配套的服务区，包括售票厅、门厅、公共大厅、休息区、餐厅或茶座、商店以及饮水间、厕所等。

现公立博物馆已基本实现免费制，只有特展或临展需买票观看，因此还是会有售票的功能，只是相对缩小。售票厅一般设置在门厅外边侧位置，可结合前庭院或者建筑灰空间组织。寄存区可结合售票厅一侧组织，也可结合门厅边侧可便捷通达的区域设置。

门厅的设置需结合不同使用人员进行组织，通常观众分为普通观众、团队观众以及贵宾，建议分别单独设置团队观众入口以及贵宾入口。入口门厅区域需合理设计流线，组织观众进入或离开博物馆的安检。在适宜的位置设咨询前台，前台附近设有办公管理空间。作为进入博物馆的前序空间，门厅还承担着简介场馆的职能，观众可在此对博物馆的展示内容有基本的概览。

公共大厅是博物馆建筑中的核心空间，它不仅是联系各个展厅的交通大厅，还承担了开幕式、庆典、活动等功能使用需求，是整个博物馆建筑空间设计中最浓墨

图 4　天津博物馆公共大厅（源自华南理工大学建筑设计研究院 / 何镜堂建筑创作研究院）

重彩的一笔。在首都博物馆、天津博物馆、广东省博物馆等特大型博物馆中，公共大厅的空间面积为 2000—2500 平方米，营造出让观众印象深刻的公共空间。通常结合公共大厅设为开放式展示空间，在适宜位置陈列展品，突出博物馆场馆最重要的展示内容与特色。

休息区通常结合观览流线间歇式地进行布置，厕所及饮水间则合理均质地设置在场馆的服务核心筒区域。今天，文创产品日益丰富，在博物馆的出口附近设置纪念品商店，便于观众在看完展览还未离馆之时选购相应的文创商品，因此博物馆商店一般设置在观览流线的尾端。餐厅或咖啡茶座可设置在场馆偏侧位置，观众结合休息需求进行茶歇，也可设置为单独对外服务的区域。

贵宾从独立的出入口进入，也可结合办公出入口综合考虑。贵宾区入口应考虑车行可达，落车区域有雨棚遮盖。贵宾厅的前厅或廊道需注意设置适宜的空间宽度，满足人群并列行进的需求。

（二）业务区域

1. 藏品库区

藏品库区应设置独立的货运出入口，安保等级较高的博物馆会设有货车进入的前场区，即可进入室内并在可封闭的区域进行藏品的装卸货。在建筑空间条件允许的情况下，可设置能搭乘小型货车的货梯输送到库房区。

库前区包括拆箱间、暂存周转库、鉴赏室、鉴选编目登记室、档案室、包装材料库以及相应的管理办公用房，结合场馆需求还可设置消毒室（熏蒸、冷冻、低氧）、清洁间、干燥间等。一般资料与摄影工作间也会同步设置在库前区，便于藏品拍摄留档。摄影工作间需要设置较高的净高，满足摄影设备拍摄长幅画作或者高大藏品的需求。

库房区一般按照藏品或者艺术品的材质类型进行分类，库内设定为不同材质所需的恒温恒湿环境，以便更好地储藏和维护藏品。

为了与公众流线错开，库房区一般设置在地下层。在地下水位较高或者滨水地区，库房区可设置在首层或地上楼层，非首层区通过大型货梯组织藏品输送。库房前区以及库房内部廊道、库门需要注意运输需求，满足小型叉车运输宽度，一般以 3 米以上净空为宜。

博物馆的库房安保等级根据藏品的需求设置，比如在以天津博物馆为代表的综合类博物馆中，藏品较为珍贵，库房按照金库安保等级设置；而在人文类的宁波帮博物馆中，藏品库则按照一般库房设置。为了安保需求，库房区出入口一般设置得较少以便于管控，库房出入口区域设有风淋区以及值班室。在金库安保等级的藏品库房，库区外侧墙壁需设置钢筋混凝土墙，还设有通圈的夹道，夹道宽度 1.5—2 米即可，一般不用作运输通道，主要用于防盗及温度缓冲，同时也有利于地下库房的防水防潮。设在地下室的库房，从防水防潮角度考虑，应在接地区设置底部架空层。

库房区应设有独立的货梯通达各层展示陈列区，且尽量不与公众参观区交叉。

2. 藏品技术区与业务研究用房

藏品技术区是配合藏品需求的各类修复室、鉴定室、实验室、材料库、药品库等用房。这类用房会有工作人员办公，因此在保护藏品的基础上，一般设置为有通风采光的技术用房，比如天津博物馆将之设置在裙楼基座二层。由于技术区有珍贵的展品，出于安保考虑一般会设定独立的门禁区域。技术区与藏品库房区之间需设置便捷的货梯通达。

业务研究用房包括摄影用房、研究室、阅览室、信息中心、展陈设计室、美工室以及展具制作与维修室等。摄影用房根据摄影需求，设置为密闭的黑房子，同时为了便于藏品摄影留档，一般结合库前区设置。博物馆的阅览室、研究室以及信息中心在内部办公使用的同时，同时面向专业观众开放使用，需考虑适宜的公众出入方式，可独立设置出入口或与公共大厅连通的便捷通道，通过门禁系统进行管制。美工室（展板制作等）、展具制作与维修室通常会有闭馆后外部人员进入该区域工作的需求，因此可设置在场馆的边角位置（如坡道、楼梯下部等），设有独立的外部出入口。

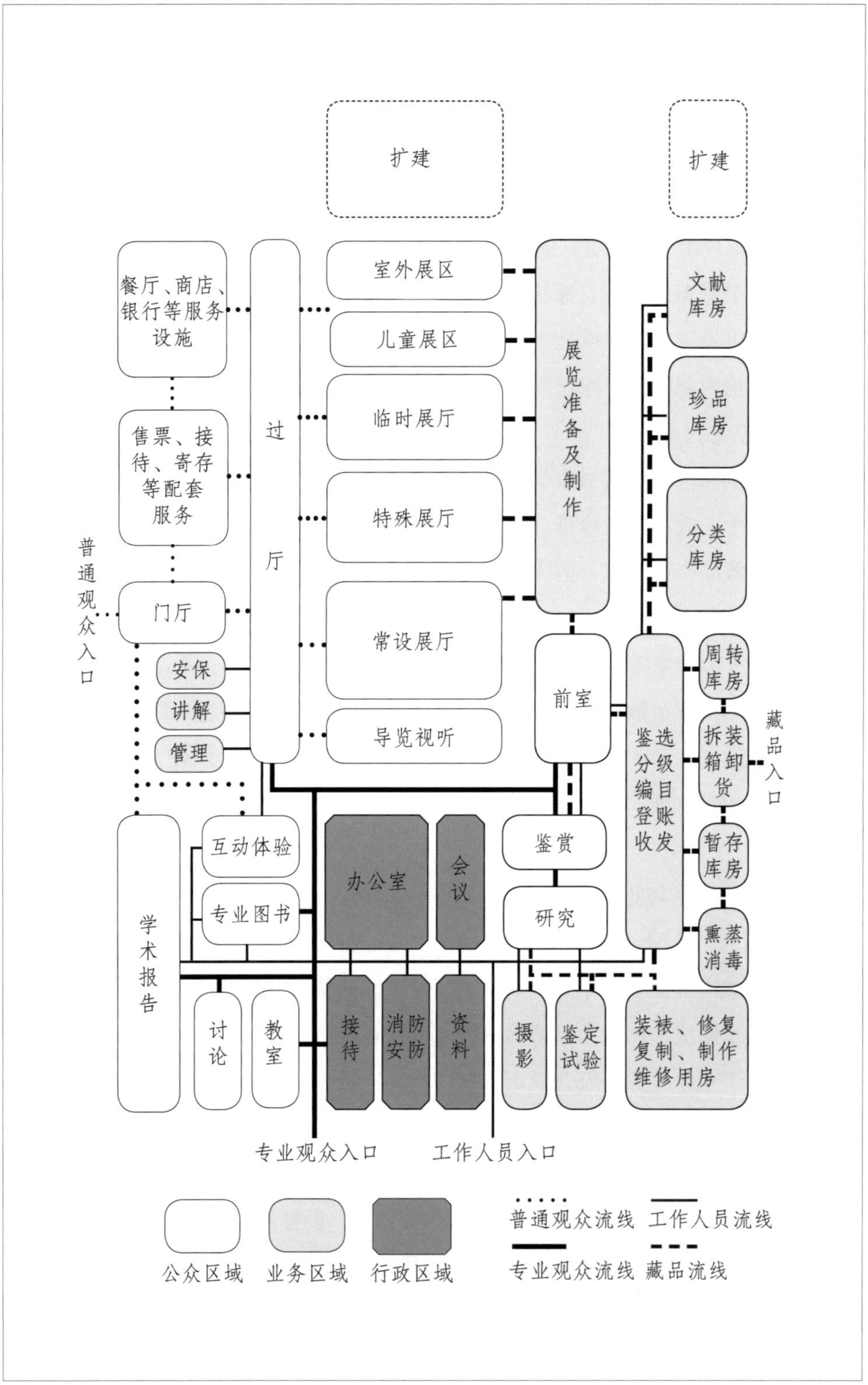

图 5　功能关系图（来源：《建筑设计资料集（第三版）》第 4 分册，中国建筑工业出版社，2017 年，第 333 页）

3. 行政区域

行政区域包含行政管理区、后勤及设备车库等附属用房。

行政办公区应设有独立的办公出入口，与公众的观览流线、展品的货运流线截然分开，且设有便捷的通道联系博物馆其他各部分功能区域。办公区域应设有宜人的办公环境，满足通风采光需要，一般设置在低层裙楼或者场馆顶楼。

安防控制室、消防控制室以及集成管理中心需集中设置在首层，且根据建筑防火规范设有独立出入口。物业管理用房一般设有独立办公区域，相应组织职工的更衣区。物业管理用房以及休息用房还需在展览区域均布设置，一般一层设有 1—2 个。

主要的设备机房一般设置在地下一层，并在地上各层靠近功能区设置所需的设备用房。由于博物馆大多数展厅都需要温湿度的控制，相应所需的设备用房较大，尤其是空调设备用房。因此，通常结合疏散楼梯、厕所、物业管理用房等辅助用房，组织成服务核心筒；并且利用展厅层高需求（6—8 米）与服务类用房层高需求（3—4 米）的级差，高效利用建筑空间设置设备夹层。

五、技术措施：防火、防水、防潮、防盗

博物馆的藏品和展品通常是珍贵文物和艺术品，往往都是不可再生的文化资源，其安全性需求自然就提升到重中之重的地位。藏（展）品安全包括防火、防水、防潮、防虫和防盗等多个方面，对建筑设计的要求也集中体现在这些方面的设计，下面将重点展开这几方面的技术措施要求：

防火：博物馆的耐火等级不应低于二级，根据建筑的重要性我们通常会设置到一级，同时如果建筑已达到高层建筑的类型，就必须达到一类高层建筑的要求。建筑内不得设置明火设施，不得使用或存储火灾危险性为甲类、乙类的物品。防火对建筑设计最大的影响是防火分区和安全疏散问题，需按照不大于《规范》要求的防火分区面积对建筑空间进行分区的划分，并且要求一个展厅或陈列室的面积不应大于 1000 平方米，当展厅在首层且展品火灾危险性为丁、戊类时不宜大于 2000 平方米。有些博物馆有超大展厅空间要求的，超过上述面积时就需要采用防火墙、防火门进行分隔了，不能无条件地放大单个展厅的面积。展厅和库房采用何种自动灭火设施，不同设计会有不同的做法。一般来说，库房非人长时间停留和工作的区域，一般采用气体灭火设备；展厅较多的，采用预作用自动喷淋或高压细水雾的自动灭火设备。另外，在设计中我们也经常听到馆方对楼梯的数量和大小有疑问。疏散楼梯的数量和大小是受防火分区和疏散人数、疏散距离限制的，这里面有一套按照规

范较专业的计算，以满足发生火灾时人员的安全快速疏散。

防水防潮：防水包括地下室防水、屋面防水和外墙面防水。博物馆地下室和屋面均要求达到一级防水。重要区域如库房、展厅要求不能与用水房间毗邻，不能有给、排水管进入，会将屋面的排水管设置在展厅之外的走道或其他公共空间，最好是结合卫生间一并设置。采用水消防时，地面应有排水设施。库房区为了防水防潮、防盗一般都会采用周边设施环视通道的做法，放在地下室。如下部没有更低楼层，会采用架空地面设置疏水层，并加强地下室底板的防水设计。对于屋面，现在为了增加绿化率，或提升参观者的体验，经常会采用种植屋面，需加强耐根穿刺和覆土层疏水的防水构造设计。

防盗：防盗设计是整体的系统化设计，应符合国家相关博物馆风险等级、安全防护级别和安全防范系统要求的规定，包含了功能分区、流线设计和安全技术防范系统等多种内容。从场地周边到建筑内的各个区域，根据功能采取不同的防护级别和防范系统。其中最重要的区域是藏品库，藏品库区一般参照金库做法，不开设门窗，周边设置环视通道，只在总库门设置金库门，连接库前区，在库前区设置值班、登录等管理用房。需要注意设备用房应设置在库区外，在展区内的也应尽量设置在展厅外的公共空间，设备的检修不需进入展厅。

对于博物馆设计，人们往往只关注到建筑的创意、形态等视觉层面的部分，公众讨论最多的也只停留在其外观的部分，如这个博物馆像什么像什么……实际上，博物馆设计要在首先满足其功能所需的基础上，通过设计的智慧整体处理与城市、与环境、与历史文脉、建筑空间与功能、与安全等各方面的技术问题。关于博物馆及博物馆建筑设计较完整、全面的指导在《博物馆建筑设计规范》、《建筑设计资料集（第三版）》第 4 分册等相关专业规范、文献中均可查阅，在此不再赘述。

华南理工大学建筑设计研究院有限公司郑少鹏、黄瑜执笔

博物馆工程管理

博物馆基本建设工程一般都是政府重要的文化投资项目，是经过博物馆一代人乃至几代人争取来的重大机遇。同时，博物馆建筑通常还是当时当地的标志性建筑，其造型外观往往比较特殊，社会关注度高。博物馆工程建设管理的质量、水平将直接影响博物馆的长远发展和社会声望。另外，陈列展览、安防和藏品库房等工程还是博物馆特有的专业工程，因此，凝神聚力做好博物馆工程建设管理至关重要。

一、国内博物馆工程建设管理模式

博物馆工程建设管理模式往往与当时当地的工程建设管理法规有关，与上级文化文物主管、发展改革、住建、财政管理等部门的统筹协调密不可分。由于博物馆人一般都没有基建投资项目管理经验，因此，多数博物馆都要借助政府或社会力量参与博物馆工程建设管理。总结 21 世纪以来的博物馆工程建设管理模式，有如下六种：

一是采取由代建机构组织管理建设工程的实施。案例：珠海市博物馆新馆（珠海华发集团代建）、江门五邑华侨华人博物馆新馆（江门市城市建设投资集团代建）。

二是由政府组建的业主委员会组织管理建设工程的实施。案例：首都博物馆，由北京市政府指定由政府主管投资和政府工程管理部门、北京市文物局和博物馆联合组成业主委员会进行组织管理。

三是由上级文化文物主管部门组织管理建设工程的实施。案例：肇庆市博物馆新馆。

四是由文化主管部门和博物馆联合组成组织机构管理建设工程的实施。案例：广东省博物馆新馆，由广东省文化厅和广东省博物馆联合组成新馆工程建设指挥部进行组织管理。

五是由博物馆自行组织管理建设工程的实施。案例：南京博物院新馆，由南京博物院成立专门小组进行组织管理。

六是由政府指定一家公司出资并组织管理建设工程的实施。案例：惠州市博物馆。

目前普遍采用的是第一种组织管理模式即代建制，其他组织管理模式都是各地根据各自情况而定。这六种管理模式各有利弊，不能简单地肯定或否定哪一种组织管理模式，但有一点是可以肯定的——由博物馆组织建设和管理会相对重视博物馆自身的功能和需求，而代建机构或其他机构则多按一般性公共文化建筑的功能和需求进行工程建设组织管理，较难关注并科学合理地解决藏品库房、陈列展览工程和安防系统工程等博物馆特有专业工程相关问题。

广东省博物馆新馆工程建设之初，就由广东省文化厅成立了广东省博物馆新馆工程建设指挥部，指挥部由省博物馆馆长和省文化厅有工程建设管理经验的专家分别担任总指挥和副总指挥，并抽调得力干部和专业技术人员组成工程建设管理团队。之所以采取由文化主管部门和博物馆联合组成组织机构管理广东省博物馆新馆建设工程的实施，一方面是广东省博物馆缺乏重大工程管理经验，省文化厅有工程建设管理经验的专家的加盟可以弥补这方面的不足；另一方面也便于加强工程建设过程中与广东省、广州市发改、住建、财政、规划、公安消防等部门的沟通与协调。

二、工程建设程序

一是项目前期工作：编制建筑设计任务书（含建筑功能和工艺技术资料）、项目建议书、立项报批、项目可行性研究报告（包括工期设置、工程估算、各专业工程招标方式等）、概算报批、用地报批等；涉及发改、财政、规划、土地管理等主管部门。

二是方案设计、初步设计报批：方案设计、初步设计均由建筑设计中标单位负责，由建设单位报规划部门批准。

三是施工图设计及审图（重点）：施工图设计也由设计中标单位负责，审图单位需要有政府认可的审图资格，审图单位主要是全面核查施工图是否满足国家强制性设计规范，并对审查结果承担法定责任。

四是主体工程（包括土建、钢结构、幕墙等）施工：以前主体工程指的是土建工程，随着建筑材料和技术的发展，钢结构和幕墙工程越来越重要，广东省博物馆新馆的钢结构工程就用了18000多吨钢材，造价超过2亿元，是所有专业工程中造价最高的。广东省博物馆新馆的幕墙工程大量使用经过深加工的铝型材，包括外墙、巨型钢桁架悬吊结构外挑部分的天花、中庭吊幕的用材都是带有艺术造型或纹饰图案的铝型材。

五是装修工程施工（陈列展览装修工程施工除外）：包括天花、地板、内墙、卫生间装修，多功能厅、学术报告厅装修等。

六是机电安装工程施工：包括电气、给排水、空调、消防、电梯等，这是现代博物馆的标配。其中，电气还包括变配电、发电机组等，藏品库房等区域空调系统还要具备温度、湿度调控功能，电梯包括垂直电梯、扶手电梯。

七是建筑智能化系统工程施工：包括综合布线、楼宇中央集成管理、设备自动化监控、智能照明控制、公共广播、计算机网络、多功能会议、电子公告及多媒体触摸屏等。

八是安防系统工程施工：安防系统是博物馆特有的专业工程——因博物馆保存、陈列的是珍贵的文物，其安全防护的重要性不言而喻——核心区域是陈列厅和藏品库房，重点是上等级的珍贵文物和书画、纺织品等有机质文物以及陶瓷等脆弱文物。安防系统工程就是通过人防、物防和技防等手段对这些文物和整座建筑进行有效的监控和防护，确保安全，具体有安防系统集成、入侵报警、视频监控、周界防护、电子门禁、电子巡更、自动对讲及实体防护等。

九是陈列展览设计、制作、布展工程施工（包括展柜制作，艺术品创作，多媒体等互动项目设计、制作外包等）：陈列展览是博物馆专业技术水平的集中体现。博物馆陈列展览工程实施过程中，从组织文物征集、概念性策划到陈列提纲、陈列细目的编写，再到咨询论证，以及招标、设计、制作、施工，博物馆都要投入大量的人力、物力、财力。与一般的楼宇内部装修工程截然不同，博物馆陈列展览设计、制作、布展工程施工是一个既专业又复杂的系统工程，必须特殊处理，由博物馆专业人士组织实施。

十是主体工程验收：主体工程包括土建、钢结构、幕墙、机电安装等工程，是博物馆工程外观、结构安全、设备运行等主要部分的验收，由住建部门组织业主、总包单位、监理单位会同各专业工程施工单位等进行验收。实行代建制工程建设管理模式的由代建单位牵头组织。

十一是子项工程验收：指消防系统、安防系统、陈列展览系统等工程的验收。其中，消防系统由公安消防部门组织验收，安防系统由公安技防部门组织验收，陈列展览工程由业主、总包单位、监理单位及陈列展览设计施工单位联合组织验收。实行代建制工程建设管理模式的由代建单位牵头组织。

十二是规划验收：是在主体工程和各子项工程验收完成后，报规划部门并由规划部门组织进行的对照规划报批方案的验收。

十三是试运营：这是为了检测检验各项工程质量是否达到设计要求、检测检验各系统运行是否满足博物馆的功能需求必须经过的程序，也是让博物馆人学习适应新馆各项性能并运行各设备系统的过程，还是业主与观众、政府、媒体、社会互相认识、理解和调适的过程，比如展厅的观众承载量就可有意识地在试运营过程中测试出来。总之，试运营是让博物馆人学习科学合理运行管理一座新博物馆的机会和条件。

三、工程招标

（一）招标方式：公开招标、邀请招标、竞争性谈判、单一来源政府采购等。

（二）招标的顺序和安排：1. 通过政府采购方式选定招标代理机构；2. 通过政府采购方式聘请代建机构、监理公司、造价咨询公司、法律顾问、质量检测等中介机构；3. 工程招标、政府采购及标段划分。工程招标项目包括基础工程（基坑开挖工程、桩基础工程），总包管理服务工程，土建工程，钢结构工程，玻璃幕墙工程，电气、给排水、空调、消防等机电安装工程，室内装修工程，安防系统工程，建筑智能化系统工程，陈列展览设计、制作、施工、布展工程，室外园林、道路及喷淋工程，景观照明工程等。政府采购项目主要包括电梯，发电机组，文物柜架及库房设备，图书资料柜架及设备，办公家具及设备，文物包装、运输、押运服务，物业管理服务，空气净化服务，家具包装及搬家服务等。

在招标过程中，每个标段都必须经过确定招标代理、编写招标文件、修改招标文件、发布招标公告、进行资格预审、招标答疑、开标评标、发布中标公告、合同谈判、签订合同等复杂而漫长的程序。政府采购项目还得向财政管理部门申报采购计划，招标失败还须按程序再走一遍。

四、工程的组织管理及控制

一是必须组建一个专业配置合理、团结协作、讲求效率、廉洁的工程建设管理团队，这是优质完成工程建设的关键。团队可以是由相关单位或机构联合组成的管理办公室，也可以是由政府、博物馆上级组建的博物馆工程建设管理团队。

二是必须制订一套行之有效的规章制度，确保依法依规及促进人财物资源合理配置。这是为了在运行过程中做到有法可依、按规则办事，如广东省博物馆新馆建设过程中就制订了 20 多项规章制度管人管事。

三是必须充分发挥中介机构专业服务的优势和作用。这是由博物馆人一般都缺乏大型工程建设管理经验决定的，中介机构——代建机构、监理公司、造价咨询公司、法律顾问、质量检测机构等专业技术力量提供的专业服务可以弥补博物馆人的先天不足，从而减少工程管理过程中的失误，少走弯路，提高管理效率。比如工期、工程质量、安全生产等方面多听取总包单位和监理单位意见，设备和建筑材料价格等问题多咨询造价公司意见，合同签署及工程建设中发生的法律问题由法律顾问单位把关。

四是从工程启动之日起就对工期、造价、质量、施工安全进行全面有效的控制。比如造价控制问题，我们在整个广东省博物馆新馆工程的实施过程中，一直认真严格地按概算审核每一个标段甚至每个标段内的各项限价，设计合理的投标价，严格审查设计图纸，严控设计变更、现场签证、强化资金、工程计量和管理费用的管理，硬是把工程造价控制在较为合理的范围内。虽然整个工程的实施过程中物价和人工费用一直上涨，但工程造价基本控制在工程概算以内，这是很不容易的。

五是必须严格遵守工程建设程序。工程管理确有其自身的规律性和特别之处，比如说必须遵循有关的程序，任何走捷径的做法最终都会被要求重新走完正规程序，结果是反而多花时间多花钱。比如广东省博物馆新馆工程光招标工作我们就做了 40 多个标段，为了争取早点开工，也为了节省总包服务费，我们在图纸还没出齐时就招了土建及总包配合服务单位进场履行总包的职能，我们几乎要直接面对所有的专业工程，导致我们业主的工作量和责任大大增加。如果我们等到施工图出齐再招总包单位的话，很多工程就可以由总包单位去招标和管理。

六是必须充分发挥各领域各方面专家的专业特长、优势作用。这是由专业的事情应该由相应的专家去做的理念决定的。广东省博物馆新馆陈列展览设计、施工和布展过程中就聘请了中国博物馆协会陈列艺术专业委员会资深专家为顾问，从设计审核、艺术把关、造价控制等各个方面参与并指导广东省博物馆新馆陈列展览设计、施工和布展全过程，确保了工程顺利进行，取到了比较好的陈列效果。

七是上级单位（文化文物主管部门及发改、住建、规划、财政等部门）、业主、设计施工单位、中介机构各尽其责并紧密配合，是做好工程建设的有力保障。博物馆基本建设是一个系统工程，涉及的单位和机构很多，只有各单位各机构各司其职，不越位不推诿，才能形成合力，使工程顺利进行。

八是工程建设档案的及时归档并进行科学管理是一项重要的基础性工作。这既是工程开展过程中必须做好并对工程正常进行产生直接影响的事情，也是工程完成后随时需要查阅检索、提取使用的需求决定的。

五、工程廉政建设

广东省博物馆新馆建设过程中另一项重要任务是贯彻落实党风廉政建设要求。广东省博物馆新馆建设属省的十大工程建设项目，也是省的三大标志性文化设施之一，又是新中国成立以来广东省最大的文化工程，公众关注度大，社会期望值高，在工程廉政问题上不容有失。

从工程启动之始，省文化厅就要求狠抓落实，重在预防和监督，即采取防腐关口前移的办法，率先与工程所在地的广州市天河区人民检察院签定了《同步预防职务犯罪协议书》，积极引入检察院、省政府重大项目稽察办、省直机关纪工委、厅监察室等专业预防机构进行大力配合和深度参与，在招标、廉政教育、案例分析、反腐宣传、投诉处理、警示谈话等多个环节，得到了他们的支持、配合和指导，收到了实效。比如 2009 年 6 月，我馆聘请的两名展陈顾问意外收到了几条威胁短信，在向厅监察室及属地公安部门汇报的同时，我馆请天河区人民检察院分别对展陈施工单位和有关展陈管理人员进行了警示教育谈话，有力地保障了展陈专家的工作积极性，遏止了某些不正常的苗头，促进了新馆展陈工程的顺利实施。

总之，在新馆工程建设实施的过程中，我们认真贯彻执行了重点工程项目工程建设和干部廉政建设“两手抓，两手都要硬”的方针，在预防职务犯罪、反对商业贿赂方面采取了行之有效的措施，确保工程建设管理团队在工程实施过程中没有发现违法违规的事情，防止了“大楼建起来，干部倒下去”风险的出现，保证了新馆工程的顺利推进，得到了省文化厅、省重大项目稽察办、省直机关纪工委、天河区人民检察院等有关单位的充分肯定。

六、需要博物馆人正确处理的若干方面的关系

（一）规划建设与运营管理的关系。考虑清楚并处理好这一关系才不致在博物馆建成后没有能力投入正常的运营，如交不起基本的电费、水费和设备、设施维修、

保养、更新费以及常规的人头费和办公、开放、管理等各种必需的开支。因为地区经济社会发展水平决定建成后的投入，只有规划建设博物馆的档次和规模与地区经济社会发展水平相适应，才能确保建成后的博物馆正常运营。

（二）建筑外观造型与内部功能、个性特征与有效空间的关系。即好看与好用的关系，如怎样处理好博物馆作为城市标志性建筑与展陈、文物保藏、开放服务、后勤管理、节能环保、安全防范、智能化等功能需求的实现的关系。在这方面，建筑方案设计师与博物馆人的想法会有所不同，前者会较多关注建筑外观造型的新奇特，后者则会更多重视内部功能配置和空间利用，科学合理的做法是两者都不能偏废，要尽量找到既好看又好用的平衡点。

（三）建筑规模与档次的关系。建筑规模与档次既取决于博物馆业主的经济实力，又与馆藏文物的质和量有关。因此，博物馆不是建得越高档越好，规模也不是越大越好，原则上讲必须满足当代博物馆的基本配置，可以有一定的超前意识，但以适度为好，且应讲求建筑规模与档次的相对平衡。

（四）基建投入与文物征集投入的关系。这是不少博物馆都无法处理好的关系，关键在于地方政府财政一般只考虑基建投入，容易忽视对文物征集的投入。不投入资金进行文物征集，则建好的博物馆就会成为无源之水、无本之木。博物馆人应该在呼吁政府投资基建的同时，就吁请政府投入经费征集文物。广东省博物馆新馆在开展基建的过程中，省政府每年都拨款近 2000 万元征集文物，整个基建过程共拨款 1 亿多元征集文物，使得基建过程也成了贯穿始终的文物征集过程，新馆展出的动植物和矿物、古生物标本，清代广州外销艺术品，民俗等文物，基本上都是在基建过程中征集的，这些征集到的文物标本，很好地充实了新馆的馆藏、丰富了新馆的陈列展览。

（五）文物保护与利用即收藏与展览的关系。这也是以物为重还是以人为本的关系。长期以来，博物馆界强调文物保护的重要性，出现“重保轻用”“重物轻人”的现象。近年来，随着博物馆安防条件的改善、技防设备设施的改进，博物馆人的观念已经实现了从以实物为中心到以观众为中心的转移。这里不是简单地提倡文物的使用，而是主张在文物得到有效保护的前提下站在观众的角度把更多的文物展示出来，让观众有机会欣赏文物的历史价值、艺术价值和科学价值。

（六）以文物为主的传统陈列手段与新兴电子技术等陈列技法的关系。博物馆传统的陈列手法是尽可能展示文物的美，让文物说话，并与展示空间、辅助陈列品和灯光、色彩、积木、支架、说明牌、背景材质等陈列装饰共同组成陈列语言。随着科学技术的发展，博物馆人在博物馆陈列中运用了多媒体、半景画、全景画等新兴声光电技术，给人以耳目一新的观展感受，但也不可避免地带来了一些副作用，如过度地使用新兴电子技术等陈列技法，会使人进了展厅有如进了游乐场所的感觉；再就是当这些声光电设备设施出现故障、瘫痪在陈列厅时，展示效果就会大打折扣，且设备设施的保养维修也需要投入较多的人财物资源。因此，博物馆陈列展览还是要提倡以展出文物为主，新兴电子技术等陈列技法的使用只能作为辅助陈列手段适度使用，而且要倡导使用成熟的科技产品。

（七）工程建设过程与人才培养、人才成长、人才引进、人才储备的关系。要把工程建设实施过程当作人才培养、人才成长、人才引进、人才储备的过程。经过这个过程，我们的人才结构不断得到优化，人才的量不断得到充实，人才的质不断得到提高，并能逐渐满足开馆后方方面面的人才需求。

（八）加强博物馆内部管理（内强素质）与拓展对外服务（外树形象）的关系。强化博物馆的内生动力，加强博物馆的自身发展与文化交流合作如巡展、外展、联合办展、流动博物馆、联合举办学术研讨活动、合作出版书刊、举办各种各样的教育活动拓展社会影响，增强自我发展能力，从象牙之塔、文化艺术殿堂走向大千世界，走进社会大舞台。

（九）博物馆个性化与博物馆同质化的关系。这是一个需要引起博物馆人关注和重视的问题，特别是从上到下的国有区域（地市级、县区级）综合性博物馆的同质化问题十分突出，若任其发展，将可能出现千馆一面的后果。其基本特征是建馆背景和办馆条件基本相同，从博物馆外观造型的抄袭到博物馆招聘人才专业结构的雷同，从馆藏文物到文物征集范围、征集方向的类似再到举办的陈列展览选题的趋同，从文创产品的大同小异到举办教育活动的似曾相识，都在警示我们这种状况不能再继续下去了。应在博物馆界倡导创办有个性、有地方特色的博物馆，避免博物馆同质化及相似度越来越高的现象。毕竟公众和社会需要的是百花齐放、丰富多彩的博物馆，而不是单门独类、千篇一律的博物馆。

博物馆工程建设是博物馆的百年大计，博物馆工程建设管理做得好不好关系到博物馆的前途命运和事业发展。博物馆工程建设管理的目标应当包括：一是优良的工程建设质量。二是贯彻始终的安全生产。三是完善的博物馆功能需求目标的实现。四是工程进度和工期控制，避免、杜绝胡子工程乃至烂尾工程的出现。五是投资和造价的控制，达到不超概算的目标。这也是确保工程正常开展的前提，如果不能控制好工程投资和工程造价，则必定会影响工程建造质量、工程进度和工期。六是工程建设管理者经得起廉政方面的考验，不被糖衣炮弹击倒。确保工程建设管理团队在做好工程建设管理的同时，最终都能“安全着陆”，达到工程优质、干部优秀的目标。

博物馆工程建设项目对于工程建设管理者来说既是机遇也是挑战，能不能在工程建设管理岗位上善始善终，既考验工程建设管理者的人品、定力，也折射工程建设管理者的气度、专业格局；能否成为优秀的博物馆工程建设管理者，既反映工程建设管理者的责任心和事业心，也体现工程建设管理者的能力和水平。我们若以博物馆事业为重，就必定要珍惜十分难得的工程建设机会，做到心无旁骛，依法依规，通过科学调度、科学管理，平稳有序地完成博物馆工程建设任务，从而实现我们的工程建设管理目标，为中国博物馆事业发展贡献绵薄之力。

广东省文物鉴定站肖洽龙执笔

博物馆设立手续

近年来，随着民间收藏从私家珍藏到社会共享的文化自觉和境界提升，越来越多的收藏家想拥有一家自己的博物馆，把自己的藏品展示给大众，也升华自己的爱好。为解决社会对设立博物馆的认知不足，以及社会及行业对博物馆设立存在的各种理解误区，本着少走弯路的原则，本文结合具体案例，主要从博物馆设立的基本条件、博物馆备案的基本程序、博物馆设立备案的材料准备等方面帮助大家理清思路，为有意愿开办博物馆的举办主体提供必要参考。

一、博物馆设立的基本条件

近年来，各地文物部门在受理博物馆备案过程中发现各种各样的不规范现象。国家文物局出台备案管理办法，对藏品条件、基础设施条件、专业条件、制度保障条件等进行了规定，凡申请设立博物馆，包括国有博物馆和非国有博物馆的，均须按照规定向文物主管部门备案。博物馆举办者根据备案要求落实自身责任，保障博物馆必要办馆条件。

（一）藏品条件

藏品的定义是："博物馆收藏的具有一定历史价值、科学价值和艺术价值，并反映自然界发展变化的规律和人类科学文化进程的历史见证物。"不是任何实物都能成为博物馆的藏品，要转化为博物馆的藏品，要具备必要的条件，符合博物馆的收藏标准，并按照特定的工作程序，完成登记、编目等入藏手续。

备案的基本要求是藏品与办馆宗旨相符合，并能够形成完整的陈列展览体系，总数不少于 300 件 / 套并经 3 名以上省文物鉴定委员会委员或相关专业人员鉴定。依托历史建筑、故居、旧址等不可移动的文化遗产实物并以其为主要保护、研究、展示内容的博物馆，以及大体量实物收藏为主的博物馆，藏品数量可适当放宽。需要有与办馆规模相应数量的藏品以及必要的研究资料。博物馆藏品应真实可靠且来源合法。

（二）基础设施条件

与其他物品不同，博物馆的藏品是原始实物资料，不能进行再生产，是国家宝贵的科学文化财产，是博物馆进行业务活动的物质基础，需要科学地加以保护，长久保存下去。藏品保管需符合国家相关管理规定，符合国家规定的展室、藏品保管场所是设立博物馆的重要条件。

首先，场地要适合设立博物馆。不得使用不适合办馆或有安全隐患的场地作为办馆场所。其次，法定代表人对藏品安全负责，博物馆应有确保观众人身安全的消防和安防设施。应当按照国家有关博物馆公共文化设施安全的标准配备防火、防盗、防自然损坏的设施，确保馆藏文物安全。另外，馆区为公众提供干净、整洁、舒适的参观环境，室内空气质量达到国家环保要求，适宜对外开放才能吸引观众。有一些单位的选址处于污染的工业区、尘土飞扬的马路边，这会让观众的体验大打折扣，就更别提对藏品的危害了。关于选址、藏品保护环境、防火设计等可以参考《博物馆建筑设计规范》(JGJ 66—2015)。

还有，场地应为固定馆舍，产权明确。博物馆馆舍应以自有为主，租赁馆舍的，租期不得少于 5 年，也可由举办者或他人无偿提供使用馆舍。不得租借其他博物馆作为办馆场地申请办馆。

新建博物馆建筑应立足实际需求，注重实际功能。展厅（室）面积与展览规模相适应，不低于馆舍建筑面积的 40%，不低于 400 平方米。依托历史建筑、故居、旧址等不可移动的文化遗产实物并以其原状陈列为主的博物馆，展厅（室）面积可适当放宽。

（三）专业条件

博物馆的建设和管理是一门专业性很强的工作，专业的技术人员、高水平的陈列展览缺一不可。

首先，设立博物馆应有专业人员。需要增加博物馆自身发展动力，博物馆应配备与其规模和功能相适应的专业技术和管理人员。对人员的要求包括：1. 配备符合条件的专职馆长或副馆长。博物馆的专职馆长或副馆长应具有大学专科以上学历、相关领域学术专长和 5 年以上博物馆从业经验，无不良博物馆从业记录，身体健康，能胜任博物馆管理工作。2. 具有与办馆宗旨相符合、与办馆规模相适应的专业技术和管理人员，不应少于 6 人；其中专职人员占 60% 以上，且专职人员 60% 以上具有大专以上学历。3. 举办民办博物馆的社会组织，应当具有法人资格；举办民办博物馆的个人，应当具有中国国籍，具有政治权利和完全民事行为能力。4. 非本地注册的社会组织，须在本地相应机构登记注册，获得许可。在本地办馆须是本地常住人口，或已在公安机关办理一年以上暂住证明的外地人口。5. 国家机关及国有博物馆在职人员不得以个人名义举办民办博物馆。6. 具有相关领域学术专长和一定博物馆从业经验的专业人员，与博物馆发展相适应，才能为博物馆的可持续发展提供源源不断的动力。

博物馆是一个非常专业的行业，举办者如果没有这方面的专业或者经验，最好是请行业专家帮忙筹建和运营；否则，有可能投入大量金钱、时间和精力，也达不到自己想要的效果。

其次，设立博物馆应注重陈列展览水平。公开展示的展品真伪未辨、标识不清，可能会对社会造成不良影响或对公众造成误导。博物馆陈列展览除了对公众开放，陈列展览的主题和内容应符合《博物馆条例》的相关规范。《博物馆条例》第四章第三十条规定，博物馆举办陈列展览，应当遵守下列规定：1. 主题和内容应当符合宪法所确定的基本原则和维护国家安全与民族团结、弘扬爱国主义、倡导科学精神、普及科学知识、传播优秀文化、培养良好风尚、促进社会和谐、推动社会文明进步的要求；2. 与办馆宗旨相适应，突出藏品特色；3. 运用适当的技术、材料、工艺和表现手法，达到形式与内容的和谐统一；4. 展品以原件为主，使用复制品、仿制品应当明示；5. 采用多种形式提供科学、准确、生动的文字说明和讲解服务；法律、行政法规的其他有关规定；6. 陈列展览的主题和内容不适宜未成年人的，博物馆不得接纳未成年人。

（四）制度保障

明确的定位、完善的制度、精细化的管理，这些不单单是企业生存的条件，也是博物馆持续发展的必要条件。博物馆根据功能定位、使命和发展方针，制订博物馆发展规划。根据规划制订博物馆年度计划，才能有效开展各项业务活动。

藏品入馆后，博物馆要及时办理财产权转移手续，不动产和交通工具等需要登记确认所有权的动产要依法办理登记手续，明晰法人财产权属；日常藏品需要妥善管理、合理的藏品养护；博物馆每天要面对日常办公、财政收支、展场维护、秩序维持、人员管理；有些博物馆还建有博物馆志愿者和“博物馆之友”队伍，建有学术委员会等形式的学术组织……结合博物馆的业务活动和管理需求，建立健全的内部管理制度体系是确保博物馆正常开放的保障。

建立制度。博物馆除了保证正常开放，还应当完善法人治理结构。建立健全有关组织管理制度，制订法人财产管理制度，对博物馆法人财产进行有效管理；根据藏品保存现状等情况制订科学的藏品保管规章、库房管理制度，建立藏品账目和藏品档案；健全安全管理制度，有确保观众人身安全和藏品安全的措施；还有人员管理制度；等等。以上这些都是博物馆正常开放、运行的前提条件。

执行制度。近年来，国家文物局在《关于贯彻执行〈博物馆条例〉的实施意见》中提出了完善以理事会为核心的博物馆法人治理结构，推动事业可持续发展的意见。具体内容为：遵循“分类推行、循序渐进、积极稳妥、不断完善”的基本原则，推动博物馆订立章程，建立和完善以理事会及其领导下的管理层为主要架构的事业单位法人治理结构，把行政主管部门对事业单位的具体管理职责交给理事会，逐步实行理事会决策、馆长负责的运行机制。

博物馆理事会制度在我国是一项新的探索，理事会成员由举办者、政府主管部门、专家学者等多方面代表构成，在博物馆发展建设重大事项中发挥决策作用。

（五）其他条件

博物馆为非营利性组织，虽然门票、版权、巡展等项目为博物馆创造了一定的收入，但博物馆也必须面对和处理大量开支。这就要求博物馆必须具备良好的运营管理能力以满足自身存续的需要。国家有博物馆免费开放资金，各地也有不同的扶持政策，但博物馆仍需要自力更生。补助并不是博物馆设立备案通过就有，也是需要前提条件的。符合要求、年度检查合格的才能申请，并由博物馆运行评估等级等决定发放标准。设立博物馆应有必要的办馆资金和稳定的运行经费来源。设立备案要求国有博物馆的正常运行经费列入本级财政预算，其中每个年度财政业务运营经费投入不少于 5 万元（不含人员工资福利）。非国有博物馆的举办者应当保障博物馆的正常运行经费，非国有博物馆办馆注册资金不低于 50 万元人民币。博物馆举办者应深入评估、充分保障正常开放和发展所需经费。

关于博物馆设立条件中的要求，相关政策法规是按照 2015 年公布的《博物馆条例》和国家文物局随后印发的《关于贯彻执行〈博物馆条例〉的实施意见》要求制订的。以上没有对人员的数量等进行详细要求，在具体审核的过程中，省文物行政部门一般参照《博物馆条例》出台之前 2014 年印发的《国家文物局关于民办博物馆设立的指导意见》、国家文物局于 2015 年出版的《博物馆条例释义》以及民办非企业相关政策法规的要求，并结合全国博物馆运营的基本实践要求来进行审核。目前，相关政策措施有些还在逐步加以健全和完善，现行规章和规范性文件也随着政策变动进行相应修订，要多留意最新发布的政策性文件。

二、博物馆备案的基本程序

具备博物馆设立的基本条件后，就可以向文物行政主管部门提出备案申请。一般情况下，博物馆的设立备案需要完成以下程序：

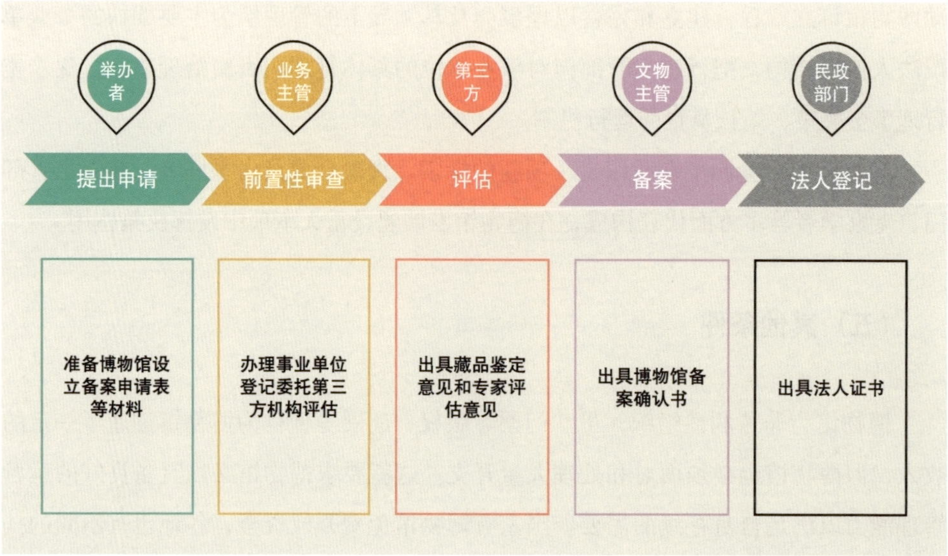

图 1　博物馆设立登记流程

（一）自我对照检查

以上的流程并不是所有博物馆都需要走全的。首先要确定筹建的博物馆的性质。博物馆包括国有博物馆和非国有博物馆：利用或者主要利用国有资产设立的博物馆为国有博物馆；利用或者主要利用非国有资产设立的博物馆为非国有博物馆。

国有博物馆依照有关事业单位登记管理法律、行政法规的规定办理，按属地原则实行分级登记管理，由上级主管部门批准成立后，依法办理事业单位登记，并由举办者向省级文物主管部门提出备案。

非国有博物馆实行双重管理制度，申请设立非国有博物馆的，举办者应当向文物主管部门备案，并凭文物主管部门出具的确认书依法办理法人登记手续。各级文物行政部门是非国有博物馆业务主管单位，各级民政部门是非国有博物馆登记管理机关。

（二）准备备案资料

无论是国有博物馆还是非国有博物馆的设立均须按规定备案。申请人完成自我对照检查后，依照博物馆设立备案申请的办事指南，填写设立备案申请表，按要求准备好相关的申请材料。

各省、自治区、直辖市文物行政管理部门，结合实际制订本辖区博物馆设立的标准或办法，办事指南和基本流程通常都发布在当地的政务服务网上。广东省博物馆的设立备案申请在广东政务服务网办理；搜索“博物馆设立备案”即可查看“办事指南”，下载并填写申请表格，最后随申请材料一并上传。

（三）提出备案申请

准备好的申请材料根据其名称级别，提交到馆址所在地相应级别的文物行政部门前置审查，申请其作为业务主管单位。文物行政部门对博物馆名称、宗旨、业务范围、发起人和拟任责任人审查把关，并出具同意作为业务主管单位的证明文件。文物行政部门将根据提交材料做出是否受理的决定，出具博物馆备案文件或不予备案通知。

目前，国内部分文物行政部门已将该项审核委托至各地级市或自贸区，申请人在办理之前应询问清楚，并在进入政务服务网网站后对应选择所在地市窗口或所在自贸区窗口。

（四）接受备案审核

材料不全或不符合法定（规定）形式的，申请人需补正全部内容。文物行政部门和登记管理机关在审查申请人提交的文件时，可以根据实际情况征求有关方面意见或者组织有关专家进行评估。专家对举办者提供的办馆申请材料以及实际办馆条件和办馆能力进行审核评议或评估论证，由专家或评估机构出具《审核评议意见》或《评估报告》。步骤又分为藏品鉴定和开展现场评估两步。

（五）公示

文物行政部门经审核材料、组织藏品鉴定和实地评估后，初步审核同意备案的，予以公示；不同意的，书面告知博物馆需要修改完善的要求。

（六）出具《博物馆备案确认书》，完成备案

对公示无异议的，予以审核通过，向符合备案条件的申请人出具包括文号、批准时间、批准内容的《博物馆备案确认书》，并向社会公告。

国家公平对待国有和非国有博物馆。但由于性质不同，设立非国有博物馆除了向文物主管部门备案，另需办理法人登记手续。凭以上取得的文物主管部门出具的《博物馆备案确认书》，非国有博物馆向业务主管单位同级的民政部门登记管理机关办理民办非企业单位法人登记。广东省的登记手续可登录广东省社会组织综合信息服务平台,在“业务指引”内找到《申请成立登记全省性民办非企业单位业务指引》，注册账号，进入“成立登记”流程，在申请页面完整填报申请表格电子版，按要求提交签字、盖章的原件材料至社会组织登记服务大厅。审批后，发给成立登记批复和《民办非企业单位法人登记证书》。登记完成后，依法办理印章刻制、税务登记，开立银行账户，办理完毕后报申请登记的民政部门备案。

简而言之，就是国有博物馆须经机构编制部门或上级主管部门批准设立，然后在文物部门设立备案；非国有博物馆先向馆址所在地县级以上文物行政部门申请其作为业务主管单位，经业务主管单位审查同意，然后在文物部门申请设立备案，在取得业务主管单位同意成立登记的文件后在各地民政部门申请民办非企业单位法人

登记，取得法人登记证书。

（七）关于建立纪念类博物馆

纪念类博物馆的建立，按照中央的要求要从严把关，在此特别提醒：未经党中央、国务院批准，不得新建个人纪念馆和设立个人故居，也不得在公共场所、工作区域修建任何历史事件的纪念设施和个人塑像、纪念碑、纪念亭等。国务院办公厅《关于严格执行建立纪念设施有关规定的通知》和中共中央、国务院《关于严禁擅自修建已故领导同志纪念设施的通知》有具体的规定。如建立纪念类博物馆，必须严格按照规定程序报批。

三、博物馆设立备案的资料准备

在博物馆设立的备案过程中，申办者对备案材料的整理尤为重要，前期准备越充分，佐证材料越充实，越能减少材料退回修改的可能性，提供的材料要清楚体现出博物馆具备备案的基本条件。

（一）管理类资料

申请资料要能够体现出举办者设立博物馆的基本运营与管理能力。举办者可提供人员使用情况说明及相关的制度等；列明人员数量、所从事的专业及岗位设置等；同时提交专业技术人员、管理人员以及理事会成员名单和身份证明材料，身份证复印件、最高学历及职称复印件，以及从业简历和业绩专长等均可作为证明材料。制度要完善，包括规范的博物馆名称、馆址；办馆宗旨及业务范围；组织管理制度，含理事会或者其他形式决策机构的产生办法、人员构成、任期、议事规则等；藏品展示、保护、管理、处置的规则；资产管理和使用规则；章程修改程序；终止程序和终止后资产的处理方式；等等。博物馆按照章程开展活动，这些在设立博物馆前应制订列入章程，作为指导博物馆的基本规范。国家文物局编制了章程范本，分为《国有博物馆章程范本》和《非国有博物馆章程范本》，设立申请人可根据具体情况按照范本逐项对照填写。博物馆名称参照本指南有关博物馆命名的章节。

博物馆是否适宜对外开放是首要条件。要体现出博物馆具备适宜对外开放的条件，可提供确保观众人身安全的制度及应急预案。馆舍总平面图区域划分清晰，有馆舍总体和各部分照片、监控室、能展示出博物馆的消防安防设施，这都能让受理申请的工作人员快速直观地了解到需要申请博物馆的展室和藏品保管场所的环境条件的最基本情况。消防部门出具的办馆场所的消防合格意见书或备案受理凭证、场地设计方案、设备设施设计方案，也是作为展室和藏品保管场所的环境条件是否符合藏品展示、保护、管理需要的论证材料。

（二）专业类资料

申请材料要体现出举办者具备设立博物馆的基本专业能力，主要包括以下方面。

1. 要体现出博物馆的藏品情况

可提供藏品概述、藏品目录、藏品图录及藏品来源合法说明等成系列、能够组成一个或多个主题展览的支撑材料。藏品概述是对博物馆馆藏现状的文字描述，内容包括藏品总量、馆藏特色、主要藏品的年代、类别以及其历史、文化、科学价值。藏品目录即博物馆藏品总登记账目录，是馆藏文物基本信息。内容包括总登记号、类别、名称（含原名）、年代、质地、数量、尺寸、质量、来源、完残状况、保存状态和藏品图片等。填写要求在《馆藏文物登录规范》“附录 A”中有详细说明。藏品来源合法性的有效证明文件，包括购买凭证、捐赠凭证、调拨凭证等，如遇特殊情况不能提供相关证明的，则需提交情况说明书，内容包括取得藏品的方式，不能提供凭证的原因，以及对说明文字真实性承担法律责任的承诺书。另外，如果藏品属于古生物化石，应当遵守有关古生物化石保护法律、行政法规的规定，向馆址所在地省、自治区、直辖市人民政府文物主管部门备案。

2. 要体现出博物馆的陈列展览情况

可提供陈列展览方案。提供的陈列展览方案应包括展陈大纲、形式设计图两部分。内容应包括贯穿展览陈列的学术、文化、艺术、历史等方面的中心思想及总体观念的文字概述，并提供展陈形式设计方案及相关学术委员会确认可行的项目认定书。基本陈列大纲是在博物馆藏品资源状况和目标观众需求研究基础上，经过专业人员科学研究设计的展览内容方案，主要内容包括博物馆展览的主题定位、结构框架、重点展示内容以及用于展示的藏品清单等。展览大纲的编撰是博物馆陈列展览不可或缺的前期研究工作，对后期的形式设计、布展施工等环节都有重要的指导性意义。陈列展览方案建议聘请专业人员制作。基本陈列大纲需提供专家论证意见。广东省文物主管部门为了方便申请人，提供了一个经典展览的展览方案作为示例样本，供各申请人参照。建议申请人赴实地参观对照，理解会更深入。

（三）其他证明材料

1. 要体现出博物馆的办馆资金情况

出资证明或者验资报告均可作为佐证材料。国有博物馆提供由财政部门或其上级主管部门提供的开办费证明文件、上级单位年度经费拨付的相关文件；非国有博物馆由会计事务所或审计事务所等机构出具证明资金真实性的验资报告，确实无法提供的，以承诺书代替，承诺该笔资金仅用于博物馆设立及后续发展，不用于博物馆之外的其他用途，并签字或盖章。企业申请设立博物馆，需提供企业纳税证明，以及建立博物馆并每年投入资金的决议文件或会议记录等。这里所说的办馆资金是指举办者在用地、建筑、设备设施、藏品等投入外，能保证博物馆年度正常运作的流动资金。

2. 要体现出博物馆的场地产权明确

可以提供租赁合同、馆舍所有权或者使用权证明。馆舍所有权或者使用权证明，使用自有房屋的，出示馆舍所在房屋的不动产权证书或房屋所有权证；使用租赁房屋的，提交馆舍所在房屋的不动产权证书或房屋所有权证，出示有效期内 5 年以上的租赁合同；无偿使用他人房屋的，出示馆舍所在房屋的不动产权证书或房屋所有权证，并提交房屋所有者的授权使用文件；使用国家划拨的房屋的，提交上级部门的授权使用文件。

申请设立国有博物馆的，申办单位还需同时提供国有博物馆法人单位资格证书复印件，以及编制或主管部门批准博物馆成立的文件。

为了方便设立申请人办理业务，现将常用材料清单列成以下表格，以便逐项检查清点。

表 1　设立博物馆申请材料检查核对表

□	博物馆设立备案申请书	□	出资证明或者验资报告
□	博物馆从业人员登记表	□	藏品目录和图录
□	藏品概述及藏品合法来源说明	□	第三方评估机构评估报告
□	馆舍所有权或者使用权证明	□	博物馆章程
□	馆舍总平面图、馆舍总体和各部分照片	□	公安、消防部门出具的办馆场所的消防合格意见书或备案受理凭证等文件
□	编制或主管部门批准博物馆成立的文件	□	可提供确保观众人身安全的制度及应急预案
□	陈列展览方案	□	举办者独立法人证明文件或身份证明文件、《企业法人营业执照》

不是所有博物馆准备的材料都是一样的，情况不同的博物馆需要提供不同的材料。还是那句话，要多留意最新发布的政策性文件。

再次提醒，非国有博物馆是双重管理制度，故在获得名称对应的相应级别文物行政部门出具的博物馆设立备案确认文件后，在民政部门另须提交登记成立民办非企业单位的以下申请材料：

民办非企业单位法人登记申请表；

成立登记申请书（按照示范文本自拟）；

业务主管单位的批准文件（按照示范文本，由业务主管单位出具）；

章程草案（按照《广东省民办非企业单位［法人］章程示范文本》自拟）；

住所使用权证明（按照示范文本自拟）；

捐资承诺书（按照示范文本自拟）；

举办者（1 个法人单位，或 2 个自然人以上）名单及基本情况表；

理事监事名单及基本情况表；

拟任法定代表人登记表；

执行机构负责人专职承诺书（按照示范文本自拟）。

到文物行政部门申请办理设立备案和到民政部门申请办理法人登记目前均是不收取费用的。

四、设立备案中的常见问题与对策

备案是博物馆成立后规范管理、可持续发展的基础，可为博物馆健康发展提供保障，以下就备案中的常见问题与对策进行探讨。

（一）备案的目的不清或动机不纯

在审核过程中，我们看到了大量成功和失败的案例，也目睹各式各样的人怀着各种不同的想法，千方百计利用制度上的漏洞，通过不合规手段申办博物馆以牟取个人利益。国家诸多法律法规和政策文件支持和鼓励社会力量充分发挥在丰富公共文化服务多元供给方面的作用，但对于违背博物馆宗旨的行为也坚决予以纠正。

（二）材料准备不齐

材料认真填写整理，受理工作人员才能了解到博物馆的基本情况。申请人提交的材料，有的没有认真核对清单，缺少材料；有的有材料但是填写不完整或随意删改需填写表格的内容，申请书或其他材料需由举办者签名或者盖章的却没有提供；也有的填写的材料不规范，前后不一致，例如博物馆的注册地应与其馆舍地址相一致，与其章程中的地址相一致。另外，我们要善用范本。

博物馆各部分的照片，各个馆提供的也是五花八门，而以下范例则做到了一目了然，供大家参考学习。

图 2　博物馆各部分照片示例

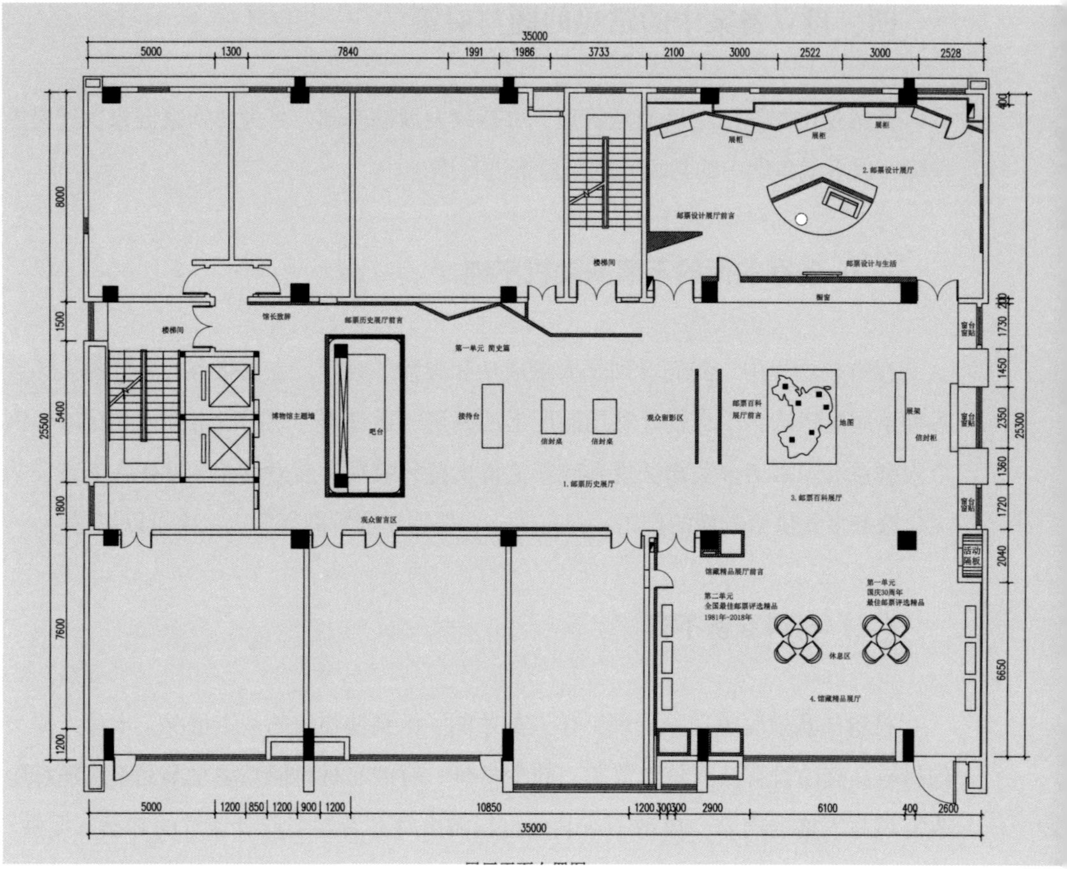

图 3　平面布置图示例

（三）实际状况与材料不一致

申请人应依法如实向文物行政部门提交有关材料和反映真实情况，并对申请材料实质内容的真实性负责。申请过程会要求申请人按审批流程要求现场提交书面申请材料供校验核对，如提交的申请材料与现场提交书面材料不一致或存在隐瞒、伪造、篡改等违法情形，则会给予申请人包括但不限于终止审批流程、撤销审批结果以及相应的行政处罚，甚至追究刑事责任。

曾经有一个申请人自作聪明，悄悄用绘图软件修改了消防报告材料中的面积，被现场识破。凡提交虚假材料或者以欺骗等不正当手段获得批准的博物馆，最终也会被依法撤销行政备案。要坚决杜绝以下情形：申请的时候随便凑几个名单，现场评估发现填报的名单根本不是单位的真实员工。曾经有一个私人收藏家在申请设立博物馆的时候就把一家国有博物馆的退休老馆长列为副馆长，但退休老馆长本人却根本不知情；申报的面积与实际开放区域不一致、展出的展品跟藏品清单不一致。还有些申请人错误地认为展出的物品都应列入藏品清单，把海报、场馆内的装饰板、塑料模型也统统列入了，凑足300件，结果扣除之后藏品总数还不到200件。还有把借展的展品也列入藏品清单的情况。也有人有大量的藏品，但只抽其中的部分入藏，其余的留着以后买卖。曾经有一个深圳的申请人，其藏品清单备案数量是300件，但是专家实地评估的时候发现展出超过1000件展品。按规定，凡是拟入藏博物馆的藏品，以及拟公开展出的所有藏品，均须列入藏品目录。

（四）同行评价中的本位主义

前面提到，文物行政部门和登记管理机关在审查发起人提交的文件时，为征求有关方面意见通常组织行业专家出具意见。但是有人认为专家有可能带有本位主义倾向，特别是本地专家，更有地方保护主义；学业有专攻，也有人提出专家的片面性。博物馆在设立备案的审核程序中，同样存在这个问题。评估是审核设立备案条件的关键环节，第三方评估作为一种必要而有效的外部制衡机制，弥补了传统评估方式的缺陷。委托具备专业优势的第三方以公正、权威的非当事人身份，站在公正、客观、事实的角度去进行评估调查，在设立备案过程发挥了不可替代的促进作用。

中国博物馆协会及各地各级博物馆行业组织在博物馆设立过程中开展辅导和组织专业评估，积极配合文物行政部门，推动评估规范化、科学化并提出针对性改进意见等方面可发挥积极作用。这些协会和组织就是我们通常说的第三方机构。广东省目前受理该业务的行业组织有广东省博物馆协会、深圳市博物馆协会。广东省除深圳外的其他地区申请博物馆评估的，具体联系广东省博物馆协会；深圳地区申办博物馆的，具体联系深圳市博物馆协会。政务平台上有各协会的电话、邮箱等联系方式。

第三方机构开展评估，由文物行政部门拨付相关费用，费用拨付方式由各地根据实际情况与第三方机构协商。但是，如果藏品超出省文物鉴定专家委员会业务范围，第三方机构需要在省内外或国内外聘请其他专家的，相关交通、食宿、劳务费用根据实际情况由申请人负责。

（五）因不了解设立备案程序而走弯路

申请人应了解、熟悉和正确认识博物馆设立备案的基本程序，切勿轻信所谓的“找关系”“走后门”。备案人员滥用职权，玩忽职守做出行政备案决定的、超越法定职权做出行政备案决定的、违反法定程序做出行政备案决定的，均应依法撤销行政备案。也不要相信所谓的给中介钱就能帮你拿到消防部门的文件，这有可能付出冤枉钱。

2019年中共中央办公厅、国务院办公厅印发的《关于深化消防执法改革的意见》提出取消和精简消防审批，其中两点：一是取消消防技术服务机构资质许可，取消消防设施维护保养检测、消防安全评估机构资质许可制度，企业办理营业执照后即可开展经营活动；二是简化公众聚集场所投入使用、营业前消防安全检查，实行告知承诺管理，公众聚集场所向消防部门做出符合消防安全标准的承诺后即可投入使用、营业。申请单位可以通过在线政务服务平台或当面提交申请。消防安全事关人民群众生命财产安全，我们不要掉以轻心。消防部门对公众聚集场所定期进行抽查，发现未做出承诺或承诺失实的，将依法责令其改正并予以处罚，记入信用记录；对存在严重违法违规行为的，依法责令其停止使用、停止营业并依法依规从重处罚。另外，根据《关于印发〈公安部消防部门深化改革服务经济社会发展八项措施的通知〉》（公消〔2015〕209号），投资额在30万元以下或者建筑面积在300平方米以下（或者省级人民政府住房和城乡建设主管部门确定的限额以下）的博物馆无须消防备案，不再提交消防验收合格证明，但需申请人出具已经加强消防安全措施、确保消防安全的书面承诺。

要是博物馆基本建设完成后才开始办设立手续，就会遇到一个问题：如果筹建时没有按照要求建设，到办手续的时候再调整，会带来巨大的人力物力浪费。所以，对于筹建者来说，最实惠、最专业的办法，就是在筹建阶段就在专业人士的指导下按要求的条件来建设，这样不用走回头路和弯路。

（六）主动变更或撤回

在博物馆设立的备案过程中，申请人主动变更或撤回申请也是一种常见情形，但也必须遵循一定的程序。首先，申请人在文物行政部门做出行政备案决定之前书面申请撤回行政备案申请的，文物行政部门应当终止行政备案，并书面通知申请人。另外，在申请登记时弄虚作假骗取登记的，或者业务主管单位撤销批准的，由登记管理机关予以撤销登记。其次，民办非企业单位每年需向业务主管单位报送上一年度的工作报告，经业务主管单位初审同意后，报送登记管理机关，接受年度检查。工作报告内容包括：本民办非企业单位遵守法律法规和国家政策的情况、依照本条例履行登记手续的情况、按照章程开展活动的情况、人员和机构变动的情况以及财务管理的情况、藏品情况、展览活动情况、资产管理使用情况和接受、使用捐赠、资助的有关情况等，主动接受社会监督。

（七）关于退出机制

非国有博物馆终止运营的，应当向办理登记的民政部门申请注销。办理注销前，应在业务主管的文物部门和其他有关机关指导下，成立清算组织，完成清算工作。清算期间不得开展清算以外的活动。在清算完成之日起 15 日内，向办理登记的民政部门办理注销登记，并向馆址所在地省级文物部门备案。

如今，越来越多的民间收藏家通过举办博物馆将个人收藏转变为博物馆法人财产，国家文物局《关于进一步推动非国有博物馆发展的意见》（文物博发〔2017〕16 号）第四条也因此健全退出机制。非国有博物馆的设立应以永久运营为目标，如因特殊原因确需终止的，不得向举办者、出资者或理事等分配剩余财产。剩余财产应当按照相关法律法规和本馆章程有关规定用于公益目的。非国有博物馆终止后的藏品，应优先转让给宗旨相同或者相近的博物馆；没有宗旨相同或者相近博物馆接收的，应由省级文物主管部门主持，转让给其他博物馆并向社会公告。藏品属于国家禁止买卖的文物的，应当依照有关文物保护法律、行政法规的规定处理。省级文物主管部门负责结合本省实际制订具体办法。

博物馆属于非营利组织，可以开展一定形式的经营性业务而获得剩余收入，但是这些收入不能作为利润在成员之间进行分配。不得将非营利组织的资产以任何形式转变为私人财产。博物馆举办者要意识到：通过设立博物馆而获得投资收益，此路不通。

上文我们也提到《博物馆条例》的规定：博物馆藏品受法律保护，列入清单账册的藏品归属博物馆法人所有，包括出资举办者在内的其他任何机构和个人均不得侵犯。博物馆应自觉维护博物馆声誉，维护自身权益不受侵害，不得从事文物藏品的商业经营活动。凡存在文物等藏品商业经营活动的博物馆，都必须坚决纠正。

拿到备案和登记手续并不代表博物馆以后就像那些优秀的博物馆一样可以蒸蒸日上了。博物馆的运营管理是一种带有很强专业性的组织管理模式，虽然与企业运营有共同之处，但并不等同于企业。一位能够让企业运营良好的优秀管理者，未必能够让博物馆正常运营，其关键在于“专业”二字。关于如何运营好一座博物馆，国家文物局专门制定了《博物馆定级评估办法》，详见本书相关章节。对于博物馆设立申请人而言，申办博物馆要量力而行，暂不具备设立条件的也不要气馁，县级以上文物主管部门在博物馆筹备阶段提供辅导、严把质量关口的同时，也会通过指导帮扶，推动申请人的条件达标；对当前不完全具备条件但已经在文物主管部门备案的，提供专业指导，帮助其在事业发展中逐步达标。

综上所述，备案申请人在新馆筹建前应理清思路，明确建馆方向，根据实际情况提前筹划方案，以便于有序开展后续工作，减少人力、物力、财力损失。通过学习本文，一来备案申请人可参照以往的案例，结合自身的原有条件和特点，通过专业、规范的程序设立博物馆；二来可促进社会对设立备案意义的正确理解，正视并处理好这些问题，对今后我国博物馆的建设具有十分重要的意义。

广东省博物馆协会雷愉香执笔

博物馆运营

博物馆运营概述

博物馆是文化遗产的保存所，也是重要的文化生产者。从主要业务来看，博物馆运营应该集中在展览、收藏、研究和教育方面。同时，随着博物馆事业的不断发展，文创、智慧化和文保等工作在日常运营中显得越来越重要。鉴于博物馆承担着传承中华文明、提高全社会文明程度、讲好中国故事、增强中华文明传播力与影响力的重要任务，博物馆运营要紧紧把握时代脉搏，将事业发展嵌入全社会需要和社会文明进步当中，为中国式现代化建设提供知识和文化支撑。

一、运营内容

博物馆的运营工作涉及面很广，具有综合性、专业性和协同性的特点。不过，博物馆运营按照工作性质，传统上分为两大板块，即业务工作和行政工作。

一是业务工作。博物馆业务工作以展览、收藏、研究和教育为主，近期国际博物馆协会将博物馆工作概括为“研究、收藏、保护、阐释和展示物质与非物质遗产”，虽然博物馆主要工作的顺序有所变化，但以展览和具有文化附加值的有形或无形产品为依托，开展文化创意服务，一直是博物馆业务工作的核心。

二是行政工作。博物馆，特别是国有博物馆属于事业单位，各项工作需要接受上级主管部门的管理和指导，因此举凡办公、人事、财务、保卫和后勤等工作都属于行政工作范畴。同时，开展社会服务和对外交流时，博物馆与社会上方方面面存在工作和利益关系，其中的组织、协调、接待和外事等工作也属于行政工作。

实际上，在博物馆运营过程中，各项工作是十分琐碎和复杂的。如何面对这些业务，能否做出正确的因应，将决定博物馆运营水平的高低。以下将具体探讨博物馆业务和行政工作的运营思路。

二、业务工作

新中国成立伊始，我国博物馆业务部门设置主要受苏联博物馆的影响，如保管部、陈列部、群工部（教育推广部）等。不过，随着我国博物馆事业的发展，目前不同类型博物馆的业务内容存在差异，即便同类型博物馆也会因为历史和传统的差异导致业务内容各有侧重。但是，万变不离其宗，博物馆工作仍围绕其基本职能展开，因此在运营各项业务时应该统一思想、守正创新。

（一）立足馆情，做好藏品工作

藏品是博物馆区别于其他公共文化服务机构最显著的特征。藏品决定一个博物馆的气质，立足本馆藏品，开展各项工作是最为切实的运营原则。就藏品工作而言，不同类型博物馆应该注意依据自身条件开展卓有成效的工作。

首先，应该结合馆藏，补足短板，增强竞争力。以广东省博物馆为例，广东省博物馆的陶瓷、书画收藏序列较为完整，因此在征集工作中只针对其中的缺项进行补足。同时，藏品工作还需要立足地域，发挥优长。比如，广东省博物馆近十几年来一直注意清代外销艺术品的征集。经过长时间的积累，目前广东省博物馆外销艺术品收藏在全国首屈一指，其中征集的一件“清乾隆农耕商贸图外销壁纸”还登上了《国家宝藏》节目，成为一件网红藏品。

其次，做好藏品安全工作。安全是博物馆工作的底线、红线和生命线。博物馆在藏品管理和利用方面，要注意遵守国家相关法律法规，也要主动进行内部制度建设。藏品管理要深入细致，一方面为藏品保藏创造良好的条件，另一方面还要注意突发和意外事件。近年来，极端天气越来越多，博物馆的库房遭受城市内涝的风险升高。2021 年夏季，河南局部地区突降特大暴雨，河南博物院、龙门石窟等文博机构不得不紧急闭馆，开展抢险救灾，所幸应对工作及时有效，未对文物造成实质性伤害。不过，这也进一步提醒我们文物库房的安全是博物馆安全管理的关键环节，一定要做到万无一失。此外，藏品管理还有活化方面的责任，应与陈展、宣传、文创等部门通力合作，做好藏品的宣传和活化利用工作。

（二）贴近时代，策划优秀展览

展览是博物馆服务公众的主要手段，也是开展公共文化服务的重要抓手，是博物馆安身立命的根本。如何提升展览展示质量，为公众提供学习知识、提升价值的文化产品，不仅关乎博物馆职能的发挥，也是博物馆行业的竞争焦点。

展览策划要具有开阔的视野，立足全省、全国乃至全球藏品资源，策划具有重要影响力的展览。近年来，不少博物馆在探索策展人制度，或者结合自身情况推行展览项目负责人制度，又或者依托展览部集体策划展览，其中表现较为突出的有广东省博物馆、南京博物院和杭州工艺美术博物馆等。

展览是一项长链条工作，从创意、筹备、实施到撤展，每个环节都有若干工作需要执行。但是，即使完成上述工作，展览还没完全结束，总结应该是展览工作链条中的最后一环。广东省博物馆对此十分重视，在全国博物馆界首创“临时展览策展心得交流会”，通过反思和检讨展览的不足推动策展人专业水平和能力的提升。交流会上，策展人报告的展品种类多样，包括自然、历史、艺术和革命文物等多种题材。为保证交流会的效果，广东省博物馆邀请国内具有丰富策展经验和能力的专家实地参观展览并且在交流会上对展览进行点评。这一活动自举办以来，吸引了来自全国以及美国等地博物馆同行积极的响应，他们纷纷报名与会，听取策展人的报告和专家的点评。

一个优秀的展览还可以推动博物馆藏品体系的完善和特色的形成，这在国外很多博物馆中都存在，即往往策划一个展览，就将该方面的馆藏补充完整，甚至独树一帜。广东省博物馆近年来也采取这样的方式，用展览来推动藏品补充工作，效果十分显著。例如，近年来策划的“虾兵蟹将”展览补充了大量的节肢类动物标本，“地球第三极”展览补充了大量来自珠峰自然保护区的标本，“背着房子去旅行”展览补充了大量的贝壳类标本，外销艺术品系列展览更是令该馆成为国内首屈一指的清代外销艺术品收藏机构。

展览工作在实际操作中，需要各个部门联动，多种知识背景的员工共同努力，围绕展览生成、学术研究、教育活动和文创开发开展各项综合创新工作，使展览的宽度、广度和深度能够顺利地被观众感知和接收。可以说，展览质量的好与坏在一定程度上反映了一个馆的综合能力和总体水平的高与低。

（三）面向大众，创新教育活动

博物馆作为非正式教育的重要载体，是社会教育的重要补充。随着全社会受教育程度的提升，博物馆成为众多人学习和休闲的场所。因此，博物馆要以高标准、高品质、高质量的要求策划教育活动，而且应该注重全覆盖——覆盖成年人和未成年人，覆盖普通观众和专业观众，覆盖残疾人群体，等等。

策划的教育活动应有明确目标对象，如专业讲座主要面向专业观众和高校师生，亲子活动主要面向家庭观众。广东省博物馆近年来的“馆长讲坛”“博古鉴真”“行走广州”“古驿道研学”活动，以及配合展览策划的各种讲座和技艺类、手工类活动充分兼顾了各个分众群体的需要，各种活动一经推出就被“秒杀”。

博物馆教育作为教育的一种形式，要注意借鉴教育学领域的各种思潮和理论创新，如行为主义、认知主义、探索发现和建构主义学习理论，以及互动教育理论、沉浸理论等，以提高博物馆知识传达的有效性和普及性。当前，博物馆流行的“剧本杀”即是一种利用沉浸理论开发的教育活动，深受观众的喜爱。

（四）夯实基础，重视学术研究

学术研究是支撑博物馆发展的基石。博物馆虽然不是纯粹的科研机构，但是为业务工作提供支持的相关研究必不可少。藏品的研究有助于发掘优秀传统文化，提升科学认识；展览的研究能够更好地诠释文明和遗产；教育的研究能够使展览策划和博物馆工作更加具有针对性。

目前，中国博物馆的发展已经追上了世界博物馆的步伐，成为全球博物馆创新发展的热点，有望引领下一阶段世界博物馆的发展。要担负这样的历史使命，没有良好的学术研究是不可想象的，甚至会沦为空想，使目前取得的来之不易的成绩泡沫化。博物馆的学术研究，一方面要鼓励个人根据自己的学术训练和兴趣开展，另一方面要有目的地引导大家多做博物馆需要的研究，通过“两条腿”走路来发挥个人主观能动性和博物馆的平台作用。

（五）服务大众，精心运营场馆

作为公共服务机构，履行服务职责是博物馆最基础的工作。博物馆通过展览吸引和服务公众，当公众走进博物馆大门之时，公共服务就从抽象走向了具象。公众感知的博物馆，不再仅是展览，而是一个综合性的内容，如场馆外观、内部设施、参观环境、服务人员形象等。博物馆在公共服务方面要做到基础服务丰富到位，质量服务不断提升，特别服务贴心暖心。

首先，基础服务丰富到位。博物馆参观是一项文化体验活动，博物馆基础服务应围绕参观过程来通盘考虑。从观众预约参观开始，博物馆与观众开始建立联系，顺此流程，之后的检票、参观、寄存、休憩、餐饮、应急救助等，都应站在观众角度来考虑，提供最为便利的服务方式，让观众参观博物馆变得简单。

其次，质量服务不断提升。质量服务方面是博物馆为观众参观提供的附加值，比如展览相关的拓展内容、文创和展览品鉴，以及基于展览和博物馆场馆所开发的面向观众的各项服务，比如标识、引导、公共空间等，目的在于提升观众参观的质量，这是体现一座博物馆服务理念和水平的地方。

最后，特别服务贴心暖心。特别服务是为特殊观众提供的便利和关怀服务，如轮椅、毛毯、雨伞等。这个方面的具体内容尚难以完全描述，具有极大创新空间，也是今后博物馆塑造口碑的关键点。特别服务的内容可以通过观众调查来掌握，以观众需求作为服务导向，改进公共服务的不足，发现公共服务的盲区，提升博物馆的服务水平和场馆运营水平。

（六）智慧发展，技术赋能未来

智慧博物馆是在数字博物馆的基础上，以信息网络技术最新成果为支撑的博物馆新业态。它建基于数字技术，利用物联网、云计算、大数据、人工智能等新一代信息技术促进博物馆事业更好更快发展。智慧博物馆建设可以看作从上到下、由里至外的新技术、新模式、新理念的变革。

智慧博物馆建设是一项十分复杂而庞大的系统工程，需要以创新、开放、共享为理念，以业务发展为导向，依据自身特点，进行科学、完整的顶层设计，建立一体化的综合服务平台，盘活博物馆数据资源，为博物馆持续创新创造良好的基础支撑平台。

广东省博物馆在智慧博物馆建设方面积累了大量经验，其智慧博物馆平台是国家智慧博物馆试点建设的成果。该平台立足广东省博物馆自身业务现状和未来发展需要，对馆内各项业务及其相互之间的关联，以及物（藏品）、人（观众）、事（业务）等各类数据进行梳理与整合，对信息化系统进行了科学的顶层设计与应用规划，构建了统一的综合应用与服务管理体系。智慧博物馆平台是一个一站式门户系统，从各个服务中心把数据、功能、界面集成到门户系统之中。门户系统通过权限中心的数据授权访问权限，将可共享的数据集成到每个用户的门户桌面；同时，根据业务架构，把业务管理和数据使用做了区分。在各个服务中心里，管理的服务类型是相对集中的，具有相对稳定的业务模型，其业务数据也具有相对完整性，这样可以避免重复建设，提高服务模块的可重复性。广东省博物馆智慧博物馆平台的建设最终达到了共享、便利和人性化的效果。

（七）行稳致远，探索博物馆业务边界

目前，我国博物馆事业正处于蓬勃发展阶段，行业竞争激烈，许多博物馆正在崛起。在竞争的大环境下，博物馆经营的成功与否一是看方向选择，二是看执行力度，三是看人才厚度。事业发展最终要靠人才，特别是要发挥人才潜力，支持探索，支持创新，从而实现从 0 到 1 的突破性创新。

广东省博物馆在最新一次的全国一级博物馆运行评估中获得“优秀”等次并且名列前茅，相较于上一轮的评估获得了巨大进步。取得这样的突破，根源就在于广东省博物馆通过“策展人制度”“藏品征集创新”“流动博物馆”“文创产品开发”等一系列组合拳打破博物馆固有的边界，打开实践创新的眼界，收获实实在在的创新成果，各项工作之间产生良好的化学反应，引起众多同行的关注，一些创新实践还被兄弟博物馆学习借鉴，成为行业通行的做法。国家文物局对广东省博物馆“无边界博物馆”的建设给予了很高的评价，认为这种模式为全国博物馆的创新发展提供了新的思路。

上述几个方面是博物馆业务工作的传统内容，随着博物馆事业的深度发展，其工作内容在不断扩大，因此博物馆工作要拥抱变化，与时俱进，在坚守主业、坚守正途的基础上开拓创新，实现博物馆工作的转型升级。

三、行政工作

博物馆行政工作可以细分为两个方面：一个是内部管理，包括办公、人事、财务、保卫和后勤等；一个是对外联系，如上级业务管理、行业协会指导、国内外同行交往以及与其他社会机构的联系事务等。这些事务在各个类型的博物馆都存在，是普遍性问题。

（一）内部管理

博物馆行政工作具有两个特点：一是行政属性，比如办公室、人事、财务等，相关工作与其他行政工作在方法上差异不大，只是具体内容和对象有所不同；二是业务性，指保卫、后勤、公共服务等，因具体的工作内容不同，与其他机构的工作存在较大差异，工作方法上也有其特别之处。

博物馆内部行政管理的目标是要建立一个如臂使指、互相配合、廉能高效的组织。要想达到这样的效果，构建合理的内部分工和组织构架是首要的。博物馆行政部门要摆正位置，做好服务工作，帮助业务部门依法依规、合理高效地开展工作。

组织架构之外，人事管理也非常重要，并极大地影响员工的积极性。人事管理要确保公平、公正、透明原则能够真正落地。人事部门制订的各种规章制度和奖惩措施要广泛征求意见，寻求最大公约数，尤其不能因人设事，也不能为了少数人而损害大多数人的利益。另外，博物馆的其他合规类工作，如财务、保卫、公共服务、后勤等，对内都是为了保障博物馆平稳运行，确保各个部门和每一位员工依法依规、合法合规履职尽责，因此要强化服务意识和主动精神。

简言之，博物馆行政工作的作用主要是为了激发员工的使命感，落实博物馆发展目标，提升博物馆的社会服务效能。为实现这个目标，行政部门要想办法降低内部沟通成本，减少内耗。博物馆的领导层、办公室和人事部门对全馆组织生态的影响最大，需要重点关注。

（二）对外联系

在博物馆的对外联系对象中，既有上级主管部门，又有行业协会，还有中外博物馆同行以及社会其他组织单元。交流的内容既有行政事务，又有业务工作。对外交往中，博物馆办公室是核心和枢纽，它的工作水平在一定程度上决定了一个博物馆的对外形象。

首先，博物馆办公室应该对各种交往制订详细的流程和指南，对各种交往情况予以明确并形成制度。在完善的规章制度面前，不管是行政工作还是业务工作都有部门去对接、联系和落实。

其次，统筹馆内对外交往。开门办馆和开放办馆是博物馆作为公共文化服务机构最大的特点，行业内外的交往十分重要。“走出去”和“请进来”以及“迎来送往”都是博物馆办公室的重要工作。在内通外联过程中，博物馆办公室要多想多做少说，切实做好沟通协调等一应事宜。

最后，在开展外事活动时，要注意遵守各种外交礼仪以及我国相关的外交工作制度。在工作中，按照对等原则，既要坦诚、谦恭、热情、周到，又不能低声下气、卑躬屈膝。要秉持互惠互利原则，友好开展相关工作，当遇到有损我国尊严的外交事件时应即刻表明立场，纠正对方偏差，维护国家尊严和形象。

简言之，博物馆行政工作的特点具体体现在日常工作当中，无论是工作内容还是各项具体事务都呈现出规范化、碎片化、瞬时性、合规性和时效性等特征，需要多部门协同，因此行政机构的统筹协调能力对全馆事业发展影响很大。

四、博物馆运营创新

创新是各行各业都矢志追求的，是最难的也是最有效的发展方式。博物馆运营要温故知新，发现和总结已有的优秀做法，继承并发扬光大之；同时要大胆创新，实现从 0 到 1 的突破性变革。唯有如此，才能保持自身的竞争优势。在开展创新工作中，要有步骤有方法，先易后难，摸着石头过河，学习借鉴其他行业经验，从而保证创新是有含金量和借鉴示范作用的。

（一）洞察世界博物馆发展趋势

我国博物馆事业正处于百年一遇的重要战略机遇期，如何紧紧抓住这个机遇是博物馆行业需要认真思考的问题。综观全球博物馆发展趋势，比较明晰的是博物馆藏品和展览展示的数字化、公共服务产品创制过程的公共协商、文化消费的个性化与网红化，博物馆影响力的“破圈”与“破层”等。可以确信，全球博物馆事业正处于大发展的前夜。就我国博物馆行业而言，文旅融合、文物活化、文化自信和文化输出应该是目前十分重要的工作。

因此，博物馆要从这四个方面下大力气。首先，争取做大做强。从全球范围内来看，大型博物馆在全球的影响力也较大。随着国家对文化事业的重视，各地纷纷加大投入，建设“博物馆之城”，各级各类博物馆要抓住政策红利，扩大体量，增加藏品，为今后长期发展积蓄力量。其次要做优做特，根据自身特色，寻找业务突破口，向管理要效益，向业务求创新。再次，立足本地文化特色，助力地方文化传播。最后，要敢想敢试。博物馆事业进入引领阶段，各项工作和创新进入“无人区”，想要不断前进，只有“闯”和“试”，没有其他途径可走。

（二）借鉴其他行业的成熟做法

博物馆行业发展和起步相对较晚。以目前的旅游行业为对比对象，旅游业很早就是一个企业主导和服务为基础的行业，在发展过程中经历过摸爬滚打，拥有许多成功经验；博物馆作为公共文化服务机构，虽然不以营利为目的，但是在工作方法和具体举措方面可以向旅游行业学习，提升博物馆行业的服务水平。

同时，博物馆还是一个社会教育机构，因此需要向教育行业学习：学习它们的教育理念和方法、科研管理、人才管理和建设等。这些方面目前都是博物馆的短板，进行有针对性的学习借鉴可以对促进博物馆事业发展起到明显的效果。

博物馆作为文化行业，近年来十分强调文化产业发展。因此博物馆在经营方面，可以向社会企业大力学习，提升文创产业开发力度和经营效果。另外，博物馆作为一个社会单元，举凡管理、运维和规划等，社会上很多行业都可以为其提供成熟经验。因此，向成熟行业学习是博物馆事业发展的捷径。

（三）吸收其他学科理论

博物馆既是一个行业，也是一门学科，需要大量的理论创新成果来推动行业发展。

首先，应在人员招聘方面放宽视野，大力丰富人才学科结构。由于不同学科有不同理论体系和范式，因此不同学科训练出来的人，看待世界和思考事情的方法是不同的。多学科人才的加入会给整个团队带来新思维，并在交流合作过程中碰撞出创新的火花，从而提升博物馆的工作质量。

其次，加强与各个学科的交流，博物馆社会接触面大，学术和业务交流机会众多。近年来，广东省博物馆围绕业务工作，与考古学、人类学、历史学、艺术学等人文学科，以及各类自然学科专家学者以展览策展、文物征集、学术讲座等形式开展合作，提升了博物馆的运营水平。

再次，鼓励本馆人员主动学习，吸收其他学科的优长，并将所学用于岗位和部门以及博物馆工作。

博物馆的运营创新是一个系统工程，也是一个未定义的领域。如何开展创新，什么样的创新是对的，都处于探索之中。对于创新，要秉持鼓励的态度，有容错的机制，这样才能激发员工的积极性和主动性，进而提升自身的竞争力。

总而言之，博物馆的高质量发展依赖于高水平的运营。在我国综合国力显著提升的大背景下，博物馆事业发展具备了较为充足的“财气”“人气”和“底气”。所谓“财气”，是指良好的财政支持；所谓“人气”，是指拥有大量的人才储备；所谓“底气”，是指国家政策的背书。这给博物馆高质量运营提供了强大后盾，但是能否创新，如何创新，并不会自然产生。博物馆运营首先要有顶层设计，目前《关于推动博物馆改革发展的指导意见》已经为此指明了方向。其次是要有闯劲，让博物馆上至管理层下至普通员工可以安心探索。就目前的情况来说，这一点是制约博物馆运营创新最大的痛点。因为担心失败，担心犯错，很多人宁愿少做保平安也不愿开拓求创新。因此，我们要形成宽容失败、容许犯错的博物馆发展大环境。最后是要有章法，博物馆运营是一门综合科学，在坚守良心和底线的基础上，以服务最广大观众、惠及更广大员工为出发点，以清晰的思路、科学的方法和扎实的工作带领全体员工，创造性地完成各项工作。总之，博物馆运营需要示范引领，需要勠力同心，需要守正创新。我们有幸生于伟大的时代，博物馆也正处于厚积薄发的阶段。面对百年未有之大变局，每一位博物馆人都是历史的参与者和创造者，要敢于担当，努力担当，踔厉奋发，勇毅前行，为引领下一阶段全球博物馆事业发展贡献中国经验和中国样本。

广东省博物馆吴昌稳执笔

博物馆藏品征集

博物馆藏品通常被当作衡量一座博物馆综合实力的重要指标。2021 年 5 月 20 日，国家文物局和财政部联合印发了《国有博物馆藏品征集规程》，将国有博物馆的藏品征集明确界定为“国有博物馆根据本馆的宗旨、定位、发展方向，通过购买或接受捐赠的方式取得藏品的业务活动”，并对国有博物馆藏品征集的基本程序进行了规范，规程的出台也为非国有博物馆的藏品征集提供了参考范本。在当前国有博物馆发展基本达到一个高峰，而非国有博物馆正快速崛起的新业态环境下，对博物馆的藏品征集进行讨论便有了更现实的指导意义。

一、博物馆藏品的来源

在讨论博物馆的藏品征集之前，首先得搞明白博物馆的藏品都是从哪里来的，这让讨论藏品征集有个基本的范畴，不至于越界，更不至于不知所云。对于一般的社会公众来说，博物馆藏品来源是一个很神秘的话题：是不是都从地里面挖出来的？就像各种电影里的情节那样，经历了层层机关考验，最后被国家收缴并放置在博物馆以作研究、展示之用？这种现象说出了博物馆藏品的其中一个重要来源：考古发掘。除此之外，一般国有博物馆的藏品来源主要还包括向社会征集、接受社会捐赠、相关部门移交以及调拨（价拨）等方式。

（一）考古发掘

考古发掘是大多数博物馆藏品来源的主要途径。在目前的文物行政主管部门下辖的单位当中，有一个跟博物馆平行的机构文物考古研究所，其职责就是负责发掘文物。在我们国家进行大部制改革前，大部分地区的考古所都在博物馆内，相当于一个考古队（现在还有这种状况），当一个墓葬被发现或者偶然发现时，考古队就会按程序接管这个区域，对其进行抢救性的挖掘整理，其间所挖掘出的各类实物资料等，就统统被搬回了博物馆，这是大部分国有博物馆早期藏品的来源。在社会分工细化的当下，从优化管理的角度出发，考古职能已经从大部分的博物馆独立出去，各地的考古所承担着对应区域的考古发掘工作，既从事抢救性发掘，也从事主动性发掘。所发掘的文物，除了部分留存在考古所作为研究标本，一般通过文物行政管理部门的分配，成为各地博物馆藏品的重要来源；最近新出现的考古博物馆，其主要藏品更是来源于考古发掘。水下考古是近年来社会关注的热点，广东省曾经以省博物馆出资、省考古所（院）出技术，联合属地的汕头市南澳县博物馆，邀请具备打捞资质的社会力量，共同就“南澳Ⅰ号”水下沉船进行水下考古发掘，藏品在省文化行政主管部门主持下按照商定的协议进行分配。

（二）向社会征集（购买）

向社会征集（购买）是博物馆藏品的又一重要来源。对于部分国有博物馆，特别是经济较为发达但本身文物资源相对缺乏地区的国有博物馆而言，由财政每年给予一定的经费保障，以确保其藏品有一定的持续增长，是保证博物馆可持续发展的一个重要措施。在讨论博物馆藏品征集之前，先明确一个概念，即博物馆收藏的标的物，并不一定是当下定义的“文物”，也有可能是具备某种历史价值、艺术价值或者科学价值的“未来文物”。2015年，国家文物局推行“经济社会发展变迁物证征藏”试点工作，倡导博物馆“为明天收藏今天”，因此用“征集藏品”来代替通常口头所说的“征集文物”会显得更加准确，也更能体现博物馆收藏的发展趋势。明白这一概念后，再来理解征集的渠道就更容易了，这里的征集包括向唯一具有文物交易功能的各地文物商店购买文物，通过拍卖的方式购藏流传于世的文物，向非遗传承人或艺术家（或其后人）购藏其代表作品，向社会其他合法组织或个人购藏其合法收藏的藏品等。

（三）接受社会捐赠

接受社会捐赠也是博物馆藏品的重要来源。有些藏品由于历史、社会、经济等原因，集中在个别个人或者组织的手中，该个人或者组织愿意以无偿的方式将其捐赠给国家，国有博物馆将其收藏以为研究、展示等使用，是国家倡导，也是鼓励社会力量参与博物馆建设的一种方式。另外，一些非遗传承人或艺术家（或其后人）将一些作品无偿捐赠给博物馆，也是社会力量参与博物馆建设的另一种方式。至于因为特殊自然现象（如山洪、暴雨等）或非主观故意（如各种工程施工过程）导致一些文物、古生物裸露地表被拾获后，拾获人主动上交给国家，也是要大力倡导和鼓励的。在我们国家，按照《文物法》规定，地上地下的文物都归国家所有，私藏则属于违法行为。在日常工作中，有一种接受捐赠的行为是结合博物馆主业即展览进行的，如社会收藏人士或者非遗传承人（作者）通过与博物馆合作举办展览的方式，由博物馆承担展览的相关费用，在博物馆认为该展品达到本馆收藏标准的情况下，社会收藏人士或者非遗传承人（作者）将其中部分或者全部展品捐赠给博物馆收藏，博物馆则给他们颁发收藏证书或者捐赠证书，或支付参考市场价值的相应比例作为奖励金。

（四）移交和调拨（价拨）

移交是指非文物行政主管部门将其公务行为获得或者原来收藏的文物或者其他认为可以收藏的物品，移交给文物行政主管部门进行甄别后，进而再分配给博物馆的行为。譬如海关罚没的走私文物，在没有或者无法明确其原收藏单位的情况下，交由当地文物行政主管部门进行分配；检察机关因刑事案件收缴的赃物当中收归国有的物品中达到某种条件，通过文物行政主管部门鉴别后交给博物馆管理和利用；一些因为历史等原因收藏在党政机关或者国有单位的艺术品、交流礼品等，因保存、利用条件无法像博物馆这么专业而集中移交给博物馆；等等。调拨是通过文物行政主管部门的行政指令，将藏品从一个博物馆调至另一个博物馆收藏的方式。改革开放以前较多实行这种方式，此后以行政命令干预藏品资源流动的行为越来越少，但地区之间，由政府主导，将一地同类和富余的藏品通过补偿一定的价款，拨付至另一地博物馆收藏的价拨行为偶有发生，这也算是政府之间的相互征集了。

二、博物馆为什么要持续征集藏品

我们讨论博物馆为什么要征集藏品，不是讨论设立博物馆为什么需要征集藏品。这里的征集行为是由博物馆发出而不是由设立博物馆的组织发出的，也就是说，这个讨论是基于博物馆已经设立（备案登记）和运行才做出的。不管是国有博物馆还是非国有博物馆，能够设立且按照博物馆备案登记的相关要求运行，肯定都具备一定数量的藏品了。既然都已经是一座博物馆了，为什么还要征集藏品？其实，征集藏品对于国有博物馆尚好，不管多少钱都有各级财政为藏品征集行为买单；但对于非国有博物馆而言，征集藏品可都是得花真金白银的！不管是国有还是非国有，博物馆需要进行藏品征集，已是一种共识。分析其原因，博物馆进行藏品征集的动力既有内在的，也有外界的，概括说来大体上有以下几种。

（一）履行博物馆的基本职责

《博物馆条例》作为我国博物馆领域的最高规则，对国有和非国有博物馆无差别对待，认为博物馆是“以教育、研究和欣赏为目的，收藏、保护并向公众展示人类活动和自然环境的见证物，经登记管理机关依法登记的非营利组织”。“收藏”是实现其作为博物馆目的的第一个步骤。按照 ICOM 对博物馆的最新定义，博物馆是“为社会服务的非营利性常设机构，它研究、收藏、保护、阐释和展示物质与非物质遗产。”收藏仍是博物馆实现其功能的重要基础。博物馆的持续收藏就是通过藏品征集来实现的，因此，要成为博物馆，首先得自身的行为符合“博物馆”的定义。2017—2018 年，为庆祝改革开放四十周年，全面展示改革开放取得的发展成就和宝贵经验，广东省文化厅在全省范围开展改革开放藏品征集工作，得到全社会的积极响应，全省各地博物馆征集了大量的改革开放相关藏品，极大丰富了馆藏，践行了博物馆的基本职责，实现了博物馆的社会使命。

（二）丰富和完善博物馆的藏品体系

博物馆是要将藏品展示给社会公众欣赏和为从业者提供研究基础的，正因此，每一座博物馆也都有其专门的藏品体系特点，或因为博物馆运行的宗旨、目标、使命等给自己设定有一个藏品体系的定位，藏品征集工作的重要目的之一是丰富和完善这一藏品体系。譬如广东省博物馆作为广东省内唯一的省级综合型地志博物馆，由于历史等原因，形成了以陶瓷、木雕、端砚、岭南画派等系列藏品为特色的藏品体系。但是，随着博物馆事业和社会经济的不断发展，原有的上述几个体系已经日趋成熟，且征集新的可以对藏品体系形成有效补充的藏品越来越难，广东省博物馆随之调整藏品体系定位，近十年来，将外销艺术品和出水文物作为藏品征集的方向，通过派出征集小组到香港、澳门主动征集，积极参加拍卖会，并广泛发动社会各方力量获取征集信息等方式，加大外销瓷、外销画、外销扇等的征集力度；同时，通过与兄弟单位和社会机构合作，共同参与省内外、国内外水下考古，在文化行政主管部门和相关政府机构主持下集中获取藏品等方式，大量征集“南海Ⅰ号”“南澳Ⅰ号”和海外沉船的水下考古发掘品，极大丰富了外销艺术品和出水文物两个系列的藏品，构建起一套有别于其他省级综合博物馆的藏品体系，最大限度地弥补了广东地区出土文物不多，作为地方性综合博物馆藏品特点不够鲜明、没有重器的缺点。

（三）为研究、展示和教育功能的持续发挥提供支撑

在讨论博物馆的基本职能的时候，部分学者认为从传统的博物馆定义出发，博物馆具备“三性”或“三大基本职能”即“收藏、研究、展示”；另有部分学者认为，随着博物馆事业的发展和整个社会环境的变化，博物馆应该有“四大基本职能”，即“教育”应该纳入其中，这种观点在国内也逐渐为博物馆界所接受。近些年，部分同仁在讨论博物馆的定义和基本职能的时候，认为2007年版的国际博协对博物馆定义相对于上一个版本而言，教育功能被提前了，比以往更受重视了，甚至提出教育是博物馆最重要、最基本的功能。但本文坚持收藏依然是博物馆最基础的职能，博物馆除收藏之外的三个功能如果按照一定的逻辑进行排列，应该依次是研究、展示和教育，因为没有研究就无法做出展览展示，而有了展览展示才能达到发挥教育功能的目的；同样遵循这个逻辑，没有藏品，研究则无从做起，而没有征集工作，藏品则无法凭空出现。因此，征集藏品是博物馆发挥基本职能的基础。博物馆的工作不是一劳永逸的，博物馆的研究、展示和教育功能的发挥需要不断地更新、改进、提升、优化，因此也需要不断地补充新藏品，也就需要征集工作。

（四）满足博物馆运行及其他业务活动的需要

将藏品征集作为一个指标应用到“博物馆运行评估”和“全国十大精品陈列”等行业的重大评选、评比中，更显示出其非同一般的现实意义。博物馆运行评估

是规范博物馆日常运营管理的标准化工作。国家文物局 2019 年 12 月新修订实施的《博物馆定级评估办法》和《博物馆定级评估标准》，将博物馆从高到低依次分为国家一级博物馆、国家二级博物馆、国家三级博物馆。其中，对一级博物馆的要求是：“有与本馆宗旨、使命相符的藏品征集政策和收藏范围；有规范的藏品征集组织与制度，对征集的藏品进行鉴定；有接受捐赠等多种征集渠道，征集经费充足，使用合理、效果好。”对二级博物馆的要求是：“有与本馆宗旨、使命相符的藏品征集政策和收藏范围；有规范的藏品征集组织与制度，对征集的藏品进行鉴定；有接受捐赠等多种征集渠道，征集经费基本满足需要，使用合理、效果好。”对三级博物馆的要求是：“有与本馆宗旨、使命相符的藏品征集政策和收藏范围；有规范的藏品征集组织度，对征集的藏品进行鉴定；有接受捐赠等多种征集渠道，征集经费使用合理、效果好。”区别主要在于有无经费保障和经费是否充足。在对应的评分细则积分表中，单列一项内容为“藏品征集”且其中对应的分值为 14 分。根据中宣部、财政部、文化部和国家文物局《关于全国博物馆、纪念馆免费开放的通知》（中宣发［2008］2 号）的要求，财政部和国家文物局于 2009 年 11 月 18 日启动中央、地方共建国家级重点博物馆。国家文物局、财政部于 2010 年 9 月 9 日印发《中央地方共建国家级博物馆管理暂行办法》，对于申请认定为中央地方共建国家级博物馆的博物馆方面藏品的规定是：“文物藏品具有极高历史、艺术、科学价值，形成完整体系。”这些政策是引导博物馆行业规范发展和持续发挥职能的具体措施，也是博物馆持续开展藏品征集的动力。

三、博物馆如何进行藏品征集

按照《国有博物馆藏品征集规程》所界定的“藏品征集”的定义，考虑到国有博物馆接受捐赠的概率更高且在前面讨论博物馆藏品来源的时候已有相关论述，为便于讨论，我们重点来分析同时作为国有、非国有博物馆藏品来源主要渠道的“购买”这种征集方式的一般流程。

（一）确定征集方向

开展藏品征集首先得搞明白博物馆的属性与类别。博物馆的分类比较复杂，不管是国有博物馆还是非国有博物馆，从业务范围来分，可分为综合类博物馆与专题类博物馆；从业务内容来分，还可以分为历史类博物馆、纪念性博物馆、自然类博物馆与艺术类博物馆；等等。找到博物馆在分类中的位置后，就要根据其宗旨、定位和发展方向来确定征集方向。征集的方向一般原则是“强优势、补短板”。所谓“强优势”即在与同类博物馆进行分析比较的基础上，将本馆在藏品数量和质量上具有比较优势的藏品征集确定为方向，力争形成更强大的优势与品牌；“补短板”则是将本馆藏品数量、品类、质量上存在不足的藏品确定为征集方向，以尽量完善自身藏品体系，为其他工作开展提供支撑。优势和短板是相对的，专题类、纪念类博物馆，征集方向相对较集中，但又可以在藏品的具体分类上选定优势或短板作为征集方向。

（二）建立征集制度

征集制度是征集工作正常有序进行的基本保障。如前所述，《国有博物馆藏品征集规程》是国有博物馆藏品征集最基本的指导性制度。各级各类博物馆结合自身运行特点制订适合自身发展的征集制度，需要注意几个问题：首先是征集制度与上位法和上级组织的法律、规章、制度的关系，不能有违上位法（如《中华人民共和国文物保护法》）；其次是征集制度的操作程序设置要有利于本馆的征集工作开展，要充分考虑到征集工作在操作上作为一般市场行为，与博物馆作为公益属性单位在反馈机制、决策机制上的异同；最后是征集制度本身的设定程序应合理、合法。藏品征集一旦完成，藏品即进入国家的藏品管理体系。因此，制度设定的时候是否须经博物馆上级管理部门审批，如涉及财政资金使用是否需要与财政部门沟通、报备等，均须按照自身实际情况认真研究。

（三）解决资金问题

与制度配套的是资金，既然是购买，没有资金自然无法征得藏品。对国有博物馆而言，一般文化文物行政主管部门与其他各部门的联合发文中，都会提出“各级政府要保证博物馆藏品征集资金”的要求，但各地政府财政收入也有不同，因此，要确保所有博物馆都配备征集资金还要依赖整个社会经济的进一步发展。一些财政状况较好的地方，通过积极争取，确保一定量的专门征集资金是可行的，如广东省财政对广东省博物馆的藏品征集有一定资金保障；深圳市在博物馆藏品征集方面，市财政也有明确支持；珠海市对通过拍卖方式征集藏品也给予了财政上的资金保障；等等。对非国有博物馆而言，征集资金则主要由举办者筹措。一个良性运作的非国有博物馆往往处于举办者围绕这个博物馆所建立的一整套文化运营体系当中，博物馆作为其中的公益部分，为整个文化品牌的价值提升作出贡献，而其他商业的部分则为博物馆提供可持续发展的资金，当中包括征集资金。

（四）收集征集信息

博物馆可以通过发布征集公告、委托相关机构收集等方式收集拟征集藏品的信息。一般情况下，博物馆藏品征集工作由专人负责（设立征集工作小组），这些工作人员必须非常熟悉本馆的藏品情况，准确提出拟征集藏品的基础信息，同时对收集回来的信息进行初步的甄别，将其中有价值的线索形成报告以便馆方藏品征集的决策团队（馆领导班子或者上级主管部门或其他在征集制度中明确赋予决策权的组织）做出研判。征集信息的收集范围主要包括对藏品真伪的初步判断，对其来源合法性的初步判断，以及藏品本身的年代、材质、品相、流转次序、经济价值、所有者、所对应的法律法规等等。

（五）进行藏品征洽

从征集洽谈的发起方即博物馆来看，可以分为国有博物馆与非国有博物馆；从接受方来看，可以是文物商店这一国家唯一允许文物经营的机构，也可以是获得一定类别物品交易资质的拍卖公司，还可以是一些合法的商业组织，或者收藏者个人。藏品征集洽谈首先要对藏品来源合法性和真实性进行确认：来源合法性一般由供货方在协议中声明并提供相关的佐证材料以供购买方查证；真实性则一般由购买方邀请第三方进行鉴定，对于国有博物馆而言，在他们的征集制度中，一般设定为专家组一票否决制。解决了上述两个问题，就是对价格的洽谈了。

藏品征集机制不一样，洽谈的方式也有所区别。但一般情况下，采取专家平均价为非公开的参考价，并根据各自的情况进行商谈，直至达成交易价格。广东省博物馆在藏品征洽工作中，成立了专门的藏品征集洽谈小组，一般由征集工作小组成员和财务工作人员组成，并在馆纪委派员现场监督下进行，洽谈以所征询的专家密封报价的平均价（正式谈价前工作人员先集体现场开封并计算，价格不得以任何方式暗示或者告知标的物所有人）为基准，与标的物所有人进行现场洽谈，成交价格不得高于专家报价的平均价。价格现场确认后，报征集小组和馆长办公会议确认后执行。

完成谈价并成交后，便是藏品的入藏工作，这里涉及对藏品进行确认、点交、登记、入库等，在《博物馆的藏品管理》一文另有论述，此处不再重复。

四、博物馆藏品征集的注意事项

博物馆的藏品征集是一项系统性的工作，关系着博物馆的可持续发展。每一家博物馆在进行藏品征集的时候，或多或少都会遇到一些让博物馆从业者头疼的问题，其中有几个共性的问题需要特别注意。

（一）标的物真实性问题

博物馆作为公益文化机构，无论国有还是非国有，在收藏各类“代表自然和人类文化遗产的实物”过程中，具有其他任何机构所无法替代的公信力。在我们国家，相对而言国有博物馆的藏品大部分以政府所组织的考古发掘出土（出水）的文物为依托，且设置有专门的文物鉴定机构和行业组织，藏品征集上一般采用专家组一票否决制，在藏品真实性方面保障性较强。而非国有博物馆的藏品大部分来自私人收藏。民间收藏家有个“凡是自己手里的，都是真的”的信念，这是一种社会心态。非国有博物馆建设的时候，文化文物行政主管部门会委托行业组织及相关机构对备案登记的藏品按要求组织鉴定，但非国有博物馆收藏的藏品中，备案登记的藏品往往仅占藏家收藏品的一小部分，而博物馆一旦成功设立备案，其后所发生的所有行为便都是在“消费博物馆信用”。这是博物馆尤其是非国有博物馆管理中的一个难点。网络上广为流传的某大学博物馆“赝品风波”、某城市社会个人捐建的园林式展馆“真假古董之争”和某地的赝品博物馆等，都可以说是在博物馆界有关藏品真实性的丑闻。

（二）标的物来源合法性问题

2015 年实行的《博物馆条例》第二十一条规定：“博物馆可以通过购买、接受捐赠、依法交换等法律、行政法规规定的方式取得藏品，不得取得来源不明或者来源不合法的藏品。”2017 年，国家文物局出台《关于进一步推动非国有博物馆发展的意见》，提出“探索建立信息公开和信用档案制度”和“加强对征藏活动的指导”，并明确要求“非国有博物馆应认真践行博物馆职业道德，不得接收来源不明或来源不合法的藏品”。对于博物馆来源合法性的担忧，一般基于其来源是否属于“盗墓”“走私”等非法领域。《文物保护法》第五条规定：“中华人民共和国境内地下、内水和领海中遗存的一切文物，属于国家所有。”因此，只要属于出土或出水的文物，如非国家组织考古发掘所得且无法提供确切来源证明的，就会被认定为来源不明或来源不合法。而对于传世的文物，参照一般财产的管理，受到《民法典》等相关法律保护；对于其他非文物类的藏品征集，合法性问题一般由藏品所有者书面承诺并提供相关佐证材料。关于文物的来源问题，这个领域并未完全向社会关闭，但《文物保护法》第五十三条规定：“文物商店不得从事文物拍卖经营活动，不得设立经营文物拍卖的拍卖企业。”第五十四条规定：“经营文物拍卖的拍卖企业不得从事文物购销经营活动，不得设立文物商店。”第五十五条规定：“文物行政部门的工作人员不得举办或者参与举办文物商店或者经营文物拍卖的拍卖企业。文物收藏单位不得举办或者参与举办文物商店或者经营文物拍卖的拍卖企业。禁止设立中外合资、中外合作和外商独资的文物商店或者经营文物拍卖的拍卖企业。除经批准的文物商店、经营文物拍卖的拍卖企业外，其他单位或者个人不得从事文物的商业经营活动。”按照国务院办公厅发布的《关于印发国务院2022年度立法工作计划的通知》精神，对《文物保护法》的再次修订已经提上日程，且可能也涉及上述相关领域。

（三）标的物的价格判断问题

藏品价格的判断是藏品征集过程中极为敏感的话题，且与藏品真实性关系紧密。非国有博物馆的藏品大部分来自私人或社会机构的收藏，从拍卖公司取得的为其中一部分，这部分藏品只要真实性可靠，其价值由市场规律所决定，较少争议；另一部分为日常收购，包括所谓的“行内转让”和“捡漏”等，其价值一般由藏家自行判断和与卖家进行谈判，这也是非国有博物馆藏品真实性和价格问题经常引起关注的重要领域。在较为规范的博物馆操作中，一般在委托社会第三方进行真实性评估后，由社会第三方的专家组分别出具参考价格，并采取专家组的平均价格作为参考。一般而言，专家组成员之间的独立性越强，成员越多，其价格越具有参考价值。特别需要注意的是，鉴定与估价往往是同步进行的，在一些地方的实践中，文物鉴定机构同时也承担了对其经济价值进行判断的职能。但近些年随着职能的回归与调整，文物鉴定机构仅仅负责鉴定藏品真伪，藏品经济价值的判断功能逐渐被文物商店和行业协会等其他社会组织所承接。

（四）海外藏品的征集问题

海外藏品的征集对于广东地区来说是一个特色，主要基于两大因素：其一是广东自古以来便是对外交流的窗口，作为古代海上丝绸之路的重要节点，清代“一口通商”，近现代对外政治、经济、文化的交流以及改革开放等，让广东在古代海上丝绸之路商品、近代外销艺术品和改革开放等领域的相关标的物收藏上形成了独特的地域文化体系；其二是广东近现代历史上华侨华人较多，华侨类博物馆建设也是一个地方特色，与华侨华人相关物品的征集是华侨类博物馆的主要方向，同时也是其他历史类、名人故居类和与近现代历史相关的综合类博物馆重点关注的对象。海外藏品的征集需要注意的问题，主要是征集标的物异地线索追踪、确认、鉴定、谈价等比国内征集烦琐，所用的资金在币种之间可能需要按照当时的国际汇率进行转换，在账户管理上可能需要使用专门的外币账户，在藏品进入境内的时候必须具备相应的证明文件，尤其是海关是否对国有博物馆的藏品征集方面具有相应的减免税政策等。2009 年 1 月，财政部、海关总署、国家税务总局联合发布《国有公益性收藏单位进口藏品免税暂行规定》，明确“国有公益性收藏单位以从事永久收藏、展示和研究等公益性活动为目的，以接受境外捐赠、归还、追索和购买等方式进口的藏品，免征进口关税和进口环节增值税、消费税”。2010 年 1 月，海关总署发布《关于实施〈国有公益性收藏单位进口藏品免税暂行规定〉的有关事宜》的公告（2010 年第 7 号），对《规定》的相关内容做出进一步的解读解释，成为国有博物馆征集海外藏品最主要的政策依据。

（五）征集程序的规范化问题

国有博物馆通过购买方式进行藏品征集，一定要使用到财政资金，征集程序的规范化主要是对财政资金使用的规范化，因此国有博物馆的藏品征集制度和程序的设定，原则上需要向上级行政主管部门及财务部门报备报审。在实际操作中，如何确保征集过程中提出征集意向、价格洽谈和第三方监督的相对独立性是程序规范化的重点。非国有博物馆的藏品征集，往往带有比较浓重的举办者主观色彩，一般以“举办者同意”为原则。国家文物局 2017 年出台的《关于进一步推动非国有博物馆发展的意见》中，明确提出“非国有博物馆的藏品征集和注销处置方案，应依法履行相关程序，并向社会公示”。国家文物局 2019 年 12 月修订的《博物馆定级评估标准》中，也对藏品征集提出了制度和规范方面的要求。广东省博物馆作为广东省内年度财政予以一定藏品征集经费保障的省级综合性地志博物馆，建有一套完整的《藏品征集工作制度》，包括《征集工作管理办法》《藏品征集单一来源采购谈判工作实施细则》《收藏标准与举例》《文物资料和自然标本捐赠管理办法》等，对藏品征集工作的对象、范围、组织机构、人员要求、方式方法、计划步骤等进行了全方位的规范，为藏品征集工作提供了坚实保障，相关经验做法也可为行业所借鉴。

博物馆的藏品征集工作是博物馆重要的基础性工作，关系着每一家博物馆的发展水平和社会声誉，考验着博物馆管理者的综合能力，也影响着一个地区的博物馆发展状况。随着博物馆事业发展由量向质的转变和法律法规的不断健全，藏品征集工作也越来越重要。

广东美术馆胡锐韬、广东省博物馆协会雷愉香执笔

博物馆当代物证征藏

相比于古代文物、近现代文物的征集，国内文博领域在当代物证征集方面虽然有一定进展，但也存在参与征集的博物馆广泛性不够、已征集物证的典型性缺乏、物证有效利用率偏低等问题。近年来，文博从业者们对当代物证的概念、特点、价值、征集意义、征集范围、征集流程等的研究已有一些成果，但仍欠缺系统性研究和深入的学术思考，尚未形成共识。本文结合多年业务工作经验，通过分析当代物证的概念与特点，结合国内外当代物证征集的实践和总体情况，尝试明确当代物证的征集范围、标准、流程等，以期对国内博物馆开展当代物证征集工作有所裨益。

一、当代物证征集概况

博物馆开展当代物证征集工作，应先掌握当代物证的概念和特点，熟悉相关的法律法规、政策，以及了解其他博物馆开展此项工作的具体情况。

（一）当代物证的概念及特点

国内文博专家们对反映新中国成立后产生的各类物证如何定名，众说纷纭。从征集的角度来说，为避免疑惑和争议，本文所称“当代物证”是指 1949 年 10 月 1 日新中国成立以来，反映经济、社会各领域发展变化的实物、照片、文献文件、音视频等资料。

当代物证具有以下特点：一是具有分布的广泛性和流传的散碎性，当下的每个企事业单位、个人都是时代的见证者、参与者，物主的广泛性一定程度上决定了物证的普遍性，其范围广阔，种类繁多，有价值的物证可能就在我们身边；二是当代物证的价值主要体现在历史价值与教育价值，看似寻常，实际可能隐含着一段惊心动魄的故事或直接见证一场深刻的社会变革。但若是附着的历史信息缺失，无有效证明，则它的历史价值就没法挖掘出来，教育价值也无从谈起。例如，深圳博物馆藏有“善琏湖制笔厂制”毛笔和一把普通的放大镜，虽然湖笔比较有名，但因存世量大，并不一定被认定为文物乃至珍贵文物，但这些毛笔和放大镜是改革开放初期谷牧同志用过的，对于记录谷牧同志推动经济特区建设与发展具有直接的见证意义，则被定为三级文物；三是当代物证容易迅速消失，人们一般认识不到当代物证的价值，认为其不大像文物，不注意保存，致使一些有价值、有代表性的典型物品在不经意间流失，待博物馆根据需要征集时，已无处寻找。

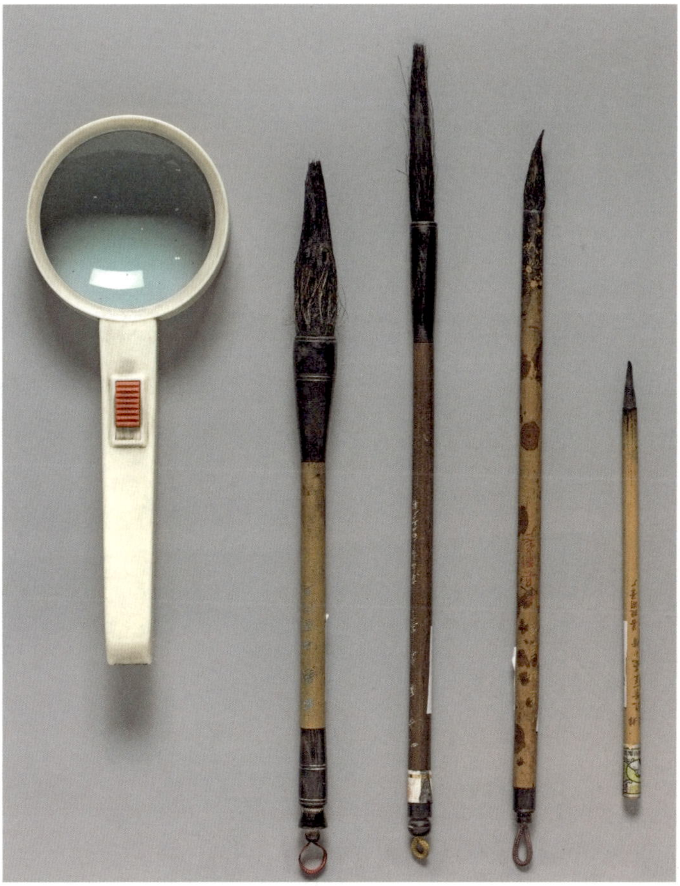

图 1　改革开放初期谷牧同志使用的毛笔与放大镜

（二）国内外征集当代物证的具体实践和总体情况

从世界范围来看，二战后，欧美国家博物馆事业发展迅猛，工业遗址类、体育类、科技类等行业类博物馆纷纷建立，并开始收藏和展示当代物证。1946 年成立的国际博物馆协会将博物馆的基本职责规定为“收集、保存、研究有关人类及其环境见证物”，博物馆首要职能是“为知识发展很系统地收藏与保有”物品，特别关注生活细节的收藏，“不确定该要不该要的东西都尽可能保留”，进行“百科全书式的收藏”。例如，建成于 2010 年的美国新闻博物馆，收藏了反映 500 多年新闻发展史的物证资料，还特别收藏了 127 份 2001 年 9 月 12 日世界各国头版报道“9·11”事件的报纸。

20 世纪 50 年代，我国开始进行革命文物和反映社会主义建设文物的征集。中国历史博物馆拥有社建文物万件以上，如反映土改、镇反、第一个五年计划时期的文物均有一部分收集。各省博物馆属地志性博物馆，设有专门的社建部负责社建文物的征集、保管、研究、陈列。60 年代以后，省级博物馆的性质改变，社建部撤销，社建文物的征集工作也停止了。

图 2　1964 年马思聪在深圳演出时用的“依巴赫”三角钢琴

图 3　1984 年邓小平视察深圳时所乘的丰田中巴车

图 4　1987 年深圳土地有偿使用拍卖槌

1999 年，国家文物局高度重视社会主义建设时期的文物征集保护工作，发布了《关于加强我国社会主义时期文物征集保护工作的通知》。2000 年，国家文物局召开全国博物馆工作会议，指出“反映我国近现代社会发展变化的文物普遍收藏较少的现状”，提醒全国各博物馆加强反映社会主义建设时期重大历史事件藏品的收藏以及科学技术发明创造实物的收藏。2015 年，国家文物局在全国开展“经济社会发展变迁物证征藏”试点工作，选择了首都博物馆（侧重收藏新中国成立后的首都变迁物证）、山西省民俗博物馆（侧重收藏酒、醋行业的发展变迁物证）、山东博物馆（侧重收藏省内时代的变化物证）、四川省建川博物馆（侧重收藏“文革”时期物证）、深圳博物馆（侧重收藏改革开放物证）作为试点单位，要求征集反映区域经济发展、建设成就、生产生活方式、社会变迁、民间风俗文化、衣食住行等方面的物证。2016 年，广东省文物局经过调查，省内藏有反映 1949 年以来经济社会发展变迁相关物证的博物馆 38 家（其中国有博物馆 33 家，非国有博物馆 5 家），报告的藏品总量达 36424 种，93331 件 / 套。

2017 年，国家文物局出台了《国家文物事业发展“十三五”规划》，要求“开展新中国成立以来反映国家重点建设成就、区域经济发展、社会生产生活方式变迁的重要实物调查与征藏，制订入藏门类、标准和规范，重点充实基层博物馆藏品资源”。

2021 年 5 月，中共中央宣传部、文化和旅游部、国家文物局等 9 部门出台《关于推进博物馆改革发展的指导意见》，要求优化征藏体系，开展党史、新中国史、改革开放史、社会主义发展史相关藏品的专业化收藏，并注重旧城改造、城乡建设等反映经济社会发展变迁物证的征藏。同年 12 月，国家文物局制订《革命文物保护利用“十四五”专项规划》，特别强调要加强反映中国特色社会主义新时代历史性成就和历史性变革的实物、藏品征集与研究。

近年来，国内一些博物馆积极响应国家号召，逐步转变观念，“为明天收藏今天”，及时记录经济、社会发展的历史印记，多渠道征集当代物证，并在一些重大节庆日、纪念日相继推出一些专题性展览。例如，2018 年，“伟大的变革——庆祝改革开放四十周年大型展览”在国家博物馆开幕，展览运用 2000 余张历史图片、700 余件重要展品，充分展示 40 年来特别是党的十八大以来，我国经济、社会产生的巨大变化。展览开放共 4 个多月，观众累计达 423 万人次，留言 312 万字，网上展馆点击浏览量 4.03 亿次。它的成功无疑说明了博物馆不仅在体现人类过往历史和文明成就的展览方面具有吸引力，同时，以中国现当代文明和发展成就为主题的展览也同样具有广泛受众和广阔市场，这也为新时代博物馆如何多视角打造明星 IP、提升博物馆人气和流量，提供了新的契机和思考。

2020 年 2 月开始，为有效记录新冠疫情防控中涌现的感人事迹，湖北省博物馆、武汉博物馆、武汉革命博物馆等湖北省内的博物馆启动抗疫物证征集活动。仅仅 3 个多月就征集到近 20000 件物证，举办了“人民至上　生命至上——抗击新冠肺炎疫情专题展览”。同时，孙中山大元帅府纪念馆、深圳博物馆等博物馆也陆续开展了抗疫物证资料的征集。2021 年 8 月，沈阳博物馆推出“百万收藏计划”，提出要在 5—10 年内收藏 100 万件当地民众日常生活用品，打造全球最大的城市居民日常生

图 5　1962 与 2020 年从香港看深圳对比

活记录、展示和研究中心，让沈阳博物馆成为真正意义上的“人民的博物馆”。无独有偶，同年 10 月，杭州博物馆也推出了“百万收藏计划”，计划用 10 年时间，征集能展现杭州人民生活履迹、具有浓重杭州文化印迹、体现杭州城市发展建设历程的物证，要把杭州博物馆打造成“百姓的博物馆”。

总之，当代物证有其明确的时间上限，征集范围涉及各领域、各行业、各类事件、各类代表性人物等，类型多样，其价值也主要体现在历史、社会、文化以及纪念意义与教育作用方面，而相对弱化科学价值与艺术价值。在国家政策支持下，国内部分博物馆的初步探索也为进一步开展当代物证的征集提供了经验，打下了一定的基础。

二、当代物证征集的重要意义

开展当代物证的征集，既是博物馆落实国家战略、服务中心工作、留存城市记忆的使命和责任，也是满足博物馆自身发展、优化藏品结构、举办群众喜闻乐见的展览、实现长远发展的需要。

（一）践行服务中心工作、留存城市记忆的使命

博物馆是时代发展变化的见证者、参与者。收藏、研究、展示和利用新中国成立以来，特别是改革开放伟大历史进程中产生的数量庞大的佐证我国发展巨变的各类物证，举办富有激励作用和社会教育意义的主题展览，有利于及时传播以伟大建党精神为源头的中国共产党人精神谱系，践行社会主义核心价值观，传承和弘扬以爱国主义为核心的民族精神和以改革创新为核心的时代精神。例如，反映城市变迁的历史照片、视频是留存城市记忆最直观的载体，是不可再生的财富，及时收藏并保管好它们，对于记录区域发展历史、宣传区域发展成就，对于促进招商引资、吸引人才、文化旅游等区域中心工作具有重要的现实意义。

（二）拓宽博物馆征集范围

一些综合类博物馆长期以来把文物征集的重点放在古代艺术品上，忽略了对近现代时期尤其是当代历史见证物的收藏。但是古代文物本身珍稀，有些博物馆，特别是基层博物馆，藏品年度增加量极低。新的历史条件下，博物馆应该加强当代物证的征集、抢救和保护工作，重点征集有代表性和典型性、富有历史价值和教育价值的物证，为博物馆长远发展打下坚实的藏品基础。例如，深圳博物馆多年来开展当代物证，特别是改革开放物证的征集，每年收藏数量都在增加。深圳博物馆自1981年获批筹建以来，就以深圳本地历史物证为重点征集方向，在全国较早开展当代物证的征集。40年来，深圳博物馆收藏的当代物证数量达24.4万余件/套，包括实物藏品5.4万余件/套，非实物藏品19万余件/套。其中，现有珍贵文物140件/套，包括二级文物4件，三级文物136件。

（三）丰富博物馆展陈内容

博物馆应根据自身定位，推出主题丰富、形式新颖的陈列，满足群众多层次、多方面、多样化的精神文化需求，充分发挥社会教育功能。推出当代史展陈，特别是改革开放主题展览，既是开展“四史”学习教育、充分实现社会效益的需要，也是吸引观众参观、增加观众量、提高博物馆知名度的需要。改革开放主题展览因其贴近现实、贴近生活、贴近观众的特点，可与观众实现较高的互动性，这是古代主题、近代主题展览不具备的优势。以深圳博物馆 2021 年 8 月举办的“追梦——我与深圳的故事”展览为例，该展览以“致敬每一位追梦人”为主线，以追梦者个人、群体的奋斗故事为视角，选取改革开放以来基建工程兵、港商、打工者、特区干部、创业创新者五个群体，讲述“我”到深圳追梦、筑梦、圆梦的奋斗故事，折射深圳城市变迁的历史。展览结束后共收集到 1200 余份观众留言，取得了良好的社会效果。

三、当代物证的主要类型和范围

当代物证涵盖新中国成立以来各个时期的物证，时间跨度大，领域广泛，数量庞大，类型多样。为明晰征集思路、推进征集工作，有必要对当代物证的主要类型与范围进行较为明晰的界定。

（一）主要类型

当代物证可主要分为三大类：一是反映当代历史发展过程中具有里程碑意义的重大事件的物证；二是反映当代历史发展过程中具有标志性意义事件、重要历史人物的物证；三是反映社会变迁、人民生活变化的各类物证。在此基础上，还可以根据其属性和用途再进行细分。

（二）主要范围

当代物证征集范围涉及事件（重要时间节点）、人物（重要历史人物、著名人士）、空间（区域及分布）、领域（经济、政治、文化、社会、生态、党建等方面）、行业范围等。从物证的属性及用途等方面来看，当代物证主要分为以下 9 个大类：

文献档案（含公文、题词、手稿、标语、报刊等）、影音资料（含照片、录音带、唱片、录像带、电影拷贝等）、文学与艺术作品（含文学作品、书法、绘画、剪纸、雕塑等）、证章牌匾（含各类奖章、徽章、奖杯、纪念章、证书、牌匾、门牌以及其他标识物等）、票据（含各种邮品、门票、车票、债券、侨汇券、股票认购证、粮票、布票等）、生活用品用具（含家具、家用电器、通信工具、交通工具等）、生产设备和产品（含农林牧副渔、手工业、工业、商业等各行业设备装备及其产品）、与重大事件或重要人物相关的物品及其他。

四、当代物证征集的标准及流程

当代物证因其自身特点和承载的特殊价值，其入藏标准也有自身的特殊性，可侧重于物证的代表性、稀缺性与广泛性。从普遍意义来看，当代物证不具有古代文物、近代文物的脆弱性，可在遵循博物馆藏品常规征集流程的基础上，根据物证的质地情况，建立符合当代物证特点的征集流程和藏品账目管理体系。

（一）征集的标准

传统意义上的文物收藏标准侧重于文物承载的历史、艺术和科学价值（或仅具其一，或兼而有之），但开展当代物证的征集工作主要是为满足丰富馆藏体系、筹办当代主题展览的需要，若严格按照上述三类价值标准挑选，则可纳入征集范围的物证并不多。

根据当代物证的特点，入藏物证可符合三项标准：一是具有代表性，物证要具有历史价值、社会价值、文化价值，具有纪念意义和教育作用，较客观反映历史和成就，与历史事件具有直接或较强的关联性；二是具有稀缺性，物证因经济、社会发展快速变迁而濒临消失，或因承载历史事件的特殊性而具有唯一性；三是具有广泛性，针对综合性博物馆来说，有些物证可能不具有上述两个特点，但为了全面反映历史与成就，可不局限于某个专题，或局限于成就类物证，可开展全领域、系统性、广泛性收藏。针对行业博物馆来说，广泛性主要体现在该领域的时间延续性、全链条、各环节上，不局限于某个时间段、某个人物的征集。

国内大中型综合性博物馆可依托较强的专业力量、良好的库房保管条件、充裕的展览展示场地以及一定的经费保障，以更加开放的姿态面向社会，从有价值、有代表性的物证开始，在普遍性基础上开展重点征集。县级以下博物馆可根据办馆宗旨与发展定位，立足本地实际，不求多，不求全，可开展反映某一领域、某一时间阶段、某一主题的物证征集，形成特色馆藏。行业博物馆及非国有的专题性博物馆，可利用行业优势，在深度研究的基础上深挖资源，开展全方位、有重点的专题性藏品征集。

（二）征集的流程

按照《文物保护法》《博物馆条例》《博物馆藏品管理办法》《国有博物馆藏品征集规程》等有关规定，国有博物馆开展当代物证征集工作，可结合工作实际，按以下流程进行（非国有博物馆可参考，并简化某些流程）。

首先，建立藏品征集工作领导机构和执行机构。由各博物馆馆领导、藏品征集负责人、财务部门及馆纪检人员等组成藏品征集工作领导小组，负责制订本馆当代物证征集工作规划，审批征集计划，决定征集经费的管理和使用。由博物馆内相关业务人员组成当代物证征集工作小组，作为征集工作的日常执行机构，负责寻找物证线索，掌握相关物证的存世、分布情况，制订征集方案，具体开展征集工作。设立藏品征集鉴定专家库，负责征集过程中的鉴定、评估工作。

其次，发布征集公告（针对大规模征集）。征集工作小组向藏品征集工作领导小组提交征集方案，审批同意后，报上级主管部门批准；由上级主管部门上报省、市或当地政府，启动由党委或政府有关部门主导，其他相关部门分工合作、职责明确的征集工作，充分调动社会各界力量参与；以党委、政府的名义向各党政机关、各有关单位下发征集通知，并在各有关媒体（含自媒体）发布征集公告。

再次，藏品征集方式和流程。购买：征集工作小组采集征集信息，商定征集意向；联系专家鉴定；向征集工作领导小组提交征集意向书面申请、征集清单（含藏品基本信息、图片及专家鉴定意见与估价）；征集工作领导小组议定征集与否及成交价；按程序上报上级部门批准后，与卖家签订合同，按有关规定办理付款手续；所购藏品入库 5 个工作日内，征集人员、总账员与库房保管员办理移交、拨库手续。征集人员向总账员提交购买合同、征集清单、审批表、专家鉴定意见等原件存档；办理财务支付手续。接受捐赠：征集工作小组获取捐赠信息，核实物品的来源及所有权情况；向征集工作领导小组提交接受捐赠意向书面申请、捐赠清单（含藏品基本信息、图片等）；征集工作领导小组召开征集会议，议定是否接受捐赠；与捐赠者签订捐赠合同；捐赠文物入库 5 个工作日内，征集人员、总账员与库房保管员办理移交、拨库手续；征集人员向总账提交捐赠合同、捐赠清单、审批表、专家鉴定意见等原件存档；颁发捐赠证书；办理财务支付手续。对需要捐赠奖励的，联系专家鉴定并取得鉴定与估价意见。

复次，登记入账。物证按照藏品和资料两类进行分类管理：藏品是指具有历史、社会、文化价值，有重要教育意义和纪念价值的物证，此处与“文物”概念等同；资料是指具有展出观赏价值，但在短期内尚不具备认定为藏品的物证。资料的保管流程与藏品相同。藏品管理部门负责将认定为藏品的物证登入总账，将资料另行登记造册。藏品可按照文物认定、定级程序进行认定定级工作。信息采集：藏品按基本信息、附录信息、影像信息和收藏单位信息等进行采集，并填写相关表格。登记建档：对藏品进行分类、登记，填写藏品总登记账、藏品分类账，按照《藏品档案规范》建立藏品档案。

最后，登录基本信息要求。含基本信息（收藏单位、藏品总登记号、名称、原名、级别、类别、年代、质地、尺寸、来源、质量、完残程度、保存状态数量、入藏时间、录入人、录入日期、备注）、附录信息（保管信息，基本情况描述，鉴定信息，重要内涵与历史意义信息，创作者、所有者、使用者等关键人物信息，时代背景、历史文化背景、社会环境信息，来源信息，流传经历，损坏记录，修复记录，移动记录，展出信息，著录信息，研究信息）、影像信息（物证原始影像信息及入馆时采集的影像信息）等。

开展当代物证的征集是适应博物馆职能转变和扩宽藏品体系的需要，现已逐渐引起各类文博机构的重视，当代物证已在博物馆的藏品体系中占有一定的分量。

根据国家有关要求，博物馆要开展高质量的当代物证征集工作，在质与量两个方面实现突破，必须对当代物证在入藏标准、征集范围、类型划分、征集流程等方面继续深入研究，应在人力、物力等方面积极投入，配备专业力量，加强对本区域、本行业、本领域的历史研究，主动开展带有研究性质的征集、抢救性征集、日常性征集和专题性征集，征集更有价值的物证，将征集工作做出亮点，敏锐地挖掘物证的价值和内涵，为后续进行展示、文创产品开发等活化利用提供坚实支撑。

深圳博物馆崔孝松执笔

博物馆藏品管理

藏品是传统意义上的博物馆“业务活动的物质基础”，博物馆工作的绝大部分与藏品相关联，藏品管理工作也就牵涉到了博物馆的方方面面。随着博物馆事业的发展和内部分工越来越细化，在原来的藏品管理功能上分解出来的如藏品征集、文物保护修复、藏品研究、展览内容策划等工作在归类上也有了不同的标准并分设为不同的部门。本文对于博物馆藏品管理的讨论仅从当下藏品管理日常工作部门所直接承担的工作且与藏品发生直接联系的业务展开，主要包括藏品在库房和在展厅内的管理两大部分，藏品征集另有专门章节论述，仅稍提及。

一、藏品管理工作现状

藏品管理的状况反映了一个地区博物馆事业发展的综合能力和水平，充分认识和分析所在区域藏品管理的状况，对提升博物馆的内部管理和实现博物馆的目标使命有着重要的作用。以广东省为例，当前博物馆的藏品管理有以下特点。

（一）藏品整体分布不均衡

从《广东省 2020 年度博物馆事业发展报告》给出的数据来看，2020 年全省藏品数量排名前 10 的博物馆中，1 家在粤东（河源市博物馆），1 家在粤北（广东中国客家博物馆），1 家在粤西（广东海上丝绸之路博物馆），另外 7 家在珠三角。从藏品数量看，前 10 家博物馆共有藏品 158.38 万件 / 套，占当年全省藏品 243.23 万件 / 套的 65.12%；而在前 10 名的博物馆藏品数量中，珠三角 7 家博物馆的藏品数量共 149.06 万件 / 套，占前 10 名藏品总量的 94.12%。而《广东省 2021 年度博物馆事业发展报告》数据显示，当年全省藏品总量 251.98 万件 / 套，藏品数量前 10 的博物馆中，地域分布没有变，佛山市博物馆进入前 10，孙中山故居纪念馆退出，其中珠三角的 7 家博物馆藏品数量总数为 242.42 万件 / 套，占前 10 家博物馆总数的 96.21%。藏品相对集中分布在珠三角地区，这与社会经济发展水平相关，藏品分布不均衡，藏品管理水平也参差不齐。

（二）藏品管理资金投入不充分

广东省从 2020 年开始，已经连续两年编制全省博物馆事业发展报告，但是并没有专门章节对全省博物馆的经费投入进行论述，也极少有专家从经费投入方面对此进行研究。作为广东省内最大的综合性博物馆的广东省博物馆，2010 年新馆建设一次性建成标准化库房后，除了征集经费约 1500 万元 / 年（仅用于藏品），征集工作经费约 50 万元 / 年（用于库房维护、文物保护和征集工作），藏品建档约 12 万元 / 年，实际上每年在藏品管理上的投入仅限于日常的设备维护维修、标准化库房因特殊温湿度要求所产生的水电费、因标准化库房所需的安防消防的系统更新和耗材更换费用。这种标准化的库房建设，在广东全省藏品数量排名前 10 的博物馆当中，也仅有广东省博物馆和深圳博物馆 2 家。至于文物征集专项经费，能够得到年度财政在一定程度上保障的仅广东省博物馆、广州、深圳、珠海等寥寥几家地市级以上博物馆。2015 年刘丽团发表在《客家文博》上的《广东省文物事业经费投入分析与预测》就曾以 2014 年的财政数据为例，计算出“粤东西北 12 地市的文物事业费仅占珠三角 9 市文物事业费的 16.4%”，这个宏观分析虽然没有涉及每个博物馆内部的资金分布情况，但其“地区间文物事业费不平衡”的结论同样是适用于藏品管理的资金分布的。

（三）从业人员专业背景复杂

从事博物馆藏品管理工作的人员，主要是指在库房直接从事藏品管理工作的人员。广东省博物馆的藏品管理部人员在全省是数一数二的，在编人数达 30 余人。由于历史等原因，藏品管理员有从早期的企业、工厂转过来的在编工人，有部队退伍、复员的军人，这批人的专业背景也比较复杂，工程、机电、维修、计算机等都有，随着近些年事业发展和人员更替，补充了一批新鲜血液，博物馆学、历史学、人类学等专业学科的人员比例逐渐增大。藏品管理相关工作人员不专业的状况在基层博物馆尤为凸显。在珠三角以外的地市及以下的博物馆，编制内人员仅数个或十数个，同样出于历史原因，从业人员专业背景也很复杂，近些年虽有好转，但在轮岗制下，从文化院团、企业、文化馆、图书馆等兄弟单位转岗而来的馆长也不在少数，将“藏品库房”定义为“一般仓库”的不乏其人，库房管理人员的基本职责被定义为“开门（锁）”“关门（锁）”也似乎理所当然。

（四）行业的系统性专业培训较少

尽管收藏即藏品管理工作是博物馆三大基本职能之一，是博物馆开展其他业务的基础，但在日常工作中，博物馆却往往忽视对其从业人员进行系统的专业培训。截至本文成稿时，中国博物馆协会有官方网站“专业培训”栏目所发布的信息，仅“博物馆系统新入职员工培训班”中有藏品管理的培训内容，没有针对在职人员在藏品管理方面的培训。广东省博物馆协会藏品管理专业委员会于 2016 年 6 月设立，2017 年 5 月举办了藏品管理培训班，2019 年 1 月举办了专题培训讲座，2020 年在清远连南和广州天河分别举办了“2020 年度文物藏品操作规范管理培训”，2021 年联合清远市博物馆和广州市荔湾区博物馆（广州十三行博物馆）举办“拓片操作规范培训班”和“文物操作规范培训班”，这是为数不多的主要针对在职在岗博物馆从业人员的培训。或许正是因为藏品管理工作太过于基础，才太容易被从业者乃至管理者所忽视，以致在一些基层博物馆，藏品管理工作从业者在博物馆工作若干年后，连“有耳不能提”“有把不能抓”“文物不过手”这样的常识都不懂，也就更谈不上规范、科学的管理。

（五）行业管理的政策性、标准性文件落实难

关于博物馆藏品管理规范化建设，最直接的依据就是文化部 1986 年 6 月公布的《博物馆藏品管理办法》（文物字〔1986〕第 730 号），主要从藏品保护的必要性和重要性，藏品分级分类，对管理工作人员的要求，藏品的保管利用，藏品的接收、鉴定、登账、编目和建档，藏品库房管理，藏品的提借、注销和统计，藏品的保养、修复和复制等方面对藏品管理工作进行了流程化、规范化的规定。与之相关联的有

2015年6月发布的《博物馆建筑设计规范》(JGJ 66—2015),在博物馆的库房建设方面做出了进一步要求;2009年2月发布的《文物藏品档案规范》(WW/T 0020—2008),对“在文物藏品征集、鉴定、入藏、编目、保管、保护、利用和研究等工作过程中形成的有关文物本体属性、文物管理工作和其他相关事项的历史记录,形式有文字、图表、照片、拓片、摹本、电子文件等”进行了进一步规范;2013年8月修订的《馆藏文物登录规范》(WW/T 0017—2013),对“由文物单位正式入藏并登记入账的文物”“进行鉴定、登记、管理、备案、维护及相关信息记录的过程”进行了进一步规范;等等。如前述的几个原因,很多基层博物馆从业者对相关政策重视度不高,甚至连博物馆管理层都不知道有这些文件,不知道从何处获取,对文件的内容更知之甚少,遑论贯彻落实了。

二、藏品入藏的基本程序

入藏是博物馆藏品管理的第一道关,对博物馆而言,一件“藏品”在入藏之前,只是一件“物品”或者“商品”,只是“准藏品”,只有办理完入藏手续才是真正的“藏品”。入藏工作也是博物馆藏品管理工作的起点,在通常情况下,博物馆的藏品入藏是按照资产购入的基本程序进行的,但又与一般的资产管理程序不一样,作为博物馆的一项专业工作,博物馆藏品入藏需要经过鉴定、征集、点交、拨库、保护处理等几道基本程序。

(一)鉴定

在明确征集对象来源合法性后,需要先对其进行真伪的鉴定。一般由博物馆邀请专门的鉴定专家(一般委托鉴定站或者鉴定委员会派员)进行,也有些地方从向文物行政主管部门报备的征集办法所建立的专家库中抽取,内容包括对该物品的年代、材质、工艺、出土地、流传次序等信息进行核定。藏品的入藏鉴定,一般情况下采取专家组鉴定一票否决制。

(二)议价

确定藏品来源合法且真实可靠后,会根据不同的来源对藏品进行征集,这里主要讲议价。一般情况下采用专家组分别估价、综合评分再进行谈价的方式进行。为确保程序合规，估价专家一般由博物馆从签订了保密协议的专家库中随机抽取，密封报价，博物馆专门谈价小组负责，取专家报价的平均价作为参考，并与对方现场谈价确认。

（三）点交

谈价完成，履行完支付手续，就要进行点交。“点交”的字面意思显而易见，就是“清点”和“交付”。对于博物馆行业而言，它有着特殊的重要意义，但一些不规范的博物馆或者其他非国有文博机构，往往容易忽视点交工作。而且，点交并不仅仅发生在藏品入藏的时候，藏品每一次离开上一个管理者，包括每一次进出库、布展撤展等，都必须履行点交手续。一般情况下，藏品入藏的点交在博物馆里进行，有条件的博物馆会在其周转库房进行，有时候也会邀请鉴定专家在场。博物馆工作人员对藏品的真实性、来源合法性、完残情况及其他信息进行核验后，拍摄小样，填写藏品信息卡片，与移交方在移交清单上签字并提交，以单位的名义进行确认。

（四）建档

藏品作为博物馆的固定资产，必须建有专门的账目。博物馆的藏品管理部门一般设有专门人员负责登记管理藏品在库房进出的账册，藏品账包括总账册和分类账两个大类。如 2015 年《博物馆条例》规定：“博物馆应当建立藏品账目及档案。藏品属于文物的，应当区分文物等级，单独设置文物档案，建立严格的管理制度，并报文物主管部门备案。”2017 年《广州市博物馆规定》规定：“博物馆应当自登记之日起十二个月内建立电子和纸质的藏品总账、分类账及档案，并报文物行政主管部门备案。”“博物馆应当在新取得的藏品入库之日起三十日内建立电子和纸质的藏品档案，并同时登入藏品总账和分类账。”

（五）保护处理

保护处理是藏品进入库房之前实施初步的修补、熏蒸、消杀等相关措施，其目的是避免藏品带有外界的病虫害、霉菌等。藏品在进入正式库房后，可能因库房存在不利于保存的因素导致藏品状况持续恶化，也可能在长期放置过程中因环境、病害等因素受到损坏，甚至还可能导致库房其他藏品损坏。有条件的博物馆会有专门的藏品保护队伍，并建有自己的藏品消杀室；不具备条件的博物馆，则邀请具备条件的馆派员协助或者将藏品送至该馆进行处理。

（六）拨库

履行拨库手续是博物馆藏品正式进入国家藏品管理体系的重要环节。藏品履行完征集手续被征集回馆往往是一批过的，因工作人员的工作量、时间等因素，尚未将其纳入本馆的藏品管理体系当中，因此这批藏品在这个时间节点仍停留在一般意义的固定资产状态中，从“资产账”到“藏品账”的过程就是“拨库”的过程，这个“库”是国家所承认的统一的“藏品库”，这也就意味着藏品正式“上户口”了，每一件 / 套藏品都对应唯一的“户口”，身份的提高导致其管理的要求也相应提高了。

三、藏品在不同空间的管理

一件物品或者商品在正式入藏后，便成为博物馆的藏品，从而真正纳入藏品管理阶段。藏品管理是一个动态的过程，存在于藏品的整个存续周期中，就藏品所处的空间而言，主要可以分为库房的藏品管理、展厅内的藏品管理以及非常规状态下的藏品管理几个大类。

（一）库房的藏品管理

库房的藏品管理很多时候被认为就是库房里面的工作，尽管它不是管理工作的唯一，却是所有博物馆管理工作的重中之重。

1. 硬件建设

2015 年 6 月 30 日发布、2016 年 2 月 1 日起实施的《博物馆建筑设计规范》对博物馆的硬件建设提出了明确的要求，其中就包含了对藏品库房的建筑设计要求，尤其对珍贵文物的保存条件从建筑上就提出了要求：“重点保护的一级文物、标本等珍贵藏品应独立设置库房。”我国的文物管理体系将文物分为珍贵文物和一般文物，其中珍贵文物又分为一、二、三级文物，这里仅仅讨论一般意义上的博物馆藏品。作为藏品管理的最主要区域，库房的硬件建设上有几个需要注意的点，包括库房的选址，既要考虑藏品进出的便利性，更要考虑藏品的安全性。库门的安装，一般参照银行金库大门的要求来执行，甚至更加严格。以广东省博物馆为例，库门分总库大门和分库门，总库大门设置有电子密码锁、人工锁、指纹锁，且须藏品管理部负责人和两位分库工作人员同时到场才能打开；分库门至少有两把钥匙，分别掌握在两位不同的库房管理员手中，须他们同时到场才能打开。针对不同材质的藏品，还需要配备专业的环境控制系统进行调节。

表 1　藏品保存环境的温度、相对湿度标准

材质	藏品	温度（℃）	相对湿度（%）
金属	青铜器、铁器、金银器、金属币	20	0~40
	锡器、铅器	25	0~40
	珐琅器、搪瓷器	20	40~50
硅酸盐	陶器、陶俑、唐三彩、紫砂器、砖瓦	20	40~50
	瓷器	20	40~50
	玻璃器	20	0~40
岩石	石器、碑刻、石雕、石砚、画像石、岩画、玉器、宝石	20	40~50
	古生物化石、岩矿标本	20	40~50
	彩绘泥塑、壁画	20	40~50
纸类	纸张、文献、经卷、书法、国画、书籍、拓片、邮票	20	50~60
纺织品类、油画等	丝毛棉麻纺织品、织绣、服装、帛书、唐卡、油画	20	50~60
竹木类制品	漆、木器、木雕、竹器、藤器、家具、版画	20	50~60
动植物材料	象牙制品、甲骨制品、角制品、贝壳制品	20	50~60
	皮革、皮毛	5	50~60
	动物标本、植物标本	20	50~60
其他	黑白照片及胶片	15	40~50
	彩色照片及胶片	0	40~50

注：本表引自《博物馆建筑设计规范》表 6.0.3）

2. 管理制度

要做好藏品管理工作，管理制度的建立非常关键。国家文物局 1985 年颁发的《博物馆藏品管理办法》无疑是各博物馆制定藏品管理制度的最直接依据，尤其是第二条规定“藏品必须区分等级，一般分为一、二、三级。其中，一级藏品必须重点保管”，对一级藏品的“建档”“提借”“调拨”“交换”“修复”“复制”等等，均有更严格的要求。目前已第三次修订的《文物保护法》跟 2015 年出台的《博物馆条例》则是博物馆发展新形势下藏品管理制度制订的核心依据。一般情况下，博物馆的藏品管理制度包括对工作人员的管理要求、对场所的管理要求、对藏品的管理要求以及对其他人员的管理要求等方面。广东省博物馆的《制度汇编》设置了“藏品保管工作制度”，包括“藏品库房管理规定”“藏品保管规定”“藏品安全操作规定”等 16 项内容。在对人的管理要求上，譬如同时进出库房的人员要求不得少于 2 人，专职库房管理员必须进行藏品清点以明确其责任等，都属于硬性要求。广州美术学院图书馆原馆长萧某模仿、调包百余幅名人书画一案和承德外八庙文物失窃案主角李某长达十余年的盗卖文物，根据媒体披露的案情，其能够得逞最主要的原因便是库房的管理制度长期不健全和执行不到位。

3. 藏品分类

将藏品进行分类管理是实现藏品科学管理和有效利用的重要工作。但是藏品的分类管理并没有统一的方法可供遵照执行，库房内的藏品分类管理主要还是得依托库房的条件。一般情况下可以将材质作为分类依据，如前所述，不同材质的藏品所需的库房环境可能不一样，对配套设备设施的要求也不一样，如此便出现陶瓷库、书画库、杂项库等；也可能根据年代进行分类，以便于能更快速进行查找，便有了秦汉库、隋唐库、明清库、近现代库等；一些出土文物较多的地方，也可能根据文物出土的墓葬进行分类，便专门以墓葬的名称命名该库；等等。这些分类根据博物馆藏品数量、收藏重心、库房现实条件等均可能不同，但其最基本的原则还是便于管理和利用。

4. 藏品定名与定级

藏品定名是藏品管理的一项重要工作，《博物馆藏品管理办法》第八条第二款规定：“自然标本按照国际通用的有关动物、植物、矿物和岩石的命名法规定名；历史文物定名一般应有三个组成部分，即：年代、款识或作者；特征、纹饰或颜色；器形或用途。”藏品定名可由博物馆工作人员遵循命名规则研究确定。2001 年 4 月，原文化部发布《文物藏品定级标准》，规定："文物藏品分为珍贵文物和一般文物。珍贵文物分为一、二、三级。具有特别重要历史、艺术、科学价值的代表性文物为一级文物；具有重要历史、艺术、科学价值的为二级文物；具有比较重要历史、艺术、科学价值的为三级文物。具有一定历史、艺术、科学价值的为一般文物。"并规定："博物馆、文物单位等有关文物收藏机构，均可用本标准对其文物藏品鉴选和定级。社会上其他散存的文物，需要定级时，可照此执行。"一般情况下，博物馆不自行进行文物定级，而是邀请鉴定站的专家进行鉴定，同时进行定级。

5. 藏品提借与归库

藏品提借与归库是藏品管理中相当重要的工作。对于博物馆而言，藏品不仅仅是要保存好，更重要的是利用好，"让文物活起来"就是为了更好发挥藏品的作用。博物馆藏品因为原创展、对外交流展、鉴赏等目的，藏品本体需要从库房转移到展厅、鉴赏室或者外单位等场所，一旦脱离原库房管理人员的管理范围，就必须由下一环节的工作人员（如负责展览筹备、对外交流、接待等工作的人员）填写藏品提借单，按程序进行藏品提借。藏品提借过程中，必须履行如前所述的点交工作，在藏品使用完毕后，同样进行点交，让藏品归库。

（二）展厅内的藏品管理

展厅内的藏品管理很多时候也被狭义地理解为"藏品保护"。实际上，展厅内的藏品管理还包括布展过程中的管理、展厅内的藏品移交、展厅环境的管理以及藏品保护等。

1. 藏品提借

藏品能够进入展厅，是因为布展工作人员基于展览的需要，向库房管理人员提借了它们。在布展期间，藏品本体的管理责任一般在布展工作人员。藏品对应的位置、藏品进出所用的搬运工具和囊匣的安全操作、展托的材质、藏品摆放的姿势、展柜的钥匙管理、柜门的密封管理等，都是布展过程中需要根据藏品的特性特别留意的事项，也是布展过程中藏品管理的注意事项。

2. 藏品移交

展厅内的藏品移交是展厅内藏品管理的重要环节，也是明确管理责任和权限必不可少的环节。在规范的博物馆管理中，库房管理跟展厅管理的人员一般情况下是分开的。在大量向社会购买服务的今天，对于一些较大型的综合博物馆而言，展厅管理人员甚至可能是物业员工。因此，在布展完毕后，一般由布展人员将完成布展的藏品逐一与展厅管理人员核对确认，甚至拍照存档，即将展览现场藏品的管理权限及责任移交给展厅管理人员。撤展前，根据当时现场情况与布展完成后的现场情况，由展厅管理人员与布展人员再次核对确认后，由布展工作人员开柜撤展。

3. 藏品封存

对于藏品而言，展厅环境的管理包括布撤展期间的管理以及展览开放后的管理两大部分。布展期间，对于没有及时上展的藏品，应先归库或者锁入展厅内的展柜内，贴上封条，明确现场管理责任；撤展的时候，如无法当天撤完，也应将先撤下的藏品清点、锁好并贴上封条。布展完成后，展厅的藏品管理主要是防止观众对展览现场的藏品做出危害行为，或者及时检查、发现和制止可能危及藏品安全的各种意外情况发生。

4. 展厅的藏品保护

之所以将藏品保护作为展厅藏品管理的重要工作，是因为一般情况下展厅的情况比库房要特殊和复杂。就现状而言，有些博物馆的展厅是有备恒温恒湿设备的，能够按要求设置、维持藏品展出期间所需的最佳环境；但对大多数博物馆而言，都是个别展柜装有恒温恒湿设备，或者仅靠空调等调节整个展厅的温湿度进而达到调节展柜内温湿度的目的。因此，在不具备整体改造的条件下，对藏品展示环境进行局部改造，或者对重点藏品的温湿度进行监控监测就显得非常必要了。灯光对藏品的影响，特别是对纸类、绢类藏品的影响，也是藏品在展厅展出的时候需要重点注意的事项。

（三）非常规状态下的藏品管理

非常规状态下的藏品管理是相对于藏品在库房和展厅时而言的。藏品除了处于上述两个空间外，还可能因为各种原因存在于其他不同的空间，而藏品处于这些空间的管理，往往容易被从业者忽视。

1. 在途运输的藏品管理

所谓“在途运输的藏品”是指因为交流等原因，从库房提借出来以后由本馆工作人员或者委托社会第三方，通过合适的交通工具，运往库房以外地方的藏品。经历的路途较远、面临的情况复杂多变是其特点。在途运输的藏品管理，首先要考虑的是外包装的处理，一般需要根据材质、器型量身定做专门的囊匣、包装柜等；其次要选择有经验的工作人员或者社会第三方；再次要尽量选择具备一定温湿度和监控设备的运输工具；最后要考虑，如果需要在外过夜，在藏品不离开运输工具的情况下，运输工具所停放的区域必须处于24小时的无死角监控之下。

2. 因修复或整理而离开库房的藏品管理

有条件的博物馆设置有专门藏品修复部门的，这个部门的硬件建设亦应该基本符合库房的环境要求；需要从事珍贵文物（一、二、三级文物）修复的场所，甚至要更加优化。因此，管理的重点在藏品修复的操作以及工作流程的规范上。如果设置有专门的修复部门，但硬件建设暂未达到存放文物的标准，当天修复工作结束后，藏品应及时归库。对提借进行整理的藏品亦有同样要求。

3. 为鉴赏等提借的藏品管理

博物馆出于研究、交流等需要，往往需要提借藏品进行鉴赏。为鉴赏而提借藏品的管理中最关键的一点是：前来鉴赏的人员一般情况下不得接触藏品。由不少于2位藏品管理工作人员直接负责藏品从库房到鉴赏空间的搬运、转移工作，不假借他人，工作人员不离开藏品，同样应按照程序办理提借手续，鉴赏完后直接归库。为尽可能保障藏品的安全，一般在靠近库房的区域或者在总库大门内调剂出一个空间，专门设置一个“鉴赏室”。

4. 非入藏“藏品”的管理

《博物馆管理办法》第二十一条规定：“已进馆的文物、标本中，经鉴定不够入藏标准的，或已入藏的文物、标本中经再次鉴定，确认不够入藏标准、无保存价值的，应另行建立专库存放，谨慎处理。必须处理的，由本单位的学术委员会或社会上的有关专家复核审议后分门别类造具处理品清单，报主管文物行政部门批准后，妥善处理。”实际上，国家实行博物馆评估定级，对“藏品规模”做出对应的要求之后，一些博物馆因为受到征集条件的制约，可能在某一时期或者某次征集一定数量的藏品，先进行资产性的登记管理，这类“已进馆的文物、标本”，并非不够入藏标准，博物馆会根据实际业务的需要，逐步分批次办理入藏手续。因此，它们的管理，除了登记账有所区别，日常管理基本上是按照库房文物来进行的。藏品管理还有一项非常重要的工作，就是“藏品的保养、修复与复制”，本书另有章节进行专门论述；本书关于博物馆智能化和智慧博物馆建设的章节，也涉及如何将新技术应用于藏品管理，本文也就不再一一展开叙述。

2015年国务院发布《博物馆条例》，提出博物馆的设立必须要有一定数量的藏品；作为全国首个非国有博物馆管理办法的《广东省非国有博物馆管理办法》，更是对设立博物馆的最低藏品数量做出明确要求，两者对藏品质量也都有要求。藏品是博物馆存在的物质基础，也是社会评价博物馆综合实力的重要指标，做好藏品管理工作是博物馆可持续发展的根本所在，藏品管理同时又是一项系统工程，藏品在哪里，管理工作就在哪里。

广东美术馆胡锐韬、香港大学教育学院博士研究生潘杨柳执笔

博物馆藏品保护

文物藏品是博物馆业务活动的物质基础。文物保护修复是博物馆的基本业务，与博物馆其他业务密切相关。那么，一个博物馆如何从零基础起步，开展文物保护修复业务呢？本节将从文物保护修复的基本概念、基本原则、工作条件、工作管理、业务开展和相关政策法规等六个方面，探讨这一问题。

一、文物保护修复基本概念

（一）广义文物保护

在法律和行政层面，我国《文物保护法》（2017 年修正本）明确规定“一切机关、组织和个人都有依法保护文物的义务”，并强调“文物是不可再生的文化资源。国家加强文物保护的宣传教育，增强全民文物保护的意识，鼓励文物保护的科学研究，提高文物保护的科学技术水平”。这里的“保护”可以看作广义的。可以说，为防止文物受到损害而采取的一切措施，都属于广义的文物保护。

（二）狭义文物保护

在考古学中，一般认为文物是人类在历史发展过程中遗留下来的物质遗存。从科技角度看，文物是人类改造自然或影响自然而留下的物质印迹，热力学定律告诉我们，这些人为创造的物质印迹都存在自然老化的倾向，这是自然界的基本规律。比如，人类通过消耗能量从自然界的铜矿中冶炼出铜，铸造成青铜制品。这些青铜制品从被铸造出来就存在老化、腐蚀的自发趋势，即存在变回矿物的倾向。然而，文物能给人以美的享受、科技的启迪、文化的熏陶和历史的感悟，因此人们希望文物能得到长久保存。这样，文物老化的必然性和人们长久保存文物的愿望就产生了矛盾。为了缓解这一矛盾，文物保护技术就产生了。

文物保护的根本任务就是要延缓文物老化，并在必要和可能的情况下恢复其原有的状态或形貌。根据热力学第二定律，自然界中任何自发过程都不可能自动地复原，要复原必须借助外界的作用。保护修复就是一种外界的作用，对文物进行人为干预以减缓文物老化的速率，这是一种动力学的方法。在物理化学中，热力学主要研究化学反应的方向和限度问题，动力学则主要研究化学反应的速率和机理问题。从物理化学的角度看，文物保护的核心内容正是用动力学的方法和措施来控制热力学上自发的文物老化发生的速度。也就是说，把文物老化、蜕变的速度减缓，尽量延长文物存在的时间。因此，我们可以把通过科学技术措施延缓文物老化或一定程度上恢复其原有状态或形貌的行为，看作狭义文物保护。狭义文物保护可以分为本体保护和预防性保护两个方面：本体保护是直接接触文物本体的操作；预防性保护则不直接接触文物本体，通常借助环境调控或风险管理等手段以延缓文物老化或防止文物损坏。

需要说明的是，在上述狭义文物保护中，一般认为“保护”比“修复”的所指更广，“保护”包含“修复”。中国在20世纪50年代末现代科技介入馆藏文物保护之前，只有传统的“修复”，尽管不同文物的“修复”涉及不同的具体操作，但整体而言，可归纳为清洗、黏结、加固、补缺、矫形、做旧等直接接触文物本体的操作环节；现代科技介入之后，引入缓蚀、封护等延缓文物腐蚀、老化的化学材料，这些措施更多使用“保护”一词来概括；谈及“预防性保护”，有明确的共识，只说“保护”而不用“修复”一词；使用“保护修复”一词，往往意在同时涵盖技术层面的“保护”和“修复”。行业内，对于“保护”“修复”“保护修复”的使用，有时候是强调其中的细微差别，有时候也只是表达习惯，无意严格区分。

此外，文物可分为可移动文物和不可移动文物。博物馆收藏的文物称为馆藏文物，一般是可移动文物。本文重点讨论馆藏文物（可移动文物）保护。

二、文物保护修复基本原则

（一）文物保护修复理念的发展历史

人类的“修复”行为由来已久，接近现代意义上的文物保护修复的活动和理论一般认为从 200 多年前的西方开始。20 世纪，意大利的切萨雷・布兰迪和中国的梁思成有关保护修复的思想对中国文物保护修复理念和原则影响深远。在西方，19 世纪到 20 世纪中期关于文物保护修复理念原则的争论十分激烈，从法国的“艺术性修复”“风格性修复”，到英国的“保守性整修”，再到意大利的“历史性修复”“评价性修复”等，争论不断。从国际上来看，1931 年的《雅典宪章》、1964 年的《威尼斯宪章》和 1994 年的《奈良真实性文件》对现代文物保护理念影响较大。在中国，现代文物保护修复理念原则的总结主要从 20 世纪 30 年代开始，从“整旧如旧”，到以恢复原状或保存现状为原则，再到以不改变文物原状为原则。其中，《中国文物古迹保护准则》（2015 年修订版）构建了中国文物保护从价值认知到保护原则，再到保护实践的完整体系。该准则是在参照以 1964 年《威尼斯宪章》为代表的国际文物保护修复原则的基础上，结合中国文物古迹保护的具体情况和中国文物古迹保护工作长期的经验积累，由 ICOMOS 中国国家委员会制订的一份行业规则。需要说明的是，尽管《威尼斯宪章》《中国文物古迹保护准则》都主要以不可移动文物为对象探讨文物保护问题，但是其理念和原则同样适用于可移动文物的保护修复。

（二）当代普遍认可的文物保护修复原则

当代的文物保护修复是一项高度专业性的工作，其最终目的旨在保存和展示文物的价值，包括历史价值、艺术价值和科学价值。目前，普遍认可的文物保护修复原则主要包括：

第一，不改变原状原则（真实性原则）。不改变原状原则在我国文物保护历史实践中不断发展成熟。我国早期的文物保护法规中提到两个基本原则——保存现状和恢复原状。现行的《文物保护法》（2017 年修正本）规定，文物保护修复必须遵守不改变文物原状的原则。不改变原状原则实质上还是包含了保存现状和恢复原状两个层面。然而，必须特别注意，文物是历史的见证和载体，文物的价值不仅在于其最初制作或建造时被赋予的价值，还在于它本身所经历的历史。如果片面恢复了最初的“原貌”则可能造成历史信息的灭失，破坏文物的历史价值。因此，保护修复的前提是对文物进行全面的价值分析和评估，找到必须保存的现状和可以恢复的原状。文物价值判断及其保护必须坚持真实性。真实性（authenticity）是国际世界遗产引进我国文物保护的概念，后来也翻译为“原真性”。真实性是指文物本身的材料、工艺、设计及其环境和所反映的历史、文化、社会等相关信息的真实性。不改变原状原则和真实性原则对保护修复的基本要求是：保护现存实物原状与历史信息，以文物原始材料和确凿文献为依据，不能用臆测指导保护修复，不能为追求完整、风格统一或华丽而改变文物原状。

第二，最小干预原则。任何保护修复都是对文物本体的一种干预，这种干预势必会改变文物的存在状况。因此，应该尽可能减少干预。最小干预原则要求：为减少对文物本体的干预，应该优先考虑预防性保护；干预措施，应以延续现状，缓解损伤为主要目标，这种干预应当限制在保证文物安全的限度上，必须避免过度干预造成对文物价值和历史、文化信息的改变；凡是近期没有重大安全隐患的部分，除日常保养外不应更多干预；必须干预时，附加的措施只用在最必要的部分，并减少至最低限度，文物原有部分应得到最大程度的保留，添加和去除都应尽可能地避免。

第三，可识别原则。可识别原则是真实性原则的必然要求。可识别原则要求：尊重文物原有部分，修复添加的部分与文物原有部分既相协调又有所区别，外部特征远观一致，近看有区别；所有修复的部分都应有详细的档案记录和永久的年代标志。这样做的目的，是使人们能够识别哪些是当代修复添加的部分，哪些是文物修复之前历史遗留的原迹，以保持文物的真实性和历史信息可读性。

第四，可逆性原则（可再处理原则）。可逆性原则要求：保护修复措施应该易于去除，且这种去除不损坏文物原有部分。这一原则的考虑，主要是因为修复不能一劳永逸，且任何修复都存在一定的局限性，如修复材料本身也会老化、失效，或者将来有适宜的保护方法、材料出现，或者理念和原则发展、变化。因此，每次修复都有一定的时效性，存在将来再次修复的需求。那么，修复添加的部分最好能够轻易去除，且这种去除不损坏文物原有部分，即修复具有可逆性。但现实中，完全可逆的修复材料和技术很难实现，尤其是针对多空隙文物材料的渗透加固。因此，可逆性有时就妥协为可再处理性，即现有保护措施不妨碍以后再次对文物进行保护，在可能的情况下应当是可逆的。

三、文物保护修复工作条件

（一）工作场所

文物保护修复工作场所是指用于开展文物保护修复相关活动的工作区域或空间。一般包括设备室、实验室、修复室和其他辅助功能室，有时也包括特定的室外临时空间。文物保护修复工作场所应具备相应的基础设施和环境条件，包括间隔装修、给排水、供电、通风、采光与照明、空调与洁净、废物排放与环保、消防、安防等方面的条件。

1888 年，德国皇家博物馆创建世界上第一个文物保护实验室。我国的文物保护实验室建设起步较晚，20 世纪五六十年代，原中国历史博物馆、上海博物馆、南京博物院、甘肃省博物馆等一批博物馆建立了文物保护实验室。文物保护实验室的建立是博物馆文物保护工作科学化的重要标志，并且已经成为衡量一座博物馆综合实力的重要指标。

《博物馆管理办法》（文化部，2005 年）把设置文物保护技术场所作为申请设立博物馆的必备条件之一，要求博物馆建筑应当划分出相对自成系统的文物保护技术区。根据《可移动文物修复管理办法》（国家文物局，2014 年版及 2020 年修订），从事可移动文物保护修复的单位应当取得“可移动文物修复资质”，申请资质的单位，其文物保护修复的工作场所和技术设备应满足《可移动文物保护修复室规范化建设与仪器装备基本要求》（GB/T 30238—2013）规定的区域技术中心以上的标准条件和功能。该标准把区域技术中心定义为：具有重点发展、兼顾一般特色的可移动文物保护修复工作单位，即在 1—2 个重点发展方向上，具有较强的研究基础、装备水平和保护修复能力，同时也能兼顾其他文物保护修复以及科学研究的需求，在重点方向上具有开展文物保护修复技术科研攻关能力。该标准中，综合技术中心、区域技术中心和科技工作站构成文物保护修复三级网络体系，区域技术中心是其中间一级，而这一级是对修复资质单位的工作场所和技术设备的基本要求。

（二）工作场所的功能与面积

《可移动文物保护修复室规范化建设与仪器装备基本要求》（GB/T 30238—2013）标准要求，区域技术中心文物保护修复工作用房总面积参考值不低于 800 平方米（具体见表 1），其中文物保护修复操作室分为金属、陶瓷、石质、纺织品、纸张书画、壁画和漆木器等七类。实践中，应根据自身的保护修复业务需求，灵活选择配置，但注意要尽量按照文物材质的种类和保护修复工作的特点来分类设置功能用房。

表 1 区域中心文物保护修复工作用房及面积参考表

用房名称	数量（间）	面积（平方米）
办公室	2	40
仪器分析室	4	30
样品制备及前处理室	1	30
化学实验室	1	30
文物保护修复操作室	7	60
化学药品库	1	30
临时库房	1	30
照相绘图室	1	30
资料影像档案室	1	30

（三）工作场所的技术设备

文物保护修复工作场所的技术设备可分为基础设备、分析检测设备、保护修复专业设备三大类。基础设备一般是普通实验室的常规设备，可以用来开展文物保护修复的前期准备、基础操作、辅助工作。分析检测设备一般是用于探索物质成分、结构、微观形貌等信息的研究型设备，可以用来调查或研究文物的材质、制作工艺、保存环境、病害特征与机理、保护修复材料与工艺。保护修复专业设备一般是用于文物保护修复技术操作的专门设备。

《可移动文物保护修复室规范化建设与仪器装备基本要求》（GB/T 30238—2013）标准也列出了技术设备要求。实践中，应根据单位自身的保护修复业务需求和技术人员情况，从基础和实用起步，循序渐进，灵活选择配置。

（四）文物保护修复专业人员

无论从学术研究还是从当代文物保护修复实践方面看，文物保护修复涉及的学科都十分广泛。自然科学、农业科学、医药科学、工程与技术科学、人文与社会科学五大学科门类中，文物保护会涉及自然科学、工程与技术科学、人文与社会科学三个门类。国务院学位委员会和教育部颁布的13个学位学科门类中，与文物保护密切相关的就至少有4个：历史学、理学、工学、艺术学。从一级学科层面看，关系密切的有：考古学、物理学、化学、大气科学、地质学（矿物学）、生物学（微生物学）、科学技术史、材料科学与工程、建筑学、土木工程（岩土工程）、林业工程（木材料科学与技术）、纺织科学与工程、轻工技术与工程（造纸、皮革）、环境科学与工程、艺术学（美术学）等。从目前高校专业设置和人才培养方面来看，针对文博行业开设的专业或研究方向主要包括文物保护技术、文物修复、文物保护材料、科技考古、科技史等，起步较早的重点高校包括西北大学、复旦大学、北京大学、北京科技大学、中国科技大学等。现在，越来越多的高校开设了文物保护修复及相关的专业和研究方向。

从各单位实际人员配置来看，文物保护修复、科技考古、科技史、化学、物理、生物和材料科学等教育背景的人员最多。因此，实验室可以优先考虑录用这些背景人员，然后再根据业务发展，扩展补充其他专业人员。

对于文物保护修复专业人员来说，除了应该具备上述某方面的专业知识和技能外，还应该学习和遵守职业道德，其中就包括正确的文物保护修复理念与原则。

四、文物保护修复工作管理

（一）文物保护总要求

文物保护是文物工作的基础，必须重视文物保护工作。《文物保护法》（2017年修正本）立法目的强调“为加强对文物的保护”，并且明确文物工作贯彻“保护为主、抢救第一、合理利用、加强管理”十六字方针。

（二）文物保护修复的根本原则

前文已经介绍了文物保护修复的基本原则。在我国，《文物保护法》（2017年修正本）明文规定的一条原则是“不改变文物原状”，它适用于馆藏文物的修复，以及不可移动文物的修缮、保养、迁移。因此，可以说“不改变文物原状”是文物保护修复的根本原则。

（三）文物修复单位的资质

文物修复资质相关要求，主要体现在《文物保护法实施条例》（国务院，2003年5月公布，2017年10月第四次修订）和《可移动文物修复管理办法》（国家文物局，2014年版及2020年修订）。可移动文物修复应由取得可移动文物修复资质的单位承担。从事可移动文物修复的单位应当经省级文物行政部门批准并取得资质。从事可移动文物修复的单位应在技术人员（具有专业技术职称、修复工作经验等）、工作场所、技术设备、文物保管场所、管理制度和质量管理体系等方面具备规定的基本条件。应该注意，修复资质单位应在资质证书核定的业务范围内承揽业务，不受地域范围的限制。

（四）文物保护修复制度建设

博物馆应当建立健全文物保护修复相关规章制度。这些制度应涵盖文物保护修复相关的审批权限、工作程序、操作规范、工作场所、设备设施、人员要求、工作记录、安全、应急、监督检查等方面。

（五）文物保护修复的行政审批

即使取得可移动文物修复资质，开展具体文物的保护修复工作也需要履行相应的行政审批程序。我国文物存在级别划分，不同级别的文物，其保护修复的行政审批程序有所不同。《文物保护法》（2017年修正本）规定，可移动文物分为珍贵文物和一般文物，其中珍贵文物又分为一级文物、二级文物、三级文物。《文物保护法实施条例》（国务院，2003年5月公布，2017年10月第四次修订）针对馆藏文物规定："修复、复制、拓印馆藏二级文物和馆藏三级文物的，应当报省、自治区、直辖市人民政府文物行政主管部门批准；修复、复制、拓印馆藏一级文物的，应当经省、自治区、直辖市人民政府文物行政主管部门审核后报国务院文物行政主管部门批准。"

现行的操作层面，一级文物修复，由文物收藏单位呈报国家文物局行政审批，依据国家文物局行政许可事项"馆藏一级文物的修复、复制、拓印许可"流程操作。要注意的是，"馆藏一级文物修复计划书"通过国家文物局审批之后，一般还需要据此另行编制保护修复方案，呈报省文物局审批方案。此外，国家文物局会对馆藏一级文物修复、复制、拓印项目审批、实施、验收情况进行抽查。二级文物和三级文物的保护修复，一般是将文物保护修复方案逐级上报省文物局审批。此外，珍贵文物保护修复方案实施完成后，一般由原方案审批机构组织保护修复实施情况的验收。三级以下文物的保护修复审批和验收，文物收藏单位应该通过建立内控制度予以规范管理。

（六）文物保护修复的经费

我国《文物保护法》（2017 年修正本）规定："国家发展文物保护事业。县级以上人民政府应当将文物保护事业纳入本级国民经济和社会发展规划，所需经费列入本级财政预算。国家用于文物保护的财政拨款随着财政收入增长而增加。国有博物馆、纪念馆、文物保护单位等的事业性收入，专门用于文物保护，任何单位或者个人不得侵占、挪用。国家鼓励通过捐赠等方式设立文物保护社会基金，专门用于文物保护，任何单位或者个人不得侵占、挪用。"

文物保护修复相关项目如需申请各级财政或基金的经费补助，应按相应文件规定申请、使用和管理。中央财政层面，根据《国家文物保护专项资金管理办法》（财文〔2018〕178 号，财政部、国家文物局，2019 年 1 月），专项资金的补助范围涵盖可移动文物保护，补助相应经费主要用于国有文物收藏单位馆藏一、二、三级珍贵文物的保护，包括预防性保护、文物技术保护（含文物本体修复）、数字化保护等。

五、文物保护修复业务开展

（一）本体保护修复

从整体而言，文物本体保护修复工作一般可分为五个阶段：一是开展前期调查评估，二是开展研究与试验，三是制订保护修复方案，四是实施保护修复，五是编写保护修复档案。其中文物保护修复方案十分关键，与其他阶段的工作都有关系。参照文物保护修复方案编写规范的相关标准文件，方案的主要内容应该包括：方案编制基本信息、文物基本信息、文物价值评估、文物保存现状调查评估、文物保护修复原则与工作目标、文物保护修复技术路线、文物保护修复操作步骤、保护修复工作进度安排、风险分析、后续保存条件建议、经费预算。各项主要内容说明如下：

方案编制基本信息主要包括：方案名称、文物收藏单位、方案编制单位、方案编制人员等相关信息；文物数量及其级别信息；保护修复主要目标、技术路线概述、工作进度安排、经费预算、风险分析。

文物基本信息主要包括：名称、编号、年代、级别、质地、外观描述等。

文物价值评估主要包括：从历史、艺术、科学等方面阐述文物的特点和重要性，文物在其收藏单位及本地区文物中的地位，文物在同类别文物或在同时代文物中的重要性。应该特别注意，对文物进行全面的价值分析和评估，找到必须保存的现状和可以恢复的原状，是后续保护修复的前提。

文物保存现状调查评估主要包括：文物保存环境调查、既往保护修复历史调查、文物材质和制作工艺的调查分析、文物病害评估。

文物保护修复原则与工作目标：针对文物保存现状调查评估结果，结合文物保护修复原则，提出明确、可考核的保护修复工作目标。

文物保护修复技术路线：根据文物保存现状调查评估结果、保护修复工作目标，在对保护修复技术和材料筛选的基础上，提出拟选的保护修复技术路线，包括技术流程、设备设施、工具、材料、操作工艺等。

文物保护修复操作步骤：根据实际情况，依据技术路线制订保护修复步骤；分别列出各操作步骤中拟采用的材料、工艺，并提出实施过程中的要求。

保护修复工作进度安排：根据保护修复项目整体工作量和各阶段工作量，确定项目周期和各阶段进度。

风险分析：对文物安全、人员安全、环境安全等方面进行分析评估，并制订相应的防范措施。

后续保存条件建议：就文物保护修复后的保存条件提出相应的建议，包括温度、湿度、光照度和污染物的监测与控制以及保存方式等。

经费预算：按照有关经费管理办法编制预算。

（二）预防性保护

预防性保护概念的最早提出是在 1930 年罗马国际文物保护会议上，当时主要是指对文物保存环境的控制。预防性保护概念的提出对于文物保护具有里程碑的意义，目前这一理念已成为国际文物保护领域的共识。现在的预防性保护理念已经扩展到博物馆的选址与建设、藏品风险管理、展藏环境监测与控制、文物包装运输等方面。

馆藏文物预防性保护的趋势应该是：以跨专业协作的藏品风险评估为前提，从前瞻性出发，采取管理、环境调控等非本体保护修复的方法，提前介入预防措施，从而减缓文物的老化退变，避免或减少文物的受损。博物馆文物保护修复部门和文物保护修复专业技术人员的预防性保护主要工作应该包括：开展文物藏品的健康状况评估，对馆藏文物保存环境进行有效的监测，改善可移动文物保存环境，最大限度地抑制各种不利环境因素对文物的危害，从源头上预防性地保护文物。

在博物馆，影响文物保存的环境因素，主要包括空气温湿度、光照、空气污染物和有害生物等。其中，空气温度和湿度是馆藏文物保存环境中最基本、最经常引起物理、化学和生物作用的两个因素。

温度对文物的影响。理论上，主要包括：第一，温度高，文物腐蚀、老化的化学反应速度就快；第二，温度变化，引起文物热胀冷缩；第三，温度变化，引起相对湿度的变化，进而影响文物；第四，温度在冰点上下波动，导致含水文物的冻融破坏；第五，温度变化引起文物材质相变，比如在较低温度下（13.2℃以下），白锡金属会转化为粉末状的灰锡，即“锡疫”现象。在实际的博物馆环境中，通常情况下，温度的影响主要体现为上述第三点。

湿度对文物的影响。在博物馆环境中，与温度相比，湿度对文物的影响更大。通常用相对湿度（RH）来表示环境的湿度。湿度对不同材质文物的影响不尽相同。丝织品、纸质书画等有机质文物需要湿度稳定在一定范围，过高或过低的湿度都可能导致一些问题，主要包括：湿胀干缩导致文物形态的变化；潮湿环境易滋霉菌、虫害；潮湿可引起某些有机材料的水解，比如纸张纤维素的水解。无机质文物一般需要干燥的环境，比如潮湿会加速铁、青铜等金属的腐蚀。

光照对文物的影响。光照对多数文物都存在不利影响，特别是对有机质文物。光对文物材料的危害除了其热效应加速化学反应外，更体现在其引发的光化学反应上。纸张、丝织品、有机染料等有机质文物材料对光特别敏感。文物照明光源，应尽量避免紫外线，并控制较低的光照度和较少的曝光时间。

空气污染物对文物的影响。对馆藏文物有害的空气污染物主要是具有酸性或氧化性的气体、粉尘和气溶胶，如硫化物、氮氧化物、卤化物、某些有机化合物等。博物馆文物保存或展示环境中的空气污染物，不仅有从室外或从其他室内空间传入的，而且有室内直接散发的和通过室内组分的化学反应产生的。因此，要减少博物馆空气污染物，除了控制新风的洁净度，更需要关注文物展藏环境中装修、装饰、设施、设备和装具的材料选择以及相关挥发物的监测与控制。

有害生物对文物的影响。对馆藏文物来说，有害生物主要包括细菌、放线菌、霉菌等微生物以及某些昆虫。有害生物破坏文物的方式主要包括：以文物材料为营养物质，导致文物损坏；其活动导致文物损坏；其代谢物或遗体污染或侵蚀文物。

在博物馆环境中，有害生物主要影响有机质文物，一些情况下也会影响矿物颜料、石质、金属等无机质文物。保持环境洁净、控制适宜温湿度、加强监测与巡查、杀虫灭菌等是控制有害生物的有效途径。

近年来，我国中央财政投入大量补助经费用于可移动文物预防性保护工作支持的可移动文物预防性保护工作内容主要包括以下方面：1. 文物保存环境监测：针对温度、湿度、有机挥发物（VOC）、光照度、紫外线以及有机污染物等基本环境和污染物指标，配置监测终端；建设环境监测平台，存储和处理监测数据，做好风险识别、预测、预警和评价。2. 文物保存环境调控：配置温度、湿度、污染物等主动调控设备，配置调湿剂、吸附剂等被动调控材料，配置适用于博物馆展厅及库房的照明设施。3. 文物保存设施：配置符合安全要求的夹层玻璃展柜、文物储藏柜架、专用囊匣。4. 博物馆防震减震：对重点文物保存设施进行防震减震改造，配置防震展具、柜架等保存设施。

（三）其他业务

除了本体保护修复和预防性保护工作，文物保护修复部门通常还承担文物相关分析检测工作。分析检测工作可能贯穿于文物材质和制作工艺分析、文物价值发掘、保存环境调查、病害评估、保护修复方法评价和效果评估等环节，以及相关科研工作中。

此外，文物保护修复部门往往也兼顾文物复制和拓印业务。应该注意，复制和拓印不同于保护修复。开展复制和拓印必须具备相应的资质，遵守相应的法律、行政法规、部门规章和规范性文件，履行相关审批手续。开展复制和拓印工作的底线是不得对文物造成损害。此外，还应谨慎控制复制品、拓片的用途，防止相关文物数据和信息的滥用。

六、文物保护修复相关政策法规

开展文物保护修复业务和管理工作，应学习贯彻相关的法律法规、国务院组成部门的部门规章、各级文物行政主管部门的规范性文件、相关标准文件。馆藏文物保护修复相关的主要文件汇总如下：

法律法规：《中华人民共和国文物保护法》（全国人大）、《中华人民共和国文物保护法实施条例》（国务院）、《博物馆条例》（国务院）。

文化和旅游部的部门规章：《博物馆管理办法》《博物馆藏品管理办法》《文物认定管理暂行办法》《文物藏品定级标准》《古人类化石和古脊椎动物化石保护管理办法》。

国家文物局的规范性文件：《可移动文物修复管理办法》《文物复制拓印管理办法》《博物馆定级评估办法》《关于进一步优化文物保护项目审批的通知》《文物出境展览管理规定》《文物保护行业标准管理办法（试行）》。

相关标准文件：《中华人民共和国标准化法》（1988 年 12 月 29 日通过，2017 年 11 月 4 日修订）第二条规定："标准包括国家标准、行业标准、地方标准和团体标准、企业标准。国家标准分为强制性标准、推荐性标准，行业标准、地方标准是推荐性标准。强制性标准必须执行。国家鼓励采用推荐性标准。"与文物保护修复相关的标准主要是国家标准、文物保护行业标准、地方标准和团体标准。其中文物保护行业标准，可分为基础标准、方法标准、管理标准和产品标准。可移动文物本体保护修复相关标准，主要包括各类文物的病害与图示、病害评估技术规程、保护修复方案编写规范、保护修复档案记录规范。可移动文物预防性保护相关标准，主要包括预防性保护方案编写规范、文物保存环境检测与监测、装备、材料、展藏设施等。

其他重要文件：《关于推进博物馆改革发展的指导意见》（中共中央宣传部、国家发展和改革委员会、教育部、科技部、民政部、财政部、人力资源和社会保障部、文化和旅游部、国家文物局，2021 年）、《关于加强文物保护利用改革的若干意见》（中共中央办公厅和国务院办公厅，2018 年）、《国家文物保护专项资金管理办法》（财政部和国家文物局，2019 年）、《关于加强可移动文物预防性保护和数字化保护利用工作的通知》（国家文物局办公室，2018 年）。

文物是人类发展的印记，更是文明血脉的延续，保护文物就是保护人类的历史和文明成果，文物保护工作意义重大。文物保护修复是博物馆的基本职能和基本业务。文物保护实验室的建立是博物馆文物保护工作科学化的重要标志，是衡量一座博物馆综合实力的重要指标。开创文物保护业务需要具备一定的软硬件条件。开展文物保护业务工作必须遵守法律法规和职业道德，参照相关标准，规范管理制度和工作流程。妥善地保护好博物馆的文物藏品，才能更好地发挥博物馆的职能、体现博物馆的社会价值。

广东省博物馆张欢执笔

博物馆学术研究

关于博物馆是研究型、应用型、参与型、实践型等的讨论，往往回归到对博物馆的概念讨论上，尽管这些年来国际博协对博物馆概念的讨论和修改越来越频繁，但“研究”始终是其定义中不可忽视的职能。实际上无论其属于何种类型，用其中某一种职能去概括整个博物馆的功能定位都显得过于片面且没有必要。从博物馆的实际工作出发，讨论博物馆作为具备研究职能的行业组织，它的学术研究的范畴是什么，以及作为博物馆一份子的从业人员如何确定其具体的研究对象，并按照何种步骤和方法来开展学术研究活动，对于规范和促进博物馆的发展更具现实指导意义。

一、博物馆学术研究的范畴

2019年新修订的《博物馆定级评估办法》及配套的“评估标准”和“评分细则”中，与博物馆学术研究相关的条目为“学术研究与科技”，其具体范畴包括学术组织、学术活动、学术刊物、学术论文、学术期刊收藏、单位内部设置有独立的科技部门、科技人员学历结构、科技人员知识结构、科研经费、科研仪器设备、科研实验室、科研基地、科研课题、专利与奖励、科研交流和研究成果应用等几大部分。在博物馆运行评估满分1000分的评分细则中，上述项目共占了150分（15%）。可以说，这为作为组织存在和运作的博物馆，应该如何看待或者以什么样的标准来对待自身的学术研究工作给出了直接答案。

（一）学术组织。这部分在“评分细则”中占10分，具体内容包括“有学术委员会”“学术委员会组织制度健全规范”“人员结构合理”以及一般加分项“学术委员会影响力巨大。学术委员会组成成员有诺贝尔奖、图灵奖、菲尔兹奖等国际学术大奖获得者，或者中国科学院院士、中国工程院院士、中国社会科学院学部委员、中央文史馆馆员，或国家科学技术奖获得者个人或者获奖项目主要完成人”。应该说，学术组织的设立，是博物馆从事学术研究活动的基本组织保障。

（二）学术活动。包括“定期举办国际学术会议”“定期举办国内学术会议”“参加国际学术会议并发表论文”“参加国内省级以上学术会议并发表论文”“派出访问学者”等内容，共有 10 分。该部分内容对于省级综合类博物馆而言基本都不成问题，但对于众多市县一级基层博物馆而言，囿于平台、资源等，“定期举办国内学术会议”和“参加国内省级以上学术会议并发表论文”通过一定程度的努力较容易达成，其他两项基本属于可遇而不可求的范畴。

（三）学术刊物。包括“期刊”“定期公开出版学术刊物”“编辑出版论文集”“馆内人员出版学术专著和科普读物”等内容，共有 14 分。在当前高标准的出版制度下，博物馆能够独立办期刊的为数不多，以广东省为例，仅有梅州中国客家博物馆的《文博学刊》和广东省博物馆的《文博学刊》《艺术与民俗》，后者还是倾全省文博行业之力、整合各类资源才办成的。至于“定期公开出版学术刊物”“编辑出版论文集”“馆内人员出版学术专著和科普读物”，则是一般博物馆通过自身努力比较容易实现的。

（四）学术论文。对这一块的要求，主要是“馆内人员在《自然》《科学》《历史研究》《近代史研究》《中国史研究》《世界历史》《史学月刊》《文物》《考古》《考古学报》《中国博物馆》等国内外知名期刊上发表学术论文”。具体的评分还根据数量分为年均“1 篇”“2 篇”“3 篇”并对应不同的分值。比较遗憾的是，目前国内博物馆界并没有参照高校等机构，对博物馆专业人员提出年度论文发表数量要求。广东省博物馆曾经想将该指标纳入对专业技术人员聘用的考核指标之中，遗憾的是该尝试在事业单位绩效工资改革的背景下未能成功实施。

（五）学术期刊收藏。这里主要包括“有外文学术期刊”和“有中文学术期刊”两大类，共有 4 分，分值不高，其评价标准仅仅是“有”或者“没有”，有就得分，没有就失分，是一般博物馆基本能够实现拿分的项。

（六）单位内部设置有独立的科技部门。从博物馆评估定级的工作实践来看，这一领域的 5 分，属于既最难拿却又最容易拿的部分。所谓“难拿”，是博物馆内设机构的设置必须要经过博物馆上级行政主管部门的批准和对应的人力资源行政管理部门的许可，作为“弱势”的博物馆，往往无法靠自身力量解决。而所谓“最容易”，是因为这本身就是博物馆内部的问题，只要博物馆能够意识到并提出来，上级行政主管部门和政府人力资源管理部门一般都能够支持，基本就是程序如何完善的问题。

（七）科技人员学历结构。该部分共有 10 分，包括“全部学士以上，其中硕士比例不低于 80%，博士比例不低于 30%”“全部学士以上，其中硕士比例不低于 50%，博士比例不低于 20%”“全部学士以上，其中硕士比例不低于 30%”“全部大专以上，其中学士比例不低于 80%”四项。近些年随着博物馆事业的发展，博物馆越来越为社会所关注；且博物馆作为综合文化体的功能逐步发挥，对各方面专业人才的需求均不断增加；博物馆也逐步摆脱了原来“老三馆”作为解决“领导干部职工子弟配偶安置场所”的定位，补充了各个领域的新鲜血液。随着近些年博物馆事业的快速发展，博物馆也成了香饽饽，一些大型综合类博物馆对应届毕业生的学历需求中，本科生属于“低配”，硕士研究生是“标配”，博士研究生已是常态。

（八）科技人员知识结构。该部分的 10 分包括“有精通专业，并熟练掌握一门外语的人员”“有从事文物、博物馆学、教育学等学科研究的人员，与博物馆宗旨、定位相符合”“有从事其他学科研究的人员”三项。实际上，这跟博物馆自身的吸引力和人才政策有很大关系。大多数基层博物馆由于工资待遇、发展前景等因素制约，对于科技人才的吸引力相对较弱。而对于博物馆领域而言，从广东省的实际看，基本上没有对博物馆人才引进的政策支持。

（九）科研经费。该方面的 10 分是个硬条件，包括“有国际援助”“有财政支持的专项科研经费”和“自筹科研经费”三方面。从导向上看，有鼓励对外交流的方向，但涉外资金的引入应该慎重；财政的支持力度有赖于当地的社会经济发展水平和政府领导及行政主管部门的重视程度；自筹经费则在鼓励社会参与的政策环境下，成为诸多博物馆的一个选择目标。

（十）科研仪器设备。该项目共分为四档，主要衡量指标是仪器设备的经济价值，分别是 100 万、500 万、1000 万和 1000 万以上，对应的分值为 2、4、8、10，分值是向下兼容的。国有博物馆该方面的投入主要靠财政支持，非国有博物馆该方面的投入主要看博物馆所有者和经营者对科研方面的重视程度。

（十一）科研实验室。该项 10 分，包括“有常规实验室”“有仪器室”“其他实验室”“科研实验室向科研院所、企业等开放共享”“科研实验室接受普通公众预约参观”等平行的五项，每一项 2 分。科研实验室不能算是博物馆的“标配”，一般也只有较大型的综合性博物馆或者具备较好先天优势的专题性博物馆才具备。

（十二）科研基地。包括“国家文物局重点科研基地”和“省级科研基地”两项向下兼容的内容，共 10 分，其中达到省级层面可得 5 分，达到国家文物局层面可得 10 分。

（十三）科研课题。共 15 分，按照承担课题的质量和数量，依次为“年均承担省部级以上（含）课题 10 个以上”“年均承担省部级以上（含）课题 5 个以上”“年均承担省部级以上（含）课题 1 个以上”“承担其他科研课题”四项，对应的分别分值为 15、10、5、2。

（十四）专利与奖励。该项共 15 分，主要包括：“科研项目获得国家专利”5 分，主要评价因素是年均“科研项目获得国家专利”数量，年均一项以上得 5 分，两年一项以上得 4 分，三年一项以上得 2 分；“科研项目获得奖励”10 分，包括“获得国家级奖项”10 分，“获得省部级奖项”8 分，“获得其他奖项”5 分。

（十五）科研交流和研究成果应用。该部分内容不多，但单项分值较大。“协作机制健全有效，已建立制度化合作框架，已签署书面协议，并取得积极、显著成果”10 分，“有一定的协作机制，取得一定效果”5 分。在以往的操作经验中，博物馆与高等院校的合作是一种常态机制。近年来，随着博物馆功能的变化和国家“鼓励社会力量参与文化事业”的倡议，博物馆与社会文化企业或从事与公共文化相关的技术、设备、设施、活动策划等社会企业合作的范例逐渐增多。

可以说，《博物馆定级评估办法》及“评估标准”和“评分细则”已经将博物馆需要从事的学术研究活动进行了较为详细的规定并制订了量化评价指标。博物馆通过对照上述指标，可以检验自身在博物馆学术研究方面的能力水平，并进行横向比较。那么，对于每一位博物馆从业人员而言，博物馆的学术研究又该如何开展呢？

二、博物馆从业者的学术研究

如果说《博物馆定级评估办法》是从组织的角度，将博物馆作为执行对象而提出相应的学术研究要求和评价指标，那么对每一位博物馆从业人员而言，结合自身工作实践并将这些要求和指标加以分析，可以更加清晰地找到自己学术研究工作开展的方向和目标。

（一）找到组织

对于博物馆从业者而言，开展学术研究的组织机构并不仅限于博物馆及其内设机构，同时还包括博物馆行业组织如博物馆协会和社会其他学术研究机构如高校、社科院所等。

1. 馆内学术组织

博物馆内的学术组织主要有学术委员会，以及从事研究工作的内设机构。综合性博物馆一般都设置有比较健全的学术委员会，作为全馆学术研究的指导机构。广东省博物馆的学术委员会成员从馆内具有副研究员以上专业技术职称的人员中选出，每位成员每年在馆内发布自己的研究方向，供馆内副研究员以下的专业技术人员报名选择，从而形成学术委员会成员指导青年人学术研究和论文发表的机制。基层博物馆由于专业技术人员缺乏和本身的研究能力相对较弱等，学术委员会的建设相对没有这么健全。由于社会分工的不同，在不同的博物馆内部，有一些内设机构也承担了部分的研究职能，对研究工作的开展有一定的便利性。譬如藏品管理的部门，一般带有对藏品进行研究的职能，甚至有些内设机构的名称也加上了“研究”二字；独立设置了文物保护部门的博物馆，其日常工作中也为研究积累了大量的素材；等等。

2. 行业学术组织

博物馆的行业组织主要是博物馆协会。2010 年 7 月，经民政部批准，中国博物馆学会更名为中国博物馆协会。中国博物馆协会的章程明确规定其业务范围包含“开展博物馆相关领域的基础和应用学科研究”，目前中国博协下设 30 多个专业委员会，也成为涉及博物馆各个领域专门研究的组织者和倡导者。尽管从学会到协会，学术研究的功能比重下降了，但这并不妨碍博物馆协会作为博物馆行业学术研究的组织者和倡导者——虽然在现实的操作中，协会在这方面的功能发挥受到专职人员、经费以及工作重点等多种制约。实际上，在中国博协更名之前，作为学会存在的中国博物馆学会以及各省的博物馆学会，更直接以召集、召开各类学术研讨会和出版各类集刊为主要业务活动方式。《中国博物馆》即为中国博物馆学会主办，其办刊宗旨为“推动中国博物馆学研究，促进中国博物馆事业发展，交流中国国内外博物馆学术信息和工作信息”。广东省的博物馆行业协会除了广东省博协，另有部分地市（广州、深圳除外）也建立了行业协会（学会）组织，如佛山、梅州等，甚至有些区县一级也建立了协会组织，如顺德。另外，广东省博物馆事业发展基金会也具备行业协会的部分功能，也资助、组织实施部分文博学术研究活动。

3. 其他馆外学术组织

尽管大量工作都与研究密切相关，但博物馆毕竟不是专门的研究机构。博物馆研究工作的开展，也常常伴随着与馆外相关机构的合作，包括：与高等院校等进行某一方面的专题研究，如成立联合课题组等；或者直接承接科技部门、社科系统的相关课题；或者与兄弟单位如文物考古研究所（院）、文物鉴定站等联合开展相关领域研究。我们注意到，在国家鼓励社会力量参与的大政策环境下，博物馆与社会力量在学术研究方面的合作日渐增加。如一些博物馆与从事陈列展览工程项目实施或者设备设施制作的企业联合，实行陈列展览的动线、空间、灯光、展柜等研究课题，以求达到改进陈列手段、提升观众体验感和获得感的目的。项目主要由博物馆提供实践场景和专业技术力量，社会企业投入经费并在某些特殊技术领域提供专业支持。值得一提的是，越来越多以服务博物馆为主要业务的社会企业，逐步建立起自己的专业研究团队，以求实现与博物馆的专业对话与对接。

（二）找准对象

无论其定义如何发展变化，博物馆作为一个组织客观存在于人们的社会生活当中是毋庸置疑的。在各种定义中，“研究”均被作为博物馆的一项职能。项隆元和汪溶的《论博物馆的科学研究》一文认为，科学研究“是博物馆综合竞争力的主要指标之一”，“博物馆的科学研究对象与内容包括了藏品研究与博物馆学研究两个部分”。从博物馆从业者的角度出发，将博物馆学列为博物馆研究的对象天经地义，而对博物馆各项业务活动的研究也是应有之义；博物馆的藏品单列为其中一个研究对象，则体现了博物馆研究与发挥收藏、展示、教育等功能在标的物上的一致性和受重视程度。

1. 博物馆学

这里讨论的不是博物馆学的研究对象，而是把博物馆学作为一个研究的客体，将其作为博物馆学术研究的对象。在涉及博物馆研究方面，很容易把博物馆研究等同于博物馆学研究，因为从某种意义上说，博物馆的学术研究本身就是博物馆学的组成部分。对于博物馆学的研究，立足于博物馆学成立的条件、理论体系构建、基本研究方法的形成，以及实践应用体系的设立等，对博物馆学的研究是一种比较纯粹的学科理论研究。王宏钧先生认为，博物馆学研究的内容是由其研究对象决定的，具体地说，包括“博物馆学基础理论”“博物馆的发展历史，包括中外博物馆史”“博物馆学应用研究，包括博物馆的工作原则及其科学方法”“博物馆事业研究，包括事业建设的方针、政策、管理体制和方法、各类型博物馆及博物馆网的建立”几个方面。对于博物馆学的研究，在高校设立博物馆学科后得到快速发展。从互联网公布的信息看，本科设置“文物博物馆学”的高校有北京大学、复旦大学、吉林大学、四川大学、南开大学、浙江大学、山东大学、西北大学、兰州大学、河南大学等数十所高校，其中不乏设立硕士研究生学位的院校。该方面的专家教授也著作颇丰，对博物馆学发展贡献巨大。1984 年《魁北克宣言》之后，“新博物馆学”的概念逐渐被引入我国，与生态博物馆和社区博物馆相关的研究被归入“新博物馆学”的范畴。而国际博协对“博物馆”概念的频繁调整，实际上已经揭示出对博物馆学研究的紧迫性和不可遏制性。

2. 业务活动

尽管有研究人员指出，从对象、原理、方法、目标等方面的独立性和独特性考察，博物馆学尚不足以成其为学科，但近些年来的发展趋势已是势不可当。在当前博物馆学语境中的研究，可以说凡是与博物馆业务相关的研究都被囊括其中，包括对藏品的研究。为什么把对博物馆业务活动的研究从对博物馆学的研究中独立出来？对藏品的研究是博物馆作为研究实施主体的行为，而对博物馆本身的研究，则是将博物馆及围绕博物馆所发生的业务活动当作研究的客体。对博物馆业务活动的研究包括了对博物馆运行机制的研究，譬如博物馆运行评估体系的应用实践和效果的研究；对博物馆运行理念的研究，譬如创新型博物馆建设研究；对博物馆日常业务工作的研究，譬如藏品管理、展览的组织策划、安全保卫管理、陈列展览的讲解、社会教育活动实施、藏品保护与修复、博物馆观众服务、文创开发研究等；对博物馆与其他社会组织关系的研究，譬如博物馆基金会的设立与运行、博物馆与高校组织的活动、博物馆行业协会的运行；等等。将博物馆作为学术研究的对象，实际上是将对博物馆藏品之外的所有研究都放置其中，是对博物馆所发生的除藏品之外的所有业务活动的研究。

3. 藏品

藏品是博物馆之所以成为博物馆而不是任何其他机构的最主要因素，这是由博物馆的基本定义决定的。拥有藏品是博物馆与其他任何社会组织的最重要区别之一，将藏品作为博物馆研究的主要对象也是毋庸置疑的。从当下正常运作的博物馆内设机构的设置中，我们也可以看到博物馆将藏品作为研究对象的重要性。在藏品保管部或者管理部，乃至于独立的某某研究部，加上“研究”二字，并不简单意味着这是博物馆收藏与研究这两大职能的简单叠加。将藏品作为博物馆研究的对象，所包含的内容非常广泛。譬如对藏品真伪的辨析，对藏品所蕴含的社会政治、历史、经济、文化、艺术等信息内容的考证等，而这些也都是博物馆发挥展示和教育功能的基础。广东省博物馆在珠江新城新馆开放时，曾将保管部改为藏品研究部，这无疑凸显了博物馆作为研究主体对研究工作的重视。当然，这种重视也是在动态变化的。近期广东省博物馆成立三个学术研究中心，又借内设机构调整之机设立了专门的研究中心，也说明博物馆将自身的研究范围逐渐从比较单一的藏品研究逐渐向对博物馆其他业务的研究拓展。

藏品是博物馆的物质基础，博物馆业务活动是博物馆学的存在基础，三者作为学术研究的客体，共同组成了博物馆学术研究的基本对象。

（三）找对方法

按照不同的标准，博物馆的研究方法也可以有不同的分类。所有的事物都有其复杂性，人们对事物的认识要想达到一个比较全面、清晰的程度，也必然存在一个多角度、多层面、复合认知的过程，因此，博物馆研究的方法也不是纯粹、单一法。

1. 定量与定性研究方法

作为社会科学领域两大基本研究范式之一，定量研究是通过对事物数量的研究来得出结论的方法，主要有调查法、相关法和实验法等。定量研究在博物馆的观众研究领域应用最为广泛。在将该方法具体应用于博物馆研究方面，王启祥认为：定量研究指的是一种对事物可以量化的部分进行测量和分析，以检验研究者自己关于该事物的某些理论假设的研究方法。周瑶采用这个概念，并分析了这个方法在观众研究应用中的优缺点。定量研究是要解决“为什么”的问题。社会科学领域另一个基本研究范式是定性研究。定性研究要解决“是什么”的问题。博物馆相关的理论研究基本属于定性研究范围，如对博物馆概念的研究。周瑶在《中国博物馆观众研究方法的现状与反思》中，以博物馆观众研究为例，对定量研究和定性研究做了具体的分析。这种分析，同样适用于博物馆研究的其他领域。

2. 实践与理论研究方法

博物馆被认为是一门实践的学科，或者说是一门应用型学科。学过辩证唯物主义的人大致都了解，实践是人的改造客观世界的一切活动，是认识的来源和基础。

大家熟悉的一句话则是“实践是检验真理标准的唯一途径”。博物馆大量采用实践研究的方法，正是基于博物馆本身是一个实践应用的领域，不管是国际博物馆从贵族化到公众化的演变，还是我国博物馆诞生的100多年来，大量关于博物馆定义和功能的讨论均围绕博物馆的实践而开展。及至博物馆蓬勃发展的今天，基于博物馆各种行为及其结果的研究和讨论，譬如博物馆免费开放、博物馆陈列展览的各种分析等，都是一种以总结经验为基础的实践型研究。博物馆领域的理论研究，更多的是其他成熟学科的理论应用于博物馆实践领域的研究。譬如教育学、心理学、行为学理论在博物馆观众研究领域的应用；市场学、管理学理论在博物馆理事会、藏品征集、文创开发、安全消防领域的应用；以及更为传统和更大量的历史学、人类学、考古学理论在博物馆器物研究方面的应用；等等。当然，其特点是这种理论研究以博物馆实践为基础，并逐步形成用以指导博物馆下一个实践的理论。

3. 自然科学与社会科学的研究方法

如果将博物馆的研究纳入科学研究的领域，显然也存在着博物馆研究究竟属于自然科学还是社会科学的争辩，尽管大家都有意无意地忽视这个问题，但这种争辩自博物馆诞生便已有。无论博物馆学归属哪一个学科，都不妨碍它可以采用两种不同的研究方法。我们知道，自然科学主要涉及“物”的问题，而社会科学主要涉及“人”的问题。伴随着博物馆定义功能的发展演变，博物馆研究的重心正逐渐从以“物”为主转向以“人”为主。近些年我国所倡导的“让文物活起来”和“讲好文物背后的故事”的号召很好地说明了这种趋势，而这种变化，为博物馆研究同时采用自然科学和社会科学两种研究方法提供了实践基础。

三、博物馆学术研究中的几个问题

博物馆的学术研究有着各种各样的特殊性，如作为事业单位的特殊性、作为公共文化设施单位的特殊性等，对其做一些归纳分析，有助于进一步理解博物馆学术研究的意义所在。

1. 学术研究与其他的职能发挥

博物馆的学术研究，应该更加偏重于应用型研究，即有比较强的目的性，这种目的性来源于博物馆的基本功能定位以及为实现这个功能定位而延伸出来的各项业务活动。该如何确定学术研究在博物馆中的位置，使其能够与其他职能的发挥相互契合，形成合力，更好实现博物馆的使命目标，这是博物馆或者博物馆管理者首先要思考的问题。如果说藏品是博物馆的“物质基础”，那么研究就是博物馆的“上层建筑”。博物馆陈列展览是要“阳春白雪”还是“下里巴人”的争论，背后就是对藏品信息、陈列技术、陈列方法的研究和博物馆教育理论等的研究的不同取向。广东省博物馆在陈列展览的策划方面实行“竞争性选拔策展人”制度，即通过策展方案的汇报评选，由陈列展览委员会选定下一周期的展览项目负责人，其目的也在于通过增强内部竞争压力、激发内部竞争动力，更好地鼓励馆内员工积极从事藏品、展览、教育等博物馆其他业务内容研究，进而能够提出更优质的策展方案，实现为公众提供更优质的展览服务的目的。

2. 研究的目的性

对博物馆从业人员而言，博物馆学术研究的成果或者说结果，很大程度上体现在专业技术职称上。这从博物馆系列的专业技术名称上便可以看出：副高级、正高级职称的完整名称为“文物博物副研究馆员”“文物博物研究馆员”。专业技术职称是博物馆人才评价的重要方式，而研究能力与水平则是博物馆专业技术职称评定的重要指标。然而，在现实工作中，存在一种现象：某位从业人员专业技术职称很高，或者说研究能力很强，论文一篇接一篇，专著一本接一本，却几乎不参与博物馆的日常工作。这种“为研究而研究”“将研究当作日常工作”的行为，实际上完全忽略了博物馆自身的性质、目标与使命，这样的研究人员因而也应有所改变。博物馆本身是实践型、应用型行业，在我们国家属于公共文化服务机构，博物馆的学术研究应能够推动和改进工作，而不是脱离工作，或者成为个人谋取相应待遇的工具。

3. 各类不同学科的应用

前面讲到，以博物馆为中心的所有学术研究都可以归入博物馆学的范畴。但作为一个学科，博物馆学不能仅限于要有自己的基础理论体系和完善的方法系统。不管博物馆学是否成立，都不影响博物馆的学术研究的开展。比较重要的问题是，在没有形成或者没有完善的基础理论体系和方法系统的情况下，博物馆的学术研究该如何进行。博物馆从业人员的专业背景，带来了诸多学科交融的便利，特别是在当下博物馆日渐成为文化综合体的社会背景下，博物馆从业人员的学科背景几乎是全方位的：除了与传统博物馆业务相关的历史学、艺术学、文学、哲学等一级学科，其他如管理学、经济学、教育学、理学、工学等其他一级学科基本或多或少与博物馆发生了联系。譬如将管理学的理论和方法应用于博物馆人事管理，将经济学的理论和方法应用于博物馆经费管理，将教育学的理论和方法应用于博物馆社会教育，将理工科的理论和方法应用于博物馆设备运行、物业管理，等等。对博物馆学术研究的从业者而言，这些学科基础理论或者方法系统的拿来主义反而能够使其学术研究具备跨学科优势，在某个领域取得丰硕成果。

4. 研究成果的发表

研究就必然形成成果，这就不得不提到文博类的期刊，毕竟研究成果如果没通过一定的形式进行分享，就既得不到行业和他人的认可，也无法使其真正发挥作用。这里列举部分常见的文博类期刊，如《中国博物馆》《文博》《博物院》《东南文化》《中国国家博物馆馆刊》《故宫博物院院刊》《故宫学刊》《中原文物》《博物馆研究》《福建文博》等。广东地区有三种此类杂志，其中一种是广东中国客家博物馆主办的《客家文博》，另外两种是广东省博物馆参与主办和直接管理的《文博学刊》和《艺术与民俗》，广东省博物馆也是较少的同时主办并管理两种学术期刊的博物馆。研究成果在期刊的发表也是博物馆专业技术人员职称评审的重要条件之一。当然，论文发表在学术期刊上只是研究成果的一种表现方式，还可以以专著的方式出版、通过申请国家专利等方式对研究的成果进行保护和推广利用等。

5. 学术氛围的养成

博物馆相对于高校、社科等部门而言，缺乏系统的学术研究制度环境和学术氛围。前面已经讲到，在博物馆评估定级中，学术研究被细分为若干指标；而在现实操作中，博物馆或者说博物馆的运营、管理者如何营造一个浓厚的学术氛围，制订相关的制度，不断推动馆内的学术研究与实践工作的相互促进，并最终为博物馆的优化运行发展提供相应的理论支撑，对博物馆而言非常重要。广东省博物馆自 2013 年开始实行“馆级自主科研课题申报与评审”，制订了《馆级自主科研课题管理办法》，鼓励员工结合自身工作申报科研课题，每年对通过评审的 5—8 项课题进行一定额度的资助，极大鼓舞了员工的学术研究热情，在馆内形成了浓厚的学术氛围。广东省博物馆在全国博物馆运行评估中排名直线上升，学术分值也做出了很大贡献。2022 年，广东省博物馆为进一步鼓励学术研究，配合新成立的非建制机构学术研究中心出台了《学术著作出版经费资助办法》和《学术研究中心管理办法》。这些措施对于博物馆学术氛围的养成都很有帮助。

博物馆的学术研究并不等同于严格意义上科研机构的学术研究，但同样需要科学的精神、钻研的劲头和务实的态度。作为以大量实践工作为基础的行业，博物馆从业者只要能够合理处理好各种关系，找准自身学术研究的定位，一样能取得丰富的学术研究成果。

博物馆的管理者和从业者，首先应该明确博物馆具有学术研究的职能，而且应该了解这项职能的发挥并不仅仅停留于博物馆这个概念的赋予，而是时时刻刻发生在博物馆的业务当中，博物馆学术研究也能够推动博物馆业务不断创新发展。搞清楚博物馆学术研究的范畴、对象和方法，能够让从业者更清晰地找准自己的定位，并始终保持一颗对博物馆的探索之心，从而不断推动博物馆的高质量发展。

广东美术馆胡锐韬执笔

博物馆展览内容设计

在博物馆的工作实践中，策展及策展人在很大程度上属于被滥用的概念。从事展览形式设计的人认为自己在策展，从事展览内容编写的人也认为自己在策展，有些只是纯粹引入展览的项目负责人也认为自己在策展，甚至一些参与了展览组织协调工作的人也认为自己是在策展。笔者曾以广东省博物馆的策展人制度实践为例，认为博物馆策展是一项系统工作，主要包括内容编写、形式设计和过程组织与管理三大部分。展览内容的编写作为系统性策展工作的起点，往往被人忽略。本文结合对 2018 年国家文物局出台的《博物馆展览内容设计规范》（WW/T 0088—2018）的理解和广东省内博物馆行业相关经验，试探梳理展览内容编写的基本内容、基本步骤和意义，以利于从业者尤其是初学者正确认识策展工作，进而更好推动博物馆事业的发展。

一、博物馆展览内容的基本特点

展览内容的编写对观众甚至对从业人员而言，都是一个既熟悉又陌生的概念。“熟悉”是因为展览是博物馆的主营业务，每一位走进博物馆的观众都能够看到展览，而每一位博物馆从业者都直接或者间接从事博物馆展览策划的相关工作；“陌生”是因为博物馆所呈现给观众的是已经完成的展览，普通观众并不了解一个展览诞生的详细过程，在分工日渐细化但专业需求却越来越综合的地方性综合博物馆，非科班出身的从业者往往也有“展览就在展厅里”的误解。实际上，展览并不仅仅是在展厅里，展览内容编写是一个展览的初始环节。按照一定的体例要求运用文字对展览内容进行编写的过程，就是博物馆的展览内容设计（通常情况下被称为博物馆展览内容编写，本文以下章节不再详细区分），它有几个较为显著的特点。

（一）有明确的主题

展览主题是对一个展览所要展示内容的集中概括，是一个展览的灵魂，其直接呈现方式就是展览的名称。展览主题首先要能够高度概括整个展览的基本内容，其次要体现出展览的创意、新意，使其能够很好地与其他同类展览进行区分，最后是能够很好地吸引观众的注意，所谓“取了一个好名字的展览就是成功了一半的展览”就是这个道理。对于大多数基本陈列而言，主题的选择是比较便利的，最主要的依据是一座博物馆的馆藏，譬如广东省博物馆在筹备珠江新城新馆基本陈列大纲编写的时候，在对馆藏文物进行基本摸查后，将广东历史、自然、艺术三个内容确定为基本陈列的主题，进而确定“广东历史文化陈列”“广东自然资源陈列”以及艺术系列的“漆木精华：潮州木雕艺术展览”“土火之艺：馆藏历代陶瓷展览”“紫石凝英：端砚艺术展览”等展览名称，观众一看展览题目便知道所展示的大概内容。临时展览的主题选择依据更加多样，且近年来多以主副标题结合的方式命名。如广东省博物馆近年来的临时展览中“大海道——南海Ⅰ号沉船与南宋海贸”“岭南文脉——王贵忱捐赠南越陶瓦展”“不辞长作岭南人——荔枝文化展”“唐蕃古道——七省区精品文物联展”“粤匠神工——广作家具特展”等以主标题作为释义，以副标题作为展品基本信息；而“解密中国传统山水画”“虾兵·蟹将”“《红楼梦》文化展”等则直接以展览内容作为主题。

（二）有规范的体例

确定了展什么内容，是否就可以直接把东西摆上去开展了？显然不是的。一个展览要让观众看得懂，能够起到知识传播的作用，在编写的时候，还需要按照一定的体例进行。一般情况下，博物馆陈列展览的体例有通史式、专题式、混合式和其他式几类。通史式陈列通俗讲就是“从古讲到今”，是以时间为线索的陈列展览方式，一般地方性综合博物馆的基本陈列采用这种体例，如“珠海通史”；专题式陈列以特定的选题为展示内容，如各博物馆以“陶瓷”“书画”等为主题专门策划的展览；混合式一般有“大通史小专题”和“大专题小通史”两种，前者如“广东历史文化陈列”，总体上按通史式编写，其中“远古”“广府人”“潮汕人”“客家人”和“海洋”“华侨”“近现代革命”几个版块又属于专题，后者如广东省博物馆的“土火之艺：馆藏历代陶瓷展览”，本身是个专题展，但在内容组织上，按照从古至今的时间顺序进行编写；其他式包括情感式、故事式等，或以某种情感作为编写主线，或以某个故事作为编写主线进行编写。除此之外，展览内容在文案的编制上还要遵循一定的形式要求，除了“前言”“结语”外，一般情况从大到小可进行“篇”“章”“部分”“单元”“节”“组”的分类，且每个内容对应有“导言”，如“篇导言”“章导言”“部分导言”等，这种分类中的层级可根据展览规模等实际需要采用。《广东省博物馆陈列展览大纲撰写规范》作为省级综合地志博物馆对业务规范的探索，为从业者从事博物馆展览内容的编制提供了范例，值得倡导与推广。

（三）有清晰的逻辑

展览内容的编写逻辑既包括内容逻辑，也包括语言逻辑。内容逻辑包括内容从大到小的包容关系或者从小到大的发散关系、平等内容之间的并列关系、内容出现时间的先后关系，以及内容的重要程度大小等，譬如在介绍某地市考古发掘的成果展览中，先介绍全市的概况，再到某个县区的情况或者具体的墓葬类别的情况，属于内容从大到小的关系；又如某个地方某方面的展品特别丰富且有代表性，而另一方面的展品虽有一些但是并不典型且数量也不多，在内容编辑的时候重点应放在前者上，属于对内容重要程度的安排等。展览内容编辑中的语言逻辑是指内容的文字组成符合博物馆特有的展览语言习惯，博物馆语言与考古发掘报告语言、研究论文语言或者出版物语言的最大区别在于它要考虑用尽可能少的文字，将最为关键的信息传达给可能仅仅在展厅或者某件展品前面逗留极短时间的观众。广东省博物馆在“历史文化陈列”中，从广东地区最早的马坝人到三大民系的形成，到广东独具特色的海外贸易和华侨文化，再到近现代革命和改革开放，总体上遵循的就是时间逻辑，而选取该部分内容作为展览的重心，则体现了地方综合历史展示当中的内容逻辑；三大民系“潮汕”“广府”“客家”三者总体上属于平行关系，又各自按照内在时间逻辑安排。2022 年 3 月广东省博物馆推出的“丝路光华——粤陇文物精品联展”在内容编写上，采用了“海上丝路”与“陆上丝路”两条时空线为逻辑。

（四）能被有效转化为形式设计

业内通俗地将为博物馆展览内容而编写出来的本子叫作“展览脚本”“展览大纲”或“陈列大纲”，这说明展览内容编写实际上是以文字为主的。当然，对于安排在其中的展品而言，展品图片和文字说明是构成展览内容的重要部分。除此之外，执行过展览内容编写的博物馆同仁大致都了解一个词叫“设计提示”，这是内容与形式对接的重要连接点。设计提示有关于篇、章、部分的总体提示，也有针对某一件展品的提示，目的在于让设计师能够更清晰地了解内容编写者对内容的安排意图，进而更好地展示内容，达到让观众满意的效果。一份合格乃至优秀的展览内容文本，一定是有利于博物馆展览设计师理解并利用符合当时策展条件将之转化为观众喜闻乐见、容易接受和理解的展示方式设计。同样以广东省博物馆推出的临时展览“丝路光华——粤陇文物精品联展”为例，前面提到文本编写遵循了两条时空线索，但是在观看这个展览的时候，观众有种时而“海上”时而“陆上”的感觉，看了一会儿展览就模糊了，既未得出“陆上丝路”辉煌的结论，更没有办法对两者进行比较欣赏。未能很好诠释“两个时空”的理念，从而导致观展效果受到制约，这也是可以进行改进提升的。

（五）有相对专门的编辑人员

展览作为博物馆的核心业务之一，也是博物馆最具有文化创意的产品，是博物馆发挥其社会功能的主要方式，其内容编写需要建立在专业研究的基础之上。在传统的博物馆业务分工中，一般由馆方指定负责某一方面藏品管理的专业人员编写展览内容；随着博物馆事业的发展和社会分工的细化，博物馆在部门设置中逐渐分离出专门的研究部门或者陈列部门，专职负责展览内容的编写；而近些年博物馆迎来了蓬勃发展的新契机，许多博物馆也在展览内容编写方面进行了新的探索和尝试，如广东省博物馆的“竞争性选拔展览项目负责人制度”和“社会策展人制度”等，都属于这方面的探索。无论何种条件下，“让专业的人干专业的事”都是对博物馆内容编写工作的最好注脚。值得注意的是，在当下的博物馆实践中，并没有对从事展览内容编写的人员进行某种诸如专业、学历、身份等的限制；在行业的认可中，文博系列的专业技术职称评审，也未对参评人员的身份做出诸多要求，只是提出了一些普遍适用的原则和条件。换句话说，原则上，所有的从业者都可以作为展览的内容编辑人员，对比以前博物馆从业人员中行政部门人员无法参与或者无法有效参与业务工作，这是近年来博物馆发展中的一个积极现象。

二、博物馆展览内容编写的重要意义

博物馆展览内容的编写作为博物馆的基础性工作之一，也是博物馆行业显著区别于其他展销、展示行业的重要特征之一。在博物馆工作实践中，展览内容的编写还具备以下意义。

（一）是博物馆设立备案的基本要求

通俗地讲，如果没有解决展览内容编写这个“硬条件”，连博物馆都办不起来。《博物馆条例》第十四条第四款规定“设立藏品不属于古生物化石的非国有博物馆的”，还需要提交“陈列展览方案”。这里的“陈列展览方案”主要内容就是博物馆展览内容的编写。2016 年 9 月广东省文物局新修订印发的《广东省博物馆设立备案服务指南》的“备案条件”中明确提出，“相应数量的藏品以及必要的研究资料，并能够形成陈列展览体系”。其第六项“材料清单”第十款的要求为“博物馆基本陈列展览方案”。因此，博物馆展览内容的编写并不仅仅是开办一个博物馆后所需要的一项基本专业技能，而且是“成为一个博物馆”的“门槛”。

（二）是指导博物馆陈列展览实施的基本依据

博物馆呈现给观众的展览是一个最终的结果，这个过程包括了“内容设计”和“形式设计”两个主要的步骤，展览内容编制就是“内容设计”。“内容”与“形式”的关系是哲学的基本问题之一，撇开这个讨论的焦点——“谁是第一性，谁是第二性”，也就是“谁决定谁”的问题——在博物馆实践中，“内容”与“形式”关系密切并有效组合成观众喜闻乐见的效果是毋庸置疑的。综合型博物馆一般设置有专门的形式设计人员和部门，设计师首先要拿到“本子”，才能根据其内容选择合适的方式，在特定的空间内呈现所需展示的展品；而一些中小型博物馆由于自身缺乏相应的设计力量，可能将展览设计制作委托给社会力量执行，如果缺乏成熟的内容“本子”，则更加难以达到一个博物馆所需要的展览展示效果。

（三）是专业人员工作能力的重要评价内容之一

2020 年 9 月广东省人社厅、省文化和旅游厅联合印发的《广东省深化文物博物专业技术人才职称制度改革实施方案》第二项“主要任务”第二条“完善评价标准”第二款“推行代表作制度”中，将“陈列展览方案”作为其中一项“学术成果重要评价内容”；而其附件《广东省文物博物专业技术人才职称评价标准条件》第四章“评价条件”对应初、中、高级“从事文物利用工作的人员”，均明确了编制展览内容的相应要求，如初级有“制定一般性的陈列展览设计方案并完成布展”的要求，中级有“完成一般陈列展览设计方案 2 个以上”的要求，副高级有“主持完成 1 个以上大型陈列展览，或 3 个以上中型陈列展览的策划和实施”，正高级有“须主持完成 2 个以上大型陈列展览或 5 个以上中型陈列展览的策划和实施”的要求。

（四）是博物馆进行陈列展览交流的重要基础材料

引进或者推出临时展览作为推动馆际交流的重要方式，对于推动特色展品的跨区域流动，促进国（境）内外、文物大省与文物相对缺乏的省份之间的文化交流等均起到了非常重要的作用。一个展览到异地展出需要进行重新设计和布展，而临时展览内容的编写成果即展览大纲是引进展览的博物馆设计人员的形式设计执行依据，其重要性不言而喻。同时，馆与馆之间进行临时展览的相互引进或交换等，陈列脚本也是展览交流合同必需的附件之一，而展品清单则一般作为展览大纲的构成要素，也是展览交流合同的重要附件。因此，无论是从实际作用还是从形式要件来看，展览内容编制的成果都是进行陈列展览交流不可或缺的基础性材料。

三、博物馆展览内容编写的基本步骤

作为博物馆从业者，要按照何种步骤，才能较为顺利地编写出一份合格的乃至优秀的展览大纲呢？一般情况下，可以遵循以下步骤。

（一）准备工作。对一般从业者而言，编写展览内容的准备工作包括平时的基础性专业研究；针对具体展览相关专业书籍的准备、对展示范围的初步选择、对同类型展览信息的收集和初步分析、编写进度的初步安排、编写团队的组建、展览计划的申报、观众参观意向调查，等等。

（二）确立展览主题。根据工作单位或者提出展览意向的组织的意图，在对所

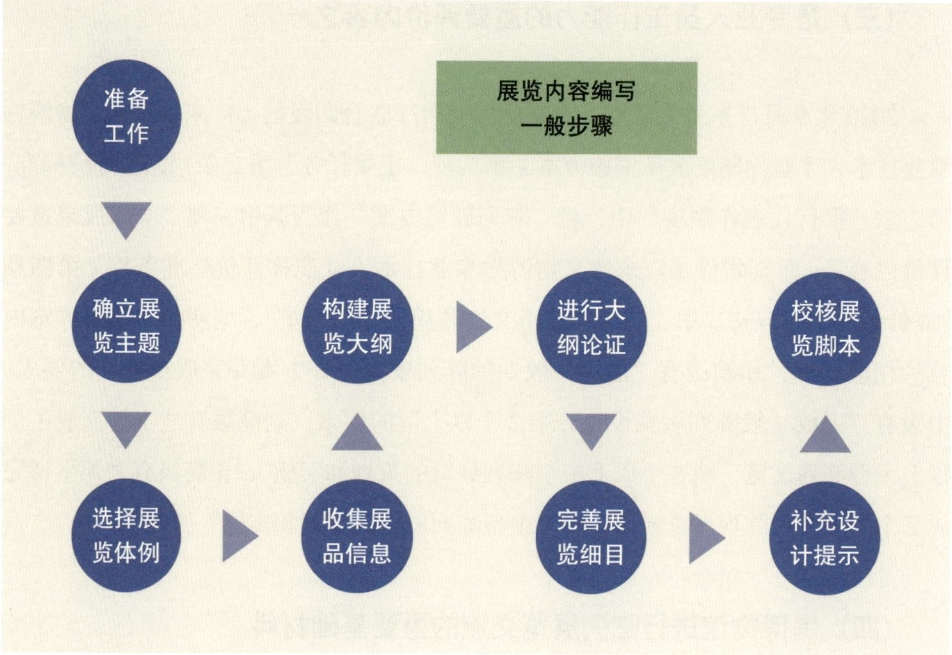

图 1　展览内容编写一般步骤

掌握的基本信息进行甄别筛选的前提下，提出展览主题的初步构想。为什么叫作“初步”？因为展览主题的确定方向大部分情况下可能出于组织者策划者的某个构想，并不一定全面掌握专业的信息，随着筹备工作的推进，可以根据实际情况进行调整。

（三）选择展览体例。前面讲到每个展览都有其对应的体例，这种体例的选择是确定展览大的逻辑走向的重要方式。一般情况下，一个展览的体例确定了便不轻易改动。展览体例可以由展览的执行者在对所提出的展示方向进行初步研判的基础上，广泛征求各方意见来确立。

（四）收集展品信息。博物馆展览是以展示“展品”为手段的，展品信息是内容编写的基本材料，展览大纲编写者需要寻找、确定、收集展品的信息，包括符合内容编写及后期形式设计所需的展品图片、展品的基本文字说明、展品的出处等。

（五）构建展览大纲。纲举而目张，展览大纲是展览内容的基本框架，大纲的确立能够基本确定一个展览的主要内容，也是内容编写者的专业知识、思想火花与创意表达的最集中体现。前面已经讨论到，展览内容编写需要符合一定的逻辑，这在大纲的构建环节特别重要。

（六）进行大纲论证。博物馆展览大纲论证一般采取同行评议的方式，召集行业内在展览大纲编写和执行方面具有较为丰富经验的专家学者，组成论证团队，召开论证会议，对展览大纲做出点评，提出修改完善的意见与建议。对于大型的展览而言，这逐渐成为行业的一个基本要求和共识；而对一些基层博物馆内部自主策划的小型展览而言，这个步骤并不属于硬性要求。

（七）完善展览细目。在确定了展览大纲的前提下，将每一部分所需展示的内容和展品信息进行补充完善，从而形成一个图文并茂、语言生动、逻辑清晰的展览内容脚本。

（八）补充设计提示。对于展览中需要重点表达的内容，或者根据编写者的经验认为容易引起设计师误解的内容，或者需要借助当前某种特殊方式以使得展览内容更丰富、更容易解读、更利于达成展示效果的内容，用文字以“设计提示”的方式予以解释说明，以便设计师理解和设计。

（九）校核展览脚本。展览脚本的初稿完成后，还需要对专家意见进行补充调整，对编写格式进行规范统一，对展览内容进行核实查证，乃至对内容脚本中遣词造句的斟酌等，最后形成一个较为完善的可供使用的展览内容脚本。

以上只是博物馆展览内容编写的基本步骤，适用于一般情况，并不是所有的情形下都完全按照上述步骤进行，譬如：某地引进一个展览并因地制宜重新编写大纲；基于某个文物保护成果课题的展览，已经具备较为完备的展品体系，一些经验特别丰富的从业者进行一个其专业研究领域内的展览编写等，都可能跳过或者打乱其中的某个或某些步骤，也有可能增加一些上述未提及的步骤。

作为从事博物馆陈列展览工作的专业人员，了解博物馆展览内容编写的基本内容和基本步骤，认识其在博物馆工作中的重要意义，是一项基本的工作能力，也是应当具备的基本素质；对于不直接从事陈列展览策划工作的博物馆从业者，了解和熟悉上述信息，对展览内容所涉及的方方面面的工作亦能给予更好的配合与服务，从而推动博物馆更高效率和更高质量地运行与发展。

广东美术馆胡锐韬、香港大学教育学院博士生潘杨柳执笔

博物馆展览形式设计

从专业分工来看，博物馆展览的形式设计在博物馆展览内容编写之后，在博物馆展览工程之前。而在日常工作实践中，一部分博物馆将这部分工作与下一阶段的工作结合到一起实施，一部分博物馆则坚持原则，在完成设计后再启动下一步的工作，从而形成“展览设计施工一体化”和“展览设计与施工相分离”两种观点。撇开操作层面的因素，博物馆展览的形式设计本身是一个独立的专业工作内容，它所涵盖的内容与相关注意事项是博物馆从业人员尤其是从事陈列展览设计的工作人员需要搞清楚的基本行业知识。

一、博物馆展览形式设计的特点

博物馆展览的形式设计，是相对于博物馆展览的内容设计而言的，行业标准《博物馆陈列展览形式设计与施工规范》（WW/T 0089—2018）将其定义为：“根据已有的内容设计（陈列大纲等）、展品和建筑设计图纸，对展览的空间构成、视觉艺术形态，内容的逻辑关系呈现和展品的组织、排列安置方式，以及承载环境的施工和各种辅助技术手段的实施方法进行总体设计，重点在于对陈列展览大纲的理解、整体表现对策和提出解决方案，充分考虑展品安置、文物保护、陈列展览流线和观众安全舒适等方面的要素，以创造科学、良好的陈列展览效果。”并认为其包括“概念设计”和“深化设计”两个阶段。博物馆展览的形式设计与一般的展览、展示和展销也有着显著的区别。

（一）以博物馆专业知识为背景

艺术性是所有设计工作的共性。在博物馆从事形式设计的工作人员基本有着美术、设计等相关专业教育背景，这与非博物馆领域的设计人员是相同的。这里说的“以博物馆专业知识为背景”，包括对博物馆的行业状况、基本职能、业务定位、展品分类、服务对象等基本专业知识的认知和理解，更重要的是能够用博物馆的表现方式来进行呈现，而博物馆本身是一门跨学科的专业，历史学、考古学、艺术史、建筑学、心理学、管理学、传播学等学科的应用都发生于博物馆中，在博物馆从事展览设计，同样需要对相关专业的基本知识有个了解，这是区别于一般设计业务而对从业者更高的要求。

（二）以博物馆展览内容为依据

前面已经讨论过博物馆展览内容，关于展览的内容和形式谁是第一性的问题，本文认为不用刻意讨论，只需理解两者同作为博物馆陈列展览的重要组成部分，共同服务于一个最终目标——做出一个好的陈列展览——便可。仅从工作流程上看，博物馆的展览形式设计被安排在内容设计之后，这是从时间逻辑的角度对其工作的一个定位，同时也是对内容逻辑的定位。博物馆展览形式设计以展览内容为依据，是行业对其定义中第一句话就明确的，形式设计跟随内容逻辑进行，大大节约了形式设计自行构建内部逻辑的时间，提高了工作效率，同时也避免了形式设计偏离展览主题的问题。

（三）以展品为基础

博物馆展览从根本上来说，是以博物馆藏品和实物“展品”为基本方式的，因此形式设计的最基本工作就是“如何恰当地将展品呈现给观众”——无论这个展品是以图片、虚拟技术还是直接以实物的方式出现在展览当中。展览形式设计人员只有对展品的来源、质地、规格、颜色以及展品背后所蕴含的文化信息进行相应的研究和理解（一般直接建立在内容大纲基础上），才能够更准确地把握形式设计的要点并通过设计语言予以正确表达，避免设计过程中出现解读错误、关键信息丢失等问题。如果一个博物馆的展览没有展品（图像）及其相关信息，或者说将设计重心放在一些跟展品无关的灯光、色彩、文字等因素上，这个展览就不成其为博物馆展览了。

（四）以观众为导向

博物馆的服务对象是观众，而展览是博物馆最主要的“产品”，因此展览必然是以观众为导向进行设计的；形式设计作为博物馆展览设计的重要组成部分，一样需要以博物馆观众为旨归。形式设计要根据内容设计的提示要求以及自身对展览内容的总体理解，针对不同观众群的知识结构、年龄、性别、心理以及行为等，利用自己的专业特长，设计出观众能接受的展览表现形式。譬如广东省博物馆 2016 年举办的“文物动物园展”，从展厅布局到展线规划、整体风格、色彩选择以及海报设计等，其目标都瞄准了该展览设计的最初受众群“儿童”，成为一个家长和儿童交口称赞的展览，也成为业内该系列展览的一个经典案例。

二、博物馆展览形式设计的考量因素

博物馆的形式设计在执行上被分为“概念性设计”和“深化设计”两部分，两者本质上并没有不同，前者是后者的基础，后者是前者的延伸。两者属于形式设计的两个不同阶段，尽管在设计的因素考量上有所侧重，但也基本上都涵盖以下因素。

（一）空间的布局

基本陈列的形式设计在其空间布局上，更注重博物馆整体形象定位和建筑元素本身的呼应关系，在特定的“长、宽、高”中要求对“内容逻辑结构”进行构建。如广东省博物馆珠江新城新馆的“广东自然资源陈列”，自上而下从四楼进入展厅，途径三夹层到三楼出口，依次安排了广东省内的自然山脉模型、以山体为展示窗口的矿物（宝玉石），再到陆地野生动物、海洋生物、远古生物等内容，既考虑了特大型展品的空间需求，也考虑了每一类展品的不同存在空间与博物馆展示效果，同时将“考古地层学”的概念融入其中，将时间与空间、建筑结构与内容设定两条线索完美融合在一起，实现了内容逻辑的构建。临时展览的空间布局很大程度上受制于博物馆建筑对空间的基本规划，如广东省博物馆的临时展厅，在建筑设计的时候已经考虑其临时展览的功能使用，展厅中间没有墙、柱，近 10 米的层高可以让形式设计人员尽情发挥。大部分博物馆的临时展厅，因考虑安全性等因素，设置靠墙大通柜和移动中心柜的组合方式对空间进行分割，实际上空间布局的弹性度较小。因此，临时展览的空间布置最主要的是因地制宜和因时制宜，是设计师对于一个展览的展品数量在空间安排上的宏观把握和对观众与博物馆互动关系的初步思考。

（二）动线的安排

“动线”一词作为建筑学用语，本义指人在建筑内外移动的点所连接起来的线。它被引入博物馆领域，主要指观众在博物馆建筑空间内或者展厅内的位移过程。作为展览所考虑的观众参观动线，是展览空间布局的重要组成部分。一个展览参观动线的设计，不仅仅体现在平面，也体现在结构性和多维的立体观点上，既要符合整个博物馆观众进出的动线趋势，同时也要考虑能够实现观众逗留展场与展品信息传递的效果。展览中的参观动线设计一般有两种：一种是目前大多数博物馆采取的串联式或并联式设计，其能尽可能让观众“不走回头路”就将展览比较完整地参观下来，也是基于博物馆内容逻辑和时间逻辑的一种规范化设计，这种设计符合大多数观众的思维习惯，特别是青少年学生的参观习惯，从观众管理的角度考虑更具有安全性和可控性；另一种如首都博物馆的“北京通史”和珠海市博物馆新馆基本陈列所采取的“双环结构”布局中，动线是开放式设计，展厅没有特别规范地要求游客必须从“这里”看到“那里”才能看懂，适合知识点相对独立，或者内容之间相对形成独立版块的展览内容的设计，空间利用方面也能做到最大化，避免对展厅空间因动线安排造成闲置或浪费。

（三）视觉系统的设计

视觉系统或者说视觉形象系统，又称作 VI，是英文 visual identity 的缩写。对于这个从管理学借到博物馆学的外来词，一般认为它由基本要素系统和应用系统两部分组成。基本要素系统包括名称、标识、标准字、标准色、标准图形、辅助图形、宣传口号等内容；而应用系统则包括办公事务用品、生产设备、建筑环境、产品包装、广告媒体、交通工具、衣着制服、旗帜、招牌、标识牌、橱窗、陈列展示等内容。但博物馆公共文化产品的生产及其标准毕竟不同于企业，对展览的形式设计而言，VI 则主要包括企业 VI 的基本要素系统和应用系统中的包装、广告、标识牌（说明版面及文字）、橱窗（展柜）、陈列展示（方式）等。展览的形式设计是一项需要将观众从眼到心的感受都认真对待的工作，一个好的展览首先是一场“视觉的盛宴”，然后才是“心灵的涤荡”。这也体现为传播的责任和效率，能否让观众“一见钟情”，视觉系统的设计这个第一印象的作用非常重要。展览的标题基于内容、色彩、字体等显著标志，是展览海报的核心元素；主色调及基本色的选择需要根据不同的内容和对象来确定；光源及灯光设备的选择需要根据不同展品的不同材质、对光照度的要求以及展厅现场的条件等确定；展览文字的大小，展标的层级，说明文字的数量、字体也因不同展览而异，并无定法。

（四）场景的设计

场景既是对展品的补充，也是对整体展览内容的立体式解读，是拉近受众与展览的距离，更好地实现传播、教育目的的手段，对于藏品或展品不足的博物馆尤为重要。近年来，沉浸式体验被高频应用在博物馆参观领域，这里面涉及的内容，除了根据展览内容所加入的关于人的活动的情节，场景的设计便是其中重要的一环，这也说明随着博物馆事业的发展，场景设计在与观众互动中的作用愈发重要。场景的设计同样是服务于内容的。在各类地方综合博物馆的基本陈列中，一般都有一部分内容讲述该地方最初的人类活动，也会有古人类狩猎、生活的场景作为出土的同时期文物的补充说明。地方的非遗活动展示，同样喜欢采用场景的方式。对于一些有特色的大型展品，一般也会采用组合的方式进行展览，如家具类展品，由展品组合成一个厅堂或者房间的场景也是常用的方法。通过多媒体以声、光、电等多种技术进行场景塑造，是随着科技手段的发展而逐步普及的方式，如广东的红军粤北长征纪念馆便大量使用声、光、电和 VR 等方式对红军过粤北的历史进行叙述，这种方式的优势除了增强观众的体验感，也能一定程度上弥补实物展品不足带来的遗憾。展览场景的设计要符合历史性、真实性原则，不能过度夸张和脱离实际。

（五）辅助展品与辅助展项的应用

《博物馆陈列展览设计与施工规范》从博物馆行业的角度将辅助展品定义为两个大类——“复制品”“仿制品和模拟复原”。关于博物馆文物的复制，业内并不陌生，2011 年 1 月国家文物局发布《文物复制拓印管理办法》（文物政发〔2011〕1 号），同时废止 1998 年发布的《文物复制暂行管理办法》，对复制品的应用做出了详细规定；2022 年发出的《关于加强石刻文物拓印管理的通知》（文物督函〔2022〕100 号），也对复制拓印石刻文物提出了进一步严格管理的要求。而仿制只是对文物关键信息的提取和重新应用，更多被应用到文化文物单位文创产品开发试点工作当中，关注重点在知识产权的授权上，国家文化文物行政主管部门对此并没有过多规定。“辅助展项”是在前述《规范》中首次明确提出的一个标准概念——尽管此前在博物馆工作中已经包含其中的内容，包括规范所提的“展板、展品标牌、沙盘模型、辅展装置、艺术品、美工手段、综合景观”等。此前诸多同行的研究，也将“辅助展项”作为“辅助展品”进行论述，这也是博物馆学研究不断深化的结果。而关于辅助展项的应用设计，其中诸多内容与前面的场景设计、视觉系统、动线与空间设计等相互交叉。

（六）项目材料的选择

展览形式设计所涉及的材料千差万别、包罗万象，此处因篇幅所限只是简单介绍一下它的基本内容。展览形式设计中的材料按照使用功能可以大体上分为喷绘材料、展墙材料、展柜材料、辅助材料。喷绘材料包括展标、海报、宣传单张、说明版面、说明牌等展览形式设计所需的材料，常用的有 KT 板、宝丽布、网格布、纸张等；展墙材料主要是服务于展厅空间间隔、动线构成的材料，主要是木材、钢铁、新型复合材料等，相对于基本陈列而言，临时展览的展墙材料因多属一次性的，更趋于经济和易操作；目前博物馆的展柜有大通柜和中心展柜两种类型，一般都是铁质、木质跟玻璃相结合；辅助材料包括辅助展品的材料如常用的玻璃钢、塑料、石膏、仿真胶，以及用作展托的亚克力、玻璃、木材等。

上述仅仅是博物馆展览的形式设计所考虑的部分因素，其分类并没有完全按照行业标准展开细分，更多的是从实务的角度进行大方向的分类和叙述。了解上述展览陈列设计的基本要素，就能以此为基础增强对展览形式设计的感性认识，并开展对展览设计相关要素的理论和实践探索。

三、博物馆展览形式设计的基本原则

在不同的博物馆乃至在同一博物馆的不同展览项目中，因各种主客观条件的不同，展览的形式设计所考虑的因素也不一定完全一致。不过，在确保一个展览筹备可操作、可实现的情况下，我们也能够总结出一些需要共同遵循的原则。

（一）科学性原则

博物馆一直以来被认为是“经验的学科”，实际上，博物馆的工作也是一门“科学的学科”。博物馆展览的形式设计既是艺术的科学，也是科学的艺术。展览的形式设计，从理念到实施，从时间到空间，从展品到材料，必须严格遵守客观规律，尊重历史事实，不能盲目夸大，更不能胡编乱造，脱离实际。譬如展厅的大小、展线的安排、过程中辅助设备设施的使用，是否符合老年人群体、青年群体、学生群体、幼儿群体乃至特殊人群等的生物学基本情况等；譬如不同的温湿度空间和光照度是否符合不同材质的展品的特定要求等；譬如一个展板在高度、色彩、字体大小、图文搭配等设计上能否让观众看得舒心、放松，符合人体力学、心理学等要求；等等。

（二）经济性原则

任何一个展览的实现都需要一定的经济支撑，无论在国有博物馆还是在非国有博物馆，用于展览的经费预算是都有一定限制的。经济原则也可以说是“适度原则”，在预算有限的情况下，根据有限的预算做出一个效果最优的组合设计，将有限的经费“用在刀刃上”；在预算充足的情况下，能够合理、适度、充分地运用好相应的费用，使得展览亮点更突出、不足更隐晦。人们通常说“艺术是无价的”，但作为展览形式设计的“艺术”却必须是“有价的”。展览形式设计绝不能设计出一个效果看起来非常好，但却耗费极大、无法实现的方案；当然，也不能一味追求经济上的节约，设计出一个毫无美感、毫无新意，无法引起观众兴趣，在效果上大打折扣的展览。

（三）安全性原则

展览形式设计所涉及的安全，主要有三方面的考虑：第一是展品的安全，形式设计对于空间的安排、材料的选择以及光照度、温湿度的控制等，要考虑展品放置其中是否会受到外力的破坏及其他不安全因素的影响；第二是观众的安全，一个展览的动线安排、氛围营造等，需要考虑是否会对观众造成身体或心理上的伤害；第三是场馆的安全，主要是考虑形式设计所采用的材料、物资以及对空间的利用等，是否对场馆安全带来隐患。

（四）技术规范性原则

在涉及博物馆展览形式设计的行业规范出来之前，展览形式设计所遵循的是应用于博物馆学的相关学科的技术规范，如建筑、工程、消防安防技术规范等。行业规范的出台，极大强化了展览形式设计的规范性，《博物馆建筑设计规范》（JGJ 66—2015）中关于“陈列展览区”对其“平面组合”提出系列的规范要求；在“采光”一节中，对于不同场所的内容，包括展厅内的展览，同样提出了具体要求。《博物馆陈列展览形式设计与施工规范》（WW/T 0089—2018）则更加具体地列出了“形式设计”和“施工制作”的技术规范。

（五）可操作性原则

博物馆展览的形式设计，实际上涉及两大部分的内容：一部分是艺术效果，另一部分是施工操作。从专业细分上看，设计师更倾向于“艺术效果的最大化”，而将“实现”的工作留给展览的工程项目实施者。实际上，一个成功的博物馆展览形式设计一定是一个可操作、能实现的设计，最终通过展览工程以展览的形式呈现给观众是形式设计的终极目标。如果一个展览设计的艺术效果再好，但无法通过现有的技术等条件实现，或者实现的成本超过展览本身的预算安排，这个设计便是失败的。这个在进行形式设计的时候，是需要提前进行充分考量的。

（六）创新性原则

近些年，展览的形式设计随着博物馆事业的快速发展，也迎来了创新发展的大好时机。博物馆及相关行业新理念的普及推广带来了形式设计新理念的变化；新型材料的诞生也为形式设计带来了新的工作内容；新型工艺的产生让形式设计的方式方法有了更多的选择；新技术的应用让形式设计的效果更加凸显；等等。尤其在信息爆炸的时代，能否吸引观众的眼球，是衡量一个展览形式设计是否成功的重要因素，而创新就是吸引观众眼球的最佳路径。

上述只是展览形式设计普遍的、经常用到的几项原则，要完成一个合格乃至优秀的博物馆展览形式设计，所考虑的当然不仅仅是上述原则，这里只是列举说明而已。

博物馆展览的形式设计崇尚因地制宜、道法自然、顺势而为，反对过度设计所造成的浪费和奢靡倾向，因此并无定法，展览形式设计人员也不能按照固定的程序对其进行程式化设计。在博物馆工作实践尤其是展览筹备工作中，经常会遇到诸如如何处理展览的内容与形式的关系、展览内容的诠释表达、形式设计与展出时间的安排、设计与施工是否需要一体化进行等问题，结合自身工作，熟悉了解博物馆展览形式设计的基本特点、基本考量因素及基本设计原则，或能够从中找到合适的答案。

广东美术馆胡锐韬、广东省博物馆协会雷愉香执笔

博物馆展览工程实施

博物馆展览工程是博物馆展览完成筹备并面向观众的最后一个环节，也是展览从“理想”到“现实”的实现环节。目前文博行业里面，博物馆的展览工程最根本的工作依据主要有两个，一是国家文物局2019年6月发布的《博物馆陈列展览形式设计与施工规范》，一是中国博物馆协会2013年通过、2014年1月开始实施的《中国博物馆协会关于博物馆陈列展览设计施工资质管理办法（试行）》，两者都对博物馆的展览工程相关工作提出了规范化的要求。而在现实的操作层面，展览工程究竟存在什么特点，该如何来组织实施，常见问题该如何解决？这些内容与从业者的关系更为紧密。

一、博物馆展览工程的类型

《博物馆陈列展览形式设计与施工规范》从行业角度对博物馆陈列展览工程的内容做出了明确规定：“包括材料的使用、环境施工、展具定制加工、辅助展项制作、成品设备选购使用、多媒体技术应用、舞美技术应用、文物保护技术应用、美工装饰等多个方面。”而参照博物馆学关于展览的定义按时间长短将博物馆展览分为基本陈列和临时展览的方法，也可以将博物馆展览工程分为基本陈列工程和临时展览工程两个大类。

（一）基本陈列工程

基本陈列工程就是固定展览、长期展览的工程。一般情况下，这类工程的执行存在两种情况：一是基本陈列工程的首次实施；二是基本陈列工程的提升改造。基本陈列工程的首次实施一般跟场馆的基础建设一起进行，或者在基建基本完成后进行。对于博物馆而言，基本陈列工程介入越早，效果越好。广东省博物馆筹建位于珠江新城的新馆之时，与基建同步的是展览工程的设计施工，这让如“广东自然资源展览”等对场馆空间有特殊需求的基本陈列内容需求提前得到了尊重和满足，也让后续展览筹备工作更有效果。如果采取“交钥匙”的方式，前期展览工程不介入，最后可能就是只能就空间来设计，展示内容和效果都会大打折扣。基本陈列工程的提升改造也就是业内通常所说的“改陈”，是基本陈列运行一段时间后，对藏品数量、类型和展示手段的更新，是一座博物馆可持续发展的重要内容。这类工程的实施通常考虑的是新的设计理念、新的设计形式、新的技术应用、新的展品组合等因素，实施方式可以是“修修补补”，也可以是“推倒重来”。

（二）临时展览工程

近些年，随着博物馆事业的快速发展，临时展览越来越受到重视，对应的临时展览工程也就越来越多。同样地，临时展览工程也可以按照临时展览的类型分为两个大类：一类是本馆基于馆藏所策划的临时展览工程，也可以称为原创性展览工程，这类工程因为展品是自有的，展览方案的策划是自主的，所以包括预算、材料、空间等等在项目工程实施上自由度相对较高；另一类是馆际交流的临时展览工程。目前全国已经有 5000 多家博物馆，馆际交流越来越频繁，这类展览一般是一方已经在实施，另一方觉得效果不错，可以一定的资金引进展出的，属于单方引进模式；或者将自己已经实施而对方又有意愿引进的展览，经磋商后进行展览交换，这种展览交换也可以说是相互引进。就引进的一方而言，受制于内容，这类展览工程实施也有两种操作：一种是严格遵守现有的展厅条件和对方之前的形式设计方案，“照单抓药”，进行较为简单的施工；另一种是将对方原来的展品进行重新组合，甚至大纲重编、形式设计重做，根据自身场馆特点进行施工。广东省博物馆迁至珠江新城后，一直延续到现在，基本都是实行第二种模式。

尽管展览工程是当下博物馆不可或缺甚至可以说是一项极其重要的业务内容，但在我国整个现当代博物馆事业发展过程中，从最早的建馆为“收藏”到布展只是属于“美工设计”，一直没有上升到“工程”的层面，这也跟整个博物馆行业相关学科设置及博物馆功能发展变化的时代局限性有关，从某种意义上讲，对展览工程的重视与研究也是博物馆社会功能日益凸显的一种表现。搞清楚博物馆展览工程的基本类型，才能在实际的工作中有的放矢，针对性地提出该展览工程的解决方案。

二、博物馆展览工程的实施步骤

博物馆展览工程无论是在业务属性还是在实施的时间安排上，均被安排在“内容设计”和“形式设计”之后。《博物馆陈列展览形式设计与施工规范》（WW/T 0089—2018）将设计与施工放在同一个标准当中，并对“施工制作”“监理”和“验收”做出了对应的要求。从宏观上考察当下的博物馆新馆建设和临时展览项目中关于展览工程的内容，一般情况下其实施可以有以下几个基本步骤。

（一）安排项目预算

对于作为基本陈列的展览工程而言，该项目的预算一般都包含在基建工程的预算之中，或者在做基建预算的同时已经安排展览工程预算。该部分预算的测算、实施直接进入发改、财政、建设等部门的监管中，作为“业主”的博物馆从业者操心较少，主要是对业务内容是否完整准确进行把关，是博物馆从业者根据最初的预算和基本的业务内容不断磨合调整和申请协调的过程。大量临时展览预算则是目前国有事业单位实行预算管理的财政体系下，博物馆决策者和从业人员需要认真衡量的事项。临时展览的预算安排一般考虑以下因素：本馆的临时展览发展规划、本馆年度可用于全馆临时展览的总资金额度、年度临时展览安排总计划、单个临时展览的计划效果与投入、计划内可灵活调剂的资金安排数额、与其他组织的合作渠道等。对于非国有博物馆的展览工程预算，如博物馆属于个人出资发起的，则主要按照出资人的意愿进行，如属于依托企业或行业的，则按其日常运营资金的来源渠道，与对其有管辖权的组织机构进行沟通申请。

（二）进行项目招投标

对展览工程进行项目招投标，就是博物馆选择具备一定资质的社会企业作为展览工程的实施单位。对博物馆而言，无论是基本陈列还是临时展览，进行项目招投标最主要的任务都有两个：一是根据项目的资金使用情况确定采用何种方式进行，主要是根据金额大小确定是以公开招标的方式还是自主采购的方式选择实施单位；二是编制项目需求书，编制的基本依据就是展览的内容设计文本和博物馆自身工作人员的形式设计方案。博物馆行业并没有标准对展览工程的施工进行相应的规范，而国家标准《展览展示工程基本服务要求》（GB/T 33490—2017）对展览工程服务所包含的“筹备、设计、制作、搭建、维护、拆除、协调”等内容都进行了规范，国家标准《展览展示工程企业能力评价导则》（GB/T 37037—2018）和国内贸易行业标准《展览服务（布展工程）企业资质评估指标》（SB/T 10839—2012）则对展览展示工程服务企业的类型、资质、评价等做出了规范，博物馆行业也基本照此执行。通过招投标确定实施单位，签订展览工程合同后便可以开始进行施工设计。

（三）进行工程设计

展览工程的设计在本质上是展览的形式设计。那么，展览的形式设计跟展览工程设计到底有什么区别而被冠以两个不同的名称？从当前的博物馆实践工作出发，它们大体上相当于展览形式设计的“概念设计”和“深化设计”两个不同时间、不同层面的设计。《博物馆陈列展览形式设计与施工规范》对此有清晰的描述：“陈列展览形式设计的第一阶段为概念设计。根据陈列展览大纲的要求，对陈列主题和效果的总体把握，提出初步意向性设计方案，以艺术表现为主，兼顾可行性，既有感性和探索性特征，又是设计原则的体现。”“深化设计阶段是对概念设计的扩充、修改、完善和具体化，应与前期概念设计保持一致性。概念设计确定后，与内容的逻辑关系对应的各种陈列展览形式要素的具体设计，包含环境造型、色彩、平面设计、题标版系统、展品标牌、展具、辅助展项、照明设计、文物保护等，其设计应符合人体工程学的要求。图纸包括两类，效果图、轴测图、艺术创造草图画稿等属于表现性图纸，平面图、立面图、大样图、节点图等属于施工图纸。”从形式设计的角度出发，更侧重对专业内容的解读和艺术效果的呈现；而站在工程设计的角度，则更加侧重对材料和技术的应用。当然，从操作的主体来看，展览形式设计一般由博物馆本身工作人员完成，而展览工程设计则由施工单位完成。

（四）组织项目论证

一般情况下，基本陈列工程都属于随场馆建设首次实施的专业项目，不管是出于工程项目管理规范化的需要，还是出于甲方的专业谨慎，都有着较为完整的项目论证程序。如广东省博物馆珠江新城新馆建设时期的基本陈列三个标段（历史、艺术、自然）的展览工程，就曾经组织每个标段单独的论证以及老同志老专家论证、省市相关专家论证、国内专家论证等几个层面的综合论证。而对临时展览而言，因策划展览是博物馆从业人员的基本专业要求，对展览内容的论证基本采取同行评议的方式进行，但对展览工程项目的论证并不在当下的博物馆日常工作范畴之内，或者说对其没有严格意义上论证。博物馆的发展是一个功能不断综合化、复合化的过程，从诞生之初的单一收藏功能到具有部分展示功能再到近现代意义上的三大功能，以及近些年出现的国际博物馆无法定义的现象，均说明了该问题。即便展览工程设计已经被逐步纳入博物馆的职能范畴，博物馆展览工程论证目前主要还是通过社会第三方执行，究其原因，不外乎术业有专攻，而博物馆本身尚未“攻入”这个领域，不具备这方面的专业技术力量，也便认可了第三方的结论，甚至有些博物馆直接忽略了这个环节。基本陈列工程因有新馆基建专业优势可以借助，而在论证上优于临时展览工程。2019 年复旦大学文物与博物馆学系牛小艳和陆建松发表在《东南文化》上的《博物馆展览工程工程量清单编制规范初探》一文，实际上对将工程管理学科深入引入博物馆学做出了探讨，该文从另一个侧面也反映出整个博物馆行业在展览工程管理方面的欠缺。

（五）组织项目实施

与新馆建设同期进行的基本陈列工程项目，其组织实施一般由新馆筹建组或筹建办公室负责。临时展览工程的组织实施因各单位的内设机构设置、专业力量、人员配备等不同而略有不同：一种是人员配备较为充足，机构设置也相对完备的综合类博物馆，一般情况下组织实施的牵头工作放在专门的陈列展览组织实施部门，还设置相对固定的岗位负责该项工作，由行政后勤部门协助，如广东省博物馆的临时展览工程实施由陈列展示中心承担日常组织实施和管理工作，并在部门内部指定专人负责；另一种是人员配备不是很充足的大多数中小型基层博物馆，一般直接由办公室（行政后勤部门）来牵头组织实施，由相关专业人员配合。搞清楚谁来干了，接下来就要搞清楚干什么。博物馆的工作人员在展览工程的组织实施中，主要是承担协调和监督工作。协调工作包括施工单位进场的证照办理、施工进出通道的安排、施工区域与展览开放区域的划分、施工现场的水电等基本设备设施提供、是否需要在博物馆非正常开放时间施工等；监督工作包括施工方的相关文件和证照是否齐备、是否按照博物馆的安全消防管理规定施工、材料与合同约定是否相符、施工过程是否按规范操作、能否按照审定的图纸进行施工、施工进度是否可控等。

（六）项目后期管理

展览工程的项目后期管理包括项目的峻工验收和结算、项目资料移交、项目维护保修等内容。展览工程的峻工验收在前一个工作步骤扎实的基础上是相对容易实现的，一般施工都有一定的“隐蔽性”，相关步骤的“验收”其实在组织实施的过程中已经“把好关”，验收主要是针对过程文件和相关单据进行核验，同时对施工现场的总体效果进行结论性评价。《博物馆陈列展览形式设计与施工规范》明确施工验收包括“施工材料、工艺方式、视觉效果、安全检测和运行评估”5 个方面的内容，也将其分为“成立验收组、报验、认证、阶段验收、最终验收、形成验收报告”等 6 个步骤。博物馆方与施工方代表在核验清楚后，在对应的验收表格上签字确认，并以此作为结算依据。确定工程符合验收标准后，相关资料由施工方向博物馆方移交。《展览展示工程基本服务要求》（GB/T 33490—2017）则对展览工程的“维护”和“拆除”做出相应的规定，这些要求一般要在博物馆与施工方的合同中予以进一步明确约定。关于展览工程移交后或者说项目向公众开放后的现场管理，作为博物馆行业的特殊性和当前的分工特点，综合类博物馆这方面的工作一般由政府采购服务的物业公司进行第一线管理，因此，现场相关的移交工作在博物馆方面涉及的前面参与的形式设计人员所在部门、展品所在藏品管理部门、博物馆安全保卫部门、博物馆公众服务部门、物业公司等几方，也需要特别注意。

三、博物馆展览工程常见问题

从前面的论述也可以看出，博物馆展览工程与一般的装修装饰工程有着本质上的区别，在实际工作当中，一般还可能遇到以下问题。

（一）设计施工一体化还是分开

关于这个问题，复旦大学陆建松教授在其《博物馆展览设计与制作布展》一文中已经对“一体化”和“强制分开”各自的优劣势进行了较为详尽的探讨，并由此提出了一个折中的“一体化下的关联分离”模式。从现实操作的角度，博物馆展览工程选择“一体化”还是“强制分离”，最为关键的是将展览工程定义为“服务”还是“工程”：在现行的政策范围内，如果定义为“服务”，则“设计和施工”均为展览项目的组成部分，是可以“一体化”的方式进行操作的；如果定义为“工程”，按照 2013 年七部委发布的《工程建设项目施工招标投标办法》（七部委【2003】30 号令）第三十五条“投标人是响应招标、参加投标竞争的法人或者其他组织。招标人的任何不具独立法人资格的附属机构（单位），或者为招标项目的前期准备或者监理工作提供设计、咨询服务的任何法人及其任何附属机构（单位），都无资格参加该招标项目的投标”的规定，只能采取“强制分离”模式。

（二）预算不准确

目前由财政资金支持的国有博物馆，预算管理要求是尽可能精准的；具有企业、行业或者个体收藏家背景的非国有博物馆，对资金使用的效率的要求则更高，预算控制更为严格。预算不准确——严格来说，超出原预算——是博物馆展览工程中经常出现的问题。一方面，在当前的业务分工中，预算从属于形式设计，形式设计人员一般出身设计专业而非工程管理专业，这种“过于专业”和“极不专业”并存的现象导致展览工程项目在从“概念”到“深化”的过程中，往往对项目的规模、具体内容失去精准的把握；另一方面，博物馆展览工程本身的一些内容并不像一般的工程项目一样，在市场上对于同类产品可参考和可比较，譬如作为辅助展项的场景创作，材料的价格市场上可核，但如何设计，找谁设计，效果不同，价格也不同，在一般情况下不具备可比性；又如因展品材质等文物保护因素而有着特别要求的灯具等，一个普通灯具与一个符合特殊展品需求的专业灯具，其价格可能相差数十乃至数百倍。当然也有一些其他因素，譬如实施现场与设计方案出现不一致而需要调整等，都可能导致预算不准确。

（三）过度形式化

如前所述，博物馆展览工程的过度形式化是导致预算不准确的常见原因，甚至说是近些年博物馆行业发展的一种普遍现象。在工程中出现过多的场景、沙盘、辅助展品、多媒体、互动设备等“新技术”“新表现形式”，都属于这类情况。导致这种现象产生的原因大致有以下几条：首先是设计人员对展览内容的理解不够全面和准确，博物馆内从事形式设计和工程设计的人员由于学科背景等原因，对文字和内容的理解往往没法像内容设计人员那样全面，总希望尽可能通过艺术手段进行表达；其次是随着博物馆的运营理念、基本概念和职能的不断发展，以及新材料、新技术被不断引入博物馆领域，甚至在一些“娱乐至上”的思想影响下，凸显形式而忽略内容成为某一时期的流行现象；最后是近些年博物馆行业内展品征集与场馆建设工作的不匹配发展，导致很多新建的场馆缺乏展品，通过强化工程中的形式设计降低观众对展品不足的注意力也成为一种“行之有效的方式”。

（四）忽略博物馆行业特殊需求

在展览工程实施过程中，博物馆的内容设计人员和形式设计人员作为博物馆本身的工作人员（代表甲方）是要参与其过程的，而通过招投标的方式聘请的施工人员和管理人员（代表乙方）一般都是按图施工。对一般性工程而言，按图施工并没有什么问题，但博物馆工程特别是基本陈列工程具有行业的特殊性，譬如在一些辅助展项的设计和实施等具备较大主观评价效果的项目上，极为容易出现施工人员认为“干完就行”和博物馆工作人员认为“完全没达到艺术效果”的矛盾。比如，在广东省博物馆珠江新城的新馆展陈工程的实施过程中，甲乙双方的“协调会”经常开成了“吵架会”，由此可见一斑。而对于数量较大的临时展览工程而言，在空间布局上对消防、安防的施工要求上，在不同安全系数的工程材料选择上，在一次性制作与可重复项目的经济效率上等，都会出现因工程实施遵循“一般商业性”操作而忽视博物馆特殊行业需求的情形。

（五）项目验收不及时

验收不及时的问题主要存在于临时展览工程之中，特别是对于一些展期相对比较短的临时展览更是如此。展览项目工程因其承载的是博物馆“藏品”这个特殊展示标的而且对一定的公众开放，甚至很多工程的子项在实施过程中是与“展品”一同进场的，而且展览工程一旦完工，基本上接下来的步骤就是对外开放了，极少留下单独的调试空间进行项目专门验收。这也导致一方面项目的验收难度因为“展品”的存在而增加，另一方面，很多甲方认为自己已经同步进场施工，不需要另行验收。代表甲方的内容设计人员和形式设计人员，往往在展览工程结束的时候便“自动退场”，导致展览工程项目验收被忽略乃至遗忘，等到为期不长的临时展览要撤甚至已经撤了，需要进行相应的工程项目验收以作为付款依据了，才发现项目尚未验收。

这是当下很多博物馆在展览工程项目管理上需要进一步完善的地方。

随着博物馆事业的高速发展，新运营理念的不断冲击，各类学科的不断引入，国有、非国有博物馆的类型不断丰富，社会分工越来越细等有利条件的影响，博物馆展览工程在这些年得到了非常大的发展。但是同样由于行业的特殊性，法律法规尚未完善到该领域，以及传统观念对博物馆学研究方向的影响等，对于这方面的研究相对较少，尚未形成完整、规范的标准化操作体系。在符合国家大的方针政策前提下，结合各自的经验不断总结和实践，也是有利于推动博物馆展览工程规范化发展和促进博物馆高质量发展的方式。

广东美术馆胡锐韬、广东省博物馆协会雷愉香执笔

博物馆展览传播推广

在信息时代，博物馆已从以收藏、整理、展览为主旨的公共场所逐渐转化为一个传播文化的媒介，博物馆紧密围绕着藏品、展览、文化内涵、延伸活动、博物馆本体等信息传播而运转，与社会互动，传播功能日益凸显。展览传播作为博物馆主要的传播途径，若想在信息大潮中抢占制高点，就必须贴合时代需求、研究传播对象、深耕展览内容、把握传播节点、拓展传播途径，以多元有趣、掷地有声的方式输出信息。本文以 2022 年 5 月入选“中国‘十大热搜展览’”（据中博热搜榜）的“大唐宝藏——法门寺地宫文物精粹特展”的传播工作为例，谈谈如何带着新思维和好产品，实现展览传播的多快好省。

一、博物馆展览传播工作的要素

（一）明确展览传播的主体和对象

博物馆展览传播的主体不仅仅是馆内负责宣传的人员，博物馆内所有工作人员都是博物馆展览传播的主体，每个人的工作职责都相应地改变着博物馆展品和信息的存在状态，只是比重大小不同。工作占比最大的传播主体有两类：一是策展人，负责对展览方式进行设计策划，对展览的管理、创作、执行工作进行统筹指导，全方位呈现展览内容；二是宣传工作者，将博物馆展览、活动、文创、场馆与观众大小事通过不同的视角、形式在不同的平台进行推广，鲜活地呈现博物馆展览风貌。

对于博物馆而言，其展览传播的对象就是博物馆观众：一方面，观众是博物馆展览开放服务的对象；另一方面，观众对展览的需求影响着博物馆运营。值得注意的是，观众不仅是博物馆展览的传播对象，也是博物馆展览二次传播的主体。科技时代的飞速发展、观众对文化的需求和休闲方式多样性的提升，催生出各种高新技术、服务产业、新媒体陆续进驻博物馆行业，当代博物馆与观众之间必然会突破原来简单的参观和被参观的关系，经过两者均为主体、交融互动的转型时期，进而深化为博物馆为观众提供多维文化服务、多重感官体验，成为观众展示个人、发表观点的文化休闲平台。

（二）仔细梳理展览传播内容

从本质上讲，博物馆展览是对观点与思想、知识与信息、文化与艺术，乃至价值与情感的传播，其传播的内容受展览目的的引导。展览想要告诉观众什么？向观众传达什么？让观众感受什么？传播目的经过规划、组织、取舍之后，展览传播内容会反映在两个方面：一是展览的原始内容，即文物展品、陈展主题、历史背景等；二是展览的延伸内容，即文化内涵、教育活动、衍生文创等。信息生产和传播活动是大众传播相互连接的两个方式，所以我们通常会从这两个方向去梳理一个展览的内容，每一个方向再设置传播的主题和系列，囊括知识、艺术、互动内容，避免以量取胜的文化大杂烩，导致观众阅览后不明晰展览的文化主旨，偏离设定的展览传播目的。

（三）精心搭建展览传播框架

1. 策展注入传播视角

专家策展是博物馆的惯例，研究扎实、底蕴深厚，但往往缺乏传播人员参与，为展览传播工作的通篇布局埋下了一个尴尬的伏笔。展览传播并不是自然形成的，靠一个自带流量的国宝或者顶级艺术品就可以实现。传播者就像一个导演，在展览策划之初就得安排好“影片”的内容、视角和重点。优质的策展需要联系本馆实际，结合观众需求，研究人员与传播人员共同发力策划，重新解构和传播赋能，不断淬炼、输出文化产品。

2. 展览前期夯实传播内容

博物馆不仅是文化遗产投影机，更是新文化发生场。如何在历史叙事的基础上构建当代叙事？答案是给传统文化加上当代表达。在传播中要善于将抽象的、理性的、深奥的科学知识转换为具体的、感性的和浅显的信息。展览传播的内容端在开展前三个月内一定要考虑充分，筹备扎实。

3. 展览开幕式一鸣惊人

展览开幕式是展览传播的重要节点，是对之前所有预热信息的承接和证明，也是展览 IP 第一次全方位、立体式的呈现。开幕仪式精彩绽放，不仅能给现场和线上观众带来一种好奇、兴奋、惊喜的情绪，其热度也会影响展览开幕之后较长一段时间。

4. 展览期间深度推广

在展览开幕之后一个月内，本市以及省内观众会掀起参观展览的第一波热潮，其后展览本身的传播热度会稍有下降，这一时期的传播工作需要侧重展览的延伸活动以及对展览的深层解读和多视角分析，吸引文化爱好者和博物馆忠实粉丝到馆学习。

5. 展览回顾充满仪式感

展览传播工作比较容易出现虎头蛇尾的现象，大家愿意把更多的传播成本投放在展览预热、展览开幕和展览期间，而较少关注展览的尾声。一个完整的展览传播应该包含展览闭幕篇章，给展览一个充满仪式感的回顾环节并营造展览结束前后的线下线上观展热潮。展览结束后邀请各方面的媒体和社会力量参与展览传播总结，以便指导下一次展览的传播工作，确保以观众为核心的传播理念得以落实。

二、博物馆展览传播的组织

博物馆展览传播队伍涵盖面较广，正如前面所提到的，博物馆展览传播的主体并非仅仅是馆内负责宣传的人员，博物馆内所有工作人员都是博物馆的传播者。通常展览传播团队除策展人之外，还有内容设计、形式设计、宣传策划、教育推广、策展支持等业务成员。博物馆内除宣教、展陈部门主力参与展览传播工作外，藏品研究、开放服务部门也要承担相应的文物展品研究、展览衍生品推介等信息输出工作。

这里要特别介绍一下博物馆策展支持成员的构成。当今时代，与社会力量融合共生是博物馆创造力与活力之源。一个展览的传播需要文化、创意、艺术和科技等多个圈层的支持，单凭博物馆自营媒体之力较难实现，探索实践“博物馆＋传媒＋城市力量”的文博运营方式是有益且必要的。邀请主流媒体、行业媒体、网红合作办展，不仅能让宣传产品形式丰富多样，传播时间和空间维度也能得到保证。同时，吸纳有文化情怀的企业和社团参与运营，可有效分担展览传播所需的人力、物力和财力，对于激发博物馆活力，助力公共文化服务快速发展有显著成效。

三、博物馆展览传播的流程

业界普遍认同根据展览的特点，将传播周期分为展览前期、展览开幕、展览期间和展后宣传四个阶段，其间运用海报、推文、活动、直播、文创等各类形式的宣传产品，涵盖传播符号中的语言、文字、形式语言、声像以及艺术符号，安插至不同阶段，以覆盖展览的全周期。但具体落实到展览传播工作中，如何将传播符号环环相扣、搭配得当，还得具体问题具体分析。我们结合东莞市博物馆“大唐宝藏——法门寺地宫文物精粹特展”（以下简称“大唐宝藏”）传播实例，和大家分享展览传播工作的流程与技巧。

（一）展览策划中的传播

1. 展览大纲力求创新

创新的展览大纲能较为成功地转化为展览中的阐释性材料，使观众顺利地与展览背景沟通和对话。“大唐宝藏”的传播效果实属东莞市博物馆精心策划、瞄准市民喜好发力后的意料之中。法门寺地宫出土的文物等级之高、品类之繁、数量之多、记载之清晰、保存之完好，在中国考古史上实属罕见，是20世纪中国隋唐考古重大发现之一；而且法门寺文物在国内鲜少大规模外展，在广东则从来没有，这对于传播来说是非常大的亮点。东莞市博物馆展陈空间较小，我们以“小而精、小而美”为策展目标，挖掘内容，解读法门寺的文化内涵，提炼出“大唐宝藏”这个概念。我们跳出既有的展陈方案，在展览概念和大纲文本上另辟蹊径，最终创造性地把展览分为三部八卷，以“经卷”形式设计，让观众如缓缓打开一卷雄浑豪迈、开放包容的大唐盛世之书。

2. 展陈设计注重细节

优秀的展陈设计会为观众提供一个传播美的精致空间。我们抓住视觉传达在博物馆传播中的重要性，在开展前三个月，结合大纲精致地设计展览的美学观。走进展览第一部分，首先要穿过一个合十手印形状的多重门，随着光线慢慢暗下，展厅中部出现一座金光灿灿的浮屠，周围的墙上隐隐约约能看到历史石刻的文字。在黑、金色的烘托下，文物的庄严感油然而生。第二部分以青色空间和纱帘烘托秘色瓷之美，以紫色衬托大唐金银器的华丽。第三部分则以深红色背景和仕女图营造盛唐色彩，每个色彩都有其独特的语言，层层递进，让观众如翻书一般，每打开一页都能发现一个惊喜。细节是构建审美力的关键，文物周围的 10 厘米空间是陈列设计的精妙所在。在“大唐宝藏”展中，稍小的文物被三层磨砂亚克力板层层叠叠托起，构成金字塔般的美学感。其中有一件直径仅 2.4 厘米的唐鎏金银戒指，被摆放在一个边缘切割成钻石形状的亚克力台上。这是参考当代人展示戒指时流行的摆台设计而成的，融入了时兴的审美。

3. 基础图文布局周全

内容端基础文字包含展厅展板、说明牌、讲解词、展览背景以及重点文物推文，还有在此基础上研发的展览导赏读本、活动手册等，其内容要求详实、准确、生动、精炼，恰当的修辞和情绪表达会激发观众对展览的认可和惊喜。我们在展前密切联络作为展览输出方的法门寺博物馆，为我们提供各种展览资料与在线培训，夯实展板、讲解词、官方网站、微信、微博等文字素材，以满足官方信息输出的准确性和丰富性，保证展览传播源的品质。另外，我们结合统编教材、展览知识和潮流 IP 形象，设计推出《校园遇见大唐》唐文化知识手册，印刷一万册，在开展前送进全市共建的中小学，在校园图书馆、历史课堂、综合实践活动中开展丰富多样的展前培训活动，为在校师生提供了一份妙趣横生的文化给养。此外，还有一份根据《考古中国》系列纪录片编写的经典考古探秘剧本《玄宫手纪》，以考古队员的代入感进入地宫探险，过程中穿插游戏闯关环节，有效增强观众特别是少年儿童对博物馆考古学习的积极性和参与感。

基础图片包含展览设计稿、场景效果图、各类海报、文物图片、教育及宣传画册、文物艺术期刊等视觉产品。视觉会为观众架起易于理解展览并留下深刻记忆的桥梁，因此基础图片要达到优良的审美效果，重视各种艺术表现手法。我们结合不同年龄人群的视觉喜好，对“大唐宝藏”展览海报进行了精品文物、长安十二时辰、荔枝、元宇宙、卡通唐妞、教育活动、倒计时 7 个主题系列的设计，横竖版本海报共128张，充分满足全展期各活动的海报运用需求。同时，我们与法门寺博物馆进一步合作，结合展览进行全面深度系统的解读，在原版文物图册基础上重新设计、包装，推出《大唐宝藏》展览精品画册，成为本次展览考古发现与学术研究的重要宣传推广专业资料。

在展览期间，《大唐宝藏》《校园遇见大唐》《玄宫手纪》三本宣传、教育产品不仅在展厅一楼的古风市集中让观众免费阅读，也是线上线下传播活动的互动福利，广受社会各界、文博同行、志愿者和观众代表欢迎。

4. 教育体验传播亮点

从观众的角度出发，博物馆学习应该是一种相对粗放、自由选择度高的学习类别。博物馆除了为展览量身定制经典教育项目，更多的是要给观众提供可选择的多感官现场体验活动，满足沉浸式观展的乐趣，凸显实体博物馆在数字时代的优势和魅力。我们针对“大唐宝藏”的教育体验活动进行了分众策划，对象覆盖全龄观众，时间覆盖全展期。计划从一楼展厅开始，四周的墙壁布置成大唐西市的模样，其中设置丽人阁、芝兰坊、烹茗坊、制香坊和水墨坊，让观众换唐装、戴唐冠、贴花钿、品茗闻香习书法，全方位、多角度学习、了解唐代文化，感受现代与古代生活的关联。二楼互动体验厅为亲子家庭和广大青少年准备《校园遇见大唐》展前导赏读物，还有惊喜的手电筒和探秘工具包，由一本《玄宫手纪》将观众带入考古学家首次探秘地宫的全过程，体验一回神秘的考古剧本游；在展厅里，不时可以看到唐妆仕女、大臣为观众导赏展览，偶尔会出现一群唐朝人士，有寺庙僧侣、秘色女子、异域商人，还有杨贵妃……以盛唐文物、诗词歌赋、商贸往来、风华人物等视角切入大唐主题，用舞蹈与戏剧相结合的形式铺展出立体生动的大唐文化画卷，演绎一场“法门千载”。节假日，“大唐风华”——唐文化系列课程、专家讲座、节气主题活动能吸引不同的观众群体。暑期档，与校园学生着力碰撞大唐诗词，还有几场特别的大型活动在夜间开放。上述展览计划经过了两个月布局完善，于开展前一周完成了所有教育项目的设计和活动物料的筹备。

5. 文创变身传播符号

特色文创承载了展览的独特文化符号，浓缩其定位、性质、历史文化基因、典藏精华以及博物馆人的深刻认知。研发一定数量的展览文创，对于展览IP形象的塑造和传播有着积极作用。一树一菩提，一花一世界。贴合“大唐宝藏”文物所反映的唐风民俗，我们将观众留言纸设计成菩提叶书签，让观众留言或带走作为展览纪念。结合精品文物、历史文化、传统节气和展览季节开发了“大唐宝藏”香囊雪糕（奶油 / 芒果味）、“一骑红尘妃子笑”东莞荔枝、“红荔大吉”和“端午香粽”项链 / 手链。最有新意的是“一件博物馆之一本万利（荔）团扇”，以数字文创 + 音频课程 + 实物文创的全新文创套餐形式，将文创商品和教育产品一同打造成展览传播符号，有效推动传统文化数字化和年轻化。

6. 邀约媒体联合策展

当下，主流媒体有最广泛的话语权、权威的影响力、最大的覆盖面，博物馆和主流媒体的紧密合作是非常必要的。同时，博物馆行业媒体如博物馆头条、文博圈、博物馆自营媒体等的有意识传播，可让展览精准地投放在博物馆受众中，使传播效率倍增。针对“大唐宝藏”，我们物色并邀请展览主办媒体、合作媒体、网红及社会力量共同制订传播计划。博物馆保管部、宣教部、陈列部从展览背景、藏品研究、教育活动、文创新品、陈展技术、观展热点等主题规划系列宣传推送，南方报业传媒集团东莞分社作为主办媒体，东莞广播电视台、凤凰网作为主要合作媒体，动脉影摄影作为网红博主节点性跟踪发帖，组成策展传播联合体。陈展完成后，各媒体分工制作发布大咖导赏、娱乐综艺、知识科普、VR 展览、VLOG、PLOG、创意长图等宣传产品，构成线上线下同步、大小屏互动、多维度全方位的立体宣传矩阵。在“大唐宝藏”开展前，我们已规划好自营媒体 36 条、合作媒体 42 条宣传产品的投放方案。

7. 预热阶段深入探展

通常我们在展陈布置完成后会启动“媒体开放日”提前探展，曝光重点展品，进行直播、专家评展等，对于进一步提升观众好奇心和兴奋感有明显成效。针对“大唐宝藏”展览的预热传播工作，我们稍做了一些调整和尝试，将媒体开放周期拉长至一周以上。博物馆自媒体预热传播于开展前一个月启动，各主题海报交替出现，微博组图发布；开展前两周由官方微信公众号密集推送与展览背景相关的文化导赏推文、开展后的第一波活动介绍，微博推送重点展品，并开设各类特展话题专栏，吸引社会力量参与讨论。以上举措为媒体传播提供了较充分的内容基础。开展前十日，我们邀请主办媒体及部分合作媒体参与接展、开箱、布展过程，他们拍摄了各类专访及综艺节目、接展及开箱推文、文物视频、展览花絮、大咖访谈，在开展前一周与博物馆自营媒体宣传一道形成流星式展览预告。

表 1 “大唐宝藏”展览预热媒体报道统计表

媒体平台		发布数量	时间
东莞市博物馆官方自媒体		33	2022.4.8−8.21
新闻媒体报道	南方 +	10	2022.5.11−5.17
	东莞广播电视台	6	2022.5.7−5.14
	凤凰网广东	3	2022.5.9−5.15
	其他新闻媒体	8	2022.5.10−5.18
政府自媒体		7	2022.5.9−5.16
行业媒体		3	2022.5.11−5.12
网络大 V	动脉影	3	2022.5.14−5.17
	二乔先生	2	2022.5.14−5.15
其他自媒体		9	2022.5.6−5.17
总计		84	

（二）展览开幕的传播

1. 开幕活动丰富多彩

如果条件允许，展览开幕式应尽可能启动场馆内足够多的互动区域，开展不同类型的教育体验活动，与展陈设计一道，形成色彩丰富的宣传点。本次展览，我们选择在“5·18”国际博物馆日当晚以一场“大唐之夜”沉浸式穿越活动作为开幕仪式，博物馆一、二楼展厅联动做沉浸式表演。开幕式当晚，邀请所有嘉宾以唐妆出席，共同进入我们精心布置的霓裳羽衣、钟鸣鼓乐的大唐盛景，以“夜来风雨声声慢——序幕《唐诗多少首》”“宰相古道望长安——展览介绍”“地宫开启半盛唐——法门寺考古纪实”“丝路绵亘万里长——群舞《敦煌》”“云鬓花颜金步摇——《簪花仕女图》古画复原”“一舞剑器动四方——公孙大娘舞剑”“二分明月醉诗仙——李白吟诗”“三杯草圣传天下——张旭草书”“四时千花一簇开——独舞《唐韵》”等节目引领观众穿越时空的隧道，梦回长安，梦回大唐。紧接着，根据展览量身打造的沉浸式戏剧《法门千载》，让观众着实体验了一次历史与艺术完美融合的特色展览导赏。

2. 传播渠道全面畅通

针对开幕式当天的仪式直播、活动直播、导览直播、策展人专访等，需提前落实到各媒体执行，与博物馆官方平台的宣传产品一道，由合作媒体、行业头部媒体相互转发，部分展前筹备的录制节目同时输出，为展览开幕当天营造爆炸式传播阵势。

表 2 “大唐宝藏”展览开幕媒体报道统计表

媒体平台		发布数量	时间
东莞市博物馆官方自媒体		3	2022.5.18−5.20
新闻媒体报道	南方 +	5	2022.5.18
	东莞广播电视台	5	2022.5.18
	凤凰网广东	3	2022.5.19−5.20
	其他新闻媒体	5	2022.5.18−5.19
政府自媒体		2	2022.5.18
其他自媒体		4	2022.5.18
总计		27	

3. 流量角色助阵传播

流量角色为展览带来的传播效应毋庸置疑。受粉丝效应影响，邀请明星、网红等流量角色出席展览开幕式或进行代言，会使展览 IP 顺利地进入粉丝的生活和视野，达到与其心灵的深层沟通，并在其心中树立较高的文化形象和地位，对展览 IP 自动赋予情感价值。本次“大唐宝藏”展览开幕式，我们邀请了合作方宏远篮球俱乐部、CBA 史上首位总得分超过一万分的篮球明星朱芳雨先生莅临现场，在球迷心中激起不小浪花。另外，我们还邀请了“大唐宝藏”漫画 IP“唐妞”的作者二乔先生现场签售著名漫画《唐妞驾到》，本身就是爆款的网红萌物“唐妞”在开幕式当晚公开发行新的系列“元宇宙”，线上线下顿时走红。

（三）展览期间的传播

1. 延伸活动此起彼伏

博物馆追求的展览传播效果，是要让展览中的文物“活”起来。展览开幕之后，我们需结合本地场馆实际、展览传播效果以及观众舆情反馈，有计划有节奏地推出展览延伸活动。针对展期内的传统文化节气，可以结合展览策划活动，与日常体验活动、特色展教项目一道实现展览传播的此起彼伏、波浪式递进。“大唐宝藏”展期跨端午和七夕传统佳节。在七夕当晚，我们利用场馆所有开放区域，设置古风市集、解密寻宝、乞巧游戏、浪漫观星等活动，营造佳节气氛，邀请观众“穿越”到大唐之夜体验古代七夕民俗生活，欣赏唐代珍宝，引起一波打卡发圈的热潮。

表 3 “大唐宝藏”展览延伸活动统计表

活动名称	时间	地点	内容	活动对象
丽人阁	全展期	一楼展厅 大唐西市	陈列唐代服饰，提供换装观展	全龄观众
制香坊			识香料，赏香囊，品香道	
烹茗坊			学习茶艺文化，体验制茶、吃茶	
芝兰坊			学习花艺文化，体验唐代花道艺术	
水墨坊			体验书法、拓画等书墨互动	
水拓宫扇	6 月 3 日		拓印扇面古典花纹	
香包制作	6 月 4 日		制作简易香囊	
玄宫手纪	全展期	二楼展厅	身临其境体验考古队员进入法门寺	亲子家庭
考古剧本游			地宫探秘的全过程，组队完成《玄宫手纪》剧本	青少年
《法门千载》 戏剧展演	周末及 节假日	二楼展厅	观赏展览沉浸式戏剧，以盛唐文物、诗词歌赋、商贸往来、风华人物等视角切入大唐主题，用舞蹈与戏剧相结合的形式铺展出立体生动的大唐文化画卷	全龄观众
《捣练图》 展演推介	6 月 17 日	东莞广播电视台 1 号演播厅	由“大唐宝藏”展览文化推荐官带领观众欣赏古画《捣练图》复原表演，感受大唐女子生活，领略盛唐辉煌	成人观众
大唐文化 户外体验区	6 月 17 日	东莞广播电视台星光大道	体验换唐装、贴花钿、投壶游戏，制作心愿书签	全龄观众

续表

活动名称	时间	地点	内容	活动对象
唐文化系列课程 ——唐代美人志	5月21日 — 8月6日	二楼弘文馆	学习唐代礼仪、妆发、服饰；体验换唐装、贴花钿	成人观众
唐文化系列课程 ——闻香识雅	6月3日 — 7月30日	二楼弘文馆	学习香文化，识别香料；体验香包制作	6-18岁 青少年
唐文化系列课程 ——夏茗清欢	6月23日	二楼弘文馆	学习茶道历史变迁，欣赏茶道演绎，实操茶道禅茶行茶法	10岁以上 观众
《校园遇见大唐》 历史文化读本	全展期	东莞市 共建中小学	结合学校统编教材、展览知识讲述唐代服饰、饮食、住行文化等，作为校园图书馆书籍、课堂教辅用书使用	共建学校 师生
唐诗N百首全市 中小学生知识竞赛	7月17日	一楼大厅	竞赛以清代孙洙所编《唐诗三百首》、中小学诗词背诵提纲为基础，加入创新趣味的竞赛环节，强化学生对唐诗的理解，共襄中华诗词文化的传承与发扬	共建学校 中小学生
七夕之夜	8月4日	一至三楼展厅	以七夕佳节为主题，设置古风市集造景、解密寻宝、乞巧游戏摊位等活动，营造传统七夕佳节气氛，邀请观众“穿越”来馆体验古代七夕民俗生活，欣赏唐代珍宝	全龄观众

2. 学术传播升华展览内涵

一个精品讲座的公众传播力并不亚于一个展览，围绕展览开设的专家讲座是对展览内容的升华，也是展览专业级的再创作，为观众带来展览人文角度的传播，将学术进行普及性地转化。在“大唐宝藏”展览期间，我们准备了三场精品讲座，社会美誉度较高。第17个“文化和自然遗产日”当天，我们邀请著名考古学家齐东方教授，在展厅现场带来主题为“惊世大发现——法门寺地宫文物及其历史价值”的讲座，从供养布施与地宫珍宝的视角，抽丝剥茧地探秘唐代地宫千古之谜，旁征博引地解读法门寺文物在丝绸之路上的地位以及对中西方文明交流的影响。其独到的思维与视角为观众呈现了精彩的大唐文明。通过网络直播，让更多的观众不仅领略到中国悠久的历史、灿烂的文化，更为中国优秀传统文化焕发的无穷魅力而自豪，有效提升了展览的传播品质。

表 4 “大唐宝藏”展览学术讲座一览表

讲座名称	时间	地点	内容	参与对象
惊世大发现——法门寺地宫文物及其历史价值	6 月 11 日	一楼大厅	围绕“大唐宝藏”，北京大学考古文博学院教授、博士生导师齐东方从供养布施与地宫珍宝的角度，详尽解说法门寺文物在丝绸之路上的地位、对中西方文明交流的影响	全龄观众
读贡茶之源 品贡茶之巅	7 月 30 日	一楼大厅	西北大学孙斌教授深入解读唐代茶文化以及法门寺出土的皇家鎏金银茶器具用途与特点，讲述大唐茶文化的精髓、大唐辉煌而盛大的国宴——清明茶宴	全龄观众
法门寺历史与文物图像艺术	8 月 20 日	二楼弘文馆	复旦大学文学博士黄阳兴教授结合展览，引导历史文化爱好者从全新角度认识地宫文物的艺术价值，分享艺术史视野下最前沿的文物研究成果	成人观众

3. 三个层次媒体策略融合

展览期间，除博物馆自媒体和行业媒体传播之外，多邀请主流媒体对展览进行有侧重的深度报道，剖析品质文化、策展视角，发表展览评论，以提升展览的文化高度。博物馆还鼓励全民自媒体传播各种参观和学习收获。如果说博物馆行业大 V 带来“大唐宝藏”千万级以上的传播流量属于计划内的话，那么一段由观众个人发布的“又不是天天有机会拍博物馆，当然要好好记录一下啊”的 23 秒视频在两天时间内实现流量破亿，则实属意外之喜。不少学校在展览教育产品《校园遇见大唐》《玄宫手纪》的基础上，编印出暑期观展作业纸，学生和家长朋友表示非常喜欢这样的暑假作业。原本的小型展览被主流媒体、行业媒体、全民自媒体三层传播之后，变成一个大展、特展，在市场运作规律下实现顶级的传播效应，美团、抖音、大众点评这些需要付费赞助的商业平台，因为“大唐宝藏”的流量而自动生成了东莞市博物馆名录。

4. 展览虎头豹尾华丽收官

展览是一个有生命的对象，它不光表现物，也表现了我们对物、历史和美的感情。精心设计的收官活动和感情充沛的宣传，会引起观众对伴随自己几个月的特展依依不舍的同理心，使展览传播上升至情感高度，从而画上一个圆满的句号。闭展前 5 日，我们邀请展览铁粉在展期最后一天最后一刻，一起再看一次“大唐宝藏”：三个月前，一场打开地宫之门的“大唐之夜”开幕式上，漫天金箔、繁华巷陌，唐朝人物从历史中走出，牵引观众推开展览大门，迎接法门寺远道而来的“大唐宝藏”；三个月后，《法门千载》写下终章，大唐宝藏游历人间后即将返回法门寺，临别一句“你们还会记得我吗？”，以展览之名，和东莞做了一场充满人文气息的告别仪式。观众线上花式留念，满版不舍难说再见，各类回顾推文的宣发将“大唐宝藏”推上“讲不出再见”的最后一波流量热潮。

表 5 “大唐宝藏”展览期间媒体报道统计表

<table>
<tr><th colspan="2">媒体平台</th><th>发布数量</th><th>时间维度</th></tr>
<tr><td colspan="2">东莞市博物馆官方自媒体</td><td>116</td><td>2022.5.18–8.21</td></tr>
<tr><td rowspan="4">新闻媒体</td><td>南方 +</td><td>19</td><td>2022.5.29–8.21</td></tr>
<tr><td>东莞广播电视台</td><td>8</td><td>2022.5.18–8.5</td></tr>
<tr><td>凤凰网广东</td><td>7</td><td>2022.5.25–8.5</td></tr>
<tr><td>其他新闻媒体</td><td>10</td><td>2022.5.18–8.21</td></tr>
<tr><td colspan="2">政府自媒体</td><td>8</td><td>2022.5.18–8.22</td></tr>
<tr><td rowspan="3">网络大 V</td><td>动脉影（微博）</td><td>15</td><td>2022.5.19–8.19</td></tr>
<tr><td>动脉影（小红书）</td><td>4</td><td>2022.5.31–7.21</td></tr>
<tr><td>张校长摄影</td><td>4</td><td>2022.7.13</td></tr>
<tr><td rowspan="6">其他自媒体</td><td>微信公众号</td><td>37</td><td rowspan="6">2022.5.18–8.22</td></tr>
<tr><td>微博</td><td>3843</td></tr>
<tr><td>小红书</td><td>341</td></tr>
<tr><td>bilibili（哔哩哔哩）</td><td>15</td></tr>
<tr><td>视频号</td><td>94</td></tr>
<tr><td>抖音</td><td>103</td></tr>
<tr><td colspan="2">总计</td><td>4624</td><td></td></tr>
</table>

（四）展览结束后的传播

1. 线上展览再续前缘

相比线下展厅，线上展厅不受时间与空间的限制，观众通过智能设备，可以随时随地“云游览”，获得“把博物馆带回家”的观展体验，实现与参观过的展览再续前缘。在展览结束时同时开启东莞市博物馆“大唐宝藏”线上展厅，通过多媒体和数字化技术，将线下展馆形象与文物细节信息，以交互形式呈现在个人数字端上，并引入科技前沿的虚拟数字人技术制作了导赏员“小莞”，实现定制化的 24 小时展厅讲解导览服务。通过展厅的数字化升级上线，大唐风华将在东莞市博物馆永存。

2. 媒体平台开设特展专栏

整理展览期间所有图文、视频等推送资料，针对不同主题、不同形式，通过栏目组配，搭建导向性回顾栏目，使展期内分散性的内容素材得到分门别类的设置及再展示，以满足新老观众对展览内容的个性化观赏需求。“大唐宝藏”结束后，我们和主办媒体南方 + 平台各自开设了“大唐宝藏”专栏，分设“云游大唐”“玩转国宝”“深度解读”“展览追踪”等相关子栏目，可让观众随时观看展览的各种导赏及讲座直播，欣赏高清及动态的精品文物，聆听策展背后的故事，回顾精彩的教育体验活动。

3. 期刊呈现展览文章

展览结束后，其间关于文物鉴赏、藏品研究、工作经验等的深度推文和访谈可以整理、撰写成为鉴赏类、研究类、博物馆工作方法论之类的文章，投稿到文博期刊和艺术杂志，继续为展览进行学术和艺术推广。和业界交流探讨各类展陈研究工作的同时，也为承办展览的下一站场馆提供成熟的推广资料和运营经验。为进一步推广和扩大展览影响力，我们在期刊《文物天地》《文艺生活・艺术中国》分别发表《大唐宝藏——法门寺地宫文物精粹赏析》《地宫宝藏——品赏来自法门寺的庄严焕丽》等文章，并结合“大唐宝藏”展览工作实践，与社会各界分享。

（五）展览传播的总结评估

1. 分析舆情监测与公众反馈

一个展览的传播效应与博物馆的公共关系体系构建有很大关系，传播链的覆盖面与执行力直接影响观众观展的参与度和对应的社会效益，进而影响社会力量参与办展的积极性。在传播工作开展的过程中，我们需要根据舆情做出有效的分析和应对，引导正向的社会舆论，维系健康的公共关系，不断提升观众对博物馆的信任、热爱之情，树立博物馆良好的品牌形象。

我们统计了“大唐宝藏”从 2022 年 4 月 18 日到 8 月 22 日的传播信息，含转载在内总计数量 4735 条。第一，按信息量从大到小排序，分别为微博、小红书、抖音、官方自营媒体、其他网络新闻、报刊新闻等。第二，从新闻信息传播的视角看，根据“大唐宝藏”新闻信息走势可以看出，在展览传播的预热阶段，新闻媒体发布相关报道量较高，占全展期新闻报道的 35%，之后新闻量基本保持平稳状态，波动性偏低，曝光率保持稳定。从 5 月 18 日展览开幕到 6 月，新闻曲线呈现小幅波动趋势，5 月波动与展览开幕策划存在较大关系，展览中后期媒体新闻以报道教育体验活动为主，兼有展览评价、传播视角等，大众自媒体及个人信息传播量开始增加。第三，从媒体类型分布看，微博信息排位第一，以“文物视觉”为主要传播话题。“大唐宝藏”微博话题阅读达 1365.9 万次，讨论 3861 次，抖音、小红书信息流量次之，以短视频记录、图文推介呈现为主，阅读量分别达 46.4 万次、15.3 万次，以大众自媒体传播为主；从网络媒体新闻报道量的角度看，传播力度最广的前三名分别为南方 +、知东莞、凤凰网的客户端及网站。第四，从大众传播的有效分布看，博物馆摄影师动脉影发布原创内容数量最多，综合微博、小红书平台，达 22 篇，其中涵括 3 条原创视频，观看量达 58.2 万人次，提升了“大唐宝藏”特展在文博粉丝界的曝光率和品质度；观众自媒体张校长创作的一则主题为“又不是天天有机会拍博物馆，当然要好好记录一下啊”的短视频，在抖音、小红书、bilibili 等平台吸引上千万人观看，观看流量破亿，超 176.8 万人点赞，引发网友热议，有效提升“大唐宝藏”在社会大众中的曝光率。

2. 社会力量参与传播总结

展览传播工作是由展示层面扩展到解读对话层面的过程，在此期间，博物馆需要用全开放的态度全程与公众充分交流。一是从展览传播的媒体从业者中获得观众对于展览新闻作品、言论的反馈，进而能更加清晰地掌握人民群众对于博物馆精神文化的需求；二是由社会机构、民间协会以及观众个体直接发表意见和心声。在“大唐宝藏”展览结束后，我们组织召开了两次传播工作总结会议，一是针对媒体圈层，就传播的专业问题、舆情及节点进行总结；二是与民间协会、市民代表讨论，听取他们对展览设计、教育活动、文创运营、展览传播、开放服务等各方面工作的评价和想法，收集观众反馈，分层了解观众的需求、期待、意见和建议，总结调整传播行为以指导下一次展览传播工作。其中一位观众发言：“这是一次成功的展览，从主流媒体到自媒体再到朋友聊天，获悉展览信息，准备动员小孩来学习，结果孩子掏出一张关于此展的作业，可见这次展览的影响力、传播力，博物馆是下了功夫的。好久没到博物馆了，现场很多打卡点，为‘让观众告诉观众’提供了很多可能，另一感受是观展市民文化素养和形象较以前提升了很多，大展的气场很强，配以文化讲座，动静结合，文化对人的感染力、感化力及穿透力很强大。感谢东莞市博物馆的文化大餐。”

四、博物馆展览传播的理念

传统的博物馆展览传播往往具有既成性的特征，一旦做出展陈，就开始走入固定程序：展览预告、藏品推介、活动预告……一篇新闻通稿由不同的媒体同质化地播报，传播模式也较为单一。近年来，博物馆在拉近与公众距离上付出了诸多努力，服务水平和开放程度日益提升，但囿于传统的信息输出与推广方式，博物馆仍无法完全摆脱“清高”的刻板印象，公共文化服务未能做到深处。因此，博物馆应当积极探索符合当代传播的工作思路，推陈出新。

（一）展览传播需围绕观众发力

1. 互动是灵魂，缺乏沟通的传播不合格

传播是一个双向互动的过程：一是信息由传播者传递到受众，二是受众的反馈流向传播者。传播能否取得效果，取决于两个方向的信息流通是否顺畅，而流通的顺畅有赖于受众的积极参与。随着我国教育事业的发展，具备一定认知水平的观众更多地需要通过社会零散和自由的知识传播构建自己的知识体系，体现出更强烈的参与、体验和分享诉求，自带传播性的 E 世代群体，更加需要彰显个性和自由表达，自说自话的博物馆很难走入观众的内心世界。

2. 引入多重视角，激发观众多感官体验与表达

参观博物馆这种以行走和观察为主的学习，既受体力与时间的制约，又有传播者控制力弱、学习过程不重复、信息量限制等局限。绝大多数观众都不可能像策展

人员一样理解和传播学术层面的高深内容和缜密连贯的展品逻辑，因此，要给观众创设丰富的视、听、身、心、智、能、情感等多感官的体验点，以适宜自由行动的学习和表达。让他们即便不能理解专业的文物知识，也能享受在博物馆中将对美的感受和与展览融为一体的体验，从而激发观众对于博物馆学习的分享并培养日常休闲观展的习惯。

3. 形成全民事件，个人媒体才是展览的硬广告

在信息大爆炸的时代，各种新媒体、社交平台以秒计时更新着各种信息，出圈、爆款、网红信息流量日日创新高，网民面对媒体平台各色宣传已经产生抗体，怀疑、观望实属正常反应，但对于亲人、朋友、同事的生活发声会产生自然的共鸣。官方传播、媒体传播和全民传播犹如金字塔的三个层级，全民传播在最底层，但信息发布量最大。成功的展览传播往往会形成全民事件，产生细胞裂变效应，自发构成“人教育人”“人展览人”等，线上线下相结合的传播体系。博物馆应当充分尊重和鼓励全民自媒体以各种方式来博物馆学习、记录和传播，享受博物馆精心布置的文物和空间的组合，探寻传媒的体验和乐趣。

（二）展览的文化传播需要协作和创新

1. 展览传播需要各业务部门协同发力

“博物馆展示是一个用立体经验来表达的媒介，更重要的是指博物馆采用立体的方式来进行传达和解释。”优质特展是一个特色文化 IP，打造 IP 需要能支撑全展期的内容输出和不断优化的运营加持，围绕展览不断策划新闻事件，不断挖掘新的热点塑造和加固 IP 形象，从创造热点到引领特色文化风潮、引领连续几个月的热点话题的跨越，建立博物馆特展传播阵地。在这个过程中，藏品研究、宣传教育、展陈设计、开放服务等多个业务部门需要协同发力，将各自的业务工作跟展览传播紧密结合，形成网状式的话题输出。

2. 博物馆的开放不局限于“窗口”部门

在社交媒体平台上，博物馆的知识构建和共享是开放性的，参与者对博物馆藏品的内容和意义、博物馆的专业活动、活动的指导思想和价值进行讨论，发表不同的观点，这些内容成为社交媒体上有关博物馆的内容，也成为博物馆知识构建的问题和成果。在当代博物馆展览传播工作中，博物馆作为社交平台的参与者，自然需

要掌握平台运营的规则和技巧，参与展览互动的各种发声与回应，保持平台热度，不能再困于专职研究人员埋头研究专题工作的封闭状态，与展览相关的各业务端口应设传播员定期采编动态、回应观众，博物馆应呈现一种社交开放和微笑的姿态。

3. 传播路上与社会力量“一家亲”

传播模式和传播介质的多样化为博物馆展览传播开辟了多维渠道，除日常网站、微博、微信、视频号等新传媒，4D 剧场、AR、VR 等技术含量较高的传播形式也逐步启用，展览纸媒也已扩大为展览图录、导赏读物、宣传册页、展教产品、学术期刊等品类并行的局面。新技术形式下的传播工作成本剧增，单靠财政划拨给博物馆的展览宣传经费是无法有力推行的。创新“博物馆 + 传媒 + 企业”运营模式，吸纳社会力量与博物馆共同办展，一道参与展览传播，博物馆文化传播效果方可呈几何式放大。主办媒体与主流媒体、行业媒体、社交平台合力打造融媒体矩阵，轻松实现千万级传播流量；引入优质企业和社团参与运营，可有效分担展陈与文创视觉规划、展览宣传视频拍摄、宣传品设计与印刷等传播成本。

“大唐宝藏”成为 2022 年夏天顶流的词语，其展览传播工作的成效满足了东莞市人民所在的粤港澳大湾区观众日益增长的精神文化需求。传播是构建博物馆与公众亲密度的主要方式，通过文化互动能增强观众对地域和城市文明的归属感，找到文明休闲的趣味，进而感受生活的美好，凸显博物馆力量。肯尼斯·郝德森认为：“好”的博物馆基本上是一个永不停歇的实验室，在这里实验的结果是人能以更充实的知识开始下一次的实验。我们从“大唐宝藏”展览传播工作各阶段的实践与技巧开展探讨，期望能激发同行朋友们对于博物馆传播工作的重视和探索，恳请大家指正。博物馆文化只有大众化，才能成为真正的主流文化，才能展示历史的庄严和世界的光明温暖。

东莞市博物馆李历松、杨畦执笔

博物馆精品展览策划

1996年中共十四届六中全会通过的《中共中央关于加强社会主义精神文明建设若干重要问题的决议》，提出了“文化领域要树立精品意识、实施精品战略，努力创作为广大群众欢迎的优秀作品”的要求。在这一背景下，1997年国家文物局提出在全国文物系统实施“精品工程”的战略决策，“全国博物馆十大陈列展览精品”（以下简称“十大精品”）推介活动由此拉开序幕。自1998年第一届“十大精品”陈列展览揭晓至今，全国涌现出了一大批主题鲜明、制作精良、各具特色的精品陈列展览，在中国博物馆界产生极大推动、鼓舞和示范作用，有力地强化了博物馆的精品意识，同时也激发了全国博物馆的进取意识、竞争意识和创新意识，在引领博物馆陈列展览高质量发展方面发挥了重要作用。精品陈列展览不等同于用精品文物堆砌的陈列展览，精品陈列展览是一个系统工程，强化精品意识，能够促进博物馆在藏品征集、学术研究、陈列展示、教育宣传、公众服务、后勤保障以及安全保卫等工作方面走上一个新台阶。那么精品陈列展览的标准是怎样的？又应该如何策划一个精品陈列展览呢？

一、精品陈列展览的标准

2012年，美国博物馆联盟修订了《博物馆展览标准及卓越展览的标志》，认为卓越展览是博物馆展览的典范，能够为观众提供无与伦比的体验。其具体标志包括：（一）展览设计的某一方面具有创新性；（二）展览对特定主题提出了新视角和新认识；（三）展览提供了新信息；（四）展览以激发兴趣（或争议）的方式综合表现已有的知识和藏品；（五）展览以新的或创造性的方式吸取观众的建议并体现在展览的设计或内容中；（六）展览创造性地使用传播媒介、物品和其他展览元素；（七）展览特别的美，具有激发个人的、情感的、反应的非凡能力，并（或者）以建设性方式给观众留下深刻印象；（八）展览激发观众的反应，这是具有转变体验的迹象。从上述八条卓越展览的标志中，我们不难发现"创新"和"观众"是出现频率最高的两个词。

中国博物馆界关于精品陈列展览的标准虽然尚未形成规范性文件，但是从历年"十大精品"推介活动的具体要求中可以看出，一个精品陈列展览无论是从内容策划、形式设计、施工制作还是宣传推广、教育活动、公众服务等方面都在努力与国际卓越展览对标。一个精品陈列展览往往选题立意精准，设计制作精良，能够呈现出鲜明的时代性、思想性和艺术性，在围绕中心、服务大局、丰富公众文化生活、促进经济社会发展等方面发挥着重要作用。

二、精品陈列展览的策划

策展，即展览的策划和展示，包括书面规划和实际执行两方面的工作。一个展览的诞生要经历提案—策划—设计—制作—运营五大关键环节的工作，如何将"以观众为中心""重视创新突破"的策展理念有效贯穿于策展工作的各个环节之中，是策划精品陈列展览的关键所在。

（一）提案阶段

提案是一个展览从无到有的阶段，该阶段的主要任务是提出展览构想并使之立项。该阶段需要厘清的问题有：

1. 展览目的：为何要策划这样一个展览？策划展览的动机和目标是什么？有了清晰的展览目标就能够形塑展览的灵魂和主线，决定展览的内容和最终呈现的面貌。展览目标不清晰或不明确，往往会导致策展过程中决策难以抉择，出现决策前后不一致或不连贯的现象。

2. 展览类型：展览按时间划分有基本陈列和临时展览，按策展方式划分有原创展和交流展。不同类型的展览在展览时间、展品来源、展示方式、经费预算等方面各有不同。

3. 展览选题：展览选题与展览目的、展览内容和目标观众息息相关，好的展览选题往往具有新意和创意并符合观众兴趣。

4. 目标观众：设立目标观众可以为策展工作厘清疑义，确立主要工作对象。通过观众调查研究的方式了解目标观众的参观动机、兴趣和预期，可以有的放矢地策划观众感兴趣的展览。美国学者波利·麦肯纳—克雷斯在其著作《博物馆策展》一书中提到：设立目标观众并不意味着只针对特定群体而放弃其他观众，目标观众的意思是让这些观众在展览中一定会找到他们需要的东西，我们希望参观对于他们来说既愉快又容易理解。其次，其他观众也会找到一些他们喜欢的体验和信息。明确了特定观众以及他们的需求和愿望，通常会出乎意料地改善每个人的参观体验。

5. 展览时间：明确展览时间，有助于策展过程中各个阶段的工作有计划推进。

6. 展览地点：展览地点与展览时间、经费规模、展品数量、展线布局等问题息息相关，提前予以评估有助于后续展览制作的顺利推进。

7. 展品情况：包括对展品来源、数量、状况、估价等方面进行考量，疏忽这方面的考虑，往往会导致后期展费临时增加、展览内容被迫更改甚至展览延期等不良状况的出现。

8. 经费预算：经费是决定一个展览能否顺利完成最主要的因素，其明细构成主要包括借展费、运输保险费、设计制作费等三个方面，此外人员差旅、图录出版、学术会议、宣传推广、教育活动、文创开发、多媒体互动、开幕式，甚至展品的保护、修复等项目的经费都应根据展览实际情况做出相应预算。

9. 团队成员：各司其职、角色清晰、分工明确的策展团队有助于策展工作的顺畅推进。策展人是策展团队的核心，主导并推动整个展览的统筹工作；此外，形式设计、宣传推广、教育活动、文创开发、文物维护、藏品管理、公众服务、安全保卫、后勤保障、财政经费等方面都需要有专业人员各司其职、密切合作。

（二）策划阶段

策划是展览的书面规划阶段，展览策划方案是实施展览的计划书，是运作展览的指导性文件，能够直接影响展览的最终结果。好的展览策划方案能够保证展览顺利推进，为展览成功举办奠定坚实的基础。展览策划方案是在展览提案基础上的细化与完善，包括展览基本信息、选题意义、展览目标、主题设定、展览结构、重点亮点、工作进度、经费预算，以及关于展览大纲、形式设计、宣传推广、教育活动、文创开发、公众服务、文物安全等方面的计划性文字内容（参见书后附录一）。

（三）设计阶段

展览设计包括内容文本设计和形式设计两方面。

展览内容文本设计是展览筹备的关键环节，是成就精品陈列展览的基石所在。展览内容文本设计是一项集学术、文化、思想、创意于一体的复杂的创作过程，需要经历从粗线条的展览大纲到精细化的展览文本不断深化打磨的过程。展览文本是对展览大纲内容的进一步深化，更注重对展览内容的视觉化呈现，以帮助形式设计师更好地理解和表现展览内容。其环节主要包括确定主题、确定结构、确定文字撰写标准、确定展品选择标准等内容。

1. 确定主题：主题是展览的灵魂，贯穿于展览的全过程。展览主题的提炼是在对大量与展览选题有关的学术资料和藏品资料深入研究的基础上进行高度概括、提炼升华而形成的。一个展览能否吸引观众，展览主题往往起着关键作用，好的展览主题能够给观众强烈的第一印象。展览主题一般分为两种：一种是单一标题，如国家博物馆“古代中国”展；另一种是复合标题，即主标题加副标题，主标题一般提炼概括展览的精神内涵和文化内涵，副标题说明展览的范围、质地、特色等较为具体的内容，如“牵星过洋——万历时代的海贸传奇”。

2. 确定结构：展览结构类似一本书的目录。展览结构通常除前言和结语外，可以分为部分、单元、组和展品四个层次，各层次之间是有机联系的，其宗旨都是为阐释展览主题服务的。科学合理地安排展览内容结构，能够有效传达展览信息，让观众轻松地读懂展览。

3. 确定文字撰写标准：文字撰写是展览内容文本设计的重要环节，好的展览文本文字不但可以增加观众对展览的兴趣，也有利于展览形式设计和制作。展览内容文本至少包括不同层级的版面文字、辅助展品说明文字和背景信息文字三方面的内容。文字撰写要求表述精炼，抓住重点，切忌长篇累牍，否则容易造成观众阅读疲劳。鉴于一般一个成年人的平均阅读速度约为 250 字 / 分钟，作为展览概述的前言文字宜控制在 500 字左右，单个层级版面文字约 250 字为宜，各展品说明文字约 120 字为宜。如果按 100 件展品估算的话，阅读完所有的文字，在展厅停留的时间至少需要 1 个小时。关于展览说明文字的撰写方法，黎婉欣在《论博物馆展览文字说明的撰写——国际博物馆界对展览文字说明的讨论与启示》一文中提到：国际公认的写作目标和准则有三个关键词：“可及度”“互动”和“诠释”。

4. 确定展品选择标准：展品是表现展览内容的重要载体，也是博物馆展览特有的表达语言，选择使用好展品能够达到有效传播展览信息和展览内容的目的。展品包括文物标本和辅助展品两种类型，博物馆的展览是以文物标本为主的展示，图片、表格、模型、复制品、多媒体等辅助展品是展览内容的必要补充，可以起到令展览内容更加丰富、更具吸引力的作用。应根据展览的主题和结构关系精心设计展品组合，使之相互关联、相互呼应，从而共同达到揭示展览主题的目的。

形式设计是把展览文本转化为视觉形象传达的工作过程，是展览从抽象到具象的转化阶段。形式设计处于内容设计阶段和施工制作阶段之间，是协调上下两个阶段工作中的重要一环。形式设计人员一方面与内容设计人员密切合作，充分理解和领会展览目的、展览主题、内容结构、重点亮点；另一方面要与施工人员密切合作，对设计意图、制作要领和选材要求做出明确、详尽的要求。形式设计人员与内容设计人员合作是为了确保形式设计的准确性，与施工人员合作是为了确保形式设计的可行性。形式设计可分为概念设计和深化设计两个阶段。概念设计阶段需要对展览的空间布局、参观动线进行规划；需要了解展品的性质特点，对展品呈现的方式予以考虑；还需要依据展览内容对展览整体的艺术风格，包括总体色调、装饰手法、设备设施以及采光照明等方面予以计划。深化设计阶段是将所有的文字构思和意图运用视觉形象以图纸的方式进行呈现的阶段，包括展厅空间布局图、参观动线图、展览平面设计图、展品定位图、展柜及展具的立面设计图、场景、雕塑等艺术品设计、多媒体互动展示设计、灯光照明设计等等。深化设计阶段的最终成果是施工图纸，施工图纸愈全面、愈细致，愈有利于后期施工制作阶段的有序推进（参见书后附录二）。

（四）制作阶段

制作阶段是依据深化设计绘制施工图，并在规定的场地、时间和经费预算内完成施工制作并通过验收的过程。展览的施工制作也是一项复杂的系统工程，程序繁多、专业性强、涉及面广，如室内装饰、版面喷绘、灯光照明、多媒体软件和硬件开发、场景模型与互动展品制作等都需要由不同的专业公司分工进行。

承担博物馆陈列展览施工的单位应具备相应的资质，并建立质量管理体系，编制严格的施工组织计划并经审查批准，承担施工人员的技术岗位资格证书应向建设单位备案。施工单位应按有关施工工艺标准或经审定的施工技术方案施工，并对施工全过程实行质量控制，对陈列展览周期内施工质量始终负责。

要保证展览的科学性与艺术性、制作工艺精良、工程造价合理，就需要有规范的施工管理制度对施工制作的全过程进行有效监管，包括对施工进度、施工方案、人员配置、建材选用、安全保障措施、质量保障措施、施工现场维护、环境保护措施等各方面工作的监督管理。精品陈列展览的完美呈现应该具有鲜明的文化氛围和独特的艺术特色；建筑空间与展示内容完美结合、相互呼应、相得益彰；展线长度、展项高度、展品密度、光线亮度能够满足人体工程学的基本要求，带给观众舒适的、安全的、富有艺术感染力的参观环境。

为确保展览质量和展示安全，展览施工完成后应及时组织工程验收。验收工作是由馆方组织相关专业人员进行的，主要针对施工材料、工艺方式、视觉效果、安全检测和试运行评估等五个方面的内容。工程验收分初验和终验两个阶段。施工结束后应及时组织初验，初验后经过一定时间段的试运行，对陈列展览效果和运行情况评估后，确认各个方面均达到设计要求，可以进行终验。初验和终验均应形成验收结论，汇入验收报告。

（五）运营阶段

运营阶段是展览从开展到结束这段时间内，对公众开放并接受公众检验的阶段。这一阶段需要做好展览的宣传推广和社会服务工作，把满足公众和社会的需求作为展览工作的出发点和归宿点。宣传推广与社会服务也是精品陈列展览的重要组成部分，包括制定展览宣传计划，积极争取、吸引观众参观展览；热情接待观众，提高展览吸引力；提供优质的讲解导赏，让观众在展览中获取更多的信息、知识和快乐；推出系列教育活动，提升展览效益，提供给观众更丰富的知识和信息；提供贴心的便民服务，为不同的观众群体提供生活便利；开发文创产品，让艺术走进生活，满足公众文化需求；开展观众调查研究，建立有效的观众反馈机制，及时调整不足之处，为日后改进提升积累经验（参见书后附录三）。

陈列展览评估是保障精品陈列展览实现预期目标的重要手段，它不仅是对陈列展览最终效果的评判，而且伴随陈列展览始终，具体包括前期评估、过程评估和总结评估三个部分。前期评估为陈列展览筹备过程中对选题可行性、目标观众、预期影响等各方面的评估；过程评估的目的是在陈列展览策划、施工过程中汲取专家、设计团队以及受邀观众的意见和建议；总结评估则是关于展览开放后是否产生预期效果的评判。不同阶段的评估面对不同的评估主体，应采用不同的评估方式与方法（参见书后附录四）。

展览结束后应及时做好展览的总结和归档。展览总结报告是对策展全过程的总结和反思，内容主要包括策展理念与方法、展览内容与重点、形式设计与制作特色、施工布展与现场效果、文物保护与安防消防、宣传推广与教育活动、文创研发与经济效益，以及对展览存在问题的分析与思考等。展览档案是展览的原始数据材料，是对陈列展览的真实记录，也是博物馆总结过去、指导未来的重要依据。因此，应给予展览归档工作足够重视。一份完整的展览档案囊括了一个展览提案—策划—设计—制作—运营五大环节的重要原始材料，具体内容详见下表：

表 1　展览档案收集表

序号	资料名	明细	备注
1	展览申报材料	展览申报表 / 方案	
2		展览简介	
3	展览方案	展览筹备方案 / 展览策划方案	
4	展览大纲	大纲定稿	
5		大纲专家论证意见	
6		参考学术著作及论文资料	
7	工作安排	相关部门工作安排表	
8		工作进度表	
9	展览清单	展品清单	
10		辅助展品清单	
11		展品图片	
12	与展览有关的专业学术文章、出版物和图录	展览图录 / 学术研讨会文集	
13	教育推广	展览宣传策划	
14		展览新闻稿 / 宣传文稿 / 讲解词	
15		展览媒体报道资料	
16		展览活动回顾 / 总结	
17	文创开发	文创产品开发策划	
18		总结	

序号	资料名	明细	备注
19	公众服务	观众调查报告 / 数据统计	
20		观众留言	
21	展览影像	展厅内播放的视频 / 音频	
22		展厅照片	
23	展览开幕式	开幕式方案	
24		开幕式工作安排	
25		主持词	
26		馆长及嘉宾致辞	
27	展览请示协议合同	相关申请 / 请示文件	
28		借展合同 / 工程合同等	
29	展览安防	安全保障方案	
30	展览经费使用	经费使用计划 / 支出表等	

三、策展人制度是打造精品陈列展览的保障

一个精品的陈列展览是策展团队所有成员齐心协力、共同努力的成果，是策展过程中每个细节的成功打磨和积累的体现。策展人是策展团队的核心，其工作贯穿于策展过程的方方面面。一个精品的陈列展览是学术研究成果的普及化、视觉化、现场化的呈现。策展人的工作始于学术研究，但更重要的是带领策展团队一起将策展过程的每一个环节落地并付诸实施。21 世纪的策展人除具备良好的学术研究能力和文字撰写能力外，还要有较好的组织能力、协调能力、沟通能力和执行能力，也要具备基本的美学素养和读图能力——因为展览的细节与美学和设计有关，策展人只有具备了基本的美学素养才能够在讨论方案时做出正确的选择。此外，策展人还要具备良好的情绪管理能力和较高的抗压能力。策展是个庞杂且漫长的过程，会接触方方面面的人和不同的意见建议，会受到接连不断的或好或坏的因素影响，策展工作中还有许多烦琐的行政事务，如招标、采购、论证、请示、汇报，冗长复杂的沟通协调，令人焦虑的开展压力等，都不断地挑战着策展人的能力和意志。伦敦泰特美术馆馆长尼古拉斯·塞罗塔曾说："策展并没有什么正统的做法，而更多的是一

种创造。策展工作 20% 依赖的是天资与想象力，而 80% 依靠的是执行、合作与管理。你需要做到未雨绸缪、见微知著。缺少那 20% 的天资与想象力你将无法策划出成功的展览，但是如果你无法聚合展览的方方面面，你将毁掉一个优秀的想法。”

陈列展览是博物馆最重要的文化产品，策展能力是博物馆的核心竞争力，策展人制度是博物馆打造精品陈列展览的保障。博物馆应提升策展能力，创新策展思维，打破策展定式，以多元创新的展览形式、丰富多彩的展览手段、开放包容的展览视角，为社会大众奉献更多、更好的精品陈列展览。

广东省博物馆白芳执笔

博物馆入境展览筹备

出入境展览作为博物馆教育、研究、收藏、展示等职能的重要载体，是促进国际、国内人民沟通、理解，实现博物馆使命的重要方式之一，也是搭建文博合作的文化桥梁。本文围绕文物入境展览的定义与引进模式、意义、历史与发展以及实施环节的工作流程展开，主要涉及文物入境展览的策划与实施等方面。

一、文物入境展览的定义与引进模式

入境展览属于临时展览中通过引进境外展品举办展览的一类。根据引进展品类型的不同，入境展览可分为文物入境展览、当代艺术品入境展览、动植物标本入境展览三类。根据国家文物局于 2010 年 5 月 26 日发布的《文物入境展览管理暂行规定》（文物博发〔2010〕23 号）的定义，文物入境展览是指“文物系统的博物馆等文物收藏单位（以下简称举办单位），利用外国及香港、澳门特别行政区和台湾地区博物馆提供的文物，在境内举办的公益性展览”。可见文物入境展览不仅包含利用外国来华文物，还包含了利用港澳台文物所举办的展览。

根据展品引进方的数量，入境展览可分为独立办展与联合多地办展两种模式。对于单个办展方而言，又存在引进方自主挑选展品、自主开展展览内容设计和形式设计同与展品出借方共同策划或由展品出借方策划的区别。联合多地办展包含了巡展的计划，通过多方共同承担部分办展费用，可降低单一引进方的经费开销，也便于巡展各地、互相借鉴与合作，集合力量提升展览展出效果，普惠各地观众，增加展览的辐射力与影响力。联合办展需要特别注意协调各办展方的权益，巡展计划和合作细节需经多方协商确定。此外，引进形式还可分为单向引进与双向互换两类。双向互换的形式因有利于境内外的双向交流、平等对话、合作共赢，因此日渐受到重视。

二、文物入境展览的意义

文物入境展览的意义可以从国家、公众、博物馆三个层次理解。立足国家层面，举办文物入境展览既有益于满足人民群众日益增长的精神文化生活需求，为中华文明发展提供多元文化资源，也有助于维护世界文化遗产的多样化发展，促进理解与尊重文化差异，传递各地人民和睦相处的信号。此外，博物馆通过文物入境展览引进、释读境外文物，在如何看待两地文明，思考艺术、文化等人类历史发展规律方面，发挥着导向的作用。

就公众而言，博物馆为人们的探索提供了更广阔的空间，入境展满足了公众感受、了解多样文化的需求。呈上升趋势的出境游和备受关注的入境展览，侧面反映了人们旺盛的探索、求知欲。有位观众称，在柬埔寨旅游时，未来得及参观当地博物馆，反而在中国的“高棉的微笑”展览中填补了此前的遗憾。对比境外观展，入境展览让观众观展更便利。在研究、转译和再创作的过程，入境展览还具备语言传播优势，更易为国民所接纳、理解。

对于博物馆自身发展而言，文物入境展览既是履行博物馆职能、实现社会效应的方式，也是衡量博物馆实力的重要标准。公众对于入境展览的热情甚是高涨，博物馆举办入境展览有助于吸引新观众，留住老观众，培养博物馆的观众黏性。在运营得当的基础上，举办优秀的文物入境展览不仅有利于吸引观众，在坚持公益的同时，还有助于为博物馆创收，实现“以展养展”的良性循环。例如，南京博物院“法老·王”展览成本在330万元左右，仅开展4个月门票收入就已达540万元。广东省博物馆（以下简称“粤博”）“尼罗河畔的回响：古埃及文明特展”的门票和文创收入超过1000万元。这些收入都将被再投入于展览的引进或制作中，以便为公众提供更多更精品的展览与服务。再者，入境展览借助境外展品补充、丰富本馆展览，突破自身馆藏资源的局限性，实现境内外文博资源整合，可增进境内外博物馆合作。在与境外同行在业务知识与管理经验等方面的交流和文物资源的整合与共享中，发展国际视野，博采众长，相互借鉴，同时促进博物馆业务进步和人才建设。最后，举办优秀的入境展览有助于国内博物馆进一步融入国际博物馆的大家庭，提升国际国内影响力。第一次跨境合作总需要长时间的磨合，有了合作经历之后，双方的信任度提高，再次开展业务往来也更容易，从而形成良性的文博交流关系。

三、文物入境展览的历史与发展

（一）起步阶段：文物对外交流的正式开启

新中国成立以来，我国采取独立自主的和平外交方针，文化交流服务于外交大局。入境展览方面，艺术展览的历史较为清晰。至迟 1952 年已有《印度艺术展览》来华展出，随后艺术展览入境亦十分频繁。在入境艺术展览的记录中，一些展览明显涉及了文物入境展出。例如，1953 年《匈牙利人民共和国艺术展览会》来华展出了 19 世纪和现代艺术品；1957 年《18—19 世纪俄罗斯造型艺术展览会》来华；1960 年《英国水彩画展览》来华展出了英全国博物馆收藏的名画和“国宝”；1973 年《墨西哥历史艺术展览》来华展出了历代艺术品和现代艺术品。

（二）发展阶段：国际地位提升，文物入境展览质与量都在增长

1979 年来华的《突尼斯加太基文物展览》是较早以“文物展览”命名的入境展览。1979 年 8 月 3 日，国家文物局发布了《博物馆涉外工作的通知》，提及博物馆接待国际友人和博物馆对外联系越来越多，并对相关问题提出指导意见。1982 年 5 月，对外文化联络委员会并入文化部，负责管理对外文化交流工作，其前身即新中国成立初期设立的对外文化联络事务局。1988 年 6 月，文化部的文物事业管理局改为国家文物局。1983 年《意大利文艺复兴时期艺术展览》在北京、沈阳、上海、广州展出；同年来华的《澳大利亚风景油画展览》展出了 19 世纪名家之作；1987 年《葡萄牙近百年绘画展览》在北京展出；1991 年《西班牙普拉多博物馆藏画展览》来华；等等。为规范并指导对外文化交流活动，1992 年 7 月 4 日，国务院办公厅转发文化部《关于加强引进外国艺术表演和艺术展览管理的意见》（国办发〔1992〕37 号），提出引进的展览与表演需要符合“格调高、积极向上、在国内外有一定知名度和影响”的要求，避免引进低俗或有害的表演或展览对我国社会主义精神文明建设产生消极影响。

中共中央办公厅、国务院办公厅于 1993 年 11 月 1 日转发了《文化部关于全国对外文化交流工作归口管理规定》（厅字〔1993〕30 号），明确了文化部归口管理职

责、归口管理事项、审批权限的划分、审批工作程序等内容。与此同时，我国文物事业也加快了与世界接轨的步伐。

1983 年 7 月，中国博物馆学会加入联合国教科文组织属下的国际博物馆协会（ICOM）。1985—2001 年，中国又加入了国际古迹遗址理事会（ICOMOS）和国际文化财产保护与修复研究中心（ICCROM）2 个国际组织，签署了 4 项文化、文物相关的国际公约，象征着对外合作的扩大以及国际地位和话语权的提升。

中国与各国政府签订的交流与合作协定不断增加。文物入境展览的快速增长始于“十一五”规划期间，包括“中美洲古代文明展”“卢浮宫的创想——卢浮宫与馆藏珍品见证法国历史八百年”“阿拉伯之路——沙特出土文物”“古罗马文明展”在内的一批优秀文物入境展览在我国举办。此阶段的出入境展览数量相差仍较悬殊，仅以中国文物交流中心为例，其举办的出、入境展览分别为 44 项和 3 项。

（三）成熟阶段：出入境双向平衡，协同促进对外交流

“十三五”规划期间，我国的对外文化交流坚持“请进来”与“走出去”并重并进的方针，提出拓展中华文物、展览的对外交流合作，建设“一带一路”文化遗产长廊，同时加强与我国港澳台地区的交流合作。在实施层面，为落实“放管服”改革要求，文物入境展览的申报手续也开始简化，由报批到备案的转变使申报环节更高效。“十三五”规划期间，中国文物交流中心举办的出、入境展览分别为 13、11 项。仅以“十三五”规划期间广东省内博物馆的文物出入境展览数量为例，出、入境均为 38 项。可见出入境展览已一改以往出境展览高于入境展览的惯常态势，步入出入境展览双向平衡发展的良好格局。“十三五”规划期间，广东省入境展览的文物主要来自“一带一路”国家（地区）、我国港澳台地区和欧洲，是文化部门响应国家外交战略、推进“一带一路”建设和文明交流互鉴的体现。在“友好年”、友好城市或两国建交庆典时，对外文化交流也更活跃。博物馆往往会紧扣时政，有计划地选择与之相应的国家或地区进行文化交流，以中外“交流年”“友好年”“文化年”以及两国建交纪念等国家双边活动为契机，为两地互动关系增光添彩。文化交流与对外关系呈现出相辅相成、互相促进的关系。

（四）疫情下的文物入境展览

受新冠疫情影响，2020 年文物入境展览的开展受到了阻碍。2020 年广东省文

物入境展览为 5 个，较此前三年的 6—8 个 / 年略有下降，2021 年恢复至 7 个。中国国家博物馆的国际交流展在 2018 年有 4 个，2019 年有 3 个，2020 年及以后未见有线下文物入境展览。

然而线上国际交流却并未因此而停滞，国博于 2020 年 9 月邀请境外 15 个国家的国家级博物馆，以在线直播的形式开展“全球博物馆珍藏展示在线接力”活动，亦是适应环境的一种创新。在政策方面，针对新冠疫情防控特殊时期，国家文物局办公室于 2020 年 6 月 12 日发布《国家文物局办公室关于进一步优化文物临时进出境审核管理服务的通知》（办博函〔2020〕473 号），海关总署和国家文物局于 2019 年 4 月 29 日发布《海关总署 国家文物局关于优化综合保税区文物进出境管理有关问题的通知》（署贸发〔2019〕92 号）。同时，根据 2021 年 11 月 8 日国务院办公厅发布的《“十四五”文物保护和科技创新规划》（国办发〔2021〕43 号）和 2021 年 5 月 24 日中共中央宣传部等九部委发布的《关于推进博物馆改革发展的指导意见》要求“加强文物国际交流合作”“增进国际合作”的规划推断，未来文物入境展览在法规和制度、数量、自主原创性、跨界合作广度和深度、数字化等方面均将进一步发展。

四、文物入境展览的流程

入境展览涉及多方跨境、跨文化协商、合作，面对的情况更为复杂多样，因此需提前至少 1 年，乃至 2—3 年筹备。粤博一般提前筹备并发布展览巡礼，为展览宣传预热，方便异地公众提前做好观展计划。

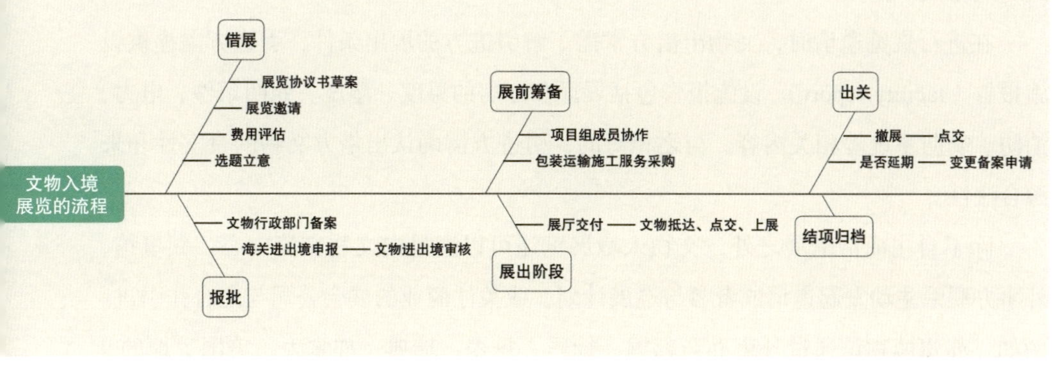

图 1　文物入境展览流程示意图

（一）选题立意

文物入境展览在选题时，主要可以从以下几个方面出发：是否符合博物馆展览规划，能否体现本馆特色；是否契合外交政策或友好城市建设；是否兼备学术价值与观众喜爱。实际操作中，还需考虑展品入境的可行性和两地合作意向。选题的确认，不仅需要经过馆内研讨，还需要广泛征求专家和观众意见，乃至上级主管单位的意见。

（二）费用评估

文物入境展览的展览费用预算与展览的选题、规模密切相关，其组成可参考本书《博物馆精品展览策划》一文的“经费预算”，还可根据需要预留翻译费。此外，文物入境展览所面对的情况往往更复杂，因此建议预留一定的备用资金以应对突发事宜。涉及外汇支付时，还需要考虑汇率波动。

（三）展览邀请

有别于立足于本馆文物的展览，文物入境展览的规划与选题与馆外文物能否顺利引进并展出有关。在初步的洽谈之后，向展品出借方发送邀请函是双方正式开启合作的流程之始。展览邀请函需包含正确的信函抬头、展览的名称、邀请的目的（例如提供资料，出借展品）、展期、地点、费用承担方式等内容，同时需要注意中英文信函在格式上的差异。英文信函的地点与时间信息位于标题的右上角，落款为发信人的签名。在合同草签之前，还可以通过合作备忘录、合作计划、意向书等形式约定相关事宜。

在进行展览邀请时，文物出借方常需了解引进方的展出条件，引进方需提供设施报告（facility report）。设施报告包括展厅和库房的温度、湿度、照明条件、电力、消防、安防系统等相关内容。与之相对的，引进方需确认出借方文物的真实性和来源合法性。

除了自主商洽借展之外，文物入境展览还可以通过向文物交流中心、领事馆、外事办联系主动发起邀请或者参与巡展计划，或关注商业的展会公司与之合作引进。例如，苏州博物馆通过外事办与韩国、德国、丹麦、瑞典、加拿大、美国等地的 9

家博物馆缔结为友好馆，以便开展展览交流合作。在不同的引进模式中，博物馆需要考量的筹展事宜略有差异。

五、文物入境展览申报

文物入境展览的效果受到多项因素的影响，任一环节受阻，都将可能导致展览的延误、变更乃至前功尽弃。文物入境展览的申报流程是至关重要的环节之一，其中包括了向上级行政审批机构、文物鉴定机构、海关及其他相关部门的申报手续。上级行政审批机构的批文贯穿于多个环节中，例如递交海关或濒危物种证书申请之前，均要先获得并提交上级行政审批机构的相关批文。向海关的申报内容主要涉及海关对暂时进出境货物的监管、税收征管。海关通过风险管理、信用管理等方式对暂时进出境业务实施监督管理。了解海关监管的规章制度十分必要，这是文物入境展览与境内展览申报流程中的重要区别之一。

除了《中华人民共和国文物保护法》、《中华人民共和国文物保护法实施条例》、《博物馆条例》（国令第659号）之外，与入境展览有关的法规还包括《文物入境展览管理暂行规定》（文物博发〔2010〕23号）、中华人民共和国文化部令第42号中公布的《文物进出境审核管理办法》、文化部《关于印发〈文化艺术品出国和来华展览管理细则〉》的通知（文外发（1993）49号）、《文化部涉外文化艺术表演及展览管理规定》（2004年7月1日文化部第32号修订）、国家文物局《关于印发〈文物进境展览备案表〉等有关事项的通知》（文物博函〔2017〕1893号）、《中华人民共和国海关法》、《中华人民共和国进出口关税条例》、《中华人民共和国海关暂时进出境货物管理办法》（海关总署令第233号）、《中华人民共和国海关进出口货物征税管理办法》《中华人民共和国海关进出口货物申报管理规定》、《中华人民共和国海关事务担保条例（2018年修订）》、《中华人民共和国进出口商品检验法实施条例》（主要针对动植物标本）以及音像、出版物、财务等相关规定与细则。为行文严谨、客观、精简，涉及法规细则内容，以原文引用为主，且只引用与办展流程直接相关的条例。

（一）文物行政部门备案

根据《关于印发〈文物进境展览备案表〉等有关事项的通知》，办展单位应当在文物进境展览举办前，填写《文物进境展览备案表》（以下简称《备案表》），并向所在地文物主管部门备案。多个单位承接同一展览时，各单位需分别向所在地文物主管部门备案，然后由文物进境地办展单位统一办理文物进出境手续。

在《备案表》中，除了涉及主办单位、展期、展地等相关信息之外，还需要附上展品目录及估价表。展品目录备案后，实际入境的展品只能等于或少于备案的展品目录。且当展品因故无法入境时，需递交相应的说明材料。如需更换或增加展品，需要重新备案。《备案表》中的展品目录主要包括文物的名称、年代、价值、出处等信息，并不包含尺寸、重量这两方面的信息，但是海关申报流程涉及尺寸信息。某些大型展品的重量也与陈列设计息息相关，因此即便无须上报，引进方也需要注意提前获悉。

（二）海关进出境申报

《文物入境展览管理暂行规定》第十二条规定："文物入境展览的展品进境，举办单位应持国家文物局的核准文件，由指定的文物进出境审核机构审核、登记，并从指定的口岸进境。入境展览的文物复出境，应向原进境口岸申报，经原文物进出境审核机构审核查验后，办理海关手续。"《中华人民共和国海关进出口货物申报管理规定》（中华人民共和国海关总署令第103号）第十二条则规定了办理报关手续时所需要审核的材料包括：1. 证明进出口货物的实际情况的资料，包括进出口货物的品名、规格、用途、产地、贸易方式等；2. 有关进出口货物的合同、发票、运输单据、装箱单等商业单据；3. 进出口所需的许可证件及随附单证；4. 海关要求的加工贸易手册（纸质或电子数据的）及其他进出口单证。

入境展览中的文物或当代艺术品适用《中华人民共和国海关暂时进出境货物管理办法》（海关总署令第233号），该办法第七条规定ATA单证册持证人、非ATA单证册项下暂时进出境货物收发货人（以下简称"持证人""收发货人"）可以在申报前向主管地海关提交《暂时进出境货物确认申请书》，申请对有关货物是否属于暂时进出境货物进行审核确认，并且办理相关手续。可见如果展品具备ATA单证册，向办证机构缴纳担保费后，拥有免填报关单、免转关手续等更多的便利。

《中华人民共和国进出口关税条例》规定，经海关批准暂时进境或者暂时出境的货物（如展览品），在进境或者出境时向海关缴纳相当于应纳税款的保证金或者提供其他担保的，可以暂免纳关税。该规定的前提是货物并无违背依时复运进出境的规定。《中华人民共和国海关暂时进出境货物管理办法》第十条规定："暂时进出境货物应当在进出境之日起6个月内复运出境或者复运进境。因特殊情况需要延长期限的，持证人、收发货人应当向主管地海关办理延期手续，延期最多不超过 3 次，每次延长期限不超过 6 个月。”

《中华人民共和国海关进出口货物征税管理办法》第七十八条规定，海关接收税款担保的具体形式包括：（1）保证金；（2）银行或非银行金融机构出具的保单保函；（3）海关依法认可的其他税款担保。在符合相关规定的情况下，展览返回展品出借地以后可退还保证金。

此外，需要特别注意的是，各地海关均有不同的审批细则，审批手续也可能处于不断更新的状态，因此具体情况需要以主管地海关最新审核要求为准。例如广州海关对广东省的对外文化交流工作十分支持，通过与广东省文化和旅游厅签署合作备忘录、驻会监管的方式，想方设法解决展品进口通关上的难题，该做法提高了广东省对外文化交流的效率，为广东省的对外文化交流和港口建设做出了重要的贡献。向广州海关申请驻会监管的申请书，内容包括文物入境展览的展出时间、巡展计划、展品数量与价值、展厅地点与面积、安防情况等。疫情期间，广州海关充分依托“互联网 + 会展 e 通”系统实现进口展品业务全程在线办理，同时设立进口文化展品专用报关绿色通道，提供预约报关、上门查验、24 小时在线通关等保障措施。目前，博物馆可自主通过中国国际贸易“单一窗口”网站进行申报，也可与货运公司约请专业的报关员代理办理海关相关手续，以便进一步提升申报效率。值得一提的是，海关驻监管的做法在其他地区也有实施，并非局限于广东。

涉及动植物（制品）展品入境的，还要遵循相关的规定。《文物入境展览管理暂行规定》第七条规定，文物入境展览展品涉及《濒危野生动植物种国际贸易公约》所规定的濒危物种制品的，申报时应当附具国家有关部门的批准文件。因此，待展品清单确定时，应分析展品中是否有动植物材质（例如动植物标本、动植物材质的首饰、木制家具等展品）、是否涉及濒危物种并预留足够的时间进行申报，一般需预留半年以上的时间。为确保濒危物种的生存，濒危动植物被分别列入了《濒危野生动植物种国际贸易公约》三个附录，成功办理了对应的证明书以后方能办理入境手续。

根据动植物物种的不同，证书分为三类：被列入公约附录 I、II 级的动物和植物制品的展品，需要办理国际通用的《濒危野生动植物国际贸易公约允许进出口证明书》（简称“公约证明书 CITES PERMIT”）；被列入国家重点保护野生动植物名录（《进出口野生动植物种商品目录》）且被列入公约附录 III 的动物和植物制品的展品，需要办理《野生动植物允许进出口证明书》（简称“非公约证明书”）；未被列入《进出口野生动植物种商品目录》或附录但被办证系统所收录的物种则需要向国家濒管办申报办理非《进出口野生动植物种商品目录》物种证明书（简称“物种证明书”)。

自 2020 年 10 月 1 日起，相关证书可在中国国际贸易“单一窗口”网站进行申报。鉴于申报规定存在不断更新的情况，因此申报前需要了解最新的规定，可在包括国家濒管办及各办事处、国家林业局（负责陆生野生动物和部分野生植物）、农业部（负责水生野生动物和部分野生植物）、省级林业行政主管部门、省级海洋渔业行政主管部门在内的监管责任部门的网站了解最新的规定。

（三）文物进出境审核

文化部于 2007 年 7 月 3 日公布的《文物进出境审核管理办法》（中华人民共和国文化部令第 42 号）第十二条规定：“因修复、展览、销售、鉴定等原因临时进境的文物，经海关加封后，报文物进出境审核机构审核、登记。文物进出境审核机构查验海关封志完好无损后，对每件临时进境文物进行审核，标明文物临时进境标识并登记。临时进境文物复出境时，应向原审核、登记的文物进出境审核机构申报。文物进出境审核机构应对照进境记录审核查验，确认文物临时进境标识无误后，标明文物出境标识，发给文物出境许可证。”在广东，文物进出境审核机构即广东省文物鉴定站（国家文物出境鉴定广东站）。目前，博物馆可登录国家文物局综合行政管理平台办理网上资料提交与申请，并根据要求提交纸质版的邀请函。函件需要说明展览名称、展期、展出地、展品数量等基本信息，并附文物清单。有的文物在备案时计划进境，最终因故无法入境，则函件需说明预计与实际进境的文物数量。待文物入境、抵馆以后，博物馆需安排一个符合文物安全要求的空间接受文物进出境审核机构的审核，例如临时周转库。依照《文物进出境审核管理办法》第十三条规定，临时进境文物在境内滞留时间，除经海关和文物进出境审核机构批准外，不得超过 6 个月。临时进境文物滞留境内逾期复出境，依照文物出境审核标准和程序进行审核。

（四）展览合同草案（或称协议书草案）

文物入境展览需要协调引进方、出借方的权益，需要选择适合的运输和保险合作公司。有巡展计划时，引进方还需要协调各巡展方的权益。合同条款是约定、保障多方权益不可或缺的法律文书，也是展览申报环节的必备材料，是保障文物安全、展览顺利入境、如期开展的重要环节。经由文物行政部门批复同意之后签署的合同，为正式的借展合同。在此之前，双方协商订立的合同为合同草案（以下简称“合同”)。在文物入境展览可能涉及的多项合同中，引进方和出借方签署的展览合同往往涉及责权划分、运输、保险等各个方面，因此本文着重讨论此类合同的注意事宜。

展览合同一般至少包括合同正文、展品清单（含估价）和费用清单。除常规合同要素，合同中不仅需要包括展览名称、展品数量、展期（巡展计划）、展地等展览基本信息，还需要对打包运输、保险（如 nail to nail 即“钉到钉”保险）、展出形式（是否可以裸展）、突发事件的文物紧急处理方式等保障展品安全的事项进行约定。对于双方的权责划分、支付方式、收费展览或文创等创收的分配、知识产权归属等容易引发争议的事宜，同样需要进行提前约定。关于出借方所提供的文物是真实的，来源合法，拥有能够履行协议的展出权，拥有其所提供的文本、设计、影像等资料的合法知识产权等内容，也可以写入合同，作为借展的基本保障条件。如果前期的研究资料、文物高清图或后续的展出支架、布展、宣传、开幕式、活动、图录出版等方面有计划请出借方参与或支持，也可在合同中约定。

在收入分配方面，“法老·王”展览合同中相关行文为“有权保留各自在本博物馆内因展品而获得的相关收入，包括但不限于门票收入、商品销售和当地赞助”。粤博的“瞻彼星辰——希腊珠宝首饰文化展”（以下简称“希腊展”）在文创授权方面的行文为：“甲方授权本合同项下展览文物资源（包括但不限于高清图片、文本资料等）许可给乙方在中国使用。乙方有权就被授权的资源进行文创产品的设计开发、营销推广等相关工作。乙方设计开发或乙方委托设计开发的文创产品的知识产权归乙方所有，销售收入也归乙方所有。”委托设计开发的知识产权需要同时与委托设计方达成协议。

在引进展览时，双方在展览的文本设计和形式设计的权责方面也应有清晰的约定。有的展览在引进时，合同约定了由展览出借方负责展览文本内容的撰写，结果待引进方拿到文本以后才发现其内容并不符合预期。因此，即便约定展览内容文本由展览出借方提供，也应在合同中约定并保障我方的审改权利，以避免不必要的争议。如果约定由引进方负责文本撰写，出借方负责审改，则需要注意约定审改时间的上限。不仅如此，在涉及时间、经费的事宜时，如果没有明确约定数额，均需要注意设立上下限。例如，接收电子和纸本状态报告或文物资料（高清图片、基本文字说明信息）的时间上下限。只有签署了合同，展览工作才能按照合同约定逐步开展，因此十分重要。

在举办文物入境展览时，有时会遇到出借方要求我方出具司法免扣押保证函的情况。粤博举办希腊展时，同样也遇到了。其实，无论博物馆还是文物局均不具备出具司法豁免文书的职能。虽然已向希腊方解释说明，希腊方仍要求粤博出具该函。

当时粤博出具了一份函件使双方最终达成借展共识。在该函件中，粤博表达了展览结束后，粤博将依法协助将展品送还出借方的意愿。无论是基于现行法律还是行文本身，该函件均不具备司法豁免的法律效力，更多只是安慰剂作用。只是，双方似乎都并无更好的选择，博物馆也尚未找到更好的解决办法。

在争议解决办法方面，如果涉及多个入境方，可以尝试协商由中国国际经济贸易仲裁委员会仲裁。如果是与国内展会公司之间的合同，可以协商在展地仲裁。

一般合同中会约定中外文两个版本的合同具有同等效力，涉外沟通与协调成本也高，因此各版本合同的订立均十分重要，最好由展览专业人士和法律专业人士共同把关。同时，合同的订立往往需要多次的沟通交涉、协商修改。尤其在国情不同且初次合作的情况中，语言、时差、两地交错的节假日等可能存在的影响因素将导致沟通与等待答复的过程更长，因此需要预留足够的时间。

六、其他展前工作

如今，展览从内容设计与文本撰写、形式设计与陈列展示、宣传推广、教育项目、公众研究与服务到文创开发与营销，均呈现出多维度、立体式的发展模式。除上述筹备工作，文物入境展览的展前筹备工作还包括：大纲编修与定稿，展览形式设计、辅助展品设计、展板校对与施工、宣传推广规划与实施、文创授权与开发、各阶段的观众调查、文物运抵、海关剪封、文物进境审核、文物暂存、展厅保洁、点交与布展等环节。

（一）项目组成员协作

除常规的项目组成员，入境展览的团队中需要具备外语能力的人才。这类人才不仅有助于前期对外沟通，还将在合同起草、资料搜集、涉外人员接待、涉外讲座等工作中发挥重要作用。

（二）包装运输施工服务采购

文物的传递、运输、包装、施工中所使用的工具、材料和操作手法有着细致的规范，如若操作不当则容易引发对文物或周边环境的损伤。选择有资质、管理严格的正规公司，将免除许多后顾之忧。入境展览运输距离更长，文物包装运输不仅涉及安全问题，国际入境展览还是国家形象的象征。入境展览的运输，可以细分为境外运输和境内运输两个部分。这两部分的运输可以分别选择各地资质好、口碑佳的公司，由两个不同的公司各自承担。公立博物馆在选择包装运输、施工服务商的过程中，往往涉及政府采购的范畴，需要依照最新的国家、地方以及单位的法规政策展开，相关法律法规与政策细则可在中国政府采购网和地方政府采购网站中查阅。对于有国内巡展计划的入境展，巡展单位需要就运输公司的选择达成一致并各自完成当地政府采购流程，以便文物在境内巡展时，由一家公司进行运输，将文物安全运输工作负责到底。

（三）大纲编撰

展品承载的异域历史入境展览是一场跨文化的交流，如何提升入境文物展对于观众的吸引力是值得思考的问题。即便引进全套入境展品，引进方仍能将展品重新分类研读或加入其他文物或辅助展品，诠释文物，形成全新的立意和展览方案。例如，通过比对当地文化与入境文化中的异同，遴选本馆或向其他馆借相关展品与入境文物进行对比或呼应展出。

在大纲编撰过程中，策展人需要具备查阅相关外文文献的能力，不能简单依赖译文。对于一文多译的译文，也需要用心甄别正误。展览文字不应仅停留于译文的信、达、雅，更要在有限的展区展板内，保证正确无误的同时，取得学术专业表达与通俗化传播的平衡。在展览名称与内容设计中，使用优美的中国文字与诠释境外文明之间并不冲突，相反，运用得当更能引发观众的共鸣。此外，在引进境外展品时，需要特别留意不明符号、文字或图像（包括展品上可能存在的不明含义的涂鸦）并了解其含义，以避免展出不符合展览主旨的内容而未觉察。

（四）其他

好的展览离不开分工合作，策展人（项目负责人）与各个部门的沟通与协调从前期至展览闭幕，贯穿其中。与策展团队多沟通与协调，为团队提供参考建议和资料文本，能帮助形式设计、文创、教育活动等职能部门展示展览中的亮点与特点，使之与展览精神相协调、统一。此外，涉及借展文物的展陈设计，需要及早拿到展品尺寸；大型展品更要提前明确重量，以确保提前确定展出位置、展柜、展出方式；涉外接待（例如押运文物、来华布展或参加开幕式）、涉外讲座、涉外论坛或者活动，均需根据要求提前做好申报工作。

七、展览展出

（一）文物抵达与点交

运输公司将展品顺利运抵展出地后，一般需安全的地方供整车停放，待双方代表均在场的情况下由海关剪封查验，接受文物进境审核机构审核。一般在此之前，展厅已经施工、保洁完毕待交付使用；然后，点交、签字、上展工作将一气呵成，以最大限度保障文物安全，避免重复工作。在刚刚完成装修的展厅中，展柜出风口易飘出粉尘。因此，我们最好预留展厅试运行的时间，在上展品前清理好掉落的粉尘，保障展出效果。

文物点交时，需由专业人员在工作台上按规范操作并对文物进行拍照或录像记录。在核对状态报告时，如发现实物与状态报告不一致，需以国际标准化词汇进行文字记录，最好同时辅以照片记录。文物点交涉及许多细节和设备材料，有时应出借方的要求还要提供文保材料。术业有专攻，点交人员最好至少由藏品管理人员、文物保护工作者和翻译人员搭配。如有巡展计划，各展地使用同一套状态报告，则每站结束后需扫描存档。凡文物开箱离开保护之时，均要特别注意，保障文物处于可控的安全环境中，避免闲杂人等或不良环境对其造成伤害。需要特别指出的是，文物出借方抵达后会检查文物展出、存放场所的设施、环境与安防等条件是否与此前约定的一致。如果不一致，则可能无法顺利点交。

（二）文物上展

在将文物置于展柜之前，展品分布图应已提前设计并确认，展柜积木、支架等材料已提前安置妥当。待文物点交后，即可将文物上展。放置文物考验着布展人员对展品的熟悉程度。粤博希腊展引进了近300件文物展品，数量多且体量小，有些展品不易区分。在布展过程中，粤博将展品分布图按照展柜贴在展柜外侧，同时将每件文物的缩略图都裁剪成几厘米大小的小卡片，提前将文物小卡片置于文物预设的位置上，然后将文物对照小卡片的位置上展，同时替换下小卡片，将小卡片置于原文物包装内。这样既提高了上展效率，又有助于撤展时恢复原包装位置。

（三）展览开幕

待展览布展完毕，展览开幕后，引进方有义务时刻监控文物状态，以便及时察觉并解决问题。通常，引进方还有向出借方定期（如每周）提供展厅温湿度监测数据的义务。引进的展品可能会因两地温湿度差异出现文物病害问题，展方尤其需要关注油画及其他（含）有机成分的文物。如果发现问题，参照合同约定，双方充分沟通后，再决定处理方案。此外，展期内还需要接受海关查验。

八、延期或撤展、点交、出关

如果展览涉及延长展期或增加展地，需填写《文物进境展览变更备案表》并附原《备案表》，由原申报文物进境的单位按规定向文物局和进出境审核单位申请办理文物延期出境手续。如无须延期则可依次撤展、点交、签字、打包、装箱、进出境审核单位审核、海关加封、回运。出境的要求是按照入境清单，一件不多、一件不少地出境。

受特别情况影响，出借方无法现场点交时可进行在线视频云撤展，采取一个固定镜头在操作台，一个镜头移动记录，届时连同展场安防摄像一并留档。待展品回运后，请文物出借方出具文物完好无损运回的文书。而后，对展览的资料进行归档、总结，使展览项目手续完备，有始有终。

博物馆保存着人类的过去，却不能停止走向未来的步伐。博物馆人亦是如此。在包括入境展览在内的博物馆工作中，往往会出现许多全新的知识或者困难，这是对博物馆人既有知识与能力的挑战，博物馆人唯有时刻保持思考、总结和学习的心态方可胜任。

广东省博物馆陈慧执笔

博物馆出境展览筹备

近年来，在“一带一路”倡议之下，中国文化界的对外交流日益繁荣，文物的出境展览也随之频繁起来。笔者也在近年的工作中策划和参与了若干文物出境展览。本文的目的是为文博界同行筹划出境展览提供一些经验借鉴。

一、文物出境展览的定义、历史及特点

（一）定义

文物出境展览，指的是各级具备展览资质的机构在境外举办的各类展览。国家文物局《文物出国（境）展览管理规定》第二条对“文物出国（境）展览”有更详细的定义。

本规定所指文物出国（境）展览是指我国在外国及境外举办的各类文物展览，如下：我国政府与外国政府间文化交流协定确定的文物展览，我国各省、自治区、直辖市与外国省市间的友好交流举办的文物展览，我国有关博物馆与国外博物馆之间为学术交流而举办的文物展览，在香港特别行政区举办的文物展览，在台湾、澳门举办的文物展览。

这里需要特别注意的是，文物出境展览对境内举办者有严格的要求，符合资质的有以下四种单位：国家文物局、国家文物局指定的从事文物出境展览的单位、省级文物行政部门、境内各文物收藏单位。《博物馆条例》要求公平对待国有博物馆和

非国有博物馆，在举办文物出境展览这项工作上，政府给予国有博物馆和非国有博物馆两者公平的待遇和支持。博物馆个体也应承担相应的责任，不断提升专业规范，发挥社会责任，积极参与到文物出境展览活动中来。

（二）新中国文物出境展览历史回顾

新中国首次对外展览是“中国艺术展”，于 1950 年 10 月在苏联展出，之后又到捷克斯洛伐克等东欧国家巡展。此次展览共展出中国画、油画等 10 大类文物共 274 件。20 世纪 50—60 年代，我国陆续组织了赴日本等国的展览。到了 1971 年 7 月，周恩来总理批准了郭沫若先生提交的《关于筹办出国文物展览并成立筹备小组的报告》，并筹办了“中华人民共和国出土文物展览”。展览 1973—1978 年分别赴法国、日本、英国、美国等 16 个国家和地区展出，观众达 654.3 万人次。此次展览对我国外交工作做出了历史性贡献，被誉为“文物外交”。1978 年改革开放后，我国与世界沟通越来越多，文物出境展览数量也与日俱增。据统计，中华人民共和国成立后至 1977 年，我国共举办文物出境展览约 30 个；而改革开放后至 2014 年我国已有 1000 余个文物展览。参阅中国文物交流中心公布的“2012 年承办展览初审一览表”，仅 2012 年度，中国文物交流中心就承担了 77 个文物出入境展览的初审工作。“十三五”期间，文物出入境展览累计 300 余项，其中，文化和旅游部、国家文物局主办的“大美亚细亚——亚洲文明展”，展出 49 国 451 组文物，文物外展成为中外人文交流的“国家名片”。

（三）文物出境展览的特点

1. 政策性强。文物出境展览相关法律法规较多，方方面面均有涉及，必须严格执行。国家文物局博物馆与社会文物司（科技司）2021 年新编的《博物馆工作手册》第四部分“陈列展览”有 12 个内容，其中就有 9 个内容有关文物或者出境展览。对相关文件的正确解读以及对新政策保持敏感，尤为重要。

2. 流程严谨复杂。文物外展从意向确立、正式立项、组织、报批、展出、展品顺利回归博物馆库房，各环节环环相扣。整个过程也较国内展览花费时间长，少则二三年、多则七八年。除了人力成本、沟通成本和时间成本，经费投入也往往多达百万、甚至上千万。此外，文物出境展览涉及的机构很多，除了文博机构、媒体等合作各方的协调联络，还需要获取中国和相关国家的使领馆、海关、文物文化主管部门的大力支持，并统筹考虑包装运输、报关、保险、临时进出境审核、展陈设计施工、图录出版、宣传推广等专业机构和赞助单位。中外机构协同合作、顺畅沟通，是展览顺利推进的关键。

3. 文化战略性。文物出境展览充分服务于国家外交大局，为我国外交大局和国际交往发挥了重要作用。文物出境展览往往也能带来文化、经济、旅游等多赢局面：一方面，对精美文物的展示，使世界人民了解我国悠久历史和灿烂文明；另一方面，进而积极推动我国与世界各国的商贸、旅游等相关合作。进行文物出境策划，必须“加强策划展览能力建设，制订科学的展览大纲”。筹划展览不能陷于被动，不能一味迁就外方要求，要“坚持以我为主、为我所用的原则……积极组织我方专家主动参与展览”。展览要“充分体现我方最新研究成果，科学、准确传播中华文化和人类优秀文明成果，更好地满足公众多元化的精神文化需求”。围绕此核心价值，需要科学地分析展览地观众的知识储备、人文传统、风俗地理、参观习惯等因素，这样才能达到更好的展览效果。

二、文物出境展览工作流程

（一）熟悉相关法律法规

熟知各种相关法律法规、标准化和规范性文件，是举办文物出境展览最重要也是最关键的一步。报批需以国家文物局行政许可、《文物出境展览管理规定》为遵循。

（二）制订初步工作方案

文物出境展览的策划和筹备，应由策划人员在熟悉法律法规的基础上，审核境外有意向的合作方资质后，与合作方商议展览主题；商定初步的工作方案，包括展览的主题、时间、场地、规模、主要展品，各方分工与职责、推进计划等。

（三）筹建工作组

展览大概意向确定后，需组建项目工作组。工作组成员包括策展人（项目负责人）、展览联络、内容设计、文物保护、安防消防、展陈设计、宣传推广等专业部门或专业人员。由策展人统筹展览大纲，选定展品，同时推进展览协议和准备出境展览申报材料；由文物保管保护人员清理养护展品并进行安全评估；由安防消防和文物保护人员审核展场设施情况。以广东省博物馆为例，展览联络职能由陈列展示中心负责。陈展展示中心负责外展联络的人员大都有英美国家留学背景，取得博物馆学及相关专业学位，对于中西方工作特点、工作模式比较熟悉；也在实际工作中积累了过硬的法律知识和沟通经验，是一支战斗力非常强的队伍。又如广东省文物保护中心，在外展中承担了考察展场、提供展览场地环境参数、清理养护参展文物等功能。特别是近年来广东省博物馆若干个“海上丝绸之路”出境展览，都用到了馆藏沉船出水文物。这些沉船出水文物由于长期受海水浸泡，性状发生了改变，而且更为脆弱，故需要预先进行特殊处理，对评估展出条件要求更加严格。广东省博物馆文保中心提前进行展场考察，提出展出的环境条件，并进行监督。

（四）制订意向书

意向书是筹备外展的依据，是协议书的基础文件。意向书规定了展览推进的大方向，所以必须考虑周全、细致。意向书的内容应该参考展览协议条款的事项。以广东省博物馆到韩国国立海洋文化财研究所的出镜展览（详见本文第四节）为例，意向书包含了目的、展览概要、展品借展、展品运输、展品的包装及打开包装、展品购买保险、展品的操作、展品的管理、印刷品、展品的拍照、代表团的邀请、经费等 12 项内容。特别规定了意向书与协议书的关系：意向书生效后，如果对其内容发生异议或出现意向书未规定之事项，由双方协商后列入正式的协议书中。

（五）沟通展览细节，拟定协议初稿

需要与外方沟通的条目千头万绪，可参考《文物出境展览协议书编制规范》（WW/T 0064—2015）（简称《样本》)。《样本》里面有 12 个条款，另有“展品目录”和“展品单项”估价两个附件。《协议草案样本》内容包括：1. 举办展览的机构、所在地及国别；2. 展览的名称、时间、出展场地；3. 展品的安全、运输、保险及赔偿责任和费用；4. 展品的点交方式及地点；5. 展览派出人员的安排及所需费用；6. 展览有关费用和支付方式；7. 有关知识产权问题。在编制展品目录的时候，也要注意国家对一级文物展品出境展出的限定条件尤为严格。实际沟通过程中，由于需要商定的细节较多，可能会在《协议草案样本》基础上增加更多的约定条款。每次

的谈判过程可能十分融洽，也可能充满挑战。由于涉及境外机构，双方的程序和规定会有不一致的地方，双方的反复沟通非常有必要。以广东省博物馆赴德国和意大利“东西汇流”展为例，我们与外方产生过几个分歧，最终在双方的协商下解决了问题。1. 法律适用问题，即合作双方出现纷争时采用哪一国家的法律解决争议问题。“出境管理规定”要求“争议解决条款应适用于中华人民共和国法律”。按国际惯例，出现争议，协商无果的情况下，应在文物借出国仲裁（或者第三方），不得在外方所在国仲裁。可是在“东西汇流”展实际沟通过程中，德方坚持适用英国法律。经过多轮沟通，最终双方达成“一切因本协议所起的争议均在奥地利的维也纳进行司法管辖”“依据中国法律解释”的共识。2. 文本语言。刚开始对方以英语是国际通用语言为理由，认为协议及点交册只用英语即可。我方则认为中英语都应该作为文本语言，都同样重要。经过沟通，最终获得理解，确立了“中英两种文本内容一致，两种文本具有同等法律效力”。3. 图录出版分歧。图录发行时间与范围，德方提出无范围限制及 2 年再版许可，图录语言使用英语和德语。我方从知识产权保护、项目背景等方面与德方积极沟通，商定了图录在德国、奥地利和瑞士发行至 2019 年 12 月 31 日止。图录封面、致辞语言为中、英、德三语，其余内容为英语和德语。每次外展的沟通，由于双方地域、制度、法律、思维习惯等差异，问题和挑战是有的，但是双方基于真诚沟通和专业互信，定能求同存异，使项目迈向成功。

（六）呈报上级，取得展览批文

拟定协议初稿的同时，可准备相关报批材料。文物出境展览的承办单位应在展览项目实施的 6 个月前提出项目的书面申请，报国家文物局审批。现在如博物馆为主办单位，可由博物馆直接向国家文物局申报出境展览。具体参考“国家文物局行政许可审批事项”：

出境文物展上报所需材料包括：1. 办展请示；2. 展览方案、大纲；3. 展览协议书草案；4. 汇总登记表；5. 展品申报表；6. 展品目录及估价；7. 馆方文物安全状况评估；8. 场馆考察报告（首次举办或三年未举办者）；9. 展览邀请函；10. 合作方介绍、资信证明；11. 标准设施报告；12. 全部展品目录；13. 藏品真实性及来源合法性证明；14. 电子文档。

需要注意，文物出境展览申报材料中由外方提供的邀请函、标准设施报告和外方资信证明等文件应附有中文翻译；办展单位与外方的展览协议应草签，以示双方对此协议的认可；如拟出境展览中有外方文物参展，应由外方提供展品的真实性和来源合法性证明。

材料上报后，上级文物主管部门会对材料提出修改意见，报批单位修改到位后，方可取得批文。

（七）与海关、文物进出境审核机构、运输公司、报关公司联系文物出境事宜

根据《文物保护法》规定，出国（境）展览的文物出国（境），要经文物进出国（境）审核机构对其进行审核和登记。我们根据相关法律法规整合了如下的流程示意图：

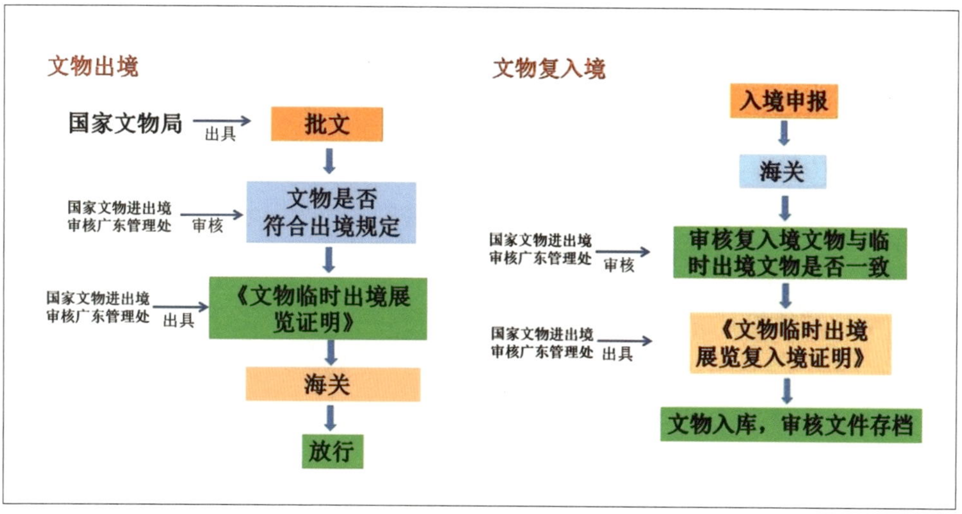

（八）展览内容、展览设计跟进

出境展的展览内容设计和形式设计一般由外方负责，但我方应切实履行监督责任，具体体现在，审核展陈和图录内容，重点是政治、地图、重大学术观点等意识形态方面；展陈设计，主要为了保障文物安全。此部分都应该在出国前完成。

（九）文物的组织、运输及境外管理

上述准备工作就绪后，应先通过政府采购或询价选定包装运输与报关、保险服务商，制订包装运输方案、安全保障方案以及应急预案，然后着手组织文物出境的具体事宜。建议具体流程如下：

1. 文物集中。展品来自不同博物馆的文物出境展览，一般由展览牵头单位将各家文物集中到点交地点，做到签字盖章、手续完备。

2. 文物点交及运输。出境文物的点交须严格执行《馆藏文物展览点交规范》（WW/T 0019—2008）标准，对点交现场和点交记录、点交操作有以下要求：点交在协议约定地点进行，满足文物保管条件及安全保卫措施；点交人员具备专业水平和经验；点交记录上应至少包括文物基本信息，文物修复情况及受损部位（含局部特写），拿持、包装、运输文物的基本要求。文物展品的包装及运输应遵循《文物运输包装规范》（GB/T 23862—2009）标准。目前最为常见的做法是选择珍品运输公司负责所有展品的包装、运输、报关、清关等手续。

3. 展品布撤展以及展出期间的安全管理。布展组、代表团、学术团、撤展组及安全督查组等团组人员派出，也是一个大项目，常规来说应在收到国家文物局批复后加紧向省级外办申报办理。布撤展人员一般由展品出借方派出，工作人员必须是熟悉文物展品、了解展品性质和脆弱点的专业人员。展览期间，为确保文物展品安全，要与对方机构保持沟通，了解展品和展厅的实时状况。如有必要，将安排专门人员到展览现场检查文物安全状况、文物保护条件。

（十）宣传推广活动

一个成功的展览，宣传推广必不可少。展览开幕式、新闻发布会等活动是最为直接的宣传手段，能让展览在最短时间内被观众所了解。出境展的宣传推广一般由外方负责，我方应切实履行监督责任，严格把关。以广东省博物馆赴德国和意大利“东西汇流”展为例，德国和意大利均制订了周详的宣传方案，包括人工导赏、报纸媒体、网络媒体等。为吸引国外观众参观，汉堡国际海事博物馆在自媒体平台上以每周更新的筹展日记为主打，推送展览信息。各新闻网站推广和传播展览资讯与知识，打造热门话题，引发观众的兴趣。中央电视台《开讲啦》栏目组到汉堡国际海事博物馆录制《“一带一路”特别节目之德国》，专题推送展览。传统媒体与新媒体、线上宣传和线下实施联动效应，很好地扩大了展览的社会影响力。

（十一）展品归国后建档总结

文物出境展览的承办单位应按国家文物局的批复，于展览结束之日起 2 个月内完成文物出国（境）展览结项备案表。除了国家文物局规定的文档外，博物馆也可为每个出境展览制订一份更加详细和完整的记录，以备查阅，具体可参考广东省博物馆出境展览信息收集表。

三、文物出境展览需要注意的事项

（一）以我为主

展览主题策划和内容设计，要体现我方更多的话语权和诠释权。现阶段虽然我们能决定单个展品的去留和展品在展场中的展示方式，但是在内容规划、展品选择和解释方面做得远远不够。2018 年 10 月 8 日，中共中央办公厅、国务院办公厅印发《关于加强文物保护利用改革的若干意见》，指出文物展览应该坚持贯彻“以我为主，为我所用”的原则。国家文物局意识到外展主动权和策展人的重要性，2012 年 3 月下发《关于规范文物出入境展览审批工作的通知》，增加出境展览要“加强策划展览能力建设，制订科学的展览大纲”条款。因此，我们在展览洽谈的时候，应该争取更多的主动权，如主题策划、内容设计等，以宣传中国优秀传统文化，讲好“中国故事”。

（二）时间提前量

博物馆策划出入境展览必须预留足够的时间。《文物出境展览管理规定》要求，各单位应该在每年 5 月底前向国家文物局申报下一年度的出境展览计划，也规定了在展览实施的 6 个月前提出项目的书面申请报国家文物局审批。这个时间节点，限定的报批对象是国家文物局。现在如博物馆为主办单位，可由博物馆直接向国家文物局申报出境展览，否则需要经省级文物行政部门提出意见后再报国家文物局审批。故各地方文物收藏单位，应该比文件规定的时间要更加提前来安排申报工作。

还有一种特殊情况就是展品中涉及濒危展品，需要提前办理好进出口许可证明。近年随着我国濒危野生动植物种的保护和管理工作不断完善，《濒危野生动植物种国际贸易公约》得到贯彻，濒危动植物种的使用利用被列入法律法规严格监管。如展品涉及红珊瑚、沉香、玳瑁、鹦鹉螺、紫檀等濒危物种（具体物种见相关名录），文物出境展览的承办单位应该高度重视，主动了解学习相关规定，仔细审定展品成分，并与濒管办公室进行积极沟通，按照相关规定提交申请，办理进出口许可证明。筹展单位必须注意为此类展品预留足够的办理许可的时间，以免耽误展品出境展览。

（三）展览的期限

《文物保护法实施条例》规定文物出境展览期限不得超过 1 年。因特殊需要，经原审批机关批准可以延期，但是延期最长不得超过 1 年。这是由于文物长期滞留在外，增加了文物受损的风险，有碍科学研究；而展览时间太短，则浪费了经济成本，也影响了展览的社会效益发挥，因此制订合适的展览期限才能发挥文物的最佳展览效果。

（四）展品目录的敲定

国家文物局出境展览对出境展品有特别的要求和限制。一是未经文物收藏单位登记和定级、未公开展出的文物不得出境进行展览。二是国家文物局公布的三批《禁止出境展览文物目录》及《文物出境展览管理规定》规定的五类文物禁止出境，分别是："古尸；宗教场所的主尊造像；一级文物中的孤品和易损品；列入禁止出境文物目录的；文物保存状况不宜出境展览的。"以下八类文物限制出境展览：简牍、帛书；元代以前的书画、缂丝作品；宋、元时期有代表性的瓷器孤品；唐写本、宋刻本古籍；宋代以前的大幅完整丝织品；大幅壁画和重要壁画；唐宋以前的陵墓石刻及泥塑造像；质地为象牙、犀角等被《濒危野生动植物种国际贸易公约》列为禁止进出口物品种类的文物。三是数量上的限制，一般不得超过 120 件 / 套，一级品数量不得超过展品总量的 20%，如果超出此规模，需报经国务院批准后方可出境进行展览。

（五）计量单位的表述

文物出境的时候，有"件""组""套"等多种计量单位。有学者指出，为避免混乱，应统一使用法规所明确的"件 / 套"作为计量单位。"件"以藏品号为依据，一个号即为一件。为表明成套展品实际数量，表述时可以在后面缀加"件（实际数量）"，即"　件 / 套"。

（六）《场馆考察报告》和《展场设施报告》

首次举办或三年未举办过中国文物展览的境外展出地，我方在展览报批时，需要另外出具《场馆考察报告》。文物出境展览的承办单位需提前安排文保、安防等人员出境进行展场考察，考察的内容主要为境外博物馆的资质条件、展厅和库房环境、文保条件、安防消防条件、专业人员、举办展览经验和应急预案等。考察完成后，出具完善的《场馆考察报告》。《展场设施报告》则一般由展出地提供。

（七）运输公司的选择

展品国际承运人必须同时满足如下三条：一、具有国家经济贸易部核发的国际货物运输代理企业批准证书；二、具有国家海关总署核发的代理报关注册登记证书及海关批准的展品货物进出口代理报关资格证书；三、具有国家交通管理部门和民航管理部门核发的运输经营许可证书。国家的这些规定都是保护外展中文物安全的必要程序。

（八）文物在外时的法律保护

《文物保护法实施条例》规定文物出境展览期间，出现可能危及展览文物安全情形的，原审批机关可以决定中止或者撤销展览。危及展览文物安全的情形，包括自然灾害和人为事件，如战争、社会骚乱等都属于这一类，因此筹展时需考虑这些因素。展览协议需明确约定不可抗力条件下的文物安全保障和后续协议执行。不可抗力条件下，外方有义务保障文物和人员安全以及送还文物。如广东省博物馆到韩国国立海洋文化财研究所的展览，协议中规定了“在借展期间，若因飞机失事、台风、强烈地震等不可抗因素造成展品遗失、破损，韩方虽无直接责任，但应赔偿损失”。

四、广东省博物馆文物出境展览例举

为了加深读者对境外展特点的印象，笔者选取了广东省博物馆近年举办的三个较有代表性的展览，它们分别代表了三种办展模式。

（一）粤港澳三地合办“海上瓷路”展

齐心协力、各绽异彩。“海上瓷路——粤港澳文物大展”是 2010 年第十一次粤港澳文化合作会议倡议，三地共同举办的第二次大型文物展览。展览由广东省文化厅、香港特别行政区民政事务局、澳门特别行政区政府文化局主办，广东省博物馆、香港艺术馆和澳门博物馆承办。三馆联合策展小组，从各自馆藏的外销陶瓷中精选约 180 件 / 套文物，经过一年多时间的筹备，于 2012 年 5 月至 2014 年 2 月，分别在澳门博物馆、广东省博物馆和香港艺术馆展出。

粤港澳自古以来就是中西文化交流的重镇，博物馆收藏的外销瓷和外国瓷数量丰富，质量上乘，在此领域的研究能力有相对优势。此次合办展览和国际学术研讨会，实现了资源共享、强强联合。各方的承担工作如下：

1. 共同编写大纲，共同调动馆藏。三馆依据各自的馆藏优势，对大纲的编写进行分工，然后由澳门博物馆进行统稿，再经三馆专家进行反复琢磨、勘校而定稿，充分发挥了各馆的主观能动性。三地博物馆所藏海上瓷路文物各有千秋，展览调动了粤港澳三大馆的馆藏精品，展品的可欣赏性和可读性高。

2. 图录由三方共同组织，各自出版。广东省博物馆出版中英双语的《海上瓷路——粤港澳文物大展》图录，内容专业、设计印刷质量良好，受到同行和观众的好评，并被香港艺术馆引进发售。澳门博物馆出版图录则适应当地传统，为中葡双语。

3. 三方自行安排展场设计、展览开幕式、宣传、活动及讲座。多媒体影像自由开发，由澳门方首先制作，三方共同分享使用，而影像资料交给其余两方进行后期加工，所产生费用由各自负责。各方自行开发纪念品。

（二）赴德国和意大利“东西汇流”展

以我为主，精细调控。2017 年是中德建交 45 周年且 G20 峰会在德国举办，“东西汇流——13 至 17 世纪的海上丝绸之路”展览是纪念该重要外交事件的重点文化活动。随后，为配合《中华人民共和国国家文物局与意大利共和国文化遗产与活动部关于促进文化遗产合作的谅解备忘录》相关的中意博物馆交流与合作内容，该展览赴意大利罗马国立威尼斯宫博物馆展出。展览于 2017 年 6 月 8 日至 9 月 10 日、2017 年 9 月 28 日至 2018 年 1 月 29 日分别在德国汉堡国际海事博物馆、意大利罗马国立威尼斯宫博物馆推出。

展览坚持“以我为主”原则，展览大纲、展品选择、形式设计全由我方负责完成。特别考验沟通协作的一环，是展览形式设计。形式设计由我馆设计师独立完成，展览制作则由外方博物馆负责。我馆设计师远赴德国汉堡国际海事博物馆和意大利罗马国立威尼斯宫博物馆，对展厅进行精确测量，回国后进行形式设计。大到展厅空间布局，小到每件展品的展架，都由我馆设计师独立设计。如为每件展品的积木、展架绘制了 3D 模型，外方能一目了然，清楚地知道我方制作需求。

（三）赴韩国“南澳Ⅰ号”展

合作共赢，共同发展。“南澳Ⅰ号——明代海上贸易”展览以“牵星过洋——万历时代的海贸传奇”展览为基石，从中精选出 200 件文物赴韩展览。“牵星过洋——万历时代的海贸传奇”展览以“南澳Ⅰ号”和“万历号”两条沉船的遗物为依托，将视野投放于中国明朝万历皇帝时期的中国与世界，通过丰富的历史文物引领大家去重新审视明朝万历时期精彩纷呈的海洋贸易。该展览为“第十三届（2015 年度）全国博物馆十大陈列展览精品推介精品奖”展览。

“南澳Ⅰ号——明代海上贸易”展场所在的韩国木浦是 40 年前发现中国元代“新安沉船”的所在地，韩国国立海洋文化财研究所更是韩国水下考古和水下文化遗产展示的重镇。“南澳Ⅰ号”沉船是中国近年来尤为重要的水下考古发现，其出水成果也是广东省博物馆新近入藏的藏品名片。中韩双方达成展览交换意向，互免借展费。中方 2016 年赴韩国举办“南澳Ⅰ号——明代海上贸易”展览，韩方 2018 年来中国举办“亚洲内海——13 至 14 世纪亚洲东部的陶瓷贸易”展览。

每一次文物出境展览的成功举办，都得益于国家和社会各界的支持。这离不开国家日益壮大的政治、经济实力，各级文物主管部门的关怀和领导，中外双方真诚、平等的沟通，各机构专业、通力的合作。将中国灿烂的文化之光播撒在世界与人类文明的历史中，是祖国赋予我们的使命。

广东省博物馆刘冬媚执笔

博物馆展览照明

随着我国博物馆事业的蓬勃发展，展品类型和展览形式愈发丰富多彩，越来越多的博物馆展览展示对专业的博物馆照明技术和产品提出了更高的要求。博物馆照明主要分为两个方面，一是博物馆建筑空间照明，二是博物馆展陈空间照明。本文以博物馆展陈照明为核心，围绕如何更多地应用现代光学、电子和智能技术，在保护文物的基础上，通过光与影的变化，营造出富有生命、充满活力、感觉逼真、整体优化的博物馆光环境，以呈现和还原展品的历史文化底蕴与艺术造诣，为观众提供一个舒适的参观环境。

一、博物馆光环境的重要性

国际建筑设计大师贝聿铭认为，光是建筑的容器，也是艺术的语言。光，是视觉艺术的表现形式，也是物体显现艺术生命的载体，在如今国内博物馆陈列理论与实践双双突飞猛进的时代，光与照明的作用已愈来愈不可忽视，博物馆照明已成为博物馆学术研究的主要话题之一。好的博物馆照明可以更佳地展现文物原貌，勾勒细节艺术，模拟呈现历史，高度展现形态，赋予文物生命活力，提高观赏鉴赏价值，为空间带来参观节奏及动线，协助每个空间的衔接，同时也能更好地保护文物，让其审美价值持续升华。照度均匀、柔和舒适、无眩光的灯光环境也可以让观众获得舒适的观展体验。若想达到这一标准，博物馆的照明设计应具有很强的工艺要求，单一的光学配置或单一的照明技术都不能很好地实现最终的照明效果，需要设计师将照明技术与展陈主题、艺术效果与观众心理相结合，进行综合设计。博物馆建筑空间照明和展陈空间照明设计需要技术与艺术共同作用于展品和空间环境中，但更重要的是，它最根本的是对人的服务，对博物馆主体的关怀。只有不断地提高对观众的服务意识，做好有针对性的照明设计，才能更好地、更充分地体现博物馆的公众价值。

二、博物馆（美术馆）照明相关标准

在进行博物馆（美术馆）建筑和展陈设计时，要了解相关标准规范要求，尤其在照明设计方面，可参考以下相关规范和标准：

（一）《博物馆建筑设计规范》（JGJ 66—2015）

该规范第 8 章“采光与照明”与《美术馆照明规范》（WH/T 79—2018）第 6 章“天然采光”，对博物馆（美术馆）展厅、展品提出了采光与照明的基本要求。采光在建筑方案设计阶段就需要考虑，以下标准对采光系数和采光的规定如下（表 1）：

表 1　博物馆（美术馆）建筑采光标准值

采光等级	场所名称	侧面采光		顶部采光	
		采光系数标准值（%）	室内天然光照度标准值（lx）	采光系数标准值（%）	室内天然光照度标准值（lx）
III	文物修复室⋆、标本制作室⋆、书画装裱室	3.0	450	2.0	300
IV	陈列室、展厅、门厅	2.0	300	1.0	150
V	库房、走道、楼梯间、卫生间	1.0	150	0.5	75

注：
1.⋆ 表示采光不足部分应补充人工照明，照度标准值为 750lx。
2. 表中的展厅是指对光不敏感的展厅，如无特殊要求应根据展品特征和使用要求优先采用天然光。
3. 书画装裱室设置在建筑北侧，工作时一般仅用天然光照明。

展厅应符合展品特征和展陈设计要求，天然光采光设计应符合下列规定：天然光产生的照度应符合各类展品照度要求值的规定；展厅内不应有直射阳光，采光口应有减少紫外线辐射、调节和限制天然光照度值和减少曝光时间的结构措施；应有防止产生直接眩光、反射眩光、映像和光幕反射等光学缺陷的措施；需要补充人工照明时，宜选用接近天然光色温的光源，但应避免光源的热辐射损害展品；顶层展厅宜采用顶部采光，顶部采光时采光均匀度不宜小于 0.7；需要识别颜色的展厅，宜采用改变天然光光色的采光材料；光的方向性应根据展陈设计要求确定；采光窗应满足保温、防风、防水、防结露和清洁、维修、安全、管理的要求；照度低的展厅出入口视觉应有适应的过渡区域；展厅室内天棚、地面、墙面应选择无反光的饰面材料。

（二）《建筑照明设计标准》（GB 50034—2013）

该标准对居住、民用公共建筑及工业建筑的照明提出设计标准值，是照明设计标准的母规范，其中第 5.3.8 条规定了博物馆及博物馆其他场所单位照明标准值（表 2）。

表 2　博物馆及博物馆其他场所照明标准值

房间或场所	参考平面及其高度	照度标准（lx）	UGR	U_0	R_a
门厅	地面	200	22	0.40	80
序厅	地面	100	22	0.40	80
会议报告厅	地面	300	22	0.60	80
美术制作室	0.75 m 工作面	500	22	0.60	90
编目室	0.75 m 工作面	300	22	0.60	80
摄影室	0.75 m 工作面	100	22	0.60	80
熏蒸室	实际工作面	150	22	0.60	80
实验室	实际工作面	300	22	0.60	80
保护修复室	实际工作面	750*	19	0.70	90
文物复制室	实际工作面	750*	19	0.70	90
标本制作室	实际工作面	750*	19	0.70	90

续表

房间或场所	参考平面及其高度	照度标准（lx）	UGR	U_0	R_a
周转库房	地面	50	22	0.40	80
藏品库房	地面	75	22	0.40	80
藏品提看室	地面	100	22	0.40	80
注：* 指混合照明的照度标准值。其一般照明的照度值应按混合照明照度值的 20%—30% 选取。					

（三）《博物馆照明设计规范》（GB/T 23863—2009）

该规范针对博物馆照明设计，从照明方式、光源和灯具选择、照明数量、照明质量、配电和控制等方面提出了要求，主要技术指标有博物馆（非展厅）相关场所照度标准值和陈列室展品年曝光量值（表 3）。

表 3　博物馆相关场所（非展厅）照度标准值

	房间或场所	参考平面及其高度	照度标准（lx）
陈列区	门厅	地面	200
	序厅	地面	100
	美术制作室	0.75 m 水平面	300
	报告厅	0.75 m 水平面	300
	接待室	0.75 m 水平面	300
	警卫值班室	0.75 m 水平面	150
技术用房	编目室	0.75 m 水平面	300
	摄影室	0.75 m 水平面	100
	熏蒸室	实际工作面	150
	实验室	实际工作面	300
	保护修复室	实际工作面	750
	文物复制室	实际工作面	750
	标本制作室	实际工作面	750
	书画装裱室	实际工作面	300

	房间或场所	参考平面及其高度	照度标准（lx）
藏品库区	周转库房	地面	50
	藏品库房	地面	75
	藏品提看室	0.75 m 水平面	150
观众服务设施	售票处	台面	300
	存物处	地面	150
	纪念品出售处	0.75 m 水平面	300
	食品小卖部	0.75 m 水平面	150
公用房	办公室	0.75 m 水平面	300
	休息处	地面	100
	装具贮藏室	地面	75
	行政库房	地面	100
	厕所、盥洗室、浴室	地面	100

注：
1. 修复室、文物复制室、标本制作室的照度标准值是混合照明的照度标准值。其一般照明的照度值按混合照明度值的 20%—30% 选取。如果对象是对光敏感或特别敏感的材料，则应减少局部照明的时间，并应有防紫外线的措施。
2. 书画装裱室设置在建筑北部，工作时一般使用自然光照明。
3. 表中照度值为参考平面上的维持平均照度值。

（四）《美术馆照明规范》（WH/T 79—2018）

该规范第 5 章“照明数量和质量”对美术馆相关场所照明提出规范要求，规定了美术馆陈列区、技术用房等相关场所的照明标准值（表 4）。其中，（1）陈列室一般照明按展品照度值的 20%—30% 选取。（2）美术馆应急照明的照度标准值应符合 GB 50034 的规定。（3）闭馆时，展品应处于无光照射状态。（4）陈列室地面照度均匀度，一般不应小于 0.7。（5）展品的照度均匀度如下：①平面展品照度均匀度不应小于 0.8；高度或宽度大于 1.4 米的平面展品照度均匀度不应小于 0.5；②特大平面展品（展品面积大于 2 平方米）照度均匀度不应小于 0.4；③有特殊要求的平面展品不受上述标准限制。（6）书画作品展示，光照应与墙面保持一定的角度，以 30°

为宜，可根据作品情况适当调整。光源应尽可能延伸，使阴影边缘柔和。

表 4　美术馆相关场所照明标准值

房间或场所		参考平面及其高度	照度标准值 / lx	UGR	U0	Ra
陈列区	序厅	地面	100	22	0.40	85
	绘画展厅	地面	100	19	0.60	90
	雕塑展厅	地面	150	19	0.60	85
技术用房	藏画修理	0.75 m 水平面	500	19	0.70	90
	摄影室	0.75 m 水平面	100	22	0.60	90
	实验室	实际工作面	300	22	0.40	90
	保护修复室	实际工作面	750	19	0.70	90
	阅览室	0.75 m 水平面	300	22	0.70	80
	书画装裱室	实际工作面	300	22	0.70	85
藏品库区	藏画库	地面	150	22	0.60	80
	藏品库房	地面	75	22	0.40	80
	藏品提看室	0.75 m 水平面	150	22	0.60	80
观众服务设施	售票处	台面	300	22	0.60	80
	存物处	地面	150	22	0.60	80
	美术品售卖处	0.75 m 水平面	300	19	0.60	85
	食品小卖部	0.75 m 水平面	150	22	0.60	80
公用房	公共大厅	地面	200	22	0.40	80
	会议报告厅	0.75 m 水平面	300	22	0.60	80
	办公室	0.75 m 水平面	300	22	0.60	80
	休息厅	0.75 m 水平面	150	22	0.40	80

注：
1. 绘画、雕塑展厅的照明标准值中不含展品照明。
2. 保护修复室的照度标准值是混合照明的照度标准值。其一般照明的照度值按混合照明照度的 20%—30% 选取。如果对象是对光敏感或特别敏感的材料，则减少局部照明的时间，并有防紫外线的措施。

三、博物馆照明三原则

展陈照明是博物馆工作中最为重要的部分之一，其直接影响文物、标本和展品安全、展示效果、观展体验。博物馆照明要注意“安全”“还原”“舒适”（图 1、图 2）三个方面的要点，灵活使用光的质量、强度、分布来激发观众领略展览内容。

（一）安全

照明设计和技术必须优先保护展品安全，控制和减少光对展品材料、颜色、质地等方面的损害。博物馆展陈中，展品是博物馆一切行为的中心，策划、装修、布展、照明、开展、撤展等过程都围绕珍贵的展品而进行，博物馆展陈设计和博物馆照明设计必须优先处理好安全保护展品和更好展示展品之间的关系。

第一，机械安全。照明轨道系统在安装时要考虑轨道的牢靠性和承重性（图 3、图 4），防止因轨道松落或灯具过重而掉落；同时，灯具在从安装到拆卸的过程中应方便、快捷、稳固，不得有松动、跌落等风险。

图 1　舒适优质的光环境

图 2　保护珍稀展品是博物馆展示照明的首要任务

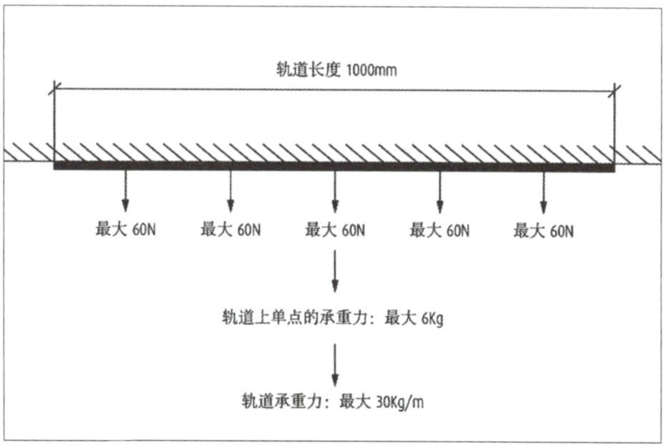

图 3　轨道承重示意图

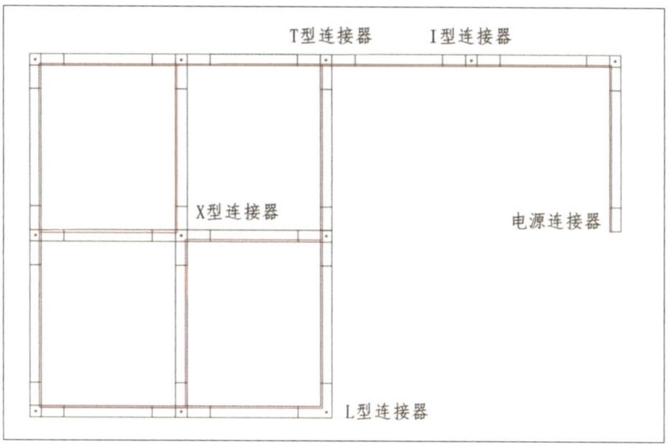

图 4　照明轨道系统示意图

第二，电气安全。安装照明系统轨道应使用专用接头接电并连接接地线，灯具如不兼容现场轨道亦不应该私自更改，避免产生漏电安全隐患，相关安全规范可参考《博物馆照明设计规范》（CB/T 23863—2009）第 9 条有关照明供配电与安全的内容。

第三，热安全。热安全对于展品保护是一件不可忽略的事情，传统博物馆还在使用金卤灯、卤素灯、白炽灯、荧光灯等照明产品以满足展览照明基本要求，但存在耗能大、发热高等缺点。随着 LED 照明技术发展越来越成熟，LED 灯具不仅能降低热能，还能保证光的发光效率。在选择 LED 灯具时应注重灯具材料的导热性，以及外壳材质和散热结构是否合理。灯具在工作状态中，其整体温度应低于 50° C（图 5），确保对文物的损害降到最低，同时让展厅空间保持适宜的温度，让观众感觉舒适。

第四，光安全。博物馆任何时候都应把文物安全放在首要位置，除了防火、防爆、防触电和热安全对文物产生的损害外，还要兼顾光安全。因此，博物馆照明不再只是艺术表现的工具，它在技术上还要符合文物安全保护的标准。

首先，防止红外线的热效应和紫外线的化学效应。灯光中红外线辐射的存在会

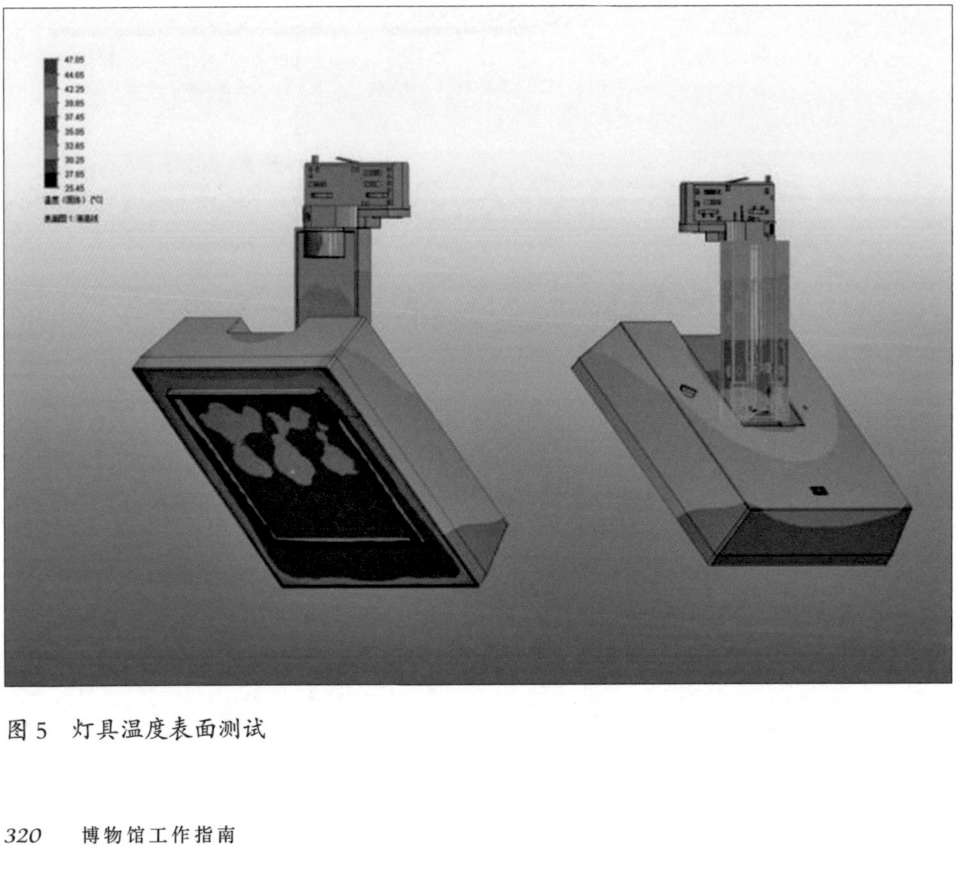

图 5　灯具温度表面测试

引起展品表面温度的升高（表 5），导致展品的热胀冷缩，加速展品的老化速度；增加材料的干燥程度，使展品产生易脆现象，可能使文物表面发生翘曲或龟裂变化。

表 5　传统灯具红外辐射数据表

类别	辐射照度（mW/m²*lx）
白炽灯	45
带红外线透过反射的灯泡	17
带红外线吸收蜡灯泡	33
金属卤化物灯	10
高压钠灯	8
太阳光	10

灯光中的紫外线会导致展品表面产生化学反应，造成博物馆展品老化，如褪色、变色、质变等，形成可见或隐性的损害，而且无法通过保护手段恢复。对于博物馆和美术馆照明，IESNA96 北美照明工程学会建议光源的最大紫外线含量为 75μW/lm；CIE2003 国际照明委员会则建议光源的最大紫外线含量为 10μW/lm。

其次，控制最高照度水平。为了展品的安全，在博物馆照明设计中，展品的照度应当维持在满足观众欣赏展品的水平上，因为当博物馆用可见光来确定照度水平的时候，实际上光损害来自包括可见光在内的全光谱辐射。国际博物馆协会推荐参考《博物馆照明设计规范》（CB/T 23863—2009）的照明数量指标如下（表 6）：对高度光敏感展品的最高照度应低于 50lx，对中度光敏感展品的最高照度应低于 150lx，而对低度光敏感展品的最高照度应低于 300lx 以内，对轻度光敏感展品的最高照度也应当控制在这一水平上。

表 6　陈列室展品照度标准值

类别	参考平面及其高度	照度标准值（lx）
对光特别敏感的展品如织绣品、绘画、纸质物品、彩绘陶（石）器、染色皮革、动物标本等	展品面	≤ 50
对光敏感的展品如油画、蛋清画、不染色皮革、银制品、牙骨角器、象牙制品、宝玉石器、竹木制品和漆器等	展品面	≤ 150

续表

类别	参考平面及其高度	照度标准值（lx）
对光不敏感的展品如其他金属制品、石质器物、陶瓷器、岩矿标本、玻璃制品、搪瓷制品、珐琅器等	展品面	≤ 300
注： 1. 陈列室一般照明按展品照度值的 20%—30% 选取。 2. 复合材料制品按照光敏感等级高的材料选择照度。		

再次，建立光敏感展品“光预算”管理制度。“光预算”是指展品在某个照度水平上可以持续展览的时间，超过这个时间，展品将遭受明显的损害，不能再继续展出。根据光的相互作用原理，光对展品的损害来源于照度和光照时间的组合作用，一个展品在 50lx 的照度下持续照射 10 小时造成的光损害，与在 500lx 照度下，持续照射 1 小时造成的光损害是一样的。降低光对展品的损害，不仅要控制照度水平，更重要的是管理累积照明时间。

光损害不仅来自红外线和紫外线，长期照射可见光也会对文物产生不可逆转的损害，控制文物和艺术展品的年度总曝光量（表 7），是协调保护与展示的重要手段。博物馆也应当对展品灯光的年曝光量进行控制，建立健全光敏感展品的“光预算”制度。

表 7　陈列室展品照度年曝光量限制值

类别	参考平面及其高度	年曝光量（lx*h/ 年）
对光特别敏感的展品如织绣品、绘画、纸质物品、彩绘陶（石）器、染色皮革、动物标本等	展品面	50000
对光敏感的展品如油画、蛋清画、不染色皮革、银制品、牙骨角器、象牙制品、宝玉石器、竹木制品和漆器等	展品面	350000
对光不敏感的展品如其他金属制品、石质器物、陶瓷器、岩矿标本、玻璃制品、搪瓷制品、珐琅器等	展品面	不限制

最后，运用博物馆智能照明。博物馆照明安全的基本原则就是用观众可以欣赏展品的最低照度水平，照射最少的时间。智能照明系统的使用，能够有效地实现灯具使用时间的智能化控制，让场景灯光的切换变得极其灵活，在博物馆照明设计中得到了越来越广泛的应用。

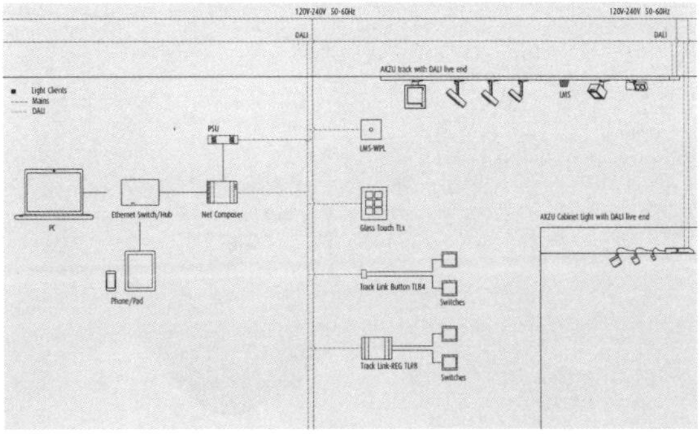

图 6　智能系统配置示意图

智能照明系统可根据不同的展示要求对博物馆照明环境进行调整与切换，实现单灯或多灯分组开关、亮度手动或自动调节、场景设置、定时开关、红外线探测、照度感应、移动感应、集中监控、能耗管理、遥控操作、远程操作等多种照明控制任务（图 6），极大地方便了博物馆的照明管理和对展品的精确照度与曝光量控制。

（二）本真还原

博物馆展品是研究古代文明的重要媒介，展品每一处的细节都具有不可估量的价值，用光要忠实还原展品的色彩、材质、纹理、细节，设计要通过多层次、有对比的有序灯光配置，准确再现文物的历史地位和艺术价值，体现出博物馆策展的核心竞争力（图 7）。照明灯光本真还原质量不同，色温选择偏离，灯光布置不当，会导致映入观众眼睛的文物外观及色彩出现偏色、含混、黯淡等现象，与展品原貌相比造成大量视觉信息的缺损。

第一要求是色彩与材质。博物馆照明设计中，展品色彩、材质的呈现显得尤为重要。灯光的显色性会直接影响展品色彩的色调和饱和度的表现，全色域高显色指数的灯光可以更加真实地还原、呈现历史文物的原貌、色彩，将文明真实地呈现在观众眼前。在博物馆灯光设计中，对于陈列绘画、彩色织物、多色展品等对辨色要求高的场所，应采用一般显色指数（Ra）不低于 95 的光源做照明光源；对辨色要求一般的场所，可采用一般显色指数不低于 85 的光源做照明光源。灯光准确的色相和高饱和度对于展品的研究与鉴赏至关重要，低显色性的光会造成偏色和色相缺失，导致文物展品信息不能得到完全解读。

不同类型的展品对博物馆照明的材质表现有着不同要求：碑石类展品需要灯光展现其粗糙的外表与厚重的历史感，瓷器展品需要突出其材质的光泽度，玉质展品

图 7　本真还原文物展品细节及色彩效果（四川博物院　苏打明摄）

则多利用侧光或透射光照明呈现内部结构的颗粒感与交织纹理。灯光的色温也会对色彩与材质呈现产生较大的影响，博物馆展厅最基本的视觉感受就是由灯光的色温带来的（图 8-1、图 8-2）。灯光的色温会真切地影响观众对空间和环境的感受，也直接地影响他们对文物和艺术展品全面的理解和认知，因此色温的选择需要策展人和展陈设计师基于对展览空间、内容主题和展品的深度理解而最终确定。需要注意的是，不同颜色、不同材质的文物展品，以及不同风格的艺术作品，会有其最适合的色温，同时，不同国家、不同民族也会有不同的色温偏好。

第二要求是质感与细节。人对光的感知由两部分构成，直觉和视知觉。直觉收集信息，是客观的；视知觉则依靠生物本能，利用已有的视觉经验在大脑中对收集到的信息进行判断。博物馆照明的基本要求之一就是把展品的质感、工艺特征与细节完整地展现在观众的视觉中。展品的材料和表面肌理决定了展品质地表现，如漆器胎体材质的肌理质感与大漆的细密色泽、玉器的通润温泽的质感与层叠变换的纹理、石碑的粗糙厚重与依稀可辨的雕刻与字迹，利用光的反射、折射、漫射，将不同展品本身的纹理、质地等真实地呈现出来。

通过光将展品的制作工艺特点展现出来，特别是针对需要特殊展示或者强调某种工艺的文物，如故宫博物院钟表馆展出的模仿大自然景观的鸟音山子水法钟，底座上布梅树、湖泊和山石，树开红梅，湖上白鸟，石内嵌钟，栩栩如生的蝴蝶、翠鸟飞于其间，制作工艺之复杂、色彩之绚烂令人惊叹不已。博物馆以不同光束角的灯光从不同角度照射，通过明暗关系的对比将树枝的蜿蜒与山石的嶙峋表现出来，

图 8-1　3000K 暖白

图 8-2　4000K 中性白

同时有重点地让观众清晰看到钟面刻度与精致细微的加工工艺。

第三要求是场景与情感。好的博物馆照明会对博物馆起到装饰与营造氛围的作用，无论是冷白色（高于 5300K）还是暖白色（低于 3300K），都会对空间的情绪和其中的展品产生影响。以爱国主义主题展览中的场景为例，中国共产党历史展览馆以热情奔放的红色为主色调，博物馆照明设计偏向于暖光，该展览全方位、全过程、全景式、史诗般地展现中国共产党波澜壮阔的百年历程；南湖革命纪念馆的照明设计更趋向于中性白，配合棕、灰色调的展板与斑驳厚重的背景石墙，让人不由自主地回到了那段中国共产党和人民反抗封建统治与外来侵略的峥嵘岁月。博物馆照明需要根据展览的主题予以相应的变化，运用不同光色区分不同的场景，用不同的光束角强调不同的展品亮点，利用明暗对比来区分空间并强化对人的心理暗示作用，营造出或激昂、或沉思、或欢喜、或怅然的不同情感，让观众有所感悟、有所收获。

（三）舒适

博物馆已逐渐成为人们休闲娱乐、开展教育的重要场所，博物馆在提供丰富展览的同时要给观众创造良好的视觉光环境，这也是博物馆室内灯光设计的一大要点（图 9）。前期的博物馆照明设计可以通过光学软件计算出舒适的空间光环境的照度数值，为后续展陈设计和布光提供数据支撑与布展效果；后期灯具安装时，则要严格控制眩光的产生、灯光的均匀度、视觉适应，以及提供方便的观众摄影与夜间游

图 9　舒适的光环境效果（中国人民革命军事博物馆　陈进茹摄）

览服务。

第一要素是眩光的消除。国际照明委员会（CIE）对眩光的定义是：眩光（glare）指的是视野中，由于不适宜的亮度范围或分布，或在空间或时间上存在极端的亮度对经度，以致引起视觉不舒适或者降低物体可见度的视觉情况。在博物馆和美术馆照明设计中，眩光的清除是重要考虑的因素之一，照明灯光中要注意避免眩光的产生，眩光一般包括直接眩光、反射眩光与失能眩光。

直接眩光：直接眩光的产生是由于灯光或从入射的自然光投射方向太过逆向平行于观众的视线，也可能是因为灯具的配光问题造成大量杂光溢出，如果灯光垂直投射角超过 45°到物体上部，则会形成反射眩光（图 10）。另外，展厅中反射率高的展品，也会在展厅中形成高亮区域，对邻近展品的观赏形成类似眩光的影响。

直接眩光的消除，要统筹整个展览空间布局、展现形式、参观路径，选择合适的光束角，合理排布灯具的投光方向，预测和采取控制自然光的射入数量和方向，采用自带防眩罩、防眩网的灯具（图 11）。

反射眩光：反射眩光是指观众或其他物品在光泽面（如展柜玻璃或画框玻璃）上产生的映像（图 12），妨碍了观众对展品的观赏，有时由于眩光的影响，观众需要尝试变换位置才能看清楚展品信息。例如，对镶嵌在玻璃框中的油画或表面有光

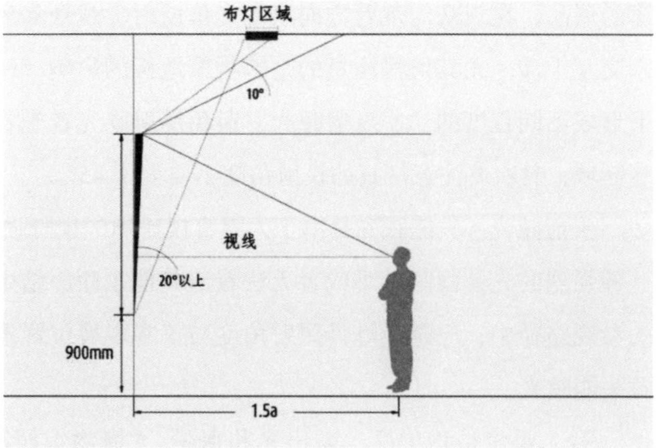

图 10　直接眩光和反射眩光

图 11　自带防眩罩、防眩网配件的灯具

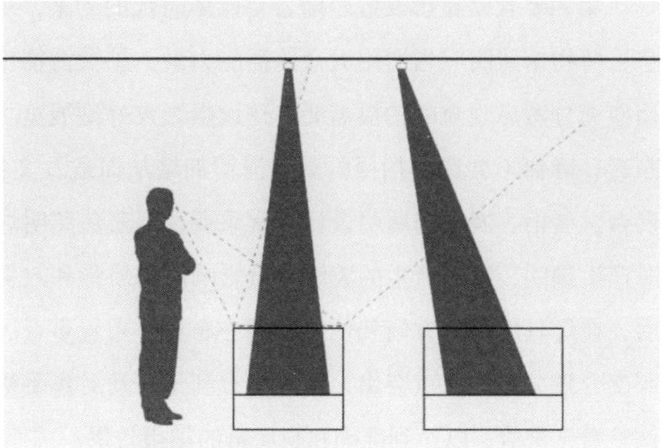

图 12　合理的灯具安装角度示意图

泽的展品，在观众的观看方向出现光幕反射，观众和环境中的影子与玻璃背后的油画交互干涉。尤其值得注意的是博物馆地板的影响，地板的反射会在不同的光环境下形成不同程度的二次反射眩光。避免反射眩光首先要降低照度比，减少大面积高亮区域，其次要注意灯具的投射角度不要大于 45°。

失能眩光：失能眩光是由于人眼直视比周围视野强烈的光源而造成的视觉失能，这种强烈的光使眼睛很难或者无法看清其他东西，结果既危险又痛苦。因此展厅内的参观路径中，应避免灯具照射角度与正常观展位置重合使人眼接受强烈光源而导致失能眩光。

第二要素是均匀度、溢出光和退晕。《博物馆照明设计规范》（GB/T 23863—2009）对展品照明的均匀度提出了要求：对于平面展品，最低照度与平均照度之比不应小于 0.8；但对于高度大于 1.4 米的平面展品，要求最低照度与平均照度之比不应小于 0.4。展品区域外的光称为溢出光，光斑边缘光强逐渐消退称为退晕。应减少和控制溢出光的干扰，将观众的注意力完全集中在展品，优异的退晕效果也会使光斑边缘的余光逐渐消退，避免形成照度对比强烈的“窑洞现象”，防止对整个展览环境的光视觉污染。

均匀分布的光斑照度，可更好地呈现展品的完整形态和细节，美术灯就是特别好的例子，采用切光投影的方式将光线均匀地投射在画幅里，没有任何溢出光，营造出画作自发光的震撼效果。

第三要素是视觉适应。根据《博物馆照明设计规范》（GB/T 23863—2009），展品的亮度应高于背景亮度，亮度比要控制在合理的范围内。亮度过高的区域将成为眩光源，造成视觉干扰，影响细节观看。对于陈列特殊感光展品的区域，当整体照度较低的时候，要求对视觉适应有所考虑。接近这些区域的时候，需要提供视觉过渡。

第四要素是摄影友好。随着自媒体时代的到来，观众的社交网络分享已成为趋势，博物馆照明应当适用大众传播的力量，扩大博物馆和博物馆展览的影响力。故而应充分考虑观众的拍摄需要，建设摄影友好型展览。首先，要合理安排展览空间布置，确保不会造成拍摄的观众滞留拥堵从而危及文物安全；其次，每一个展品、展台、展柜、展厅的照明设计非常重要，要避免照明灯具的灯光在手机或相机拍摄时产生频闪，频闪产生的波纹严重影响成像质量和效果，影响观众的参观体验；最后，在灯具的投射方向和位置要精心布置，布置重点展品和场景的照明时，要注意照度合理分布，重点突出，使环境有利于自动对焦手机或相机快速锁定焦点位置和调整曝光量值，以达到准确和高质量的拍摄效果。

四、博物馆展览空间照明要求

（一）序厅照明。序厅是博物馆陈列的开始，是展示空间的延伸，也是思想性与艺术性融为一体的高度概括。序厅照明需要相对柔和、均匀的光照环境，并运用重点照明的方式以便于观众阅读“序言”。博物馆序厅的光照空间一定要有通透感，要明快而不宜昏暗，同时要配合展览主题，利用灯光渲染出展览主题需要的氛围，让参观者迅速进入观展状态。序厅照明还需要考虑到展厅外部和内部的照明过渡，应增加过渡空间或设立过渡区域，满足观众由明亮的室外转向较暗的展区时人眼视觉暗适应的需求。

（二）展厅照明。展厅空间是观众参观展览与探索思考的空间，照明要适合不同人群，宜宁静、舒适，光线设计要柔和。在博物馆照明设计中，展厅空间适用重点照明和基础照明相结合，并以重点定向照明为主，重点定向照明和基础照明的光源色温应一致接近。照明应特别注意对展示品的保护，考虑减少紫外线、红外线等危害，同时考虑光的质量、光强的分布能呈现出丰富的层次，减少眩光。

（三）展柜照明。形式多样的博物馆展柜拉近了珍贵展品与观众的距离，观众得以近距离地欣赏人类历史文化的灿烂创造。博物馆展柜分为墙体通柜（书画柜）、五面柜、四面柜、平面柜、龛柜，照明分为柜内照明和柜外照明。博物馆展柜玻璃的反光和透光，使得展柜照明的灯具布置需要格外注意观众的感受。展柜内部空间狭小，灯光角度、位置更需精心布置、突出重点。

其中，墙体通柜、书画柜：主要用来展示中大幅书画作品，一般采用内部照明的方法，在柜体顶部安装照明系统，洗墙照明和重点照明相结合。五面柜、四面独立柜：根据展品的大小，宜采用内部照明和外部照明相结合，外部照明应充分考虑展柜玻璃的反射和透射。平面柜、龛柜：由于采光的位置与观众观赏位置会一致，一般采用内部照明。

（四）场景照明。博物馆场景多为主题展示，对根据展览内容的需要而特别制作的、直观的场面还原，一般采用虚拟真实和模拟真实的方式使观众对内容有更深入的了解和体会。

场景照明应采用立体的、多层次的方式，突出场景的内容，应用重点照明，突出场景展示效果，尽可能地利用灯光渲染展览设计意图，给观众一种身临其境的感觉。可采用窄光束或者泛光进行重点照明，根据展品的种类、形态、大小、展示方法等确定，通过高亮度、高对比、定向的光束勾勒出展品的细节和色彩，塑造展品的立体感，引起观看者的注意。还可以使用美术灯进行精准照明，配合画面大小来

图 13　长达 35 米的精确照明（谭国斌当代艺术博物馆　苏打明摄）

勾勒清晰的光型与轮廓，恰似中国画的白描手法，严格勾线，框定轮廓，在其中渲染和表现主体，从而达到浮空映画、突出画作、不照射墙面的照明境界（图 13），让观赏者完全沉浸在场景的氛围中。

（五）多媒体演示空间照明。为了使展示的效果更生动，博物馆会针对不同的主题而设计声光电演示的空间。在多媒体演示的空间里，场景的光照要适度减弱，同时采用智能照明，利用电脑编程灵活设定和控制多个灯具的颜色、照度、延时参数等，与多媒体演示相结合，实现人的视效、听效与展品的互动，把观众带到一个虚拟真实的场景中。媒体演示空间通常使用重点照明及短时瞬间照明，同时在地面或通道上用小角度灯光作为基础照明。

五、博物馆展品照明要求

（一）大型浮雕。博物馆展陈设计中，大型浮雕可以很好地诠释重大事件，展现文化底蕴，增强历史厚重感。人物众多、气势磅礴、场景雄壮是超大立面浮雕的主要特点，一般采用石材、紫铜、玻璃钢等材质。浮雕兼具绘画与雕塑的艺术性，其空间和形体的塑造与光线阴影有直接的关系，照明设计应根据浮雕的形式和内容的实际需要，确定合理的照度、色温、角度。浮雕表面可采用洗墙照明方式均匀洗亮，作为整个浮雕展墙的背景光，对于重点展示的内容和细节，可使用侧照的方式聚光照明，由明至暗的亮度对比，勾勒细节，突出主题重点来渲染展品面氛围。体现光和影的搭配合理性，是体现浮雕立体感效果的首要因素。

（二）雕塑等三维立体展品。对于雕塑等大型三维立体展品，可用定向照明和反光照明多角度投射，形成不同程度的阴影，突出立体感。因灯具安装位置不同，会形成多个投光角度——正面、侧面、顶部、背面、45°侧面，这些投光角度各有特点，也可以组合使用，如长春雕塑博物馆中，经过精心设计的澄澈柔和的光线从不同角度照射在经典的古希腊雕塑上，形成了鲜明的明暗对比，凸显出雕塑立体感，让参观者可以在不同位置有不同的视觉效果，充分领略雕塑作品的巧妙构思和厚重功力，真切感受到外在的形式表现与内在的力量所形成的希腊艺术，感受到空间艺术的神韵、豪迈、飘逸和震撼。

（三）平面作品、展板、展墙等垂直面展品。平面绘画、图片和文字等垂直面展板、展墙在博物馆中随处可见，垂直面展品的照明应注意展品与光型之间的配合关系，除特意设计，小面积展板不宜使用过大角度的光型，造成光斑过大，如果周围的展墙过于明亮，会让整个墙面成为视觉的中心，分散观众的注意力。对于大幅展墙，如果使用的光束角过小，在画幅上的照度会不均匀，也会使观众不能全面领会作品的精髓，此时可以采用泛光的灯光使墙面整体达到相对一致的照度水平，对大面积区域可以采取洗墙照明。

（四）青铜器展品。青铜器展品色泽幽暗，材质厚重，其粗糙的表面容易吸收光线，在照明设计上除增强照度外还需要根据展品的体积，在展品上方和下方选择单灯照明和多灯重点照明的方式，一一表现其材质厚重的体量感、展品的细节纹饰等局部效果，使其达到观赏上的艺术美感。另外，很多青铜器展品表面上会残留青绿色的粉状锈，照明设计时，对其色彩真实还原表现要尽可能真实，3000K—4000K色温的光源对其材质有较好的表现效果。

（五）陶瓷展品。陶器与瓷器是我国五千年悠久历史和文明的代表，也是博物馆常见展品之一，花纹精美、颜色鲜艳，是当时工艺美术与制造技术的集中体现。陶瓷展品的照明对灯具的显色指数和照度要求较高，应尽可能地还原其色彩与花纹的真实性。对于较大的陶瓷，可以利用重点光束在展柜上方和展柜下方进行多方位投光，展现陶器的釉色与纹饰，烘托瓷器温润细腻的质感，传达陶瓷特有的历史风韵和审美特征。小型瓷器则可使用由上至下单灯投光，灯光打在陶瓷上形成的阴影与光斑叠成清晰的圆环，以光环衬托文物，完美呈现陶器的浑圆与厚重、瓷器的剔透与典雅。

（六）丝织品、书画类展品。根据《博物馆照明设计规范》（GB/T 23863—2009）照明数量指标的要求，丝织品、书画类展品属于对光特别敏感的展品，安全照度应低于50lx，年曝光量低于50000lx・h/年，即8小时工作日，125天/年的展

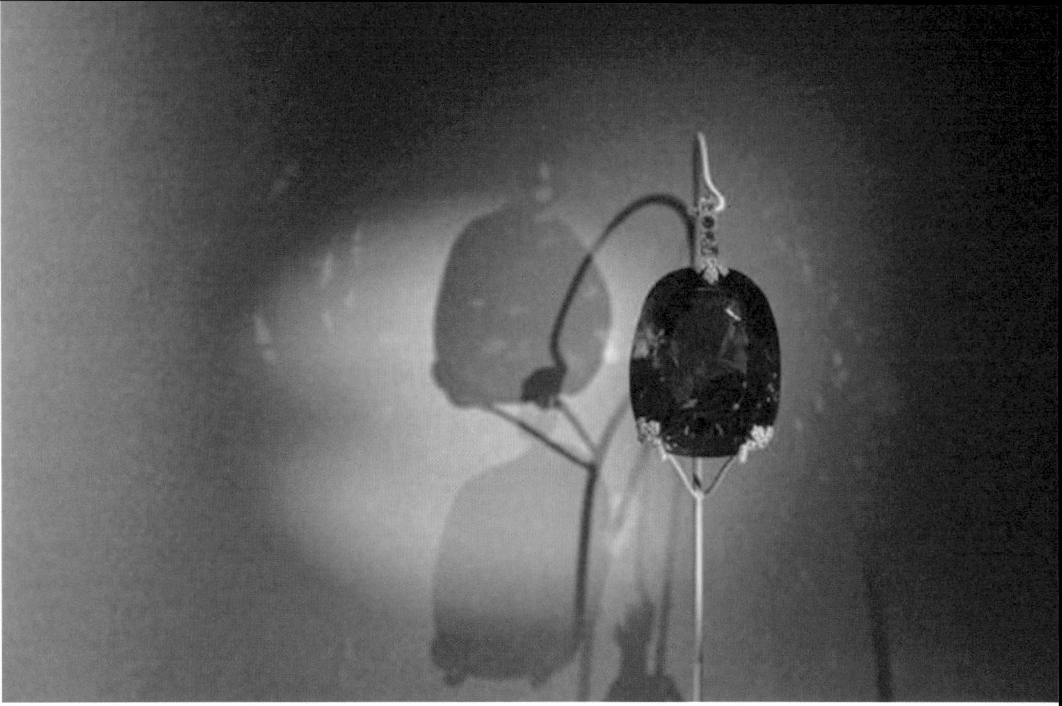

图 14　微小展品照明（故宫博物院　苏打明摄）

出时间。因此，博物馆照明设计首先要考虑对该展品的严格控光，如此才能更好地保护展品。丝织品一般色彩鲜艳、纹理丰富，时代久远的书画展品在色泽上会产生褪色或发黄现象，因此两者都需要尽可能地还原其色彩的真实性，对灯具的显色指数要求较高，建议高于（Ra）90。同时，为了方便观众仔细观摩颜色、纹路、字迹与图案，丝织品和书画类展品一般陈列在展台、展柜内，对灯光的均匀度也提出了一定的要求，此类展品的照明应光线分布均匀，光晕柔和通透。

（七）玉石珠宝等小件展品。玉石、珠宝、货币等小而精的展品，大多放置在展柜里，同时满足保护和展示的需求，因此需结合展柜的样式来配置不同的展柜灯具，方可清晰呈现其精妙工艺与丰富细节，如故宫博物院（图 14）“有界之外：卡地亚·故宫博物院工艺与修复特展”展出的 29 顶冠冕，使用极窄小角度光束角展柜灯，在展品左方照明，把珠宝的影子映照在背景墙上，形成光影强烈的艺术效果；也可采用美术灯精准照明的方式，从上往下精确投光，让光集中在展品之上，聚焦观众的视线。

六、博物馆照明光型角度

博物馆照明通常以多种多样的光型角度为基础，配合功率、色温、安装方式、投光方向的选择，形成一个光型丰富、安装灵活、适用广泛的照明体系。博物馆照明应选用适应的光型角度（图 15）与安全方式，以力求完美呈现不同空间主题与不同形态的文物展品。

1. 极窄光束：博物馆照明中，6°及以下被称为极窄光束，为展品提供强烈的明暗对比，给人以极强的视觉冲击力，即使超高空间使用也仍然能够为展品提供合适的光晕和照度。

2. 超窄光束：7°—10°为超窄光束，超小的光斑拥有极高的均匀度，纤细的光束让参观者的视线汇聚于展品中。

3. 窄光束：11°—25°的窄光束能够给予展品较强的照度，形成反差，使它从周边环境中脱颖而出。

4. 中光束：25°—45°为中光束，光晕柔和却又不失视觉冲击力，适合于中型尺寸画幅或立体展品的展示照明。

5. 宽光束：45°—60°为宽光束，适合于大尺寸平面展品的展示照明和立体展品的背景照明。

6. 拉伸光束：拉伸光束是一种非对称的常用光型。泛光 54° ×24°在水平方向提供一水平椭圆光型；泛光 24° ×54°提供竖直椭圆光型，狭长的柔和光晕适合于书画类展品的展示照明。

7. 洗墙：洗墙光型将多光晕连续拼接给予从天花板，到地板均匀分布的光，给

图 15　极窄光束、超窄光束、窄光束、中光束、宽光束、拉伸光束、洗墙光束展示图

人以更加宽敞明亮的感觉，特别适合于超大型平面及浮雕作品的展示。

如果说博物馆照明是一场照亮展览、渲染氛围、诠释历史与文化的沉浸式演奏，那么光型角度便是各种音符，灵活的音符交织出变化多端、悦耳动听的乐曲，合理的光型角度的选择与组合，既是设计语言，也是视觉享受，能更好地为观众创造一个舒适美妙、回味无穷的观展体验。

七、博物馆照明灯具安装方式

（一）常见灯具安装方式。博物馆建筑结构各式各样、变化万千，这要求博物馆展陈照明灯具需要有能够适合于各种空间的多种安装方式。当空间高度适合且有平整的吊顶天花，或天花有适合贴装轨道的横梁结构时，可采用轨道吸顶安装；当

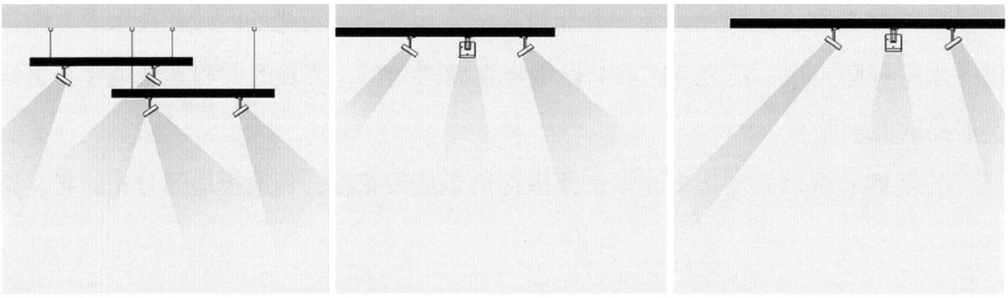

图 16　灯具安装方式

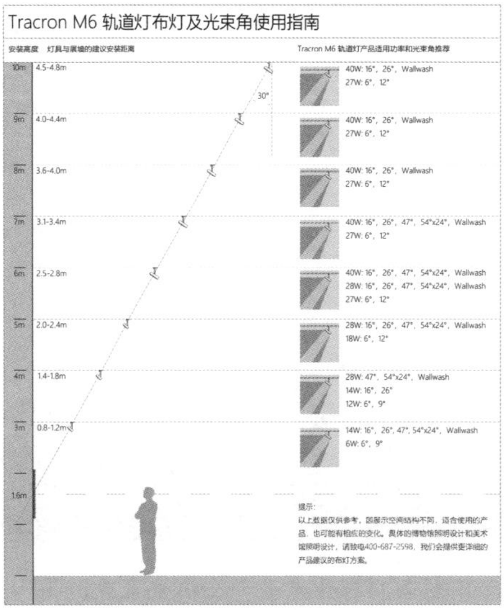

图 17　灯具与展墙的建议安装距离及光束使用指南

空间较高、无天花板或天花结构杂乱不规则时，采用垂吊安装是最好的选择；嵌入式安装可以与整个天花融为一体，从而获得最为极致、整洁、舒适的整体效果（图16）。

（二）光型角度与安装高度。灯具的安装高度会直接影响投射在展品上光斑的大小和强度，例如一个 6°光束角的灯具在 3 米处形成 30 厘米的中心光晕，而在 5 米处就是 54 厘米的中心光晕，强度也会降低 65%。图 17 是不同高度下，建议使用的灯具光束角和功率示意图。

八、博物馆照明专业灯具设备选择

随着照明技术的快速发展，灯具制造工艺不断进步，博物馆照明专业设备有了更多选择，助力高端照明技术成果的应用和高质量的博物馆照明的打造。

（一）高效的光源，无紫外和红外光危害。当前博物馆照明中，传统光源的产品已经被淘汰，无论是在能源效率、碳排放方面，还是在照明质量、视觉舒适度方面，大功率 LED 光源都以其稳定、高效、绿色的特点逐步代替传统光源，其本身无红外、无紫外的特性也在文物保护方面有着较大优势，同时随着技术的不断发展，其照明品质与色彩还原能力也在不断提升。

（二）高显色指数（CRI），色彩饱和纯正。光源对国际照明委员会（CIE）选定的第 1—8 种标准颜色样品显色指数的平均值，通称显色指数，符号为 Ra。一般来说，显色指数越高，对色彩的还原能力越强，对于瓷器、书画等需要呈现丰富色彩的展品，应高于（Ra）90，并且 Ra 有相应的指数，高端照明设备可达到（Ra）95 以上。但是一般意义上的显色指数 CRI 已无法准确衡量光源色彩还原能力，高质量的照明已经引入更多参数和指标，如全色域高显色性，选择更加光色饱和纯正的灯具，来增强展品的丰富多彩。

（三）准确稳定的色温，避免色温偏移。LED 芯片的色温会随着节点温度超限升高而产生漂移，散热良好的大功率芯片和热管理优异的灯具会保持芯片温度相对低和稳定节点温度，有效地保持稳定的色温和延长灯具寿命；而大多数 COB 芯片由于密集集成多个小功率芯片造成局部温度过高，不利于快速散热，加速了色温漂移，造成很大的色差。

（四）控制色容差，保持光色高度一致。博物馆展厅尤其是美术馆，作为一个空间整体，展墙大多数是白色背景，色容差控制在 2 step MacAdam 范围以内，有效地保证光色一致，如果展厅内灯光色温差异过大，不但无法充分展现展品的本真色彩和质感，还会造成整个空间光怪陆离的不良视觉体验，严重影响展览质量。

（五）准确的配光，灵活多样的光学组件。博物馆空间展品体量不同，形态各异，展示内容形式多样，专业展陈照明灯具的光型和光束角配备必须足够丰富，配光必须足够准确，以适应不同的展览主题与展品形态。特别是在临时展厅，可更换主透镜的光学技术可以实现一灯可变换多个光型和角度，快速灵活布光，既保障了展览效果，又极大减少博物馆照明的投入成本与灯具储备。

（六）无频闪调光。为了减少可见光对文物的损害，不同材质文物的照度和曝光量必须受到严格控制，因此，博物馆专业照明中的每个灯具必须能够实现单灯自带调光或系统调光。市场上很多灯具在调光后产生频闪，会对视力造成不适和损害，而博物馆展览空间的频闪会直接造成观众无法正常使用摄影机或手机进行拍摄。

（七）智能照明。蓝牙控制、DALI 系统、红外感应、微波感应等智能照明控制技术的应用，对照明节能、照明维护、照明管理提供了更为多样化与人性化的服务，让博物馆的日常管理工作变得便捷实用，让博物馆照明对展品的年曝光量评估管理更加数字化、精确化、科学化。

（八）工业设计和制造。博物馆和美术馆是历史和文化艺术的殿堂，是人们去发现、学习、探索和创造美好的地方。展示文物和艺术的照明技术和灯具不仅要满足博物馆照明的基本技术要求，自身更要成为设计之美和制造之美的载体，与整个博物馆和美术馆建筑和展览空间高度契合，相得益彰。

九、博物馆照明预算

博物馆照明设计首先要考虑长期的可持续发展，使用可以改变光束角，可以单独或智能系统调光，对光精确控制和多方式调光，既可以大量减少能源消耗，又能达到保护文物照明的安全，提升展示质量的效果。

博物馆照明预算应包括以下三个方面的总体成本：初始成本、运营成本、维护和后续翻新成本。初始成本：照明系统和灯具成本、安装费用、辅助设备成本、灯具库存成本。运营成本：工作人员、调试工具、灯具效率、系统功耗、电力成本、利息支出等其他成本。维护和后续翻新成本：维修费用、更换老化产品成本、技术改造成本；高质量的博物馆照明设备可以保障 5 年以上的使用寿命，在良好的使用和维护下，甚至可以使用 10 年以上，高质量的照明轨道甚至可以使用 15—20 年。

高质量专业展陈照明能大大提升展览质量，让观众沉浸于历史和文化的氛围之中，获得更积极广泛的传播，取得更广泛的社会效益和影响。全新的博物馆展陈工程项目，根据展陈设计和展览类型的不同，博物馆照明预算应占整体展览工程预算的 15%—30%。

随着中国特色社会主义进入新时代，我国社会主要矛盾已经转化为人民日益增长的美好生活需要和不平衡不充分的发展之间的矛盾，博物馆在践行社会主义核心价值观、构建中华文化传承体系、促进中华传统文化创造性转化和创新性发展中起到了重要作用。好的灯光加上合理的照明设计，就像给每件文物配上了解说员，将其中蕴含的历史传奇娓娓道来，更加引人入胜。高质量的博物馆照明是对博物馆珍贵文物的更好保护，也是对博物馆展品色彩、形态、材质和故事的全面艺术表达。博物馆应加强文物保护利用，通过更多、更高质量的展览让文物来说话，让历史来说话，以增强人们的文化自信，激发人们的信心，为实现中华民族伟大复兴的中国梦而拼搏。

深圳市埃克苏照明系统有限公司王建平、陈进茹执笔

博物馆展品说明牌

说明牌，可谓展品的身份证，是每个展览必不可少的组成部分。但此前，其并不如展览前言、单元说明、结语等文字受到重视。近年来，随着普罗大众文化需求的日益提升和博物馆学研究的深入，越来越多观众和博物馆专业人员开始关注展品说明牌的内容及设计、制作、摆放等问题，并将说明牌制作水平优劣纳入博物馆公共服务水平来考量。

一、展品说明牌的重要性及存在的问题

展品是指展览所展示的物品和展项，一般包括文物、标本、科技成果、当代艺术品、非物质文化遗产及其衍生品，也包括配合展览主题辅助展示的物品和展项，如沙盘、场景、图表、照片、模型、多媒体展示等。展品说明牌紧随每件展品，是展品不可或缺的“名片”，是帮助观众认识、解读展品的标牌。

说明牌从小处看是观众认识展品，了解其基本信息和历史、艺术、科学文化价值的重要载体；从大处看是体现策展人策展意图及展品选取能力，贯彻内容设计科学性、客观性、原创性，体现“以人为本”、讲好展品故事的最直接成果。它的文字内涵、设计风格、制作质量及摆放位置等细节都体现了展览的策展水平，是观众领悟展陈主题，了解和研究展品历史、艺术、科学文化价值，实现博物馆办展初衷的手段之一。小小一块牌子，体现的是博物馆人对展品及相关领域的研究水平，以及对陈列展览的认真、用心和专业程度，因此应给予高度重视。

目前各地博物馆出现的说明牌使用不规范情形，主要包括以下几种情况：

1. 展品名称错误或信息缺漏。这种情况时有发生，在说明牌设计排版后应仔细校对，开展前安排专人检查、核对，一旦发现信息有误或缺漏应尽快改正。

2. 摆放的位置指向性不明确，导致观众无法确定其是哪件展品的信息。当一个展柜内有多件展品且多层摆放时，应特别注意说明牌的指向性问题，也可加序号牌以确认展品和说明牌的对应关系，避免产生歧义。

3. 张冠李戴，摆放时没有仔细核对展品与说明牌信息是否对应。这种情况非常普遍，在大部分博物馆都可能发生，应引起足够重视，开展前安排专人仔细核对。

4. 文字表述不规范，出现歧义或错误。

5. 字号设计太小，不便阅读。

6. 摆放位置太高、太低、太远或不在显眼位置，灯光太暗难以辨认文字。

2019 年 1 月 31 日，国家文物局发布了南京博物院编制的《博物馆展览内容设计规范》，对展览策展的标准流程、内容文本规范性进行了专业表述，其中对展品说明牌的摆放位置、展品遴选及信息真实性与完整性、说明牌文字基本要素、译文要求等均有清晰说明，可谓展品说明牌标准化建设的指导性文件。以下将从博物馆展览策划及内容设计规范的角度，结合相关案例分析，论述展品说明牌撰写体例、形式要求及设计、制作等基本规范。

二、说明牌的内容要求

（一）准确性、完整性、独立性

准确性、完整性、独立性是对说明牌内容的基本要求。展品和说明牌密不可分，互为一体，但说明牌是为展品服务的，说明牌的文字应围绕展品本身展开，内容通俗易懂、准确凝练、生动明晰，方便观众在较短的时间内了解展品的基本信息。因此，准确性、完整性是说明牌内容的基本要求，在此基础上进一步做到通俗易懂、突出重点、没有歧义。准确性包括对说明牌上所有文字内容的要求，必须是有可靠依据、有准确来源的信息，以及经得起推敲、为业界普遍接受的知识。完整性是指说明牌内容应包括展品的各类基本信息，根据不同类型的展品，信息有所区别。此外，不同于版面说明统领某部分展览内容或起到承上启下的作用，说明牌内容只为指定的展品服务，在某种程度上是独立存在的，即脱离了版面文字或其他说明牌，仍不影响观众对它的理解，因此其内容具有一定的独立性（例 1）。

红陶鬶

良渚文化（距今约5300~4300年）
2007年浙江省杭州市余杭区葡萄畈遗址出土
良渚博物院藏

数千年前，我们的祖先将水倒进普通的三足容器中加热，发现再想把水倒出来时，很容易被烫手。于是，他们给容器上加了把手，陶鬶就基本成形了。后来，他们又发现如果将三只“足”加大并做成中空的袋状，就可以增大受火的面积和储水的空间。

例 1：该说明牌标明了文物名称、年代、出土时间及地点、收藏单位，此外还说明了这种器型的出现、演变过程及使用特点。文字通俗易懂，表达准确到位，信息具有完整性及准确性。

（二）说明牌文字的风格、篇幅要求

说明牌的设置是为了方便观众了解、认识展品，获取较为全面的信息，因此博物馆人应给予展品说明牌以高度的重视，并从大众的角度选取合适的内容和表达方式。第一，作为展览文字的一部分，说明牌的文字表达风格应与整个展览的主题、中心内容及展览类型吻合，例如考古类展览、通史类展览、艺术类展览、儿童类展览都有其不同的语境和目标观众，说明牌撰写人要对应展览类型和目标观众选取不同程度的知识内容和语言风格，更应针对展览主题有选择性地阐述展品某方面的历史信息或文化内涵。第二，说明牌文字不宜过长，以免信息量太多，导致观众无法耐心阅读；也不宜过于简单，以免信息量太少，无法满足观众观展需求，一般限制在 100 字以内，避免使用过多专业术语，应通俗易懂、简洁明了。

（三）说明牌的基本类型

目前国内博物馆大致可分为历史、考古、艺术、革命遗址、名人故居等类别，对应的展览及展品类型也有所区别，展品大致可分为古代文物、现代美术作品（雕塑、油画、书画等当代人创作的作品）和辅助展品三类（模型、替代品等）。古代文物的说明牌一般由以下内容组成：名称、年代、材质、尺寸、出土或采集地点、流传经过、捐赠者或收藏单位，如有明确作者应注明，如是复制品必须标注。除以上信息外，还可说明其特殊器型、纹饰、功用、创作时间或反映的重要信息（如历史事件、人物故事等），进而说明其历史、艺术、文化价值（例 2）。

项链

Necklace

肉红玉髓、玛瑙、紫水晶
中王国时期（公元前2055—前1650年）

Carnelian, agate, amethyst
Middle Kingdom (2055 – 1650 BC)

项链的肉红玉髓珠子间穿插着尺寸较小的玛瑙和紫水晶珠子，整体的重新组合是在近代完成的。

古埃及最流行的颈饰无疑是乌瑟克项圈，这种装饰由数串项圈组合而成，能覆盖佩戴者胸前的很大部分。

例 2：该说明牌除了文物名称、年代等基本信息，对于本地观众不熟悉的朝代，专门注释了公元纪年。此外还说明了这种项链不同材质的组合及重新组合时间、穿戴方式及其反映的古埃及习俗。

美术作品的说明牌内容一般包括名称、年代、创作者、材质、尺寸、收藏单位，书画类作品的说明牌还有款识、印章、题名等信息（例 3）。

辅助展品的说明牌可根据需要提供相关的信息，一般列明名称、年代、创作者、说明的问题即可，如是专门制作的辅助展品，也可详细介绍其反映的原作的历史价值或文化内涵。

《长江万里图》

清咸丰十一年（1861年）
德纯绘
中国国家博物馆藏

此卷描绘了从岷山至长江入海口沿途两岸景色，题签为“仿巨然长江万里图”，绘制者是清代咸丰同治年间人德纯，首段题跋后款署“辛酉秋八月（1861年）”，即咸丰十一年。

在文人山水画中，长江万里图往往不仅是长江沿岸的实景写生，还融入了作者个人的想象与情感，功能上也往往脱离了舆图的范畴，更是中国文人士大夫“卧游山水”寄情天地的外化表现。正如此卷卷首所题：“大江东去，看波涛，滚滚浪花如雪。蜀国纷华，都似梦，往日风流消歇。万里桥边，锦官城下，折柳频惊别。几番怀古，昔时多少豪杰。闻道蜀相当年，曾经此地来，送游吴客。破浪乘风，原素志，又见云山千叠。往事匆匆，都归笔底好，景从头说，画图相对，写来无限风月。调寄百字令。”

例 3：此说明牌注明这件古代书画作品的名称、创作年代、作者、收藏单位，此外还有画作主题、题签、款署具体年月等详细信息。第二段还介绍了此作品在中国古代文人有关长江题材的山水画中的地位，并引述卷首题文，说明作者遨游山水间的豪迈情怀。

（四）说明牌内容的延伸性

针对不同类型的展品，说明牌的内容设计不尽相同。如有些文物具有重大的历史价值，其工艺、材质复杂且体现了重要的历史事件或文化内涵，这时就需要策展人对相关信息进行高度提炼概括，用不超过 100 字的精准表述让观众在小小的说明牌里领会其重要价值（例 4）。特别重要的展品，除了在说明牌中简单标注基本信息，还可加上语言导览号码牌或二维码，方便观众在展厅参观时输入号码或扫码进行深层次了解，也可同步上传到微信公众号，为感兴趣的观众提供在线参观和收听。

若信息量过大，也可在简练的说明文字旁设置二维码，让观众扫码进入深层次阅读。又如古代青铜器或上古时期的一些文物，其名称或铭文带有生僻字，则需加上注音或释义，方便观众阅读理解（例 5）。有些文物均出于同一墓葬，且功用互有

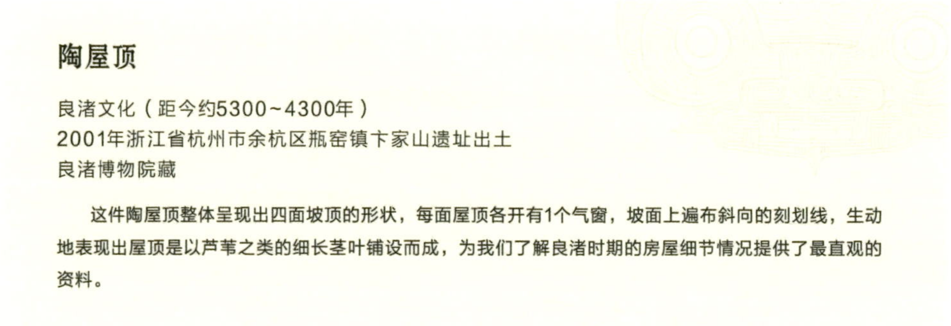

例 4：此说明牌除了标明文物名称、年代、出土时间及地点、收藏单位，还进一步说明该出土文物蕴含的重要历史信息：其建筑结构和形制为我们了解距今 5000 多年前的江浙居民房屋细节提供了最直观的实物材料。

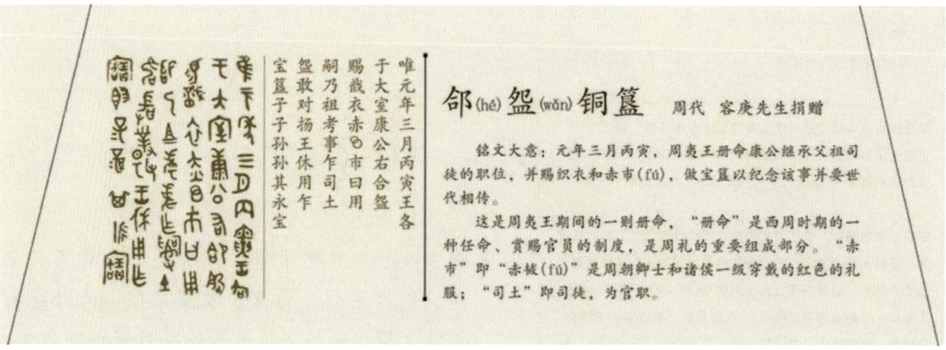

例 5：此件青铜器的名称和铭文带有生僻字，陈列编辑为其加上注音，除了将铭文全部抄录，还用现代汉语详细解释其完整意思，并对此文物蕴含的职官、赏赐等距今 2000 多年前的周朝礼制进行了介绍，让观众得以了解其重要的历史信息和价值。

关联，这时可考虑将其说明牌合并，以组说明的形式撰写，并在旁标注文物序号，进一步加深观众对该组文物功能和价值的认识。

（五）说明牌文字的语种要求

国内展览通用中文文字，以现代汉语表达，文风简洁明晰，尽量不使用文言文等语言表达。如一个说明牌上有两种以上的语种，应尽量浓缩文字，避免信息量过大或阅读时间过长导致观众产生疲劳感。根据前来参观的主体观众情况可加设英语、日语、韩语、法语等不同语种，但是外文翻译需立足于中文原意，并充分考虑外籍观众的阅读习惯及其对中国历史文化的理解程度，以免出现词不达意、望文生义或艰涩难懂的传译问题。一般而言，说明牌的语种与不同区域主要境外观众的国别有关，例如北京、上海、广东地区的观众来自不同国别，展品说明牌多为中文、英文双语种；山东、江浙及东北地区因与日韩地区经贸、旅游往来频繁，展品说明牌常见中文与韩语或日语共用。总而言之，说明牌的语种应针对主体受众来选定，方便不同母语的参观群体阅读。

三、说明牌的形式要求

说明牌作为展品的“名片”，应小巧精致，不能喧宾夺主；同时又要与展览的主题、总体设计风格保持一致，尤其应契合展品反映的历史时代或艺术风格。

（一）说明牌的颜色要求

说明牌的色调应与展厅氛围、版面设计风格协调、呼应，作为文物的衬托，不喧宾夺主，也不标新立异，更不宜大面积使用大红大绿大黑等比较刺眼、影响观众观看情绪的色彩。无论选用何种颜色，基本原则是要方便观众阅读，提供清晰、舒适的观看和阅读体验（例 6）。

例 6：该说明牌选用了与展板底色较为接近的浅绿色，既与总体氛围融合，又可区别开来。

（二）说明牌的设计、排版要求

说明牌重在文字信息，因此其设计、排版要为内容服务，首先突出展品的名称，年代、尺寸、材质、作者、收藏单位等信息文字的字号略小于名称一栏，排版规整、清晰，方便观众阅读，不标新立异，也不能模糊、凌乱。根据不同主题和风格的展览，可以设计不同形式的说明牌，例如横版、竖版或不规则形状，不拘一格，尺寸适中。色彩、纹样也应与展览总体风格或不同部分的主题一致，置于展品附近不显突兀、融为一体（例 7）。

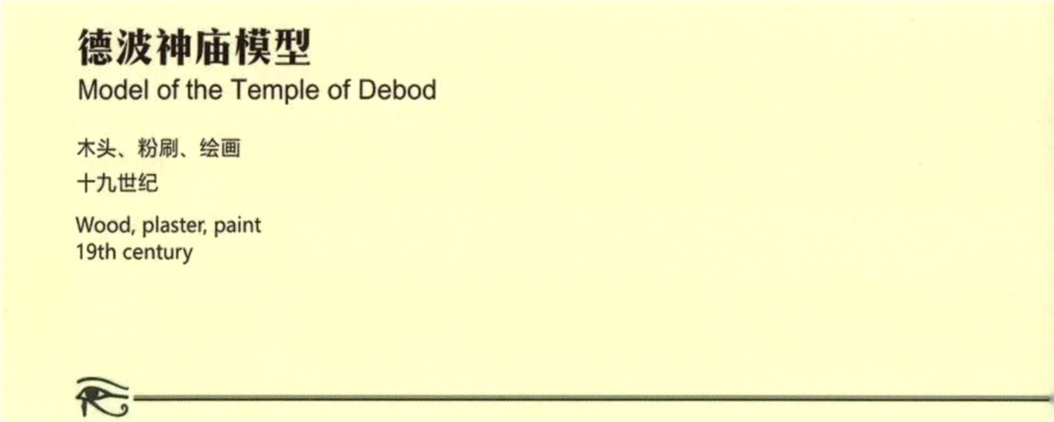

例 7：该说明牌的底色为米黄色，文字为黑色，颜色具有反差，一目了然。此外文物名称采用较大字号，材质、年代中英文字号略小，主次分明。下部以展览主色调墨绿色画一直线，前端勾勒一个眼睛，用具有符号感的图案突出了这个展览的特色，简洁又有设计感。

四、说明牌的形状、材质要求

根据 2019 年 1 月 31 日国家文物局发布的《博物馆陈列展览形式设计与施工规范》，展品说明牌应避免使用有放射性、易挥发、易锈蚀、易变色、易老化变形的材料，以轻、薄、硬、挺为选用标准。随着展览制作水平的不断提高，说明牌材质愈加丰富，常见的材料有卡纸、木料、KT 板、亚克力、不锈钢等。针对展览主题、整体设计风格，可选用不同形状、材质、颜色、风格的说明牌，总体要求是轻便、耐用，方便观众阅读其上文字，易于摆放、安装、清洁、拆卸。因每个展览说明牌数量较多，又不可循环利用，一般应选取价格较为便宜、制作周期较短、质量适中的材质，一旦文字出现错误或需临时增加说明牌，也可尽快更改、补充。

（一）KT 板说明牌

KT 板说明牌有不同的厚度、硬度和价格，用背胶喷绘文物说明文字后覆膜处理裁裱到 KT 板上，再裁切成不同的尺寸。这类说明牌制作周期短、造价低廉，但容易出现边角切割不整齐、起泡、变形等问题，适用于展期较短的临时展览。

（二）安迪板说明牌

安迪板说明牌采用 UV 平板印刷工艺在背胶上印刷文字内容，再将背胶裱至不同厚度的安迪板上，然后切割成合适的尺寸；或者将印刷了文字内容的特种纸裱至安迪板上。这种说明牌美观平整，较 KT 板耐用，文字和图案的清晰度高。可选择不同价格的特种纸，实现不同的设计和制作效果。

（三）亚克力材质说明牌

亚克力材质丝印文字的说明牌硬度强、耐高温、易清洁、显色度好、经久耐用，但制作周期较长、造价较高，适用于固定陈列（例 8、例 9）。制作前应认真校对文字信息，确保准确无误，并对字体大小、底色与文字的强烈对比、行距等仔细审核，以免出错造成浪费。还可制作亚克力卡槽，说明牌内容用铜版纸或白卡纸印刷，放入卡槽内，可随时更换内容，卡槽循环使用。

例 8：此展品被放置于独立展柜中，展架与说明牌一并设计，将较多的说明牌内容直接丝印在亚克力展架上，方便观众对照展品仔细阅读其基本信息及铭文录文、诗文，整体设计将展品和展架、说明文字统一考虑，整洁、美观。

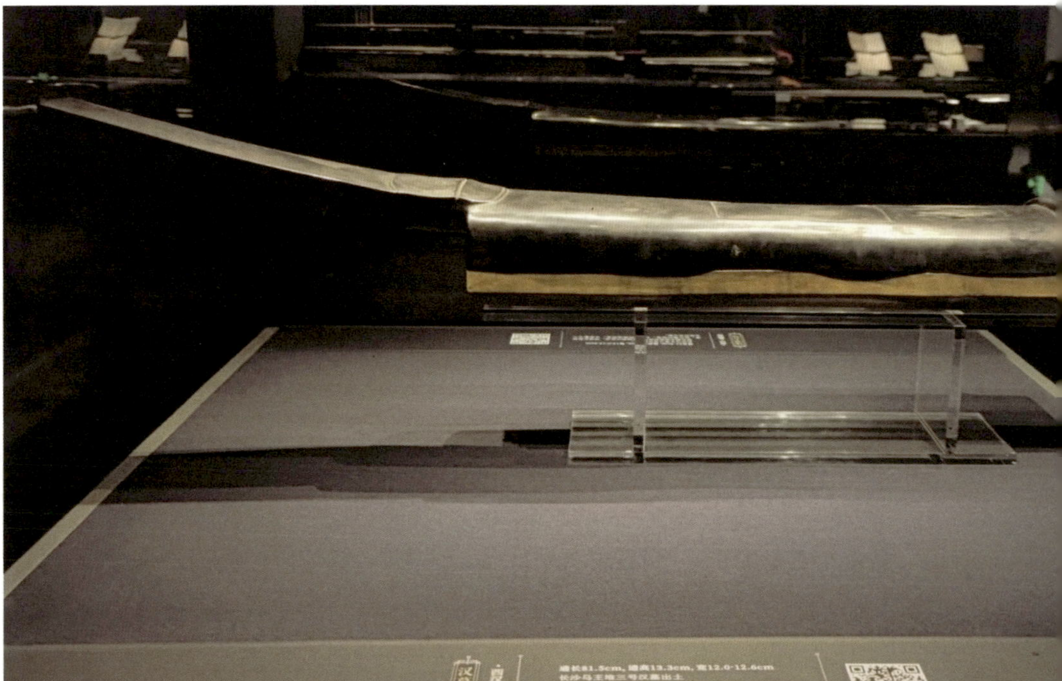

例 9：此独立柜的文物说明牌与展台一并设计、制作，在不锈钢展台上丝印文字，实现整体感。这种做法适合长期陈列的展览，或者是临时展览中的重点展品说明牌。

五、说明牌的位置要求

说明牌的作用是说明展品的信息，因此其摆放位置应紧跟展品，具体放置方式可灵活安排，以突出展品为原则，分清主次。一般放置在展品正前方或展品左侧、右侧，也可粘贴于展品对应的展柜外玻璃上或展品外护栏旁。开放式的复原场景或较大面积的展项说明牌多与围栏一并设计，其材质与设计风格尽量与该展区、围栏保持一致，以达到较为协调、美观的效果（例 10）。

无论哪个位置，均应摆放整齐、统一，指向性明确，不使观众产生疑问，不影响展柜内展品的整体布局和陈列效果。若同一类展品陈列得较为密集，说明牌较多，为了方便观众尽快找到对应的说明牌，可在展品和说明牌上标识号码牌或展品位置示意图以明确其对应的展品和说明牌。

说明牌放置的高度、倾斜度、与观众相隔的距离都应符合人体工学，文字以疏朗简洁、字迹清晰、字号适中为排版要求，让观众有较为舒适的阅读体验。有研究人员对说明牌字体大小和摆放倾斜面进行了反复实验和深入研究，提供以下数据，供参考：放在展柜中的说明牌，通常距离观众的眼睛 50 厘米左右。为方便观看，中

例 10：同一展柜不同展品的说明牌，可以放于展品正前方或下方、左侧、右侧，因展品陈设的位置而异，总体要求是尽量靠近该展品，指向明晰，不影响观众了解展品信息，达到较为整齐、协调、美观的展陈效果。

文字体大小，标题 18—20pt，内容 14—16pt。对于绘画类展品，说明牌贴墙而放，字号必须放大至 24pt 左右，亦或者设法使说明文字与观众距离保持在 50 厘米以内。

因此，策展人和形式设计人员应根据每个展览的展柜、展台、灯光及展品类型、布展方式，选用合适材质和款式的说明牌，并将说明牌的文字大小、排版形式、安装方式、摆放位置、摆放角度等因素综合考虑，最好在制作前先打版，放入展柜或相应位置体验参观效果，确认无误后再进行批量设计、制作。

六、说明牌的受众要求

每个展览都会迎来不同年龄、不同国籍、不同文化层次的观众，陈展人员应如何统筹兼顾，使说明牌的内容满足大部分观众的参观需求呢?

与版面文字的要求一样，说明牌的文字表达应契合大部分受众群体的认知水平，做到准确、清晰、简洁，不使用容易引起歧义的表达方式。针对特殊群体策划的展览，如儿童专题展，可使用更为通俗、生动的语言，包括设计某些适合孩子的问题以引导其在观展时注意展品的某些细节或思考问题。如大连现代博物馆举办的“陕西周秦汉唐文物精华展”，为孩子们专门设计了儿童说明牌，文字浅显易懂，图案逗趣可爱，常以问题开始，以第三人称指代展品，用生动有趣的文字向孩子们介绍文物知识，取得较好的效果。若为弱视群体策划的展览，可在普通说明牌外加设盲文说明牌。

说明牌作为陈列展览的重要组成部分，其内容与设计应符合国家文物局 2019 年 3 月 1 日发布的《博物馆展览内容设计规范》《博物馆陈列展览形式设计与施工规范》，根据上述文件规定的基本要素及要求来实施，文字表达可因应展览主题、叙述方式形成自身风格，形式设计及安装方式、摆放位置也可灵活处理，原则都是为展品服务、为观众服务，实现说明展品、方便阅读、提升美感的目的。在说明牌的设计、制作、布展过程中，内容设计人员与形式设计人员应不断沟通、相互配合，最终达成共识，实现内容与形式最大限度的融合、互补。博物馆人应在布展过程中认真核对展品与说明牌信息，避免发生错误；注重细节，从观众的角度评估观展体验，对说明牌摆放位置及灯光效果等要素仔细考量、适时调整，以期达到最佳的展览效果。

广州博物馆曾玲玲执笔

博物馆标识系统

自2008年博物馆免费开放以来，文博事业飞速发展，各地掀起博物馆建设热潮。很多新建场馆往往规模宏大，展厅数量多，功能空间齐备，为了给到访观众清晰的指引，科学合理的标识系统便成为博物馆的标配。本文主要以广东省博物馆为例，系统介绍综合类博物馆的标识系统。鉴于标识系统一般由第三方公司（以下称"标识公司"）设计制作，本文从作为标识系统项目甲方的博物馆角度，介绍博物馆标识系统是什么，怎样逐步开展工作，需要注意的问题以及相关的经验教训，最终帮助尚无博物馆标识系统建设经验的读者，对博物馆标识系统有一个相对清晰的认识，并建立一个实用的博物馆标识系统。

一、什么是标识系统

标识系统，也叫导视系统或标志系统，是以引导方向为目的，由一系列图形、符号、文字等组成的信息系统。以前人们认为标识系统只是图形符号的简单组合，实际上随着设计分类的细化，标识系统设计日趋专业化。我们生活在各类标识交叉联结的空间里。住宅的房号、电梯楼层索引、小区的道路、地铁线路、公交站牌、道路标识等，这些标识符号自成体系，又相互联结。

从专业人员角度来看，"标识系统设计是一个严密的体系，从设计到应用不仅是一个理性思维的过程，还是一个综合管理的过程。这不仅是因为作为信息媒介的视觉设计不可避免地要关照到社会公众心理与大众偏好、文化传承、沟通与传播、都市审美、社会性格、地域精神等复杂因素，还是一个多领域交叉协同，既需要时间效率还需要实现环境品质的系统化运作过程。”

在复杂的空间，标识系统必须经过精心设计和反复验证，才能在最短的时间内为使用者提供清晰的方向信息，使人做出正确的决定。

二、博物馆标识系统建设的意义

《博物馆定级评估工作手册》对于博物馆等级评分的标准中，无论是一级、二级还是三级博物馆，均有对标识方面的要求，如安全保障方面要求“安全出口、疏散通道通畅，标志醒目”，公众服务方面要求“外部引导标识设置合理、清楚、美观、各种设施、设备中、外文标识清楚”等。

作为公共文化服务机构的博物馆，标识系统尤为重要。很多观众初次到访博物馆，从做出参观博物馆的决定开始，就需要各种标识辅助“引路”。观众每看一眼标识牌都意味着向博物馆靠近了一步。在参观博物馆的过程中，除了博物馆本身的吸引力，配套的服务设施是观众参观体验的重要组成部分，而清晰合理的标识系统就是服务内容的重要环节。

三、博物馆标识系统的现状和前提

20 世纪 80 年代，发达国家开始对标识系统进行深入研究和探索，国内则相对较晚。随着城市发展壮大，公共交通和商业空间日趋纷繁复杂，标识系统逐渐被重视，其设计制作也更加科学专业，审美更加多元化。

随着文博事业的发展，博物馆功能配套空间逐渐完善。以前可能只有一两个展厅，观众看完即走；现代博物馆不仅有常设展厅、不定期更换主题的临时展厅，还设有餐饮空间、休闲空间、商业空间、活动空间等多种配套空间，因此对标识系统的需求也更加强烈。

总的来说，博物馆的标识系统和其他公共建筑的标识系统在功能上并没有太大的区别，只是在具体内容上有侧重点，更偏重于展览空间、教育空间、服务设施等重点指引。一般博物馆在考虑自身标识系统建设时，可能存在几种情况：

一是做博物馆建筑规划时一并考虑标识系统设计，这是标识系统建设的理想情况。这样不仅可以预留施工空间，规划点位，而且能使标识系统与建筑整体融合得更好。

二是博物馆建筑完成且各功能区域确定后再增加标识系统，这种情况比较普遍。尤其是遗址类博物馆，需要在古建筑或遗址现场增加一些指引标志。这对标识系统的设计和施工都是一项挑战。

三是博物馆开放后对标识系统进行升级改造，这是所有标识系统都会面临的情况。标识系统的硬件会随着时间推移而出现老化、损坏等情况，且材料、技术、审美也在不断发展变化，标识系统的更新换代是必然的，本文举例的广东省博物馆就属于这种情况。

四、博物馆标识系统的规范标准

标识系统是生活中最为常见的“通用设计”。美国北卡罗来纳州立大学通用设计研究中心提出的通用设计的七大原则，也适用于标识系统，包括：（一）公平使用原则；（二）弹性使用原则；（三）简单直观原则；（四）信息易理解原则；（五）容错原则；（六）节省体力原则；（七）合理尺度原则。另外还有三项附属原则：一是能够长久使用，具有经济性；二是品质优良，设计美观；三是对人体及环境无害。

对于博物馆来说，标识系统需要做到即使初次或不识字的观众到访，见到图标或符号后仍然能做最基础的方向识别。所以在设计过程中，标准化和规范化显得尤为重要。标识系统设计有一系列的通用规范可供参考，具体到博物馆，也有相关的规范内容和参考资料。如：

《图形符号—术语》GB/T 15565—2008；

《图形符号表示规则》GB/T 16901—2008；

《图形符号基于消费者需求的技术指南》GB/T 16903—2008；

《公共信息导向系统要素的设计原则与要求》GB/T 20501—2006；

《公共信息导向系统设置原则与要求第 1 部分：总则》GB/T 15566.1—2020；

《公共信息导向系统设置原则与要求第 5 部分：购物场所（综合商场）》GB/T 15566.5—2020；

《公共信息导向系统设置原则与要求第 9 部分：旅游景区》GB/T 15566.9—2020；

《公共信息导向系统设置原则与要求第 11 部分：机动车停车场（地下停车场）》GB/T 15566.11—2020；

《公共信息应急导向系统设置原则与要求》GB/T 23809—2009；

《安全标志》GB 2894—1996；

《安全标志及其使用导则》GB 2894—2008；

《无障碍设计规范》GB 50763—2012；

《博物馆开放服务规范》GB/T 36721—2018；

《旅游景区公共信息导向系统设置规范》GB/T 31384—2015；

《公共服务领域英文译写规范》GB/T 30240。

五、博物馆标识系统的建设流程

标识系统建设有设计和制作安装两项重要内容。除非博物馆空间十分狭小，绝大部分博物馆的标识项目都需要委托专业公司来完成。在具体操作实施时可分为两种情况：一是设计、制作分开招标；二是设计、制作一体招标。两种方式各有优缺点，可根据实际情况选择。如果对于标识系统设计要求较高，甚至希望标识牌能作为艺术作品来呈现，则建议先进行设计方案招标；当然后期的施工制作也十分重要，材料工艺需要达到水准才能让设计理念得以充分表达。如果希望对整体预算进行严格把控，则推荐一体化招标。

总之，博物馆开展标识系统项目的流程大同小异。大致包括立项、招投标、勘察、设计方案、论证、实施、试运行、验收、后期维护等。这里面每一步都需要博物馆作为甲方参与其中。

（一）立项，明确内容需求

博物馆需要提出标识系统涵盖的空间和大致内容。一般来说，标识系统都以功能区域和设施作为切入点，具体内容要根据需求主体进行划分。具体可以参考《旅游景区导向系统设置规范》，该规范对于景区导向系统的内容有较为全面的概括和总结。

以广东省博物馆为例，其分类方法也是参考一般景区的公共信息内容，按照空间分为户外和馆内。博物馆整个建筑为单体建筑，但是有四个通道、户外广场以及地上地下停车场几个空间，空间相对独立，又有重叠（图 1）。做项目需求时，内容比较全面，但都是大类，涉及具体文字内容的细项并未囊括，比如各个博物馆的开放管理规定、参观细则、便携印刷品等内容就不在此次项目范围内。

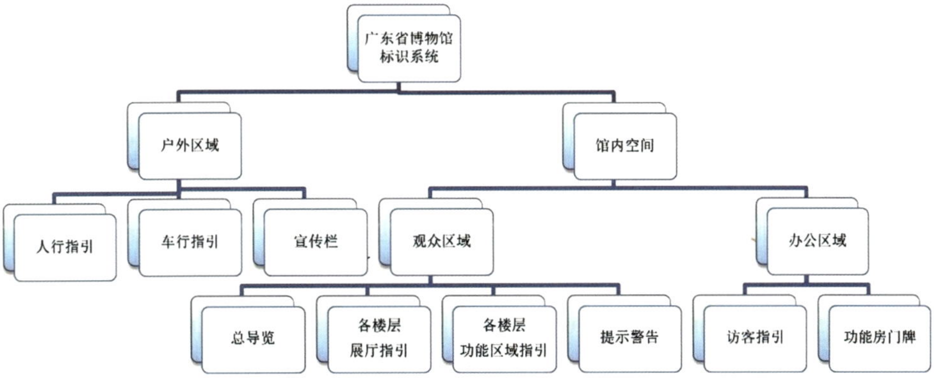

图 1　广东省博物馆标识系统项目内容分类

（二）立项招标

各博物馆对于项目及招标流程规定不一，根据单位制度按流程进行采购即可。建议在明确项目需求后，正式立项之前，针对项目需求内容进行市场询价，确定一个相对合理的预算。市场上从事标识（设计）行业的机构可以大致分为几大类：一是专业设计院校；二是咨询公司或设计工作室；三是标识制作公司（广告公司）。不同机构价格差别较大，需要有一个参照水准和心理预期。如果对设计比较重视，建议咨询前两类机构，其设计力量较强，更加严谨科学。部分设计工作室有长期合作或自己的工厂，也能保证后期施工的品质和效果。一般的广告公司设计力量相对较弱，但对市场价格、材料等相对敏感。

招标完成，签订合同时务必对合同条款进行严格审定，应针对设计方案、施工制作的合同条款做分别约定，比如设计方案的提交时间、修改期限等；施工的材料、工期以及双方的责任义务等。这对后期项目的执行效果有很大影响。

（三）标识设计

一般在招标时，标识公司概念设计方案已经选定。概念方案更多是艺术风格的方向确定，比如设计理念、主题色彩、主要标牌的样式等。选择方案最重要的原则是与博物馆的主题、建筑、空间相融合。（图 2）

确定标识公司后，博物馆作为甲方需要与标识公司保持密切联系，全程参与深化设计和施工。在此之前，双方有以下重要事情需共同完成：

一是现场勘察。现场勘察需要贯穿整个项目执行过程，而深化设计前的勘察尤为重要：一方面让乙方尽快对功能区域的划分、内外空间的衔接方式、各种动线进行熟悉；另一方面是提前考虑施工问题，比如标识牌的固定方式，悬挂式的吊牌安装环境是否允许，侧挂是否可以上墙，能否提供电源，这些准备工作的妥善处理将为后续工作节省很多时间和精力。（图 3）

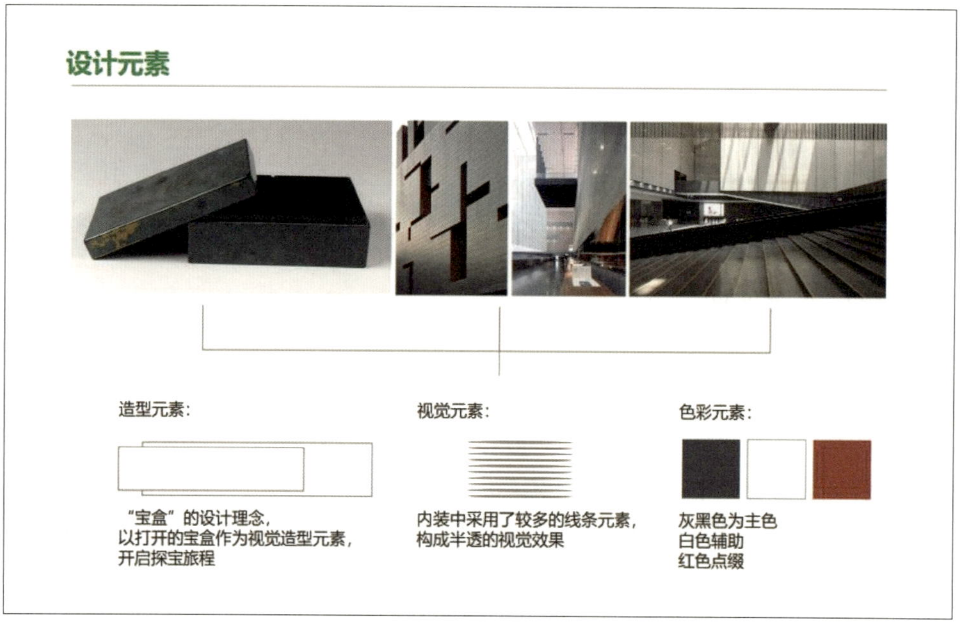

图 2　广东省博物馆标识系统概念设计方案

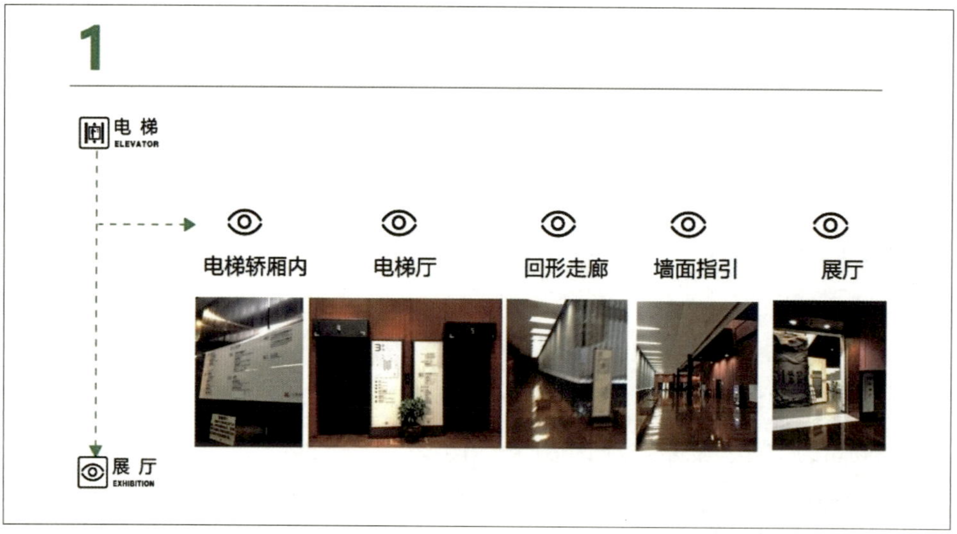

图 3　广东省博物馆现场勘查情况汇报（公共空间）

二是前期调研和资料收集。包括：1. 查找沟通建筑图纸。除了解博物馆的建筑理念，对于结构复杂的建筑，设计师并不一定有足够的时间熟悉现场，更多需要依靠图纸。进入施工阶段，往往是多个点位同时开工，设计师无法兼顾每一个点位的现场指导，工人一般直接按照图纸位置进行安装。2. 确定区域功能和名称。不只是博物馆，对于任何一个标识系统来说，确定的区域功能和名称都是正确指引方向的基础。博物馆内平面索引、电梯、自动扶梯或楼梯等处，都需要提供各楼层的功能区域信息和公共设施信息，每个区域的功能及名称变动都会导致整个标识系统信息的联动调整，影响整体工期。3. 提供数据和观众调查资料。过往数据包括博物馆的客流量、分区域统计流量、观众动线等。比如广东省博物馆自开放以来一直撰写的开放运行月报中，有一项就是“观众咨询问题 top10”，其中“洗手间在哪儿”的问题长期以来一直占据榜首，这就是我们迫切需要解决的问题。另外，博物馆的标识系统说到底是为观众服务的，所以观众调查是必不可少的环节。博物馆对观众对于导视的需求，除了直接通过询问观众获得，最重要的途径就是询问博物馆的“指路人”。服务在观众一线的工作人员提供的信息往往是最真实有效的，观众的需求、抱怨、赞美都能从他们那里获得。比如广东省博物馆保安人员向我们提供了几个非常重要的细节：一是虽然博物馆有四个门，但是观众入口设在西门，外围的观众很少直接问“西门在哪儿”，而是问“入口在哪儿”；二是因为博物馆的建筑特点，观众进入博物馆大堂，其实已身处二楼，又有两个夹层，总是搞不清楚自己在哪一层；三是由于开放空间的男女洗手间是分开的，且有段距离，观众总在找男女洗手间分别在哪，常出现走错洗手间的尴尬情况；四是空间走道式的回廊结构，观众看不明白平面图，总找不到展厅和入口。以上这些问题，标识公司在后续进行设计时都通过文字表达以及标牌样式更换等方式进行了解决。

此外，在设计过程中，博物馆还需要参与到包括标识图标选择、字体选择、内容校对等细节过程中。如果能有熟悉场馆的设计师和工程师参与，是最理想的。

（四）施工

在设计方案基本定稿、正式施工前，有一个重要的步骤是放样。有条件的话，除了重要的大类，最好能每个小类都能等比放样进行现场试验。有的标识牌，设计方案和实际效果差别较大。比如广东省博物馆停车场的吊牌，设计师根据以往经验，将吊牌长度设置为 2 米，放样后放到现场，由于博物馆停车场中空较高，2 米的长度分量实在太轻，后来调整成 3 米。

施工过程中，还需要对每一个点位进行现场确认。即使标识公司设计师在现场，也需要博物馆的对接负责人进行现场确认以及沟通水、电、人员的配合。尤其是，博物馆还涉及到展厅、文物库房、监控中心等重点安防区域，因此施工前更需进行充分的沟通和准备。

（五）验收

标识系统的验收，一方面是博物馆的验收，需要多个部门参与，比如工程管理部门、环境管理部门、第三方审核部门等；另一方面可以邀请观众参与，通过观众的实际感受和体验来进行验证和改进。广东省博物馆在项目执行过程中，从设计方案到打样，都有征求观众意见，比如电梯里的索引字号在放样时就根据现场观众的观感进行了调整。

（六）维护

标识系统项目完成安装后，维护是一项长期且艰巨的任务。除了日常的清洁，还必须定期对标识的结构、版面进行质量检查。尤其户外的标识，常年处于风吹雨淋的恶劣环境下，可能出现结构变形、材料生锈、配件损坏等问题。比如广东地区的台风季节，安全隐患更多，须切实做到定期检查，尽可能排除标识牌的安全隐患，涉及电气照明等的更要注意。

六、容易忽视的问题

（一）难度预计不足

在深入了解标识系统以前，简单地认为标识系统只是立几块牌子，没有意识到其内在的逻辑性和科学性。以广东省博物馆标识系统为例，在实际执行过程中，设计工期、施工工期及施工难度都远超预期。如博物馆的回廊式结构，在分区和方向指引上有很大难度；又由于部分区域功能的变化导致设计方案一直难以定稿，影响整体工期；还有看似简单的功能设备用房门牌，因为数量巨多，编号复杂，施工人员不熟悉场地，也耗费了大量的时间和精力；等等。

（二）准备工作不足

不仅是前期的调研，还需要相对熟悉场馆的工程师与标识公司进行对接，尤其对施工方案要现场反复论证；否则，前期万一给对方提供错误的信息，对后期的施工影响很大。比如广东省博物馆过道指引设计阶段商定最适合的吊牌形式，到了施工安装阶段却发现，天花板的施工环境存在较大安全隐患，无法实现吊装，最终只能更改设计方案。

（三）细节关注不足

标识系统包含的类别较多，在设计和施工过程中，需要关注每一个指示牌的内容，比如字体的选择、字号、英文翻译的规范、箭头的使用等。（图 4）

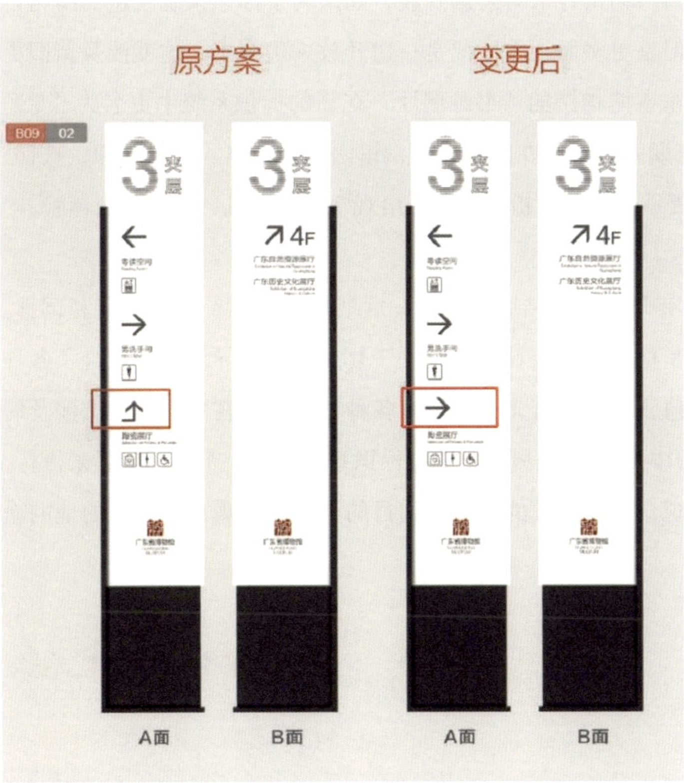

图 4　原设计方案，根据设计师“一步到位”的指引原则使用转折箭头，然而实际的安装点位于楼梯处，会让观众误解为上行楼梯

（四）弹性预留不足

前文提到通用设计原则时有一个“弹性使用原则”，这对于博物馆来说也是十分重要的。通过观察周围的标识系统（尤其是写字楼、商场的）可以发现，区域调整是经常性的，尤其是索引牌，内容经常变化。所以，标识系统的可替换性尤为重要。博物馆的部门调整、展厅的公共区域调整都对标识系统有影响。所以，在设计时应充分考虑这个“弹性”。当然，这个问题一定程度上可以通过“电子化”的方式解决，这需要博物馆对整体项目的预算和后期的维护成本做一个评估和平衡。

（五）新旧衔接不足

与在全新的建筑里进行标识系统设计安装不同的是，旧的标识系统改造升级涉及的问题更多：是沿袭原标识系统的设计风格还是彻底推翻？旧的标识系统的拆除和修复如何进行？还有，博物馆日常对公众开放，如果为了标识系统改造而闭馆自然是理想的施工情况，但是更多面临的情况是一边开放一边施工，这就涉及新旧更替期的问题。比如，广东省博物馆的“书画展厅”在新的标识系统中更名为“专题展厅”，而当时正值展览期间，因此在施工期间，馆内观众入口、各层电梯、扶梯、楼梯都需要做好足够的提示以及人工指引，以免给观众造成混乱，影响参观体验。

标识系统建设是只有开始没有结束的项目，后期总要不断补充、完善和调整。标识系统设计也并非只是标识牌的设计，更是关于复杂空间的导航，还融合了各种形式的视觉信息，往往包含雕塑、灯光、科技等各种艺术和存在形式。本文涉及的只是最主要的标识和指引内容。如果博物馆能把标识系统当成一个艺术项目来执行，那就不仅能达到“指引观众去他想去的地方”的目的，更能为观众在去目的地的途中增添一道亮丽的风景。

广东省博物馆聂柯妍执笔

博物馆公众服务

中外博物馆的发展历史均告诉我们，博物馆先后经历了私人秘藏、向社会上层开放、向社会公众开放等几个阶段。无论是西方早期的“神庙”，还是我国古代的“祖庙”，这些博物馆的“初级形态”无不昭示着其产权的私有性和服务的片面性，而在现代博物馆的定义中，博物馆已经成为一个公共文化服务组织，公益性成为博物馆最重要的属性，为公众服务成为博物馆最主要的使命。如何做好博物馆的公众服务，更是摆在所有博物馆人面前的一项重要课题。

一、什么是博物馆的公众服务

当一个概念经常挂在嘴边时，它实际上的含义往往容易被忽视，这种理所当然认为“你懂的”的操作模糊了不同概念之间的边界。博物馆的“公众服务”正是这样一个概念。在大量博物馆的日常实践与相关研究中，“公众”与“观众”“大众”等概念出现频率极高，但并没有做出明确的界定，甚至于同一篇文章中，几个词语交替出现。这种现象实际上反映了这些博物馆从业者对博物馆定义和服务对象的模糊认识。

（一）博物馆学语境下的“公众”

博物馆的“公众服务”由两个词组成，第一个是“公众”，第二个是“服务”，因此可以将其通俗地解读为博物馆“为公众提供的服务”。我们国家翻译的1946年、1956年和1961年的国际博协发布的博物馆定义中，使用的是“公众”这一概念，而在1974年、1989年、1995年、2001年的翻译中，则改为“大众”，2007年改回“公众”直至2022年国际博协的布拉格大会，继续使用“公众”一词。如果说研究博物馆的定义解决了“我是谁”的问题，那么讨论“公众”一词，就是要解决“为了谁”的问题，这也是现代博物馆存在的基本意义。但是，相对于博物馆的几大基本职能，学界直接将博物馆“公众”作为研究对象的文章并不太多。1997年12月安来顺先生发表在《中国博物馆》上的《博物馆与公众：21世纪博物馆的核心问题之一》一文，从博物馆与公众的关系角度对博物馆所能提供给公众的“产品”进行了分析，进而提出要实现“博物馆与公众关系的良性循环”。文章同时将博物馆与公众及社区的关系作为“形成中的新型博物馆教育”的重要目标，并认为陈列展示是“博物馆与公众进行交流的最常用的手段”。比较遗憾的是，文章并没有对反复出现的“公众”与“观众”两个词做出区别定义。2004年6月，史吉祥和郭富纯发表于《中国博物馆》上的《博物馆公众——一个饶有趣味和意义的研究领域》一文，从“公共关系”和“公共关系学”的视角，将博物馆公众界定为“博物馆的公共关系客体”，进而对其特点、需求与权益、分类及研究的意义等进行了较为系统的论述，同时也比较明确地提出“凡是关注博物馆的人都是博物馆的公众，或者说所谓的博物馆公众，就是关注博物馆人的集合体”，并认为有“个人、群体、组织”几种形态。龚良和蔡琴2010年3月发表在《东南文化》上的《博物馆与公众》一文，从“公众”这一外来词的本身含义出发，与史吉祥等持类似观点，认为“凡是关注或者潜在关注博物馆的人都是博物馆的公众，公众就是关注博物馆的集合体”，并认为博物馆公众具有“客观、广泛、可变、多样”四个特征。文章同时将“观众”与“公众”做了区别论述，认为观众同时具备“主观、层次、相对、阶段”四个特征。在国家文化和旅游系统机构改革后，从博物馆服务对象的角度出发，也有一些与博物馆公众相关的文章，如2021年刘丽的《文旅融合背景下博物馆公众服务提升对策》对史吉祥等提出的概念进行了进一步论述，吴红莲的《文旅融合发展下的博物馆公众服务创新》对博物馆公众服务理念和服务方式创新提出了讨论，等等。2021年傅翼和腾燨斋《为公众服务的博物馆分众研究：意义、思路与建议》用“分众”一词，对“公众”进行了“消费者市场细分”，显然已经注意到博物馆公众的广义概念和狭义概念的区别，对其所包含的范围、类型等已有基本的划分，也可算是博物馆学领域直面公众概念研究的典型代表。当然，不管是否围绕“博物馆公众”的概念展开讨论，上述作者都认同观众是公众的重要组成部分。明确博物馆学语境下的“公众”

的基本概念，有利于进一步搞清楚博物馆公众服务的对象。

（二）文化政策语境下的“公众”

作为“服务”一词的前缀，“公共”与“公众”也是高频率出现的两个词。“公共”是一个宽泛的概念；而“公众”则更为具体，且其对象为“人”。2016年12月通过的《中华人民共和国公共文化服务保障法》第十四条称：“本法所称公共文化设施是指用于提供公共文化服务的建筑物、场地和设备，主要包括图书馆、博物馆……”第二十二条称：“保障公共文化设施和公众活动安全。”第二十四条称：“国家推动公共图书馆、博物馆……吸收有关方面代表、专业人士和公众参与管理。”第二十六条称：“公众在使用公共文化设施时，应当遵守公共秩序，爱护公共设施，不得损坏公共设备设施和物品。”从上述政策列举中可以看出，“公共”是个形容词，博物馆是一个公共文化机构，这是对其作为社会组织的性质而言的；而“公众”是名词，是指社会群体，可以是个人，也可以是群体或者组织。因此，“公共”是基于博物馆作为服务实施主体的身份而言的，而“公众”是基于博物馆的服务对象而言的。2015年《博物馆条例》第四章“博物馆的社会服务”中提出，博物馆应“向公众开放”，“向公众告知具体开放时间”“国家鼓励博物馆向公众免费开放”。但《博物馆条例》并没有专门条款对博物馆公众的概念及范围进行解释。第三十三条规定：“博物馆未实行免费开放的，应当对未成年人、成年学生、教师、老年人、残疾人和军人等实行免费或者其他优惠。博物馆实行优惠的项目和标准应当向公众公告。”该条将行业目前所常见的“公众”的最大一个群体——观众——进行了一个较为详细的说明，即“未成年人、成年学生、教师、老年人、残疾人和军人等”，但这其中至少包含年龄、职业、健康情况等三个不同的分类标准。《博物馆条例》第三十六条规定：“博物馆应当为高等学校、科研机构和专家学者等开展科学研究工作提供支持和帮助。”同行及相关从业者之所以被纳入博物馆公众的范围，是因为现代博物馆的运营中，为同行提供咨询交流服务，提供诸如专业出版物、图书馆等查询服务，以及为其从事相关研究提供展品信息等服务均已被纳入博物馆日常业务范围当中，而且其比重在博物馆的各项业务中逐渐增大。

（三）日常工作中博物馆公众服务的基本内容

比较2016年和2019年两个版本的《博物馆定级评估办法》及对应的《博物馆

定级评估标准》和“评分细则”，新版在“陈列展览与社会服务”大项之下，将原来第3.3条“社会服务”改为“公众服务”，从其具体内容看，行业对于“公众服务”的界定主要包括以下11大项。

1. 群众组织。包括“志愿者之友”的组织设立、管理章程、活动开展和信息公开四部分内容。

2. 志愿者。包括队伍建设、社会影响力、培训和活动等内容。

3. 开放。主要包括开放时间、是否免费、免费观众比例、投诉处理等内容。

4. 交通。主要包括所处位置的公共交通设施便利度和停车场等配套场地设施。

5. 参观游览服务。主要包括售领票系统建设、导览图、参观路线设计、场馆基本信息资料的免费提供、免费的寄存服务、纪念品等服务设施、餐饮服务设施、特殊人群服务、观众休息设施、厕所等基本保障设施等内容。

6. 网站、资料信息、融媒体服务。主要是内容更新度和影视系统服务等内容。

7. 文化创意产品研发和经营。主要包括创意开发的程度（5个等级）和经营销售的情况等内容。

8. 便利社会的服务项目。主要包括制度公开、寄存代存代管、保护修复查询咨询服务。

9. 观众调查。主要包括调查方式、调查人数、是否形成调查报告等内容。

10. 观众量统计。根据年度参观的观众数，共分为20等。

11. 加分项。主要是延长开放时间或者闭馆时间与其他城市错开。

仅从量化评分的角度观察，“评分细则”中关于上述“公众服务”的总分值是175分，从属于“陈列展览与社会服务”这一共500分的大项中，占总分值1000分的17.5%。比例不可谓不重。而在这些指标的设置中也可以看到，“公众”一词所包含的内容随着博物馆日常工作和业务范围的变化在不断扩大，远非观众这一对象人群相对范围较窄的群体所能涵盖。

从评估定级所对应的内容来看，在传统意义上被研究最多且归为“公众服务”的博物馆陈列展览和宣传教育讲解内容则被另外归类为“展示和教育”一项，并占有总分1000分中的250分。在评分细则的一些“加分项”中，如“通过官方网站向社会公众免费提供藏品完整高清图片等信息下载”“博物馆素材进校园”“加强交流协作”等，可以看到博物馆公众服务方面的一些新趋势，博物馆公众服务的对象“公众”也在不断调整变化中。

综上也可以看出，博物馆的公众服务从对象上来看，已经基本上涵盖了所有希望前来博物馆以获得某种学习、休闲之目的的人群以及有意或者无意但客观上与博物馆发生交集的人群。

二、影响博物馆公众服务的因素

影响博物馆公众服务的因素有很多，这些因素伴随着每一座博物馆的发生发展，也是每一位博物馆管理者、经营者要直接面对的。

（一）政策法规与行业规范准则

这里说的是直接影响博物馆公众服务的政策法规，如大家所熟知的对博物馆公众服务产生深远影响的《关于全国博物馆、纪念馆免费开放的通知》（中宣发〔2008〕2号），直接提出要“加强公共文化服务体系建设”，“为公众提供更多、更好的公共文化产品和服务”；《博物馆定级评估办法》（2019年版）及对应的《博物馆定级评估标准》，专门设置有“公众服务”一项（7.1.3.3），并在其“计分表”中做出质和量的要求，公众服务一项合计有175分（计分表3.3，总分1000分）。一座博物馆要评上或者保持某一个等级，就必须在评价期内完成对应的指标要求。2021年5月24日中宣部等九部委联合印发的《关于推进博物馆改革发展的指导意见》在“提高展陈质量”“发挥教育功能”“优化传播服务”“鼓励社会参与”等多方面都对博物馆的公众服务提出了要求。

（二）行业发展与社会的认知

我国的博物馆得以快速发展是最近20年左右的事情，而长期以来博物馆给外界的印象是“挖墓的”“清理文物的”“搞研究的”，外界的印象也影响了博物馆从业者自身的认知：博物馆做的事情到底是要“阳春白雪”还是“下里巴人”？抑或兼而有之？相对于一般高校、社会组织等认为博物馆应该走“下里巴人”路线，“阳春白雪”是博物馆从业者长期以来比较坚持的观点，即“我是专业的，我做我专业的展览，你喜欢或者你能够看懂你就上门来看，你不懂的话来看了也没有什么意义”。这种观点反映在行业行为上就是“重业绩轻服务”。这个争论一直到近20年才逐渐变小，其背后所隐藏的问题就是公众到底要如何参与博物馆，参与到何种程度。博物馆对公众服务的认识程度、重视程度也直接影响公众服务的能力和水平。2013年，单霁翔先生发表在《首都博物馆论丛》中的特约文章《从服务“观众”到服务“公众”——博物馆社会服务理念的提升》一文，认为观众是“走进博物馆的群体”，公众是“社会大众”。对两者的清晰界定意味着博物馆服务对象群体的扩大，也意味着博物馆服务工作主动性的增强。单霁翔先生认为，从“观众意识”拓展到“公众意识”，是“博物馆在社会服务观念上”“质的飞跃”。但截至目前，甚至很多博物馆从业者都还搞不清楚博物馆日常工作中提到的公众跟观众两者到底有什么区别。

（三）运营经费

博物馆是非营利组织，但博物馆作为上层建筑的重要组成部分，其运营发展需要消耗大量的资金，因此社会上有个通俗的说法“博物馆是个烧钱的行业”。按照广东省博物馆 6.7 万平方米的面积计算，年财政经费投入在 1.5 亿元左右，负担不可谓不大。该馆每年平均服务进馆参观的观众在 150 万—200 万人次，而按公众的概念来理解，实际上这座综合性博物馆的服务对象还包括博物馆主动走出去接触的人群以及行业、社会等其他领域的人群，这些也并不是传统意义上“把建筑运行好，把馆内展览做好，把讲解做好就行”的认识，其所承担的各类主动性服务业务，如走出博物馆建筑围墙的“流动博物馆”、主动性的社教活动、智慧博物馆建设尤其是其智慧服务部分、主动性的基础数据收集整理与研究等，均需要大量的经费投入。与广东省博物馆建成开放时间相差不多，广东某欠发达地区的县，在建好了一座博物馆后，因缺少日常运行的水电费，无法正常开放，公众服务效果几乎为零，直至社会经济发展，国家免费开放补助到位及各地政府越来越重视博物馆事业发展，相关经费逐渐得以保障，也仅能确保每年服务 30 万人次左右的观众。经费的缺乏同样是这类基层博物馆无法吸引更为优秀的毕业生、无法引进专业技术人才的“硬伤”，也导致大量这类基层博物馆勉强维持基本陈列开放以达到服务观众的基本目的，其他主动性的业务拓展和服务工作没有条件进行。国家实行博物馆免费开放，并从财政上予以补助，实际上也正是看到经费投入对公众服务的巨大影响。

（四）管理模式

管理模式的变化也是影响博物馆公众服务的重要因素之一。从《博物馆条例》以行业最高政策依据和行为准则提出“鼓励和支持社会力量参与博物馆建设”后，博物馆的管理模式就在逐渐发生变化，包括事业单位法人治理结构改革试点工作中的博物馆理事会改革，实际上是将公众引入博物馆管理中的一种尝试，尽管这个试点工作尚未尘埃落定，但带给博物馆的冲击依然非常大。而在执行层面，博物馆大量使用物业公司以弥补其人员编制不足的缺陷，而工作内容和服务范畴发生巨大变化也是管理模式变化的一种现象。在广东省博物馆，展厅的管理人员和安保人员几乎都由物业员工担任；而在讲解员队伍中，劳动关系属于物业公司的讲解员比在编的讲解员队伍大上一倍不止。管理模式不同，导致工资待遇不同，从而影响人员的稳定性、业务的熟练程度等，进而影响博物馆公众服务的质量和水平。近些年，博物馆界的“无边界”行为越来越多，如何与社会组织发生良性互动，以实现“共建、共享、共赢”的目的，也都影响到博物馆自身管理模式的调整。在国家大力弘扬传统文化的背景下，博物馆越来越受重视，国际国内社会经济环境不断变化，新建博物馆建筑与运营“PPP 模式”在影响博物馆内部管理模式的同时，也对博物馆公众服务的内容与形式提出了新挑战。

影响博物馆公众服务的因素还有很多，如国际环境、社会环境、公众自身素质等，以上仅从博物馆运营的立场和角度对几个涉及宏观且在经营博物馆时最基本需要了解的因素做一个简要的分析。

三、如何做好博物馆的公众服务

英国牛津大学的阿什莫尔博物馆被认为是最早的公共博物馆，这座始建于 1683 年的博物馆揭示了近现代博物馆的发展路径，首次将公众与博物馆发生了紧密联系，自此以后，公众在博物馆服务当中越来越重要。做好博物馆公众服务可以从以下几个方面入手。

（一）树立良好的服务意识

公众之于博物馆，其地位是随着博物馆的发展而逐渐上升的。从最初的公众被排斥在博物馆之外，到部分公众被接纳为博物馆的服务对象，再到博物馆无差别服务公众，直至以公众需求为导向办馆，确定博物馆运营的方式方法和业务重心，博物馆公众化的过程，也是其服务意识不断提升的过程，是其服务从自发到自觉的过程。我们国家于 2008 年启动首批国家博物馆免费开放，在经历了短暂的争议后，免费开放已经全面铺开，更迎来了博物馆的蓬勃发展。如前所述，广东省博物馆“点餐式”办展，是“以观众为导向”的经营模式，从之前的“我举办一个我认为好的展览等你上门来看”，到现在“我在这里办一个你认为好的展览等你来看”，这便是从业者服务意识的转变。博物馆做好公众服务就是让公众满意，良好的服务意识是开展一切工作的根本 。

（二）优化服务基础配套

国家对博物馆作为公共文化设施在硬件建设上是有相应的要求的，这些要求是博物馆做好基本服务的基本条件，而公众则是这一切要求实实在在的体验者。公众到博物馆实现参观、学习、休闲的目的，这是“有”；而能够以更加方便、快捷、高效、舒适的方式来实现这个目的，这是“好”。要让这种体验从“有”到“好”，博物馆需要根据公众的需求不断提升配套建设。广东省博物馆 2010 年开馆之初，每天近万名观众到馆参观，对展览也纷纷表示肯定，这无疑实现了“有”的目的。但几万平方米的展厅参观下来，缺少休息的凳子，没有饮水服务区，展览半天看不完，馆内又没有用餐的配套服务，出去吃完饭再进来又要排几个小时队甚至可能进不来等，这种配套不健全的情况无疑带给观众的体验是连“有”都没有达到，更遑论“好”了。广东省博物馆随之优化了入馆等候方式，增设了休息凳子，引进了餐饮服务等，大大改善了公众的参观体验。

（三）以公众为中心拓展服务内容

在我们国家，从党的十二大“不断满足人民日益增长的物质文化需要”到党的十九大“满足人民日益增长的美好生活需要”，体现了“以人民为中心”的服务理念的不断深化。博物馆作为社会主义文化的重要组成部分，其所服务的“公众”便是“人民”的重要组成。复旦大学陆建松教授在其 2017 年发表在《东南文化》中的《增强博物馆的公共服务能力：理念、路径与措施》一文中，以新形势下博物馆面对的政策与业务需求为背景，立足博物馆的基本职能，内向挖掘博物馆的基本业务，建议从“重视常设展、特展与教育工作”三个方面增强博物馆公共服务能力（尽管按照当前博物馆运行评估的评分细则分类，陈列展览是大项，展示和教育、公众服务在其下，分属并列两个版块），并提出要“建立健全博物馆绩效评价机制”以进行保障。从市场学的角度看，博物馆的各类业务就是“供给”，公众希望从中所获得的各种满足就是“需求”，以人民为中心，以公众为中心，就是要将更有效满足公众的各种需求作为博物馆挖掘和拓展各类业务的出发点和落脚点。

（四）加强对从业人员的培训

公众是博物馆的服务对象，服务行为是由博物馆从业人员发出的，加强对从业人员的培训对做好博物馆公众服务至关重要。不同的从业人员，所需要强化培训的内容也不尽相同，除如前所述的服务意识是对所有从业者适用的外，对专业技术人员应加强专业技术方面的培训，如加强陈列展览内容策划与形式设计方面的培训以策划出更高质量的展览，适应观众不断提升和变化的文化需求，加强宣教讲解方面的培训以更好向公众传播相关的知识；对行政与后勤管理及辅助人员同样需要加强职业技能培训，如加强应急突发事件处理能力培训以提高对公众服安全保障，加强仪容仪表语言规范等接待礼仪培训以实现向公众提供更加舒适贴心的服务；等等。

（五）建立标准化的服务体系

国际博协设立有市场推广与公共关系专委会（Marketing and Public Relations），以探讨博物馆与社会公众的关系；中国博物馆协会对应成立了市场推广与公共关系专业委员会作为对国际博协的响应；2015 年，广东省博物馆协会成立了博物馆公共服务专委会，在地方层面更集中关注发挥博物馆公共职能和对公众的服务。2013 年，张微在《博物馆研究》上发表《博物馆公众服务的标准化——以伪满皇宫为例》一文，对博物馆职能的标准化的必要性和重要性、内涵与内容等进行了探讨论述。2017 年，中国博物馆协会市场推广与公共关系专业委员会等单位在北京举办首届博物馆服务标准化培训班，并发布了《博物馆服务标准化》，组织化、标准化的建设，将博物馆对公众的服务提升到一个前所未有的高度。

作为博物馆的管理者、经营者或从业者，完整理解和把握公众服务的概念，正确认识其在整个博物馆公共文化服务中的地位和作用，用心对待影响博物馆公众服务的每一个因素，认真做好博物馆的公众服务，在实现个人的高效管理与业务成长的同时，能更好地实现博物馆的使命与目标。

广东美术馆胡锐韬、香港大学教育学院博士生潘杨柳执笔

博物馆观众研究

国际博物馆协会在最新的“博物馆”定义中指出，研究是博物馆的首要职责。观众是博物馆教育与服务的核心，随着博物馆社会角色和功能的变化，博物馆学界对观众研究的重视程度越来越高。对观众开展研究和评估，能够为博物馆各项工作的开展提供依据和指导。

一、博物馆观众研究的基本概念、内容和意义

（一）博物馆观众研究的基本概念

关于博物馆观众的定义，1998 年出版的《中国大百科全书 · 文物博物馆卷》认为：“不分年龄、文化、信仰、种族和阶层，只要有人身自由，并购买参观券，均可成为博物馆观众。”也有学者从传播学的角度将博物馆观众理解为受众，认为观众是信息传播的接收者，是博物馆最终的服务对象。随着博物馆发展理念的变化，博物馆观众的定义也有了新的内涵：观众是博物馆环境的直接体验行为人的集合体。

博物馆观众研究以观众为对象，既是一种实践，也是一门学科。美国观众研究协会认为，博物馆观众研究是“在非正式学习环境中对人类体验的跨学科研究，并系统地收集和分析信息或数据，为诠释性展览和活动提供决策依据”。随着观众研究的不断深入，观众研究的概念也不断更新、完善。美国学者约翰 · 福尔克、朱迪

思·科克认为博物馆观众研究涵盖多种研究调查，以更好理解非正式（或自由选择）教育环境下观众的行为、态度、兴趣、动机和学习情况，以及他们的参与所带来的结果和影响。观众研究就是在博物馆范畴下所进行的与观众有关的理论导向行为或实践导向行为，其内涵随博物馆与观众的变化而变化。这也是本文观众研究的对象和范围。

（二）博物馆观众研究的内容

博物馆观众研究的内容主要分为观众类型研究、观众行为研究和观众活动研究三个方面。观众的年龄、职业构成、性别、所在地域、受教育程度、参观次数等是观众类型研究的内容。观众行为研究包括观众参观行为及其背后的心理研究。它一方面研究博物馆观众行为，包括方位判断行为、驻足行为、互动行为、蹭听行为、拍照行为、休息行为、购物行为、赞扬行为、批评行为等；一方面运用心理学知识对这些行为及观众心理现象、精神领域进行研究，包括动机、需要、兴趣、印象、满意度、记忆等内容。观众活动研究考察的则是某一群观众在某一博物馆的活动情况以及对某一陈列的反应和评价，这些反应和评价是调整和改进陈列或其他博物馆活动的最直接的反馈信息。

（三）博物馆观众研究的意义

观众是博物馆事业发展的基础，观众研究是博物馆工作提升的重要依据，了解观众、熟悉观众、争取观众、组织观众、为观众服务、满足观众的需求，是博物馆的根本宗旨。博物馆从观众的角度出发审视自己的展览、活动及其影响，深入地了解观众的精神文化需求，掌握与观众有关的第一手资料，运用科学有效的方法进行分析、研究，不仅能为博物馆具体工作的提升和发展提供重要参考，对博物馆学术研究也具有十分重要的意义。观众研究是博物馆检验自己社会效益的重要手段，是改进博物馆管理的催化剂，是推进博物馆学走向成熟的必由之路。如今，博物馆观众调查和研究也成了博物馆定级评估的重要依据。国家文物局在全国博物馆定级评估中就明确将博物馆通过互联网、观众留言本、问卷调查等方式，定期开展观众调查研究工作，纳入定级评估的考核范围。

（四）博物馆观众研究的历史与现状分析

1916 年，美国的本雅明·艾维斯·吉尔曼在《科学月刊》杂志上发表的《博物馆疲劳》一文被视为最早的博物馆观众研究。此后博物馆观众研究迅速发展，哈里斯·谢特尔等早期博物馆观众研究领域的重要人物纷纷涌现。20 世纪 60 年代，研究者们认为博物馆应该在教育方面为观众提供最好的服务，博物馆的研究和评估都应致力于为观众创造最佳的参观条件。

随着博物馆的快速发展和自身观念的转变，观众研究也在实践和学术领域得到了快速发展。20 世纪 70 年代末 80 年代初，英国自然历史博物馆开展了“新展览计划”，通过开展一系列观众评估与研究，完成了博物馆展览体系的全面更新提升，在实践和学术两个层面具有极为深远的影响。20 世纪 90 年代，博物馆观众研究进入巅峰时期，各种各样的研讨会在美国、英国、加拿大和法国开展，观众研究相关的文章数量也骤然上升。

相对于西方博物馆观众研究的开展，我国博物馆观众研究是从 20 世纪 80 年代博物馆进入稳步发展时期开始的。这一时期，国内陆续涌现出西方国家博物馆观众研究方法和成果，例如《博物馆研究》等期刊翻译了大量国外博物馆学研究成果，其中也包括观众研究的相关成果。博物馆研究的学者和各博物馆也陆续开展观众调查和研究的实践工作。进入 21 世纪以来，随着博物馆教育职能不断得到重视，博物馆观众研究成果日益丰富，越来越多的博物馆在展览和活动中开始注重收集观众的反馈意见，以更好地提升和改进。

二、博物馆观众研究分类

根据观众研究的目的和性质，广义的观众研究可以分为调查、评估和研究三种

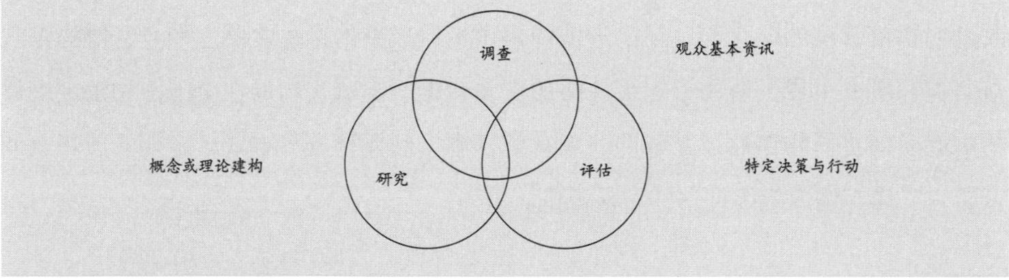

图 1　王启祥关于观众研究类型“调查、评估和研究的关系图”

类型。我国台湾学者王启祥认为，三者虽在主要目的上有所不同，不过也并非完全没有交集。三者在研究的主题、搜集资料的方法、研究结果的应用上有所交集且相互影响（图 1）。此后也有不少学者在这一分类的基础上对观众研究的分类进行了进一步阐释。

（一）观众调查

观众调查是博物馆搜集、了解观众反馈的重要途径，以获取观众基本讯息为目的。“调查”所代表的只是一个数据采集过程，本身并不具有理论导向或实践导向；同时，调查既是研究的一个过程，也是评估的一个过程。观众调查属于应用型的观众研究，是获取观众信息非常重要的渠道，也是我国目前比较常见的观众研究方式。

观众调查内容广泛，既可以是对博物馆全面工作或观众全面情况的调查，也可以是对博物馆某项具体工作的调查。通过观众调查可以了解观众的年龄结构、性别构成、职业结构、受教育程度、参观次数、参观动机、参观兴趣等。观众调查可以分为博物馆展览调查、教育项目调查和博物馆整体服务调查等。

展览调查是博物馆了解观众的展览需求、兴趣的重要手段。教育项目调查则是博物馆针对某一具体教育项目搜集观众的意见反馈，了解观众参与教育项目的体验感、兴趣、需要和活动效果。博物馆整体服务调查是针对博物馆综合服务，包括参观环境、配套设施、展览、讲解、宣传、文创等内容在内的、搜集观众反馈意见的调查，这也是目前国内博物馆开展比较普遍的调查内容。

（二）观众评估

观众评估是通过观众对博物馆展览、活动和其他方面的信息反馈进行分析和评估，进而指导博物馆工作实践。评估的目的在于检验具体博物馆或某个展览的既定效果，评估的结果可以对机构的现状或发展策略做出判断或预测。根据评估的时段和目的，观众评估可以分为前置性评估、形成性评估、补救性评估和总结性评估四个评估类型。

1. 前置性评估

前置性评估（front-end evaluation）是指博物馆大型展览、教育活动或其他具体项目内容在规划之前开展的评估。前置性评估是提前了解观众需求的方式，着重关注的是“观众是谁”“观众想要什么内容的展览和活动”“观众对主题的理解是什么”“观众需要什么样的参观体验”等问题，通过对这些问题的了解来调整展览、教育活动等相关内容和形式的设计与实施。近些年来，国内博物馆开始越来越重视展览的前置性评估，在举办大型展览或开始年度展览计划之前，一些博物馆会进行展前评估，了解观众对展览的需求。广东省博物馆就连续多年开展了年度展览展前调查，邀请观众对展览内容、展品选择和辅助项目等提出建议。前置性评估的结果可以直接影响博物馆展览、活动等规划和设计，帮助博物馆更好地找到目标观众、定位和发展方向，从而获得更好的社会效益。

2. 形成性评估

形成性评估（formative evaluation）是展览、活动或博物馆相关项目在执行过程中开展的评估。为了使展览、活动或相关项目能够达到成效，在其正式实施前即仍处于规划和设计过程中，博物馆学界引入形成性评估的理念。博物馆学者罗杰·迈尔斯（Roger Miles）指出：“形成性评估是一个尝试和错误（trial-and-error）的过程，旨在测试沟通问题的解决之道。”该阶段的评估结果通常是用来修正和完善正在进行或既定的展览、活动。

3. 补救性评估

补救性评估（remedial evaluation）是展览、活动或博物馆相关项目形成之后进行的评估，评估的结果主要用于展览、活动期间立即对展览和活动进行补救和完善。补救性评估通常都是在展览开幕之后或活动举行期间进行的，相较于前置性评估和形成性评估，开展评估的时间相对较充足，更有助于品质的提升；但补救性评估的结果要真正用于调整和完善正在举办的展览或活动，这取决于展览或活动的持续时间与博物馆相关执行部门的执行力。一般持续时间较短的展览或活动要实施补救性评估难度较大。

4. 总结性评估

总结性评估（summative evaluation）是“探究特定的方案和目标实现的程度、评估成本、效益、确认未预期的观众行为，了解并决定未来是否有调整或改变的地方”的评估类型。总结性评估也是在展览、活动或博物馆相关项目形成之后进行的评估，但其评估的数据和结果主要为今后的展览和活动等规划设计提供参考。

（三）理论性研究

理论性研究（visitor research）以概念或理论建构为目的，为实践性的观众研究提供理论指导和支撑。"'研究'的目的在于探索、分析观众的自身特点及博物馆对观众产生的影响，研究的结果可以帮助博物馆更好地认识观众。"例如，史吉祥的《博物馆观众研究是博物馆教育研究的基本点——对博物馆观众定义的新探讨》等文，就是对博物馆观众研究本身展开的讨论。

三、博物馆观众研究方法

常用的博物馆观众研究方法有问卷调查法、观察法、访谈法、文献法、实验法等。这些研究方法概括起来就是定量研究方法和定性研究方法，主要出现在应用性的观众研究（观众调查与观众评估）中。观众定量研究（quantitative research）方法以事物可以量化的数据为基础，对数据进行统计、分析，并得出描述性解释，问卷调查法、实验法属于定量研究方法。定性研究（qualitative research）是指以研究者本人作为研究工具，在自然情境下采用访谈、观察、实物分析等多种方法收集资料，对自然发生的事件中各种行为的变化、发展进行描述和归纳，通过与研究对象的互动理解其行为和意义的一种活动。因此，观察法、访谈法和文献法这三种观众研究方法属于定性研究方法。

（一）问卷调查法

问卷调查法是目前博物馆最常采用的观众研究方法，是选取一定观众作为样本，通过向观众发出调查问卷，请其填写对有关问题的意见和建议以获得观众年龄、职业、参观次数、对展览或活动的意见反馈等信息的一种方法。问卷调查可以通过线下、线上、电话填表等方式进行。

问卷调查法的核心是调查问卷的设计。一份调查问卷一般由标题、导语和问题等内容组成。问题的设计是问卷的灵魂，是否能获得研究者想要了解的内容取决于问题设计是否合理。问题设计通常分为开放性问题、封闭性问题和混合型问题三种基本类型。开放性问题没有统一的答案，由观众根据各自理解自由填写，答案一般不具备唯一性；封闭性问题通常会针对提出的问题列出可能的答案，再由观众选择一种或几种答案；混合型问题是开放性问题与封闭性问题相结合的方式，大多数博物馆观众调查问卷采用的都是混合型问题。

调查问卷的问题由两部分组成："第一部分是观众的背景问题，第二部分是观众的心理问题。第一部分涉及的是有关观众的客观事实，如性别、年龄、职业、文化程度、居住地、参观次数等；第二部分涉及的多是有关观众的主观性问题，如参观动机、目的、对博物馆的认知、评价、印象等。"例如，图 2 中问题 1—6 为了解观众背景的封闭式问题，包括观众性别、年龄、学历、职业和参观次数；问题 7—18 则为该调查所要研究的问题，该部分问题是主观性问题，注重了解观众对陈列品和

孙中山大元帅府纪念馆观众调查问卷

尊敬的女士/先生：

您好！感谢您对孙中山大元帅府纪念馆的关心和支持，为了更好地帮助我们在公共服务水平和南楼展览方面进一步提升，我们开展此次问卷调查，希望得到您的大力支持！谢谢！

1. 您的性别是？
□男　□女

2. 您的年龄是？
□18 岁以下　□18 岁至 45 岁　□ 45 岁至 60 岁　□ 60 岁以上

3. 您的学历是？
□高中　□大学本专科　□硕博研究生　□其他

4. 您现阶段的职业/行业是？
□学生　□教师　□公务员　□企事业单位人员
□工农群众　□个体或自由职业　□离退休人员

5. 您的常住地是？
□广州市　□广东省（除广州市）　□其他省市　□港澳台地区　□海外

6. 过去一年（最近 12 个月）您参观博物馆的次数（含本次）是？
□1~3 次　□4~6 次　□ 7 次或以上

7. 您是通过什么渠道得知本馆？
□博物馆官方网络渠道（微信/微博）
□公共场所广告宣传（如地铁、公交车、公交站广告牌等）
□电视、广播、报刊等　□网络媒体或论坛
□抖音、快手等短视频 App　□旅游中介或旅游网站
□亲朋邻居告知　□偶然前来
□其他 ______________

8. 您此次在本馆停留的时长是？
□半小时以内　□半小时~1 小时
□1 小时~2 小时　□2 小时以上

9. 您对本馆环境和各类基础设施的评价是？
□非常满意　□满意　□一般　□不满意　□很不满意

10. 参观本馆时，您选择使用那种导览方式是？
□人工讲解服务（请跳至第 11 题）　□自助导览服务（请跳至第 12 题）
□不需要导览服务（请跳至第 13 题）　□未体验导览服务（请跳至第 13 题）

11. 若您体验了人工讲解服务，请您对该服务进行评价。

□非常满意 □满意 □一般 □不满意 □很不满意

12. 若您体验了自助导览服务，请您对该服务进行评价。

□非常满意 □满意 □一般 □不满意 □很不满意

13. 本次参观中，您印象最深的展览是？

□北楼（进大门后第一座楼一、二楼）基本陈列展览

□北楼（进大门后第一座楼三楼）临时展览

□南楼（进大门口第二座楼）《帅府百年》复原陈列

□南楼回廊《帅府名人像传》常设展览

14. 对于南楼复原展览提升，您未来期待在南楼展厅内看到什么？［多选题］

□优化改造后的新复原陈列

□科技手段辅助的剧情与互动体验（例如利用 VR 眼镜进行历史虚拟还原）

□促进观众全面了解帅府历史的知识图谱

□沉浸式体验项目

□复原民国时期的休闲娱乐饮食空间

15. 您期待看到什么样的展览主题？

□人物专题类 □历史事件类 □建筑主题类 □近代社会风俗主题类

□其他（请备注）＿＿＿＿＿＿＿＿

16. 本次参观，您对本馆的整体满意度是？(单选)

□非常满意 □满意 □一般 □不满意 □很不满意

17. 您认为本馆可以在哪些方面进行进一步提升？（最多选 3 项）［多选题］

□外部环境和绿化 □内部卫生环境 □馆内外基础设施

□观众服务体验 □表示指引清晰程度 □工作人员服务水平、态度

□展览陈列 □社教活动 □文创展示空间

□博物馆对外宣传

18. 您对本馆提供的各项服务与设施有什么意见或建议？

＿＿＿＿＿＿＿＿＿＿＿＿＿＿

图 2　孙中山大元帅府纪念馆观众调查问卷

展厅的主观印象。作为调查想要研究的问题，一般可以既有主观问题也有客观问题。除了观众自然情况方面的问题之外，问卷调查的问题以不超过 25 个为好。

除了问卷设计外，还有观众样本的选取和分析报告的撰写都是要遵循相关科学规范和要求的。史吉祥指出：“博物馆观众调查样本的大小与被调查馆的年观众流量有关：年观众量在千人次的，单位数在 30 以下是小样本，30 以上是大样本；年观众量在万人次的，单位数在 100 以下是小样本，100 以上是大样本；年观众量在 10 万人次的，单位数在 1000 以下的是小样本，1000 以上的是大样本。”而调查报告则有描述为主的报告，描述和解释并重的报告，描述、解释、预测、规范（对策）并用的报告三种类型。

（二）观察法

观察法是指研究者根据一定的研究目的、研究提纲或观察表，用自己的感官和辅助工具去直接观察被研究对象，从而获得资料的一种方法。观察法通常由观察者通过自己的眼睛和耳朵等感觉器官，现场记录观众的人口学信息（年龄、性别、群体数量）、观众停留的行为与时间、参观路线、展览空间的拥挤程度等，来确定展览或活动的效果。

随着现代信息技术在博物馆的应用，博物馆观众研究常用的观察法除了由观察者现场跟踪观察外，还可借助技术手段进行观察记录。例如通过馆内的闭路电视监控系统、语音导览系统、智能手机导览系统、热成像技术与 RFID 技术等现代化技术手段替代人员观察。秦始皇帝陵博物院就将 RFID 技术应用到“骊山园遗珍——秦始皇陵园出土文物精华展”展览空间里进行观众行为研究。RFID 技术在观众研究中的运用能够对观众在每个数据采集点停留的时间以及参观完整个展览花费的总时长等信息进行精确统计，进而分析观众对展览内容的兴趣和关注度；但是仅依靠该技术识别不了观众年龄、职业、受教育程度、观众与展品之间的互动、停留时的状态等更加深入细致的信息，还必须辅助如调查问卷法、访谈法等其他研究方法，才能获得更加全面深入的观众研究成果。

（三）访谈法

访谈法又称晤谈法，是指由专业人员与观众通过面对面交谈来获得观众更深层次的行为和心理信息的研究方法。访谈法通常需要在访谈之前准备好访谈提纲，以口头的形式与受访者进行交流，同时也会根据需要对访谈内容进行调整。访谈法具有较好的灵活性和适应性。

（四）文献研究法

文献研究法主要指通过搜集、鉴别、整理文献，对已有的观众研究资料和文献，例如与观众有关的数据、报道、文章和书籍等，进行分析研究，从已有文献中得出不同研究结果的观众研究方法。与其他研究方法相比，文献法不需要直接与观众接触，也不会由于这种接触对研究对象带来“干扰”。

（五）实验法

实验法多用于自然科学研究，博物馆观众研究中的实验法就是借助实验求证的方式来对观众行为和心理进行研究的方法。陈红京指出，实验法“指在控制条件下有目的地操纵某种变量来考查它对其他变量影响的研究方法，也就是创造、控制和改变一定的条件，促使观众产生一定的心理现象和行为，并对之进行分析研究的一种方法。实验法分实验室实验法和展厅实验法两种”。实验室实验法是指在实验室内利用一定的设施，控制一定的条件，并借助专门的实验仪器进行研究的一种方法；展厅实验法是指在博物馆展厅的通常条件下，有目的、有计划地创设和控制一定的条件来进行研究的一种方法。目前，通过实验法研究观众在国内博物馆仍比较少见。

问卷调查法、观察法、访谈法、文献研究法、实验法这几种常用的方法各有优劣，在博物馆观众研究中发挥着各自的作用。问卷调查法具有标准化、书面化、抽样化和定量化的特点，可以获取观众的各方面信息，并通过量化的数据进行分析和研究，更准确地揭示博物馆的观众构成及其变化趋势、对博物馆工作的影响等，进而推动博物馆决策的科学化、合理化。但是这种方法对调查问卷内容设计的科学性、合理性，调查员的专业性以及数据采集、分析的要求较高。由于影响观众参观行为及态度的因素错综复杂且难以控制，因此定量的相关分析或因果分析结论不一定可靠。实验法研究也是定量研究方法，由于此研究方法是在一种被妥善控制的情境下开展的，而在真实的世界中控制变量并不是那么容易，且要说服博物馆允许展示设计做必要的改动以测定因果关系有时是困难的，陈红京认为这在一定程度上会影响分析和研究的结果。观察法则具有观察资料比较真实、获得的资料比较生动、观察能及时捕捉到正在发生的现象、能搜集到一些无法言表的材料等优点；但同时也存在受时间限制不能全年进行、受观察对象活动场地限制做不到全覆盖的观察、受观察者本身主观因素限制、观众行为复杂多样无法做到分析全面而深刻等缺点。访谈法的优点在于它通过研究人员与访谈对象进行面对面的交谈而获得所需的信息资料，灵活性和适应性较高；但也存在成本高、缺乏隐秘性、受访谈人影响大、记录困难、处理结果难等缺点。因此，访谈法在博物馆观众研究中常作为一种补充性方法，与观察法、问卷法等配合使用，为定量数据分析提供定性的观点。文献法通常在观众研究的准备阶段和进行过程中使用，只有充分了解、继承和利用前人的研究成果才能提出新的观点和思路，进行新的探索。但文献的内容复杂多样，要全面、充分地掌握所有的研究成果是比较困难的。随着计算机网络技术的迅猛发展，文献的数字化为当下博物馆观众研究成果的搜集和分析处理带来了极大的便利，也为文献法这种古老的研究方法带来了新的生命力。

观众既是博物馆教育的出发点，也是博物馆教育的落脚点。他们是博物馆服务的体验者，也是博物馆信息的传播者。由于观众构成不同，他们受所处的生活环境、教育背景、职业、性格爱好、心理等各方面因素影响，对博物馆及博物馆中的展览和活动都会有各自不同的理解和认知。只有对观众进行分析和研究，了解他们的需求和认知，才能更好地改进博物馆的各项工作。博物馆观众研究是一门极具实践和理论指导意义的学科，只有对博物馆观众和观众研究的基本概念、研究历史与现状有清晰的了解，熟练掌握博物馆观众研究的各种方法和理论，对博物馆观众研究有清晰的定位和目标，才能充分、准确地了解观众的需求和反馈，对博物馆工作的改善和提升起到实际的推动作用。

广州华侨博物馆罗兴连执笔

博物馆教育

博物馆作为人类社会的一项伟大创造，不仅是人类记忆的容器、人类文明的窗口，也是社会教育、终身学习的课堂。博物馆教育是社会教育的重要组成部分，具有实物性、情境性、体验性、主动性、终身性等特点。博物馆教育存在狭义和广义之分。狭义的博物馆教育是指在博物馆内实施的一般教育项目，而广义的博物馆教育则认为由博物馆产生的、具有教育意义和功能的一切事物皆可视作博物馆教育。自博物馆诞生之日起，博物馆内的教育现象经历了从无到有的发展，其自身的逻辑也随着社会的变迁经历了从权威教化型到学习体验型的演变。

博物馆本质上以教育为根本。在博物馆语境中，包含着展品、空间、设计和情感的系统构成，其主要目的是激励公众探究展陈所涉及的相关知识，支持观众的自主学习，为公众提供学习机会和休闲选择。因此，博物馆教育功能越来越突出，从传统的说教到主动调动观众的热情，让他们关注、参与和融入到博物馆教育活动中来，彰显博物馆魅力。

一、为什么需要博物馆教育?

（一）教育是博物馆发展的内驱力

习近平总书记提出，“博物馆就是一所大学校”。面向普通公众的教育促使博物馆研究阐释的方法，包括陈列的理念与方式等，使博物馆由古典走向现代。

当代世界各地的博物馆无不重视博物馆的教育作用。国际博协的博物馆定义，是对现代意义上博物馆历史进程的总结。

博物馆缘起于收藏、成型与开放、展示、传播和教育等公共职能的确立。自1905年张謇创办南通博物苑开始，我国博物馆就以教育为目的，以传播知识、教育公众为己任。20世纪二三十年代，著名教育家蔡元培提出博物馆是重要的社会教育机构，并且教育不专在学校。与此同时，从欧美留学归来的马衡、傅斯年和李济等成立了中国博物馆协会，引入了西方博物馆教育理念，"以补充学校教育，保存文化，提高学术"。这时期博物馆人已经充分认识到博物馆的教育作用，一直将其视为教育机构，隶属教育部的社会教育司。新中国成立后借鉴苏联模式，1951年中国历史博物馆和中国革命博物馆设立了群众工作部，主要工作是讲解，担负起对大众的社会教育工作。

改革开放后，中国博物馆教育飞速发展，中国博物馆回归了原有的文化教育使命。2007年，新的《国际博物馆协会章程》定义博物馆"为教育、研究、欣赏的目的征集、保护、研究、传播并展出人类及人类环境的物质及非物质文化遗产"，将"教育"调整到博物馆功能的首位。2015年颁布的《中国博物馆条例》也将博物馆教育列为首位，彰显"教育"工作的必要性和重要性。

（二）博物馆具有不可替代的教育功能

博物馆开辟了利用物质文化而非文字式的教科书阐释文化和科学的方法，使文化遗产具有更加深刻而广泛的意义；提供了认知世界的新维度和新视野；培育了公众由观察、体验等可感知的材料而理性认识世界的途径，如对历史的认识、对文化的认识、对自然的认知、对科学技术的认识乃至对人类自身生存发展的认知等，进一步提升了公众的生活品质甚至生存能力。

（三）国家政策的倡导

中国博物馆近年来的高速发展与繁荣，是国家政策引导的产物。近年来，国家高度重视博物馆教育功能，2008年，中央多部门联合下发《全国博物馆纪念馆向社会免费开放的通知》，更多观众开始走进博物馆。同时，国家文物局开始推行评选国家级博物馆和博物馆运行评估工作，指明博物馆发展方向，博物馆教育功能越来越突出：从聚焦"物"向关怀"人"转变；从传统的说教到主动调动观众的热情，让他们关注、参与和融入到博物馆教育活动中来，彰显博物馆的魅力。2020年，教育部、国家文物局联合印发《关于利用博物馆资源开展中小学教育教学的意见》（以下简称《意见》），对中小学利用博物馆资源开展教育教学提出明确指导意见，进一步健全博物馆与中小学合作机制，促进博物馆资源融入教育体系，提升中小学生利用博物馆学习效果。

德国思想家、改革家M.路德（M.Luther）指出："一个国家的前途，不取决于它的国库之殷实，不取决于它的城堡之坚固，也不取决于它的共同设施之华丽，而在于它的公民文明素养，即人们所受的教育、人们的学识、开明和品格的高下。这才是利害攸关的力量所在。"博物馆是培养国民素养的好地方，博物馆学习是一种变革型的、情感性的体验，观众在一种非正式的、自愿的环境中，培育新的态度、兴趣、鉴赏、信仰和价值观。

（四）促进本馆建设

研究教育对本馆的建设也会产生巨大的推动。教育是一种公共关系，是与时代、与社会的互动，有利于博物馆走向开放，走向现代化。

二、博物馆教育理论

博物馆教育理论是指用来理解、解释、预测博物馆教育的概念及原理的理论体系，对博物馆教育的未来发展有可验证性的预测。相关研究涉及教育学、人类学、社会学、心理学和传播学等不同学科领域。博物馆教育功能地位的提升经历了漫长的过程，直到18世纪末19世纪初，经验主义哲学指导下的博物馆研究虽涉及知识的传播与生产，但并非真正意义上的博物馆教育。随着启蒙思想的广为传播和公共博物馆的诞生，博物馆的公共教育功能才逐步被人们所认识。19世纪，工业革命推动博物馆教育功能发展。乔治·布朗·古德（George Brown Goode）于1895年指出，"一座用途广泛而且享有一定声誉的博物馆必须在教育或研究领域富有创新"。1967年，美国博物馆协会列出博物馆必备的认定条件就包含"以教育为目的"，教育成功成为博物馆评量的要素。

博物馆是复合型的文化机构，教育是所有博物馆活动的全部目的。"博物馆不在于它拥有什么，而在于它以其有用的资源做了什么。"这是一句应该被博物馆人奉为经典并贯彻于具体的实践之中的至理名言。博物馆在履行社会教育的职能时，所

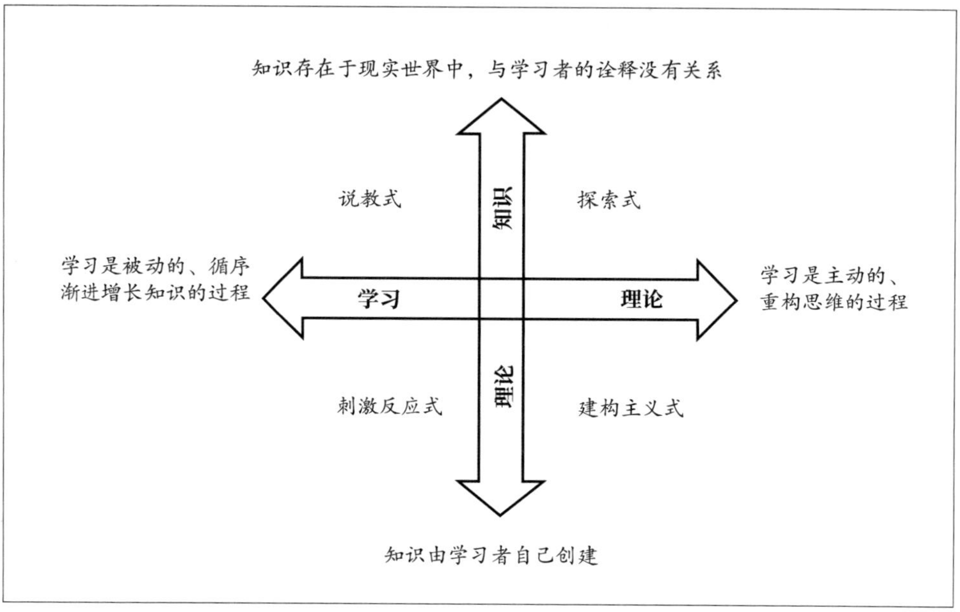

图 1　乔治・海因提出的博物馆教育理论及其类型

采取的方式、方法也应该紧紧围绕这个中心展开。古德还说："公共博物馆首先是服务于公众的利益。"这与目前很多馆长只接待领导获取自身利益的观念差距很大。

进入 21 世纪，博物馆功能从"教育"（education）到"学习"（learning）的语义转变体现出理解博物馆教育功能方式的思想变化。研究者愈发关注观众的学习过程和结果以及如何促进学习体验，而非博物馆及其教育传递。综合各家博物馆教育理论成果，在建构主义学习理论的视角下，乔治・海因（George Hein）提出博物馆教育理论需要一套学习理论为认识论提供支撑，还需要一套教授理论，这些理论的应用可以解决如何学习及学些什么的问题，这些理论支持博物馆成为一个教育机构。海因划分了四种博物馆学习模式：说教式与说明教育、刺激—反应式教育、发现式教育和建构主义式教育。

每一座博物馆都有特定的内容，每一座博物馆都有很多内容，每一件藏品或展品都有多种阐释角度，每一座博物馆都面对许多实在的和潜在的不同的公众。博物馆教育是一种极具特色的教育类型：首先，博物馆教育不同于学校（或大学）教育；其次，博物馆教育不是职业教育或技能教育；最后，博物馆教育与图书馆教育亦有不同，尽管在很多方面有接近之处。

三、实施博物馆教育的方法

博物馆作为一个教育性机构，要成为博物馆教学法研究的中心，致力于研究和发展以实证为基础、围绕各个年龄层学习特点开展的博物馆课程或活动设计，并在研发和测试的基础上，进一步推广适用于非正式学习环境的思考框架，让学习者的思考和学习过程变得清晰可见。博物馆体验学习的目标是实现博物馆服务对象正确知识和能力的增长，观众必须在博物馆得到对他们有价值的东西。

博物馆教育是博物馆利用馆藏资源和陈列展览以及相关材料通过多种手段直观地向公众提供提升自我的教育服务；协助观众梳理从博物馆获取的知识，通过知识整合、激发感知、获取新体验，帮助观众个人发展和获得成就。博物馆教育提供了许多形式、结构和应用来帮助展览信息的呈现，例如课程、参观学习单和互动活动。

（一）准备文本学习资料

随着馆校合作的蓬勃开展，博物馆教育人员可以准备教师资源包和学生资源包。教师资源包最有弹性的方式是以 A4 活页来制作。包内放置常设展览、教育标本和可借出的材料，与馆藏文物及老师所讲授的科目有关，可以采取主题式手法来处理。学生资源包尽可能以图解说明为主，学生年龄越小，放的图片就越多。最有效的方式是博物馆为学生走进博物馆学习设计大量图文并茂的学习单，并开发一批博物馆课程。课程通常以讲述文物知识和文物背后的故事为主，篇幅短小，语言生动有趣，内容浅显易懂，让观众走出博物馆之后还能继续获取历史文物知识。

学习单主要是博物馆为协助教师或家长指导学生观众而设计的自我学习教育资料，也可以针对一般观众设计。对于学校而言，学习单可以弥补教学和教材内容的不足，是配合素质教育所设计出来的延伸教材。它不但可以充实学生的基本能力，还可以培养学生自主学习的态度。对于博物馆而言，它是展览的延伸，可以补充展示上的不足。

学习纸的设计首先要明确受众，广东省博物馆通常准备两种不同内容的学习资料：一种是面向 8 岁以下儿童的，通常以彩色绘图为主，普及展览主题内容，提出几个互动小问题，以游戏的方式邀请小朋友参与；另一种面向初中学历以上人士，图文并茂，以通俗易懂的方式来阐释展览、解读文物。

学生返校后可利用学习单开展后续活动，记住一些事实与概念。学习单上应保留足够的空间让小朋友回答问题。

图 2　广东省博物馆向观众免费派发的“爱粤读”学习资料

（二）博物馆独特的学习方法

“教育项目”一般特指那些为教育目的而组织的专门活动，包括为学校团体提供的展示、巡回讲座、各种课程、教育戏剧、实验室、研讨会、网络、影视、书刊、科学器材、与学校合作的项目、户外旅行、教师职业发展活动、自然考察以及夏令营等。

1. 说教解释式教育教学法

说教式解释教育应用广泛，为人们掌握学业性课程、语言和技能提供了明显的帮助。长久以来，博物馆的藏品一直按照说教解释式教育的要求进行布置。说教解释式教育的展览通常按某种顺序排列，有着明显的开始与结束，明显地带有观众针对性。解释性的文字说明牌和整体介绍文字浓缩了希望观众所掌握的知识，各种信息通常由浅到深地一步步呈现给观众。这里的焦点主要是所传授的知识内容。为中小学设计的各种项目强调学生应该掌握某一具体内容，按照从简单到复杂的分级顺序来安排教学。在这些项目中，要学的内容决定着具体的学习目标。

目前，国内馆长们比较重视讲解服务。他们认为“讲解就是博物馆教育”。博物馆的社教部（宣教部、教育部）的主要工作是为专家、领导和观众提供讲解服务，这离真正的博物馆教育还有很大差距。大多数博物馆面向社会提供免费或收费导览服务，或是提供设备设施和自我导向的参观服务。

图 3　广东省博物馆的春节展览教育活动

图 4　广东省博物馆的春节展览教育活动

2. 刺激反应式教育教学法

按照行为主义思维设计的博物馆教育项目强调对目标概念的巩固。例如，互动式展览经常给那些回答正确的观众以奖励。按下一个按键，揭开正确的选择牌，或者触摸电脑显示屏上的正确答案，都会得到鼓励："回答正确。"

有些展览会在观众继续观看下一个展品或者开始进行下一个体验之前进行，以测试他们对上一展品的了解程度，这种方式属于刺激反应式教育。这种教育方法通

图 5　广东省博物馆“鞋盒子里的博物馆”系列活动

过展览组件提供和巩固正确的答案，并且能消除观众所持有的常见的错误观念。学校和博物馆项目借用专家和权威参考书籍等来巩固所得出的结论。

3. 发现式教育教学法

将主动学习与对知识的现实看法相结合，将学习者通过“亲自探索”发现的机会与“通过动手来学习”的机会相结合，也自然成为博物馆常用的方法之一。许多展览都被设计成互动式的，旨在让观众参与进来，去理解那些虽已被社会广泛认可，但对他们而言却是全新的概念。观众们有时会模仿一些著名的科学试验，或者通过角色扮演来模拟一些历史事件，以这种形式探索新知。

那些允许人们去探索的展览所采用的教育方式属于发现式教育。在这种展览中，观众可以在不同的展品中来回参观。由于这种学习理论将重点放在学习者身上，基于这些理论的展览设计也以满足各种学习风格和类型的要求为宗旨。博物馆会提供一些方法，让观众评估自己的结论是否正确，比如在标识牌和文字说明中提出问题，鼓励观众自己寻找答案。针对中小学的项目也通过吸引学生参与活动来引导他们学习。儿童和成人研讨会提供专家评述和其他形式的点评，让他们去琢磨和思考，这样一来，参与者能够获得深度理解。

4. 建构主义教学法

博物馆很快接受了将主动学习与个人理解建构相结合的教学法。或许正是因为博物馆为非正式的学习场所，观众都是自愿前来参观的，所学内容也非硬性规定，博物馆才如此深受人们的喜爱。在博物馆中，观众可以随意走动，或在某处驻足，或快速浏览展览，或观看那些与他们从前的知识和经验相关的东西，或愉快地探索新知识。

建构主义对学习的定义囊括了非预期的结果，这非常适用于博物馆的活动，因为观众通常会与物件和展品进行互动，而这些物件和展品最多也只是与某一个具体课程略微相关。学习者个人背景的差异、在社会交际方面的经验、受环境影响的程度，以及对学习的认知等都在博物馆教育中扮演着重要角色。

有些博物馆和博物馆展览有意追求强化观众的建构主义体验。那些有着多个入口、没有固定线路、没有开始与结束的展览有利于建构主义教育。展品名称和文字说明向观众介绍多个不同的观点。观众有机会通过参与结合了他们生活经验的活动来了解展品（和观点）。针对中小学的项目为学生们提供各种体验机会及材料，让学生可以参与实验、进行推测并得出结论。

许多博物馆在最近几年都进一步发展了建构主义方法，比如设置一些“发现室”，在里面放满各种物件，让观众在一名博物馆工作人员的指导下认真操作。这种做法最早源于自然历史博物馆，观众可以从中央服务台租借一个盒子，通过亲手触摸来仔细查看盒子里的贝壳、岩石或羽毛。

图 6　广东省博物馆“鞋盒子里的博物馆”系列活动

（三）激活学习的力量：馆校合作

1. 搭建合作平台和机制

博物馆教育人员着力推动博物馆教育资源开发应用，围绕展览、展品开展教育活动，挖掘与生活有关的、观众感兴趣且乐于探究的内容，结合课程标准，开发富有特色的课程和可移动教育资源；着重加强与教育部门的联系机制，根据本馆特色，结合中小学教学内容，制订教育活动计划，并组织开展相关学习活动；加强博物馆教育人员与学校教师的交流合作，将博物馆教育培训内容纳入相关学科教师培训中。

国家文物局考评博物馆运行效果的主要参考指标有：加强博物馆网络教育资源建设，利用现代信息技术建立本区域网上博物馆资源平台和博物馆青少年教育资源库，促进与中小学网络教育资源对接；着力拓展博物馆教育方式途径；要求创新博物馆学习方式，以促进学生学习为中心，增强博物馆学习的趣味性、互动性和体验性；提升博物馆研学活动质量，充分利用各类博物馆资源，组织开展爱国主义、革命传统等主题的实践教育活动；将博物馆青少年教育纳入课后服务内容，鼓励小学

图 7　广东省博物馆组织的馆校合作项目

在下午 3 点半之后的课后时间开设校内博物馆系列课程，利用博物馆资源开展专题教育活动。

作为创意学习机构，博物馆教育属于创意学习前沿区域已经近 20 年了，需要运用不断创新的方式提供未成年人学习机会，激发他们的渴望，挖掘他们的学习潜质；利用馆藏扩展学习体验，作为探究性学习、反思和实证收集的催化剂，开展多样化的学习体验，比如沉思式、主题式、环境式、互动式的教育活动，鼓舞更多青少年参与到博物馆学习中来。

2. 馆校合作教育项目的开发流程

明确项目主题→制订项目目标→挑选文物（展品）→设计项目内容→规划项目步骤→进行项目实施→开展项目评估。

开发原则：秉持科学严谨的态度，多元化整合教育资源，实物教学和情景带入；分龄教学，因人施教；关注生命，体验生活。

（1）收集资料、调查分析与构想讨论

（2）活动的规划及设计

a. 活动名称

b. 活动目的

c. 活动对象

d. 活动内容

e. 活动方式

f. 活动场地

g. 活动时间

h. 参加名额

i. 报名方式

j. 活动文宣

k. 经费

l. 协办单位

m. 预期效果

（3）活动前的准备

a. 各项配合事宜的分工统筹

b. 经费筹募

c. 教案教材的设计制作

d. 设备与场地之准备

e. 师资联络

f. 活动预演

g. 活动的宣传及推广

h. 观众报名

（4）活动的执行

a. 报到及活动前导

b. 主题活动的进行

c. 突发状况之处理

d. 活动的回顾或成果分享

e. 场地的回复

（5）活动的总结与评估

（四）优化未成年人教育基础设备设施

中国博物馆行业的有识之士早就呼吁，博物馆应多给儿童一点空间。因此，除了展厅之外，实施博物馆教育的空间也是必不可少的。有一部分博物馆率先设计出了专门针对儿童或青少年发展的空间，深受家庭和孩子们的喜爱，拉近了博物馆与社区的距离。比如，南越王博物馆为儿童开辟了“南越玩国”，用陶罐中飘出的七色彩云和动漫卡通形象布置环境，设计考古挖掘和穿汉服等互动环节，通过游戏来探索学习。南汉二陵博物馆设置了青少年考古区域，鼓励学生参与考古过程。但部分博物馆目前还没有开辟专门针对儿童的活动区域，这是亟待开发的领域。

四、教育项目评估

国外博物馆界曾做过多次观众调查，了解观众参观博物馆后对知识、概念的学习情况，结果发现相当多的观众记住很少，甚至没有记住展览中的知识和概念。造成这种情况的原因可能有多种，包括博物馆展示在传播技巧方面存在的问题。博物馆的展示虽然也依赖于常规语词符号的传递方式，但博物馆为观众的理解所安排的环境，以及由此产生的体验感，会在一种较感性的层面渗入观众的无意识领域，从而形成一种程序以外的知识。这表明博物馆学习的内涵远比我们通常所想象的要大得多。

应对快速变化的教育环境，博物馆可以为正式教育提供什么样的学习机会？如何评估博物馆为学校提供学习的品质？博物馆资源和输出教育项目发展状况？什么阻碍了博物馆提供高品质学习？

博物馆青少年教育评价呈现多元化、多维度、多视角的方式，建立评价机制的根本目的是通过业内管理部门进行数据的收集与分析，做出整体判断。评价主体多元化，以学生、家长、教师或学校、博物馆人员和社会为主。评价内容多维化，以教育课程（活动）、师资队伍建设、教育教研机制为主。具体评价过程从访谈和问卷结合、教育观察记录、作品分析和社会影响力几个方面考量。

也可以借鉴美国博物馆教育委员会的以下因素，检验博物馆的教育成效：

1. 教育项目的成果与其预定目标的关系；

2. 教育项目成为其他组织典范的潜力，避免落后或者脱离时代主题的潜力；

3. 教育项目以实质性方式使用博物馆研究、收藏和展览；

4. 教育项目满足观众期望和需求的证据；

5. 教育项目是否有清晰界定的观众；

6. 教育项目是否是创新的或试验性的，能否主动与非传统观众接触，或者以其他方式超越现状；

7. 教育项目是否已获得重大的专业认可或者大众认可；

8. 教育项目是否趋向于鼓励观众紧跟时代和学习更多；

9. 一个教育项目的观众规模跟它所消耗的资源的关系；

10. 总体项目在一个单位教育指标上的平衡，比如，是否投入过多资源去支持某个教育项目。

五、未来需要努力的方向

习近平总书记发出“活化文物资源”和文化遗产的号召，教育部和国家文物局连续发文，让博物馆教育再次面对挑战和机遇。博物馆教育人员是开发、实施博物馆教育活动的核心力量，他们的专业水平和实际工作能力直接影响着博物馆教育资源的利用和教育功能的发挥。博物馆对教育人员的能力要求比较高，不仅要有专业研究能力，还需要沟通表达能力、协调合作能力、活动创新能力、问题解决能力。但依照目前讲解员外聘的用工形式，编外人员通常会被当作“临时工”对待，多用于辅助性、临时性等专业程度不高的岗位，在待遇上比在编人员低，甚至存在“同工不同酬”的现象，导致编外人员离职率高，人员素质参差不齐。如何引进博物馆专业人才开展各项专业领域的工作，而不仅是聘用临时工充当博物馆教育人员，这是博物馆管理层需要正视的长久发展问题。

未来博物馆教育的挑战是让观众有更好的身心体验。传统以器物为核心的展览中，观众主要通过观察器物和标签的形式学习。如今的博物馆中，展览要素增加了，展览的传播方式更加多样化，包括情景再现、视听装置和各种互动体验装置。利用展厅中设置的教育项目，如小剧场、小影院、探索角等，通过探索游戏的方式激发学习的兴趣。不同于以往只注重知识传递的传统观念，新学习观更加强调学习作为一种社会互动的过程，学习不仅是获取知识的过程，更是技能培训、价值观培养和行为塑造的过程，学习者并非消极的信息接收者，而是具有主体能动性的个体意义构建者。

期待未来从制度上明确博物馆的教育机构性质，确立博物馆是国民教育体系有机组成部分的地位，将博物馆教育列入学校教育，并给以充分的资金保障；博物馆为学校教育活动和教师培训提供便利，将博物馆纳入各层次教育教学体系框架，在日常教学活动与教材编写中增加博物馆教育和当地历史文化的相关内容；相关行政部门加强协调，促进博物馆与其他文化教育机构的横向联系。

在信息化时代，网络是博物馆学习最强大的媒介。尤其是新冠疫情后，各家博物馆都加强了线上教育内容，直播导赏、云展览、云讲解和博物馆线上课程纷纷上线，跨越时空阻隔，受众数量远超博物馆进馆观众数量。相比于传统的博物馆学习，博物馆线上课程更多地把学习自主权交还学习者，由此创造了更多的学习机会，并由学习者自己主导知识建构的过程。为了更好地实现社会教育的使命，博物馆应构建有效的“以参观者为中心”的教育服务体系，最终促进博物馆等社会公共教育资源成为群众有效的终身学习平台。

广州海事博物馆王芳执笔

博物馆讲解

讲解是以博物馆陈列为依据，由讲解人员进行提炼、选择，运用语言艺术、讲解技能和真挚的感情，向观众有针对性地传播知识和信息的一种教育行为，同时也是一门综合性的艺术。博物馆讲解集历史学、人类学、考古学、教育学、语言学、传播学等多学科知识于一体，是一项对综合能力要求较高的工作。如何才能做好博物馆讲解工作？本文将从博物馆讲解的意义、发展历程、讲解分类，以及讲解队伍建设与管理、讲解实践与技巧等方面进行探讨。

一、博物馆讲解的特点、意义与发展历程

（一）博物馆讲解的特点和意义

博物馆讲解将展览中的文物与观众“连接”在一起，它不同于一般的语言表演艺术，主要具有以下特点：以实物为依托、语言为媒介，连接文物的历史性与现实性；是搭建文物直观性与抽象性统一的桥梁；是构建文物与观众之间情感共鸣的平台。

讲解以陈列展览和藏品为依托，使文物所包含的信息、思想、情感尽可能全面、客观、准确地传达给观众，对观众深入了解展览内容和文物历史文化内涵有着非常重要的意义，并对观众的认知体系和价值观念产生积极的影响。因此，它既是向大众传播科学、历史、文化等信息的重要方式，也是传递和弘扬爱国主义精神、增进

民族认同与文化自信的有效途径。讲解也是博物馆服务社会、赢得市场的重要手段和博物馆事业发展的新的增长点。讲解员作为博物馆与观众之间的桥梁和纽带，其讲解水平的高低、服务质量的好坏，直接决定着公众获取知识的信息量和对博物馆的满意度。

（二）博物馆讲解的发展历程

中国博物馆的讲解服务实践肇始于1905年张謇创办的南通博物苑。初创时期的南通博物苑没有设置专职的讲解人员，日常的参观讲解是由苑内的职员或教师兼任的，遇到重要的来访者，苑主任也会亲自陪同并做讲解。

目前世界上最早设置专职讲解人员的博物馆是1906年的美国波士顿美术馆，随着博物馆由知识生产机构向传播机构转变，各国博物馆陆续设立了专职讲解人员。20世纪20—30年代是我国博物馆事业的第一个发展阶段，这一时期，博物馆的讲解工作都是由业务人员兼任。此后，中国的博物馆学者也开始了博物馆讲解理论的探索。

新中国成立后，我国博物馆事业迎来了新的发展机遇，博物馆讲解工作也开始逐步走向专业化发展道路，涌现出了一批批理论研究著作。这些文章和著作分别从讲解技巧、语言艺术、讲解词编写、讲解队伍建设等方面进行探讨，大大丰富了博物馆讲解理论研究。随着博物馆教育职能越来越被重视，讲解也成为博物馆发挥社会教育功能的重要方式。

二、博物馆讲解分类及人工讲解方式

（一）博物馆讲解分类

博物馆讲解根据讲解主体的不同可以分为人工讲解（包括专职、兼职讲解员讲解和志愿者讲解）与数字化智能讲解两大类。

人工讲解是博物馆讲解中最常见的类型，也是博物馆社会教育最传统的方式。绝大多数博物馆都有自己的专职讲解队伍，承担着各种讲解任务。随着观众对博物馆文化需求的日益增长和博物馆社会教育职能的不断发展，博物馆专职讲解队伍已无法完全满足观众的讲解需求，博物馆开始吸纳一些文博爱好者们成立志愿讲解队伍，加入到博物馆的讲解工作中。

数字化智能讲解是指通过互联网等技术手段，将展览和文物信息以语音、图文或视频方式输入到便携式电子设备中，是观众在参观过程中方便快捷地获取信息的新型讲解类型。随着互联网技术的飞速发展和便携式移动设备的广泛应用，数字化智能讲解被世界各地大量采用。电子导览设备、微信语音讲解、二维码技术、短视频、讲解机器人等各种数字化智能讲解成为了博物馆的新型传播方式。

（二）博物馆人工讲解的方式

根据展览内容、讲解场合以及听讲观众的不同，人工讲解的方式也有所不同，主要有叙述式、报告式、交谈式、互动教学式、演示解说式、讲演式等常见类型。

叙述式讲解一般由讲解员按照展览顺序以自然、平和的语气进行讲解，对展览内容娓娓道来，在讲解过程中可适当穿插启发性提问。

报告式讲解通常讲解声音较洪亮，手势比较鲜明，整体基调比较庄重。这种方式要求讲解员庄重得体，讲解内容准确严肃，比较适合政务接待或集体观众参观。

交谈式讲解是由讲解员与观众以交谈方式进行讲解。这种方式比较适合于接待人数少且有目的地到博物馆参观的专业工作者，参观者有参与感，气氛融洽，讲解员和参观者互有所补。

互动教学式讲解主要针对按照学校教学计划来博物馆参观学习的学生群体。这种讲解方式须根据学生的学习要求选择一定的展览内容，进行细致、深入的讲解，并根据学生的年龄特点，采用提问和讨论的形式进行。这种方式具有明确的学习目标和较强的针对性、互动性。

演示解说式讲解通常是指科技类场馆的实验或非遗民俗类项目的演示解说等，是一种让观众更有参与感，更便于交流的讲解方式。

讲演式讲解常见于讲解比赛中，通常围绕一定的主题，由讲解员提前准备好规定时间内的讲解内容，并反复背诵，在讲台上声情并茂地向评委和观众讲演。讲演式是集讲解与舞台表演于一体的艺术表现形式，与其他讲解形式有很大的区别。要在讲解比赛中有精彩的表现，讲解员须对讲解内容、肢体语言、目光、站位与情感等进行精心地编排和反复的训练。

三、博物馆讲解队伍的建设与管理

对于博物馆馆长或管理者而言，做好博物馆讲解工作，充分发挥博物馆的教育功能，需要建立和管理好一支高素质的讲解队伍。在本部分，我们将总结行业经验，结合先进博物馆案例，归纳出建立和管理讲解团队的有效做法，供读者们参照使用。

（一）博物馆讲解队伍的建设

博物馆讲解队伍一般由专职、兼职和志愿者讲解员三者组成，纳入负责社会教育或公共服务的部门统一管理，由分管相应部门的馆领导统筹。专职讲解员的数量通常根据博物馆场馆规模、观众接待量等实际需求进行设置，一般几个到几十个不等。国有博物馆专职讲解员由于受编制数量的限制，在编制内讲解员数量无法完全满足观众日益增长的讲解服务需求的情况下，通常会采取外聘讲解员（非正式编制）的方式配备足够的专职讲解员队伍。而非国有博物馆专职讲解员因不受编制数量影响，讲解员数量的设置相对灵活，除与场馆规模、观众接待量等实际需求相关外，经费投入也是影响其讲解员数量的一个重要因素。

兼职讲解员多由博物馆内其他部门的业务人员或文博专家兼任，他们或是某个展览的策展人员，或对某领域有深入研究，也会参与到博物馆的讲解工作中，成为博物馆讲解队伍的有益补充。

志愿者讲解员也是目前博物馆讲解队伍中不可忽视的力量。志愿者是推动博物馆发展的社会力量，越来越多热心公益、热爱文博事业的社会人士加入到博物馆志愿者队伍中，他们广泛地参与到博物馆讲解、活动开展甚至是展览策划等工作中，成为博物馆工作的有益补充。因此，用好志愿者，建立一支高质量的志愿讲解队伍对博物馆讲解工作的开展有着十分重要的意义。

此外，为了博物馆讲解工作的可持续和长远发展，管理者须加强讲解队伍的梯度建设，建立一支年龄结构合理、专业背景多元的讲解队伍。年龄结构合理的讲解队伍应该是一个包括老年、中年、青年讲解员在内的梯队。青年讲解员是博物馆讲解的骨干力量，彰显着讲解队伍的朝气和活力；中老年讲解员发挥传帮带的作用，在为年轻讲解员进行指导的同时，自身也不断完善服务技能，提升理论水平，向专家型讲解员的角色转换，并承担起专业性要求更高的讲解工作。关于讲解员的专业背景，通常会选择专业比较对口的历史学、考古学、播音主持和外语专业的人员，博物馆讲解工作需要具备广博的知识储备，面向多元化的观众服务，因此，博物馆管理者应该改变传统视角，吸纳包括教育学、新闻传播学、文学、艺术表演等领域的人才加入，多角度、多元化地传播博物馆文化内涵，从而实现对文化品牌的塑造，激发更多的人了解和学习悠久灿烂的历史文化。

（二）博物馆讲解队伍的管理

能否将博物馆展览通过高水平的讲解表达出来，让观众深刻地理解展览的主题、文物蕴含的精神和文化内涵，充分发挥博物馆社会教育功能，取决于博物馆讲解队伍的管理，建立一支高水平的讲解队伍也离不开对讲解队伍科学、规范化的管理。讲解队伍的管理主要包括合理设置讲解员岗位职责、规范讲解员选拔标准、制定科学的培训方案、完善考核晋升机制等几个方面。

1. 合理设置讲解员岗位职责。每个博物馆都应该根据自身的需求设置相应的讲解员岗位职责，对讲解员的道德品质、工作态度、着装、工作内容、服务质量等提出具体要求。一名优秀的讲解员必须具备过硬的政治素养、良好的职业道德和敬业精神。讲解员日复一日、年复一年地面向不同的观众重复着同样的内容，长此以往，容易产生枯燥、厌烦的心理，这就要求讲解员具有极大的工作热情，这份热情应来源于对文博事业的热爱和高尚的敬业精神。关于讲解员的着装通常要求统一穿工作服、工作鞋，盘发、化淡妆，佩带工作牌。服装、鞋袜要求干净整洁，不留长指甲，讲解时不携带手机。博物馆讲解员除了承担讲解工作之外，还需负责日常咨询、引导、语音导览租赁等一线服务工作；有的博物馆讲解员还承担宣传、交流、共建、教育活动的开展等工作。

2. 规范讲解员选拔标准。规范讲解员的准入机制是新进人员整体文化素质的保障。因此，博物馆管理者须制定规范的讲解员选拔标准和流程，对讲解员的专业、学历、身高、普通话水平、外语程度等提出明确要求。除此之外，管理者还应该对应聘者的职业素养和知识储备进行考察。渊博的知识储备和深厚的文化底蕴是提升讲解深度和广度的关键要素，也是讲解员向专业化发展的重要支撑。国有博物馆编制内讲解员选拔流程一般包括笔试、面试、政审、体检等环节，通常参照公务员统一招考的相关要求和流程进行。国有博物馆外聘讲解员和非国有博物馆讲解员选拔一般经过笔试、面试和体检等环节。笔试、面试由博物馆管理者根据岗位需求和工作实际自行命题，通过笔试可考察应聘者的知识储备、文字编写能力等，通过面试则可评定应聘者的长相、音质、表达能力、逻辑思维、职业素养、应变能力等综合素质。

3. 制定科学的培训方案。博物馆讲解水平的提升离不开科学有效的培训，除了要对新讲解员进行岗前培训之外，上岗后的年度培训也应该一直贯穿于整个博物馆讲解工作中。制定科学系统的培训方案是帮助讲解员成长、提升讲解水平的重要手段。讲解培训的内容通常包括历史、考古知识、文博基础知识、语音语调、讲解礼仪、形体动作等方面，新讲解员还应该增加展馆设施及周边情况、日常工作安排等方面的培训，帮助他们迅速融入博物馆，加深对博物馆的了解。管理者对讲解员的培训方式包括安排讲解员参加日常晨练、展厅试讲及研讨、培训班集中学习、实地参观、专题讲座和“以老带新”跟班学习等方式。绝大多数博物馆通常对新入职的讲解员培训做得比较系统和完善，有专业化的课程培训体系，而对于工作时间比较长的老讲解员则缺乏专门的进阶课程和培训方案，这样不利于老讲解员的提升，不利于向专家型讲解员方向发展。因此，博物馆管理者应针对不同层次的讲解员制定相应的培养目标和讲解培训方案，使讲解员讲解水平和综合能力得到有效提升。

4. 完善考核晋升机制。讲解考核也是提高博物馆讲解水平和讲解员专业素养的重要手段，通常与讲解员的晋升挂钩，形成一套完整明确的考核晋升激励机制。通过考核晋升机制，讲解员的积极性得到提高，讲解服务水平得到一定提升，也有助于讲解队伍的稳定。目前，国有博物馆讲解员多为外聘人员（非编制内），为了促进讲解队伍的良性发展，不少博物馆采用讲解等级评定制度，如河南博物院依照入职年限、工作能力及业务成绩等方面的考核，将讲解团队分成普通讲解员、二级讲解员和一级讲解员三个档次。通过等级考核评定的方式，从职业年限、责任担当、组织与实施能力、科研成果、活动影响、游客反馈等多角度来考核聘用制讲解员的工作水平，激发聘用制讲解员的工作积极性和主动性，形成聘用制讲解员的良性竞争，促进整个讲解队伍的发展。

四、博物馆讲解实践与技巧

一名优秀的专职讲解员，除了要有专业的职业素养、广博的知识体系、生动多样的讲解方式、新颖的传播手段外，还应该熟悉讲解工作流程，熟练掌握讲解词编写技巧和讲解技巧，践行因人施讲理念，在实践中总结提升，在学习与磨炼中成长。

（一）熟悉讲解工作流程

提高博物馆讲解水平离不开讲解前的精心准备，讲解员应该充分地了解和熟悉讲解工作流程，认真对待每一次讲解，在讲解前苦练内功，熟练掌握讲解内容，做到心中有观众，讲解时有的放矢。做好讲解工作有以下几方面流程：

第一，讲解前的充分准备。对于讲解员而言，要做好每一次的讲解工作，讲解前的充分准备是必不可少的。讲解员要提前充分地了解自己的讲解对象，通过事先详细的沟通，了解观众的身份、参观需求、人数、参观时长等关键信息。在充分地了解讲解对象相关信息后，讲解员应制定相应的讲解方案，根据接待对象的身份和参观要求选择相应的讲解内容和讲解方式，确定参观路线，做到因人施讲。同时要熟练掌握参观路线的各个知识点，预设客人可能提出的问题，提前做好充分准备，并严格把握接待时间，确保讲解工作“零失误”。

第二，讲解时的高度重视。对于讲解员而言，讲解前的充分准备只是讲解工作的第一步，现场讲解才是最大的挑战，要高度重视。在讲解过程中，讲解礼仪不容忽视。迎接观众是现场讲解接待礼仪中非常重要的环节，应确保准时到达迎客地点。

在正式的讲解过程中，除了按照惯例向讲解对象致简短欢迎词外，更应按照事先准备好的讲解方案全身心地投入到讲解中。根据不同的讲解对象选择不同的讲解方式，对于中小学生群体则更多地采用互动教学式方式，运用口语化和讲故事的方式，来激起他们的学习兴趣，同时结合他们了解的知识点提出问题，鼓励学生回答和讨论。面对专业观众则可采用交谈式讲解方式，为他们的研究提供更多的素材。面对普通观众或散客，更多采用叙述式讲解方式，以平和自然的语气、简单生动的语言为观众营造一个轻松愉快的讲解环境，从而引导他们开展进一步的思考。在政务接待中，讲解员应根据来宾的参观时长掌控好时间，做到详略得当。政务接待更考验讲解员的心理素质与扎实功底。在讲解过程中，也会遇到来宾发表的见解与讲解内容冲突的情况，切忌争辩与评论。对于来宾的提问，讲解员应迅速准确地回答；如遇来宾提出讲解员不懂的问题，应巧妙解答，切忌回答生硬或随意作答。这就要求讲解员注重日常相关知识的积累，做到灵活应变，对答如流。不论讲解对象是谁，讲解员在结束讲解内容后还应热情礼貌地对讲解对象表示欢送。

第三，讲解后的总结记录。讲解员在每次讲解接待中应不断总结经验教训，这将有助于进一步提高讲解水平。因此，在整个讲解接待结束后，要及时总结，做好详细记录，优化接待流程。

（二）掌握讲解词编写技巧

编写讲解词是讲解员的基本功。陈列展览的内容能否准确全面地传递给观众，博物馆的科学、历史文化信息能否有效地传播，讲解词的编写至关重要。讲解词围绕物、事、人或科学原理等展开说明，使观众认识事物的外观、性质、成因、发展、类别、功能等，或帮助观众了解人物的生平、经历、主要活动和事迹，以及理解科学原理的概念、内容、规律、作用及其应用等。讲解词集思想性、科学性、知识性、艺术性和针对性于一体，详略得当，而且文辞优美，朗朗上口，既适合阅读、记忆，又适合讲解、倾听。讲解词的编写有以下几个步骤：

第一，全面了解展览，熟悉内容。讲解员在编写讲解词之前，必须事先全面了解陈列展览的基本信息：是基本陈列还是临时展览？是原创展览还是引进展览？展览的主题是什么？展出的文物有多少？展览的设计理念是什么？了解展览基本信息有助于掌握全局。同时还有一项非常重要的工作就是熟读展陈提纲，对展览内容进行更加细致深入的了解，再查找、搜集与展览和文物展品有关的背景资料进行补充。

第二，确定讲解词框架、突出重点。在对展览有了全面细致的了解之后，讲解员应紧扣陈列展览内容，设定讲解词的框架，确定每一部分要介绍的内容和重点文物，再正式成稿。讲解词要做到条理清晰、主次分明、重点突出，要将展览中的文物和版面内容有机地联系起来，起到“串珠成链”的作用。

讲解词的编写要做到心中有观众，掌握各方面观众的需求，有适合不同人群的讲解内容。针对一般观众，写作讲解词时要尽量详细地反映陈列内容，不必过多地强调稿件的文学性，应增强稿件的趣味性；针对大、中、小学生及在讲解内容上有特别要求的观众，应根据年龄、专业要求，在基本陈列稿的基础上提取适合这一人群特点的讲解内容，尤其在语言上要亲切、简洁易懂，采取互动、交流、启发式的讲解，同时要结合爱国主义教育，将文物所包含的历史、科技、艺术价值信息传递给他们，使他们从中感受中华文明的博大精深；针对专家学者，写作讲解词时语言要严谨、知识面要广、信息量要大，要尽量多介绍新的研究成果。此外，讲解词的编写还应该多注意对展览和文物背后故事的挖掘，以通俗易懂的语言文字展现文物的故事性，吸引观众的兴趣。讲解词的编写是一个再创作的过程，编写优秀的讲解词是博物馆讲解员需要努力的目标。

第三，现场试讲，反复修改。讲解词初稿写成后，内容是否有针对性，讲解路线是否顺畅合理，文物展出的顺序是否有调整，重点是否突出……这些都需要讲解员在展览现场通过试讲进行确认，发现问题应及时修改讲解词。讲解词既要顺应展览的布置，又要根据讲解员的日常习惯和专业规范，将重点介绍的展览内容、需要提及的文物以及合理简洁的讲解路线重新进行编排。优秀的讲解词都是经过多次反复修改调整而成的。

第四，专家、领导审查把关。讲解词是传播科学知识、历史文化的载体，也是众多研究成果的集中呈现，是党的方针、政策和我国政府对某些问题的态度的体现。因此，馆内专家和领导对讲解词的政治方向和内容的准确性等方面进行审查和把关是必备的步骤，特别是一些重点领域的展览讲解词还应报上级有关部门审核批准。

（三）熟练掌握讲解技巧

博物馆讲解是语言艺术的一种表现形式，离不开有声语言的表达和态势语言技巧的运用，讲解员熟练地掌握语言表达和态势技巧，通过生动而富有情感的讲解与观众产生心灵上的碰撞，引导观众进行深度的思考，是博物馆讲解的核心要义。

第一，有声语言表达。有声语言表达包括呼吸的运用、发声、吐字归音、重音、语调、停连等。讲解的过程中要注意气息均匀，呼吸过于急促或喘息都会影响讲解的效果；吐字归音要求吐字有力，字音准确，立得住，归音到位、完整。同时要根据表达的语意、目的，在需要重点强调和突显情感的地方，要注意重音的运用；语调抑扬顿挫，停连得当。如果讲解员在讲解过程中从头到尾语调都很平淡，容易使观众产生枯燥和疲劳的感觉。因此，讲解员要学会“察言观色”，根据观众的反应在适当时候调整语调，调动观众继续参观的兴趣。

第二，态势语言技巧。态势语言是指讲解员在讲解过程中运用目光、表情、手势、站姿、走姿等无声的语言表达方式，配合有声语言更加形象生动地传递信息，是语言表达重要的辅助方式。讲解员的态势语言要自然大方、准确到位，手势、表情、行走、转身等的变化不能拘谨也不能过于夸张，这些看似简单的动作要做到流畅得体还需要讲解员在正式讲解前反复练习，仔细揣摩。

（四）践行因人施讲理念

因人施讲是博物馆讲解的最高境界，是讲解员不断探索和实践的目标。因人施讲需要讲解员根据不同的年龄层次、职业、文化层次、地域的观众的特点、需求和兴趣进行分析，采用有针对性的讲解方式、内容和节奏进行讲解，这也是成为一名优秀的讲解员所要具备的综合能力。要做到因人施讲，提前条件是讲解员必须对观众的构成和需求有一定的了解和研究，掌握一定的人类学、心理学和教育学知识，借助这些知识和理论体系对讲解对象进行分析，掌握讲解对象的特点。例如根据年龄分类，可以将观众分为青少年、中老年观众；根据文化层次可分为普通观众和专家学者；根据地域可分为国内观众和外国观众；此外，博物馆也常为盲人、残障人士等特殊群体提供讲解服务。面对不同的观众，讲解员应提前做好功课，针对观众的年龄、职业、地域、参观目的等信息进行全面查询和了解，预估观众可能感兴趣的内容，制定讲解路线，预设讲解亮点，做到胸有成竹。以下试结合几种比较典型的观众分析如何因人施讲。

1. 青少年观众。这类观众又可细分为三类：儿童、少年和青年，他们的共同特点是精力旺盛，思维活跃，有强烈的好奇心和求知欲，独立意识强。儿童由于注意力不集中，且较难组织，讲解时要注意控制好时间，内容尽量浅显易懂。讲解词应该更加生动有趣，以简单的疑问句代替陈述句，增强故事性和趣味性，吸引孩子们的注意力。而青年学生的好奇心和求知欲则特别强烈，适合更加全面而深入的内容，以及新颖、生动的表达形式。

2. 老年观众。老年观众与青年人不同，他们往往把兴趣集中在事理上，希望讲解内容更加详实并能揭示事物的本质。对于老年人，在讲解过程中更要充分给予尊重和关怀，适当调大音量，放慢语速，以便老年观众能听清楚讲解内容。此外，还应该根据老人的体力情况适当增加休息点。

3. 专家学者。专家学者参观的目的性和自主性较强，一般都选择自己感兴趣的内容重点参观。讲解员主要负责陪同引导，同时根据他们的兴趣进行介绍，可多介绍最新研究成果，语言要高度精炼。在为专家讲解的过程中，讲解员要注意谦虚、诚实，虚心向专家请教，切忌不懂装懂。

4. 政府官员。政府官员也是博物馆比较常见的观众，讲解员在开展政务接待时应该有针对性地开展讲解服务工作。政府官员通常公务繁忙，参观时间较短，要求较高。因此，讲解员要提前规划好讲解路线，对讲解内容进行高度概况，突出重点。在讲解过程中可对领导感兴趣的内容进行详细介绍，并适当引入一些观点和评论，以产生共鸣。

5. 特殊群体。盲人、聋哑人等特殊群体也是博物馆的重要观众，讲解员要站在他们的角度想问题，采取不同于常规的讲解方式。例如针对盲人观众可以通过触摸、体验的方式，将他们带入到观展氛围中，让他们感受到尊重和理解。2017 年鸦片战争博物馆改陈的展览开放时，讲解员就通过感受和“触摸”展览的方式引导盲人观众了解展览。一位盲人观众在体验结束后连连感叹：“想不到，我们也可以在博物馆里这么深入地了解展览。想不到，我们也可以在博物馆里受到尊重。”

6. 外国观众。对于外国观众而言，吸引他们进入博物馆参观的因素多数是展览内容和特色。他们个性自由、开放，对中国文化有强烈的好奇心和求知欲，但由于文化的差异，大部分外国游客对中国的历史脉络缺乏基本了解。讲解员在为外国观众讲解时要特别注意国际礼仪，遵守相关的外事纪律，讲解语言要朴素平实、客观，可对有国际影响的历史事件、历史人物进行重点介绍，着重揭示历史内涵，这样易于被外国观众接受并引起共鸣，使他们对中国历史有正确的了解和认识。

图 1　鸦片战争博物馆，盲人团体在讲解员引导下“触摸”文物

博物馆讲解肩负着社会教育和文化传播的重任，是博物馆服务观众的重要方法。优秀的讲解是专业知识、社会知识、心理学、美学、文学等多种知识和表达、创新、应变、组织等多种能力的综合运用。讲解员是联系博物馆与观众的重要纽带，要成长为一名优秀的讲解员，并非一朝一夕之事，需要讲解员在保持对文博事业的热爱和责任心的同时，在日常工作中不断学习、钻研和总结经验教训，提升自身职业素养和综合能力，向专家型讲解员转变，最大限度地发挥博物馆的教育职能，使博物馆真正成为传播知识、传播教育、传播精神文明的重要载体。

广州华侨博物馆罗兴连、鸦片战争博物馆王亚楠执笔

博物馆宣传

博物馆自诞生以来，其定义与功能一直在充实和发展。当今博物馆事业步入全新的发展阶段，其业务也不再局限于收藏、保护、研究和教育等传统功能，其社会功能使得现代博物馆更多地具备了媒体属性。2021 年 5 月 11 日，中宣部联合九部委发布《关于推进博物馆改革发展的指导意见》，正式将传播与征藏、保护、研究、陈展、教育等博物馆传统业务板块并列，提出要“优化传播服务”，对博物馆传播功能的创新性发展提出了更高的要求。本文从博物馆与传播的定义、发展现状以及优化博物馆传播服务的角度进行相关探讨。

一、博物馆与传播

何为博物馆，在事实上并未有明确且统一的定义。2022 年 8 月，国际博物馆协会（ICOM）布拉格全体大会将博物馆定义为：“为社会服务的非营利性常设机构，它研究、收藏、保护、阐释和展示物质与非物质遗产。向公众开放，具有可及性和包容性，博物馆促进多样性和可持续性。博物馆以符合道德且专业的方式进行运营和交流，并在社区的参与下，为教育、欣赏、深思和知识共享提供多种体验。”2015 年，国务院公布的《博物馆条例》将博物馆定义为：“以教育、研究和欣赏为目的，收藏、保护并向公众展示人类活动和自然环境的见证物，经登记管理机关依法登记的非营利组织。”笔者认为，从博物馆的几大功能来看，博物馆宗旨主要有两点：一为传承，即对文明的传承；一为传播，即对文化的传播。换而言之就是从时间和空间上对人类文化遗产的延续和拓展。如此一来，博物馆几大业务板块均可以由此宗旨进行概括：藏品管理、文物保护、学术科研可纳入传承范畴；而陈列展览、博物馆教育、文创开发以及博物馆媒体工作可纳入传播范畴。

一般来讲，传播（communication）是指个人、组织、社会之间信息传递、接受、共享和沟通的过程。随着博物馆业务的开拓，尤其是近年来新媒体技术的运用，博物馆的业务活动与社会影响早已突破馆舍的局限，具备了传播媒介的特征。但是，博物馆作为传播媒体，既具备媒体的基础功能，又区别于专业的新闻媒体。应该说，现代博物馆是以文化传播为目标，进行大众传播活动的文化机构。作为传播媒介的博物馆，不仅是传播的发起者，更是传播内容的生产者和信息发布的重要渠道。

国内博物馆界长期存在重传承而轻传播的发展态势。近年来，随着国家对文物博物馆事业的重视、公众对博物馆需求的提升以及博物馆自身媒体的发展，博物馆日渐重视对传播效能的发挥。博物馆传播方式的发展与业务拓展息息相关，国内博物馆传播模式发展大致经历了四个阶段。

人际传播和群体传播阶段。新中国成立后，迎来了一批博物馆的建成开放，但当时的博物馆业务以藏品的收藏、保管为主，只进行小范围、小区域的开放和宣教服务；传播模式相对落后，主要依靠工作人员宣讲和部分媒体传播，传播内容也多局限于藏品和展览，总体缺乏规划性和互动性，大体属于单向传播模式。

大众传播阶段。改革开放后，国内博物馆发展步入了一个全新阶段，报刊、电视、广播和电影等大众传媒的发展，提升了博物馆传播的效率，拓展了传播规模，传播内容也逐步涵盖博物馆的所有业务。

新媒体互动式大众传播阶段。20 世纪末的信息技术革命给博物馆传播带来了翻天覆地的变化。2008 年，随着博物馆的免费开放，博物馆从馆舍天地逐步走向大千世界。新媒体信息发布的便利性、高时效性和海量性，提升了博物馆的热度，使得博物馆不再是高高在上的殿堂，更加贴近观众、贴近生活，在内容制作、服务提升方面更多关注普通观众，博物馆传播进入互动式传播发展阶段。

自媒体体验式大众传播阶段。进入 21 世纪，博物馆自媒体蓬勃发展，尤其是随着微信、微博以及短视频 APP 的发展，博物馆已不再满足于依靠大众传媒来传播，国内一线大馆纷纷成立自己的自媒体传播矩阵。2020 年初新冠疫情爆发后，各大博物馆使出浑身解数，以云看展、云文物、云直播、VR 全景式体验等多种手段，催生了博物馆体验式传播发展的新阶段。

二、优化博物馆传播服务

博物馆的社会化是大势所趋，如何充分发挥博物馆的媒介功能，优化博物馆的传播服务，不仅是博物馆业界面临的重大课题，也势将成为传播学研究的一个方向。笔者试图引入传播学经典理论，简述优化博物馆传播服务的几大路径。1948 年，美国传播学专家拉斯韦尔发表了《社会传播的结构与功能》一文。在文章中，拉斯韦尔明确提出了传播过程及其五个基本构成要素，即拉斯韦尔 5W 模式：谁（who），说了什么（says what），通过什么渠道（in which channel），对谁说（to whom），取得了什么效果（with what effect）。这个模式简明清晰，也由此奠定了传播学研究的五大基本内容：即控制分析、内容分析、媒介分析、受众分析以及效果分析。根据拉斯韦尔 5W 模式，笔者结合工作实际谈谈对博物馆传播工作的几点个人看法。

（一）要明确博物馆的定位，做一个有个性的博物馆

博物馆作为传播的起点，如何定位自身，如何在博物馆丛林中树立个性品牌，如何定义自己的传播内容，如何让自己的作品有辨别度，这些非常重要。上海博物馆的高速发展，与它的定位“中国古代艺术博物馆”有重要关系。近年来，广东省博物馆从广东地缘特色出发，深耕广东海洋文化、岭南文化资源，在对外贸易、明清工艺美术等方面加大征藏、策展力度，策划了一系列在全国具有重大影响力的展览，也连续多年在全国陈列展览评比中获得肯定。

（二）要坚持内容为王，提升博物馆的内容制作水平

博物馆的传播内容，包括陈列展览、文创开发、教育活动以及媒体业务，基本涵盖了博物馆的社会业务。因此，提升博物馆的业务水平是发挥博物馆传播功能的基础。博物馆只有紧扣时代、贴近观众、契合热点的内容供给，才能获得传播的先机。长期以来，博物馆的传播内容由于过于专业和晦涩，很难被观众所接受。媒体的融合给博物馆的传播工作带来了机遇，如何深入挖掘博物馆的馆藏和业务工作资源，激发内容制作人员的主动性和创造性十分重要。《国家宝藏》的热播和受到的热捧充分证明了博物馆内容经过媒体传播语言的转换，可以产生巨大的社会效益。同时，博物馆也需要适时策划“媒体事件”，主动吸引媒体关注，并充分利用自媒体平台增加业务热点。

（三）要做大做强博物馆自媒体，完善博物馆的媒体沟通机制

自媒体的发展给博物馆传播安上了翅膀。我们看到，国内顶流博物馆自媒体的影响力，并不亚于专业媒体机构。做大做强自媒体，建设功能齐全的自媒体矩阵，是博物馆自媒体工作的重要方向。同时，还要加强与媒体的沟通交流，全方位、多角度推介博物馆形象。

（四）要加强博物馆受众研究，加大观众调查频率和深度

了解观众所想，提供观众所需，与观众高效互动，是提升传播效率的重要手段。了解需求最重要的方式就是进行受众调查，这种基础性研究虽然需要大量资源投入，但是非常重要。广东省博物馆在国内首倡策展人制度，其一个内在核心就是以观众为导向，在选题确定、内容供给等方面，以各种渠道征求社会意见，提升观众参与感。

（五）要分析总结传播效果，及时调节传播方向

博物馆传播的目标是“突出公益属性和社会效益”。如何掌握传播效果，如何衡量博物馆业务活动的社会效益，又需要我们进行观众调查和社会调研，及时总结分析和修正。同时，要积极主动地了解社会舆情，及时处理公共事务，维持博物馆的良好形象。

三、博物馆的媒体工作

媒体是扩大博物馆传播服务范围的重要平台，公众日益增长的文化需求与蓬勃发展的大众传媒相结合，掀起了“博物馆热”。作为传播内容的提供方与制作方，博物馆本身就具有大众传媒属性。随着博物馆自媒体平台的不断成长壮大，博物馆的大众传播功能得到进一步发展，一批“网红馆”也应运而生。但是，我们应该冷静地看到，目前得到公众和媒体重点关注和高曝光的博物馆只是其中很少一部分，大部分博物馆的媒体工作存在内部资源不统一、主动性不够、内容过于单一和泛娱乐化等问题。在“人人都有麦克风，个个都是歌唱家”的时代，博物馆应该积极主动地掌握话语权，加强与传统媒体的互动，做大做强自媒体，积极关注社会舆情，不

断提高影响力。笔者主要从传统媒体对接和自媒体运营两方面来谈谈博物馆的媒体工作。

（一）博物馆与传统媒体

传统媒体指相对于新兴网络媒体而言的传统大众传播媒介，即通过某种机械装置定期向社会公众发布信息或提供教育、娱乐平台的媒体，主要包括报刊、广播、电视以及自媒体以外的网络等。传统媒体是博物馆大众传播阶段的主要传播手段，是博物馆资讯服务类信息传播的主要途径，也是目前博物馆业界较为普遍的传播渠道，其因权威度高、受众层次高、内容制作精良、发布渠道专业而具有不可替代性。广东省博物馆目前的媒体对接工作由专门部门统筹，形成了一套行之有效的良性沟通机制，主要有以下几方面：

1. 组建完善的供稿机制

广东省博物馆建立了相对完善且运行成熟的部门信息员供稿制度，各业务部门固定一人为信息员，由媒体工作统筹部门信息员负责日常信息工作的对接，各部门信息员根据部门业务工作及时、高效地报送信息，按照规定流程审定后即可由统筹部门分渠道报送。除日常讯息报送外，根据媒体工作整体规划定期约稿，加强工作的规划性。

2. 搭建良性的沟通渠道

加大与各大媒体的沟通对接，建立成熟稳定的沟通渠道。目前各大博物馆均有稳定的媒体对接渠道，就广东省博物馆而言，目前建立有单位独立的媒体群，可以与各大媒体文博记者直接对接，遇有发布事项即可在群里发布消息、组织采访、反馈信息，确保信息高效、精准发布。同时，还与上级主管单位媒体发布渠道互动沟通，提高发布工作的覆盖面。在稿件发布的类型上，采用较多的有发布通稿，同时也提供开放式材料供媒体发掘。

3. 报道突出工作亮点

并不是所有的信息都是新闻，媒体报道内容一定是有选择性、有代表性的。博物馆媒体工作者需要掌握传媒规律，结合社会热点，有针对性地提供报道材料。尤其是在馆内有重大活动时，部门信息管理人员需要提前介入。例如针对广东省博物馆的策展人制度，媒体工作统筹部门在各策展团队中安排媒体专员，由媒体专员制订展览媒体工作规划并具体执行。另外，在博物馆举行重大活动时，邀请媒体记者随团出访，及时发现热点，随时跟进报道，突出工作亮点。

4. 重视政务信息报送

博物馆不仅需要通过媒体实现服务功能，也需要向上级部门沟通工作情况。因此，政务信息也是博物馆媒体工作的重要板块，是上级主管部门了解博物馆工作的特殊手段，也是博物馆向上级部门领导反映问题和困难的良好渠道。政务信息稿来源于新闻稿件，但内容上需要做调整深化，尤其是反映问题的信息稿件，与传统公文相比更具迅捷性和轻便性，其功能值得挖掘。

（二）博物馆的自媒体运营

随着互联网和数字技术的进步，自媒体发展日新月异，对于博物馆的传播来说，丰富了传播形式，拓宽了传播渠道，扩大了传播范围，改变了传播关系，影响着博物馆传播业态的发展。尤其是新冠疫情的爆发，更是倒逼博物馆大步走出馆舍，迈向云端，推动了博物馆自媒体的蓬勃发展。作为公共文化服务机构的博物馆，如何最大限度地利用自媒体，充分发挥博物馆的文化传播功能，是必须要认真考虑的重要问题。

1. 差别性定位不同平台功能

各种自媒体平台纷繁缭乱，并不是所有平台都适合博物馆传播。目前，国内博物馆应用比较多的自媒体平台主要有微信服务号、订阅号、小程序、视频号和微博、哔哩哔哩、小红书等 APP 以及抖音、快手等短视频 APP。由于各大平台本身的特质与差异化的受众群体，博物馆在自媒体平台功能定位及内容发布上，应该有针对性和选择性。微信服务号由于其发布周期较长，一月限于发布四期，但可多条组合发布，适合发布长期性的服务信息以及关于展览、文物、文创、科研等业务工作的知识性强且有深度的推送；微信订阅号一天可发布一次，可作为新闻信息发布平台；微博平台具有“短”“平”“快”特点，具有很强的互动性和即时性，可作为精短知识类信息和公告类服务信息发布的重要平台，还可以充当博物馆与公众互动的重要平台；快手、抖音作为超短视频发布平台，适合发布一分钟以内的短视频，用以重大业务的引流宣传；哔哩哔哩和小红书拥有数量巨大的年轻时尚受众，且发布内容篇幅较长，是适合博物馆知识类、趣味类微纪录片发布的重要平台。此外，在重大业务宣传时，博物馆需要充分发挥各种媒体功能，合理调配和发布传播内容，实现“一次采集、多种生成、多元传播”的融媒体格局，提升在各平台的曝光率。

2. 打磨专业且适合传播的推文内容

专业性是博物馆自媒体区分于其他大众传媒的重要特征。保持内容的专业性是博物馆自媒体安身立命之所在，这一点毋庸置疑，但是保持专业性不能牺牲内容的可读性，尤其是在流量时代，只有合理平衡内容专业性和可读性的关系，才能真正留住用户。这就要求内容制作者不仅有深厚的专业功底，还需要在内容的制作编排上熟谙传播规律。博物馆自媒体平台的推送不仅要深耕内容，增加内容的干货量，还需要在内容编排包装尤其是标题上面大做文章，做到有里有表。博物馆发布内容应打造以业务工作为中心的专题式发布构架，形成自己的 IP 和范式。藏品、文保、展览、教育、文创、科研等方面内容的推文是博物馆的特色产品，尤其在一定的业务主题宣传阶段，要深度挖掘主推业务，在把握宣传主题的同时，在业务范围内做一定的拓展，增加配套项目不同形式的曝光率，包括线下活动培训、研究论文、游戏、直播等，形成有中心、有衍生、有层次的内容发布，吸引不同层次、不同需求的人群。

3. 多渠道吸粉，扩大用户基数

除了以上提及的内容吸粉手段，博物馆可同时采取功能吸粉方式提升用户基数。目前，博物馆的自媒体平台除了信息发布功能外，还可以将门票、导赏、活动预约、文创商店和互动游戏等博物馆日常功能整合起来，不仅提升观众参观体验的便捷性，还可以增加自媒体平台的曝光度，达到吸粉目的。此外，多平台之间的引流也是一种重要的吸粉手段。博物馆内容发布可以选择以某一平台为主，同时充分发挥各平台的不同作用，达到相互引流的目的。线上活动也是采用较多的吸粉手段，目前各大自媒体平台用得比较多的方式，有关注加转发获得抽奖或者线下活动的资格。最后，在内容发布上，要尊重用户习惯，合理选择发布时间和频率，避免频繁更新发布造成用户取关，同时应平台直播活动时增加主页的曝光量。

4. 投入社群运营，提升用户黏度

博物馆可把通过多渠道引流得到的粉丝组成社群，通过举办线下活动、培训、座谈交流等多种方式加强互动，培养粉丝的忠诚度。同时，可以充分发挥粉丝社群的积极作用，他们不仅可以作为博物馆媒体专栏的撰稿人，还可以成为博物馆形象推广的同盟者，甚至可以发展为博物馆的志愿者和自媒体意见领袖，为博物馆的业务工作创新甚至舆情引导发挥重要的作用。

5. 线上线下融合，打造品牌生态链

近几年来，各地大型博物馆自媒体账号迅速发展，线上活动精彩纷呈。因此，在线下活动的同时，可以同步发起线上参与，尤其是充分发挥线上直播的优势，提升观众的参与感和体验感。同时，博物馆之间存在着频繁的业务交互和信息联动，可以在馆际发起共同的主题活动，提升宣传影响力。例如，馆际可以以博物馆日、文化遗产日以及展览交流等业务合作制造共同话题，整合各馆信息，形成全方位、多节点的品牌联动；推动“博物馆+”概念，博物馆媒体工作要紧跟博物馆业务拓展步伐，形成博物馆与企业、高校以及其他社会机构的品牌联动，达到业务共建，媒体资源共享。

总而言之，博物馆传播概念的正式提出，对发挥博物馆社会功能、实现博物馆媒体属性具有重要意义。新时代的博物馆，找准在传播链条中的准确定位，充分发挥博物馆的媒体属性，对于优化其传播服务至关重要。

广东省博物馆陈宇执笔

博物馆信息化

近年来，物联网、云计算、大数据、人工智能等的新一代信息技术迅猛发展，通过与不同行业的融合，驱动新的工业革命和数字经济的蓬勃发展，也为博物馆提供了良好的发展机遇。《关于推进博物馆改革发展的指导意见》指出，应强化科技支撑，大力发展智慧博物馆，以业务需求为核心，以现代科学技术为支撑，逐步实现智慧服务、智慧保护、智慧管理，切实推进博物馆治理能力的现代化，为新时期博物馆信息化的建设指明了方向。面对新的发展格局，博物馆应该系统性地思考博物馆信息化、数字化转型的发展路径，谋划未来的智慧博物馆发展和策略。本文在博物馆信息化建设规划、应用系统建设、藏品资源数字化、智慧博物馆、信息化系统运维、标准规范建设等方面提出建设参考。

一、我国博物馆信息化现状

20 世纪 70 年代末，我国考古界曾经进行过用电脑处理甲骨拼缀的试验，这是信息化在文博领域的最早接触。到了 1983 年全国博物馆工作座谈会以后，上海博物馆在 1984 年开始建立“电脑组”，规划博物馆的电脑工作；同年，中国人民革命军事博物馆也开始进行藏品电脑管理系统的研制。至此，信息化在博物馆的应用才有了实质性的突破。而今，随着信息技术的发展，数字技术不断普及，博物馆已经建立了各项业务应用系统，并普遍接入互联网，也利用移动应用程序、社交媒体平台进行博物馆文化展示和传播，最典型的案例是“数字故宫”和“数字敦煌”。“数字故宫”是故宫博物院经过多年努力而建立起来的博物馆数字生态系统，其建立了统一门户的信息管理系统，还出品了“天子的宫殿”“故宫名画记”“数字文物库”“数字多宝阁”“韩熙载夜宴图 APP”“胤禛美人图 APP”等经典数字文化作品。“数字敦煌”通过高清全景漫游平台向全球展示了 30 个经典洞窟，线上观众足不出户就可以领略到敦煌文化艺术。除此之外，内蒙古博物院、甘肃省博物馆、广东省博物馆、苏州博物馆、四川博物院、金沙遗址博物馆、山西博物院被国家文物局确定为智慧博物馆试点单位，开展在文物保护、内部管理、公众服务等方面的智慧化应用实践。

2013 年，国家开展了第一次全国可移动文物普查工作。此次普查不仅涵盖文博事业单位，还涵盖各级国家机关、事业单位、国有企业等，至 2016 年 10 月，全国现存国有可移动文物 1.08 亿件 / 套，资源包括基础信息和数字影像，摸清了博物馆藏品资源家底。全国的博物馆在这次普查中得到了一次数字化和信息化的历练，锻炼了一批信息化、数字化的专业技术人员，博物馆的信息化进入全面发展期。

移动应用程序开发、数字化展示、沉浸式互动体验、应用系统平台、大数据分析、新媒体传播等新的应用场景在博物馆中也不断呈现，随着文化与科技不断的深度融合，信息化建设逐渐成为博物馆的常态性业务。但是，我们也看到，欠发达地区和边远地区的博物馆信息化发展受到资金、人才、技术等方面的限制，仍然存在发展不充分不平衡的状况，甚至一些基层博物馆计算机设备、网络化的需求都无法得到满足，亟待摆脱困境。

二、博物馆信息化建设规划

博物馆信息化建设是一项长期的工程，应规划先行，制订顶层设计，结合博物馆的发展战略和信息技术的应用场景，进行信息化发展整体布局，统筹兼顾管理运营和业务的需求，以此来制定信息化的远景目标、总体架构、技术路径、建设内容等。

在进行信息化规划之前，应做好现状调查与评估工作，对博物馆管理机构的设置、职能划分以及管理制度进行梳理；对信息化基础资源进行调查，了解数据中心、网络、软硬件、现有的业务数据、应用系统、数字设备以及信息化专业人员配备等情况；重点对现有的应用系统进行调查，了解各系统的功能、配套设备、部署环境、技术构架、运行状态等；对数字资源进行整理和统计，例如对藏品、标本、历史照片、档案等电子数据进行分类、汇总、统计；对外部环境，包括政策环境、技术环境、资源环境等进行评估。依据调研结果，梳理需要解决的问题，并加以分析。

在进行信息化规划时，应始终以发展博物馆各项业务、解决业务问题作为出发点，不能为了信息化而信息化。还应根据业务最新发展趋势，探索如何采用信息化手段来支撑业务创新，因此不仅要考虑技术如何与业务需求相融合，也需要考虑业务之间的协同共享问题。

一般来说，信息化建设项目内容复杂、时间跨度大，因此可以在总体规划的指导下，采取分步实施、稳步推进的建设模式，确定项目阶段性建设内容，整体做好各应用系统的整合和对接工作，避免片面追求进度和仓促上马。

中小博物馆的信息化建设应立足自身现状，在硬件基础设施和软件服务资源等方面可依托上级管理部门资源或者行业资源，对接相关的信息化系统，无须建设如省级馆那样大而全的信息系统；也可根据自己的特点，创新建设理念和机制，打造小而精的实用信息应用系统，以满足自身的业务需求。

在信息化人才培养方面，应重点培养既熟悉博物馆业务，又懂得信息技术的技术人才，抑或是在建设团队内配备两者兼通的人员，以保障在建设过程中，对需求的理解、业务流程的优化、开发技术路线的选择、交互体验等重要的问题予以切实解决。

三、博物馆信息化应用系统建设

博物馆信息化的应用层面建设，可以从保护、管理、服务、数字传播等方面展开，分别面向文物保护工作者、博物馆管理和运营者、社会公众，充分运用物联网、大数据、移动互联网、人工智能、扩展现实等新一代信息技术，构建支撑文物保护、藏品管理、展览展示、教育活动、行政管理、公众服务、文创产业、新媒体运营等博物馆业务的应用系统。

在文物保护方面，主要的应用有博物馆藏品保存环境监测、文物保护修复管理等系统。藏品保存环境一般指博物馆收藏与展示各类可移动文物的相对独立空间，包括库房、展厅、展柜、囊匣等。在建设博物馆藏品保存环境监测系统时，我们可以运用物联网技术，在博物馆藏品的保存环境空间里自动检测和获取温湿度、光辐射、污染气体、有害生物等有关数据，判断文物是否处于一个稳定、洁净的安全环境，也可以及时发现可能造成文物损害的潜在风险，应用系统对监测数据进行查询、比对、统计等，显示特定区域的相关数值变化曲线，在超出特定阈值时进行报警或告警，达到“风险可识别、险情可处理、效果可评价”的目标。而文物保护修复管理系统主要编制管理文物保护修复方案，记录方案执行的过程，跟踪分析修复保护成果，为每一个保护修复项目和每一件藏品建立独立的修复保护档案，形成总的文物保护修复技术档案，主要包括文物调查报告、文物照片、文物绘图、文物制作材料和艺术调查记录、文物修复方案、文物修复日志性工作记录、文物修复报告、文物提取记录等内容，详细对文物保护修复过程中以及修复后文物的状态进行描述和记录，建立科学完善的文物保护修复信息管理体系。

在管理方面，应运用先进的计算机信息技术来转变传统管理理念，优化和提升博物馆的管理效能和工作方法，使博物馆的管理更加高效、科学、精准、智能；应重点关注博物馆的藏品、展览、教育、图书档案、行政管理等核心业务，最终达到智能协同、互联互通、精细管理的目标。在建设藏品信息管理系统时，应积极围绕藏品这一核心建立藏品基础数据库，建立科学完善的藏品管理系统，记录和保存藏品的全生命周期的信息，涵盖馆藏文物的征集、入藏、编目、出入库管理、盘点、应用等工作范围，将藏品管理工作提升为信息化、数字化、智能化的方式。在建设展览项目管理系统时，应着重对陈列展览项目的立项、策展、大纲编写、形式设计、施工、展出、结项等进行全流程管理，建立展览基本信息、项目资料共享、项目成员组建、任务分工、预算支出管理、展厅排期、项目成果等信息库，推进展览项目的有效管理。在建设办公自动化系统时，应充分利用自动化工作流引擎技术，对原有的博物馆流程进行优化和再造，把所有的公文审批管理起来，以流程带动信息，建立一个动态的、规范的、高效的、灵活的流程体系，推动博物馆精细化管理。在建设图书资料档案管理系统时，可参照图书馆行业标准分类法规范管理流程，实现图书资料的流通管理、借阅管理、图书管理等功能，提升图书资料、文本档案管理的信息化水平，实现档案的收、管、存、用，全面提升数字化服务能力。

另外，博物馆业务涉及多个行政业务工作，主要有人事管理、财务管理、后勤管理、物业管理等，也需要采用计算机信息技术提高工作水平。人力资源管理系统建设应面向发展的战略，提供全方位、一体化、精细化的人力资源服务解决方案，从时间管理、工资配置、社保福利、薪酬发放、岗位绩效等方面，降低管理成本，提升博物馆人才管理效率。财务管理系统应着力实现预算管理、资金管理、账目管理、成本核算、电子商务、统计分析、绩效审计等业务的电算化，提升财务工作效率，加强管控透明度，节约运营成本。固定资产管理系统应以资产为核心，通过对国有资产的价值信息、实物信息、运行及检维修信息的管理，实现对资产全周期的精确管控，提升资产的可利用率，控制运行维护成本，实时监测资产运行状况。

在公众服务方面，博物馆应转变观念，围绕公众的服务需求，运用新一代信息技术、数字技术丰富观众的参观体验，加强内容挖掘，创新传播方式，为公众提供高效便捷、线上线下相结合的服务模式。在建设预约票务管理系统时，应满足博物馆门票、活动与讲座相关票务预订服务、校验、记录、统计等功能，入馆方式可选择闸机通道，门票种类和数量应结合实际情况进行多种模式的预设，达到全网预约、错峰参观的目的。在建设智能导览系统时，应不断尝试采用数字技术来丰富观众的导览体验。一般来说智能导览包括自助机导览、小程序端智能导览、APP 端智能导览、微信导览等等。也可运用室内定位、移动互联网等信息技术，提供基于位置服务的智能导航服务，这是目前智能导览系统最新颖的做法，能够支持导览路线规划、智能推送导览内容等功能，为观众参观提供更加个性化的体验。在建设网上商店时，博物馆应依托天猫、淘宝、京东等电子商务平台建立博物馆专门店，扩大经营规模与范围，满足受众更多的需求，亦可基于微信平台的第三方电子商务平台上开设微店。在网上商店平台，博物馆可利用其强大功能，以及海量的活跃用户，推出博物馆生产的文创产品，推广博物馆的品牌。

在数字传播方面，博物馆的实践应用较多。博物馆生产的知识内容，通过数字技术以云展览、数字展示、多媒体装置、新媒体平台等形式，满足观众对沉浸式体验、知识获取、探索知识的需求。应大力倡导云展览建设，因为云展览已经成为博物馆展览在网络上的延伸，尤其在新冠疫情发生以后，这一数字化技术加快了对博物馆展览的支持，线上线下融合发展趋势越发明显，让公众足不出户就能够体验到亲临展览现场的感觉，还可以更大视角、更加全面地观察展示内容，极大丰富了观众的观展体验。数字展示是以数字内容为核心，融合了数字硬件设备和影像与软件为一体的展示方式，强调视觉展示、体验、互动。一般来说，数字展示技术有互动投影技术、触控屏技术、体感互动技术、全息投影技术、数字沙盘、虚拟仿真（VR）、增强现实技术（AR）、8K/4K 高清技术等。根据数字展示规模的不同，可以分为数字馆、数字展览、数字展项、多媒体交互项目等。从体验角度来看，借助数字信息技术营造沉浸式体验拥有巨大的发展潜力，投影、VR、AR 等技术的应用增加内容表现力和视觉震撼力成为这一形式的主流。博物馆还可以通过官方网站来传播内容。官方网站仍是博物馆在互联网世界最重要的平台，是公众了解博物馆的门户，一般网站管理后台具有站群建设、栏目设置、资源管理、信息共享、安全保障等功能。博物馆应积极通过官方网站公开馆藏品数据库信息，包括藏品的基本信息、高清图片，并提供检索和下载功能，致力于让博物馆数字化成果惠及公众。

四、博物馆藏品资源数字化

《关于推进博物馆改革发展的指导意见》指出，博物馆应健全藏品的登录机制，推进藏品档案信息化标准化建设，加快藏品数字化，完善藏品数据库，加大基础信息开放力度。这表明了藏品资源数字化的重要性。博物馆藏品资源数字化工作应在梳理博物馆已有馆藏文物信息数据、数字资源数据、藏品档案数据的基础上，进一步建立、完善和丰富珍贵藏品高精度三维模型、影像、视频、动画等数字资源，为馆藏文物建立多维数字化档案，实现数据的集中管理、统一利用。

文物、古籍、标本等藏品信息资源数字化应从长远考虑。数字化保护对文物的永久性存档、管理、利用是至关重要的，博物馆要尽早、尽快地对其进行全面数字化采集，还要尽可能地提高采集数据的精度，保证藏品的保护、研究、利用、展示的可用性。

博物馆藏品数字化采集主要包含五大类，第一类是本体信息采集，第二类是二维影像采集，第三类是三维数据采集，第四类是多媒体信息采集，第五类是研究、文献、档案等其他信息的采集。藏品本体信息可以按照《馆藏文物登录规范》（WW/T 0017—2013）的相关指标进行信息登录。二维影像通过高精度数码相机拍摄或者高精度扫描仪获取，可参照《博物馆藏品二维影像技术规范（试行）》、《美术馆藏品二维影像采集规范》（WH/T 81—2019）等标准规范执行。三维数字建模技术是通过高速激光扫描测量的方法，快速、精确地获取文物的立体空间信息，为建立起准确的数据模型，实现永久性数字化保存起到了积极作用。综合以上几类采集方式，无论采集哪种形式的数据，都应制定采集的标准和后期处理规范流程，并且明确最终交付的数据成果和品质要求。

另外，一个功能完备的摄影工作室对于藏品数字化工作至关重要，它使博物馆的数据建设成为一个常态的工作，不断产生高质量、高可用的影像数据。作为藏品拍摄的重要场所，摄影工作室应有较高的操作规范和安全标准。

五、智慧博物馆

新一代信息技术与博物馆业务的不断融合，推进博物馆向数字化、网络化、智能化发展，使博物馆信息化向更高层次的智慧博物馆发展。狭义地说，智慧博物馆是基于博物馆核心业务需求的智能化系统；广义地讲，智慧博物馆是基于一个或多个实体博物馆（博物馆群），甚至是在文物尺度、建筑尺度、遗址尺度、城市尺度和无限尺度等不同尺度范围内，搭建一个完整的博物馆智能生态系统。智慧博物馆以多模态感知“数据”代替数字博物馆的集中式静态采集“数字”，并以此为基础，建立更加全面、深入和泛在的互联互通，消除信息孤岛，使人与人、人与物、物与物之间形成系统化的协同工作方式，从而形成更为深入的智能化博物馆运作体系。

由此可见，智慧博物馆是以博物馆业务需求为核心，以新信息技术为支撑，线上与线下相结合的新型博物馆发展模式，将极大地提升博物馆的核心业务水平与观众的体验感受，实现博物馆的智慧服务、智慧保护和智慧管理。如果将博物馆发展趋势与科技前瞻性相结合，我们可以勾画出智慧博物馆的发展蓝图：博物馆的智慧服务将针对观众参观需求，在展示体验、信息传递、互动分享等环节为观众提供服务，实现观众与博物馆藏品的交互融合；智慧保护以文物预防性保护为目标，基于智能感知和无损检测技术，对博物馆藏品的健康状态及影响因素等进行全面的量化分析和监控，实现完整的“监测—评估—预警—调控”预防性保护流程；智慧管理以先进的智能控制和协同技术为支撑，优化传统博物馆的管理模式和工作机制，为博物馆管理的决策活动提供支持，使管理工作更为科学、智能、高效。可以预见，智慧博物馆在服务、保护、管理等方面的深度融合将逐步形成完整的博物馆智能生态系统，从而极大地丰富和深化传统实体博物馆的信息交流和文化传播功能。智慧博物馆作为新的发展形式逐步在数字时代显现：它与信息化是紧密相关的，智慧博物馆需要以信息化、数字化作为基础；但智慧博物馆和以前的烟囱式信息化建设有所区别，它是实现数据共享、业务协同的智能化平台，是新技术与博物馆创新发展融合的产物，开辟了认识博物馆、发展博物馆的新视角，有力推动着博物馆在思维方式、管理模式、行为范式上的革新。

六、博物馆信息化系统运维

博物馆信息化系统运维是信息系统正常运行的重要保障，博物馆应建立健全运行维护管理组织体系，对博物馆的信息化平台、信息化基础设施进行运维管理，明确运维组织结构和人员，选择适合的运行维护管理方式，确保博物馆信息系统稳定运行。通常来说，有自行运维、委托运维、外包运维三种方式。

运维内容一般有两大重点：一是基础设施运行维护服务，包括网络、数据中心、基础运行设备，如网络设备的VPN路由器、核心层交换机、接入层交换机、防火墙、无线网络等，还有数据中心机房里的供配电系统、UPS系统、空调通风系统、综合监控系统、消防系统、接地及防雷系统、服务器、存储设备、安全设备等；二是应用软件系统运行维护服务，包括数据库维护、操作系统与应用系统升级、功能完善、性能调优、日常运行保障等。

博物馆应建立运行维护管理制度，明确责任人和检查内容；建立常规巡检制度，设立巡检标准，形成巡检评估报告；建立运行维护应急机制，明确应急工作流程；持续改进运行维护管理制度，及时更新运行维护手册；等等。

信息系统运行维护资金应列为专项费用，并列入博物馆常规性项目中。一般基础硬件设施运行维护服务费为设备原值的5%—13%；应用软件系统运行维护服务费用通常应测算其维护内容或工作量，并折算每人每月的完成时间，再根据本地区软件技术人员的水平等级基准人月费率进行测算，得到整个服务费用。

七、博物馆信息化标准规范建设

标准规范是支持信息化系统乃至智慧博物馆多系统协作、海量信息处理、办公协同的基础，如果缺乏标准规范的约束，很容易就会导致数据无法共享、重复建设、使用率低下、无法整合等问题，因此博物馆的信息化建设必须制定和依照科学的标准规范执行。

在业务标准方面，博物馆的业务类型繁多，博物馆内部机构之间、博物馆与博物馆之间都存在许多差异，须梳理博物馆业务的类型和业务边界，建立业务标准，为建立业务协同机制和应用系统开发奠定基础。博物馆需要对自身的业务类型有清晰的认识，明确每一业务活动的范围，对获取资源的对接点和服务的对象都应有清晰的描述。

数据标准信息化建设的重要工作内容，也是往往被忽视的工作内容。数据标准化是通过制定、发布、实施、监督数据标准管理的各种制度和规范，以取得系统管理的一致性。在应用系统运行之中，数据的获取、转换、调取、存储、检索、汇集、利用、传输等，都离不开数据标准。数据标准化内容一般包括元数据标准化、数据分类与编码标准化、数据模式标准化、数据元标准化。数据库设计标准也需要严格遵照国标、行业相关标准以及数据资源规划中设计的数据标准规范，在元数据编码、数据分层、分类与编码、精度、符号等方面，按已有的国家标准和行业标准执行，实现数据库规范化的组织和设计，保证数据库的一致性、完整性。

在网络安全标准方面，随着信息技术在博物馆行业的广泛应用，基础信息网络和重要信息系统安全面临日趋严峻的考验和挑战。为了保障网络信息安全，需要对照《网络安全法》《个人信息保护法》《数据安全法》和网络安全等级保护的相关要求和标准，提升信息系统安全管理水平，提高信息系统安全防范能力，有效消除信息系统安全隐患，保障信息系统健康稳定运行。具体可按《计算机信息系统安全保护等级划分准则》（GB 17859）、《信息安全技术　信息系统安全等级保护基本要求》（GB/T 22239）、《信息安全技术　网络安全等级保护定级指南》（GB/T 22240）、《信息安全技术　信息系统安全等级保护测评要求》（GB/T 28448）的相关规定执行。

没有信息化就没有现代化。博物馆信息化是与博物馆现代化互为表里的一个渐进的无终点的过程，它需要不断地完善和更新，以及坚持不懈的长期努力。博物馆信息化建设乃至智慧博物馆建设，是一个庞大的系统工程，面对信息化的新常态，博物馆要上下齐心，突破思维的束缚，采用开放的心态，顺应数字化时代潮流，不断探索发展新动力，不断创新发展新模式，让更多的智慧因子不断涌现，使智慧保护、智慧管理、智慧服务成为博物馆新时代发展的重要内涵，推动博物馆高质量发展。

广东省文物考古研究院黄青松执笔

博物馆智能建筑

近年来，博物馆新建筑不断涌现，部分地区还规划建设博物馆群，一座座现代化的博物馆让观众耳目一新。现代化博物馆对于智能建筑建设的注重，也能吸引希望体验智能的人们更多地走进博物馆。那么，应如何根据博物馆的定位和规模来确定其建筑智能化的建设？应如何全方位地集中管理建筑物的各类机电设备？应如何满足不同功能分区的网络通信以及信息点配置？应如何将各个信息应用系统集成起来？本文旨在通过分析博物馆建筑智能化建设的配置，提出建设内容和相关要求，以供新建或改扩建的博物馆（群）建筑智能化系统工程建设参考。

一、博物馆智能建筑概述

（一）智能建筑的概念

2015 年 11 月我国正式颁布《智能建筑设计标准》（GB 50314—2015），其中将“智能建筑”定义为：以建筑物为平台，基于对各类智能化信息的综合应用，集架构、系统、应用、管理及优化组合为一体，具有感知、传输、记忆、推理、判断和决策的综合智慧能力，形成以人、建筑、环境互为协调的整合体，为人们提供安全、高效、便利及可持续发展功能环境的建筑。由此可见，智能建筑的本质是采用系统集成的方法，将自动控制技术、计算机技术、通信技术等信息技术与建筑技术有机结合，通过对设备的自动监控，对信息资源的管理、处理和对使用者的信息服务，设计出的投资合理、适合信息社会需要，并且具有安全、高效、节能、舒适、便利等特点的建筑物。

（二）博物馆智能建筑的作用

博物馆建筑是为满足博物馆收藏、保护并向公众展示人类活动和自然环境的见证物，开展教育、研究和欣赏活动以及社会服务等功能需要而修建的公共建筑。博物馆智能建筑突出了智能的特点，它与多种信息化技术相结合，能够满足博物馆运营与管理中对网络通信的需求，也能够将各类信息系统进行整合，形成建筑物公共基础信息设施系统，实现对建筑物内的机电设备、安防消防安全设备、能耗监测、信息化设备等的全面管理。

博物馆智能建筑将各类传感器的数据汇集起来，提高应急反应速度、决策能力，能够快速高效应对各类突发公共安全事件，或者及时发现设备设施的故障甚至自行排除，使建筑维持在一个健康状态。

博物馆智能建筑也是智慧城市的重要体现。博物馆建筑往往是一个城市或者一个地区的地标建筑，因此博物馆智能建筑不仅仅是收藏丰富文化记忆的场所，也是使未来城市变得更加安全、舒适、环保、智能和可持续发展的代表。

（三）博物馆智能建筑的系统构成

随着物联网、移动互联网等新一代信息技术的发展，智能建筑建设已经进入信息化体系发展时期，智能化系统工程正在形成网络化、数字化、集成化的发展态势。《智能建筑设计标准》（GB 50314—2015）对博物馆建筑智能化系统功能架构的设计等级、架构规划、系统配置提出了建设要求，在第九部分“博物馆建筑”中给出了具体配置方案，如下表：

表 1　博物馆智能化系统配置表

<table>
<tr><th colspan="3">智能化系统</th><th>小型博物馆</th><th>中型博物馆</th><th>大型博物馆</th></tr>
<tr><td rowspan="7">信息化应用系统</td><td colspan="2">公共服务系统</td><td>◎</td><td>●</td><td>●</td></tr>
<tr><td colspan="2">智能卡应用系统</td><td>◎</td><td>●</td><td>●</td></tr>
<tr><td colspan="2">物业管理系统</td><td>○</td><td>◎</td><td>●</td></tr>
<tr><td colspan="2">信息设施运行管理系统</td><td>○</td><td>◎</td><td>●</td></tr>
<tr><td colspan="2">信息安全管理系统</td><td>○</td><td>◎</td><td>●</td></tr>
<tr><td>通用业务系统</td><td>基本业务办公系统</td><td colspan="3" rowspan="2">按相关管理等级要求配置</td></tr>
<tr><td>专业业务系统</td><td>博物馆业务信息化系统</td></tr>
<tr><td rowspan="2">智能化集成系统</td><td colspan="2">智能化信息集成（平台）系统</td><td>○</td><td>◎</td><td>●</td></tr>
<tr><td colspan="2">集成信息应用系统</td><td>○</td><td>◎</td><td>●</td></tr>
<tr><td rowspan="10">信息设施系统</td><td colspan="2">信息接入系统</td><td>●</td><td>●</td><td>●</td></tr>
<tr><td colspan="2">综合布线系统</td><td>●</td><td>●</td><td>●</td></tr>
<tr><td colspan="2">移动通信室内信号覆盖系统</td><td>●</td><td>●</td><td>●</td></tr>
<tr><td colspan="2">用户电话交换系统</td><td>◎</td><td>●</td><td>●</td></tr>
<tr><td colspan="2">无线对话系统</td><td>◎</td><td>●</td><td>●</td></tr>
<tr><td colspan="2">信息网络系统</td><td>●</td><td>●</td><td>●</td></tr>
<tr><td colspan="2">有线电视系统</td><td>●</td><td>●</td><td>●</td></tr>
<tr><td colspan="2">公共广播系统</td><td>◎</td><td>●</td><td>●</td></tr>
<tr><td colspan="2">会议系统</td><td>◎</td><td>●</td><td>●</td></tr>
<tr><td colspan="2">信息导引及发布系统</td><td>◎</td><td>●</td><td>●</td></tr>
<tr><td rowspan="2">建筑设备管理系统</td><td colspan="2">建筑设备监控系统</td><td>◎</td><td>●</td><td>●</td></tr>
<tr><td colspan="2">建筑能效监管系统</td><td>◎</td><td>●</td><td>●</td></tr>
</table>

智能化系统			小型博物馆	中型博物馆	大型博物馆
公共安全系统	火灾自动报警系统		按国家现行有关标准进行配置		
	安全技术防范系统	入侵报警系统			
		视频安防监控系统			
		出入口控制系统			
		电子巡查系统			
		安全检查系统			
		停车库（场）管理系统	◎	◎	●
	安全防范综合管理（平台）系统		○	◎	●
机房工程	信息接入机房		●	●	●
	有线电视前端机房		●	●	●
	信息设施系统总配线机房		●	●	●
	智能化总控室		●	●	●
	信息网络机房		○	●	●
	用户电话交换机房		◎	●	●
	消防控制室		●	●	●
	安防监控中心		●	●	●
	智能化设备间（弱电间）		●	●	●
	机房安全系统		按国家现行有关标准进行配置		
	机房综合管理系统		○	◎	●

注：
1. ●应配置；◎ 宜配置；○可配置。
2. 博物馆建筑规模大于10000平方米为大型馆；建筑规模为5000—10000平方米为中型馆；建筑规模小于5000平方米为小型馆。中华人民共和国住房和城乡建设部:《博物馆建筑设计规范》(JGJ 66—2015），2015年，第1页。
3. 中华人民共和国住房和城乡建设部：《智能建筑设计标准》（GB 50314—2015 ）第2部分 “术语”，2015年，第43—45页。
4. 相关的设计要素和功能要求请参考《智能建筑设计标准》（GB 50314—2015）。

二、博物馆建筑智能化常见系统举例

（一）智能化集成系统

智能化集成系统运用标准化、模块化以及开放性设计，集成建筑内的多个智能化系统，通过统一的网络、同一个计算机操作系统、同一个软件环境，把建筑设备监控系统、智能照明控制系统、建筑能效监管系统、公共安全系统等，汇集到一个智能化集成平台下，生成大楼运行管理所需要的数据，从而对博物馆建筑进行最优化调整，达到高效、经济、稳定、节能的运行状态，实现一体化的管理目标。

智能化集成系统必须通过软件接口与相关子系统交换信息并进行联动，需要具备较高的安全措施，支持对登录权限的控制，通过不同级别控制各类操作人员的操作权限。系统应能够连续不间断地运行，保证每天 24 小时运行正常。

智能化集成系统是博物馆大数据的有效来源之一，它与博物馆业务管理系统等数据汇聚在一起，打破系统间的数据壁垒，实现数据共享和协同办公，采用数据可视化的模式辅助决策，大大提高了博物馆的现代化管理水平。如果属于多馆、数据量大、访问量高的情况，还可引入数据中台的设计理念，实现数据统一标准化、应用系统一体化、业务服务智能化。

（二）综合布线系统

综合布线系统是信息设施系统中最基础，也是最重要的组成部分，可以理解为信息网络系统的“神经线”，它可以将语音和数据通信设备、交换设备和其他信息管理系统互相连接，满足各类计算机设备、通信设备、建筑物自动化控制设备通过有线和无线传输弱电信号的连接要求。

综合布线系统主要包括工作区子系统、水平子系统、管理间子系统、垂直干线子系统、设备间子系统、建筑群子系统六大子系统。

综合布线的总体要求是标注明确、结构明晰，易于管理和维护；优先选购优质、先进的线材，以适应更长时间的发展需求；采用模块化设计，满足重组、调整、拓展、升级配线等不同的需要；一般采用星型拓扑结构，遵照国家相关标准，以节约维护成本为原则；应符合规范性和独立性相结合的要求。

综合布线系统配置应满足当前的业务量对网络的需要，并设定一定的冗余，充分适应业务扩展和变更的可能性，以满足未来可能发展的趋势，提供满足高速大容量信息传输，要支持各种网络通信设备，实现数据、语音、虚拟现实等多种媒体形式信息的交互；应能充分适应通信和计算机网络技术的发展，为智慧博物馆或各类业务应用系统提供高速、性能稳定的传输介质；系统配置应具有调试和维护的灵活性，接插件都应是模块式的标准化配件，信息点应能够方便地连接不同类型的设备，如计算机、打印机、终端或电话、传真机以及各种数字音视频设备等。

设计和实施可根据《建筑物与建筑群综合布线系统工程设计规范》（GB/T 50311—2000）、《建筑物与建筑群综合布线系统工程验收规范》（GB/T 50312—2000）的相关要求进行。

随着国家推动5G网络的建设，新建的建筑物应与5G网络基站同步设计、同步实施。应满足5G所需要的通信管线、配线设施、基站、机房等基础设施要求，对接电信运营商，实现5G信号覆盖。

（三）信息网络系统

信息网络系统是建筑智能化工程的重要内容，博物馆需要构建一个支持所有接入网络终端系统、高性能、安全可靠的计算机网络，为博物馆信息化打下基础。基本要求是可靠、安全、实用，做到技术先进、经济合理、适当超前，还需具有开放性、兼容性、可拓展性和便捷性，以提高建筑物的综合使用功能和运营管理效率，实现建筑信息畅通、安全舒适、便捷的管理目标。

计算机信息网络采用分层、星形的拓扑结构，由核心层和接入层组成。网络主干一般采用万兆以太网，网络用户端口以10/100/1000M为主，重要用户配置千兆多模光端口。系统以主机房核心层交换机为中心，楼层弱电间的接入层交换机以光纤通路与核心层交换机连接。

无线局域网作为有线网络的补充，满足因布线问题难以接入网络或机动入网的需求，但须接入授权软件许可后进入计算机网络。覆盖范围可包括展览区、公共区、办公区、功能区等。

计算机网络系统设备主要包括：VPN路由器、核心层交换机、接入层交换机、防火墙、无线网络、服务器管理和网络管理等。

信息网络系统须保障用网安全。网络安全措施包括网络隔离和防火墙部署。可采用虚拟局域网（VLAN）从逻辑上对内部网进行子网分割，用于隔离不同部门或功能区之间的通信。通常核心层和接入层的网络交换机基于端口、MAC地址和用户三种VLAN划分方式。

内部网络安全通过上网行为管理软件进行上网行为加密内容识别、代理识别等内容识别技术，防止非法内容绕过监管。服务器以及个人商用电脑端应部署杀毒软件，进行全域网络防病毒、防蠕虫等。

（四）公共广播系统

公共广播系统是集业务性、服务性、消防应急等广播系统于一体的系统，一般设置有广播控制室，与消防中心连线火灾应急广播及消防专用通信连通，当发生火灾或紧急事故时，可在消防中心插播应急广播。系统前端一般由音源、广播控制主机、功率放大器、功放切换器、监听音箱、音量调节器、扬声器、音箱等组成。每个楼层可按功能进行分区，满足公共广播、背景音乐广播与火灾事故广播等需求。

公共广播系统应支持全数字化管理，可采用触控方式，手拉手数据链路，安装使用简捷方便；支持远程监控和中央集控；支持人性化网络远程控制界面；自动定时编程运行，主 / 备机功放自动切换，故障自动告警，支持无人值守；支持分区管理，支持分区强行插入突发公共事件紧急广播；支持远程寻呼台站，分区强行插入寻呼广播；自动监测运行，屏幕信息显示，短信群发故障自动告警；支持多系统级联、并列运行，等等。

（五）会议系统

会议系统可按照规模大小、功能不同来进行设计。一般可分为支持数百人的大型多功能报告厅会议系统；100 人左右的中型学术报告厅会议系统；20—30 人的小型无纸化办公会议系统。

会议系统均可采用先进的数字会议系统、多媒体电脑系统、高流明和高清晰度的大屏幕投影或 LED 显示系统、高音质的扩声系统、线上网络会议系统，可以通过全自动的集中控制系统，模块化地将它们集成为一体，支持各种不同的会议需求。

在多功能会议系统中，可考虑配备数字会议讨论系统、同声传译系统、摄像系统、远程线上会议系统、智能灯光音响、大屏幕显示系统、中央总控制台等，以满足大型会议、规模较大的演出活动的需要。

小型无纸化办公会议系统可以结合多媒体信息交互技术，改善传统会议效率低下、操作复杂、形式单一、资源浪费、保密隐患等问题，为会议管理者和参会人员提供可靠、实用的会议平台，功能支持会议室管理、用户管理、权限管理，以及会议资料、会议录播和点播、数据等信息的存储与转发。

设计与实施可依据《电子会议系统工程设计规范》（GB 50799—2012）、《厅堂扩声系统设计规范》（GB 50371—2006）、《视频显示系统工程技术规范》（GB 50464—2008）和《会议电视会场系统工程设计规范》（GB 50635—2010）的有关要求。

（六）信息导引及发布系统

博物馆建筑内的信息导引及发布系统是重要的标识和信息传递方式，都需要准确、及时、有效、生动，以提供良好的视频效果、极快的更新速度、方便灵活的播放形式、成熟的软硬件控制管理。

信息导引及发布系统一般由信息发布管理软件、LED 显示屏、音箱、液晶显示屏、触摸屏、播放控制器等组成。播放的内容可包括欢迎信息、博物馆宣传片、展馆导引、文物藏品、展览推荐、滚动公告等，播放格式支持通用视频格式、图像格式、幻灯片格式等。

信息发布系统可以对所有播放控制器进行发布信息、控制管理。所有播放内容都是由管理服务器传输到播放控制器，并采用网络 TCP/IP 通信网络架构，对每一个终端进行电源开关控制，实现点对点的控制和内容管理。系统可以随时插播各种临时信息及紧急信息，可以长时间监控终端的运转状态，发生故障时可报警通知异常等；系统能够生成多个节目安排，做到无人值守、自动运行。

在博物馆公共区内可设置多媒体触摸屏交互终端，介绍博物馆的基本情况、参观信息、展馆导引、文物信息等，为公众观展提供一个方便、快捷、人性化的导引查询平台。

（七）建筑设备监控系统

建筑设备监控系统是智能建筑必不可少的组成部分，其目标是节约资源、减少能耗，通过监控建筑物内各种机电设备的运行情况和故障状况，并控制这些设备，方便对设备的维护、检修和管理。

博物馆建筑内部分布着大量的冷水机、电梯、高低压变配电柜、空调风管、照明配电柜、给排水泵等机电设备，如何对这些机电设备进行统一管理是一个难点，而且这些设备还需与其他智能化子系统进行连接和联动控制，以创造一个高效节能、绿色环保、舒适、高性价比、温馨而安全的环境。

建筑设备监控系统应将环境参数监测、空调系统、冷源系统、送排风系统、新风系统、电梯系统、给排水系统、配电回路等机电设备系统，通过计算机技术和自动控制技术，进行集中监视、管理，并将一体化的控制、监测和管理集成在一个可视化的软件界面上，通过简洁直观的人机界面对各类机电设备进行及时、准确、方便的监控和管理，并对其进行远程监测和控制。

系统软件应具备完善的用户管理功能，是一个完全开放的系统，拥有强大的集成功能，提供状态改变报告、报警信息报告、监控点历史数据、动态趋势分析、能量管理控制、设备循环启 / 停保护、重大设备启 / 停保护、供电恢复启动程序、用电量限定 / 负载循环等功能。

（八）机房工程

机房工程是一种涉及空调技术、供配电技术、消防技术、建筑和装饰技术等技术的系统工程。机房存放着大量精密、脆弱的电子设备，均是易受环境影响的电子元件、机械构件及材料。为了保证通信网络系统的可靠运行，机房必须满足通信系统以及工作人员对温湿度、洁净度、风速、电磁场强、电源质量、防火等方面的要求。

机房工程中最重要的是信息网络机房（数据中心）的建设。根据《电子信息系统机房设计规范》，电子信息系统机房的建设应划分为 A、B、C 三级。其中 A 级为电子信息系统运行中断将造成重大的经济损失或者公共场所秩序严重混乱，B 级为电子信息系统运行中断将造成较大的经济损失或者造成公共场所秩序混乱，C 级为不属于 A 级和 B 级的电子信息系统机房为 C 级。一般来说，博物馆网络中心机房采用 C 级建设标准。

博物馆网络中心机房面积一般在 100 平方米左右，放置核心层交换机、服务器、网络存储等网络设备和精密空调、UPS 主机、电池及机柜，其工程包括机房装修、UPS 及配电、照明、空调、环境监控、接地、防静电、防雷等。

博物馆网络中心机房要求采用先进成熟的技术和产品，以适应数据传输的需要，使整个系统在未来一段时间内保持技术的先进性，以及满足技术升级的需要；网络必须具有高可靠性，需要对中心机房的布局、设备配置、巡检维护等方面进行相关建设；对关键设备需采用硬件冗余等方式进行保障。另外，为满足博物馆未来业务不断发展，对扩大设备容量、提高用户数量和质量等的需要，网络中心机房还要具有良好的拓展能力，以提供技术升级、设备更新的灵活性。

如博物馆不能自建机房，可以考虑云端数据中心，构建以私有云平台为基础的数据中心。它是基于服务器虚拟化、存储双活技术实现计算、存储以及网络资源池，并通过相关虚拟化技术支持博物馆业务的不间断性和冗余备份，提高硬件整合度和利用率，提升基础设施整体效率，实现对计算资源、网络资源的线上管理。

数据中心基础支撑平台搭建也很重要，它为智慧博物馆应用系统提供地基的作用，能够通过网络、服务器、存储、操作系统、数据库、中间件等将各种应用系统集成为一个整体，提供统一机构人员管理、统一身份认证服务、统一文件服务、统一消息服务、统一数据交换服务、日志审计服务、统一对外接入、分布式运行管理等服务。

三、博物馆智能化建设实施要点

第一，建筑智能化系统是将电子、机械、自控等行业的技术成果应用到博物馆建筑当中，形成一个更加安全、舒适、高效的科学技术与文化艺术相融合的综合体。因此，一定不能把智能化放在建筑设计的后期考虑。在开始进行建筑初步工艺性设计的同时，就应开始设计建筑智能化系统的工程目标和拓扑结构，以此指导后续的建筑设计和设备造型。例如：先建楼体结构，后规划数据中心，这可能为数据中心规划设计带来难以克服的困难，导致机房分区规划不合理；空调室外机无法安装或距离太远；动力室与主机房距离太远，增加传输和管理困难，增加成本，降低可靠性。

第二，建筑智能化系统的设备往往不取决于智能化系统的使用者，也不由智能化系统的开发者决定。而是先由建筑设计单位按照建筑功能来确定，选择不同的、多家厂商的成品。智能化系统的设计者和工程厂商不得不面对这些遵循不同的标准、出自不同的国家、用于不同环境和目标的软硬件设备。智能化系统需要与这些设备有机地融合在一起，才能达到智能建筑的管理目标，这就需要解决众多的界面和接口问题。这些问题处理的优劣直接决定了系统的成败。

第三，博物馆建筑智能建设通常与建筑工程实施同时进行。博物馆方要面对多个承建单位，不仅要协调推进项目的进度，还需要让项目组了解馆方的需求，保证实施的质量，充分考虑到项目的风险和难度，安排好项目的实施顺序和里程碑节点，避免形成复杂或被动的局面。也应当让使用部门的人员尽量参与到系统建设当中，向承建单位强调博物馆的业务需求，积极参与培训，以致到项目结束之后，能够较快地熟悉和使用系统。

第四，加强智能化人才的培养。智能化人才稀缺、储备不足一直是阻碍博物馆智能化、信息化发展的重要因素，在中小博物馆尤为突出。然而，即使博物馆有了先进的智能化设备、信息化程度很高的系统，如果没有人去使用、去维护，也将无法发挥它们应有的价值。因此，博物馆应加大对智能化人才的培养，组建智能化技术团队，钻研智能化信息技术，从而能够最大程度发挥博物馆智能建筑的各项功能。

智能建筑作为博物馆建筑现代化建设不可或缺的部分，应在博物馆建设设计的同时就被规划进去，提出科学合理的建设方案。它通过信息技术、自动控制技术、网络技术把整个建筑变成一个相互联系的整体，使博物馆的业务得以实现全方位信息化，打通通信、传输、处理等关键性通道，实现业务数据的数字化，大大改变传统的工作模式，提升工作效率，点点鼠标就可以得到所需要的信息，一定程度上加快了博物馆在管理、服务、制度体制等方面的创新，在建成后更要充分发挥其优势，提供安全、高效、便利及可持续发展的环境，为智慧博物馆建设打下坚实的基础。

广东省文物考古研究院黄青松执笔

博物馆数字藏品

数字藏品，字面言简意赅，却难以一语破的。越来越多的文博工作者开启了对数字藏品的探索。如何让数字藏品融入文博单位的日常运营？如何正确引导开展数字藏品相关业务？如何做到文博数字藏品工作的守正创新？数字藏品俨然成为博物馆立足新时代、谋求新发展的重要课题。数字化是这个时代的标签，数字藏品将在文博行业政策方针引领下成为数字经济和实体经济融合发展的助推器与先行官。

然而，仅就对数字藏品的理解过程都并非易事。作为网络、信息、加密等多种技术的综合应用，充斥着大量新名词、新知识；数字经济的模式与逻辑，也在改变着人们的认知、思维和习惯。大幅度、多维度的变化，带来了思想上与实践中的阵痛，从理解、思考到执行，非一日之程，而在阵痛与时间的磨砺之后，才是行业得以走向稳定发展的新起点。

本文将从四点着手，帮助读者平滑过渡数字藏品从理解到应用的过程。首先，剖开数字藏品的字面，探其内在，剖析原理，帮助读者应对变化；其次，分析行业现状与实践案例，举一反三，前瞻未来；再次，提供实操建议，辅助读者结合自身与市场，理性分析，保持自我特色，不盲从跟风；最后，阐述行业社会效益、经济效益，敦促读者在保持创新与发展的同时恪守原则。

一、博物馆数字藏品的内容和特点

（一）数字藏品的概念

提到数字藏品，需要先初步理解两个词：区块链和非同质化通证（non-fungible token）。

区块链是一个网络和信息技术领域的专业术语，可简单将其理解为结构特殊的数据库。区块链有两个最为重要的结构特点：链状结构和共同维护。一是链状结构，每一次存储数据、记录信息时，都会生成一个叫“区块”的包裹。这个包裹里有三样东西：①本次存储、记录的数据、信息；②本包裹的产生时间；③对上一个相邻包裹的简单描述。③的存在让包裹之间形成了顺序相连的链状结构。在查看任意包裹时，会同时知晓前序包裹是谁，并可不断向前追溯，直至最初。反之，要修改任意包裹，须对后序包裹逐个进行修改，以保证每个包裹中③的正确性。由此，包裹链条具备了“可追溯性”“全事件留痕性”和一定程度的“不可篡改性”。二是共同维护。记录包裹信息并非个体行为，而是集体行为。群体中的某一个体完成最新包裹的打包时，会向其他个体进行广播，并告知该包裹中打包的三样东西，其他个体会进行抄录。如需修改任一包裹内容，须对群体中半数以上个体所记录的内容进行修改，否则将是徒劳的。共同维护让包裹链条具备了内容的“公开性”、项目的“集体维护性”和理论支撑的全部“不可篡改性”。上述包裹所组成的链条即区块链，“可追溯性”“不可篡改性”“全事件留痕性”“公开性”和“集体维护性”是区块链的核心特性。

非同质化通证（non-fungible token），其中“通证”（token）二字，是指以数字形式存在的权益凭证。非同质化通证，可视作基于区块链技术的特殊凭证。首先，它标识了自身特征，明确了任意两者之间的根本区别，达到非同质化。其次，它继承了区块链的“可追溯性”“不可篡改性”和“公开性”，这些特性共同保障了非同质化的可行性，让非同质化通证得以用于记录、代表或描述事件、权益及内容，并作为它们的唯一数字凭证。

数字藏品，则是非同质化通证的一种具体应用形式。借助区块链给特定的数字化内容打上“防伪标签”，使其成为具有唯一性、防伪性的可确权凭证，继而获得流通和交易的基础。

（二）博物馆数字藏品的内容

博物馆数字藏品是数字藏品的进一步细分，狭义上是由博物馆藏品的部分或全部信息衍生而成的非同质化通证，广义上可以是博物馆任何信息、权益的部分或全部衍生而成的非同质化通证。其核心是在区块链上记录博物馆提供的特定信息，或通过编程制定博物馆认可的智能合约。智能合约，可理解为能够通过代码自动执行的协议或合同，借助智能合约可对数字藏品进行特定权益的赋能。

博物馆数字藏品的内容形式多样，既可以是基于文物、藏品进行二次、多次创作后的图像、3D 模型、视频等数字化内容，也可以是博物馆认可并提供的诸如活动参与资格、实体文创兑换资格等各类特殊权益。

（三）博物馆数字藏品的特点

藏品的本质是被收藏的历史见证物，是有一定历史价值、科学价值和艺术价值，并反映自然界发展变化规律和人类科学文化进程的历史见证物。藏品是上述信息的载体。藏品主要有两种形式：传统形式和数字形式。

对比传统形式，数字形式在信息的记录、存储、类型、展示和传播上具备更多优势。在信息的记录上更灵活自由，更甚于活字和雕版的差别，易于编辑，便于修改；在信息的存储上更安全集中，远超于纸张与简牍的差异，难以丢失，密集高效；在信息的类型上更复合多元，远胜于电影与海报的区别，融合多变，不拘一格；在信息的展示上更生动多样，不止于屏幕和报纸的区别，内容复合，形式丰富；在信息的传播上更快捷广泛，不亚于短信和书信的差距，便捷迅速，范围广阔。然而，对比传统形式，常规的数字形式有着易于复刻，甚至被盗版的风险，很难像传统形式下的藏品成为重要信息的少量、定量甚至唯一的载体。

数字形式的藏品，可分为区块链数字藏品和非区块链数字藏品。区块链数字藏品不仅延续了原来数字形式在信息承载上的特点，更为原信息增置了区块链标识，让其成为非同质化的数字内容，无法被复制或伪造。区块链数字藏品不但能够承载原本的图像、模型、音视频等单一或复合化基础信息，更留存了与其相关的全信息流。当我们看一件数字藏品时，除了内容、作者、持有者等显而易见的基础信息，还可以获取到它的交易流、展示流、交互流、权属流等延展信息，清楚地知晓谁曾经拥有过它，谁曾经观赏过它，谁曾经赞许过它，谁基于它创作了哪些新内容，从而对数字藏品有更全面的了解和鉴赏。基于区块链的特性，数字藏品的基础信息与信息流真实明确，不可伪造，无法篡改。

综上，对比图片、音视频等非区块链的数字内容，数字藏品明确了各自的“独立性”与“唯一性”，即非同质化。区块链的“集体维护性”“可追溯性”和“不可篡改性”，确保了数字藏品各信息的安全、真实、可信，让数字藏品被“物勒工名”“传承有序”，所有相关信息“凿凿有据”。

回归到藏品的价值，对于数字藏品价值基础的辩证从未停歇。那么，什么是数字藏品的价值基础?

数字藏品的价值基础源于其所承载的信息本身，数字藏品是信息的特定承载形式。就单一数字藏品而言，一旦脱离了信息主体，数字藏品的其他属性和附加价值就如唇亡齿寒般无从体现。数字藏品并不能凭空创造价值，相比传统形式下的藏品，数字藏品更大限度地保全了信息的原有价值，让被盗版、伪造等潜在价值减益得以消除，同时带来了诸如交互、应用等价值延展方式。

在此，引入两个对比，来阐释信息的价值与作为信息载体的价值基础。第一个，忒修斯之舰。它每停留一个港口都会更换一些零件。某天，忒修斯之舰上最初的零件被全部更换了，那它还是忒修斯之舰吗?用换下来的零件拼凑的船，是忒修斯之舰吗?第二个，蒙娜丽莎。藏于巴黎卢浮宫的蒙娜丽莎和家中墙上装饰用的蒙娜丽莎。

接触到信息时，会产生对于信息的即刻认知，而信息的价值源于对它的普遍性、广泛性认知，即共识。

忒修斯之舰，未有定论。人们对它的即刻认知是离散的、分化的，难以形成趋向于统一的共识。某日，忒修斯之舰光荣退役，不再航行，此时的船体承载了它一生的经历、争议与功勋，继承了忒修斯之名的价值。如果将替换零件拼凑出另一艘忒修斯之舰，那么忒修斯之名的价值将平均或不均地分布在两艘船体之上。由此我们推导两个简易的文字公式：标准藏品价值 = 信息总价值 ÷ 标准藏品数量 + 标准藏品物质价值；非标藏品价值 = 信息总价值 × 非标藏品承载信息共识占比 + 非标藏品物质价值。

纵使家中墙上装饰的蒙娜丽莎的笑容更胜一筹，哪怕装饰画工厂里还有千万件待售，它们都无法撼动卢浮宫中的微笑分毫，让她价值离散。只因人们对蒙娜丽莎的共识足够集中，难以割裂。除非某一天，一件完美复刻品意外地和原件放在了一起，并无从辨别。这类意外对于蒙娜丽莎很难发生，但对于普通藏品而言是不可忽视的风险。

综上，我们得到第三个文字公式：藏品实际释放的价值≈藏品承载的信息价值 + 藏品物质价值 − 某原因导致共识离散的价值稀释预期。

传统形式的藏品和非区块链数字藏品，在防伪、防盗版上缺少有效方式，防伪成本与效果之比呈指数增长；在内容上缺少自证能力，依托第三方单一主体，信用成本不可控；在真实保有量和发行量上，缺少透明度与落实性。诸如此类的隐性风险，限制了信息的价值释放比例。除此之外，由于物质的损耗或消亡，单一主体中心化服务器的宕机或损坏，甚至将造成承载信息的损失或终止，进而损害藏品价值。而数字藏品提供了一种近乎完美的信息记录和保全方式，使信息具备了资产化的基础。

数字藏品的“独立性”“唯一性”“不可篡改性”“可追溯性”“全事件留痕性”和“集体维护性”，让信息作为资产独立可靠。通过标识每一正版信息彼此之间以及与复刻、盗版之间的差异，规避恶意复制导致的资产贬值；让信息资产的内容轻松自证，明确属性参数、权属关系，降低作为资产所需的信用成本；让信息资产保存于分布式网络中，避免服务器损坏带来的资产流失或损失。

在数字藏品价值的辩证过程中，常有对于数字藏品与该数字藏品复制图片有什么区别的疑问。这个问题的答案，正如即便他人有了我银行账户余额的截图，并不等同于对我的银行余额具备所有权，即不具备占有、使用、收益、处置我银行余额的权利。简明扼要地讲，作为数字资产的数字藏品落实了人们对其的所有权。

基于网络和信息技术，数字藏品突破了物理时空的桎梏，运行成本更低、交易效率更高、传播速率更快、共识积累更易、安全属性更强。让藏品价值回归信息本源，充分释放藏品所承载的历史、文化、艺术等信息价值，让信息成为具备传播力、流动性和流通性的数字资产。在此之上，数字藏品额外赋予了信息可交互、可应用的能力，延展了信息本身的价值。

（四）文博单位开展数字藏品产业的必要性和可行性

文博单位开展数字藏品产业的必要性有三。第一，新时代的契机。如今已形成了产业数字化、数字产业化的新格局。数字化基础、数字化应用、数字化生态已成为立足新时代不可或缺的要素，而数字藏品是文博单位面向社会的数字化应用典范。而今，文博单位具备一定程度的数字化基础，馆藏信息具备充分的数字化价值与必要，数字藏品是将文博单位现有数字化成果组建成博物馆数字化生态的主通道之一。第二，社会、经济双效益。数字藏品具备突出的传播能力，是文博单位扩大其公众影响力的有效手段。不仅如此，数字藏品也是文创产品的数字化形态，为文物、馆藏赋予了新的“造血能力”，反哺文博事业的发展，促进了文博行业生态良性发展。

第三，文化引导力。数字藏品产业塑造了大量文化内容，掀起了一轮数字文化新潮，文博单位更应利用文物馆藏对文化、历史、艺术、科技发展的见证，借助数字藏品的形式，弘扬中华优秀传统文化，塑造文化热点，引领文化潮流。

对于数字藏品产业的开展，首先数字藏品作为数字化形态的文创产品，不会对馆藏本身造成损害。在实际进行和内容展示中，对涉及馆藏藏品安全的数据会进行模糊处理，不对藏品的尺寸比例、成分内容等信息进行披露，保证馆藏藏品的数据安全。随着数字藏品热度的持续攀高，以及新兴产业收益前景的吸引，越来越多的公司、团队、个人开始涉足数字藏品相关产业，或搭建交易平台，或提供设计服务，或协助宣传推广。产业相关的各个环节已被市场洞察并有序填补，文博单位往往作为内容资源方，是产业的发起点，在充分了解业务内容、把控整体的基础上，可以说只需按下启动键。当然，市场的选择是双向且逐利的，服务方无可非议地趋向于为具备高认知度、高价值的内容服务。在实际业务中，文博单位也应加大复合型人才的培养，在数字藏品业务上获取一定程度的自我运转能力及主动性，与市场的生产力供给形成互补。高价值资源是有限的，在数字藏品的进行过程中，要不局限于高价值资源的原生状态，积极拓展多次创作和内容之外的多维度赋能，增加稀缺资源的利用率，扩展其价值边界，更是数字藏品应有的发展形式。

二、博物馆数字藏品产业剖析

（一）数字藏品发展简史

2017 年 9 月，在以太坊区块链上诞生了 ERC-721 协议，并陆续涌现了“CryptoPunk”“CryptoKitties”等非同质化通证。被称作“加密猫”的 CryptoKitties 项目，引发了人类史上第一波非同质化通证热潮。“加密猫”是一款基于以太坊区块链的轻量化游戏，以繁殖数字宠物猫为游戏内容。用户之间可以交换“猫”并培育下一代，不同的“猫”具备不同的“特性”，可在繁殖中结合并“遗传”给下一代，具备稀有属性的加密猫价格也一路高涨，一只名为“龙”的加密猫卖到 17 万美元的高价。CryptoKitties 在发布不到半年的时间里，便聚集了 150 多万用户，交易总价值超过 4000 万美元。

如此火爆的 CryptoKitties 却非首个非同质化通证项目。CryptoPunk 作为第一个非同质化通证项目在沉寂了许久之后，于 2021 年冲上了顶峰。2021 年 8 月 2 日，“CryptoPunk 3100 编号”挂出报价约 9050 万美元，并最终以 10860 万美元成交。两个月后的 10 月 29 日，推特用户 Farokh.eth 发文表示，以约 5.32 亿美元的价格购买了 CryptoPunk #9998 NFT 作品，虽然疑似炒作，但也确实创下了非同质化通证的最高交易额，并远超美国艺术家 Beeple 在佳士得拍出个人数字作品《每一天：前 5000 天》的 69346250 美元。

回归到文博数字藏品，2021 年 9 月，俄罗斯圣彼得堡冬宫博物馆将五幅镇馆之宝各铸造了两份非同质化通证，一份由博物馆自行收藏，另一份公开拍卖。作品包括列奥纳多·达·芬奇的《麦当娜与子》（又名《哺乳圣母》）、克劳德·莫奈的《蒙日龙花园一角》以及文森特·梵高的《布什淡紫色》等画作，其中达·芬奇的《哺乳圣母》以 17991 美元的价格拍出，5 幅画作共拍得约 45 万美元。

大英博物馆在数字藏品的创新上更胜一筹。大英博物馆在其“万物之大绘本北斋”展览期间（2021 年 9 月 30 日至 2022 年 1 月 30 日），与一家法国公司合作，出售了 200 款数字藏品。它们一半是展览中作品的数字藏品，包括著名的《神奈川冲浪里》，而另外 100 款则来自大英博物馆馆藏。大英博物馆将数字藏品分为不同级别，从两件的“极罕见”版本到十件的“罕见”版本，再到百件的“稀有”版本，以及一千件的“限量”版本和多达一万件的“普通”版本。其中，普通版本的价格约为 500 美元一幅。且在后续的每次交易中，发行方均抽取当次成交额的 10% 作为版权费用。

回归到国内，2021 年 6 月 23 日，第一款文博系统的数字藏品诞生，系敦煌美术研究所提供的九色鹿和飞天皮肤，单价 9.9 元，共 16000 张，上线秒空。并随即在二手交易平台上挂出单个 150 万元的高价，也因此被紧急叫停。短暂的行业修正后，国内数字藏品平台开始涌现。

数字艺术和非同质化通证风靡全球，成为 2021 年度全球网络最热搜索词。目前，国外数字藏品的交易主要依托于以太坊等公链。它们的优势是数据存储更加分散、安全，平台没有中心化控制力，信用度高，交易平台及二次交易平台体量大，市场消费能力强；劣势是也存在创作上链成本高、交易手续费高、交易效率低且便利性差的问题。即便如此，国外各大机构及博物馆也在积极布局和创新数字藏品内容，卢浮宫、大英博物馆、纽约大都会艺术博物馆、冬宫博物馆等知名博物馆都在持续性地发布数字藏品，并策划以数字藏品为主体内容的展览。

除了数字藏品的发行和展览，纯数字藏品的博物馆也在规划与建设中。比如，古根海姆博物馆的合伙人之一 Todd Morley 计划在纽约建造全球最大非同质化通证博物馆，馆内将包括数字艺术品、音乐文件以及其他数字资产。

当下国内的数字藏品平台绝大多数基于国内原生区块链进行。随着一段时间的发展，大型数字藏品平台纷纷禁止或收紧二次交易行为。这虽然损失了一定的流通性，但确保了数字藏品内容的可控性与市场的稳定性，以确保行业良性、可持续发展。同时，国内数字藏品平台的交易，相较于国外基于以太坊等公链，便利性更好、效率更高且成本更低。

国内文博数字藏品的发展生机盎然，但现阶段仍存在诸多问题。首先，缺少规范、标准和监管，以及具备共识性的价值认定体系；其次，优质的二次创作匮乏，也缺少拓展赋能，对于单一藏品内容的延伸与延展仍然不足；再次，平台数量繁多且离散，基于不同底层区块链的平台之间尚缺少具备行之有效的跨链协议，藏品在不同链、平台之间的流转和认证还需大量的开发及沟通工作；最后，发行设计掌握在少数主体手中，缺少多层面、广泛的公众参与。

中国拥有完备的数字化、信息化基础建设，也有对数字内容最好的民众普及性，这些都是数字藏品产业的发展沃土。中国在数字藏品产业上更具基础优势和发展潜力，而文博类数字藏品更是传承和弘扬中华优秀传统文化的优良载体。

（二）数字藏品现状分析

数字藏品相关产业发展极其迅速。从接到本文编写工作安排之日起，截至2022年7月，不到半年时间，据国内数字藏品行业媒体统计，国内发售过数字藏品的平台已超过1000个，全网各平台注册用户超6000万。数字藏品品类涉及文物、非遗、潮玩、动漫、书画、摄影、体育等20余种，其中文物相关类为全时期、全品类最高热度。

通过对行业头部媒体数字藏品发布日历与藏品评级的统计，截至本文编写之日，共有177个平台发布过文博相关的数字藏品。市场对文博数字藏品趋之若鹜，展现了极强的消费能力与购买欲望。统计至2022年7月，文博相关数字藏品已超过1500款，发行数量超1500万个，总销售额过6亿元。数字藏品产业在2022年5月底6月初迎来了阶段顶峰，6月以来产业相关数据呈现下滑状态。仅就文博类数字藏品而言，从6月之前每万件平均销售时长小于3分钟，单款发售至售罄平均时长小于2分钟，已延长到每万件平均销售时长大于5分钟，并出现了滞销状况。7月以来，行业开始逐步尝试数字藏品的延展，将数字藏品作为用户的权益媒介，拓展数字藏品的赋能应用，更多地和线下实体、场景相结合，构建“数字藏品+”的形态。

2023年1月1日中国数字资产交易平台在北京启动。据悉中国数字资产交易平台由中国技术交易所、中国文物交流中心、华版数字版权服务中心股份有限公司联合建设。平台的交易牌照是依托中国技术交易所，交易标的物是相关的数字藏品、数字版权。截至 2023 年 1 月 10 日，平台仅开放了合作申请，具体功能仍未开放。据悉其具体的交易商品和交易规则还在研究谈论中。

（三）数字藏品运营分析

1. 数字藏品基础设施

从宏观角度而论，数字藏品的基础设施，是生态的基础软硬件内容，它为数字藏品的生产、交易、维护、拓展、展示等提供支撑。

数字藏品作为基于区块链的非同质化通证，需要运行区块链所必需的全部基础设施，包含区块链、开发工具、交易平台、资产钱包等软件基础；服务器、网络、展示设备等硬件基础；以及数据原型、创作内容等数据基础。以上内容中区块链、服务器、网络等作为底层，为数字藏品提供运行支撑；开发工具、数据原型、创作内容等作为数据层，为数字藏品提供内容支撑；交易平台、展示设备、资产钱包等作为交互层，为数字藏品提供应用支撑。

2. 数字藏品运营平台

当下市面上的平台众多，在影响力、合作模式、发布排期、发布形式等方面均有差别。平台的选择宜根据自身的实际工作需求进行，从时间需求、收益需求、宣传需求、形式需求四个点开始，在充分了解平台的传播能力、运营能力、创作能力、创新能力、赋能拓展能力等能力的基础上，结合自身及选取藏品的条件进行考虑。头部平台宣传度高、影响力大，形式上也兼容盲盒、碎片等多种方式，但排期满，时间可选性差，且收益分配比例低。中部的平台多个维度比较均衡，会有某一维度较为突出，诸如创作能力或赋能拓展能力等。尾部平台则在多项特质上均有所欠缺，但如果自身品牌或选取藏品影响力足够，反而可以放大文博单位在数字藏品业务中的经济效应，反哺文化事业形成良性循环。

在实际的平台选择中，如自身品牌影响力及藏品认知度极高，且对于发布形式与后续赋能拓展并无太多需求，可选择相对体量小的平台，依托自身影响力即可达到在数字藏品用户圈层的传播强度与广度，同时经济效益更高；如对于宣传的需要更高，宜考虑与头部平台合作，依托头部平台的海量用户及多维度、多层面的宣发渠道，通过数字藏品进行传播上的破圈，进而促进自身品牌影响力的增长；在尚未明确需求时，也不妨试试守株待兔，等平台或发行团队主动联系，并提供相应的策划方案，在此基础上再行决定，这也不失为一种选择。对于发布平台的选择，需参考的因素很多，在数字藏品高速发展的阶段，应匹配自身不同阶段的工作安排进行权衡。

随着数字藏品行业的进一步发展，会逐步形成分类明显与传统行业不同的数字藏品分类。作为文化内容的宝库，从远期规划来讲，文博单位可构建三步走的数字藏品策略，第一步积极与平台合作，尝试、了解、学习、提升，培养文博单位内部的数字藏品产业人才；第二步搭建博物馆联盟区块链，确立文博资源的数字化及上链标准，打造内容充足、合作开放的文博资源平台；第三步拓展合作，构建灵活、便利、安全的跨链机制，拓展与专业团队的合作，吸纳专业人才最大化、最优化利用文博资源开展数字藏品产业，推进文博数字生态落地。

3. 数字藏品交易结算

数字藏品的交易需要通过数字资产钱包或交易平台进行。当前国内主流数字藏品平台的交易方式类似电商平台购物，基础流程为选择藏品、下单、付款、藏品上链、收到数字藏品。基于基础流程，也衍生出了预售、空投、盲盒、碎片等多种形式。

在发售规模与定价上大致分为三种类型，即大量低价可转赠、少量高价仅收藏、限量高价可交易。

大量低价可转赠类型，借助平台自身的强大流量，走亲民路线。购买后会有锁定期，锁定期后可向同链地址其他用户进行转赠，平台不为用户提供交易方式和担保，以刻意限定其流动性，减少炒作风险。如 2021 年 10 月 29 日 12 时，湖北省博物馆镇馆之宝“越王勾践剑”的数字藏品“越王宝剑”以 19.9 元的单价发行 10000 份，购买满 180 天或受赠满 2 年后，方可进行转赠。

少量高价仅收藏类型，购买后仅作为该用户的收藏，暂时不可转让、转赠。对二次交易的完全限制，虽然规避了炒作可能带来的风险，但同时也限制了市场化的价格调整机制，缺少对信息内容的定价探索。此外，限制流转也会降低内容的传播广度，从而折损数字藏品带来的社会效益。如 2022 年 1 月 26 日 15 时，沈阳故宫博物院发行的“新年纳福数字如意”数字藏品，以 118 元的单价发行 8200 份，购买后不可交易或转赠。

限量高价可交易类型，用户购入的数字藏品允许被实时交易流通，可在平台提供的二级市场上进行转售。行业现阶段仍然缺少相应的规范与监管。行业初生阶段需要在明确底线的基础上对各种场景保持适当的探索，以促进行业规则、标准的制定，推动行业发展。

未来，在监管之下开放二级市场的同时，对交易交割的时间和价格等都有要求，通过制定规范的交易流程、标准来规避二级市场的过度炒作，警惕二级市场过度金融化。

（四）数字藏品发展前景

很难确定哪年哪天起进入了数字时代，人们对生活的感觉太过熟悉，很多新事物悄无声息地成了生活的重要组成。不记得什么时候起习惯于手机叫车、订外卖，也不记得哪天开始不用再排长队买车票、机票。这些内容已成为人们所习惯的生活，我们的生活早已充斥着大量数字化、信息化内容。数字藏品之所以格外引人注目，是因为它第一次让数字信息在公众层面成为被明确感知和意识的数字资产，并把信息的价值分配给公众。但实际上，令人后知后觉的是多数人早在数字藏品出现之前就知晓并拥有数字资产，诸如各大平台的账号、付费会员、游戏道具、软件积分等等。正如人们越来越习惯于手机银行、手机钱包里的数字而不记得多久没有见过纸币一样，数字藏品也会逐渐成为人们司空见惯的数字资产证明。网络、数字和信息技术在沟通、交易及传播效率上的优势越发明显，未来在譬如元宇宙等更加完备、迫真的虚拟环境中，非同质化通证将是权益、权属的优选形式，数字藏品也将迎来更好的发展和突破。首先，虚拟世界的物品、信息、权益多数将以类似数字藏品的形式展现，而彼时人们对数字藏品的认知将如同此时对古董字画的认知一般，信息资产、数字藏品的价值会被进一步认同与追捧。其次，物联网技术的发展，让物理世界的设备通过网络在软件层面联动、交互，而与虚拟世界的联通，可以让物理世界的设备与物品在虚拟环境中形成映射，同步呈现、同步交互。届时，更多的物理藏品将有铸造数字孪生藏品的需求。最后，随着显像技术的升级和显示设备的普遍化，可显内容的版权要求会更高，而数字藏品将成为首选的展示内容之一，成为表盘、桌面、壁纸、全息成像等数字雕塑摆件、数字油画框中的展示内容。

如今科技的发展和技术的应用在不断打破人们的认知边界，数字藏品产业的发展还需在实践中不断探索。

三、博物馆数字藏品运营管理

（一）资源分析

现阶段数字藏品的发行缺少行业标准，因此，文博单位在开展数字藏品业务时，须从自身品牌影响力、自身需求、藏品属性、信息整备及合作团队等维度分析考虑。自身品牌的影响力是发行数字藏品是否火爆的根本基础，结合自身需求，须明确开展数字藏品的目的和目标，如文物宣传、展陈宣传、文创收益等；藏品属性上，应考虑选用藏品自身的历史、艺术、文化价值与公众认知度，以及藏品进行数字化展示或创作的可行性；信息整备上，须确保可在软件上进行展示或用于创作的信息与素材充足，保障数字藏品的信息充实和价值的充分体现；合作团队上，宜选择同时具备设计能力与传播能力的团队，以进行更受用户欢迎的数字藏品设计开发。

（二）藏品策划

目前多数平台发布的数字藏品内容，旨在打造各自平台的相应主题，馆方更应基于自身馆藏内容进行同一主题的系列性数字藏品内容策划。也可将数字藏品的工作融入常规性工作中，比如大英博物馆结合葛饰北斋浮世绘展览所进行的相关数字藏品发售。馆方可结合展览开展数字藏品策划，达到宣传上的相互补充，并建立更广泛的共识，以构筑数字藏品的价值基础。

数字藏品的本质是信息资产，信息需要通过传播积累共识，进而积淀价值。因此，数字藏品的选题策划可理解为对其内容的传播策划。在传播时须充分分析受众群体，仅就数字藏品而言，其消费者以 90 后、00 后居多，因此宜考虑在准确传达本源内容的基础上，进行符合受众偏好的内容策划和创作。年轻群体对数字化内容的天然适应性和对新鲜事物的分享倾向，有效促进了对数字藏品内容的传播与裂变。

除此之外，网络与软件具有的易拓展性和可交互性，也是在数字藏品策划时应用的要点。内容不宜拘泥于形象、形体本身，可结合诸如特定活动的参与权限等赋能形式，积极与实体结合，形成线上为线下宣传、线下落地线上赋能、线上线下互补的形式。其他环节也应有更多拓展和创新，无论是发布形式还是购买形式，每个环节的精心策划都会带给用户更丰富的体验。这也是数字时代下内容传播的要点所在，在加强互动性与体验感的同时，也为文博单位自身积累高黏性的受众。

题材的选择、形式的设定、赋能的落实、拓展的方式，并不是数字藏品可延展的全部内容，随着行业的发展和更多参与者的实践，会产生更多有趣有益的形式。积极了解行业的发展动态、保持思维的前置是策划好数字藏品的重要基础。因此，复合型人才是开展数字藏品业务、创作优质数字藏品所必需的关键。

（三）产品定价

我国博物馆作为非营利机构，以文化的弘扬与传播为主要工作目的，数字藏品的定价应符合这一主旨，宜以更亲民的价格面向消费者，以此促进文化传播和文博行业社会影响力的提升。价格具体设定可参考以下四个因素：一是数字藏品所基于内容的影响力，包含保管单位自身的品牌影响力与产品自身的公众认知度，可参考最近几款同级别或同类型数字藏品的销售总额，可简单将此认定为本数字藏品的共识度价值；二是数字藏品的稀缺性，即确定的发行级别与该级别的发行数量，实践中发行数量与发行单价应成反比关系；三是数字藏品所需的成本，包含设计、发布、宣传、售后等；四是短期集中宣传导致的宣传正负值。

结合上述四点可得出通用式数字藏品定价公式，以供参考：

数字藏品单价≈（共识度价值＋总开发成本＋宣传正值－宣传负值）÷（级别总数×该级别发行件数）。

（四）收益分成

最终收益分成应就多环节具体的贡献程度来进行分配。馆方在仅提供基础资料和内容使用授权时，应获得不少于销售总额一定比例的收益分成。其他部分，宜根据各合作方在创作、宣传、运营中所做贡献商议相应的分配比例。宜保障各方获得应有收益，以促进数字藏品产业的可持续发展。

四、博物馆数字藏品四大维度分析

（一）社会影响分析

年轻人对形式新颖、内容时尚的数字藏品天生热爱，历史悠久的文物、藏品摇身一变成为年轻人手机里的新宠。数字藏品的出现，陡然增加了年轻群体对文物及文化内容的关注，已然成为当下年轻群体讨论的热门话题。越来越多的年轻人为了拥有一份人们口口相传的“稀世珍品”，开启了对馆藏文物与历史文化的研究学习，以便在实际购买、收集过程中挑选称心如意的“宝物”。数字藏品各大平台在宣传推广和应用分享的过程中，实现了对文物、馆藏内容的传播裂变，扩大了文博单位的间接影响力。基于对数字藏品推广与基础价值认定的需要，关于文物基本描述与历史、艺术、文化背景的延展内容也越发详尽，并由此诞生了文化传播的新形式。在数字藏品的热潮下，人们更好地感受到了承载于文物之上的文化魅力。

（二）经济效益分析

对于文博单位而言，数字藏品是文创产品在数字时代下的新存在，为馆藏带来了前所未有的造血能力。数字藏品作为文博单位的新业务内容，创造了更多计划外收益，有效地促进了文博事业的发展。数字藏品的运营模式，充分调动了社会力量，不仅为文博单位带来了新的收益模式，也为社会提供了更多的工作岗位，带动了社会多层面与产业各环节的经济效益。根据对某平台合作方的调研统计，通常一款数字藏品可为 IP 方带来 2 万—12 万元的真实收入。除了数字藏品的销售分成，随着行业的进一步发展，更多的数字藏品可以开启实体赋能，向文博单位的其他业务导入数字藏品的高流量，从而为文博单位带来经济效益的提升。

（三）法律分析

首先，数字藏品的内容创作所涉及的版权问题，应遵循《中华人民共和国著作权法》及《中华人民共和国民法典》第三编“合同”的相关条文。除非合同或协议另行约定，著作权将由作者所有。著作权包括下列人身权和财产权：发表权、署名权、修改权、保护作品完整权、复制权、发行权、出租权、展览权、表演权、放映权、广播权、信息网络传播权、摄制权、改编权、翻译权、汇编权及应当由著作权人享有的其他权利。著作权人可以许可他人行使除发表权、署名权、修改权、保护作品完整权之外其他项规定的权利，并依照约定或者《中华人民共和国著作权法》有关规定获得报酬。

其次，数字藏品的发行和传播应遵循《出版管理条例》《互联网信息服务管理办法》与《网络出版服务管理规定》。从事网络出版服务，应当遵守宪法和有关法律法规，坚持为人民服务、为社会主义服务的方向，坚持社会主义先进文化的前进方向，弘扬社会主义核心价值观，传播和积累一切有益于提高民族素质、推动经济发展、促进社会进步的思想道德、科学技术和文化知识，满足人民群众日益增长的精神文化需要。

（四）金融风险

匿名交易导致了反洗钱工作难度的上升。数字藏品的交易应倡导并坚持实名制，并仅基于法定货币进行，杜绝不良平台借助数字藏品进行洗钱、兜售虚拟货币等不法行为。同时，在有效监管方案及行业标准出台前，不宜完全放开二级市场，应保持理性克制，严守底线。应适当、可控、有序地展开数字藏品后续交易的相关尝试，在确保后续交易行为不引起金融风险的基础上，适当探索以激发市场持续的热度与活性，但过程中应谨慎防范二级市场的恶意炒作与价格操纵。

此外，数字藏品的发行与后续交易，应以文化传播为根本目的，消费者的买卖行为并不等同于获得收益或回报的承诺。文博单位及平台在数字藏品发售方面也应基于商品销售的事实，杜绝承诺以货币、实物、股权等方式还本付息或给付回报，避免非法集资的风险。同时，作为消费者在进行消费购入时，应明确购入项目的真实性，谨防虚假项目带来的经济损失。

最后，数字藏品的售卖与交易应遵循《中华人民共和国反洗钱法》，预防和遏制洗钱、恐怖主义融资及相关违法犯罪活动，维护国家安全和金融秩序；并参考银保监会发布的《关于防范以“元宇宙”名义进行非法集资的风险提示》，谨防风险。

数字藏品是时代的产物，为文化事业提供了新的航道，在新技术和新模式的加持下，大幅提升了文化传播的强度与广度。数字藏品不仅加强了社会力量与文博单位的联系与合作，更让越来越多的人以不同的方式参与到文化事业中，在此过程中文博单位也获取了来自社会的养分，促进了文化事业的良性发展。

数字经济的内核是数据、是信息，文化正是人类发展过程中赓续绵延的核心信息。文化工作与数字经济具备天然的契合度，也让文化产业成为数字经济的助推器与先行官。在数字时代，各行业工作者都在保持敏锐的洞察力，探索借助新技术实现工作内容甚至行业的数字化升级，在传统行业与数字经济的结合中创造新模式、新物种，实现多阶段的价值创造。正如工业革命带来的变革一样，数字经济将掀起另一场载入史册的变革：工业革命让物质文明发生了质的飞跃，大幅提升了物质的生产能力；数字时代正在缔造精神文明的盛宴，这场盛宴，技术只是工具和手段，文化产业会成为主角。在数字产业化、产业数字化的趋势之下，文化行业工作者或相关从业人员，更应该积极思考文化内容与数字经济的融合方式，数字藏品并不是终点，而是文化行业与数字经济结合的开端。模式的创新、内容的创新、赋能的创新，是数字藏品的活力源泉；敏而好学的文化从业者，则是行业敦行致远的根本。

晓麓文化发展（深圳）有限公司李仁杰执笔

博物馆文创基础

2016年，国家开始实行“文化文物单位文化创意产品开发试点工作”，全国各地文化文物行政主管部门纷纷响应，号召所属文化文物单位积极投身于这场以“文化事业”为主导而进行的“文化产业”探索的试点工作中。经过几年的探索，“文化创意产品开发”的概念已基本普及，相关配套政策逐步推进。然而，无论官方还是学界，至今尚未对“文化创意产品”这一概念给出明确的定义。文化文物单位尤其是博物馆作为文化创意产品开发试点工作的重要主体，也是未来文化创意产业一支重要的生力军。探讨文化创意产品这一概念及其分类，对于厘清博物馆文化创意产品开发试点工作中的一些疑问，找准试点单位在这项工作中的职能定位和工作推进都将有所裨益。

一、什么是文化创意产品

“文化创意产品”并不是一个固有的概念，它由“文化”“创意”“产品”三个概念组成。从最直观的字面上理解，文化创意产品首先是一种产品，而这种产品与其他产品的不同，在于它的两个前缀——“文化”和“创意”，这两个词在实践中通常又被合并简称成另一个词——“文创”，因此，文化创意产品又被称为“文创产品”。

（一）把文创产品跟文创产业区别开来

当前文化行政主管部门、试点单位以及社会各界，在谈及与文化相关的产品时均大量使用“文创”这个词，如“博物馆的文创”“图书馆的文创”“美术馆的文创”“我们单位今年的新文创”“文创收入”等。这个语境里的“文创”，究竟是“产品”还是“产业”？似乎没有多少人去深究。在我国，文化产业与文化事业相对应，共同构成社会主义文化建设。联合国教科文组织将文化产业定义为：按照工业标准，生产、再生产、储存以及分配文化产品和服务的一系列活动。我国原文化部《关于支持和促进文化产业发展的若干意见》（文产发〔2003〕38号）将文化产业定义为：“从事文化产品生产和提供文化服务的经营性行业。”因此，产业是有社会分工的组织化、系统化行为，产品（包括服务）是这个行为的结果或者说产物。再者，从文化产业到文创产业，并非简单改变了一个字，而是新增加了一个概念，“文”即“文化”，“创”即“创意”。从中文语法的角度分析，一个词语的定语越多，其内涵越大，外延越小。文创产业作为一个以创意为核心的新兴产业，在我国也属于比较新鲜的事物，在中文的语境里它被包含在文化产业里面。因此，文创产业是文化产业的重要组成部分，而文创产品是文创产业的具体凝结和行为成果。

（二）把文创产品跟各种相类似的概念区别开来

目前文化文物单位的执行中，常存在“艺术品”“衍生品”“文化产品”“文化商品”等不同的概念。张祖耀等在《文创产品设计中的文化传递模型研究》一文中提出：文化与产品的有机结合是历史的潮流，而文创产品作为典型的文创载体，相较于其他产品更需要文化的承托，并通过对文化的承载与展示，向用户传递出文化的内涵，体现出产品自身的文化特质与核心价值。我们将概念本身的词义以及生产（或制作）的主体、依据、对象、用途、范围等作为综合比对标准，可以对上述概念做一个基本的区别。譬如艺术品，其创作主体是艺术家，并没有标准化、规模化生产与销售等过程；而“文化产品”范围显然比文创产品大；“文化商品”则与“衍生品”的概念更为接近，虽然注重产品与原有物品的关联性，但并不强调“创意”的核心作用，且衍生品的参照物并不仅限于“文化”。张锐、王凯伦的《文创产品中的文化元素》一文认为文创产品“是艺术衍生品的一种，它基于设计者个人对文化元素的理解，将艺术品中蕴含的文化元素与产品本身进行创意性的结合”。金青梅和张鑫在其《博物馆文创产品开发研究》一文中则定义了一个更小的概念——“博物馆文创产品”，他们认为博物馆文创产品是“指博物馆结合自身馆存文化资源的文化特征与文化符号，通过与文化创意产业的结合，将创造性思维与博物馆馆藏文化进行结合，将文化和创意思维这两种抽象的意识相统一，并整合加工成带有博物馆文化特色的创意产品”。这个概念在“文创产品”前面加上了一个定语，将与博物馆相关的文创产品归于博物馆文创产品，这里固然与博物馆是非常巨大的文创资源聚集地有很大关系，但如果将其定义为一个概念的话，那“图书馆文创产品”“美术馆文创产品”，甚至“档案馆文创产品”“旅游景区文创产品”等是否也应该定义为一个概念？即便有此必要，理解何为“文创产品”这一共同属性才是关键。

（三）同质性高的文化产品不应被称为“文创产品”

诸多类似的概念中，与文化相关的产品充斥市场，是否都能称为文创产品值得商榷。如果从创意的角度出发，可以将文创产品分为广义和狭义的。同时具备一定文化元素和创意的产品可以称为广义的文创产品；如果一种产品具备一定的文化元素，但在功能及外观等方面与市面上存在的其他产品具有高度的同质性，可称其为文化产品，而非狭义上的文创产品。因为创意跟知识产权一样具有“排他性”而非“可复制性”，所以与文创产品最密切关联的是其知识产权是否完备。并不是设计者设计、生产者生产出来了就是文创产品了，它是一种符合消费者高品质需求的产品，而导致这种需求的最根本原因在于“创意”。因此，“文创产品”同时还是一个时间概念，一种文创产品可能在其诞生之初属文创产品，而随着其进入市场以及市场对同质同类产品越来越多的生产，它就慢慢成为一种文化产品。通常我们认为当前国内文化产品与文创产品的主要矛盾变化是从“量”到“质”的变化，文创产品对应的就是人民群众在文化需求领域“质”的变化。当然，这种划分只是为了讨论文创产品与其他文化产品最主要的区别，在实际的操作中，因为涉及产品统计口径等问题，并不一定非要按照这种方式去区分。

（四）全面、综合地理解“文创产品”的概念

就博物馆而言，在当前的文创产品开发实践工作中，存在着对“文创产品”概念理解过于狭隘的现象。这种现象的发生，最深刻的原因在于“不专业”，所谓的不专业不是博物馆人对自己从事的行当不够专业，而是当社会发展将一部分服务产业发展的功能赋予了长期以来被定义为“公益事业”的博物馆时，博物馆人原有的专

业知识结构在短时间内并不足以支撑其快速适应和转变这个角色。因此，文博从业者将“文创产品”理解为有形的物质形态的“产品”便不足为奇了。在国家推行文化文物单位文创产品开发试点工作之初，笔者2015年时曾在《博物馆产品与博物馆品牌建设探析——基于市场与营销学的思考》一文中，对“博物馆产品”一词进行广义上的探讨。在这里，笔者坚持认为，理解国家的文创产品开发工作，应持“大文创”的概念，即博物馆展览、培训、教育等服务活动，均应归为“文创产品”，而且，这类产品甚至应该被认为是文博单位的主要产品，至于利用其他行业的资源所开发的有形的衍生产品则属于狭义的文创产品。陈丹妮在《文创产品设计发展在生活语境中的价值体现》一文中，认为“文创产品以文化为基础，以创意为核心”，因此，文创产品是连接传统与当代、文化与生活的，为满足人们身体、精神享受或物质使用需求的产品，其消费的客观结果是促进文化传播。“文化”和“创意”赋予传统意义上的“产品”更为丰富的内涵。

因此，在国家文化文物单位文创产品开发试点工作背景下的文创产品，就是利用文化文物单位的资源，通过创意研究、开发、设计和生产的一切有形与无形的产品和服务。

二、文化创意产品的分类

依据不同的分类标准可以将文创产品进行不同的分类。阮可《破除“身份禁锢”，推动文创产品开发》一文将文化产品分为三种类型：一是纯公共文化服务产品，二是准公共文化服务产品，三是非公共文化服务产品。他认为这三种文化产品的提供者应该分别为政府、政府联合市场、市场。郝凝辉在《文创产品设计理论研究和实践探讨》一文中认为，文创产品包含艺术衍生品、动漫电影衍生品、旅游纪念产品、博物馆产品、特定主题纪念产品、传统符号文化这六个分类。这两种分类方式，前者是依据其提供者的分类而分类，后者是根据产品所属的不同行业而分类。笔者认为，博物馆的文创产品从存在形式来看，可以进行以下分类。

（一）有形的文创产品

邢礼婵和王小元的《文创产品设计中的叙事表达研究》一文认为：“文创产品设计就是对文化内涵加以分析并提炼出文化元素，形成自身所特有的文化符号，经过设计者的创意创新、设计、制作而成符合现代新生活的产品，是由无形想法转换为有形物质的一个过程。”这种有形的物质在当前文化文物单位中大量存在，如文物复仿制品、依托文化文物信息研制开发的工艺品和日用品、图书出版物等等。此类产品最大的特点就是以“有形物”的形态出现，也就是传统意义上的“商品”。而附着于该类产品的创意体现可以是一个文化符号，也可以是一种外观、色彩、功能，甚至是一个标记、符号等。博物馆从事文创产品开发试点工作早期的“成果”，基本都属于有形的文创产品。

（二）无形的文创产品

产品既有有形的，也有无形的，这是市场学告诉我们的基本知识。讲无形的产品主要指服务，也就是提供某种解决方案，让消费者（对公共产品而言可能是消费者无需付费，该部分费用由政府承担）享受到某种服务，获得一定的身体或精神上的满足。但是这在文化文物单位里面较少被认为是一种文创产品。譬如图书馆的各种课堂，博物馆和美术馆的各种展览，各类社会教育活动、课程等，这些依托文化文物资源且通过创意设计而提供给广大消费者的服务，均可被认为是无形的文创产品。特别是像展览这类属于博物馆、美术馆和图书馆主营业务范畴的内容，将其作为文创产品还可进一步分为两个大类：一类是免费展览，利用财政资金投入“设计生产”，属于公共产品，其收益部分应当用社会效益衡量；另一类是允许收费的特展，主要以与社会合作的方式提供，除了社会效益，还可以直接获取经济效益作为收益。

（三）虚拟的文创产品

虚拟的文创产品是利用当今流行的虚拟技术实现文化传播与消费的产品。这一类产品，其载体是设备仪器或者其他有形的物质，表现方式则是一种虚拟技术，最终传达的信息是一种文化内容，消费者并不实际占有这种文化内容，但可以通过视觉或者触觉进行感知。李静在《虚拟产品的经济特征与分类》一文中指出，虚拟产品具有“特殊的成本构成、特殊的生命周期、特殊的供求关系”以及“对个人偏好的依赖性”，并将其分为“资源类虚拟产品”“工具类虚拟产品”和“装饰类虚拟产品”。在当今文化产业领域，常见的虚拟产品有各类以历史文化为题材的网络游戏、采用AR技术的文物图录出版、利用VR技术进行虚拟考古探险，以及网上博物馆的虚拟展厅等。2016年11月，国家文物局等五部门联合印发《互联网+中华文明三年行动计划》（文物博函〔2016〕1944号），计划提出“开发数字体验文化产品”。近期兴起的依托区块链技术发起的NFT数字藏品热是当前成功的虚拟文创产品案例，也在一定程度上揭示了虚拟文创的发展趋势。

三、文创工作的模式与困境

故宫模式是国家文化文物单位文创产品开发试点工作的经典范例，也是点燃中国文化文物单位“文创产品开发”工作的第一把火。然而，故宫模式并非一种可以简单效仿和推广的模式。究其原因，大体上因为故宫作为公益二类事业单位，在进行文化的产业功能探索的时候，具备其他大多数公益一类博物馆所不具备的灵活性；同时，由于历史和客观等因素，故宫拥有数量较多的社会文化企业作为其合作单位；另外就是故宫作为当今世界上规模最大的古建筑群，拥有其他文博单位无法企及的文化品牌号召力。其他博物馆根据各自实际情况所探索的文创工作模式与面对的问题，便也有所区别。

（一）文创开发工作模式

从当前的文创产品开发实践来看，作为推进文化创意产品开发试点工作的主体，博物馆（或相关文化文物单位）一般采取以下几种模式。

1. 租赁模式

租赁模式是一种最为省事的模式，一般博物馆作为业主，通过符合当地财政部门关于固定资产与场所管理的相关政策，将自有场地以限定经营范围的方式租赁给社会企业，由社会企业根据所限定的范围，进行文化创意产品开发等工作。这种模式下，企业对市场的把握是比较准确的，自由度也比较高，但是对于试点主体资源的理解和转化难度比较大，一般还需要获取试点主体的资源授权。从试点主体来看，这种场馆一般也存在对市场把握度不高、不具备相应的专业技术力量和人力资源配备等问题，实践中往往直接将租赁收入归入文创收入。

2. 自营模式

人员配备较为充足、具备一定专业技术力量的较大型或综合类，且自身场馆、观众流量等运营条件相对较好的博物馆等文化文物单位，也采用自营模式。自己经营需要一定的政策支持，文化文物单位多数为公益单位，而公益一类事业单位受到政策限制基本无法自营，二类或三类事业单位自营大多选择这种模式。该模式对于试点单位本身的资源利用开发把握度比较高，但因为事业单位自身存在的一些缺点，如缺乏相应的激励机制、成本意识淡薄、对市场的反应比较迟钝等，也导致这种模式效果欠佳。

3. 合作模式

在当前的政策限定下，这种模式主要为公益一类事业单位所采用。按照国家“鼓励社会力量参与文化建设”的相关要求，立足于“让专业的人干专业的事”和“共建、共享、共赢”等理念，同时也为了更好地规避现有的政策风险尤其是事业单位在国有资金使用管理上不能投入生产经营领域的壁垒，试点主体以“资源”和“品牌”作为投入，与社会“资金”相结合，双方以签订契约的方式进行“合作”，从而达到对自身文化资源进行研发、生产和销售的目的，这也是许多试点主体选择的一种模式。对一部分试点主体而言，收益部分作为“经营收入”或“其他收入”可以直接上缴财政；而对另一部分试点主体而言，收益部分无法作为“收入”上缴，只能以契约的方式通过合作方按其他等值公益主业活动资助等方式进行“偿还”。

除了上述三种基本模式，就某一个具体的试点主体而言，其所实施的文创开发工作模式也可能是混合模式，即上述三种模式其中两种或者三种按照一定的比例进行“杂糅”而成。其中比较特殊的就是利用文化创意开发试点工作的政策支持，新设立“国有文化企业”专职从事文创开发工作，这种带有天然“血缘关系”的“事企”组合，突破了一般意义上事业单位跟社会企业的合作界限，能够更好处理在试点工作中所遇到的问题，但文化文物单位尤其是一类事业单位要设立“企业”需要各种现实条件匹配，殊为不易。

（二）文创开发工作中存在的核心问题

作为试点工作，文创开发工作中存在各种各样的问题，这里仅集中讨论以下较为突出和具有共性的问题。

1. 政策的落地问题

自实施试点工作以来，国家陆续出台了系列推动文化创意工作的文件。2016 年，国务院办公厅转发文化部等4部门《关于推动文化文物单位文化创意产品开发的若干意见》(国办发〔2016〕36号),对文化文物单位的文化创意产品开发工作做出部署。2020年10月,发改委等14部委联合印发《关于印发〈近期扩内需促消费的工作方案〉的通知》(发改综合〔2020〕1565号),提出“推动线上博物馆发展带动文创产品销售”。2021年8月,文化和旅游部等8部门联合印发《关于进一步推动文化文物单位文化创意产品开发的若干措施》(文旅资源发〔2021〕85号),对“试点政策落实没有完全到位、激励机制有待完善等问题”进行了归纳总结,提出了更具针对性的解决措施。挖掘文化事业在推动社会经济发展方面的潜力,应该是文化文物主管部门的主观意愿和推行文创产品开发试点工作的政策初衷。陆续出台的各种鼓励文创产品开发的政策都在证明这一点,然而在政策的落地方面,存在着不同部门之间新旧规则交替、冲突以及地方政府配套实施细则无法及时出台等限制。令博物馆从业者纠结的现实困境是:文创工作都已经写入评估运行的评分细则了,不做肯定不行;而实际操作中,财政、人事、审计、纪检、工商等其他行业则更愿意从事业单位分类改革和现行政策中寻找依据,认为文博单位并不存在从事文创开发的政策和法律依据。长期的“弱势”让从业者如履薄冰,深怕被划入“违法违规之列”,甚至导致原有的文创工作都在逐渐萎缩,从而导致“雷声大雨点小”。

2. 激励机制的问题

对文创工作而言,激励机制的问题本质上还是政策落地的问题,只不过更加具体。众所周知,从事文创开发的试点单位,如博物馆、图书馆、美术馆、文化馆等大多数属于公益一类事业单位。从业者在事业单位绩效工资改革的背景下,对于为什么要去推动文创工作,除了有一个缺乏实施细则的大政策任务要求以外,缺乏有效的动力。

2018年,北京市出台《关于推动北京市文化文物单位文化创意产品开发试点工作的实施意见》,意见指出“绩效奖励部分参照北京市人民政府《关于大力推进大众创业万众创新的实施意见》(京政发〔2015〕49号)建立激励机制,经职工代表大会同意,试点单位可从文化创意产品开发取得的净收入中提取70%及以上奖励开发工作人员。”允许试点单位“尝鲜”,但时至今日,尚未有“第一个吃螃蟹”的。2020年,湖南省出台《关于加强文物保护利用改革的实施意见》提出:“探索文物博物馆单位绩效工资总量核定与文化创意产品开发业绩挂钩,对符合规定的单位在确保完成公益目标、做强主业、国有资产安全的前提下,文化创意产品开发取得明显成效的,可以适当核增绩效工资总量,并可在绩效工资总量中对在开发设计、经营管理等方面做出重要贡献的人员按规定予以奖励。”但是地方上的这种探索也仅仅是在响应国家政策，并没有提出具体的执行依据。2021 年，天津市出台《关于文化文物单位文化创意产品开发激励奖励实施细则（试行）》，提出：“对于文化创意产品开发取得明显成效的文化文物单位，适当增加绩效工资总量，专门用于奖励在开发设计、经营管理等方面做出重要贡献的人员，用于奖励的部分在绩效工资总量中单列，奖励金额可控制在文化创意产品开发取得的项目净收入金额的 50% 以内。”但是作为试点中占大部分的“收支两条线”的事业单位，总量如何核定，范围如何确定，乃至金额（与事业成本）如何核定，依然在原有的制度框架内运行。2022 年发布的《广州市博物馆事业“十四五”发展规划和 2035 年远景目标》提出：“探索绩效奖励机制，积极探索文化创意产品开发收益在相关权利人间的合理分配机制，充分发挥奖励制度的正向激励作用，合理运用一次性奖金等方式，着力调动博物馆文创产品开发经营人员的积极性和创造性。”也预示着激励机制建立的“难度”，尚在“规划”和“远景目标”中。在广东省的一些试点单位中，甚至出现所属企业（部门）文创工作每年实现利润若干，而单位竟然没有取得收入的资格，所有收入停留在账上，既不能提高单位福利以提高员工的工作积极性，亦不能纳入单位事业发展的年度经费预算以实现“补充事业发展经费不足，推动事业发展”的目的，最后只能将文创工作完全推向社会。在这种背景下，文创工作实际上被从业者看成本行业内一项并没有远大前景，甚至充满风险的业务。在广东省的文博系列职称改革中，已经将文创作为其中一个门类，这无疑是一种激励，然而这个激励依然是“事业”的，而不是“产业”的。

3. 从业的人才问题

“人才是第一资源，创新是第一动力”已经成为各行各业的共识，对于博物馆文化创意开发试点工作而言更是如此。博物馆文化创意产品开发工作是博物馆的新业态，不在传统博物馆业务工作范畴之内，因此也缺乏相应的人才储备，这也是博物馆文化创意开发工作顺利推进的最大掣肘。要解决人才的问题，既要加强博物馆内部的人才培养，也要加强这方面人才的引进。按照《广东省深化文物博物专业技术人才职称制度改革实施方案》（粤人社规〔2020〕37 号）的通知精神，在《广东省文物博物专业技术人才职称评价标准条件》中已经加入“文创研究”这一方向，并在对应的初级、中级、副高级、高级的“工作能力（经历）条件”和“业绩成果条件”中提出了具体要求。这是作为全国第一经济大省的广东省在文化创意开发试点工作进行一段时期后，一项关于人才方面的配套改革，对本区域内博物馆行业培养文化创意人才有很大的激励和指引作用。国家文物局、中国博物馆协会以及各地的博物馆行业协会组织等，每年都组织博物馆文化创意工作从业人员的交流培训。对博物馆内部人才的培养，博物馆更应该从管理上捋顺机制，在实际工作中锻炼培养人才。直接引进人才无疑是比较快捷的方式，但博物馆文创既包含市场实践又包含理论研究，无论内部培养还是直接引进，都朝着“既懂得博物馆作为事业单位的运行规则，又懂得文创作为产业的一部分在市场经济中的运行规律”的复合型人才的目标而来。博物馆要明确的是：博物馆关于文化创意开发工作中的人才使用，究竟是基于事业单位属性的“政策方向、产品文化创意等的研究”，还是需要其通过产品投放市场，去“创造经济价值”？或许这是作为国家文化创意开发试点工作主体之一的博物馆下一步要重点解决的问题。

四、文创开发工作的应对措施

“文创产品”显然已经成为当下的热门词语。与文化行政主管部门的踌躇满志和社会企业的观望试探所不同的是，作为体制内的文化文物单位，尤其是文创开发试点单位，似乎已不考虑“能不能？该不该？”，而是在实践“怎么做？做多少？”。作为国有事业单位，是否有必要和有能力“一竿子插到底”，直接从文创产品开发中获取巨大的经济效益？试点单位本身的属性是什么，在执行这项工作时是背离其原有属性还是能够将两者很好地结合起来？社会力量在这项工作中又如何参与并真正发挥作用，这些都需要去思考。

（一）正确处理文化事业与文化产业的关系

党的十九大报告提出：“推动文化事业和文化产业发展。要深化文化体制改革，完善文化管理体制，加快构建把社会效益放在首位、社会效益和经济效益相统一的体制机制。”作为我国特有的组织形式，事业单位具有公益属性和非营利性，主要由各级财政负担其经营成本。试点工作由事业单位作为文创产品开发的主体，按现行政策，用于事业的财政资金无法投入文创产品的生产，取得的收益无法转入下期持续扩大再生产。这是当前政策在事业与产业发展上的滞后或者说不配套，并非试点单位可自行解决的。事业单位人员的知识结构和行业经验能否满足文创开发工作主体的重担？如何有效地实行激励以确保他们保持文创产品开发的主动性和积极性？中央部分激励政策，尤其是多部门联合发文的政策在地方上没有对应的实施细则，同样也会成为试点单位乃至全体文化文物单位不敢逾越的“高压线”。“如何让事业的社会效益转化为产业的经济收益，自己做好事业的同时让做产业的获得经济效益”，应该是试点主体需要认真对待的问题，应该理解“将文化资源贡献给社会，让其产生经济效益”也是“自己应该的工作”，而不是“自己挣不到钱，那就宁愿让资源躺在库房”。这应该也是通过文创开发工作，让文化文物资源“活起来”的本意。

（二）正确处理“政府”和“市场”的关系

2014 年 5 月 26 日，习近平总书记主持中央政治局第 15 次集体学习时指出：在市场作用和政府作用的问题上，要讲辩证法、两点论。“看不见的手”和“看得见的手”都要用好，努力形成市场作用和政府作用有机统一、相互补充、相互协调、相互促进的格局，推动经济社会持续健康发展。运用社会主义市场经济的知识谈谈当前做到“看不见的手”和“看得见的手”都要用好的相关措施。归根结底，产品的事情属于“市场”，体制内留着很强的“计划”的影子，文创产品开发工作不应该成为“文化领域的计划经济”，而是应让“计划”和“市场”各司其职，让“看得见的手”与“看不见的手”都能很好地发挥作用。2017 年 10 月，在广东省文化厅支持下，广东省博物馆联合省内其他 8 家全省首批文化文物单位文化创意产品开发试点单位，以打造服务广东文化事业、推动广东文化产业发展的公益性平台为根本目的，以打通文创产业链各个环节的资源渠道为主要抓手，组建广东文创联盟。首批 80 余家成员单位中包括国有文化文物单位和开发研究、设计、生产、销售、投融资等行业的社会企业及组织。希望通过搭建平台的模式，实现文创资源优化利用，达到“计划”与“市场”共建、共享与共赢的目的，亦是一种探索。在此基础上，2020 年，粤港澳大湾区文创联盟成立，服务范围进一步扩大。

（三）找准试点实施主体的角色定位

文创产品开发涉及一个非常庞大的产业链，包括资源、资金、设计、生产、销售等各个领域。在文创产品开发工作中，政府和市场分别扮演什么角色？体制内的单位和社会企业又分别应该承担起哪一部分的职责？国务院转发四部委的文件，将这些单位列为试点的实施主体，显然认为它们作为受国家有关部门委托管理和利用各种物质非物质文化资源的文化事业单位，具有文创产品开发方面的资源优势。从市场的角度来看，一个产业链的构成，除了产品资源，还必须有资金投入、产品设计、生产和销售以及对应各个环节的业务人员等。基于体制环境、行业经验和思维模式等制约，“三馆”是否有能力以及是否有必要去参与整个产业链中的各个环节？“三馆”的最大优势在于其是各类文化资源的“拥有者”以及有一批对该资源熟悉的专业技术人员。“让专业的人干专业的事”，发挥“三馆”人才和资源优势，在资源开发利用的前端进行产品转化研究，组织专业力量对涉及文创产品的市场运行规律进行探讨，进而为资金投入、设计、生产、销售等环节提供理论支撑，同样是为产业繁荣发展做贡献。关键在于，这些单位作为试点，是否真的拥有对应的容错纠错机制让其能够“摸着石头过河”？

（四）加强文创产品知识产权保护

文创产品是个新事物，对其概念分类等均在探讨阶段，但文创产品又已经实实在在地跟人们的生活发生着密切联系。无论在政策还是法律上，其对应的知识产权相对其他市场产品而言都是不完备的。如文化文物单位内的大量资源所有权是国家，各个管理单位在文创开发过程中如何发挥其市场主体的作用？最直接的问题是，在现行的政策及法律框架内，如何界定从“文物”到“文创产品”这一过程中的知识产权？哪些是应当作为公共文化产品免费提供给公众消费的？哪些又是可以作为一种资源投入到后期的创意开发生产中？对博物馆而言，因为有《文物法》《博物馆条例》等明确规定“物的归属”，实际上对文物进行文创开发的知识产权主体就是博物馆，只需博物馆同意，进行文创产品开发相对容易。而美术馆的藏品大多数都是“艺术品”，作者本人或者其后代尚在，即使藏品已经入藏到馆，也只是财产权的转移，美术馆要进行文创开发，还得就知识产权问题进行商讨，而作为公益一类单位的国有美术馆，这种商讨在很多情况下也“吃力不讨好”。产品在市场上必然存在知识产权和品牌保护的问题，如何界定和分割应该先予以明确，更不能因为国家有相关政策要求开发，便生产出一批“三无产品”，无法保障各方的权益。

（五）统一“文化创意产品”的统计口径

2022 年 4 月，文化和旅游部资源开发司发出《关于征求文化文物单位文化创意产品开发试点单位工作成效评估办法和评估指标意见的函》（资源函〔2022〕8 号），计划对试点单位，同时也是对“文化创意产品”的评价提出了相关要求，说明行政管理部门意识到经过一段时间摸索，“考量指标”的缺位已经制约了工作的进一步发展。非公共产品是需要计算产值的，文创产品自然不例外。当前，“文创产品”被纳入各地文化部门的“绩效”当中，要求统计产品研发的数量、类型、产值、销售额度等，却没有明确哪些属于文创产品。只有对文创产品的概念及其分类有明确的界定，了解哪些东西属于“文创产品”，才能有的放矢进行设计、生产、销售，才能有效进行统计。譬如博物馆、美术馆和图书馆内，各种特展（允许收费的展览）收入，文创商店各种纪念品销售收入，各类社会教育活动（服务）收入，各类出版物收入等，哪些可以纳入“文创产品收入”？是计算产值，还是计算利润（这里涉及公共财政的投入成本和直接的商业成本）？同时，公共产品当中的“文创产品”又该如何界定和统计？这种统计口径的统一，必须建立在“文创产品”概念及范围明晰的基础上，反过来这些也能推动文创产品开发试点工作更加健康地发展。

《关于推动文化文物单位文化创意产品开发的若干意见》提出：“始终把社会效益放在首位，实现社会效益和经济效益相统一；充分运用创意和科技手段，推动文化资源与现代生产生活相融合，实现文化价值和实用价值的有机统一。”《关于进一步推动文化文物单位文化创意产品开发的若干措施》提出：“坚持把社会效益放在首位、实现社会效益和经济效益相统一，鼓励开发兼具艺术性和实用性、适应现代生活需要、符合市场消费需求的文化创意产品。”对文创产品的概念及其分类进行梳理，能够更准确地理解和把握文化文物行政主管部门和文化文物单位在这场改革中的职能定位，进而更高效地推动文创产品开发试点工作。

广东美术馆胡锐韬、广东省博物馆协会雷愉香执笔

博物馆文创实践

随着我国博物馆事业的蓬勃发展，博物馆文创作为文化潮流的增长点始终热度不减，文创产业已经成为博物馆功能越来越重要的组成部分，并且深入各行各业和人们日常生活的方方面面。博物馆的文化创意或将成为文创产业的倡导者和文化产品潮流引领者。博物馆文创具有哪些特点？如何认识和保护博物馆文创的知识产权？如何将博物馆及其藏品所属的自然与文化元素和相关产品完美结合？如何通过对不同物品的解构与重组在文创设计中催生创意？博物馆文创产业在发展过程中，对社会产生哪些积极和良好的影响？进入中国博物馆事业发展的新阶段，博物馆文创产业功能的转型升级如何为博物馆工作拾遗补漏？下面就这些问题提出解决方案和实践探讨。

一、博物馆文创的内涵与外延

博物馆文创就是利用博物馆的藏品、展品和展览等相关的自然和文化元素，设计和生产或策划和构思产生的文化创意产品。博物馆文创产业则是博物馆文创产品的延伸和扩展。

博物馆文创通常具有以下几个或全部特征：

（一）文化性。此为其主要特征，超越了实用性，利用与博物馆相关的元素在产品的外观或结构设计上、材料运用上，或制作工艺和其他一些非物质类的文化属性，所带来的产品的文化附加值和商业溢价。

（二）艺术性。外在形态美学体现了现代的审美需求，产品背后所蕴含的故事内容能让消费者有所回味，从不同角度体现出产品独特的艺术审美价值。

（三）地域性。运用本地区的自然风貌、人文景观、民族、民俗、历史、政治、宗教等文化形态元素，以期产品可使受众对本土文化产生归属感和自豪感。

（四）纪念性。让观众对所参观的博物馆藏品、展品、展览或相关活动，借助产品留存某些记忆，所谓的“把博物馆带回家”。

（五）科技性。在产品的设计过程、材料使用、制作工艺和结构方面的科技应用，特别是对新科技成果的应用，抑或产品本身就是一款现代科技产品。

（六）实用性。也是大多数文创产品的基本属性，对绝大多数消费者而言，产品本身在学习、工作和生活中具有很好的实用价值。

二、博物馆文创的工作理论

当今各行各业对创意产业高度关注，创意园区遍布全国各地，其产业已经涉及各种类型、各种功能、各个层次的产品，深入到人们日常生活中。博物馆作为承载着人文与自然科学文化知识和收藏的殿堂，其文创产业尤为重要和突出，有责任和有义务成为文化创意产业的倡导者和文化消费的潮流引领者。而创意是其中的关键环节，如何实现有效和精彩的创意？如何将博物馆及藏品所属的自然与文化元素，和相关产品完美结合？如何产生一种或多种全新的产品？简言之，对不同物品的解构与重组的过程，就是文创设计中催生创意的过程。

我们将文化创意归纳总结为解构与重组的过程，以此作为创意设计的方法分析，归纳和总结出该方法在文创产品设计中的实现。解构主义作为一种设计风格的探索，兴起于 20 世纪 80 年代。解构主义批判地对现代主义正统原则和标准加以继承，运用现代主义的语汇，却颠倒、重构各种既有语汇之间的关系，从逻辑上否定传统的基本设计原则（美学、力学、功能），由此产生新的意义。用分解的观念，强调打碎、叠加和重组，重视个体、部件本身，反对总体统一而创造出支离破碎和不确定感。解构主义对艺术和设计界产生巨大的影响，包括绘画、雕塑、建筑、服装、工业设计等。

当然，设计中的解构概念不完全等同于解构主义的概念，但我们可以从这种理念中有所借鉴。任何一种人类创造物品，都可以解析为两种基本属性：一是自然的、物质的属性，它包括外部形态、内部结构和材质等；二是非物质文化属性，人类在生产生活中赋予它以文化和美学意义、制作工艺和使用功能等。通过解构的方法，

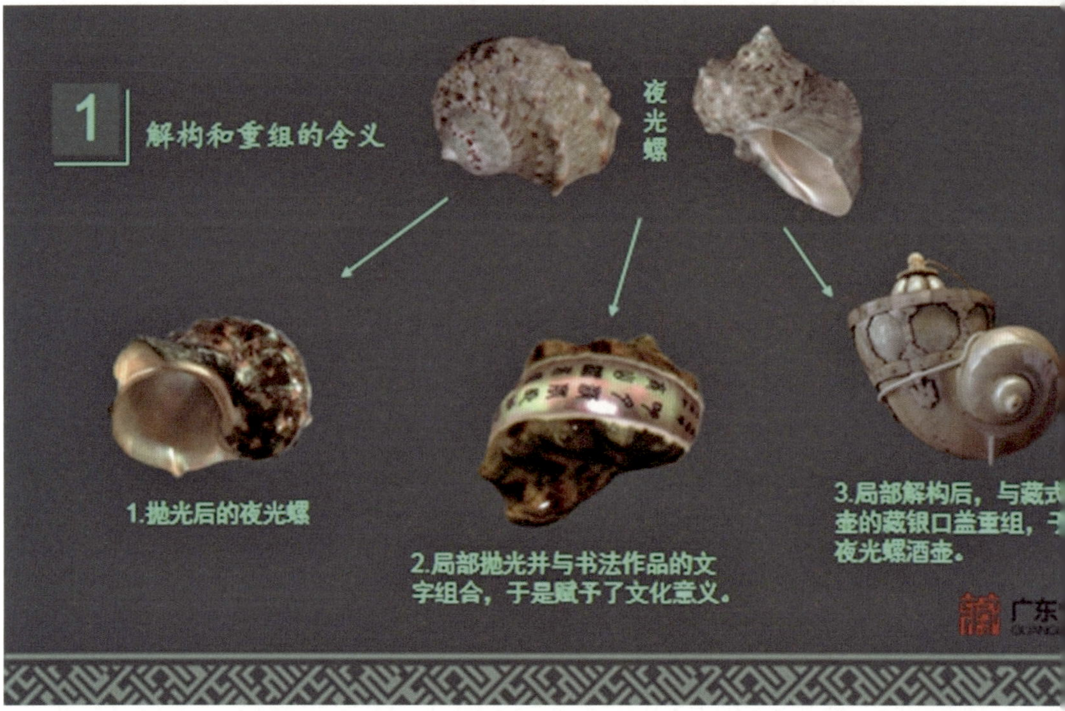

图 1　夜光螺的完全解构过程

可以对不同的物品进行解构，从而产生出多种多样的元素，这些元素可以进行重新的排列组合，进而产生一件或多件新的产品。

在解构和重组的过程中催生了创意，这种创意就是将原有的元素予以新的组合，采用元素的解构与重组理念，是原创设计的可行性方法，也是进行原创设计的有效保障。

以夜光螺的衍生产品为例，一只普通的夜光螺经过简单的抛光就已经是一件不错的工艺品了，但如果将其结构打碎，再与其他实用功能重组，就会产生一系列多姿多彩的创意产品。

在解构与重组理念基础之上，对这种创意过程进行简单归纳，方法如下：

（一）形态解构重组法。对于博物馆的经典藏品而言，复制品的生产是最基本和传统的方法，本质上这也需要解构，深入了解其材质与制作工艺等诸多元素，再尽量按原物各种元素重组复制出来。如果在体量大小上有所变化，可称之为仿制品，

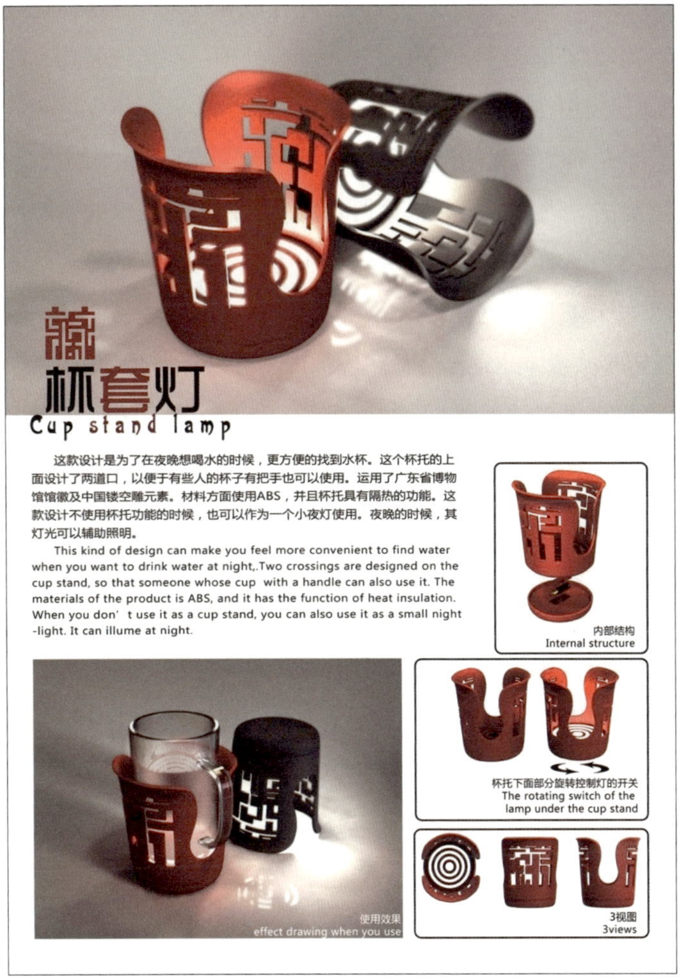

图 2　大学生文创大赛获奖作品——杯套灯

即将某一经典藏品在体量上进行一定的缩放，达到以小见大的效果。另外就是直接将原有形态打碎，再与其他功能重组。如上文所述的夜光螺结构的解构与其他实用功能的重组。

（二）材质转换解构重组法。在不改变原有基本结构形状的基础上，改变其材质，或与现代技术相结合，改变其原始用途，赋予新的质感语言，达到一种古为今用、今显古风的格调。比如一件经典的瓷器，它本由高岭土高温烧制而成，在不改变其原有形态和外观的基础上，可以木、铜、铁、纸、竹等不同材质来替代，使用现代技术还可以用玻璃钢仿制，甚至可以利用 3D 打印技术。这都赋予了这件文创产品以新的内涵。

（三）形状解构变形重组法。将某一物品分裂、变形之后，重新糅合到设计表意系统，这种手法如同绘画中的立体主义画派，使人通过对习以为常的形式的异化，再与其他元素重组，从而产生感官刺激与联想以及审美的愉悦。

（四）简化抽象解构重组法。将某些传统形象元素，如陶瓷器、青铜器、金银器、古玉器等器物上的部分纹饰，或是绘画与刺绣的局部构成和线条，分解简化并赋予美感；甚至如中国汉字作为象形文字的简化过程一样，处理一些传统装饰纹样或工艺。这样的纹饰尽可以直接用在工艺品、服装、书籍装帧、文具、小家电和数码外围设备等各种产品上，也是典型的文创产品常用方法。

（五）数码技术解构重组法。进入数码和大数据时代，电脑应用技术的发展使解构重组的创意设计如虎添翼。选择某几件物品在电脑中进行各种元素的分解，通过软件分析将大量不同类型的元素排列组合并建模，从而产生大量的虚拟产品。随着现在 3D 打印技术的不断进步，成本也逐渐降低，虚拟产品可以首先通过 3D 打印完成初步实践，设计师最终再根据美学观感、市场需求、功能需求等各方面要求综合选择，进而投入生产进入市场来检验。

三、博物馆文创的知识产权保护

随着社会经济的发展和科技日新月异的进步，社会分工越来越细。要想把博物馆的文创产业做大做强，靠博物馆自身单打独斗是完全无法实现的，需要与各类相关的机构和企业强强联合，才能把博物馆的物质与非物质遗产资源变成文创产业的创意源泉。所以，要使博物馆与博物馆文创产品进行有机的联系，首先就要解决博物馆相关知识产权的问题。

世界知识产权组织在 2007 年公布了《博物馆知识产权管理指南》。博物馆的知识产权是指博物馆在科技、文化、艺术、工商等领域，基于其智力成果和工商业标记等依法产生的权利。《博物馆知识产权管理指南》将博物馆的知识产权分为版权、商标权、专利和商业秘密、域名和其他与社交媒体相关的标识形式、工业设计等五个类型。

根据我国的相关法规和博物馆工作实际，博物馆相关知识产权主要包括著作权、商标权、专利权、域名权等。

知识产权的授权，是指将商标或者品牌等知识产权以合同的形式授予代理商和被授权者，授权者通过合同上设立的规定获取经营所得，但授权者需给予被授权者一定的资源，比如组织的设计、人员的培训、经营管理方式等方面的指导，是一种新型的合作方式，是市场资源的有效整合，也被称作“品牌许可”。

国际博物馆协会对博物馆最新的定义为：“博物馆是为社会服务的非营利性常设机构，它研究、收藏、保护、阐释和展示物质与非物质遗产。向公众开放，具有可及性和包容性，博物馆促进多样性和可持续性。博物馆以符合道德且专业的方式进行运营和交流，并在社区的参与下，为教育、欣赏、深思和知识共享提供多种体验。”

从博物馆的定义可以看出，非营利性被特别强调，由此博物馆被贴上了公益文化的标签，与知识产权的私权性似乎有了一些冲突。博物馆是一个不以营利为目的，为社会和社会发展服务的向公众开放的常设性机构，它把征集、收藏和研究有关人类及其环境见证物当作自己的基本职责，以便展出而公之于众，提供欣赏、学习、研究和教育的机会。基于此，给博物馆赋予了公共性、公益性和开放性。但知识的产权性质又是私权性的，更主要地体现为知识产权持有人对知识产品的专有垄断性。表面上看两者性质似乎有冲突，但就知识产权本身而言，虽其终极目标是促进文化资源共享，但前提首先要保证智力成果人对自己权利的垄断性使用，来激发起创作或创造的动力。

博物馆知识产权，并非指博物馆藏品和展品本身的知识产权，而是对其进行拍摄、扫描、分析和研究等劳动过程取得的成果。因此，博物馆产权的保护是鼓励从业者、研究者、生产者和消费者，对博物馆相关文化更加广泛和深入的应用，从根本上让更多的人了解和关注馆藏文化、传播知识，达到真正的知识共享。这两者看似矛盾，实则殊途同归。故而对博物馆的文化资源和文创产品的知识产权的双向保护都是毋庸置疑的，因此也才能使博物馆的物质与非物质文化遗产资源与博物馆文化创意产品产生良性互动，相互促进，共同发展和提高。

在对博物馆文化资源的知识产权有了较为明晰的认识后，对知识产权保护及规范品牌授权就显得尤为重要。具体保护措施如下：

（一）要建立规范标准的藏品数字化系统。基于博物馆自身藏品特点，为了有效保护博物馆藏品相关知识产权，特别是在博物馆数字化进程中更好地管理和利用藏品数据，首先要通过详细调查，厘清博物馆藏品所附有知识产权的现状，建立起明晰的知识产权清单。建立规范标准的藏品数字化系统，对图像资料进行分类授权，更好地梳理盘活馆藏和版权等有形或无形资产。这是科学管理与保护博物馆藏品和数据的相关知识产权的基本前提。

（二）成立专业的知识产权与版权保护机构。应该设立专业的知识产权及版权保护相关小组或部门，专职来处理知识产权问题。小组的基本工作是聘请法律顾问、知识产权管理职能外包、设立知识产权主管人员等，通过这些手段来保护博物馆的知识产权。

（三）订立严谨规范的审批合同流程。博物馆应订立严谨的合同条款、规范合同审批流程，避免漏洞的产生，防患于未然。博物馆文创产品开发应设立法律处理机构，专业人员严格审批合同，规范流程，形成一套行之有效的合同审核工作机制。对馆标、馆名、馆藏、建筑以及文创产品等进行系统化注册。

四、博物馆文创的社会作用

博物馆的文创，从早期的文物复仿制、学术论著图录出版和邮票明信片的发行这些相对直接和简单的拷贝式的模式，发展到对物质以及非物质文化遗产的文化元素解构，再与功能应用的重组，实现了质的飞跃。这使得无论是博物馆的藏品还是展览，其内涵得到了更深的挖掘和诠释，其外延也得到了最大限度的扩展。所谓“让博物馆的藏品活起来”和“把博物馆带回家”得到真正的实现，从形式单一的复仿制纪念品，发展成为真正意义上的文化创意产品，融入普通人的生活，渗透到商业社会的众多方面。

博物馆文创已经进入所谓“大文创”的时代，不再是简单的实体产品，而是多层次、多类别的，涵盖从博物馆服务到研学教育，从现实到虚拟的成规模的文创产业。就文创产业所包含的内容而言，也不再仅仅是产品销售，而是全方位围绕博物馆服务的产业，其主要工作内容应该包括：常规围绕展览和藏品的文创产品设计营销、陈列展览的设计制作推广、陈列展览相关教育互动活动、文物和自然标本藏品修复、部分藏品鉴定征集、学术和科普书籍刊物出版（含电子版读物）、与博物馆相关的专业及普及型培训和讲座、博物馆餐饮服务，等等。这一方面能丰富博物馆文创产业的内容，另一方面也能对博物馆业务工作给予全方位的协助，以解决博物馆某些工作经费和人员不足的困难，还能在对作为公益事业单位的国有博物馆在文创政策范围内，为公众提供更好的配套服务，为博物馆常规专业工作拾遗补漏、添砖加瓦。

当前从国家到地方，对文化创意产业都在政策和资金层面给予了大力的支持和推动。特别是博物馆的文创产品更是得到了公众，尤其是青少年的热烈追捧。这是一个非常良好的契机，博物馆文创应该成为整个社会文化创意产业的引领者和标杆，因为博物馆集中了全社会最优秀的文化资源，文创逐渐成为博物馆不可或缺的重要项目，其地位也越来越重要。因此，做好博物馆的文创工作是博物馆义不容辞的责任。

在博物馆产生的社会作用中，博物馆的文化创意产业都能起到直接或间接的积极作用。在实现博物馆的教育和传播这两大功能上，文创产品和文创产业所起到的作用是非常直接和深入的，不但“寓教于乐”，而且“寓教于赏”和“寓教于用”，以“润物细无声”的方式渗入生活的方方面面，从而搭起一座非常有效地沟通博物馆与社会的桥梁。如文创产品进校园、进社区、进园区、进军营，乃至直接为乡村服务，帮助挖掘当地文化元素，设计产品包装，提供销售平台，推广当地特色产品，助力乡村振兴。

另外，处于某一地理位置上的博物馆，通过博物馆文化创意工作项目，使同一地理范围内的居民，共同面对社区的文化生活议题，同时也创造共同的文化生活福祉，因相似的文化属性使得居民彼此之间以及居民与社区环境之间围绕博物馆建立起紧密的社会联系。如组织不同级别和不同主题的文创大赛，既挖掘出了优秀的文化创意产品，又加强了区域内的文化联系，推动了当地优秀传统文化和非遗文化的传播和实际应用。

五、博物馆文创产业的运营模式

针对不同年龄、不同层次、不同职业、不同行业、不同地域的观众群体，文创产品需要应对观众多元化的文化需求，满足这些需求就需要我们对文创产业有多种运营模式。

就宏观方面而言，博物馆的文创产业一定需要借助社会力量。因为博物馆的文创产业是一项综合性极强的产业，包含了文化、科学技术、艺术设计、社会审美心理、应用价值、营销等一系列专业学科。所以，坚持与院校、科研院所、旅游、金融、教育、文艺活动、文化输出、文化交流等结合，形成产、学、研、销有机结合的文创联盟综合体，才能不断增强博物馆文创的造血功能，逐步把我们的文创产业做大做强。

创新博物馆文创产品开发多元化的方式，可以激发创造性的理念和思路，汇聚创意设计资源，增强博物馆自身可持续发展的能力。我们致力于为公众提供更加丰富多彩的文创产品购买选择，也期待越来越多的人通过文创产品了解和喜爱博物馆文化，使博物馆的藏品和展览与文创产品的开发实现良性互动。下面以广东省博物馆为例，就文创产业的运营模式分述如下：

（一）特许经营模式

特许经营模式就是博物馆依托文物藏品、专题展览、新馆建筑、新馆馆徽等文化元素，引入社会资金和产业力量参与文创产品开发。主要通过授权开发的模式进行，对馆藏元素进行研究梳理，提取出可供开发的文创元素，再通过授权的方式把元素交给特许生产商，特许生产商通过对元素的运用开发设计，再将设计方案提交博物馆文创工作小组进行甄选，之后生产出具有博物馆文化特色的文创产品。通过特许文创产品的生产和销售，挖掘博物馆的文化内涵，展示具有地方特色的文化形象、文化魅力，为相关企业发展以及非物质文化遗产资源整合等搭建经济的、高效的市场营销体系。

可以看出，这是博物馆文创产业上双赢的做法，博物馆与社区企业产生了紧密的联系，双方以文化为纽带的商业互动，活跃了相关的经济活动。

（二）与高等院校的设计院系进行授权开发课题合作

将博物馆馆徽、建筑造型、藏品和展览展品等设计元素，授权给合作高校的艺术设计学院，鼓励师生将之作为课题为博物馆设计文创产品，组建师生团队进行专项设计研究，派博物馆的专业人员对合作课题相关领域的专业知识进行专门的授课和讲解。使更多的大专院校师生直接参与到博物馆的文化活动中，通过这种深入的学习和创作，以强大的文化影响力使博物馆成为学生的终身学习地。

广东省博物馆就与广州美术学院、华南师范大学、广东工业大学、广州大学、广东轻工业学院、广州职业技术学院等多所大专院校进行馆校合作，博物馆成为学院的研学基地，也从研学成果中获得了新的文创设计。馆校双方都取得了良好的成效。

（三）展览或传统文化相关的互动活动作为文创产业

博物馆文创授权互动项目，是积极探索与尝试多角度参与博物馆的相关教育、宣传、文化等方面的活动，并积极配合完成相关配套文创产品另一种形式的推广。

项目综合了彩绘、刺绣、活字、印章、拓印、烫印、火漆、钢印等工艺，可根据需求提前制作模具、印章等，这样就可为博物馆的相关活动提供个性化、小批量的各种材质的纪念卡、明信片、徽章等；不易用简单手艺操作的馆藏珍品，例如青铜器、陶瓷、绘画等，可利用高温瓷画、水晶雕刻等工艺预制馆藏珍品，现场辅以个性化框架、支座等的手工制作。参与者将所授权的馆藏珍品的元素进行二度创作，从而也提高了博物馆相关活动的影响力和宣传效果。

（四）基于互联网的文创体验

互联网除了给公众带来唾手可得的大量知识以外，也催生了虚拟博物馆这一新兴的观展方式。面向未来，青少年通过互联网可以更方便快捷地获得知识，乃至可以通过虚拟博物馆观展和欣赏展品。但是显然，如果仅仅有线上而没有线下的亲身体验，显而易见有着非常大的缺失。如何让线下观展保持吸引力？围绕藏品和展览从多方面开展各类教育和互动活动就显得尤为重要。一个展览的策划，除了展览本身的合理编排和精彩展示外，除了通过相关的讲座、专家导赏这些常规活动外，作为围绕藏品和展览的文创产业扩展出来的功能如 DIY 互动、多媒体互动、设计展演、音乐会、艺术展、文创产品等，丰富展览互动体验是十分必要的。这些手段将使一个单纯的展览变得更为丰富和立体化，从而使观众对展览的内涵有更为深入和广泛的认识，进而带来更深刻的审美体验和自主思考。从“授人以鱼”到“授人以渔”，文创推动了博物馆社会效益的最大化。

特别值得注意的是，我们更应该充分利用互联网这个平台，所有这些教育服务活动都应该尽可能线下和线上同时进行。特别是现在的网络直播平台，使参与活动的受众成百上千倍地扩大，而且突破了时空地域的限制，在网络可以覆盖的世界任何角落，任何人在任何时间都可以参与，并且可以重复体验。此外，线上观众可能因为观看线下活动而被吸引去参观展览和参与相关的互动教育活动，线下参与活动的观众又可以在之后进行重复观看而产生更深入的了解。未能参加线下互动活动的观众，也可成为另一个线上观众。线下线上相互促进和推动，极大地拓展扩大了博物馆影响的广度和深度。

（五）开放部分博物馆藏品知识产权的“私人订制”

除了常规的博物馆研究者和策展人与设计师相结合进行创作外，创新方法之一便是利用互联网实现所谓的“私人订制”。首先，开放部分博物馆 IP 资源，如绘画、工艺品和藏品的高清图像资料（包括部分藏品的 3D 影像数据资料）。主动对博物馆的文化资源进行解构，提供各种类型的产品服务，让参与者进行文化元素、审美和实用功能等的重组，从而产生专属于个人的文创设计产品。利用互联网平台使每个个体都可以成为文化创意的参与者，使博物馆的文化资源得到更进一步的充分利用。如利用一些便于制作和成本较低的产品，如 T 恤、手账本、马克杯、名片盒、手机壳、充电宝等，由观众选取藏品的文化元素与某一产品相结合进行自主设计，在网上预付订制。这既满足了观众的不同需求，又在审美和文化上做了一定的引导，同时刺激了线上线下人群的购买欲，从社会影响的角度看，这同样是博物馆教育的另一种有效方式。这种方式惠及社区每个人，突破了空间和时间的限制，让博物馆和社区居民产生紧密的联系，使社区服务更加开放和精准，同时又推动了博物馆文创产业的发展。

（六）建立文创联盟，扩大和推动博物馆的文化影响力

努力创新及探索文创试点工作新措施、新方法，在地方政府或社会组织的大力支持下，联合筹建文创联盟。通过联合各级文化文物单位、文创试点单位、文化旅游融合发展示范区等，按照平等互惠、合作发展的原则，构建文创产业协作平台。联盟的主要任务是落实国家推动文化文物单位文创发展的相关政策，进一步创新文创试点工作的方式方法，实现市场运作与产学研商融合发展；促进文化文物资源的集成和共享；优化资源配置，增强文化文物单位服务社会的能力和水平，在渠道共享、资源对接、人才培养、学术研究、产业开发、专业服务等方面加强馆际交流和馆企合作；努力构建规范、高效的文创发展体系；提升文创产品设计研发水平；打造本土文创品牌；培养能满足文创产业所需的高素质复合型人才，促进文化文物单位产业更快更好地发展。

涵盖开发研究、设计、制造、销售、投融资等领域，联盟对成员单位资源的进一步整合，建立了各成员单位之间沟通、交流、对接、协作的平台。这样不但为各个基层的社区营造提供了帮助，也因为整合基层的社区资源，实现了大社区范围内的资源共享，通过文化和经济交织的双纽带作用，加深了社区居民在精神和文化生

活上的联系。

例如，2020年初，“粤港澳大湾区（广东）文创联盟”在广东省文化和旅游厅的指导下，由广东省博物馆联合香港设计总会、澳门设计师协会、广东省非物质文化遗产保护中心、南方报业传媒集团、广州塔旅游文化发展股份有限公司、广东省规划师建筑师工程师志愿者协会共同发起成立，旨在为进一步贯彻落实《粤港澳大湾区发展规划纲要》，深入挖掘和活化大湾区文化遗产和旅游资源，弘扬岭南优秀传统文化，着力构建粤港澳大湾区在文创领域的交流合作与资源共享平台，推动粤港澳大湾区文创产业更好地协同发展。联盟的成立完成了很多富有成效的工作，主要成绩有：

1. 组织各成员单位积极参加国（境）内外各种文博类展会。扩大文创联盟的影响，为设计、研发、融资、生产提供平台，创造更多的交流和合作机会及落地可能。

2. 每年为成员单位的文创专业人员举办培训班。邀请文创相关的专家学者、博物馆从业者、设计家、优秀文创企业家等，通过线上线下不同形式授课答疑，赴全国各地优秀文创单位实地考察，现场讲解示范。培育良好的文创人才基础，创造可持续发展的良好条件。

3. 参与举办一年一度的“粤港澳大湾区（广东）文化创意设计大赛”。调动全社会的力量参与其中，挖掘优秀作品，深入挖掘和活化大湾区文化遗产和旅游资源，弘扬岭南优秀传统文化，着力构建粤港澳大湾区在文创领域的交流合作与资源共享平台，推动粤港澳大湾区文创产业更好地协同发展。

4. 推进“文创助力乡村振兴”工作。配合省文化和旅游厅乡村振兴帮扶工作，由联盟主办的“文创助力乡村振兴活动启动仪式暨文创与乡村振兴研讨会”在韶关始兴举办。活动内容涵盖“粤读文创书房”项目揭牌、乡村文创共建项目签约、首批乡村文创包装设计打样、“文创与乡村振兴研讨会”等。研讨会以文创特有的优势为精准帮扶乡村做出贡献。

（七）扩大博物馆文创产业的服务范围和方式

文创产业的场所和渠道，已不能单纯局限于博物馆范围内的销售，应将其扩大至人群更为集中的场所，如大型购物商场、机场、地铁站、码头、车站、高速公路服务区、重要旅游景点等，并设置相应的文创场所。这些场所也不仅是文创产品的商店，它同时具备互动体验活动，有条件的情况下还可举办小型的展览，使三者互相带动，共同提高，使文创产品销售实现经济效益和社会效益双丰收。同时，通过互联网、微博和微信等线上方式对博物馆的特色展览、文创品牌和互动活动进行持续推介，加大对博物馆文创活动全方位、多角度、系列化的形象宣传，不断提升博物馆文创品牌的知名度和影响力。

利用移动互联网、短视频平台和直播平台等现代营销推广模式，以重要的文化活动、文化事件和社会热点话题为契机，策划或参与相关活动，邀请知名人士助力推广，甚至参与到直播等活动中。

（八）数字文创

进入数字化时代，人们的观念正在发生改变，虚拟与现实世界的边界越来越模糊，我们有更多的时间停留在数字空间，需要消费更多的数字内容。新一轮的技术革命，为优质数字内容的生产提供了技术支撑，文化产业应该加速与科技融合。

5G 技术与 AI 人工智能的双核驱动，引爆文化产业新革命，优质数字内容是网络刚需新消费品。文化邂逅新科技，创造了博物馆数字文创体系，其主要构成及特点如下：

1. 参与人群。伴随互联网成长的数字新青年，即所谓的“Z 时代”人群，他们既是新媒体的消费者，也是新媒体的创新者，他们是极富想象力和颠覆概念的人群。

2. 智造方式。观众与展览和藏品的 IP，通过数字互动体验装置和平台等科技手段，进行相互激发，产生了文创更多的表达方式。

3. 应用场景。通过数字装置平台与实物文创定制紧密关联，满足数字生活的需要，同时为实物文创提供创新原动力。

4. 成果体现。以数字的形式凝聚人文、自然、艺术与科技，创造出艺术之美与科技之美完美融合的新时代文创产品。

数字文创对比传统文创。数字文创的核心是基于人的协作，从产生方式到后续发展更应遵循互联网体系的生存法则—— 协同与涌现。

数字文创的应用方式是，通过数字 IP 的应用向观众植入展览 IP，促进实体文创销售，同时邀约观众共同参与数字内容生产。

实际工作案例：广东省博物馆引进“从伦勃朗到莫奈——欧洲绘画 500 年”展览。在展厅中设置智能云相框——画中有我互动体验装置，根据展览核心 IP 的创造风格，设计了三种滤镜。当观众完成拍照后，可以选择不同风格的电子明信片。如古典主义风格、印象主义风格和立体主义风格的个人肖像照，形成“画中有我”的观众创意数字明信片。另一案例为数字文创区——像素拍照体验。通过后端 AI 智能

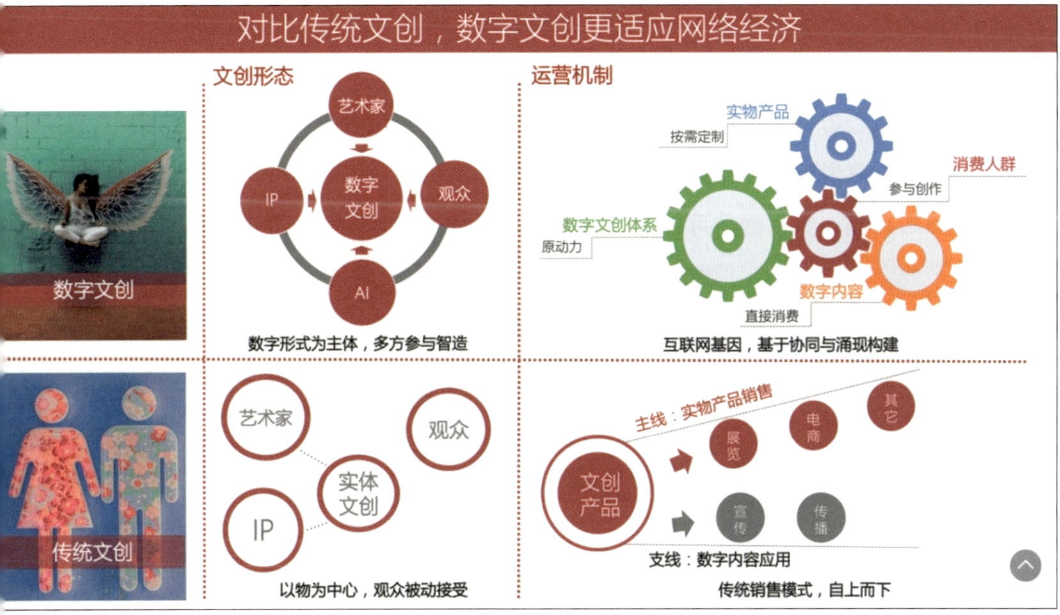

图 3　数字文创更适应网络经济

构图处理，观众拍照或上传自己的照片，可以获得像素风格自画像。观众可以同时获得乐高积木，实现自画像拼图创作。

综上所述，数字文创区与展览本身在体验上互为补充，流量上互为转化。数字文创区可被看作展览的延续区域，在场景设计上会大量使用展览的设计元素。最后，再从数字文创区引流至实体销售区，实现了展览的增值：激发观众的观展兴趣，制造了更多的话题与传播素材，观众流量的导出促进了数字文创的销售。

（九）数字藏品

什么是“数字藏品”？这个概念在若干年前就被提出来了。简言之，是指使用区块链技术，对特定的博物馆藏品或博物馆相关概念进行二度创作生成的唯一数字凭证，在保护其数字版权的基础上，实现真实可信的数字化发行、购买、收藏和使用。在社交媒体上被高频率提及的 NFT，中文译为“非同质化通证”，指购买者对于藏品的所有权凭证，目前多见于数字艺术收藏领域。顾名思义，NFT 具有独一无二、不可替代和不可分割性。这种“独一无二”的特性也是其受到藏家欢迎的重要特质。博物馆推出的数字藏品，就在相关推送中特别说明了“每一份数字藏品对应特定的作品、艺术品，拥有链上独一无二的序列号作为唯一所有权凭证，实现其数字版权上链确权、发行、使用”。这也符合大众的收藏心理需求，却可以低成本实现，于是就有了快销和结构性病毒式传播的特点。

数字藏品市场方兴未艾，也正逐渐完善。不管购买收藏者是出于对博物馆藏品或数字艺术品的热爱，还是仅仅满足好奇的心理，不可否认的是，一股“数字收藏热”正在悄然兴起。数字藏品可以让观众更关注文物本身，同时也为博物馆带来了影响力和产业空间，有助于形成新的“馆藏 IP”。与具有交易性质的 NFT 不同，国内的数字藏品不能二次销售，只能收藏，因此规避了 NFT 带有风险的金融属性，更强调物品本身的收藏和欣赏价值。因此，也不可否认新兴的“数字藏品”对博物馆的文化传播是有着极大的推动作用。

博物馆文创已成为博物馆功能中不可或缺的部分，所谓的“把博物馆带回家”“博物馆的最后一个展厅”“博物馆与观众的纽带和桥梁”都是很好的说明。其既是观众服务方式的多样化，更是博物馆文化传播的高效手段。对于一些非国有博物馆而言，这还是维持博物馆运营的造血手段之一。因此，博物馆文创不但在博物馆管理层面要得到应有的重视，而且还要得到各级相关行政管理部门的高度重视和理解支持，让国家促进博物馆文创产业发展的政策得以切实落实。为博物馆文创发展打通“最后一公里”，让政策落地，让博物馆文创落到实处。大力推动博物馆的文创产业，有助于推进高质量博物馆建设和博物馆事业的健康稳步发展。

广东省博物馆陈邵峰执笔

博物馆管理

博物馆员工管理

人力资源管理是指在人本思想指导下，通过招聘、选择、培训、考评和薪酬等管理形式，对组织内外相关人力资源进行有效运用，满足组织当前及未来发展的需要，保证组织目的实现和组织成员发展的最大化。人力资源管理一般包括人力资源规划、人员招聘、培训开发、绩效管理、薪酬管理、劳动关系管理等。本文从国有博物馆视角出发，以广东省为例，从博物馆人力资源现状、规范博物馆日常管理工作（人力资源规划、人员招聘、人员培训、岗位设置、干部选拔、职称评审）、博物馆绩效考核管理等方面来探讨博物馆人力资源管理相关问题。

一、博物馆人力资源管理现状

（一）博物馆飞速发展带来人才资源储备结构不合理

近十年，从中央到地方对文博行业高度重视，各省新建博物馆层出不穷，博物馆新建规模也不断扩大，博物馆开启了红利发展时期，2012 年底备案博物馆数量为 3069 家，2021 年底备案博物馆总数达 6183 家，增幅为 101.5%。博物馆数量在过去十年翻番，博物馆集中扩张造成博物馆专业人才储备不足，引发各博物馆集中招聘，形成博物馆人才资源储备结构不合理现象。

（二）博物馆行业发展要求与专业人才匹配不足的矛盾

现代博物馆相对于传统博物馆在人才方面具有更高要求，如宣传教育不仅仅是过去的讲解，还有大量的活动策划以及研学，再如文物保护也由技术实操进一步延伸扩展到理论研究，专业分化更为细致。因博物馆数量的急速扩张，博物馆从业人员紧缺，很多博物馆还未明确定位谋划好所需要的专业人才方向，就开始集中人员招聘，使得文博从业人员剧增。博物馆行业的特殊性，使得人才成长需更多时间积累，博物馆集中招聘人员缺乏时间磨炼及技术沉淀，造成一些关键领域、关键岗位以及领军人才的缺乏。

（三）体制管理下缺乏科学的人力资源理念

我国现有博物馆中约 70% 为国有博物馆，它们主要依靠国家或地方财政支持。虽然在 2012 年国家已提出博物馆法人治理，鼓励社会力量参与博物馆管理，并在新的一轮事业单位改革中已明确提出要加快政事权限清单的改革，但是大部分博物馆在现有体制的约束下，未及时更新观念，缺乏现代科学的人力资源理念。传统博物馆人力资源管理更多的是服务性的日常琐碎事务性管理，比如人员工资发放、人员考勤记录管理等，缺乏对人力资源管理的深入研究和长远规划；博物馆现有人员进出及成长环境中用人机制缺乏灵活性和自主权；博物馆机制体制不健全，奖惩激励机制动力不足，人才队伍活力有待激发。

二、博物馆人力资源规划内容

博物馆人力资源规划应根据现有人力资源状况、单位发展定位及战略目标来制定。人力资源规划根据时间长短，可以分为战略性人力资源规划和战术性人力资源规划。

（一）战略性人力资源规划

一般指三年以上的人力资源规划。博物馆制定战略性人力资源规划时，应当根据博物馆的总体发展战略目标以及文博行业长期发展规划，结合博物馆人力资源现状来进行。博物馆人力资源规划应以实现博物馆战略目标为方向，促进人才成长为主线，为单位的长远发展起到推动和提升作用。同时，还应该结合行业发展指引，如进行新时代博物馆人力资源管理规划时应考虑《关于推进博物馆改革发展的指导意见》中提出的“到2035年我国将实施中国特色世界一流博物馆创建计划，重点培育15家代表中国特色中国风格中国气派、引领行业发展的世界一流博物馆”等因素。人力资源应该从行业发展规划以及单位战略目标出发，释放更多人力优势，实现博物馆战略目标。

（二）战术性人力资源规划

主要指为实现年度目标或当前业务发展需要而制定的规划。一般包括人力资源人员规划、人力资源管理费用预算、人力资源管理制度建设、人力资源培训开发规划等。

1. 人力资源人员规划

一方面，博物馆人力资源管理部门要对单位整体人员总量、构成情况、职称情况、现有岗位聘用及空缺情况进行研判分析，对单位招聘需求提出计划，为干部交流管理、提拔晋升等提供依据。另一方面，还应对单位内部机构构成提前规划，比如对博物馆学术研究能力的规划。

2. 人力资源管理费用预算

人力资源部门根据单位人才培养目标以及现有人员构成情况，预估下一年度人力资源开发的人员需求及成本费用。国有博物馆的预算费用一般由财政拨款承担，主要预估绩效总量；其他非财政承担的博物馆预算成本需考虑人员用工工资等更多的成本。除此之外，还需预估人力开发培训成本（有相应培训经费及近三年培训经费情况说明在博物馆定级评估中占有一定分值）、人员招聘经费等预算。

3. 人力资源管理制度建设

人力资源管理制度建设应配合博物馆年度目标或当前业务发展需求，对现有制度予以修订完善，或是重新构建新的规章制度。博物馆制度建设也是博物馆定级评估乃至世界一流博物馆评估的指标之一。

4. 人力资源培训开发规划

人力资源培训开发规划包括全员综合培训规划、文博专业系列培养规划、中层干部管理能力培养规划、高层次人才培训规划、单位文化建设规划等，这些培训规划能将内部人才开发与发展和单位的战略发展有机地联系在一起，实现单位与个人共赢。

三、人员招聘

人员招聘是单位补充新生力量的重要途径，也是人力资源管理的重要职能之一，对单位人才的储备以及梯队建设有着举足轻重的作用。

（一）人员招聘形式

1. 公开招聘

国有博物馆编内人员一般实行公开招聘。公开招聘可以由各单位自主组织，也可以由主管部门统筹组织；文博行业专业性较强，也可以委托第三方专业机构组织。在招聘宣传方面可以与高校就业指导中心建立互动业务联系纽带，参与高校毕业生专场招聘会，为最大范围、最大限度地发现、吸引、网罗和选拔人才创造条件。

2. 自主招聘

非国有博物馆以及国有博物馆非在编人员招聘一般采用自主招聘形式，一般可以在自有两微一端发布信息；招聘频率较高的可以采取在第三方平台按年度需求购置服务。

3. 高层次急需紧缺人才引进

按各省市高层次急需紧缺人才目录要求引进人才，主要适用于国有博物馆，非国有博物馆也可参照执行。各省对高层次人才引进的程序及人才范围都有不同规定，可以参照各省人力资源和社会保障厅公布的相关信息执行。

4. 业务考察录用

文博行业对特殊岗位要求比较高的，可以采取行业业务考察方式引进。业务考察录用需提前发布需求，并明确业务水准要求；业务考察内容为专业知识和实操水平，考察方式为业务现场考察，业务考察结束后可当场公布业务结果为合格或不合格。此种方式因体制人才进入的特殊性，国有博物馆采用较少，但也有部分省市已开始尝试；非国有博物馆在人才招聘上自主裁量权更大，可以灵活适用。

（二）人员招聘流程

招聘形式不同，招聘流程也略有不同，以下主要以公开招聘流程为例。自主招聘、业务考察录用可以参照公开招聘流程方式予以调整。

1. 制订招聘计划。招聘计划包括岗位需求、专业需求、学历需求、职称要求等。要注意核对专业代码与单位招聘需求，注意招聘岗位等级与岗位设置数量匹配。

2. 发布招聘公告。招聘公告主要包括：岗位要求、招聘对象、薪酬待遇、招聘条件、报考程序、递补等其他应注意事项。

3. 报名及资格审查。资格审查与笔试环节的先后顺序，不同省份有不同要求，有些省份是先进行资格审查再进行考试；有些是先进行考试，进入面试名单的人员再进行资格审查。资格审查应严格按公告挂网等相关信息核对。

4. 组织面试。面试工作中应与参与面试工作人员签订保密协议，外单位考官占 1/2 以上，专业面试考官占 2/3 以上，面试考官名单为奇数。整个面试操作流程需全方面监控并保留录像资料，公布成绩并由考生当场签字领取。

5. 组成考察工作小组。考察工作小组应由用人单位分管人事工作的领导或人力资源部门的同志以及纪检监察人员组成，每组不得少于三人。

6. 体检。体检工作由考察工作小组负责实施。至少提前两个工作日，将体检要求通知拟聘人员，但是不得透漏体检医院名称。

7. 政审。确定政审对象档案所在地、政审表格、参与政审人员及范围，考察结束后，由考察小组撰写考察报告，形成结论性意见签名。

8. 公示。公示前报送相关文件，一般包括公招工作情况报告、面试成绩、公示等材料，例如《关于 ××× 博物馆 ×××× 年公开招聘工作情况的报告》《××× 博物馆 ×××× 年公开招聘工作人员成绩汇总表》《××× 博物馆 ×××× 年公开招聘工作人员公示》《××× 博物馆 ×××× 年公招应届毕业生（社会人员）拟聘人员名单》等，注意要同步人社厅和主管部门同时挂网公示。

9. 调档。应届生调档前完成签三方协议、打印报到证调档；社招人员调档前先由主管部门开具商调函，商调函抬头地址开具有调配权的档案所在地地址，办理社招调档，开计生证明、现实表现、同意调出函，档案通过机要途径邮寄到主管部门人事管理部门。

10. 入职。报到入职，并根据单位安排做好入职前培训。

11. 入户。根据新入职人员情况统计需要入户人员情况，从主管部门拿入户卡（需盖人社厅的章）后，到所属公安局盖章后取准迁证明，办理户口迁移。单位出具接收函，需入户人员计生证明、个人相关材料办理入户。

四、人员培训

人员培训的目的是通过培训让博物馆从业人员掌握更好的专业知识、技能，不断激发从业人员的潜在能力。博物馆人员流动性较小，对人才进行开发培训是保持博物馆活力的关键所在。博物馆人才培训也是博物馆定级评估乃至世界一流博物馆评估的重要指标之一。

（一）培训形式

根据《事业单位工作人员培训规定》，培训分为岗前培训、在岗培训、转岗培训和专项培训，根据不同专业、不同类型、不同岗位特点，按照规定的方式进行。事业单位及其主管部门、人事综合管理部门根据工作需要，组织事业单位工作人员开展培训。国有博物馆培训应包含这四类培训，非国有博物馆工作人员培训可参照执行。

博物馆虽属于公共服务行业，但却具有较强的专业性，博物馆人力资源管理部门开展人员培训，要有针对行业特征及岗位性质针对性的专项培训。1. 加强思想文化教育。作为公共服务单位，应增强公共服务本领，加强思想文化教育，积极将工作实践与国家有关博物馆创新发展新政策相结合，做到思想和行动上与时俱进，增强博物馆文化的熏陶，树立博物馆文化的核心价值观。2. 增加职业能力培训。针对职业规划能力、决策应变能力、沟通社交能力、组织协调能力、有效激励能力及其他与职业相关的综合管理能力的培训。3. 强化专业技能培训。各单位也可根据单位发展规划需求，对现有人才情况做出相应专业培训需求，注重培养专业能力、专业精神，培训涵盖陈列展示、藏品保管、文创开发、社会教育等文物博物行业专业业务知识和技能。4. 提高组织凝聚力培训。通过设计团队体验式学习课程，帮助提高团队建设和团队合作意识，激发员工潜能，加强内部信息沟通，提高组织的凝聚力。

（二）培训流程

1. 培训需求调研分析。人力资源管理部门通过调查问卷、个别谈话等方式对单位人员的专业技术等培训需求开展调研，并分析需求，确定培训方向、人数、培训形式以及培训费用预算等。

2. 制订培训方案。各博物馆根据年度培训需求，以及年度上级主管部门或行业协会发布的培训预告通知，结合单位实际培训需求制订可行性培训方案。

3. 培训实施。根据不同职工需求及工作实际要求拓宽渠道，争取更合适的师资及培训条件。

4. 培训反馈。建立相关培训反馈机制，跟踪培训状况及职工培训效果，以及及时对培训效果反馈的调查。

5. 培训汇总。汇总年度培训情况，包含年度培训人次、培训经费开支情况、培训反馈情况，为后续培训做好数据支撑。

五、岗位设置

岗位设置是在 2012 年工资改革后新出台的一项职能，单位可根据不同岗位职责要求来完善岗位等级，并给予相对应的薪酬。博物馆岗位设置一般出现在国有博物馆中，非国有博物馆人员聘用也可以参照事业单位岗位设置等级处理。

（一）岗位设置原则

博物馆岗位设置应遵循以下原则：1. 坚持与现有政策相衔接原则。为避免工作不顺利，岗位设置还应兼顾现有相关政策。随着用工形式的变化，工勤岗位多采用服务外包形式，岗位设置对工勤比例不再提高或是取消工勤岗位。2. 坚持统筹协调发展的原则。博物馆在岗位设置时既要分清主次，又要注意协调。一方面，注意岗位设置里高、中、初级结构比例的统筹，合理的岗位设置更能起到协调、激励作用。各省岗位设置比例略有不同，以广东为例，省和副省级市为 3 ：4 ：3，地级市和副省级市区为 2 ：4 ：4，县（市、区）和副省级市辖区为 1 ：3 ：6。另一方面，博物馆除了文博系列外，还要根据单位的实际情况设置各种辅助系列。专业技术系列中主专业系列与辅助专业系列比例可以根据各单位情况自行设置。3. 坚持政府宏观管理与博物馆自主权相结合的原则。各省市对文博行业的岗位设置比例略有不同，在政府宏观调控范围内，根据单位人才结构及现有人员情况进行设置，自主权使用应做到现有人员需要与未来人才发展相结合。

（二）岗位设置优化效益

根据《关于进一步加强文博事业单位人事管理工作的指导意见》（人社部发〔2019〕120 号）文件精神，一级博物馆、文物保护及研究机构专业技术高级岗位比例不超过 40%，二级博物馆、文物保护及研究机构专业技术高级岗位比例不超过 35%，三级博物馆、文物保护及研究机构专业技术高级岗位比例不超过 30%。博物馆定级评估时，岗位类型比例占比不同计分不同。专业技术人员达到在编人员比例 85% 的以上计 5 分，专业技术人员达到在编人员比例 70% 的以上计 3 分。在绩效总量分配上占有一定优势，各省情况不一样，以广东为例，单位在编高级专业技术人员和技师及以上人员占单位在编在岗总人数比例达 35%—45%，单位可按奖励性绩效工资基准水平的 5% 核增绩效总量；专业技术人员和技师及以上比例比高于 45% 时，按奖励性绩效工资基准水平的 10% 核增绩效总量。

（三）岗位设置流程及注意事项

1. 岗位设置流程。制定岗位设置方案—上报核准设置方案—根据核准的设置方案制订实施方案—听取职工反馈意见—集体讨论通过—组织实施—定期重核。

2. 岗位设置应注意以下几个方面。第一，各省对岗位设置方案管理较为严格，普遍遵循指导精神。目前对一级博物馆岗位设置有最新行业指引，部分省人力资源和社会保障厅已采纳，博物馆岗位设置中的高级岗位比例已调整为 40%。第二，岗位设置实施方案是岗位设置最终落地的具体措施，岗位设置实施方案制定中应明确主系列和辅系列的各岗位比例，同时也应灵活处理主系列和辅系列的关系问题，可以补充说明在岗位指标不冲突的前提下，各专业系列可以相互使用指标数；一旦岗位指标数量出现紧张状态，各专业系列在岗位设置实施方案规定的范围内聘用。第三，人力资源管理部门依据审批的岗位设置文件制订实施方案。实施方案应在全馆范围内召开职工代表大会或是全馆职工大会，充分听取职工反馈意见并综合修改，组织专家委员会对意见进行修订，确保符合相关文件要求。第四，因人员情况不断变化，岗位设置需不定期重核。人力资源部定期对岗位设置效果进行综合评价，并根据现有人员职务和职称晋升情况再次提出岗位重新设置需求。

六、干部选拔

干部选拔工作是博物馆干部管理过程中的有力抓手，也是人才培养的主要形式。

（一）干部选拔工作流程

干部选拔工作目前有比较规范的操作流程，各省的干部选拔程序大致相同，主要工作流程是干部研判分析人才队伍情况—小组讨论人员酝酿—制定干部选拔方案—提出意向性人选—民主推荐—考察—讨论决定—任前公示—任职谈话—试用—材料归档等。

（二）干部选拔工作注意事项

干部选拔工作主要注意以下几个方面：1. 全面从严治党，对干部选拔工作要求有较高的政治觉悟，做到凡是干部选拔工作必须严格审核个人档案，是否存在需要回避情形，是否存在裸官情形，等等。2. 推荐考察环节是干部选拔工作之重点，首先要明确推荐形式是定向还是非定向，单位可以根据干部选拔的专业类别以及人数范围等情况来选择定向还是非定向推荐；推荐方式是民主推荐（先谈话推荐再会议推荐还是先会议推荐再谈话推荐）还是组织推荐；其次谈话推荐中应注意谈话对象范围，谈话对象不仅要求对推荐对象比较了解，也要求谈话对象具有一定的宽度，能普遍代表民众意见。3. 民主测评环节中应体现政治素质专项测评。4. 是否存在讨论研究前需征求上级主管部门意见的情形，记录好上级主管部门研究反馈的时间及反馈意见。同时，注意主管部门人事任免权限下放范围，如有些人事、财务、保卫岗位负责人需报上级主管部门审批。

（三）干部选拔材料归档整理注意事项

材料归档整理分为人事部门存档材料和需入个人档案材料。

1. 人力资源部门存档材料。干部选拔流程中每一环节的材料以及相关审批流程依据均应存档。特别需要注意的是，如考察过程中有相关反馈以及档案审查中有相关问题的，需要全面保留征求纪检、综治等意见的材料；政治素质正反双向评价表、个人有关事项核查情况汇总表、个人近三年思想工作总结和廉洁自律情况报告（考察对象撰写并签字）等有关个人的材料也应在单位存档材料中保存。

2. 需入个人档案材料。干部个人任免审批表、考察材料、政治素质正反双向评价表、现实表现材料（所在单位出具）、任免通知。

七、职称评审

在国有博物馆中，职称评审是对干部激励的一种方式，也是人才培养的一种途径。职称评审各专业要求条件各不相同，博物馆主专业系列为文物博物系列，辅助系列可以根据单位实际情况来确定。此处主要以文博主系列来说明。

（一）职称取得途径及职称改革变化

职称获得主要有评审、认定、考试、评审考试相结合四种。文博职称取得方式主要为考核认定及职称评审两种，现阶段大部分博物馆文博职称取得选取职称评审方式。考核认定是主要针对没有取得职称资格，且所从事岗位与其所取得的专业对口，根据不同学历要求不同的从业年限，通过个人申请及单位考核评议上报职称评审委员会评审认定的一种职称取得方式。根据《人力资源和社会保障部 国家文物局关于深化文物博物专业人员职称制度改革的指导意见》《广东省深化文物博物专业技术人才职称制度改革实施方案》等文件精神，2020 年广东省文物博物职称改革主要有以下几个方面的变化：1. 细化文博系列专业方向，明确文博系列职称的四大方向为文物博物馆研究、保护、考古、利用（文创研发、文化遗产活化利用），同时也明确四大方向职称评审的资格资历业绩要求；2. 进一步弱化唯论文论的方式，降低论文标准，提出高级职称可以执行学术代表作，单位对于申报者优秀典范案例的确定，提高用人单位自主裁判权；3. 资历及材料计算时间有所更改，资历起算时间调整为现职称评审年度次年的 1 月 1 日起，更好地衔接每一届的职称评审工作。

（二）工作流程

1. 发布年度评审通知。转发当年各系列职称评审相关通知文件并告知单位同事提交材料时间及注意事项。如单位人员较多，可以提前一至两个月收集本年度需要申报各类职称人员信息，也可以按往年材料先准备并提交人事部门审核，以免后期时间紧张。

2. 接收材料。按规定时间接收职称申报材料（含委托评审材料、认定材料）。

3. 资料审核。职称资料审核至关重要，申报职称材料审核应由专人负责，审核内容包括资历条件、工作能力、业绩成果等。材料审核应注意三个一致：不同表格中的相同内容要一致；文字表述与实际情况要一致；填写内容与佐证材料要一致。材料审核应注意材料的时效性及与申报专业是否对口。

4. 问题反馈。根据资料审核情况及时反馈申报人员。

5. 组织推荐。目前国内大部分博物馆职称推荐都是按申报人填报材料是否符合来推荐，建议可以考虑从单位实际需求出发再结合个人申报材料来综合考虑，不一定符合申报条件就一定给予申报，这样也为后期职称聘用紧张释放部分压力。

6. 评审材料公示。为公平公开工作，职称申报材料核心部分应予以张贴公示，其余材料应由专人负责，便于接受群众查询和反馈。

7. 递交职称申报材料。向职称评审受理部门递交职称评审材料，报职称评审部门审批并缴纳职称评审费用。根据职称受理部门通知，及时通知需答辩的申报人员参加答辩。

8. 证书发放。发放证书并退回职称申报材料。

9. 岗位聘用。对于通过职称评审的建议提交单位讨论决定是否聘用，按单位岗位设置及岗位聘用流程兑现职称待遇。

八、绩效考核管理

目前各博物馆在人才队伍建设、绩效管理等管理机制方面也在不断探索，有些单位如广东省博物馆，为进一步激活队伍活力，大胆打破论资排辈，将竞争机制引入岗位晋升，先后实施了绩效工资改革、量化评分等各类激励机制，取得了不错的成绩。如何做好绩效考核管理，可以从以下几个方面考虑。

（一）健全激励机制，引入竞争机制

1. 探索职称改革评聘分离制度。目前，国有博物馆普遍实行专业技术人员获得相应职称资格后在职数范围内直接聘用的方式，一般情况下聘用后无特殊情况不会

低聘或是解聘。这种职称聘任制度容易导致专业技术人员安于现状、不思进取，能上不能下的弊端导致能力得不到公正评价，挫伤了职工积极性。各单位可根据实际情况，在聘期内将专业技术工作业绩的表现与绩效挂钩，从工作业绩、科研成果和个人资历等方面进行综合考评。

2. 尝试适合博物馆的绩效鼓励分配方案。国有博物馆大多工资薪酬较为固定，可用于鼓励激励的工资额度有限；非国有博物馆因工资薪酬发放较灵活，可以大胆尝试。做好相关绩效分配要做到以下三原则。一是按劳分配原则。绩效总方向要以本职工作为重，多劳多得，体现绩效工资的导向作用。二是绩效奖励原则。单位需对业绩优秀的职工予以奖励，尤其需向核心岗位、技能专长人员和承担重点任务、取得突破性成绩的人员倾斜。三是实事求是客观公开原则。绩效鼓励激励应形成相关制度，制定过程充分发扬民主，做到职工对制度熟知于心，并给予制度执行以一段缓冲期。

（二）优化考核，探索全方位考评新思路

1. 完善目标任务管理体系和考评机制。一方面全面推行目标任务分级管理、逐级落实、责任到人的管理制度；另一方面完善考核机制，根据博物馆实际工作情况制订相关项目考核，入展策展考核、科研项目考核等，将之与整体工作考核相结合，阶段考核和年终考核相结合。

2. 推行考核结果通报制。及时反馈，增强同事自警、自省、自励的意识，提高干部履职积极性，增强干部管理力度和透明度，年度考核办法落到实处，为探索建立科学的职工评估体系和绩效激励机制奠定坚实的基础。

（三）合理分配，探索绩效价值导向机制

1. 博物馆可以根据实际情况不断探索。如设置“上年度文化创意产品开发的投入与产出比达到 10% 以上”“上年度文创产品设计获行业奖项”等作为核增单位奖励性绩效工资水平的申报条件，绩效总量核增比例可以设置 5%—10% 的梯度，根据文化创意产品开发的投入与产出比、文创产品设计获奖级别调整绩效总量核增比例。

2. 制定内部绩效分配方案。实施以岗定薪、岗变薪变、绩效考评、末位淘汰的原则，积极推进博物馆内部绩效考核。对具备相关知识和技能的人员，在开发设计、

经营管理等方面做出重要贡献的人员，按规定予以奖励，单位可以根据文创团队或项目各成员的贡献度设置奖励标准和档次。

博物馆人力资源管理要求人力资源从业者既要规范日常常规工作，又要具有前瞻和战略眼光，协助管理层实现博物馆决策目标。一方面，要通过科学的人事管理充分发挥文博人才和资源优势；另一方面，又要顺应时代发展，科学规划，重点思考现有体制下如何通过绩效考核管理等工作来不断开创文博人力资源管理工作的新局面。这样才能实现传统人事管理向现代人力资源管理的转变，才能适应新时代文物工作的需要，才能培养一批专业素质高、技术能力强的文博人才队伍。

广东省博物馆王玲执笔

博物馆部门设置

从一个组织的内部机构设置，可以看出这个组织的基本履职情况、业务规模和发展方向，也可以看出这个组织管理规范性与科学性水平等。可以说，内设机构的科学、合理设置是确保一个组织正常、有效运作的根本保障。博物馆作为公益文化服务设施，它的内设机构设置也同样关系着博物馆基本职能的发挥、社会对博物馆的认知、博物馆发展的速度与质量等。作为博物馆的运营者，科学、合理地设置其内设机构是必须放在首位思考的问题。

一、为什么博物馆要设置内设机构

博物馆的内设机构或者说博物馆的工作部门，是由博物馆的从业人员所组成的，被赋予了博物馆某一方面的职责，为实现该博物馆的宗旨、目标与使命而组成的一个群体。为什么设置内设机构对于博物馆运营如此重要呢？

（一）博物馆需要内设机构以实现其组织化的运作

我国 2015 年颁布的《博物馆条例》将博物馆定义为“以教育、研究和欣赏为目的，收藏、保护并向公众展示人类活动和自然环境的见证物，经登记管理机关依法登记的非营利组织”。非营利组织相对于被称作第一部门的国家和第二部门的市场，被称作第三部门，在不同的学者看来，有非营利性、公益性、志愿性等特点，但“组织性”是其最根本和共有的特点，即“为了实现既定的目标，按照一定的规则和程序而设定的多层次岗位及其有相应人员隶属关系的权责角色结构”。博物馆作为非营利性组织中的一员，同样首先是一个“组织”，而博物馆的内设机构就是将博物馆内的各种岗位及相应的人员连结起来，以共同实现博物馆作为“非营利组织”基本职能的“粘合剂”。

（二）博物馆需要内设机构以履行行业赋予的职能

博物馆的职能，说直白一点就是博物馆是干什么的。从 1946 年国际博协对博物馆的首个定义，到 1974 年国际博协第十次会议首次修改定义，再到 2007 年的定义修订，乃至 2019 年东京国际博协第 25 次大会对定义修改未获通过，再到 2020 年 8 月布拉格第 26 次国际博协大会发布新定义，博物馆的定义一直在发展。不管博物馆的定义如何发展，非营利组织的属性是始终没有改变的。“收藏、研究、展示、教育”是目前学界形成共识的博物馆四大基本功能或称四大基本职能。而所有的博物馆，都有相对固定的一群人在从事发挥以上四大功能的相关工作，这个群体便组成了博物馆的内设机构，尽管每个博物馆内设机构的名称并不完全一致，内设机构所对应的职能也不一定唯一。除此之外，由四大基本职能而派生出来的其他工作，同样需要有下一级的组织去分解和承担。

（三）博物馆需要内设机构以明确从业者的权责利

博物馆内设机构对于各种岗位和人员的“粘合”不是随意的，而是具有非常强的目的性的。岗位之下是人员，之上是部门，即内设机构，组织赋予内设机构明确的工作职责，部门根据职责再赋予每个岗位具体的工作范围。作为一个单位要“按岗定人”，切勿“因人设岗”，要做到“人岗相适”，让每个人都在合适的岗位上发挥其作用。在现代社会，博物馆要想生存好、发展好，干出特色、干出影响，馆长或者管理者职称再高、研究能力再强、管理水平再高，仅靠他们几个人是没办法“包打天下”的，他们需要一个强大的团队，而且这个团队还要有明确的分工。而这些分工，必须紧紧围绕博物馆之所以为博物馆的基本职能，必须紧紧围绕这座博物馆所要实现的目标。

博物馆人各司其职组成博物馆的内设机构，内设机构承担着博物馆的某一方面职责，形成博物馆运行的基本框架，进而实现博物馆的目标使命。内设机构是博物馆的“骨架”和“栋梁”。

二、广东省的一级博物馆内设机构如何设置

作为新设立的组织，从前人的实践经验中直接获取营养无疑是发展成长最快的方式。截至 2021 年 5 月，广东省共有一级博物馆 10 家，对标这些省内一级博物馆的内设机构设置，或者能给准备大干一场的新博物馆一个清晰的方向，也给尚未达到一级馆标准的各级各类博物馆一个更为直观的优化参考。

在运行较为完善的综合类博物馆中，其内设机构一般情况下分为“行政”与“业务”两个系统。这两个“系统”就像博物馆的两条腿，要想跑起来、跑得快，两条腿都得用上劲。

广东省内一级博物馆内设机构一览表（统计时间：2021 年 3 月）

序号	名称	编制数	部门数	部门名称	备注
1	广东省博物馆	170	16	办公室、藏品与管理部、陈列展示中心、教育推广部、广东省流动博物馆、网络信息部、自然部、广东省文物保护科技中心、图书馆、公众服务部、人力资源部、财务部、保卫部、后勤管理部、开发经营部、学术期刊部	2008 年第一批
2	西汉南越王博物馆	71	6	办公室、陈列研究部、文物保护保管部、宣传教育部、技术部、保卫部	2008 年第一批
3	孙中山故居纪念馆	71	7	办公室、研究室、保管部、陈列部、宣教部、信息技术部、保卫部	2008 年第一批
4	深圳市博物馆	170	12	办公室、人事部、保卫部、文物藏品保管部、展览部、信息技术部、文博资料中心、文物保护修复中心、教育推广部、深圳历史研究部、深圳改革开放史研究部、古代艺术研究部。	2012 年第二批
5	广州博物馆	60	6	办公室、陈列研究部、教育推广部、文物保护管理部、图书信息部，保卫部	2017 年第三批
6	广东民间工艺博物馆	64	6	办公室、陈列研究部、文物保护管理部、图书资料信息部、保卫部、教育推广部	2017 年第三批
7	广州艺术博物院	65	8	办公室、图书资料信息部、文物保管部、陈列研究部、教育推广部、公众服务部、名人馆部、保卫部	2020 年第四批
8	广东中国客家博物馆	28	5	办公室、研究部、宣教部、保管部、陈列部	2020 年第四批
9	鸦片战争博物馆	100	10	办公室，研究室、保管部，陈列部，群众工作部，技术部，产业部，保卫部，沙角炮台管理所，威远炮台管理所	2020 年第四批
10	广东海上丝绸之路博物馆	34	7	办公室、财务室、水下考古与技术部、保管部、陈列与宣教部、安全保卫部、产业拓展部	2020 年第四批

备注：相关数据由各博物馆工作人员提供，编制数不含向社会购买服务（物业）人员数量。

（一）博物馆的行政部门

“人、财、物”的管理是任何一个组织运行的基本保障，博物馆也不能例外。在上述的博物馆例子中，可以观察到几个基本上都存在的机构，如办公室、人事部、财务部、后勤部等，所涉及的就是这几个基本的管理职能的实现，只不过在现实的机构设置中，因为人员数量的问题，有些馆是将这几项功能进行了细分的，有些是进行了部分合并的。安全保卫工作也是博物馆这一行业特别重要的一项行政管理职能。我们通常讲要守住文物安全的底线跟红线，就是强调这个职能，因此，保卫部也是大多数博物馆的“标配”。博物馆的物业管理同样因为行业的特殊性而显得尤其重要，特别是当前大量使用向社会购买服务以及以观众为导向的服务原则之下，博

物馆的物业管理已经成为博物馆管理的“前沿阵地”，而这个职能，有条件的馆会专门设立物业管理办公室，有些则合并在办公室或者后勤部、保卫部。

（二）博物馆的业务部门

说起博物馆的业务，社会上很多时候会将其与博物馆的其他“兄弟单位”的业务相混淆。譬如，当你的朋友得知你在博物馆工作，就会找你说：“我有个什么什么东西，帮我鉴定一下真的还是假的，值不值钱？”结合博物馆的基本职能以及上述的例子，可大概梳理一下博物馆的基本业务与对应的部门：收藏对应的是博物馆的藏品部或者保管部，研究对应的是各类专门学科的研究部门，展示对应的是陈列部、展览部、陈列展示中心等，教育对应的是教育推广部、宣教部（以前叫作群工部）等部门。随着社会分工的细化发展，在藏品部的基础上，还陆续分化出“研究部”“修复部”等部门；在陈列部基础上可以分化出专门负责对外交流业务的“展览交流部”“展场管理部”“展陈设计部”，等等。此外，对于运行得比较好的综合性博物馆，还可能存在一些根据新的形势政策而设立的部门，如承接智慧博物馆相关工作的“信息中心”，承接全国文化文物单位文创产品开发试点工作的“文创研究中心”等。

（三）特别的机构设置

有些博物馆因为自身所处的行业属性或者本身承担的一些职能的特殊性而设置了一些特别的部门。譬如广东省博物馆设立了“广东省流动博物馆”负责承接省文物局委托管理的对口全省各地市博物馆的巡回展览工作；广州艺术博物院设置名人馆部负责各类以名人命名的场馆的业务；广东海上丝绸之路博物馆设立水下考古与技术部承担其特有的“南海一号”沉船文物挖掘与研究等业务。也有些场馆虽然地理位置相对分置但行政管辖上统一，从而成为一馆的内设机构，譬如鸦片战争博物馆的沙角炮台管理所和威远炮台管理所，等等。

三、如何设置博物馆的内设机构

如何设置内设机构是每一位博物馆管理者需要直面的问题，尤其是对数量众多的基层博物馆和新设立的非国有博物馆而言，甚至可以说是一种困扰。以广东省的博物馆为例，可以分析一下影响博物馆内设机构设置的主要因素。

（一）影响国有基层博物馆机构设置的因素

国有基层博物馆通常指市县（区）一级的博物馆，一般定位为综合性博物馆，它们通常承担着作为某地的文化窗口和城市客厅的作用，地方通史陈列是其不可或缺的基本陈列内容。而现实中基层博物馆为实现这个定位，在人、财、物等方面存在的问题却也对博物馆内设机构的设置产生极大的制约。

1. 人员编制少

广东地区一般的县级博物馆，编制人数都不超过 10 人，甚至有些市级馆人数也在 10 人上下。这样的人员配置甚至不如大型综合性博物馆一个工作部门的人数，日常工作中只能眉毛胡子一把抓，什么工作都这几个人干；至于要设置多少部门，大体上也只是将“行政”与“业务”做一个简单的区分。“行政部”的人员，所有行政工作都承担了，而“业务部”的人员，所有业务都承担了，往下再无细分，这也就容易导致整个单位职能不清晰、定位不明确。

2. 专业技术力量缺乏

基层博物馆因历史和客观条件制约，现有的诸多基层博物馆工作者都是“从实践中来”的，没有接受过系统的专业培训，要承担起收藏、研究、策展、教育等方面的专业及团队管理工作，难度较大；又因为条件相对艰苦，难以吸引和留住专业人才。基层博物馆基本没有设立专门的研究部门，且极少出版刊物及研究论集等，虽说有经费等其他方面的制约，专业技术力量的缺乏无疑是核心的问题。

3. 行业定位不清晰

基层博物馆的业务类型既“单一”又“复杂”。所谓单一，是指一般的基层馆藏品不多，专业力量不足，研究相对较少，临时展览举办不多，日常工作中以政府接待和学生群体为主，旅游城市的基层馆季节性的观众游客较多；而复杂则是指在我们国家文化部门的机构设置中，一般情况下，省一级博物馆、考古所、鉴定站等几个文博工作板块是分设的，属于独立的事业法人单位。市一级有条件的也对应有此设置；而到了县区一级，基本只有博物馆而没有其他独立的文博单位，因此基层博物馆还承担着对接省市级文物部门分管职能细分的考古、鉴定等配合性工作。

4. 经费匮乏

经费问题是制约基层博物馆发展的最大的问题，这其中也包括人员经费不足的问题，如前面所说的无法招聘和留住人才。在业务经费方面，广东省的基层博物馆在国家免费开放补贴下发之前，每个县（区）博物馆年度业务经费仅三五万元，没有专门的展览经费和征集经费，业务的开展仅限于“维持开馆状态”。免费开放补贴的发放和近 15 年来各地对博物馆事业的日益重视，使业务经费得到较大的补充，但这种补充大都带有较强的专门性，属于专项资金，并非“恒定”的，导致基层博物馆宁可在原来的机构设置的基础上寻求社会帮助，而不愿或不敢对现有的机构设置进行调整。

（二）影响非国有博物馆机构设置的因素

影响非国有博物馆机构设置的因素与国有基层博物馆基本一样，但同时还有其他特殊的因素。

1. 博物馆管理经验缺乏

一般非国有博物馆由行业（企业）或者个人收藏者举办，广东地区的非国有博物馆举办者一般“自任馆长”，或者任命子女、亲属为馆长而自己具体指挥。能够举办博物馆的个人收藏者一般情况下也属于“善于经营”的人，按理并不缺乏管理经验，但能够运营好一个企业并不一定能够运营好一座博物馆，原因在于博物馆的专业性。博物馆管理也是一门专业，有企业管理经验或者有某一方面的收藏经验，并不代表能够对博物馆的性质、概念、业务范畴有全面的宏观的了解。博物馆的机构设置，恰恰是运营好一座博物馆最基础的工作，需要博物馆相关知识作为支撑。

2. 队伍建设严重滞后

自 2008 年我国实行博物馆免费开放以来，博物馆事业得到空前的关注和长足的发展，但博物馆自身队伍建设的问题依然存在，对于国有事业单位而言，人才的培养不是一蹴而就的，同时，随着博物馆事业的发展，对博物馆复合型人才的需求日益增加，既使在国有博物馆领域也“供不应求”。非国有博物馆作为近些年出现的新事物，在发展前景、职业稳定性、工资待遇等方面依然存在不确定性，由此导致其比基层博物馆更难以招聘到合适的管理人员及专业人员。这种状况也直接影响了非国有博物馆内设机构设置的效能发挥。

3. 经费使用不规范

非国有博物馆的资金由举办者提供，而举办者对非国有博物馆一般都存有“实现自己养活自己”的期望，在成立初期都希望整合举办者本身的组织架构，达到节省运营成本的目的，并希望通过“扶上马走一程”实现博物馆的自给自足。在企业举办的博物馆中，有相当一部分是由企业的宣传部门或者下属文化公司兼职博物馆的运营管理。这种管理模式，导致非国有博物馆只能按照其举办者的思维而不一定按照博物馆的真实需求进行内设机构设置。如在笔者接触的广州北部某小型非国有博物馆的筹建过程中，举办者认为自己已经看过好多国内外博物馆，已经非常专业，便亲自指导建馆展陈等工作（主要出于对经费开支的控制），在进入申报环节才发现并不符合一般规范，不得不进行整改，结果是钱花得更多，事情还没有办好。

（三）博物馆内设机构设置的一般规则

前述一级博物馆的机构设置可以作为一个参照，但基层馆和非国有馆基本不具备客观条件进行如此设置。那么，设置博物馆内设机构有哪些可以遵循的基本规律呢?

1. 按照组织运行的基本原则进行设置

对于人员相对较少的博物馆，可以按照组织运行的基本原则，在馆领导之下将内设结构分为行政管理部和业务管理部两大部门以分别应对博物馆的行政管理工作与业务管理工作。这种“大部制”的做法，能够在最有限的人力范围内，将博物馆的基本职能分解到两个部门里面，至少实现凡博物馆相关职能皆有对接的可能，也是当前许多中小博物馆实际实行的一种做法。近些年随着国家对文化文物工作越来越重视，在人员编制和队伍建设方面的突出问题逐步得到缓解，也给中小博物馆带来了进一步细分机构的机会。

2. 按照博物馆的定义和基本职能进行设置

对于人员相对充足、专业配置相对完善的博物馆，可以按照博物馆的几大基本功能，在按照组织运行的基本原则进行设置的基础上，将业务工作按照博物馆的收藏、研究、展示、教育等基本功能分别设立对应的内设机构，以实现更进一步的专业分工。这种机构设置方式能够比较清晰地向外界传达出博物馆的基本属性。一般地市一级博物馆基本都有上述的部门设置，当然，这也受制于一地的社会经济发展水平、对文化文物工作的重视程度等因素。

3. 根据博物馆发展需要，分别对行政和业务板块进行进一步的细化设置

在前述广东省内一级博物馆的内设机构设置中，大多采用了细分的方式。在对照博物馆的定义和基本职能进行设置的基础上，把行政部门涉及的办公、人事、财务、行政后勤、安全保卫分别设置成不同的部门；把文物保护从收藏部门独立出来，将研究功能按照历史朝代和博物馆藏品特点分成不同朝代的专门研究部门，将公众管理从教育中分离出来等等，进一步细化分工，明确责任。

4. 按照博物馆自身业务特点设置专门的部门

如广东省博物馆设立“广东省文物保护科技中心”和“广东省流动博物馆”，前者是因其受上级单位的委托，为承担全省文物保护方面的相关职责而专门设置，后者则是因为承接了上级主管部门在当地的某个托管项目，为专门对接该项目而设立。又如广东海上丝绸之路博物馆的“水下考古与技术部”，则是根据该馆藏品均为“南海一号”沉船出水文物的特点而专门设置，等等。

5. 联合社会共同管理

在事业单位法人治理结构改革的大背景下，博物馆越来越倚重社会力量参与提供基本服务，社会化用工被大量引入行业，“派出一人，组成一部门”也有望成为一种模式。这种模式基于博物馆（无论国有还是非国有）作为“甲方”和社会力量作为“乙方”的合作。如博物馆派出一位（或少量）员工，与物业公司的讲解员共同组成具有数十人规模的“讲解部”；派出一位（或少量）员工，与物业安保人员组建数十乃至过百人规模的“安保部”负责博物馆的外保工作等。

博物馆内部机构的设置没有标准答案，以上所述均是“仅供参考”，内设机构的设置既是考验博物馆管理者的管理能力和智慧的一把标尺，也是检验一座博物馆运行效果的一块试金石。

广东美术馆胡锐韬、香港大学教育学院博士生潘杨柳执笔

博物馆财务管理

博物馆作为一个非营利组织，其创立和运营不以营利为目的，那博物馆还需要财务管理吗？答案是肯定的，财务管理是博物馆管理的重要内容。博物馆分为国有博物馆、非国有博物馆，无论国有还是非国有博物馆，基本目的是相同的，财务管理的基本任务和职能也是相同的，都是在一定的整体目标下，遵循有关法律法规及规章，对博物馆资金（包括资产、负债、净资产、收入、支出、结转结余）进行决策、计划、控制的管理活动。由于不同性质的博物馆资金来源不同，登记管理机关不同，财务管理遵循的有关法律法规、财务管理主要内容、会计核算制度等方面有所不同，因此本文分别从国有博物馆和非国有博物馆的角度，介绍博物馆财务管理的主要内容。

一、国有博物馆财务管理

（一）创办博物馆的财务规划

《博物馆条例》第十条规定，设立博物馆应具备必要的办馆资金和稳定的运行经费来源；同时，在实际的工作中还需要有专业财务管理机构和人员对博物馆资金和经费进行管理运用。因此，创办博物馆的财务规划就要从资金来源和财务管理机构这两方面着手。

1. 创办博物馆的资金来源

国有博物馆是利用或主要利用国有资产设立的，政府或国有企业、事业单位、科研院所等国有单位出资创办的博物馆都属此类，其资金来源于财政拨款，无论是办馆资金还是运行经费都有财政资金预算予以保证和支持。

由创办人出资的资金构成博物馆在登记管理机关登记的注册资本，是博物馆创办的启动资金保障。国有博物馆通常在政府机构编制管理机关所属的登记管理机关登记为事业单位法人。

2. 组建财务管理机构

《中华人民共和国会计法》（以下简称《会计法》）第四条规定："单位负责人对本单位的会计工作和会计资料的真实性、完整性负责。"《事业单位财务规则》第五条规定："事业单位的财务活动在单位负责人的领导下，由单位财务部门统一管理。"因此，博物馆财务管理机构，就是在博物馆负责人（馆长）领导下的财务部门。实际工作中通常在单位领导班子中指定一名领导分管财务工作，即指定分管财务领导。

财务部门通常由部门负责人、会计人员、出纳人员组成。财务部门负责人在分管财务副馆长领导下组织财务部门人员完成财务管理职责。应按照《会计法》第三十八条（会计人员应当具备从事会计工作所需要的专业能力。担任单位会计机构负责人［会计主管人员］的，应当具备会计师以上专业技术职务资格或者从事会计工作三年以上经历）的规定配置财务部门人员，并按不相容职务相分离原则进行合理分工、明确职责，协作完成预算编制、财务核算决算、绩效管理、专项经费管理、资产管理、政府采购、国库集中支付等各个环节各项资金的财务管理、监督、分析、报告等财务管理工作。

财务管理机构还要接受上级主管部门、财政部门、审计部门等有关部门对单位财务管理工作的指导和监督。

（二）博物馆财务管理制度与内部控制体系

1. 建立健全博物馆财务管理制度

博物馆作为一个独立的法人，要遵守国家各项法律法规。博物馆财务管理要依照国家法律法规的规定，建立适合博物馆的财务管理制度，将财务行为装进"制度的笼子"。

博物馆财务管理制度是全面规范博物馆财务管理工作的内部规范，是为规范博物馆的财务行为，加强财务管理和监督，根据《中华人民共和国会计法》《中华人民共和国预算法》《中华人民共和国文物保护法》《事业单位财务规则》《文物事业单位财务制度》《行政事业性国有资产管理条例》《事业单位国有资产管理暂行办法》等有关法律、行政法规及规章，结合博物馆实际情况而制定的财务管理规范。

博物馆财务管理制度的主要内容包括：财务管理的基本原则、主要任务、预算管理、收入管理、支出管理、结转和结余管理、专用基金管理、资产管理、负债管理、财务报告和决算报告、财务监督等。博物馆财务管理制度一般由财务部门负责拟定，财务分管领导审核，馆长会议审议通过后实施。

2. 完善博物馆财务管理内部控制体系

为提高博物馆财务管理水平，加强廉政风险防控机制建设，在博物馆财务管理制度总规范下，还要建立健全适合博物馆实际情况的财务管理内部控制体系并组织实施。应根据《行政事业单位内部控制规范（试行）》的规定，建立健全博物馆财务管理的各项内部控制制度，主要包括资产管理、预算管理、收入管理、支出管理、会计核算管理、政府采购管理、合同管理、财务票据管理、会计档案管理等各项财务管理制度或办法，组成财务管理内部控制体系。

博物馆管理者应建立健全财务管理制度，完善财务管理内部控制体系，并使各项制度与控制措施（办法）在实际财务活动中得到切实执行，使各项财务活动合法合规、取得效益，为博物馆事业发展保驾护航。

（三）博物馆资产管理

资产是单位拥有或控制的、能以货币计量的并为单位带来预期经济效益或社会效益的资源。博物馆的资产是博物馆为实现职能任务所配置、依法直接支配的，能为其带来预期经济效益或社会效益的各类经济资源。有了资产才能开展业务活动、取得预期效益，所以资产管理是财务管理的重要内容。从财务角度来看，根据《政府会计制度—行政事业单位会计科目和报表》及《文物事业单位财务制度》，博物馆资产包括：货币资金、应收及预付款项、存货等流动资产和固定资产、在建工程、无形资产、对外投资、文物文化资产等非流动资产。其中文物文化资产包括文物资产（可移动文物和不可移动文物）、文创衍生品、标本模型以及其他藏品。对于博物馆来说，文物文化资产特别是文物资产，是博物馆的核心资产，博物馆的其他资产都是围绕文物资产的保管、保护、展示、利用而配置的。因此博物馆资产管理的主要任务，是围绕文物资产的核心工作，建立健全并切实落实资产管理制度，加强和规范资产配置、使用和处置管理，维护资产安全完整，提高资产使用效率。

1. 资产管理原则

根据《事业单位国有资产管理暂行办法》的规定，博物馆资产管理的原则如下：

一是要坚持资产管理与预算管理相结合。预算管理要以资产管理为基础，博物馆各项预算的编制要以资产管理提供的资产情况数据为基础，特别是在推行实物费用定额制度的情况下，更要求夯实资产的基础数据。而资产管理也必须纳入预算管理的范围，新增资产要根据业务发展需要并符合资产配置标准的有关规定，将新增资产需求纳入单位年度预算，年度预算批复后要严格按批复的预算执行。

二是要坚持资产管理与财务管理、实物管理与价值管理相结合。为此，要加强资产实物管理部门（业务部门）、资产价值管理部门（财务部门）的协作，按照有关规定完成资产购置与使用、资产台账、会计核算、资产维护保养维修、资产处置、资产清查等各项实物管理与价值管理工作。

2. 文物资产管理

加强文物资产管理既是博物馆资产管理的重要内容，也是博物馆的职能任务。国有博物馆的文物资产属于国有文物资源资产，国有博物馆是国有文物资源资产的管理收藏单位，因此，文物资产管理要遵循的主要是《国有文物资源资产管理暂行办法》等有关法律法规。

首先，要明确管理机构及人员的职责。文物资产的管理由文物资产业务管理部门和财务部门共同负责，要建立业务部门和财务部门协作机制，由业务部门文物资产实物管理人员、总登记账记录人员、财务部门资产管理人员组成文物资产管理协作工作小组，负责建立文物资产信息卡、定期核对文物资产账的记录、对文物资产变动进行动态监控、定期报告文物资产管理利用情况、组织文物资产清查等工作。

其次，根据“文物资源资产管理遵循保护为主、全面登记、合理利用、动态监控、定期报告的原则”（《国有文物资源资产管理暂行办法》第四条），博物馆文物资产管理的主要内容包括：

一是全面登记文物资产。一方面，及时准确登记文物资产总登记账：由文物资产管理业务部门总账管理人员负责，将全部文物资产及时准确登记录入文物资产总登记账，统计和核算文物资产实物量。另一方面，及时登记文物资产财务账：由财务部门人员按照《政府会计制度—行政事业单位会计科目和报表》的规定，将文物资产及时登记入财务账；文物资产业务部门总登记账和财务部门财务账要定期核对，确保账账相符。根据工作需要由文物资产管理协作工作小组按照《行政事业单位资产清查核实管理办法》的规定组织文物资产清查工作，并对清查结果报批处理，确保文物资产账实相符。

二是建立文物资产信息卡，动态监控文物资产。根据《国有文物资源资产管理暂行办法》第十四、十五、十七条的规定，文物资产信息卡是文物资产登记录入总登记账与财务账的基础，分为不可移动文物资产信息卡和可移动文物资产信息卡，主要内容包括基本信息、财务信息和管理信息。文物资产因调拨、交换、损毁、丢失、撤销、退出等发生变动的，应及时变更资产信息卡，并同步调整有关账目。文物资产信息卡由文物资产管理业务部门人员填制，财务部门资产管理人员审核确认。文物资产发生变动，在及时变更资产信息卡时，同步调整有关账目，包括文物资产总登记账目、文物库房明细登记账、文物资产财务账。

三是以保护为主，加强文物资产管理。根据《国有文物资源资产管理暂行办法》第十九、二十条的规定，加强文物资产保护，包括：落实实施本单位依法制定的文物资产保管保护制度，如文物库房管理制度、文物修复维护管理制度等，明确管理责任，加强内部流程管理；设立合格规范的文物库房，配备专业库房设备设施，安排专职文物库房管理人员；按照不损坏文物、不改变文物原状等要求保养、修缮、维护文物资产，不得损毁、改建、添建或者拆除不可移动文物等。

四是合理利用文物资产。在保护为主的前提下加强文物资产的展示利用管理。根据《国有文物资源资产管理暂行办法》第二十五至二十九条的规定，文物资产展示利用管理的主要内容包括：加强文物资产展示利用各业务内部流程管理，合理制定文物资产展览中长期规划和年度计划，合理设计制作与配置展馆设备设施，确保展示的文物资产安全完整；加强文物资产借展借用、调拨、毁损、丢失、退出、拆除、撤销等业务环节管理，调拨、毁损、丢失、拆除、撤销的，应按照规定程序核查处理，并及时调整或者核销账务；禁止利用文物资产进行对外投资和担保，禁止将馆藏文物资产赠予、出租或者出售给其他单位、个人；加强文物资产收入管理，文物资产借展、交换、调拨等发生的补偿费用应纳入单位年度预算，专门用于改善文物的收藏条件和文物征集，不得挪作他用；文物资产管理产生的其他收入属于政府所有的，应当按照政府非税收入管理和国库集中收缴管理有关规定，上缴同级国库。

五是定期报告文物资产。根据《国有文物资源资产管理暂行办法》第三十七条的规定，博物馆应将本单位文物资产管理情况纳入本单位财务报告和国有资产年度报告。文物资产管理情况，是在核实文物资产，在账卡相符、账账相符、账实相符的基础上，在行政事业单位资产管理信息系统生成文物资产情况表，据此编制文物资产管理情况报告。

（四）博物馆预算管理

古人云，凡事预则立，不预则废。财务管理首先要确立预算管理原则，要建立博物馆预算管理制度，将预算贯穿财务管理全过程，做好财务预算管理，就是要科学编制预算，做好财务核算，监控预算执行，通过财务决算对预算执行作年度总结，通过绩效评价对预算支出进行监督。下面介绍财务预算管理的主要工作内容。

1. 预算编制管理

根据《中华人民共和国预算法》《中华人民共和国预算法实施条例》《事业单位财务规则》《文物事业单位财务制度》等有关规定，预算编制管理的主要内容包括：

一是预算编制总体要求。预算编制应当遵循合法合规、完整性和统一性、以收定支和收支平衡、统筹兼顾和保证重点、厉行节约和注重绩效的原则。预算编制范围包括预算收入和预算支出，单位的全部收入和支出都应当纳入预算。预算编制的依据包括有关法律、法规，财政部门、上级主管部门的部署，本单位的职责、任务和事业发展计划，本单位的定员定额标准，本单位上一年度预算执行情况和绩效评价结果，本年度预算收支变化因素等。

二是做好收支预算编制。预算收入的编制，应当与单位的职责、任务和事业发展计划相适应，与财政政策相衔接，参考以前年度预算执行情况，根据预算年度的收入增减因素和措施，以及以前年度结转和结余情况，将各项收入全部纳入单位预算，统一核算，统一管理，未纳入预算的收入不得安排支出。预算收入编制内容包括预算拨款收入、预算拨款结转、上级补助收入、附属单位上缴收入、事业收入、经营收入、其他收入。预算支出的编制，应当根据事业发展需要与财力可能，按支出功能和经济性质分类编制。预算支出编制的内容包括事业支出（基本支出和项目支出）、经营支出、对附属单位补助支出、上缴上级支出、其他支出。事业支出是预算支出编制的重要部分，其中基本支出的人员支出预算编制，要严格按照国家有关工资福利待遇的政策规定和标准编制；基本支出的公用支出预算编制，应本着节约从俭原则编制；项目支出预算编制，应紧密结合单位主要职责任务、当年工作目标和计划，区别轻重缓急安排支出事项。

三是预算编制实行“自下而上，二上二下”基本流程。“一上”，即单位根据财政部门印发的编制预算文件、通知要求，编制单位年度预算收支建议（计划），报送上级主管部门，经主管部门审核汇总报财政部门。“一下”，即财政部门审核主管部门预算建议（计划），报政府同意后，下达部门预算控制数给主管部门，主管部门将预算控制数分解下达给基层预算单位。“二上”，即单位根据主管部门下达的预算控制数，调整细化预算建议（计划），形成预算草案，报上级主管部门，经主管部门审核汇总报财政部门。“二下”，即财政部门审核各主管部门预算草案，报人大会议审议后，批复各主管部门预算，主管部门批复下达基层预算单位。单位预算经“二上二下”程序后，经上级主管部门批复下达的预算即为单位当年预算，预算一经批复，原则上不予调剂。对财政补助收入和财政专户管理资金的预算一般不予调剂，确需调剂的，必须报主管部门审核后报财政部门调剂；其他资金确需调剂的，按照国家有关规定办理。

四是博物馆预算编制工作组织。预算编制工作由财务部门牵头，各部门参与本部门的预算需求编制，财务部门对各部门预算需求进行审核并根据具体情况提出建议、汇总。财务部门汇总的本单位预算建议，经财务分管领导审核后报馆长会议集体研究，形成年度预算建议，上报主管部门，完成预算编制“一上”工作。财务部门根据主管部门下达的预算控制数，结合具体情况调整细化预算，经各业务分管领导、财务分管领导审核后，报单位负责人（馆长）审批，形成年度预算草案，上报主管部门，完成预算编制的“二上”工作。

2. 预算执行管理

预算执行管理主要内容包括：

一是落实执行本单位预算收入和预算支出的相关管理制度，依法依规，合理组织各项收入，控制各项支出。组织预算收入方面，要加强内部控制，防范经济风险，严格执行国家批准或备案的收费项目和收费标准，使用财政部门或税务部门统一监（印）制的票据，并建立健全票据管理制度。各项收入应当及时入账，不得由下属单位或其他单位违规代存代管资金，防止流失。不得隐瞒、滞留、截留、占用、挪用、拖欠和坐支应当上缴国库或财政专户的资金。控制各项支出方面，严格执行国家有关法律法规、规章等规定的开支范围及开支标准，严格按单位支出内部管理制度规定的报销手续、审批权限等进行支出控制。专项资金应专款专用、单独核算，并按照规定报送专项资金使用情况的报告，接受财政部门或者主管部门的检查、验收。加强票据审核，拒绝报销虚假票据。

二是严格执行国库集中支付制度的有关规定。作为国有博物馆，财政资金的支付要执行国库集中支付制度，资金拨付通过国库单一账户体系和单位零余额账户将资金支付到商品、服务供应者或用款单位账户。

三是加强政府采购管理。应根据《政府采购法》及其实施条例的规定，切实执行本单位政府采购管理制度，规范单位政府采购行为，提高财政资金使用效益，促进单位廉政建设。在执行预算过程中，根据政府采购预算编制采购计划，按批准的采购计划规定的采购方式依法组织实施采购。

四是按政府会计制度规定健全会计核算体系，加强会计核算管理。按照《政府会计—行政事业单位会计科目和报表》的规定及本单位会计核算制度的要求，在政府会计核算系统对单位各项资产、负债、收入、支出等进行核算和反映。政府会计核算信息系统与预算管理系统、政府采购系统、资产管理系统等信息系统相互勾连衔接，全面动态监控单位预算收支的执行情况。

五是加强预算收支执行情况分析，定期向上级主管部门报告预算收支执行情况。根据年度支出预算，制定季度用款计划，落实月度资金安排，及时监测资金支付进度，对收支执行情况进行分析，编报月度、季度预算执行情况表，以便管好用好预算资金，提高支付效率。

3. 财务决算管理

财务决算是单位预算收支和结余的年度执行结果，是对单位收支预算执行情况的年度总结。通过决算工作对单位年度预算执行情况和财务收支活动进行全面反映和分析，进而全面了解单位资产变动情况和事业发展成效，促进预算的合理编制，提高资金的使用效益。

财务决算管理的主要内容包括：

一是做好财务决算准备工作，保证决算数据真实准确。财务部门人员在预算年度终了前，参加单位主管部门召开的决算部署工作会议，了解当年决算工作编制办法和要求；在预算年度终了时，要清理核实全年预算收入、支出数据和往来款项，做好决算数据对账工作。

二是准确填制财务决算报表，保证决算数据与会计数据一致。年度终了后，财务部门人员按照当年决算工作要求在财政部门规定的财务决算信息系统中准确填制决算报表。决算报表填制以经核实的单位会计数据为准，不得以估计数据替代，不得弄虚作假。决算报表包括收入支出表、资产负债表等主表和资产情况表、机构人员情况表等附表。

三是加强决算审核和分析，按规定编制财务决算报告。财务决算报告由财务决算报表、财务决算报表填报说明、财务决算分析报告等组成。财务部门人员在填制完成各决算报表并与财政核对相符后，编写决算报表填报说明，编写决算分析报告。财务决算报告按规定经单位财务分管领导审核、单位负责人（馆长）审批后上报主管部门。

4. 预算绩效管理

根据《中共中央 国务院关于全面实施预算绩效管理的意见》的要求，建立“全方位、全过程、全覆盖的预算绩效管理体系，实现预算和绩效管理一体化”。预算绩效管理是“将绩效理念和方法深度融入预算编制、执行、监督的全过程，构建事前、事中、事后绩效管理闭环系统”。作为国有博物馆来说，预算绩效管理的主要内容包括：

一是预算编制绩效管理——同步申报财政资金绩效目标。在单位预算编制时，同步申报财政资金绩效目标，包括总目标、绩效指标及指标值。绩效目标申报的依据，主要是相关法律法规、规章制度，单位职能及发展规划、年度工作计划，资金申请文件、资金管理办法、项目规划和申报指南，相关历史数据、行业标准、计划标准等。

二是预算执行绩效管理——“双监控”管理。在预算执行过程中，实行预算执行进度与绩效目标实现程度“双监控”。预算执行进度监控，主要是定期或实时掌控各项资金的使用情况是否符合预算进度安排，定期向主管部门报送月度、季度预算执行情况表。绩效目标实现程度监控，主要是对照申报的绩效目标，检查分析各项绩效指标的完成程度。在“双监控”过程中，认真检查，落实责任，对预算执行中的问题、难题及时发现，并由财务部门和有关业务部门协作提出解决措施，确保绩效目标如期保质保量实现。

三是预算监督绩效管理——绩效评价管理。预算执行完毕，报送决算报告后，对单位预算执行情况开展绩效评价工作。绩效评价包括绩效自评和第三方机构评价。博物馆绩效评价主要是开展绩效自评，包括单位整体预算绩效自评和项目资金绩效自评。绩效自评由财务部门总负责，单位整体预算绩效自评报告由财务部门负责编制，项目专项经费的绩效自评报告由项目负责人编制，财务部门整理完善，业务分管领导审核。各项绩效自评报告编制完成后，经财务分管领导审核，报单位负责人（馆长）审批后上报主管部门。

（五）博物馆项目经费管理

博物馆经费可分为基本支出经费和项目支出经费。人员经费、日常公用经费等作为基本支出经费管理。开展专业业务活动、完成特定工作任务的经费作为项目经费管理。国有综合性博物馆，其项目经费规模较大，类别、数量较多，除主要项目经费外，根据国家和本地文化事业发展规划、政策，还有特定的项目经费安排，以保证博物馆完成相应文化发展任务。项目经费管理是博物馆财务收支管理的一个重要内容。

1. 博物馆项目经费类别

博物馆项目经费规模大、数量多，可将其归为三类：

一是单位职能性支出项目经费。这类项目经费是博物馆完成职能任务和事业发展必需的项目资金。如文物藏品征集经费、文物陈列展示经费、场馆运行经费、文物档案整理经费、学术科研及博物馆刊物出版经费等。

二是专项资金性支出项目经费。这类项目经费是博物馆在年度工作中为某一特定任务或事项而申请的财政专项资金，主要是博物馆在主管部门专项资金项目中申请安排的财政资金。如不可移动文物修缮维护经费、文物修复保护经费、文物保护单位管理维护经费、消防系统维护更新经费、文化创意产品开发推广经费等。另外，博物馆从科技部门、教育部门、宣传部门等申请的专项资金，如科技创新项目经费、爱国主义教育项目经费等也是专项资金性支出项目经费。

三是其他事业发展性支出项目经费。主要是上述两类项目经费之外的项目资金，这类项目经费是用于补助博物馆日常运行经费、改善陈列布展、提升服务水平、文物数字化保护利用等的专项资金。如中央财政补助地方博物馆的免费开放补助资金、当地财政安排的公共文化设施免费开放经费等。

上述项目经费分类是相对而言的，由于财政资金的统筹安排、年初预算项目资金规模等原因，有的职能性支出的项目经费可在专项资金性支出的项目经费中申请财政资金，有的专项资金性支出项目经费也可放在单位职能性支出项目经费中申请财政资金。

2. 项目经费申报

主要内容包括：

一是项目经费的申报途径。通常有两种申报途径，第一种是单位编制年初预算时作为项目经费申报，主要是单位职能性支出项目经费及其他事业发展性项目经费由此渠道申报。通常在财政预算信息系统纳入单位年度预算申报，单位年度预算批复后，财政部门下达项目经费。第二种是单位在年度中作为追加的项目经费申报，主要是专项资金性支出项目经费由此渠道申报。通常由博物馆向主管部门或者有专项资金安排的其他部门（如科技、教育、宣传部门等）报送专项资金申报材料，经有关部门和财政部门审批后，财政部门下达项目经费。

二是项目经费申报材料。首先要编制项目经费申报书（表），主要内容包括：项目申请原因及主要内容、项目目标及预期效益、项目资金来源、项目支出明细预算、测算依据及说明。其次要同时编制项目绩效目标申报表，主要内容包括：项目名称、项目依据、可行性、必要性等基本情况，项目资金来源、支出明细情况等资金情况，预期目标及效益、确保目标实现的制度（措施）、项目实施进度计划、绩效指标等绩效目标情况。最后要保证申报材料真实、准确、完整。

3. 项目经费使用管理

项目经费使用管理主要有以下内容：

一是项目经费的支出要严格执行国家有关法律法规和有关专项资金管理办法等规定的支出范围和标准，专款专用、单独核算。

二是项目经费的支付应当按照国库集中支付的有关规定执行。支出过程中按照规定需要实行政府采购的，按照政府采购有关法律法规的规定执行。

三是使用项目经费形成的资产属于国有资产的，应当按照国有资产管理有关规定管理，保护国有资产安全完整。

四是落实项目责任制，各项目经费都要确定负责的部门和人员，加强财务部门与项目负责人的协作，管好用对项目经费。

五是加强项目经费执行绩效监控，按照绩效管理有关规定做好项目经费支出绩效评价，提高项目经费支出效益。

六是按照规定报送专项资金使用情况报告，接受财政部门或者主管部门的监督检查。

财务管理涉及单位财务活动的各个方面，以上从财务管理机构及人员、财务管理制度及内部控制体系、资产管理特别是文物资产管理、预算管理、项目经费管理等方面介绍了国有博物馆财务管理的主要内容。

二、非国有博物馆财务管理

（一）非国有博物馆创办的资金来源

非国有博物馆是利用或者主要利用非国有资产设立的博物馆，通常由非国有企业、机构、个人出资创办，或者由上述非国有企业、机构、个人与国有单位联合举办。因此，非国有博物馆创办资金来源或主要来源于非国有企业、机构、个人的自有资金。

根据《博物馆条例》规定，设立博物馆应当具备必要的办馆资金和稳定的运行经费来源（第十条），设立藏品不属于古生物化石的非国有博物馆应当提交出资证明或者验资报告（第十四条）。出资证明由接受出资的博物馆出具并盖章，验资报告由会计师事务所及其他具有验资资格的机构出具并盖章。非国有博物馆章程也规定应当向举办者签发接受出资证明书并由博物馆盖章。出资证明书应当载明：博物馆名称，博物馆成立日期，博物馆注册藏品、资金，举办者的名称、提供的藏品、资金和出资日期，出资证明书的编号和核发日期。

创办非国有博物馆，经业务主管部门（文化主管部门或行业主管部门）审查同意后，根据《民办非企业单位登记管理条例》《民办非企业单位登记暂行办法》《文化类民办非企业单位登记审查管理暂行办法》的规定，在民政部门办理“民办非企业单位（法人）”注册登记。根据规定，创办非国有博物馆必须拥有与其业务活动相适应的合法财产，且其合法财产中的非国有资产份额不得低于总财产的三分之二，最低开办资金不低于 3 万元人民币（文化部审查、民政部登记的非国有博物馆最低开办资金不低于 30 万元人民币）。

（二）非国有博物馆财务管理机构

非国有博物馆通常规模较小，财务管理机构设置及人员配备比国有博物馆要简化一些，但基本的财务管理机构及财务人员是少不了的。首先要确定财务管理工作负责人，通常在创办时由非国有博物馆理事会聘任的馆长或由其指定的一名副馆长负责财务管理工作。其次要设置财务机构，根据本单位的具体情况和业务需要设置财务机构，或者在有关机构中设置财务人员（会计人员和出纳人员）并指定财务机构主管人员。基于不相容职务相分离的原则，会计人员和出纳人员不能由同一人担任。最后由主管财务工作的馆长或副馆长领导财务机构履行财务管理职责，并接受非国有博物馆监事会的监督。

非国有博物馆财务管理工作还要接受业务主管部门、财政部门、民政部门的管理监督。根据财政部门、民政部门或业务主管部门要求需要进行审计的，非国有博物馆还要接受审计监督。

（三）建立健全非国有博物馆财务管理制度

非国有博物馆财务管理需遵循的有关法律、法规、规章及章程主要有：《中华人民共和国会计法》《中华人民共和国文物保护法》《博物馆条例》《博物馆藏品管理办法》《民办非企业单位登记管理暂行条例》《民办非企业单位登记暂行办法》《文化类民办非企业单位登记审查管理暂行办法》《民办非企业单位年度检查办法》《民间非营利组织会计制度》《会计基础工作规范》《会计档案管理办法》以及本馆的《博物馆章程》等。

非国有博物馆应根据有关法律、法规、规章及章程的规定，结合本馆实际情况，建立健全单位财务管理制度和内部控制制度，并在实际工作中贯彻落实，使各项财务活动有法可依、有章可循。财务管理和内部控制制度主要包括资产管理制度、收入管理制度、支出管理制度、会计核算管理制度等，涉及内容涵盖资产的购置（征集、无偿划入、接受捐赠、建造）、入库、使用（利用）、维护、保管、清查、处置，收入的组织管理，支出的范围、标准、报销审批流程，收支预算管理，财务核算管理，政府扶持专项资金的使用管理等内容。

（四）非国有博物馆资产管理

根据《民间非营利组织会计制度》的有关规定（第十四条、第四十一条），结合非国有博物馆资产特点，非国有博物馆的资产应按流动性分为流动资产、长期投资、固定资产、无形资产、文物文化资产和受托代理资产等。文物文化资产可简称为藏品，是非国有博物馆的重要资产，其中的文物资产更是其核心资产，同时，围绕文物资产的收藏、保护（维护）、展示、利用而配置的馆舍、设备设施等固定资产、用具用品等存货资产，也是非国有博物馆的重要资产。非国有博物馆资产管理的主要内容包括：

1. 加强以文物资产为核心的藏品管理

藏品是非国有博物馆业务活动的物质基础，保障藏品安全并充分发挥其社会作用是非国有博物馆的基本义务。应当依照《博物馆藏品管理办法》等有关法律法规及本单位资产管理制度的要求，加强藏品资产的实物管理、账目登记、建档及备案管理，做到制度健全、账目清楚、鉴定确切、编目详明、保管妥善、查用方便。

2. 馆舍管理

非国有博物馆的馆舍是非国有博物馆开展文物文化资产保管、保护、研究、展示、宣传、教育等服务活动的场所。馆舍管理首先是保证消防安全，应按照《中华人民共和国消防法》等的规定，做好消防管理工作。其次要加强馆舍的维护、维修，应制定房屋建筑物维护、维修管理制度，并指定有关机构和人员负责等。

3. 设备设施管理

设备设施主要包括用于消防、文物保管保护等的专用设备，公共场所、办公等用的通用设备以及家具用具等，应落实设备的购置、使用、保管、处置、清查等各个业务环节的管理制度和措施，落实设备管理责任人，保证设备安全完整、正常运行使用。

4. 文物保护修复与陈列展示用具用品管理

这类用具用品主要包括文物保护修复用具用品、展场灯具用品、展台、囊盒、物料等，由于其单位价值未达固定资产标准，大多可重复使用，展览需要的总量较大，所以可归为一类资产进行管理。应落实购置、入库、领用、保管的管理措施和流程控制，严格按照流程管理，有效利用，杜绝浪费。

（五）非国有博物馆收支及会计核算管理

1. 收入管理

非国有博物馆主要有以下收入：

一是政府财政补助收入。国家高度重视非国有博物馆的发展，在政策上大力推动政府财政对非国有博物馆的资金支持。中央有关部门先后发布《关于促进民办博物馆发展的意见》《中央补助地方博物馆、纪念馆免费开放专项资金管理暂行办法》《文化部等部门关于做好政府向社会力量购买公共文化服务工作意见的通知》《关于进一步推动非国有博物馆发展的意见》等，各地方政府也陆续发布了支持非国有博物馆的政策文件，从建馆用地、购买服务、运营补助、考核奖励等方面对非国有博物馆给予支持。政府财政对非国有博物馆的资金支持概括起来主要有建馆补助（新建、扩建）、运行补贴（奖励）、展览补贴、社会教育活动补贴、评估评级补贴等。政府财政补助收入是非国有博物馆的重要收入来源，各非国有博物馆情况不同，获得政府财政补助的收入项目不同、资金数额不同。

二是提供服务收入。提供服务收入是非国有博物馆在符合办馆宗旨的前提下，在业务范围内开展服务活动取得的收入，如门票收入、文创产品收入、举办文化服务活动的收入等。国家为支持非国有博物馆的发展，将非国有博物馆面向社会提供的免费或低收费服务内容已纳入《政府向社会力量购买公共文化服务指导性目录》，非国有博物馆可以承接政府购买公共文化服务事项从而取得服务收入。提供服务收入是非国有博物馆增强自身造血功能，实现良性发展的重要途径，是非国有博物馆的主要收入。

三是捐赠收入、会费收入、利息收入、投资收益及其他合法收入。其他合法收入包括如确实无法支付的应付款项、资产盘盈、资产处置的净收入等。

非国有博物馆收入管理的主要内容包括：

一是落实收入管理相关制度，依法、合理组织各项收入。

二是积极申请财政补助资金。要用足国家及当地政府财政的支持政策，按有关政策规定，与本馆有关业务部门积极配合申请财政补助资金，按要求需接受专项资金评估评审的，要积极提供有关资料，配合完成评估评审。

三是依法增创本单位服务收入。财务部门要配合、督促业务部门做好本馆展览、宣传、教育等公共文化服务，增加服务收入，争取尽可能多地获得政府购买服务收入。

四是做好本馆文化服务工作，创出本馆特色，为事业发展争取更多的捐赠赞助收入、会费收入等。

2. 支出管理

非国有博物馆运行、开展业务活动所发生的各项支出包括：为举办展览及教育宣传服务活动等发生的业务活动支出、为组织和管理业务活动发生的员工工资福利及行政办公等管理费用支出、为获得捐赠等筹集资金发生的筹资支出以及其他支出。

非国有博物馆支出管理的主要内容有：

一是建立预算管理制度，实施预算管理。每年年末编制下一年的支出预算方案，预算方案编制由财务部门牵头，各个业务部门协作完成。预算方案编制的依据，包括本博物馆的章程、中长期发展规划及年度工作计划、人员数量及工资福利政策、单位的筹资计划、政府财政补助情况、上一年经费支出情况等。预算方案编制完成后报本博物馆馆长审批、博物馆理事会审议。审议后的预算方案作为下一年支出的控制依据：有预算安排的支出，按正常财务管理制度开支，没有预算安排的支出，需提出专项申请报馆长审批、理事会审议。

二是落实支出管理制度，严格支出报销审批。包括落实执行本单位的工资福利管理制度，各项业务支出管理制度（支出范围、报销依据、报销审批权限和程序等）。

三是按照有关规定使用资金。各项支出必须遵守国家有关法律法规的规定，必须符合本单位的财务管理制度和支出控制规定。取得政府财政补贴收入的，其支出要遵循财政专项资金管理的有关规定，并接受有关部门的检查监督。补助资金不得用于博物馆事业发展外的其他用途，不得用于支付各种罚款、捐款、赞助、投资等支出。有规定不得用于人员工资福利的，则一定只能用于业务工作。接受捐赠的收入，若捐赠收入有限定用途，其支出只能在限定用途范围内开支，并接受捐赠人的监督。

3. 会计核算管理

非国有博物馆会计核算管理的主要内容有：

一是按照《中华人民共和国会计法》等的规定，建立健全会计核算机构，配备合格的会计人员，加强会计人员职业道德和业务素质管理。

二是非国有博物馆会计核算执行《民间非营利组织会计制度》。非国有博物馆经业务主管部门审查同意后在民政部门注册登记为非营利的民办非企业法人，其会计核算执行《民间非营利组织会计制度》。

三是落实执行本单位的会计核算制度及内部会计控制办法，提高会计信息质量。在填制会计凭证、登记会计账簿、编制会计报告、管理会计档案等各个方面，按照本单位会计核算制度和内部会计控制办法的有关规定，做到依法、合规、真实、完整，为本博物馆理事会和有关业务管理部门提供真实可靠的财务报告等会计信息。

四是按照《民办非企业单位年度检查办法》的规定，如实填报单位年检报告中有关财务状况、资金来源和使用情况等财务资料。

博物馆作为一个非营利组织，其顺利创办和运营离不开财务管理。不管是国有博物馆还是非国有博物馆，财务管理的主要任务和内容都是依据国家有关法律法规，建立健全博物馆财务管理制度，完善财务管理内部控制体系，加强博物馆资产特别是文物文化资产管理，保护资产安全完整，依法合规组织博物馆收入，加强博物馆支出预算控制，提高支出效益，保证博物馆各项业务活动的资金投入到位、资金运用合法合规、资金产出绩效符合效率效益要求，为博物馆事业发展提供有力的财务支持和保障。

广东省文物鉴定站郑运霞执笔

博物馆物业管理

物业管理是指业主通过选聘物业服务企业，由业主和物业服务企业按照物业服务合同的约定，对房屋及配套的设备设施和相关场地进行维修、养护、管理，维护物业管理区域内的环境卫生和相关秩序的活动。根据我国法律，业主可以自行管理物业，也可以委托物业服务企业或者其他管理者进行管理。博物馆可以根据自身情况决定自行管理、委托物业管理或者混合管理。20 世纪 80 年代初，随着我国改革开放国策的实施，物业管理由香港引入。但我国博物馆委托物业管理稍晚，到 21 世纪初期，博物馆物业管理才开始发展，2008 年深圳博物馆开启物业管理模式，2009 年广东省博物馆开始引进物业管理，广东省的博物馆物业管理走在了全国前列。

一、博物馆物业服务具体内容与要求

博物馆作为一个面向公众开放，为社会服务的非营利性机构，因为主要职责的特殊性，其物业管理比普通的住宅、商业场所具有更高的要求。博物馆按照建设标准，主要配置有展厅、藏品保存库房、教育活动中心、便民服务设施，业务科研设施等部分。很多博物馆已配备先进的全方位智能化管理系统，包括安全防范、消防管理、设备管理、信息通信、网络应用和音视频等智能化系统，更有综合实力较强的博物馆已配备文物库房、展馆和展柜的恒温恒湿系统。所以博物馆的物业管理涵盖的业务范围也就有了其特殊性，需包括安全保卫、消防安全管理，场馆开放管理，公众接待、讲解与教育推广服务，信息通信、网络应用和音视频系统管理，空调与恒温恒湿空气管理，藏品环境监测预防性保护，停车场安全运行管理，建筑及设备设施运行维护维修保养，室内外环境绿化与保洁，办公接待会务服务，后勤服务与饭堂餐饮服务等方面。

博物馆想提高自身的物业管理水平，选取一个合适的物业服务公司尤为重要。在物业招标前期，应积极邀请专业人士研究个体博物馆，深入了解博物馆的日常工作与特点，编制有针对性的用户需求书。博物馆物业服务在基础设备设施方面与大多数的场所大同小异，但在一些专业区域有其特殊性，博物馆物业服务所包含的一般内容与要求大体如下：

（一）设备设施维护

博物馆因安全保卫、教育推广、公众服务、文物保存保管、陈列展示与保护修复等原因，其设备设施品类多，维护要求高，主要包括以下几方面：

1. 常见强电设备。配电房、配电柜、配电箱、高压电缆与配电供电线路、变压器、继电保护设施、高低压开关、展厅展柜照明、场馆照明、路灯照明、景观照明、应急照明、泛光照明、普通照明等。强电设备维护维修人员须具有高压电工证等操作证书，并严格遵守相关规范。考虑到博物馆部分设备需要 24 小时不间断供电，物业管理过程中须设置专门的不间断供电设备台账，根据其数量与功率大小，配备相应的 UPS、自主发电系统，有条件的博物馆可以配备双回路电源，以确保设备正常使用。

2. 动力系统。分体式空调、供排水水泵、客货扶电梯、电开水器、柴油发电机组、多回路切换设备、停车场管理设备、博物馆门票检票设备、文物保护设备（含预防性保护设备）、陈列展示设备、安检设备、登高设备、搬运设备、充电桩、厨房设备等所有用电设备设施。如有中央空调，则包含：中央空调冷水机组、恒温恒湿机组与风柜、冷冻冷却水泵、冷却水塔、盘管风机与通排风设备。动力系统的维护，需要配备专业的空调、电梯等设备设施的运行巡查班与维修班，时刻检测设备运行情况与解决应急问题的处理。在配备维修班的同时，有条件的博物馆可就空调、电梯、水泵、恒温恒湿机展柜与保存柜等特种设备由物业服务公司签约专门的维保公司，在以后的维护维修中会事半功倍。

3. 消防系统与安全防范系统。消防报警系统、消防水泵水池、防排烟系统、室外消防供水系统、室内外消火栓系统、自动喷水灭火系统、大空间智能型主动喷水灭火系统、气体灭火系统；视频监控系统、入侵报警及声音复核系统、出入口控制与在线巡更系统、对讲系统、防爆安全检查系统、反恐防撞柱等。安防消防系统维护，物业服务中心须配备专业的消防与安防工程师，此外须采购专业的消防、安防维保单位。

4. 智能数字化设备、通讯设备、音像设备。办公电脑、服务器、路由器、复印机、速印机、传真机、打印机、扫描仪、投影仪、楼宇控制、光纤电缆等网络设备；外内线电话、无线对讲机、电话总机房设备等；音像设备包括但不限于电视与宣传屏、博物馆广播系统、监控系统、展览声光电系统、语音导览系统、各种活动会议灯光音响视频广播等，此项需配备弱电与网络工程技术人员。对涉密办公自动化设备的安全保密防护，应当在国家保密制度、标准要求的框架下开展，实现对设备的综合使用、防护和管理。

5. 给排水、雨水管道、直饮水、热水、沙井、排污管、化粪池、垃圾筐、垃圾池与垃圾房、绿化喷淋、楼面楼顶、外墙、地板（含木质与特种材料地板）、天花板、空调风管、房屋门窗（含排风窗）、室内外停车场、广场地面及道路、雕塑景观、各类标示等的维护保养。

6. 办公室、展厅、大堂、会议室、培训室等一切公共场所的家具及设施。

7. 防雷设施及防辐射设施。除日常的维护保养外，须按时完成设备的年审。

（二）清洁卫生

博物馆因其对外开放时，观众量大，参观环境要求高，其清洁卫生工作要求自然比其他行业更高，须实行“五定”原则（定人、定岗、定时、定量、定标准）。在博物馆开放期间，室外广场、道路、设施（各类标识牌、路标、果皮箱、休闲椅）等须每天进行巡回保洁；室内展厅、楼梯、扶手、电梯间、地下室、天台、内外墙面、停车场与通道等所有公共区域随时保持清洁。在博物馆休馆期间，对场馆内高空设施进行巡回清洁、养护。定期对场馆内各类特殊材质（金属类、石材与木材等）进行清洁去污、抛光、上光、打蜡等专业养护；对高位管道、高位天花、高位照明设施、高位墙身与高位装饰物等进行巡回保洁。除上述常规清洁工作外，以下几点也应注意：

1. 根据实际天气情况，对博物馆排水设施进行及时清理、疏通。

2. 考虑到博物馆经常会有巡回展览施工，物业服务须对场馆产生的施工装修、布展垃圾进行专项管理，协助施工单位清运垃圾，因物业公司管理责任导致施工单位垃圾清理不及时的，应由物业公司负责及时清理。

3. 考虑到文物保护与参观观众的健康，对场馆蚊、蝇、鼠、蟑、白蚁等虫害须进行预防和灭杀，物业服务公司须配备专业的虫害预防与杀灭团队。

4. 博物馆物业须负责本馆所属区和街道的“门前三包”与“垃圾处理”等相关工作。

（三）园林绿化

博物馆为向公众提供优质的参观休闲环境，建设时大多数配置了一定规模的园林与绿地，展厅内也摆设了绿化植物，故博物馆的物业须具备以下园林绿化服务：

1. 物业服务需配备有专业基础的物业工作人员或团队，按植物生长习性进行科学养护。

2. 及时清洗、清除植物体表灰尘，促进植株呼吸，增强光合作用。

3. 适时进行修剪或疏剪，随时剪除枯枝、病枝、密枝，保持植株良好的形态。

4. 博物馆如有草地，草坪绿草的高度不超过 15 厘米，尤其需加强路边及角隅草地的定期修剪与养护。

5. 树木修剪造型需经过甲方审核同意，按照设计方案保持稳定的几何面平整，同一面树木分枝条长短差不超过 5 厘米，如有枯枝应立即剪除。

6. 博物馆如有绿篱，修剪要保持篱面基本平整，同一篱面大部分枝条长短差不超过 5 厘米，枯枝应剪除，绿篱间杂树及时清除。

7. 博物馆是公共服务机构，公众节假日聚集之地，物业服务需根据节假日（元旦、春节、五一节、中秋节、国庆节等）绿植鲜花的摆放提出方案，报博物馆审定。

（四）安全保卫

博物馆物业安全保卫工作包括但不限于消防、安防、反恐防暴、意识形态领域的安全、社会治安管理、公共安全应急管理。一般会设有专门的保卫部门负责，物业服务管理须严格按照相关部门制定的规章制度执行。现将物业管理时安保基本工作介绍如下：

1. 博物馆物业安全保卫工作须制定并落实值勤实施方案与管理制度，包括防火、防盗、防水、防自然灾害事故、防破坏等安全突发事件应急方案。

2. 因博物馆性质决定，大多数省份要求物业服务公司须填报安全生产监督管理部门或应急管理部门颁发的《安全事故应急预案备案登记表》。

3. 博物馆物业管理须设立专人负责安全保卫工作。所有保安人员应持保安员证上岗，统一着保安制服。所有保安人员的招聘、辞退应报博物馆备案。

4. 博物馆的治安、消防安全防范，现在几乎都采取人防和技防相结合的方法，故对博物馆物业安全保卫工作提出了高于一般物业的要求，安保人员中需配备具有技防技能的专业人员。

5. 博物馆物业安全保卫须负责安检工作，采取人工和 X 光相结合的检查方法，确保无任何危险品带入，确保场馆安全。

6. 博物馆物业安全保卫负责为公众提供检票服务，以便公众安全有序进场。

7. 博物馆物业安全保卫负责门禁的管理，严格执行相关管理制度，并做好相应的登记，包括但不限于各出入口人员、货物、文物藏品的出入管理，确保博物馆人财物的出入安全。

8. 博物馆物业安全保卫负责博物馆外围与公共区域的巡查，注意可疑人员，各岗位建立互动联系，以保障各馆区、场所公共设施不遭破坏。

9. 博物馆物业安全保卫负责场所的消防、治安等的安全防控，各岗位人员配合巡查，对消防隐患及时发现和整改，以保障全馆消防安全无事故。

10. 博物馆物业安全保卫负责按程序实施突发安全事件处理及秩序维护，及时启动突发安全事件应急预案，有效地控制突发事件，使损失降到最低。

11. 博物馆物业安全保卫所有员工应经岗前治安、消防安全培训，实行先培训后上岗，提高员工治安、消防安全意识，掌握治安、消防安全防范技能。

12. 博物馆物业安全保卫须做到每天巡查及每周、每月检查登记，及时掌握全馆的治安、消防安全情况。对安全设备设施进行检查维护，确保完整好用，发现隐患及时上报整改，确保全馆无安全责任事故。

13. 博物馆物业须建立健全义务消防队组织，注重平时训练，提高消防安全意识和自防自救的能力。

14. 博物馆物业需严格遵守《中华人民共和国消防法》和国务院《企业事业单位内部治安保卫条例》等的规定，至少每半年组织一次消防、反恐防暴、防盗等演习。

（五）展场服务

博物馆物业的展场服务主要包括博物馆开放空间的管理和公众接待工作。博物馆会设有专门的部门或人员对接该部分服务，现将物业管理时展场服务工作介绍如下：

1. 博物馆物业的展场服务应设立专门的团队进行管理，建立展厅管理制度。展场服务需严格按照展厅值班巡逻制度进行，要做到展厅时时、处处有监督，特别是角落与监控盲区，做到人防与技防互补，杜绝安全死角。

2. 负责所有展厅展览的展品（包括互动展项）的看护，对重点展品和区域派专人看管，不定时巡查和重点监控，防止人为破坏和预防自然损坏，确保展览展品的安全。

3. 博物馆物业须建立详实的展品管理档案与巡查台账，定期核查展品展示状况，熟练掌握展厅展览相关设备的操作规程，按照博物馆的规定，定岗定时开关设备，发现问题及时汇报并按规程处理。

4. 负责参观公众的管理、统计、服务和引导。告知公众馆内安全注意事项和温馨提示。维护展厅参观秩序，提醒公众遵守参观规定，及时制止不文明参观行为并礼貌劝导，公众发生意外事故及时按预案处理并及时报告。

5. 负责根据博物馆的安排做好门票的销售和检票工作。熟悉售票、检票设备及流程。

6. 根据工作需要可开展以下服务：负责公众接待及咨询工作，投诉及后续处理跟进工作，热线服务工作，公众调查及管理工作，配合发放宣传资料及各类活动纪念品工作，童车、轮椅、披肩、雨伞、防水滴伞套等便民服务工作。

7. 做好展厅的环境管理工作，督促清洁卫生部门做好展厅及展柜的保洁护理。

8. 负责场馆区秩序维护，正确疏导，礼貌劝说，确保场馆秩序井然有序。

（六）车辆、停车场

随着社会经济的发展，停车场已成为博物馆对公众服务不可或缺的配置。物业公司如需负责博物馆停车场管理事宜，须具备停车场运营相关资质，确保车场进出口的顺畅、停车场环境卫生与秩序良好、内部道路安全畅通、车辆停放有序，严禁车辆占用消防通道与特种车辆停放车位。以下几点须严格落实。

1. 做好安全防范和日常巡查工作，及时发现和处理各种安全和事故隐患，迅速有效处置突发事件。

2. 过夜车辆停放应有记录，记录有无车辆和财物失窃事件。

3. 因博物馆的特殊性，博物馆物业管理可根据博物馆要求对出入博物馆的物品、人员、车辆进行检查。

4. 负责保证停车场的交通指示标志明确，交通设施完善，区域内行驶路线要用标志牌、地下箭头指示清楚。

（七）医务室

博物馆参观人数较多，博物馆物业管理可根据本馆情况设立医务室，负责处理公众和工作人员出现的突发性医疗救助情况。

1. 博物馆物业的医务室可以为公众和工作人员提供突发性疾病的救助，做好卫生知识普及宣传工作，指导各种疾病预防工作，制定各种场所杀菌消毒计划，督促检查公共场所卫生情况。

2. 博物馆物业的医务室需做到就医要有登记，有病历记载，配药要有处方，并建立医疗档案。

3. 如发生疫情，医务室工作人员可对博物馆工作人员与公众进行防疫专业知识培训，亦可承担疫情防控隔离室工作。

（八）讲解服务

如有需要，博物馆物业服务可将展览讲解和教育活动推广部分业务纳入。负责陈列展览的讲解工作，配合展览开幕式与宣传工作，配合公众活动及博物馆各类讲座，负责承担广播服务。

1. 博物馆物业讲解服务应服从博物馆的工作分配。

2. 博物馆物业讲解服务应有专门的监督、考察、考核制度。

（九）其他

博物馆物业服务也可根据博物馆需求，提供学术讲座、会议接待、重大活动推广、职工之家管理与协助食堂管理等工作。近些年国内涌现了一批学者开始对博物馆物业管理进行研究，他们逐步提出了一些提升博物馆物业管理水平的对策与建议。有学者认为博物馆物业中的展场管理与服务部门，在博物馆成了一个不可或缺的重要部门，该部门的管理与服务水平，直接影响到一个博物馆的公众形象。也有学者提出博物馆的物业服务应精细化分为：保安部、展场服务部、设备维修部、建筑维修部、保洁部、绿化部、会务组、接待组（前台）、后勤保障组（运输）等，大一点的博物馆分工更加细化。

二、博物馆物业总体要求

（一）博物馆是文物征集、收藏、研究、保管与陈列的文化机构，是公众参观、学习与游览的重要场所，对安全性、规范性要求严格，对服务水平要求高，物业管理服务要做到高标准、严要求、实举措。

（二）应由独立法人单位承担物业管理服务，该法人机构应承担的责任，包括但不限于其员工计划生育、综合治理、刑事、民事、工伤、社保、员工劳保福利、知识产权等相关责任。合同中应明确，如物业服务公司的工作人员发生违法、违规行为，所造成一切后果及损失，由该法人机构负责处理和赔偿。

（三）博物馆应对物业管理方案与细则、人员组织架构、员工录用、岗位设置等规章制度具有审核权。博物馆对物业重要岗位的设置、员工录用与管理、重要管理决策有直接参与权、审批权与一票否决权。在处理特殊事件与紧急突发事件时，博物馆对物业服务公司有直接指挥权。

（四）博物馆的物业服务，应按岗位要求统一着装，规范言行，部分公众岗位录用人员形象、身高可进行单独要求。

（五）博物馆作为治安保卫、消防安全重点单位，须配备消防工程师专职负责博物馆的消防管理工作，须建立完善的、系统的、有针对性的应急预案。

（六）博物馆作为重要的公共文化服务窗口单位，接待公众是其重要工作。物业服务须建立高标准的服务规范、严格的日常巡查管理制度，完善公众投诉处理机制，维护博物馆的社会名誉和公众形象。

（七）博物馆的物业员工除要符合“遵纪守法、爱岗敬业、身体健康”的基本要求外，可根据岗位需要增加没有刑事犯罪记录及治安处罚记录，持健康证或二甲级以上医院体检合格证明、相应专业岗位资格证等要求。

历经几十年的发展，我国物业管理行业规范化程度不断提高，一大批国内优秀的物业管理品牌迅速崛起，物业管理行业的竞争也不断加剧，国内优秀的物业管理企业愈来愈重视对公共服务机构物业服务市场的研究，包括对博物馆物业服务需求趋势变化的深入研究。正因如此，博物馆的物业管理也渐渐成为优秀的物业管理品牌关注的方向，因为博物馆的社会服务性质，博物馆物业管理的特殊性，其具有更大的研究意义。博物馆物业除其特殊性外，也与其他物业管理具有很多共性，博物馆人应积极吸取其他行业物业管理的先进经验，储备专业的物业管理人员，运用现代的科技智能化管理手段，不断提高博物馆物业管理水平。

广东省博物馆习阿磊执笔

博物馆安全防范

引言

博物馆是收藏、保护、研究、展示文物的场所，同时也是传承中华民族优秀历史文化遗产、促进科学研究、进行爱国主义和革命传统教育的基地，馆内收藏和开展各类活动展示的大量文物难免会成为文物犯罪分子的重点作案目标。因此，保护文物安全，防止馆藏文物及各类不可移动文物被盗、抢及损害案件的发生是博物馆的重要工作之一，安全防范（简称安防）在博物馆工作中有着举足轻重的地位，必须把保护文物安全的安全防范系统摆在博物馆建设的重要位置。本文根据国家有关标准规范和文件要求，结合国内外大量的实际案例和工作实践介绍博物馆安防的作用与定义、设计与规划及施工中的一些原则和注意事项，并对系统运行与安防管理队伍建设、旧系统升级改造、安防与消防的关系进行简要介绍，以期对博物馆安防建设和管理提供借鉴。

一、博物馆安防的作用和意义

文物是各民族优秀的历史文化遗产，并且因其唯一性、不可再生性的稀缺特点而具有高昂价值甚至价值连城，并因此吸引了犯罪分子贪婪的目光，成为他们费尽心思要实施盗、抢作案的对象。近年各国媒体报道的盗宝大案如 2004 年挪威蒙克博物馆名画被抢案、2017 年德国柏林博德博物馆 100 公斤纪念金币被盗案、2019 年德国绿穹珍宝馆大批文物被盗案、2020 年荷兰拉伦博物馆梵高名画被盗案，以及我国发生的 2002 年承德特大文物盗窃案、2017 年明十三陵思陵石五供烛台被盗案等，令人触目惊心。

从我国的情况看，国家文物局会同公安部 2020 年全年共侦破各类文物犯罪案件 2000 多起，抓获犯罪嫌疑人 2000 多名，追缴文物 3 万余件。可以说，文物犯罪每日都在发生，离我们并不遥远。

根据 2019 年 12 月国家文物局颁发的《博物馆定级评估标准》的要求，一级博物馆需达到 800 分，二级博物馆需达到 600 分，三级博物馆需达到 400 分。安全防范系统属于评分细则中“综合管理与基础设施”的“安全保障”部分（80 分）中“风险与防护”项，评分占 40 分，足可见其重要性。

安全防范系统简称“安防系统”，从完整意义上说，安防系统包括人防、物防、技防三大部分，本文主要讨论技防方面的内容。为简化描述，后续文中提及的安防系统主要是指技防系统，并将藏品、文物统称为文物。

人防（人力防范）包括安全保卫人员、组织和管理等，主要安全保卫机构的设置、安全保卫制度的建设和安全保卫人员及装备的配备与管理。

物防（实体防范）即用于安全防范、能延迟抢劫、盗窃等事件发生的各种物理防范手段（包括建［构］筑物、屏障、器具、设备等），如围墙（栏）、墙体、门、防盗网等实物。物防是安防的基础，应优先采用，但在博物馆建设过程中物防建设往往容易被忽略。

技防（技术防范）就是利用各种电子信息设备组成系统以提高对入侵行为的探测、延迟、反应能力和防护功能的安全防范手段。具体内容在后续介绍。

博物馆建设中如何通过建好安防系统把文物安全保护落实到实处，作为系统的建设方、使用方，首先需要了解安防系统在文物安全保护工作中的作用，从而结合自身实际明确安防系统的建设需求和建设目的，这是建好安防系统的重要前提。

如何理解博物馆安全防范系统在文物安全保护中的作用？我们可以从文物安全保护工作的事前防范、事中控制、事后处置去理解。

事前防范即文物被盗抢、损坏等事件发生之前的防范，一是风险评估，对安全形势和可能面临的风险进行预判；二是通过人防、物防、技防等综合防护手段，构建防护体系，最大限度地提高犯罪分子的犯罪成本，使其放弃作案念头。该阶段重点是抓安防系统、队伍建设，抓标准的落实。

事中控制即事件正在发生时的应对，包括利用安防系统的技术手段和预设的应急处置预案，及时发现和制止正在发生的事件，化解风险，并对嫌疑人进行控制，使犯罪分子即使有作案行为也不能得手。该阶段主要抓应急处置机制。

事后处置即事件发生后的处置，一是通过对案件的侦破、追赃，最大限度地减少或避免损失，使犯罪分子即使作案得手也不能逃脱法律的惩处，形成震慑力；二是总结教训，查补安全漏洞。

由于文物具有不可再生的特性，因此对于文物的安全防范应重在事前、事中，防患于未然。需要强调的是人防和物防在博物馆安全防范工作中的重要作用，做好这两项工作，技防才能有效地发挥作用。安防（技防）系统的作用主要包括：搜集现场信息、进行入侵探测和提示、人员活动留痕、事后追溯、协助管理，外防入侵、内防内鬼，可在其事前、事中发挥关键作用并为事后处置提供有力支持。如事前的现场震慑（提示牌、摄像机及报警探测器等设备、人脸识别 + 显示、巡查管理）、提前预警（纵深防护、黑名单）；事中的实时探测、报警后的处置预案（声光警示、联动功能、应急预案提示、应急通讯、应急广播）、延缓非法活动、争取早核实快速处置；通过视频录像、报警信息记录、出入人员信息等为事后的追溯、查证提供有力的现场依据。

由上可见，安防系统在博物馆文物安全保护工作中有着极其重要的作用。

二、博物馆安防的定义和内容

根据国家规范《博物馆和文物保护单位安全防范系统要求》（GB/T 16571—2012）的定义，博物馆安防系统是以保障博物馆安全、防止风险事件发生或将风险事件造成的危害降低到最小程度为目的，通过科学规划、合理设计，将人力防范（人防）、实体防范（物防）、技术防范（技防）等手段有机组合、综合应用而建立的防御体系。

博物馆安防系统的主要防范目的是防止对藏品、文物的盗窃、抢劫、破坏行为。从近年曝光的一些文物犯罪案件来看，防范内部工作人员监守自盗、内部作案同样应该成为文物保护工作的重点内容，在这一点上，安防系统同样可以发挥不可替代的作用。

博物馆安防系统是一个集成了多种技术手段的综合防护体系，由系统的目的和作用可知，文物安全防范要求系统有足够短的入侵报警延时和足够长的入侵阻挡延时，因此，入侵报警系统在博物馆安防系统中是必不可少的重要组成部分。值得注意的是，有一些单位认为只要安装了视频监控系统就建成了安防系统，这是一个认识误区，会给安全防范工作留下很大的漏洞和隐患。技防系统组成如下图：

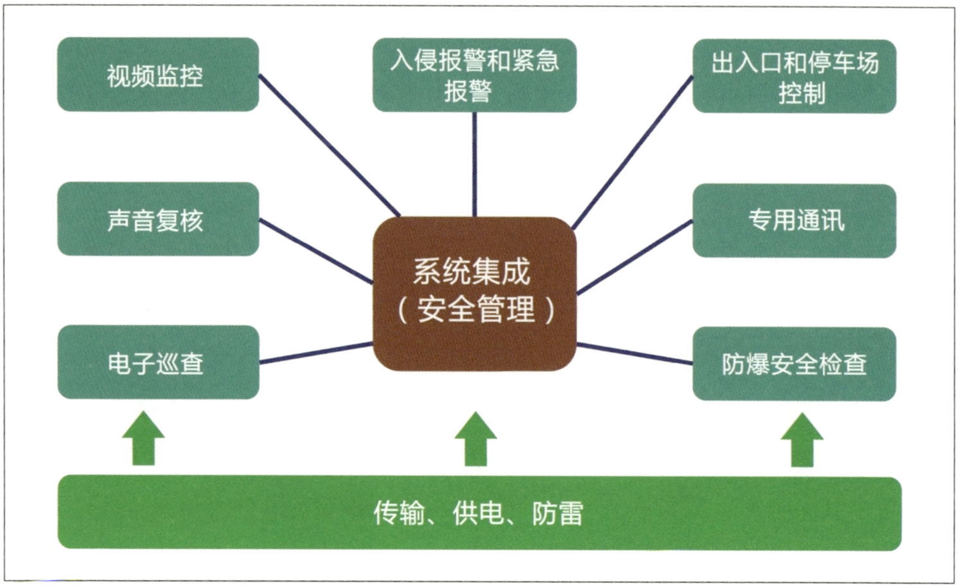

图 1　技防系统组成示意图

（一）入侵报警和紧急报警系统

入侵报警和紧急报警系统是博物馆安防系统的基础，它通过各种前端探测器对防护物体及空间、区域提供点、线、面全方位立体探测，充当守护文物的“鼻子”的角色，是预防文物被盗、被抢的首要的主动防护手段。

入侵报警和紧急报警系统由紧急报警按钮、门磁、振动探测器、红外探测器、红外微波复合探测器、主动红外探测器、激光探测器、振动 / 电磁感应电缆探测器、智能侦测摄像机等前端探测器通过传输线路（有线、无线、网络等）与控制主机组成，当探测器探测到紧急报警、开 / 撬门（窗）、越界、凿墙、非法进入等入侵信号并传送给控制主机分析处理后触发报警发出声、光报警信号，提示值班人员并通过现场声、光报警对作案分子震慑警示。

入侵报警和紧急报警系统既是安防系统的基础，也是最早的安防系统——故宫在 20 世纪 50 年代的安防系统就是由门磁、断线报警组成的。新型入侵报警系统通常还具有报警信息存储及打印、自动布 / 撤防、电子地图显示、视频联动自动显示报警区域图像、远程控制、数字化智能识别、区域组网等强大功能。

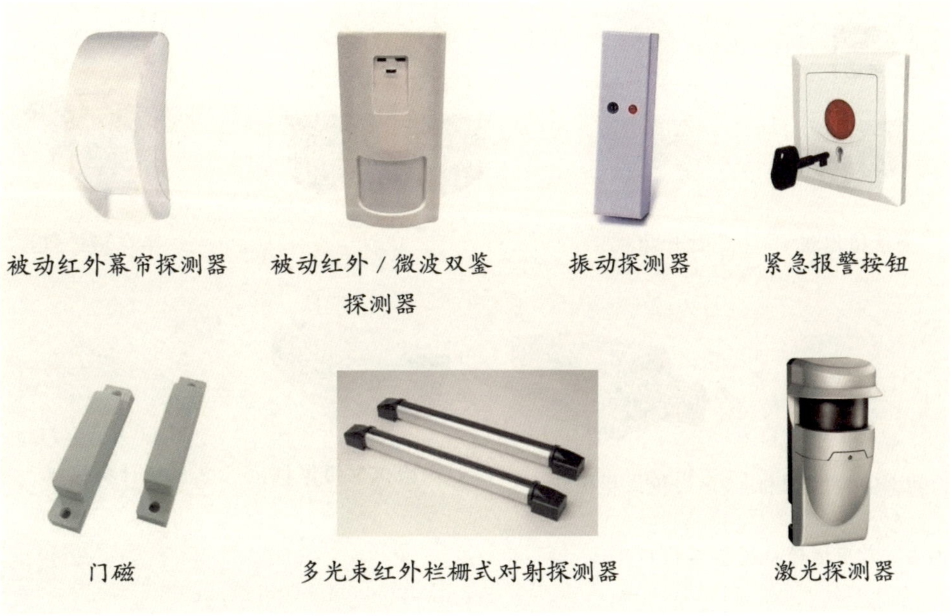

图 2　常用报警探测设备实物照片

入侵报警和紧急报警系统在博物馆的防护场景主要如下：①周界：攀爬围墙（栅栏）、凿墙、越过警戒线进入报警；②通道、出入口：撬开门、窗进入报警；③室内：进入室内活动报警；④展柜：打开柜门、破坏玻璃、取走展品报警；⑤库房：打开库门、凿墙、进入库内活动、破坏藏品柜、取走藏品报警；⑥紧急状态：当发生抢劫或正在发生偷窃作案时紧急报警。

（二）视频监控系统

视频监控系统由各种类型的前端摄像机通过有线、无线、网络等各种传输方式与录像存储、显示设备连接组成，大、中型系统还配有分析、管理功能强大的软件平台。它的基本功能是实时显示、记录现场图像，进行报警复核，并为防护区域内的一切活动留痕，是守护文物安全的“眼睛”。为案发时的准确、快速处置以及事后侦查提供重要手段，对于预防、震慑和侦破内部作案同样具有重要作用。

摄像机按结构可分为枪机型、半球型、球型、云台型等；按使用环境分为户内型、户外型、防爆型等；按光照条件分为普通型、低照度型、星光级超低照度型等，一些性能优异的低照度摄像机在户外没有专门照明的情况下仍能显示彩色图像，目前一般的低照度摄像机都具有比人眼高得多的灵敏度；此外，还有自带光源（可见

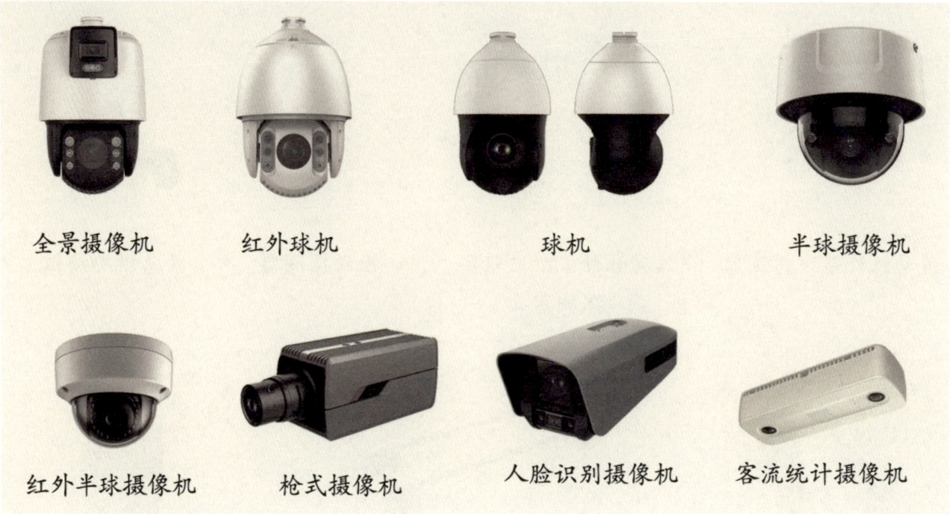

图 3　常用摄像机设备实物照片

光、红外光、激光）摄像机、人脸识别摄像机、客流统计摄像机、红外热成像摄像机、测温摄像机等专用摄像机。

视频监控系统主要有这些防护场景和作用：一是对周界、出入口、通道、展厅、库房、楼梯、不可移动文物本体及周边环境等区域实时监控；二是报警复核，了解报警区域实时状况，为事件处置提供快速判断依据，并判断是否误报。因各种环境因素会导致入侵报警系统发出的报警信号大多为误报，为避免“狼来了”效应，使安防系统真正发挥作用，视频监控的复核作用就显得尤为重要；三是图像记录，起到事后查证、管理监督作用，24 小时不间断录像，一般要求录像保存 30 天，反恐要求公共区域录像保存 90 天；四是田野文物和考古发掘现场，随着太阳能及移动通讯技术的发展，困扰这些场合安防系统建设的供电、信号传输难题逐步得到了解决。

视频监控系统是博物馆安防系统中各系统联动的核心，通过它与入侵报警系统、出入口控制系统、有线对讲系统等系统联动复核从而大大强化各子系统功能，达到 1+1 ＞ 2 的效果。同时，它又是实现人脸识别、人工智能、大数据分析等新一代应用的基础。

（三）声音复核系统

声音复核系统利用高灵敏度拾音器对现场、报警区域的声音进行采集以核实确定警情的真实性，它是守护文物安全的“耳朵”。

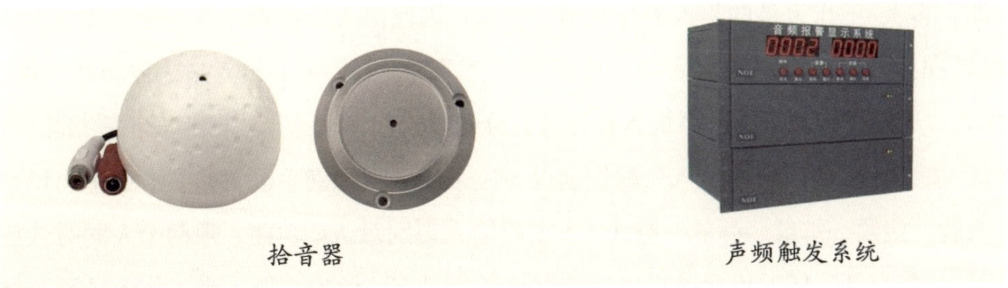

图 4　常用声音复核设备实物照片

声音复核系统在其探测的范围内可清晰地听到现场的声音，包括人走动、撬、挖、凿、锯时发出的声音，中心值班人员通过对现场声音的收听、分析从而对现场情况进行判断，对报警进行复核。

声音复核系统的应用场景如下：报警时声音复核；日常游客管理，如售票处的游客纠纷录音回放等。因此，声音复核装置主要布置在重要的展厅、库房、售票处等。随着音频分析技术的升级和应用，声音复核系统通过声频触发报警技术从以往的被动防御转化为主动防御，应用于库房区域以增强安全防护能力。

（四）出入口和停车场控制系统

出入口和停车场控制系统是利用电子信息技术识别和控制人员 / 车辆出入，即通常所说的门禁系统。通常由各种前端识别设备（密码键盘、读卡器、指纹仪、掌纹仪、静脉仪、瞳孔仪、人脸识别 / 车牌识别机等）与各种电控锁、道闸和控制主机及管理软件组成。

出入口和停车场控制系统在博物馆中主要用于区域人员进出管控，对外来人员

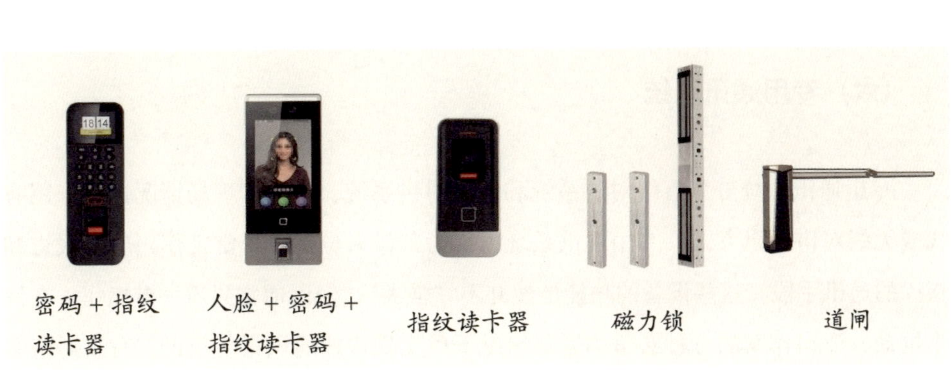

图 5　常用出入口和停车场控制设备实物照片

（如游客）、工作人员的出入进行控制、管理。因此出入口控制设备一般安装在内部区域和公共区域交界的出入口，重要展厅、库房、监控中心出入口，停车场（库）出入口等以作区域分隔。系统具有分级、分时段授权，进 / 出记录和查询等功能。

安装在重要库房的出入口的控制设备应采用双重识别手段，如刷卡或生物识别（人脸、指纹、掌纹、静脉、瞳孔）+ 密码输入识别双认证功能，须两个人同时认证库门才能打开。同时库房的出入口控制设备应具有防胁迫功能，当工作人员被胁持开门时，可以在使用胁迫码开门的同时隐蔽地向监控中心报警。

（五）电子巡查系统

电子巡查系统就是对安全保卫人员的巡逻路线、方式及过程进行管理的电子系统。通常由前端巡更点、巡查设备（手持巡更棒、巡更卡、巡更机等）、后端管理设备组成，通过管理电脑查看、打印巡查信息、报表等。可根据需要设定不同时段对应的不同巡逻路线并定时启动，在设定时间内未收到巡查信息时发出报警提示信号。

电子巡查系统一般分为在线式巡查系统和离线式巡查系统。在线式巡查系统一般用于博物馆，需敷设线路用于前、后端设备连接，具备与监控中心实时通信功能，可即时反映安全保卫人员巡逻状况并可在巡逻期间发现异常时与监控中心进行紧急报警或通讯。离线式巡查系统一般用于古建筑等文物保护单位，无需敷设线路，可减少对文物本体的干预，巡更后到值班室的后端管理设备下载巡更信息，通常结合无线对讲机实现与监控中心的即时通讯。

电子巡查系统应根据建筑物规模、特点、防护对象及系统使用的管理需求，根据开放和关闭期间不同的人防要求制定不同的巡逻路线。

针对大量远距离分散地点的定期巡查需求，可利用互联网 +APP 应用的巡查模式，结合网格化的巡查机制，采用 APP 进行巡查管理。

（六）专用通讯系统

专用通讯系统分为有线对讲系统和无线对讲系统，可根据现场情况选择采用有线或无线对讲通讯方式。专用通讯系统主要为工作人员提供日常工作、应急报告和指挥的通讯手段，这些设备的功能虽然并不“强大”，但因通常只需一键操作，在发生抢劫、盗窃作案的分秒必争的紧急情况下可实现快速通讯报告求助。有线对讲系统通常在卸载区、展厅、库房与监控中心之间安装对讲分机，工作人员须熟悉对讲分机分布位置，以便紧急情况时可快速找到对讲设备进行紧急报告。

（七）防爆安全检查系统

防爆安全检查系统用于检查人员、行李、包裹是否携带爆炸物、武器、管制刀具、易燃易爆品或其他违禁物品，主要用于预防恐怖袭击事件发生和爆炸物的临时处置。其中检测设备包括安检门、手持金属探测器、X 光物品检查机，处置设备包括防爆罐等。上述设备一般安装在博物馆或园 / 景区入口处。

（八）安全管理系统

对入侵报警、视频监控、声音复核、出入口控制、电子巡查等系统进行集成，实现各子系统的有效联动、管理。

可提供电子地图、日志管理、应急预案、数据统计、设备运维、手机远程监控等应用。

在系统高度集成的同时，要考虑系统的稳定性、可靠性、容灾能力，要求安防系统任何一个子系统出现故障时都不应影响其他子系统的正常工作，避免片面追求一些看上去“高、大、上”的平台功能而忽视了可靠性、实用性、易操作性、数据安全性这些安防系统的根本需求。

三、博物馆安防项目的管理要求

文物是民族精神、文化的传承，是全民族共同的财产。文物保护是一项责任重大、相当严肃的工作，国家和地方政府对该项工作如何开展有着明确的法律与规定要求。博物馆在开展安防系统项目建设前必须了解相关要求，以免违反相关法律、规定，否则非但起不到保护文物的作用，项目建成后还不能通过验收。

以广东省的博物馆安防项目建设为例。

博物馆安防项目一般由建设单位组织省文物保护专家委员会的专家进行方案论证和验收。

对于依托文物建筑或文物保护单位建设的博物馆，其安防项目的建设应按照国家文物局、各省文物局的规定进行；省级文物保护单位和国家级文物保护单位的方案需分别上报省文物局、国家文物局审批通过后方能实施，同时遵循方案“谁审批则谁验收”的原则进行项目验收。

另外，博物馆安防项目是否需要纳入到所在地的公安技防管理，需根据项目所在地技防主管部门（公安技防办）的具体规定，决定是否需要进行技防项目的申报和验收。

此外，博物馆安防系统属于信息化项目，项目向政府申报经费时一般需按信息化项目管理办法报当地政务服务数据管理局立项和验收。

对于有评级需求的博物馆，其安防系统须根据国家文物局颁发的《博物馆定级评估标准》中的《评分细则计分表》的第一部分“综合管理与基础设施”中的“安全保障”项下“风险与防护”的部分要求进行建设。评分项如图 6。

项目由博物馆组织省文物保护专家委员会的专家进行方案论证和验收，论证和验收资料作为博物馆定级材料的一部分进行申报。

1.6	安全保障			80					
1.6.1	风险与防护	参照《文物系统博物馆风险等级和安全防护级别的规定》（GA27-2002）要求评分。 附件 1041：由公安部门出具的博物馆风险等级达标证明 附件 1042：博物馆安防设备配置清单			40				
1.6.1.1	有中心控制室					2			
1.6.1.2	中心控制室能随时掌握报警现场位置					1			
1.6.1.3	报警资料保存完整、能随时提用					1			
1.6.1.4	有与公安部门联动的装置					1			
1.6.1.5	有室外周界报警系统					3			
1.6.1.6	室外设置电视监控装置					3			
1.6.1.7	室外周界出入口设置出入口控制装置					3			
1.6.1.8	室外有实体防护装置					2			
1.6.1.9	有巡更系统					1			
1.6.1.10	展厅出入口有出入口控制装置					3			
1.6.1.11	藏品库房出入口、通道处有出入口控制装置					3			
1.6.1.12	修复场所出入口、通道处有出入口控制装置					3			
1.6.1.13	内部重要出入口有电视监控装置					3			
1.6.1.14	内部重要部位有实体防护装置					2			
1.6.1.15	展厅内有周界报警系统					2			
1.6.1.16	展厅内有振动报警设备					1			
1.6.1.17	库房内有周界报警系统					2			
1.6.1.18	库房内有振动报警设备					1			
1.6.1.19	重要展柜安装防弹玻璃或设置报警装置					3			

图 6 《评分细则计分表》部分内容截图

四、博物馆安防项目建设流程

博物馆安防项目建设通常按照前期准备、确定风险等级、方案设计、论证、实施、验收等步骤开展，可参考信息化项目建设的流程图（见图 7）。

博物馆是专业性很强的建筑，目前已有一套比较完善的安全防范建设规范和要求。它与一般民用、商业建筑有巨大的差别，建筑的设计涉及物防能力和安防系统建设的相关要求，物防是安全防范的重要手段，周界防护、外墙结构、监控室位置和结构设计是否得当都将对安防系统设计产生重大影响，因此博物馆的安防系统设计应与建筑设计同步进行。为避免管道漏水及暴雨、水灾对文物的损害，建议建筑规划设计时尽量避免把库房建在地下层。另外，对于依托文物建筑或是文物保护单位建设的博物馆，由于文物建筑本体是防护对象，不能因安防系统的建设而对文物建筑本体造成伤害，安防系统建设时要制定有针对性的设计方案和施工工艺，并建

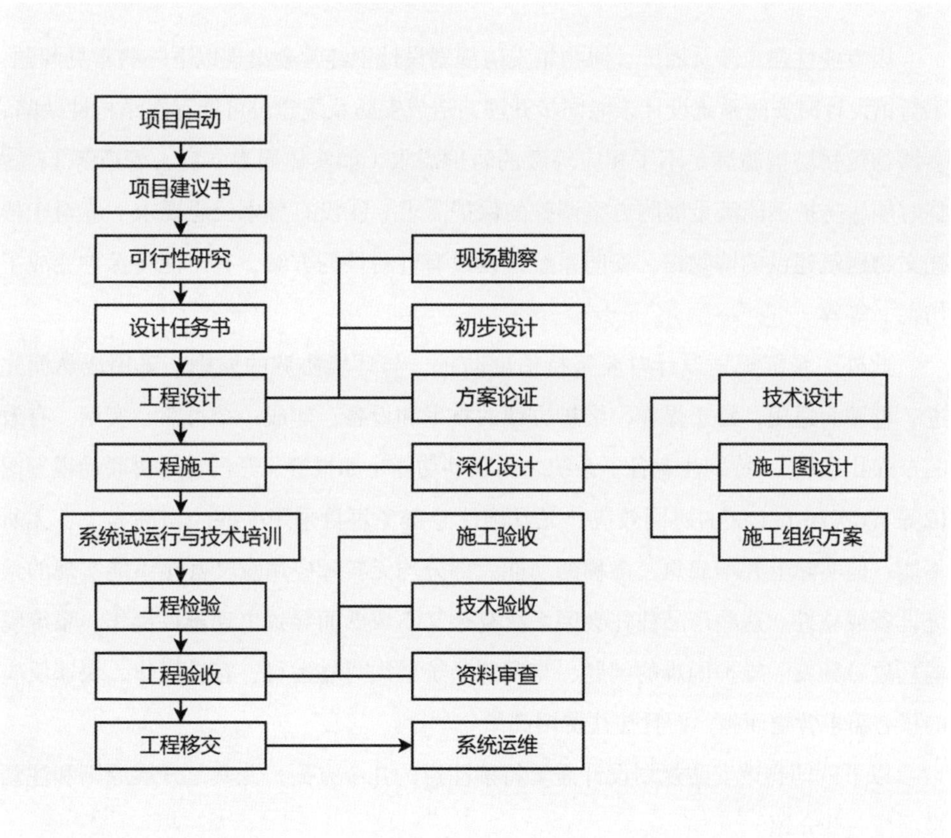

图 7　项目建设流程图

议最好在进行修缮的同时进行，系统建设应减少二次建设对文物本体的伤害，如提前规划系统管线、供电接口等。

国家对博物馆安防系统的建设早已制定了明确的技术规范，主要有《文物系统博物馆风险等级和安全防护级别的规定》(GA 27—2002)、《博物馆和文物保护单位安全防范系统要求》(GB/T 16571—2012)、《安全防范工程技术标准》(GB 50348—2018)等；广东省文物局也发布了《广东省文物局关于印发广东省安全防范工程勘察设计方案报审事项服务指南的通知》(粤文物函〔2016〕45号)等指导文件。此外，广东省专门制定了安全技术防范管理的地方性法规并于2017年发布，即《广东省安全技术防范管理实施办法》，将安防纳入了法治轨道。博物馆安防系统规划和项目实施应遵循这些法规、规范和指引的要求。需要注意的是，2021年国家文物局制定了《文物系统博物馆安全防范要求》标准并公开征求意见，计划将来替代《文物系统博物馆风险等级和安全防护级别的规定》(GA 27—2002)。

五、博物馆安防规划中的一些原则和注意事项

因专业性强、涉及面广，博物馆安防规划设计中经常会出现以下一些常见问题：①新馆设计时安防系统设计未能同步开展，造成安防系统建设可能存在结构性缺陷；②博物馆物防措施满足不了相应等级的防护需求（如实体周界、门、管道等）；③临时展厅防护不能满足展陈方案调整的保护需求；④没有考虑反恐要求；⑤对于依托文物建筑建设的博物馆，安防系统建设没有针对性的方案，有可能将保护变成了伤害；等等。

此外，系统规划设计时要坚持适度防护、与环境协调的原则，采用成熟而先进、可靠而适用，易于操作、维护方便的技术和设备，建成一个可靠、实用、有效的"强壮系统"。特别注意各子系统之间联动功能（如报警、开门、对讲联动视频图像等），实现1+1>2的协同效应。尤其须注意避免盲目采用一些貌似高大上、无所不能，但实际上并不成熟，声称的功能大部分均无实际应用意义甚至不能实现的系统设备或软件。这些产品往往会因系统复杂又不成熟而导致出现难以操作、系统脆弱且故障频发、维护困难的问题，与安防系统必须可靠运行、容易操作、快速反应的核心需求背道而驰，而且往往费用高昂。

以下就博物馆安防规划设计需要特别注意的几个方面，尤其是开展原则和注意事项作一些介绍。

（一）现场勘察、需求分析与风险等级确认

博物馆与其他行业安防系统的最大差别在系统布控的复杂性和规范性。系统布控必须充分考虑物防和人防因素，根据物防、人防情况进行技防布控设计，因此现场勘察和需求分析尤为重要。

现场勘察和需求分析的内容主要包括文物概况、环境因素、人防因素、物防因素、现有设施等（图 8）。

图 8　现场勘察要素

其中，文物概况主要包括馆藏文物的数量、风险等级、存放位置等；环境因素主要包括防护对象所在区域及周边环境情况（地理、人文环境，气候、雷电灾害情况、电磁环境等）；物防因素包括防护对象涉及的建筑物结构、周界、通道、出入口、物理防护设施等情况；人防因素主要包括安保人员及器械配置、值班制度、应急处置预案、人力分配情况等，如展厅开放时是否驻有值班管理人员、保安巡逻路线等。

在现场勘查和需求分析时需要同步进行风险评估，按照《文物系统博物馆风险等级和安全防护级别的规定》（GA 27—2002）确定防护目标的风险等级并拟定初步的技术防护措施。

（二）需要特别注意的两个因素

人流：主要包括外部人员（游客参观路线）、工作人员（须注意不同岗位职责人员的区别，如库房、监控中心等禁区只能特定人员出入）的行走路线，其中工作

人员路线包括安保人员白天和夜间巡逻路线。

文物流：主要指文物在文物卸载区、存放区域（库房）、展厅间的文物运输路线。

规划时须根据人流、文物流这二个因素进行摄像机的布控（其中游客参观路线以管理角度进行布控，文物运输路线必须全程无死角监控）、出入口控制装置布控（按公共、内部和重点区域对外部、内部人员进行控制分隔）和电子巡查信息点布控的设计。

（三）安防系统自身防护能力

系统自身防护能力主要指系统在被人为破坏（如白天展厅区域报警撤防时拆除前端报警探测器、打开系统前端设备机箱、中断系统外部电源、破坏有线电话通讯线路等）时，系统应能及时发出报警提示并可继续应急运行的能力。如采用具有防拆功能的设备、运行状况自动监测系统、不间断电源、采用有线/无线双联网通讯手段等。

2019 年 11 月 25 日，位于德累斯顿的德国国家博物馆——绿穹珍宝馆发生失窃案，盗贼从窗户进入并偷走了价值高达 10 亿欧元的约一百件藏品，其中包括至少三套 18 世纪的珠宝。

事后发现，案发时有两名穿着深色衣服的犯罪分子拿着手电筒穿过画廊，用斧头将玻璃展示柜砸碎，拿走了柜内的展品后迅速逃离。同一时间，绿穹珍宝馆附近发生的一场大火烧毁了该地区的供电线路，导致馆内的部分安防系统出现故障。

从上述案例可以看到，作案人员很有可能利用了博物馆安防系统容易受供电影响的自身防护能力不足的漏洞，在作案时对博物馆周边的供电线路进行了破坏，致使馆内部分安防系统出现故障，成功实施了作案。

2022 年 5 月 30 日，美国圣奥古斯丁罗马天主教堂价值 200 万美元的黄金圣幕被盗，圣幕两侧的天使雕像也被盗取了。据报道，案发时的视频监控录像也被盗了，大大增加了案件追查的难度。

从该案例可以看到，作案人员利用了视频监控录像设备自身保护能力不足的漏洞，在作案的同时破坏了破案证据。

（四）设备选型

设备选型对博物馆安防建设关系重大，要注意以下情况：一是现场环境（温湿度、腐蚀性、雷暴），选取的设备需具备相应的密封性、抗风性、防雷性等；二是在展厅等公众活动区域安装的设备要注意其规格、形状、颜色等与环境的协调性，一般应避免选用体积较大的设备；三是符合国家相关规范要求，须按照相应目录规定选用具备生产许可证、检测报告、3C 认证等合格证明的产品。

此外，在设备选型时应防止出现两个极端的情况，避免盲目追求不实用的“高、大、上”设备、软件平台的同时，也要避免不顾质量和性能效果单纯追求价廉产品，应采用可靠、成熟、性能优良、价格适中、易于使用和维护的材料和设备。

要注意一些设计单位为了追求自身经济效益而盲目堆砌设备从而推高系统建设造价的情况，这种做法不仅浪费资金，还会影响系统的实际使用效果。

（五）物防建设

博物馆周界是文物保护的第一道防线，其物防能力尤为重要，一般建议周界最好可以建立实体防范设施（金属栅栏、围墙等）且不易攀爬。若采用金属栅栏的，其竖杆间距应注意不大于 150 毫米，1 米以下部分不应有横撑；若采用砖、石围墙的，其厚度不宜小于 370 毫米，高度不宜小于 2.2 米。

展厅、库房等文物展示、存放的重要区域 / 部位，需要注意做好物防建设。展示、存放藏品的重要区域若外墙为玻璃幕墙时，应在幕墙玻璃内侧设置实体防范设施；展厅、库房等重要区域，若存在通往室外的通风口，其管道宜为 S 型；直径大于 200 毫米或横截面大于 200 毫米 ×200 毫米的通风口、管道口或其他孔洞，则室内 / 外应设置实体防范设施（如防盗网等）；藏品库房应安装防盗安全门，重要藏品库门应达到甲级防盗安全级别；存放藏品的临时库房内应设置符合规范要求的防盗保险柜；存放珍贵藏品的展柜应具有防砸、防撬功能并安装防盗锁；裸露的展品应设置实体隔离设施，实体隔离设施与展品距离不少于 1.5 米。

依托文物建筑或文物保护单位建设的博物馆，还应注意不要让物防措施对文物建筑本体及其环境造成损害。

（六）依托文物建筑建设的博物馆

对于依托文物建筑建设的博物馆来说，防护对象除了展厅、库房的文物外，文物建筑本体也是重点防护的对象，因此做好周界防护是安全防护的首选方案。该类博物馆的安全防护须重点加强周界防护的手段。

该类博物馆安防系统的规划，其前端设备布点除了安全意识还须特别强调景点意识、文物意识。应遵循尽可能减少对文物建筑本体的干预、与环境相协调的适度布控原则，做到“最少干预、适度防护”，避免过度防护造成系统建设对文物建筑本体造成的伤害、系统误报率不必要的上升和对景区环境观感的影响，布点的设计应争取达到“无感”的效果。如尽量减少有线线路敷设，设备布控尽量集中以免分散布点增加安装时对文物本体的影响，施工时尽量减少在文物本体建筑上打钉、钻孔，开挖施工时要注意地下可能埋有文物的情况，等等。

此外，对于依托文物建筑的博物馆，须明确其范围、文物等级，同时须注意避免混淆现代建筑和文物建筑范围，做到有针对性的适度防护。若文物建筑内设有博物馆用途的区域，如展厅、库房，则须参照博物馆展厅、库房的要求进行安防系统建设，规划安防系统时须注意文物建筑自身物防能力较弱的特点。

（七）重点部位规划要点

博物馆安防系统的防护重点部位主要包括监控中心、库房、展厅、文物卸载区、文物运输通道、周界等区域，上述部位规划时需要注意以下要点。

1. 监控中心

安防系统应设置监控中心，系统规模较大时要设置机房（专用设备间），通常情况下监控中心面积应≥ $20m^2$。若现场条件允许，大型系统监控中心最好设置缓冲间、监控室、机房、UPS 电池室、洗手间和休息室。若现场条件不允许，特别是依托文物建筑建设的博物馆可根据现场实际调整布局。

监控中心是博物馆安防系统核心区域，中心选址十分重要，一般建议设在博物馆的中心区域，否则要加强防护措施。

无论监控中心最终的布局和建设如何，必须保障监控中心自身的防护能力。需要配置多手段的通讯设备（有线 / 移动电话、有线 / 无线对讲、110 联网报警）、门禁、自身防护器械、自动或手动灭火装置、紧急报警装置和声光报警装置等。

监控中心应配有相应的供电、备用电源（UPS）、接地、设备防雷设施以及必要的通风、降温设备。

2. 库房

库房是文物存放的区域，且该区域一般情况下人员活动频率较少，在平时往往难以发现安全隐患，是内部人员作案的高风险区域。

2002 年承德特大文物盗窃案，该案主犯李某是承德外八庙管理处文保部主任，负责库房的管理。据报道，当时承德库房门已按规定配备了两把锁，两把钥匙分别由两位保管员保管，但作案人早就偷配了两把锁的钥匙，以备在同事们下班后作案。另外，他经常自己进库后就将其他人员支离。

分析上述案例情况，对于库房钥匙被复制的风险，可通过配置门禁系统来进行预防。门禁系统可采用指纹、虹膜、人脸识别等生物特征识别技术或采用感应卡 + 密码（密码定期更换）且双人验证的手段。另外，需要建立定期通过门禁系统查看库房人员出入记录并做好记录保存的相关管理机制，加强库房人员出入情况的监督管理。对于作案人支开他人、独处作案的风险，可通过在库房内配置视频监控对人员活动过程进行全程监控和录像，在起到震慑作用的同时为日后案件侦查提供证据，并建立定期检查内部视频录像情况的机制，帮助及时发现异常和及时处置。

库房的布控需要根据库房的风险级别进行规划。安防设备的安装位置需要根据库房存放柜等设施的分布位置进行设计，如一级风险库房应要无死角监控，特别是珍贵文物存放区域，需要对该区域人员活动情况进行监控、录像。重要藏品库区出入口、库房出入口应配置门禁系统和视频监控。

另外，库房的安全防护还经常存在以下物防漏洞需要我们注意：库房内的通风管道可以藏人、管道与外部连接区域没有物防设施防护，库房墙体、出入口大门达不到规范的要求等。还要注意犯罪分子通过从库顶、四周墙壁、地面凿挖作案的可能，建筑设计时要考虑这些因素并针对这些情况配置相应的物防和技术防范措施。

3. 展厅

展厅是对外展示藏品、文物的场所。从文物保护角度看，与库房不同，展厅文物的保护须根据开放和闭馆的不同场景进行风险评估和防护。我们来看一个案例。

2017 年德国柏林博德博物馆金币失窃案。盗贼在凌晨 3 时 20 分到 3 时 45 分之间通过梯子进入该博物馆，从先前打开的窗户爬到博物馆 2 楼的更衣室，然后用斧头砸开防弹玻璃陈列柜偷走一枚价值大约为 375 万欧元、重 100 公斤的“Big Maple Leaf”纪念金币。

上述案例属于展厅在闭馆期间的风险，从案件描述可见德国柏林博德博物馆对展厅中存放的文物保护存在以下的风险漏洞：①盗贼通过梯子进入博物馆时整个活动过程没有触发警报，博物馆周界区域缺乏安防措施；②盗贼是从先前打开的窗户进入的，说明博物馆的窗户缺乏防入侵报警装置，且闭馆后的巡逻清查工作没有做好，未能及时发现窗户已被打开；③当盗贼成功潜入存放失窃文物所在的展厅后，未能触发报警，有可能是展厅内部没有设置相应的入侵报警装置或装置已失效，导致又错过了一次及时发现、处置的机会；④盗贼用斧头打破防弹玻璃陈列柜偷走文物时，由于陈列柜没有入侵报警装置，致使错过了最后的处置机会；⑤从盗贼提前打开窗户、从保护薄弱区域更衣室作为突破口潜入的情况看，盗贼是经过多次踩点规划了潜入路线，有预谋地实施作案的。

在上述案例中，从博物馆周界、窗户、展厅到展柜，盗贼从外部入侵到拿到文物经过了四道关口，但由于安防系统的缺失导致盗贼一路绿灯成功盗走了文物。因此需要设置多道防线进行纵深防御、层层布控，还要利用电子巡逻系统对巡查人员的巡查路线和时间进行有效管理，特别是确保巡查人员有效做好了闭馆清场工作。另外，针对盗贼作案往往会提前踩点的情况，可在博物馆布置人脸识别摄像机对进入博物馆或到特定展厅的人员信息进行识别、存储和处理；对特定周期内频繁到馆或到特定展厅参观的游客进行识别、预警，与公安系统连接并核对身份，提前做好相关预防措施。

我们再看一个展厅在开放时间的风险案例。2004 年 8 月 22 日，两名蒙面匪徒持枪闯入位于挪威首都奥斯陆的著名画家爱德华・蒙克博物馆，在众目睽睽下抢走这位 20 世纪表现主义艺术大师的两幅代表作后大摇大摆地乘车离去，被抢的名画包括被誉为世界经典绘画巨作的《呐喊》和蒙克的另一幅画作《麦当娜》。令人意外的是，蒙克博物馆的安全防范非常松懈，一名目击者说："这些画只是用绳子挂在墙上，只要用力拉，绳子一断，画也就可以拿走了。这些劫匪就是这么干的。"

从上述案例分析可见，爱德华・蒙克博物馆展厅在开放期间存在以下风险漏洞：①珍贵文物没有存放在具有延迟入侵作用的坚固展柜或其他物防设置中，导致匪徒可快速抢走文物，现场安保人员根本来不及反应和处置；②展厅现场没有应急处置措施和预案，人防缺乏，导致未能及时发现并制止抢走文物的行为。从本案例可以看出，在博物馆开放期间，展厅文物的最大风险是被强行抢走。对此如何预防？建议从以下方面考虑：①珍贵文物首先要做好物防措施，应保存在具有相应物防能力的展柜中；②展柜中配置入侵报警装置，如驻波探测器、玻璃破碎探测器等，一旦被破坏马上触发现场和中心警报，为安保人员及时处置争取时间；③重点展厅区域配置紧急报警装置，现场配置相应人员并制定好应急处置预案。

另外，展厅的通风管道、大门和墙体物防能力都是需要注意的。一些博物馆和展厅为了追求视觉效果采用玻璃外墙的设计，这种做法建议慎重对待。（图 9）

图 9　辛格·拉伦博物馆的玻璃外墙和玻璃

4. 文物卸载区和文物运输通道

文物卸载区、文物运输通道是文物运输到博物馆的卸载、交接区域和在馆里运输的通道，主要存在以下安全风险：①卸载和运输过程文物被抢；②卸载和运输过程中破损、丢失。针对上述风险，文物卸载区最好是一个独立封闭空间，可以隔绝外来人员进入，若无条件则需要在卸载时临时构建围闭措施。在卸载和运输区域配置视频监控等设施，对卸载和运输过程进行全程无死角监控和录像，卸载和运输时监控中心人员须对全过程进行监控。

5. 周界防范

2020 年 3 月 30 日，梵高一幅创作于 1844 年的画作《纽南春天里的牧师花园》在荷兰辛格·拉伦博物馆被盗。据当地警方称，盗贼是在 30 日凌晨 3 时 15 分左右击碎博物馆玻璃门，强行闯入实施盗窃行为的，警报响起后警察赶到现场，但作案者和画作都已消失不见。这是一起周界防范薄弱的典型案例。

博物馆周界是文物安全保护的第一道防线，其中博物馆周界物防尤为重要。目前很多新建博物馆周界没有建设实体围墙或栅栏与外界分隔，或者博物馆外墙只考虑美观而忽略了实体防护能力，如博物馆外墙采用玻璃幕墙、出入口大门采用玻璃门等，弱化了文物安全保护的第一道屏障并大大增加周界防护的难度。如上述梵高画作被盗案例，就是由于博物馆的周界物防能力太差，虽然在事件发生时技术防范系统已发挥作用发出了警报，但因没有周界围墙的阻挡以及玻璃大门易于击碎起不到延迟入侵的作用。没有周界围墙还造成报警预警空间的丧失，即使触发警报贼人也已经到达大门处，大大减少了安全防护的反应时间，即使安保人员赶到也已晚了。

上述情况告诉我们，博物馆安防首先应力争设置周界防范的第一道防线，争取“御敌于国门之外”。作为博物馆周界防范的物防应放在第一位，并配以技术防范手段，以尽可能加快发出警报的速度，为安保人员及时反应、现场处置争取时间。

六、博物馆安防施工注意事项

前端设备布控是博物馆安防系统建设重点，因此施工单位必须十分了解系统设计的意图，具体到每个报警探测点、摄像机的探测、监控目标角度和范围，防护目的是什么等，这样才能实现设计意图，建成真正发挥作用的系统。

因各种客观原因，一些博物馆安防系统是在开馆后才进行建设，而一些博物馆又往往同时是文旅景区，且施工时通常会接触或靠近文物、藏品。因此，博物馆安防系统施工有着高度的特殊性，必须牢固树立安全意识、文物意识、景点意识。

安全意识即人身安全、财产安全、消防安全意识，包括工作人员、施工人员、游人的人身安全；消防方面要防止因施工用电、烧焊等造成火灾，法国巴黎圣母院大火就是一个惨痛教训。

文物意识就是做好施工期间的文物保护，施工前须对每个设备的安装、管槽的敷设提前做好规划和确认。

景点意识即尽量减少施工对博物馆观众、正常活动的影响，注意设备安装对观感的影响。

七、旧安防系统的升级改造

实际工作过程中经常会遇到要对博物馆原有安防系统升级改造的情况。旧安防系统的升级改造必然会涉及新旧系统的切换使用，在切换期间对藏品及文物将失去技防保护，因此须通过合理的施工规划，尽量缩短旧系统和新系统的切换时间。有条件的另选位置建设监控室及机房，可实现新旧系统无缝切换。

对依托文物建筑建设的博物馆的旧安防系统的升级改造，在升级改造的设计和施工时须充分考虑尽量减少改造过程对文物本体的干预，合理利用旧安防系统的资源，如原有的管道、线路等，减少重新施工对文物本体的影响。

不少博物馆早年建设的安防系统已到了升级改造的年限，因为早期模拟系统的线路已不适应现在高清网络系统的设备，如何更换原有的管线成为制约系统重建的一个棘手问题，这种情况下可选用同轴传输高清系统解决方案，利用原有的同轴电缆建设新系统。一般情况下，若当年系统建设使用的线材是合格产品，使用二十来年是没有问题的。需要注意的是，旧系统改造要遵循实事求是的原则，避免动辄推倒重来的做法，一些运行稳定、可靠的旧系统（如报警系统、出入口控制系统等）和旧管线是有可能保留使用的。

八、博物馆安防系统的运行

要使安防系统真正发挥作用，必须重视系统的日常维护和管理。2017 年国内发生了明十三陵思陵石五供烛台被盗案。思陵的视频监控为 2008 年设置，在这对石烛台被盗前已失效停用；十三陵此前已发生过石刻文物被盗未遂事件，但未能引起管理部门的足够重视，未及时排查整治安全隐患和漏洞，人防、技防形同虚设，安防系统日常维护和文物安全管理存在明显漏洞和隐患。

从明十三陵思陵石五供烛台被盗案可以看出，即使有安防系统，如果没有做好日常运维，把系统真正用起来，文物保护就形同虚设、无从谈起。该案件反映出一些单位对安防系统重建设轻管理、轻维护的普遍现象。

在系统运行过程中应正确对待系统的误报，不要对系统误报过于敏感或忽视。因各种因素的影响，安防系统存在一定的误报警是正常的，关键是系统设计须有对警情进行自动联动复核的功能，可在报警发生时自动“弹出”现场画面和声音对现场情况快速进行确认。这样一方面可避免需要中心值班人员直接到现场确认，减少值班人员的劳动强度，避免工作人员因“狼来了”效应认为都是误报而不作理会甚至临时屏蔽系统报警功能而造成的安全漏洞；另一方面又可避免中了犯罪分子的“调虎离山之计”。

博物馆安防系统一般建有 24 小时运行的监控中心和安保力量，具备即时发现和处置警情的能力。因此博物馆安防系统应建立与公安 110 接警中心的二级处警机制，即监控中心在报警发生时应首先对警情进行判断和处置，当警情被确认后才向 110 接警中心报警，只有紧急报警等情况才直接与公安 110 接警中心联网报警。

安防是人防、物防、技防的有机整体，应注意避免过于依赖技防系统，不要认为只要安装了技防系统就可以万事大吉。特别是展出重点文物或依托文物建筑建设的博物馆，应尽可能配置相应的物防措施（如文物展柜采用防爆玻璃、建筑四周配置围墙、栅栏等实体周界等）以增加作案难度，延长作案得手时间，在现场（如展示高级别文物的展厅）配置安保人员以威慑不法分子及提高制止犯罪的反应速度。

另外，博物馆安防系统的使用需要根据博物馆运行的实际情况进行调整，如展厅换展、博物馆装修改造等特殊情况下，安防系统的使用则需要作相应的调整部署，以适应变化的现场需求。

2022 年 5 月 30 日美国圣奥古斯丁罗马天主教堂黄金圣幕被盗案。据报道，案发时教堂正在封闭装修，圣幕被盗也是第二天才发现的，同时视频监控设备也没有做好保护，所以录像设备也被一起盗走。

在上述案例中，由于教堂在封闭装修后未能及时对人防、技防、物防措施进行调整部署，如从技防角度来说未能在封闭装修期间增加对重点保护对象的安防设备布控，没有通过如远程实施监控、视频录像存储在远程端等手段加强安防防控力度，最终导致了案件的发生。

九、博物馆安防管理队伍建设

鉴于博物馆安防系统通常涉及计算机、网络、电子信息、自动化等专业技术，而且一些系统建设规模较大，建议有条件的博物馆配置具有一定相关专业技术水平的人员专门负责安防工作（人防、物防、技防），开展技防系统日常使用的基本维护、保养管理，并对系统的突发故障进行初步判断和处理。要重视系统日常维护保养工作，避免重建设轻维护，应对系统进行定期检查和保养，及时发现并处理故障情况和隐患，使安全防护的“哨兵”时刻处于警戒状态，并且延长系统的使用寿命。日常使用注意做好运行记录，记录系统设备的运行情况、故障信息和处理情况，同时注意做好机房人员的出入登记和系统操作登记等管理。

养兵千日，用兵一时。应建立配套的系统使用管理制度，使系统在事发时能及时反应、真正发挥作用，如系统值勤、操作、应急处置和维护保养等制度。发生案情时，最佳处置时机往往稍纵即逝，必须做到准确、快速反应，因此须结合系统现有功能（多系统联动功能）建立符合自身管理需求的应急处置预案和操作指引，并加强人员培训和定期演练。如监控中心人员遇警情时应如何对系统进行操作，通过系统联动功能从多个角度实现对警情的快速确认和判断，并进行准确、快速的处置等。另外，应急预案和操作指引的编制应考虑系统使用的时空性，针对开放期间、闭馆期间、文物运输及卸载期间等不同时间段，应根据其特点制定相应的预案，预案制定应与人防、物防相结合。以文物卸载及运输为例，应做好外部人员的清理，通过关闭大门等方式构建文物卸载区的临时物理防护周界，确保文物卸载和运输的安全。

另外，为使建成的安防系统符合博物馆实际情况，除了安保部门，馆藏、展陈等部门人员也应在规划前期参与方案设计调研讨论，以便准确制定展厅、库房和文物运输线路的布控方案，而安保部门也应参与展陈方案设计以提供安防方面的建议。

系统建成后，上述部门人员应参加培训，熟悉系统防护情况。如文物运输过程须按照规划好的运输线路进行，确保运输过程无监控盲区；展厅藏品布展，特别是临展，须熟悉现有展厅、展柜的设计防护等级，须按既定的防护等级展示、存放相应的藏品，如系统规划的二级防护展柜不能存放一级藏品。

十、安防与消防的关系及安 / 消防融合

安防以文物保护为本，消防以人员安全保障为本兼具对藏品及建筑本体的保护。无论是安防还是消防，其相关措施都是围绕人来开展的，如安防的文物保护主要预防人对文物的偷窃、抢劫和破坏；消防的人员安全保障主要是及时探测到火灾的发生并保障人员可快速疏散、离开现场。两者既有相同点，也有不同点，相同的是都是为了安全，都是关于人的，不同之处一个是防范人的非法入侵，另一个是保护人的安全离开，因此在具体防控要求及措施上存在一些差异甚至矛盾的地方。

安防和消防要求的差异主要体现在对建筑物出入口的设置和管理上。从安防角度出发，希望防护区域的物防能力越强越好，防护区域潜入的风险点越少越好，所以希望防护区域的出入口越少越好，且希望可以对出入口的人员出入进行管控，如设置出入口控制系统，需要进行身份识别后人员才能进出，一句话，就是“越封闭越好”。从消防角度出发，则是希望“越开放越好”，在火灾发生时更便于人员逃离，所以出入口越多越好，且要求出入口不能对人员的出向进行限制。

博物馆的安防和消防管控主要矛盾区域在文物展示存放场所和禁区，如展厅、库房和监控中心。因此，上述区域的出入口设置和出入口控制系统设置须注意兼顾安防、消防的需求，如何兼顾，可参照《安全防范工程技术标准》（GB 50348—2018）的相关要求进行建设，同时也须注意根据博物馆的自身防护特点进行调整，如监控中心采取设置只出不入的单向逃生门等手段。

另外，对于依托文物建筑建设的博物馆来说，消防除了人员安全保障的目的外，

还有与安防一样保护文物安全的目的，巴黎圣母院大火案例充分说明了消防对于古建筑文物保护单位的作用。鉴于上述情况，近年出现了智慧消防系统，把消防（主要是消防探测、预警功能）和安防结合起来，实现在同一个系统架构、同一个网络、同一套管线系统、同一个平台进行管理的安防与消防融合。而且，由于智慧消防系统大多采用无线传输设备而无须敷设管线，前端探测器体积小、重量轻，可采用简易方式安装，因而特别适合在文物保护单位中应用。

大型智慧安防 / 消防系统利用物联网、人工智能、虚拟现实、“移动互联网 +”等最新技术，配合大数据云计算平台、多维感知、智能研判等专业应用，将 GIS（地理信息系统）、GPS（全球卫星定位系统）、GSM（无线移动通信系统）和计算机、有线 / 无线网络等现代高新技术合理搭配使用，实现安 / 消防系统高度融合。

十一、建设案例

（一）现代博物馆安防系统建设案例

该案例是广东省某市一个已成功申报国家二级博物馆的现代博物馆，按《文物系统博物馆风险等级和安全防护级别的规定》（GA 27—2002），博物馆定为二级风险单位，安防系统防护级别按二级防护进行建设。另外，基于全面布控、突出重点的原则，对馆内存放有一级文物的库房和展示特别珍贵文物的展厅等部分高风险部位采用一级防护，其安全防护措施按一级风险防护标准设计和建设。

本案例的安防系统充分结合了博物馆建筑结构、区域功能分布、文物存放位置分布及文物级别情况、博物馆的管理情况进行设计、建设，很好地实现了人防、物防和技防的相结合，在对文物保护的同时也助力了博物馆的日常安全管理。例如，本案例采用了多重周界防护技术，重点加强博物馆周界的技术防护手段，以弥补没有实体围墙的物防不足；展厅的技防布控方案采取了无线传输等灵活的布控方式，以满足展厅（特别是临展厅）展陈方案调整、展示藏品变化的防护需求；电子巡查系统充分结合博物馆的人防管理制度，系统的功能根据博物馆开馆、闭馆等不同场景的安全管理需求进行设置和使用。

本案例的安全防范系统主要包括入侵报警系统、视频监控及声音复核系统、出入口控制系统、双向对讲系统、电子巡查系统、管理系统以及相应的供电、防雷设施。系统运用计算机集成技术将多个独立系统融合为一体，协同防范。

入侵报警系统前端共布设约 800 个报警探测点，探测点的分布采用层层布防的原则，在博物馆内构成一个纵深报警防护体系。

前端报警探测点共采用了移动探测、被动红外幕帘探测、被动红外 / 微波双鉴探测、振动探测、多光束红外栏栅式对射探测、紧急报警、声频触发等共 7 种探测手段。

视频监控及声音复核系统共设有近 400 个视频监控点、200 个微音拾音器，分布在博物馆外围、馆内的公共区域、出入口、库房、通道、楼梯、展厅、办公区等部位。

视频监控系统的前端配置了 9 种摄像设备，分别为高清全景摄像机、高清球机、高清红外球机、高清枪式摄像机、高清红外枪式摄像机、高清半球摄像机、高清红外半球摄像机、人脸识别摄像机、客流统计摄像机。

在展厅、库房、藏品保护技术区、售票处等区域配置微音拾音器，对现场情况进行声音复核。通过声频触发系统对库房内的声音信号进行分析，一旦探测到异常声音即触发报警并联动相应区域视频图像复核现场情况。

另外，对于博物馆特有的文物卸载区和文物运输通道，为防止因文物卸载和在馆内搬运过程中发生抢劫等突发事件，在进行文物卸载和文物运输时临时调整为禁区，按禁区要求进行防护。为防止卸载和搬运过程发生抢劫、丢失、损坏，文物卸载区和文物运输通道配置了相应的摄像机，实现文物卸载、运输全过程的无盲区监控，并且在文物卸载区配备对讲、紧急报警按钮等。

出入口控制系统结合观众和工作人员的流动管理情况，在博物馆公众与内部办公区域的出入口设置了 80 多个出入口控制设备。其中，库房出入口控制设备具有防胁逼功能，工作人员受到胁迫开门时通过胁迫密码的输入或采用特定指纹开门，系统可判断出胁迫进入行为并自动向监控中心发出报警信号和联动相应位置监控图像。

专用通信系统主要在博物馆的重点展厅、库房、文物卸载区与监控中心间配置双向对讲机，同时为安保人员配置无线对讲机，建立有线、无线的双重应急指挥通信手段。

电子巡查系统在博物馆内外共设置了 30 多个巡更点。为减少系统布线，采用离线式巡更点，采用支持移动通信 GPRS 功能的巡更器，配置 SIM 卡，通过 GPRS 方式在线实时上传巡更数据。

巡更系统的巡查线路结合了博物馆的安全保卫工作计划及规定，并遵循人防、技防相结合的防范原则进行设定。为避免不法分子利用白天时间匿藏在馆内伺机作案，因此需增强巡逻力度，提高人防管理水平，所以本案例根据每日不同时段进行不同的路线设计，如：日常开馆时段，对各个对外开放的区域进行巡逻；闭馆前时段，对各个对外开放的区域、所有楼梯通道以及楼顶进行巡逻清场；闭馆以后，对馆外周界及主要通道进行巡逻。系统将巡查人员的巡查路线和时间记录在档，以规范值班巡查人员的巡逻工作。

（二）依托文物建筑建设的博物馆安防系统建设案例

佛山祖庙始建于北宋元丰年间（1078—1085），是全国重点文物保护单位，国家二级博物馆，国家AAAA级旅游景区。佛山祖庙博物馆安全防范系统于2012年建成，顺利通过国家文物局、公安部联合专家组的验收，项目质量及工艺获得专家组高度好评，系统至今正常运行。

佛山祖庙安全防范系统由十个子系统组成：入侵报警系统、视频监控与声音复核系统、出入口控制系统、电子巡查系统、对讲系统、广播系统、照明联动系统、防雷与接地系统、供电系统、综合管理系统。共采用了十多种技术防范手段：视频监控、微音拾音、红外对射探测、红外被动探测、微波探测、振动探测、断线报警探测、门磁探测、紧急按钮、视频智能分析、红外照明、出入口门禁控制、双向对讲等。

佛山祖庙博物馆是一座集明清古建筑艺术和佛山传统文化于一体的专题类博物馆，是具有博物馆功能的文物保护单位。作为古建筑，它的建筑本体就是防护对象，同时它又是收藏、展示大量文物的博物馆。方案设计如何兼顾建筑本体和藏品的保护以及对景区的影响，项目须在游客开放参观的情况下进行施工，安防系统实施的难度很大。因此该项目在施工时根据祖庙建筑及展陈的特点，采取了多种特殊施工工艺和技术，以最大限度地避免对祖庙建筑的损害，减少对原貌以及游客的影响。施工组织方案和现场施工人员严格树立安全意识、文物意识、景点意识，切实做好施工安全、现场文物保护，避免了施工对景点正常开放的影响。

项目施工的管线布控，采用在角线和梁背面等不显眼的位置隐藏敷设方式，对于不可隐藏敷设的管槽涂上与其环境近似的油漆，使之对建筑环境的影响降到最低；管线敷设及设备安装做到尽量不在古建筑上打孔，少量确实有需要打孔的地方均与馆方协商确定后才实施；为了做到施工对古建筑的最少干预，该项目在设备、管线安装支架的制作和安装工艺上下了很大功夫，整个项目光是管线支架和设备安装支架就专门设计了300多份完全个性化的定制生产图纸，支架均根据现场安装环境确定形状、大小、颜色、安装方式设计；建在游客长廊中的线井盖通过特殊结构实现了无感化设计；设备选型考虑到与环境协调的原则；施工部位与时段结合游客情况

图 10　佛山祖庙博物馆现场照片

进行安排并做好施工现场的安全防护，将施工对游客参观及安全的影响降至最低；同时，切实做好对施工现场文物的保护措施，做好施工用电安全管理，防止因施工导致火灾事故发生，这项工作在有大量木质结构的古建安防项目施工中尤为重要。

上述系列措施，大幅降低了安防系统项目的实施对祖庙建筑本体、景观、文物、游客的影响，使安防系统建设切实起到文物保护的作用。

结语

博物馆安防工作具有很强的规范性、专业性，我们在博物馆安防的规划、建设、使用、运维过程中，均需要结合每个博物馆的自身实际情况，遵循国家相关标准、规范、政策等要求开展工作。博物馆安防工作是细活，必须把工作做细、做扎实才能切实做到博物馆技防、物防和人防三者的紧密结合，实现对博物馆存放、展示文物的全方位、体系性安全保护。博物馆安防工作是持久战，是一项长期性的工作，一旦开馆就必须长期严肃认真地开展工作，不可有一丝松懈，文物安全不容有失。

另外，随着近年博物馆建设的快速发展，以及博物馆建筑结构、展陈方式的不断创新，博物馆的安防工作也迎来新的挑战，须引用新的技术以满足不断变化的环境需求。博物馆安防的建设需要我们不断总结、创新，以适应新时代博物馆事业发展的需要。

佛山市新东方电子技术工程有限公司陈肇禧、黄兆麟执笔

博物馆消防管理

博物馆消防安全管理是指对博物馆各类消防事务的管理，其具体含义通常是指依照消防法律、法规及规章制度，遵循火灾发生、发展的规律及博物馆运行管理的规律，运用科学的原理和方法，结合自身实际情况落实消防管理职能，合理有效地利用各种管理资源，为实现博物馆消防安全目标所进行的各种活动的总和。火灾是危害文物安全的主要风险。近年来，随着社会经济快速发展，文物、博物馆单位火灾诱因增加，文物火灾事故时有发生，文物消防安全形势日趋严峻。巴西国家博物馆火灾、巴黎圣母院火灾、全国重点文物保护单位云岩寺东岳殿火灾、翁丁村火灾等文物建筑火灾给文物工作管理者敲响了警钟。博物馆管理者一定要从战略的角度高度重视消防安全管理工作，从战术的角度细化消防安全管理措施，最终实现保护文物安全的目标。

一、博物馆消防安全管理的重要性

（一）博物馆管理者责任重于泰山

谈及消防安全管理必须谈及责任。《中华人民共和国安全生产法》（以下简称《安全生产法》）第一章第三条规定："安全生产工作坚持中国共产党的领导"，"安全生产工作实行管行业必须管安全、管业务必须管安全、管生产经营必须管安全，强化和落实生产经营单位主体责任与政府监管责任，建立生产经营单位负责、职工参与、政府监管、行业自律和社会监督的机制”。

《中华人民共和国消防法》（以下简称《消防法》）规定，单位的主要负责人是本单位的消防安全责任人（博物馆法定代表人）。被县级以上地方人民政府消防救援机构确定为本行政区域消防安全重点单位的博物馆，按要求确定消防安全管理人（一般为主管安全的副馆长）。消防安全责任人和消防安全管理人须依照《消防法》的相关规定开展消防安全管理工作，落实消防安全责任制。

国家文物局《文物博物馆单位文物安全直接责任人公告公示办法（试行）》规定：博物馆法定代表人为文物安全直接责任人。文物博物馆单位文物安全直接责任人负责本单位安全保卫、消防安全和突发事件应急处置等文物安全工作。

无论国家法律还是部门规章，都对消防安全责任主体、责任人、“一岗双责”等事项做了明确规定。博物馆法定代表人应当按照法律法规和国家有关规定，认真履行文物安全职责，确定文物安全管理人和安全工作人员，组织评估文物安全风险，制定并执行文物安全管理制度，健全文物安全岗位职责，加强安全管理，检查、整改安全隐患，完善安全防护设施，落实各项文物安全措施，保障人民群众生命财产和文物的安全。

（二）博物馆贯彻执行消防工作方针的重要性

文物是不可再生的珍贵资源，是中华文明的见证。保护文物安全使命神圣，文物工作管理者应依法依规切实履行消防安全管理职责，依据《消防法》第二条贯彻执行“预防为主，防消结合”的方针，把同火灾作斗争的两个基本手段——“预防火灾”和“扑救火灾”——结合起来，做好消防安全管理工作。

首先，在博物馆消防工作中要把火灾预防工作放在首位，坚决贯彻落实各项防火规范和要求，结合单位自身实际情况和火灾风险制定切实可行的管理方式、制度、应急预案等，力求做到防患于未“燃”；其次，要具有突发事件的应急处置能力，把扑救初起火灾作为博物馆消防管理的最后一道“生命线”防线。

无数惨痛的火灾事故证明，如果管理者具有较强的消防安全意识，自觉遵守并执行消防法律、法规以及国家消防技术标准，遵守安全操作规程，大多数火灾是可以预防的。博物馆文物的特殊性决定了必须确保火灾防范工作万无一失，否则一失万无。

（三）国家文物局对消防安全工作的重视

通过国家文物局 2018—2020 年文物安全与行政执法情况通报中消防安全数据统计分析（见表 1），可以看出以下特点：

1. 文物安全检查力度和频次逐年增加，特别是对全国文物、博物馆单位的消防安全检查力度和次数逐年递增。

2. 安全隐患虽逐年下降，但火灾隐患和问题逐年增加；整改率稳步提升，整改和挂牌督办重大火灾隐患单位整体减少，火灾事故总体持平。

3. 投入资金与“三防”工程数量稳步增加。

表 1　2018-2020 年文物安全与行政执法情况通报中消防安全数据统计

年份	文物安全检查(次)	检查文物单位(处)	发现安全隐患(项)	整改(项)	整改率	火灾事故(起)	检查全国博物馆和文物建筑单位	整改	挂牌督办重大火灾隐患单位	年度投入资金(亿)	三防工程
2018	342550	546948	124367	114759	82.33%	16	71389 处	93168	70 余家	13	659
2019	420264	546329	70658	56379	79.79%	21	14.8 万余家	13.5 万	33 家	14.5	469
2020	495315	569795	68295	57395	84.04%	15	21.72 万余处	4.41 万	33 家	12.5	847

（数据来源于国家文物局网站）

通过数据统计可知，虽然近三年检查发现问题和整改率总体向好，但是依然有大量安全隐患没有得到解决。到 2020 年，全国仍有 33 家文博单位存在重大火灾隐患被挂牌督办，而 2018—2020 年期间共发生火灾事故 52 起，每一起火灾事故冰冷数字的背后都是一处无法再生的文物资源。

2020 年，国家文物局部署开展全国文物火灾隐患整治和消防能力提升三年行动，对文物消防安全工作进行顶层设计，有计划、有目的、有重点地开展相关工作，并发布《全国文物火灾隐患整治和消防能力提升三年行动实施方案》，从落实责任、整治隐患、强化基础、增强能力、扩大宣传等方面明确了 16 项主要任务，文物、博物馆单位消防安全是其中的重要内容。根据统一部署，三年行动从 2020 年 5 月启动，到 2022 年 12 月结束，按照动员部署、排查整治、集中攻坚和巩固提升四个阶段进行。

总之，国家文物局对文物安全特别是文物、博物馆单位消防安全，在政策和经费支持上都非常重视。不过，目前全国文物消防安全形势依然非常严峻，文物系统管理者的责任与压力巨大，任重而道远。

（四）火灾对文物造成毁灭性危害

火灾给文物带来的损害是不可逆的，甚至是毁灭性的。文博单位的火灾不受控制之时就是文物毁灭之际，国内外很多文博单位火灾事故早已证明了这一点。以下列举国内外比较典型的博物馆火灾事故案例，希望博物馆管理者能警钟长鸣，引以为戒，永远以敬畏之心面对消防安全管理工作，不再重蹈覆辙。

1994 年 11 月 15 日，吉林省吉林市银都夜总会特大火灾，殃及同一建筑内的吉林市博物馆。馆内的历史陈列室、库房、展览室全部过火，损失各种文物 32239 件，中央大厅内黑龙江省博物馆送展的长 11 米、高 6.5 米的极为罕见的恐龙化石被烧毁。

2021 年 2 月 14 日 17 时 40 分许，云南省临沧市沧源佤族自治县翁丁村发生火灾，突如其来的大火，让有着“中国最后的原始部落”之称的翁丁村老寨毁于一旦，104 座佤族传统民居被烧为灰烬。

当地时间 2019 年 4 月 15 日 18 时 50 分左右，法国巴黎圣母院发生火灾，整座建筑损毁严重。着火位置位于圣母院顶部塔楼，大火迅速将圣母院塔楼的尖顶吞噬，尖顶如被拦腰折断一般倒下。

当地时间 2018 年 9 月 2 日晚，位于巴西里约热内卢的国家博物馆发生严重火灾，当地消防队经过整夜灭火行动控制了火情，但是持续整晚的大火使博物馆整个三层建筑基本被烧毁，馆藏 2000 万件藏品遭受了无可估量的损失。

二、博物馆消防安全管理

（一）博物馆消防安全管理概述

博物馆消防安全管理的主要负责部门通常是安全保卫部门。从国内博物馆的发展历程来看，在新中国成立后很长一段时间里，博物馆的安全保卫工作都归属于事业单位内保管理。较早一代的保卫部管理者一般为退伍转业军人，其管理特点一定程度上继承了军队管理的风格，强调纪律，重视对人员的管理。随着时代的发展，现代消防已经发展成为一门复杂的学科。进入 21 世纪以来，博物馆步入高速发展新时代，建筑规模越来越大，消防管理的复杂程度呈几何倍数增加，正向精细化、智慧化、专业化、规范化管理加快转变，从博物馆自行独立承担向由博物馆监督监管、物业服务公司一线辅助管理和专业消防技术服务机构负责日常维保的方式转变。这些变化对消防安全管理者提出了更高的要求，只有深度学习消防专业知识和综合管理知识，才能胜任现代博物馆建筑，特别是大型、超大型建筑的消防安全管理。

博物馆消防安全“主体责任”是指在博物馆所管辖的空间（建筑红线范围）和时间（24小时）内发生的任何消防安全事故，博物馆都是主体责任单位。因此，博物馆必须对所有的生产活动主动进行消防安全管理。

博物馆要履行本单位消防安全管理工作，必须全面负责和落实消防安全管理主体职责。进入博物馆工作、参观的每个人都是消防工作的基础，在享有消防安全权利的同时也要承担相应消防义务，发挥参与和监督的作用，博物馆消防工作参与的人员越多，越能最大限度地保证消防安全。

博物馆消防安全管理的对象，主要包括人、财、物、信息、时间、事务六个方面。

“人”即消防安全管理系统中被管理的人员。博物馆任何管理活动和消防工作都需要人的参与和实施，在消防管理活动中需要规范和管理人的不安全行为。安全生产责任制和消防安全责任制都是通过定岗定责、一岗双责、责任到人等对人的行为进行约束。博物馆消防安全管理系统中被管理的人大致可以分为馆领导（消防安全责任人、消防安全管理人、其他馆领导）、保卫部管理人员、各部门主任、部门安全员、普通职工、物业公司员工、志愿者、驻场商户、外来施工作业人员、访客和观众等。消防安全责任制应覆盖除观众之外所有人员，明确博物馆职工、物业公司员工、志愿者、驻场商户、外来施工人员、访客对口责任部门和责任人等。观众在享受消防安全权利的同时，也必须履行相应的消防义务，包括严禁携带违禁品入馆、严禁在博物馆吸烟等。

博物馆应有“消防安全明白人”，即博物馆要有至少一名懂得消防管理、掌握消防知识、熟悉本单位情况、会操作消防设备器材，熟悉消防检查和隐患整改、火灾扑救、消防宣传教育等的消防安全管理人员。博物馆消防安全管理是一项专业性强且责任重大的工作，它同考古、展陈设计、文物保护工作一样，需要专业的人做专业的事。应鼓励在职消防技术管理人员考取“一、二级注册消防工程师”“注册安全工程师”等执业资格证书，也可以通过购买服务的方式从物业公司或消防技术服务机构聘任消防安全管理员。

“财”即博物馆开展消防安全管理所需的经费。博物馆消防工作需要持续投入资金，尽管《安全生产法》《消防安全责任制实施办法》等法律法规对消防管理资金的投入有明文规定，但由于投入不能很直观、直接地转化为产出，很多单位存在着资金投入不足的问题。消防安全管理所需资金分为两类：一是消防设备设施日常维护保养、检测和评估等资金；二是消防系统设备设施新建、改造资金。由财政拨款的博物馆，应做好预算方案并向上级主管部门申请资金解决经费投入问题；非财政拨款的博物馆则需依法依规自行解决。

“物”即消防安全管理的建筑设施、机器设备、物质材料及能源等。“物”是严格控制的消防安全管理对象，也是消防技术标准所要调整和规范的对象。每个博物馆因自身建筑规模和特点，消防系统略有不同，但一般包括以下内容：1. 消防控制室管理；2. 消防水源和供水设施；3. 消火栓系统；4. 自动喷水灭火系统；5. 火灾自动报警系统；6. 应急照明及疏散指示标志；7. 防排烟系统；8. 电气火灾监控系统；9. 灭火器；10. 安全出口及疏散通道；11. 消防车道；12. 消防重点部位；13. 微型消防站（点）。

“信息”即开展消防安全管理活动的文件、资料、数据和消息等。应充分利用消防安全管理系统中的安全信息流，发挥它们在消防安全管理中的作用，将各种文件、资料、数据和消息形成消防安全管理档案。目前，消防安全档案管理上的一大特点是，不同归口的上级管理部门，对档案内容的要求不同。博物馆消防安全的上级主管部门，包括直属管理、文物管理、公安、消防、应急管理等部门。博物馆应就消防安全管理法律法规、标准、规范、文件等资料的收集整理、学习贯彻、监督执行设立制度，进行安全运行管理各项记录的收集、整理、分类、归档，做到消防安全工作开展依法依规、有理有据。

“时间”即消防安全管理活动的工作顺序、程序、时限及效率等。在消防安全管理中，时间就是生命。火灾有其自身的发展规律，我们要根据火灾发展的规律进行科学防控。对建筑火灾而言，其发展过程大致可分为初期增长阶段、轰燃、充分发展阶段和衰退阶段。

火灾初期增长阶段燃烧面积较小，只局限于着火点处的可燃物燃烧。由于受可燃物性能、分布和通风、散热等条件的影响，燃烧的发展大多比较缓慢，有可能形成火灾，也有可能中途自行熄灭，此阶段持续时间长短不定。这一阶段是扑灭火灾的最佳时机，博物馆消防管理人员必须有能力在第一时间发现并迅速处置。当室内温度达到400℃—600℃时，室内绝大部分可燃物起火，这种在限定空间内可燃物的表面全部卷入燃烧的瞬变状态，即为“轰燃”。轰燃的发生意味着室内火势已经失控，火灾救援难度将非常大。

根据室内火灾发展过程的特点，《消防安全重点单位微型消防站建设标准（试行）》规定，以“救早、灭小”和“3分钟到场”扑救初起火灾为建设原则和目标，其中第五条第二点规定：接到火警信息后，控制室值班员应迅速核实火情，启动灭火处置程序。义务消防队应按照“3分钟到场”要求赶赴现场处置。

“事务”即消防安全管理活动的工作任务、职责和指标等。消防安全管理应明确工作岗位，确定岗位工作职责，建立健全逐级岗位责任制。博物馆消防安全管理要建立领导小组，小组要以消防安全责任人为组长，消防安全管理人为副组长，部门负责人为成员，由保卫部门负责日常工作。馆内党政领导班子要定期召开消防安全专题会议，讨论、研究、部署消防安全管理工作。

（二）如何做好博物馆消防安全管理

博物馆消防安全管理应该围绕《消防法》第十六条，《消防责任制实施办法》第十五条、第十六条和第十七条的规定开展工作，主要包括：消防安全制度建设、消防设备设施管理、消防防火管理、“四个能力”建设、灭火和应急疏散预案编制及演练、消防控制室规范化管理、消防安全网格化管理、档案资料管理。

第一，消防安全制度建设。落实消防安全责任制，首要的是制定本单位消防安全制度、消防安全操作规程。制度和规程的编制要从本单位实际情况出发，评估本单位面临的消防安全风险，找到需要消除的消防安全隐患，以问题为导向，根据实际情况制定。但制度、规程和预案都不应该一成不变，要随着风险承受标准、外部环境、内部组织结构和管理理念的变化而不断更新迭代，做到与时俱进、实事求是，确保安全。落实消防安全责任制，还应建立健全逐级安全岗位责任制。主要岗位及其职责如下：

消防安全责任人，法人单位博物馆的法定代表人或非法人单位博物馆的主要负责人，即“馆长”是“第一责任人”，全面负责博物馆的消防安全管理工作，在消防安全工作和事故追究顺序上承担第一责任。馆长对消防安全工作的重视程度，对博物馆能否做好消防安全管理具有决定性的意义。

消防安全管理人，一般由分管安全的副馆长担任，受馆长委托，向馆长负责，负责具体实施和组织落实博物馆的消防安全工作。分管安全的副馆长应当及时向馆长报告消防安全情况、涉及消防安全的重大问题。

专（兼）职消防安全管理人员，在博物馆中通常由保卫部门专职担任，是博物馆消防安全的重要力量，在馆长和分管安全的副馆长的领导下开展消防安全管理工作。

部门消防安全责任人，一般由部门负责人担任，是本部门消防安全工作的第一责任人，在保卫部门的指导下开展本部门的消防安全管理工作，带头并督促本部门员工遵守博物馆的消防安全管理制度，主动学习消防安全知识。

消防控制室自动消防系统的操作人员，必须由持建（构）筑物消防员证的人员担任。消防控制室是博物馆消防安全突发事件处置核心指挥机构，其值班操作员须持证上岗，掌握自动消防系统的功能及操作规程，熟悉馆内建筑结构、防火分区和功能分区，熟练掌握灭火和应急预案流程与火灾报警流程。在发生火灾报警时，能快速准确地向一线人员下达指令；在发生火灾时，能按照灭火和应急疏散预案，及时报警和启动相关消防设施。

义务消防队员，由博物馆职工和物业公司员工担任，是发生火灾时博物馆的主要灭火救援力量，应在保卫部门的组织下定期开展训练、考核和应急疏散演练。博物馆各部门消防安全管理员和义务消防队员宜为同一人。

普通职工，应清楚地知道自己岗位的消防安全责任，认真执行博物馆的消防安全制度和消防安全操作规程，是博物馆维护消防安全、预防火灾最基础的保障。

第二，消防设备设施管理。博物馆应按照国家标准、行业标准规范配置消防设施、器材，设置消防安全标志，并定期组织检查、维修，确保完好有效；对建筑消防设施每年至少进行一次全面检测，确保完好有效，检测记录应当完整准确，存档备查。

按照相关法律法规要求，博物馆消防系统应委托有资质的消防技术服务机构进行维护保养工作。应急管理部令第 7 号《社会消防技术服务管理规定》要求，消防设施维护保养机构应当按照国家标准、行业标准规定的工艺、流程开展维护保养检测，保证经维护保养的建筑消防设施符合国家标准、行业标准；消防技术服务机构出具的书面结论文件应当由技术负责人、项目负责人签名并加盖执业印章，同时加盖消防技术服务机构印章。消防设施维护保养检测机构对建筑消防设施进行维护保养后，应当制作包含消防技术服务机构名称及项目负责人、维护保养日期等信息的标识，在消防设施所在建筑的醒目位置予以公示。建筑消防设施维修保养记录表和报告可以参考表 2、表 3。

以最常用的灭火器为例，博物馆应按照《建筑灭火器配置设计规范》（GB 50140—2005）的要求，结合自身建筑结构特点，规范配置灭火器，正确地选择灭火器的类型、规格与数量，保证足够的灭火能力（需配灭火级别）。同时须注意定期检查和维护，一旦在被保护场所着火时，能迅速地利用灭火器扑灭初起小火，减少损失，保障人身和财产安全。

第三，消防防火管理。燃烧是指可燃物与助燃物（氧化剂）作用发生的放热反应，通常伴有火焰、发光和（或）发烟现象。燃烧三要素为可燃物、助燃物（氧化剂）和引火源，其中助燃物一般是指空气中的氧气，属不可控制要素。因此，做好博物馆的消防管理，重点应控制引火源和可燃物。

表 2-1　建筑消防设施维修保养记录表（1）

DB 4401/T 159—2022

表 D.4　消防设施每日巡检记录本

消防设施每日巡检记录表

巡查日期：________年____月____日　　巡查时间：____时____分至____时____分 1

号技术员签名：______________　　2 号技术员签名：______________

巡查项目	巡查内容	巡查情况	当场处理情况
消防供配电设施	消防电源工作状态	□正常 □异常	
	自备发电设备状况		
火灾自动报警系统	火灾报警探测器外观	□正常 □异常	
	区域显示器运行状况、图形显示器运行状况、火灾报警控制器运行状况		
	手动报警按钮外观		
	火灾警报装置外观		
消防供水设施	市政管网供水状态	□正常 □异常	
	消防水池外观		
	消防水箱外观		
	消防水泵工作状态		
	稳压泵、增压泵、气压水罐工作状态		
	水泵接合器外观		
	管网控制阀门启闭状态		
	泵房工作环境		
消火栓、消防炮灭火系统	室内消火栓外观	□正常 □异常	
	室外消火栓外观		
	消防炮外观		
	启泵按钮外观		
自动喷水灭火系统	喷头外观	□正常 □异常	
	报警阀组外观		
	末端试水装置压力值		
泡沫灭火系统	泡沫喷头外观	□正常 □异常	
	泡沫消火栓外观		
	泡沫炮外观		
	泡沫产生器外观		
	泡沫液贮罐间环境		
	泡沫液贮罐外观		
	比例混合器外观		
	泡沫泵工作状态		

36

表 2-2 建筑消防设施维修保养记录表（2）

DB 4401/T 159—2022

表 D.4 消防设施每日巡检记录表（续）

巡查项目	巡查内容	巡查情况	当场处理情况
气体灭火系统	喷嘴外观	□正常 □异常	
	气体灭火控制器工作状态		
	储瓶间环境		
	气体瓶组或储罐外观		
	选择阀、驱动装置等组件外观		
	防护区状况		
防烟排烟系统	送风阀外观	□正常 □异常	
	送风机工作状态		
	排烟阀外观		
	电动排烟窗外观		
	自然排烟窗外观		
	排烟机工作状态		
	送风、排烟机房环境		
应急照明和疏散指示标志	应急灯外观	□正常 □异常	
	应急灯工作状态		
	疏散指示标志外观		
	疏散指示标志工作状态		
应急广播系统	扬声器外观	□正常 □异常	
	扩音机工作状态		
消防专用电话	分机电话外观	□正常 □异常	
	插孔电话外观		
防火分隔设施	防火门外观	□正常 □异常	
	防火门启闭状况		
	防火卷帘外观		
	防火卷帘工作状态		
消防电梯	紧急按钮外观	□正常 □异常	
	轿厢内电话外观		
	消防电梯工作状态		
灭火器	灭火器外观	□正常 □异常	
	设置位置状况		
对当场未能解决的问题是否填报《火灾隐患整改登记表》（本表填写人签名）			
工程技术部门领导签字确认：			
消防安全归口部门领导签字确认：			

37

表 2-3　建筑消防设施维修保养记录表（3）

<table>
<tr><td rowspan="2">序号</td><td>系统名称</td><td colspan="5"></td><td>项目名称</td><td colspan="5"></td></tr>
<tr><td>设备名称</td><td colspan="5"></td><td>项目地址</td><td colspan="5"></td></tr>
<tr><td rowspan="2">1</td><td colspan="2" rowspan="2">保养项目</td><td>保养区域</td><td colspan="3"></td><td>保养比例</td><td colspan="2"></td><td>数量</td><td colspan="2"></td></tr>
<tr><td>周期 / 频率</td><td colspan="3">位置</td><td colspan="3">保养完成情况</td><td colspan="3">应关注情况</td></tr>
<tr><td>1.1</td><td></td><td></td><td></td><td colspan="3"></td><td colspan="3"></td><td colspan="3"></td></tr>
<tr><td>1.2</td><td></td><td></td><td></td><td colspan="3"></td><td colspan="3"></td><td colspan="3"></td></tr>
<tr><td rowspan="2">2</td><td colspan="5">故障情况</td><td colspan="6">故障维修情况</td><td>故障排除确认</td></tr>
<tr><td colspan="2">故障部位</td><td colspan="2">故障情况描述</td><td>发现时间</td><td>是否停用系统</td><td>是否报消防部门备案</td><td>安全保护措施</td><td>维修时间</td><td colspan="2">维修情况</td><td></td></tr>
<tr><td>2.1</td><td colspan="2"></td><td colspan="2"></td><td></td><td></td><td></td><td></td><td></td><td colspan="2"></td><td></td></tr>
<tr><td></td><td colspan="2"></td><td colspan="2"></td><td></td><td></td><td></td><td></td><td></td><td colspan="2"></td><td></td></tr>
<tr><td>3</td><td colspan="12">备注（含问题遗留及后续的方案周期）：</td></tr>
<tr><td>4</td><td colspan="12">填表说明：
1. 保养相关内容由保养人员（机构）如实填写。
2. “故障情况”由维修人员根据现场情况如实填写。
3. “故障维修情况”中因维修故障需要停用系统的由单位消防安全责任人在“是否停用系统”栏签字；停用系统超过 24 小时的，单位消防安全责任人在“是否报消防部门备案”及“安全保护措施”栏如实填写；其他信息由维修人员（单位）如实填写。
4. “故障排除情况”由单位消防安全管理人在确认故障排除后如实填写并签字。
5. 本表为样表，单位可根据建筑消防设施的实际情况参考制作。</td></tr>
<tr><td colspan="2">填表人（签字）</td><td colspan="2"></td><td colspan="2">维修保养人（签字）</td><td colspan="4"></td><td>监督人（签字）</td><td colspan="2"></td></tr>
</table>

表 3　建筑消防设施维修保养报告

<table>
<tr><td>项目名称</td><td colspan="5"></td></tr>
<tr><td>项目地址</td><td colspan="5"></td></tr>
<tr><td>建筑
消防
设施
列表</td><td colspan="2">☐ 消防供配电设施
☐ 火灾自动报警系统
☐ 电气火灾监控系统
☐ 消防设备电源监控系统功能
☐ 消防给水及消火栓系统
☐ 固定消防炮灭火系统
☐ 灭火器</td><td colspan="2">☐ 自动喷水灭火系统
☐ 泡沫灭火系统
☐ 气体灭火系统
☐ 细水雾灭火系统
☐ 水喷雾灭火系统
☐ 防排烟系统
☐ 可燃气体探测报警系统
☐ 干粉灭火系统</td><td>☐ 消防应急照明和疏散指示标志
☐ 消防应急广播系统
☐ 消防专用电话系统
☐ 防火分隔设施
☐ 消防电梯
其他：</td></tr>
<tr><td>项目概况</td><td colspan="5">建筑高度＿＿＿＿＿；建筑面积＿＿＿＿＿＿；层数＿＿＿＿＿；使用性质＿＿＿</td></tr>
<tr><td>维修保养情况及结论</td><td colspan="5">（例：本次维修保养项目包括…设施，发现故障或问题…处，已经修复…处，余…处由于…原因尚未修复，建议……或拟采取……措施于…之前完成。其余均正常。）

（技术服务机构公章）
签发日期：</td></tr>
<tr><td>委托单位意见</td><td colspan="5">
单位消防安全责任人或管理人（签字）：
（委托单位公章）</td></tr>
<tr><td>备注</td><td colspan="5"></td></tr>
<tr><td>技术负责人</td><td></td><td>项目负责人</td><td></td><td>维保人</td><td></td></tr>
</table>

首先，控制引火源。为有效控制博物馆的引火源，应采取以下措施：一是要严禁火种，贯彻落实禁烟工作。制定切实可行的禁烟管理工作方案和奖惩制度，强化禁烟宣传教育工作，特别是对外来业务交流、施工等临时入馆人员的禁烟宣教工作；加强对参观观众的安全检查，严禁携带火种、易燃易爆等违禁物品进入场馆。二是加强电气安全管理，特别是临时用电的安全管理。电气火灾在火灾中占比最高，2021 年因电气引发的火灾约占 28.4%，而较大以上火灾有三分之一系电气原因引起，且以电气线路故障居多，占电气火灾总数的近八成。因此，应要求员工适时关闭电源，禁止超负荷使用电器及长时间使用充电器。陈列展览的照明、数字化展示设备和恒温恒湿等设备用电，以及各类临时用电，必须经审批同意方可实施，且电工应进行现场检查；根据自身建筑特点依规开展电气防火检测（如《广东省火灾防范重点场所消防安全标准化管理指引》规定，应每年委托电气检测机构对电气线路进行电气防火检测）。三是加强燃气安全管理。单位食堂或观众服务配套餐饮场所的燃气使用必须符合规范，按规定每年进行燃气检测。四是博物馆管辖红线范围内严禁电瓶车充电和进入等。

其次，控制可燃物。可燃物指能与空气中的氧或其他氧化剂起燃烧反应的物质，如木材、纸张、布料等。可燃物中有一些物品，遇到明火特别容易燃烧，称为易燃物品。从可燃物的概念又引申出建筑装修材料耐火等级：易燃（B3 级）、可燃（B2 级）、难燃（B1 级）、不燃（A 级）。为做好博物馆可燃物的管控，应在以下几方面采取措施：

一是严把各类施工，尤其是展览装修材料和方案的审核关、材料进场检验关。博物馆内建筑装修材料的使用应遵守《建筑内部装修设计防火规范》（GB 50222—2017）的相关要求，确保装修材料达到难燃级（B1）以上，具体操作参见书后附录四《广东省博物馆临时展览装修消防安全管理流程》。

二是在日常办公中，注意整理文件材料，保持桌面清洁，杂物不要遮挡电器散热口，不能存放于电箱周围。

三是严格审批动火作业等涉及消防安全的施工手续并做好施工监管。

此外，防止烟气蔓延。烟气蔓延的方向通常是火势蔓延的主要方向，500℃以上的热烟所到之处遇到的可燃物都有可能被引燃；烟气流动会受到建筑结构、开口和通风条件等限制；建筑内墙外墙、楼梯间、竖井管道、穿墙管线、闷顶以及外墙面开口等成为烟气蔓延的主要途径。因此，博物馆应对建筑孔洞、竖井等进行专项检查，阻断烟气蔓延传播途径，保障防火分区、防烟分区之间的防火分隔和防火门的完好。

防火门是日常消防安全管理中最基础也是最容易忽视的设施，最常见的问题是防火门被阻挡导致不能通行，常闭型防火门被人为长时间处于开启的状态导致发生火灾时形成烟气的蔓延，严重时会造成人员伤亡，2018 年哈尔滨北龙汤泉休闲酒店有限公司“8·25”重大火灾即是一例。

第四，“四个能力”建设。“四个能力”指检查消除火灾隐患能力、扑救初起火灾能力、组织人员疏散逃生能力、消防宣传教育培训能力。博物馆消防工作应围绕“四个能力”建设展开，将“四个能力”建设作为推进落实主体责任的“切入点”，实现火情精准防控的“核心点”，火灾预防关口前移的“关键点”，填补扑救初起火灾的“空白点”，消防宣传教育培训的“着力点”。

检查消除火灾隐患能力：提高博物馆检查和消除火灾隐患的能力，能从根本上杜绝风险隐患，提升消防安全管理综合水平。博物馆应在消防安全管理制度中规定防火检查、巡查队伍的职责并加强队伍消防专业能力建设，做到具有会检查、能检查出问题的本领，按照“网格化”管理方案有组织有计划地开展防火安全检查（详见表 4），还应在关键时间节点前开展专项消防安全检查，例如冬春火灾防控，在春节、“五一”、“十一”等长假前进行消防安全检查，要将工程施工场所、消防通道等作为日常检查的重点。在发现火灾隐患后要形成闭环管理，明确整改责任部门、整改时间和整改情况跟进落实。

表 4　博物馆消防网格化管理方案

<table>
<tr><th>网格</th><th>区域</th><th colspan="2">人员</th><th>职责</th><th>防火检查</th></tr>
<tr><td rowspan="2">大网格</td><td rowspan="2">博物馆红线范围内所有区域</td><td colspan="2">消防安全责任人</td><td rowspan="2">组织、管理和领导消防安全管理工作</td><td rowspan="2">季度</td></tr>
<tr><td colspan="2">消防安全管理人</td></tr>
<tr><td rowspan="5">中网格</td><td rowspan="5">博物馆场所内建筑群或单体建筑对公众开放或管理区域；属于单体建筑的，原则上以建筑楼层进行划分</td><td rowspan="5">消防工作组—明确“中网格”消防责任人</td><td>博物馆消防管理人员</td><td rowspan="5">监督检查管理“小网格”台账、掌握基本情况、收集隐患信息、健全防火档案</td><td rowspan="5">月度</td></tr>
<tr><td>保安人员</td></tr>
<tr><td>工程技术人员</td></tr>
<tr><td>微型消防站</td></tr>
<tr><td>义务消防队</td></tr>
</table>

续表

网格	区域	人员	职责	防火检查
小网格	展厅、文物库房、文保中心、厨房、商铺、办公室等功能使用基本单元	消防管理员—明确“小网格”消防责任人	消防隐患自查、自改，定期开展消防安全巡查，落实常态化消防安全教育	每日
注： 1. 大、中、小网格具体职责及表中未列明其他事项，详见《广东省火灾防范重点场所消防安全标准化管理指引》。 2. 博物馆为人员密集场所，开放期间每 2 小时进行一次巡查，非开放期间巡查次数不少于 2 次。				

扑救初起火灾能力：提高博物馆扑救初起火灾的能力，实际上是确保文物安全的最后一道屏障。博物馆应在工作人员中建立两支队伍：（1）灭火第一战斗力量队伍。发现火情后，近起火点的员工负责利用灭火器、室内消火栓、消防软管等进行灭火，1 分钟内形成灭火第一战斗力量，靠近消防应急电话或手报按钮的员工向博物馆消防控制室和应急义务消防队报警。（2）灭火第二战斗力量队伍。应急义务消防队应在 3 分钟内到达起火部位，形成灭火第二战斗力量，接应现场员工开展火灾扑救工作。扑救初起火灾最主要的是“灭早”“灭小”，将火势控制在萌芽阶段，避免形成轰燃。

组织人员疏散逃生能力：博物馆是人员密集场所，提高每一位工作人员组织引导观众疏散逃生的能力，是保障观众安全最重要的能力。博物馆从馆长、分管安全的副馆长到普通工作人员都要做到“四熟悉”：熟悉博物馆疏散逃生路线、熟悉博物馆应急预案的疏散程序、熟悉消防设备设施使用方法、熟悉火场逃生基本知识。在发生突发情况时，所有工作人员都有责任组织观众从就近的消防安全出口进行疏散。

消防宣传教育培训能力：提高消防安全知识宣传教育培训能力就是彻底解决单位员工不懂消防安全常识、消防安全素质不高的问题。重点开展三个方面的工作：一是消防培训。博物馆要加强对馆内工作人员的培训，通过岗前培训、施工前培训、消防设备实操培训和专家讲座等形式开展，采取抽查考核的方式检验培训效果。二是消防安全知识宣传。博物馆应利用新媒体、展板、视频和广播等形式在博物馆管辖范围内充分宣传消防安全知识，提高每个人的消防安全意识，真正做到从群众中来到群众中去。三是加强消防宣传标准化。实现消防设施位置固定化、使用方法明示化、维护责任明晰化，保障安全疏散、消防车通道畅通。

第五，灭火和应急疏散预案编制及演练。博物馆组织开展灭火和应急疏散演练，其目的是根据特定火灾事故的特点，合理使用灭火救援力量，正确采取各种措施成功地实施灭火自救行动，最大限度地减少人员伤亡，降低财产损失，保障文物安全。消防演练的开展有利于掌握事故处置的主动权，增强训练的针对性，有利于加强保护对象的掌控。

灭火和应急疏散演习预案内容应包括以下七大方面：

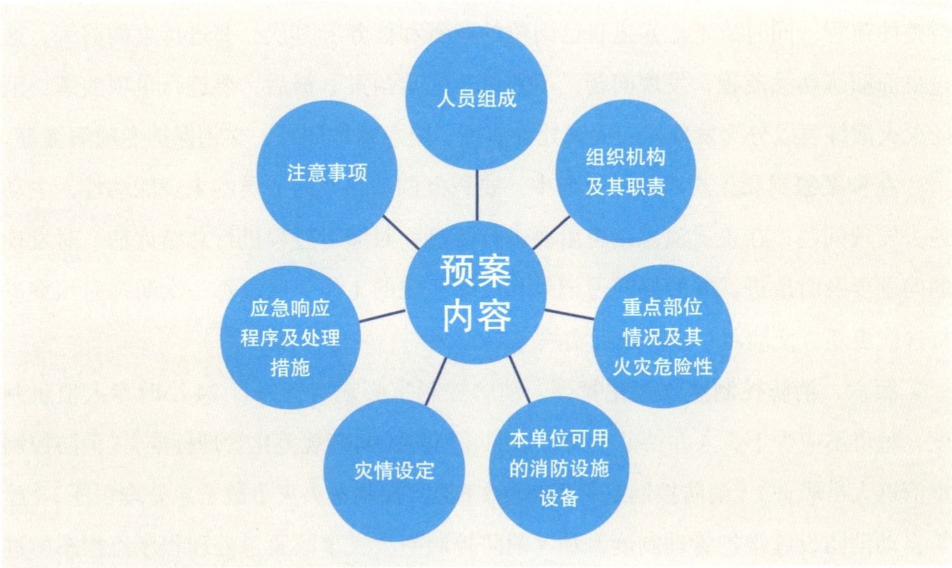

图 1　灭火和应急疏散演习预案内容

一项符合实际业务要求的应急预案应按以下六大步骤进行编制：

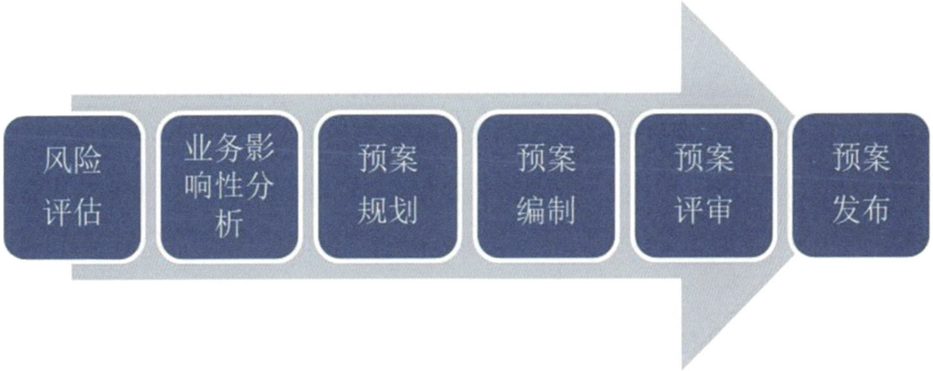

图 2　预案编制步骤

首先，博物馆的消防安全管理者应对自身场馆的火灾危险性进行“风险评估”和“业务影响分析”；然后，根据面临的火灾风险因素和可能对正常业务开展造成的影响开展“预案规划”和“预案编制”，要做到既有理论，又要深入一线，结合实际情况；最后，对预案进行评审，获得通过后即可正式发布。正式发布的预案要根据博物馆自身消防安全管理实际情况的变化发展进行预案维护，保证预案中使用的信息和数据是最新的。

在开展正式的消防火灾救援演练之前，应该要经过充分的培训、桌面演练和单项演练。首先，要对预案内所有的人员进行预案讲解，让每个人概览演习全貌、知晓整体流程，同时清楚地知道自己岗位的职责和任务；其次，要进行桌面演练，通过桌面演练熟悉流程，发现问题，不断修改完善预案；最后，要进行单项演练，消防灭火演练可以分为发现初起火灾处置演练、应急疏散演练、文物保护专项演练等。

在预案编制和正式演练的过程中，要积极调动预案内成员的主观能动性，主动地去发现问题，在正式演练结束后要进行复盘，对演习过程进行总结评估，对发现的问题要及时改进，并做好演习记录和设备复位的工作。通过每一次演练对预案进行迭代更新，使演习一步步贴近实战。

第六，消防控制室规范化管理。消防控制室必须实行每日 24 小时专人值班制度，每班不应少于 2 人并持证上岗，依照《消防控制室规范化管理标准》《消防控制室值班人员职责》《消防控制室管理制度》《消防控制室火灾事故紧急处理程序》《建筑自动消防设施维护管理制度》和《消防控制室火灾事故紧急处理程序流程图》进行管理并完成制度上墙。

消防控制室是消防应急管理工作的中心，肩负着日常资料管理、设备设施运行和应急程序启动等主要工作。应有《消防控制室值班记录》《建筑消防设施巡查记录》《建筑消防设施月度监测报告》《建筑消防设施故障处理记录》和《建筑消防设施年度检测报告》等。消防控制室处置流程如图 3 所示。

第七，消防安全网格化管理。网格化管理是指依照一定的标准将管理对象划分成若干网格单位，运用现代信息技术和各网格单元间的协调机制，在网格单元之间实现有效的信息交流，最终达到信息的整合和共享，提高管理效率。目前广东省已出台《广东省火灾防范重点场所消防安全标准化管理指引》，要求广东省内的博物馆须参照执行。

博物馆应根据自身建筑结构特点和管理区域的分配情况，按照“一院多格、一楼多格、一层多格”原则将博物馆划分为“大、中、小”三级网格，明确各网格管理人员、职责和任务，实现消防工作层层有人抓、处处有人管，构建“全覆盖、无盲区”的博物馆消防管理责任体系（参见表 4）。

第八，消防档案管理。消防档案是博物馆在消防安全管理工作中直接形成的文章、图表、声像等历史记录。消防档案应当包括消防安全基本情况和消防安全管理

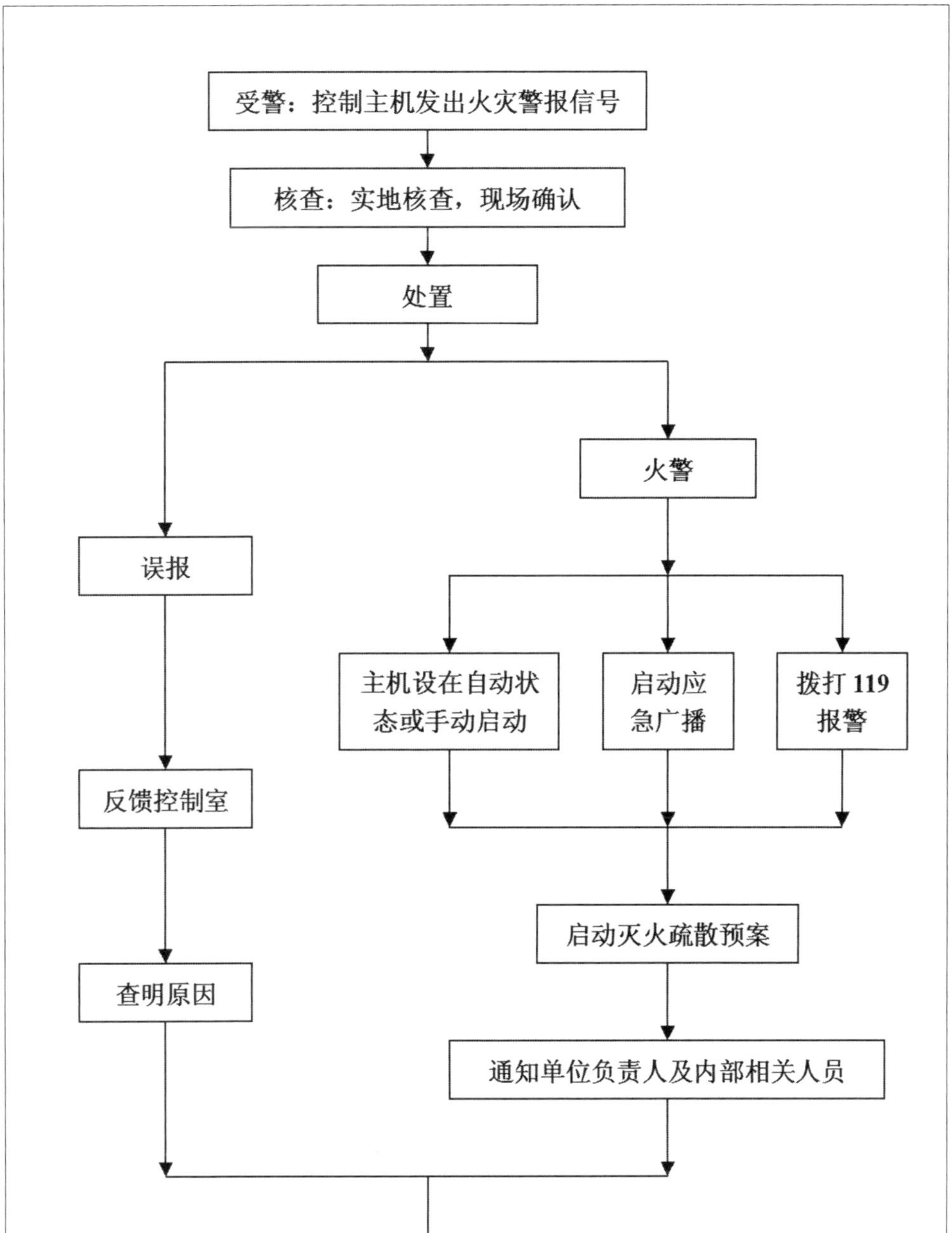

图 3　消防控制室处置流程

情况。消防档案应当详实，全面反映单位消防工作的基本情况，并附有必要的图表，根据情况变化及时更新。保卫部门对消防档案统一保管、备查。

消防档案主要包括消防安全基本情况和消防安全管理情况两个方面内容。

消防安全基本情况的内容包括：单位基本概况和消防安全重点部位情况；建筑物或者场所施工，使用或者开业前的消防设计审核，消防验收以及消防安全检查的文件、资料；消防管理组织机构和各级消防安全责任人；消防安全制度；消防设施、灭火器材情况；专职消防队、义务消防人员及其消防装备配备情况；与消防安全有关的重点工种人员情况；新增消防产品、防火材料的合格证明材料；灭火和应急疏散预案；等等。

消防安全管理情况主要有两项内容：一是公安机关消防机构依法填写制作的各类法律文书，主要有消防监督检查记录表、责令改正通知书以及涉及消防行政处罚的有关法律文书。二是有关工作记录，主要有消防设施定期检查记录、自动消防设施检查检测报告以及维修保养的记录；火灾隐患及其整改情况记录；防火检测、巡查记录；有关燃气、电气设备检测等记录；消防安全培训记录；灭火和应急疏散预案的演练记录；火灾情况记录；消防奖惩情况记录。上述记录要填写检查人员的姓名、时间、部位、内容、发现的火灾隐患以及处理措施等；填写培训时间、参加人员、内容等；填写演练的时间、地点、内容、参加部门以及人员等；相关记录要签字、盖章。

消防档案是各级管理部门消防安全检查必查的内容。博物馆应当通过科学合理的档案管理，真实、完整、有效地记录日常消防安全管理的全过程，是落实上级文件精神、国家法律法规条例、技术规范等相关要求的有力证明文件。进行档案管理时应做到按需分类并建立档案目录清单，常规资料与专项资料分类放置，文件存档要注意资料的真实性，要有内容审批流程、会议纪要、签字和盖章等。

博物馆常规消防安全管理档案应包括：

1. 单位基本信息；

2. 消防安全责任制；

3. 消防安全管理制度；

4. 消防安全检查、巡查记录及隐患整改台账；

5. 消防设施、器材维护管理；

6. 消防控制室管理；

7. 用火、用电、用气、用油、易燃易爆化学品管理；

8. 消防应急队伍建设；

9. 应急预案；

10. 培训、演练记录；

11. 安全日常经费统计，证明单位按照《消防责任制实施办法》第十五条第二款的要求，在消防工作方面的经费投入；

12. 消防设施设置情况；

13. 主要建筑物的消防验收或备案凭证；

14. 消防安全管理法律法规、标准、规范及上级发布的消防安全重要文件。

除常规消防安全管理档案，还应建立重点事项或行动的专项管理档案，如“今冬明春火灾防控”“消防安全专项整治三年行动”等。

三、博物馆消防设计与建设流程

（一）博物馆的消防设计

博物馆的创办须以一定的建筑形式为载体，将文物以不同的展示形式呈现给公众。建筑载体又可分为现代建筑和文物保护建筑等，现代建筑载体可分为新建建筑、既有改造建筑等。现代建筑博物馆在消防安全方面应从建筑设计本身入手，博物馆建筑设计应按博物馆的功能需求，根据《建筑设计防火规范》（GB 50016—2014）、《博物馆建筑设计规范》（JGJ 66—2015），把对外开放区域与内部工作区域进行物理隔离以便于运行管理。目前国内很多大型博物馆的建设有着占地面积大、建筑面积大、建筑结构特殊并以钢结构建筑为主等特点，导致建筑防火和建筑消防设备设施设计非常复杂，存在后期运行维护管理难度大、成本高和应急处置难度大等问题。

文物建筑须依照《文物建筑防火设计导则（试行）》，根据现场勘察与风险分析，对文物建筑消防总体布局、消防给水系统、消防灭火设施、火灾自动报警系统、消防备用电源和配电进行设计。载体因其建筑形式，导致很多现代消防设备设施无法设置，增大了博物馆馆舍对外开放过程中消防安全管理的难度，在这类载体内，创办博物馆更需结合文物建筑自身实际情况并遵守规范进行消防设计和管理。

（二）新建博物馆消防工程建设流程

新建博物馆消防工程项目的建设通常分为项目的准备期、建设实施期、竣工期三个阶段，不同阶段工作重点有所不同。（图 4）

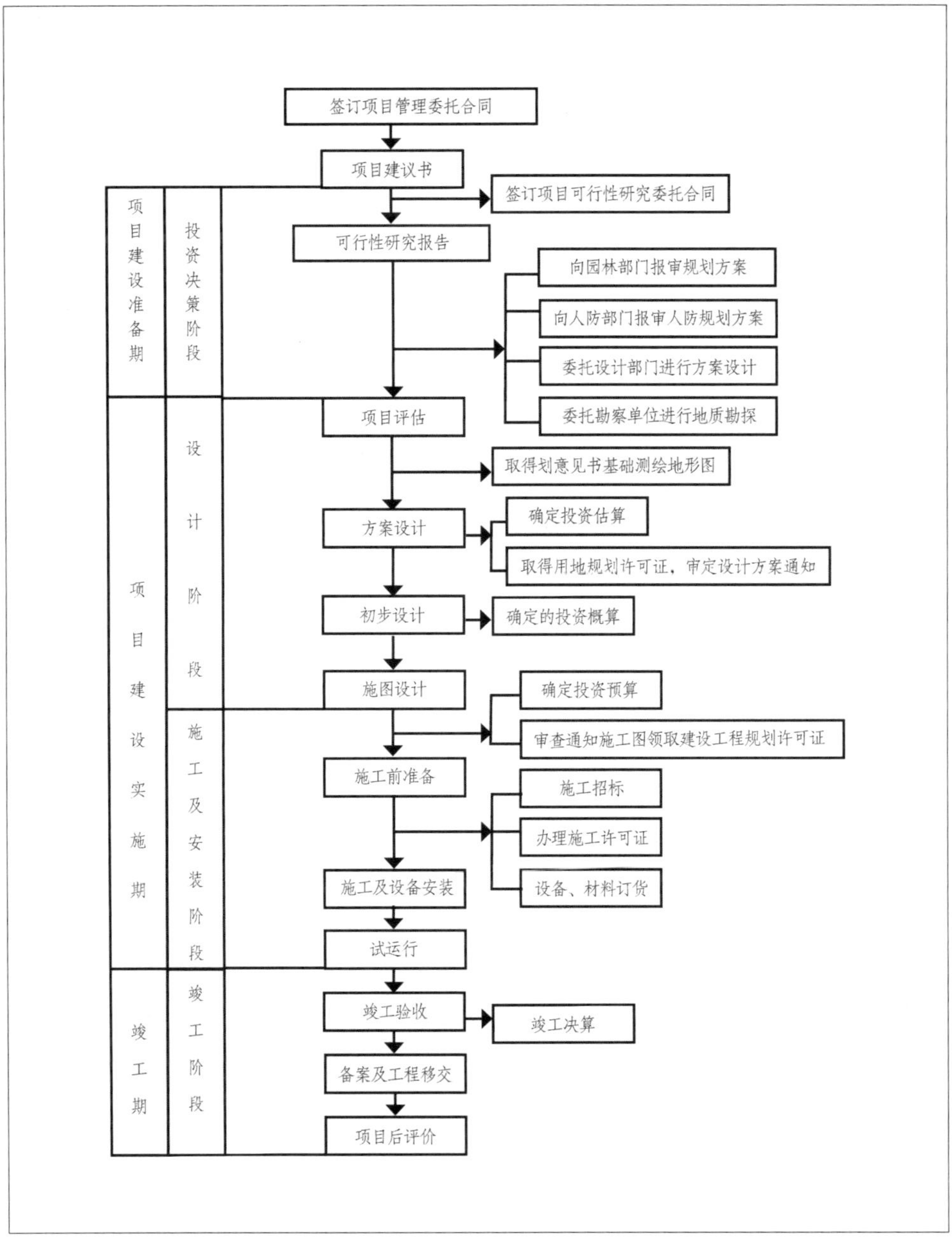

图 4　博物馆消防工程建设流程图

项目建设准备期，是从有意向新建博物馆开始，甲方应委托有资质的咨询管理公司进行博物馆项目建设的全过程管理，在这个阶段需要完成项目建议书和可行性研究报告，基建项目以外可以与设计阶段合并。

项目建设实施期，在前期设计阶段，主要工作有项目评估、方案设计、初步设计和施工图设计；施工及安装阶段主要工作有施工前准备、施工及设备安装、试运行。不论是代建还是自主管理建设的消防工程项目，博物馆都应在前期设计阶段介入，把博物馆建设理念、展陈大纲、文物展出和藏品保管的特殊需求等灌输给设计单位，在满足消防技术要求的前提下最大限度地满足博物馆建设需求。

在消防设计阶段，普遍存在设计单位与博物馆建设单位在各自专业领域沟通不畅的现象。通常设计单位在进行建筑消防设计时，是按建筑、电气、给排水等专业进行分专业设计的，而博物馆消防工作在实际运行中，则是由保卫部进行统一监督管理；普遍存在着懂博物馆管理不懂建筑设计、懂建筑设计不懂博物馆管理的矛盾现象。为了更好地解决这种矛盾，需通过头脑风暴、考察调研和专家论证等手段进行磨合。在博物馆人才建设发展角度加强细分领域（如安全防范工程、消防工程等）专业的人才培养与储备，将博物馆运行管理理念融入消防设计中，只有这样才能便于建成后的消防安全管理。

竣工期主要工作有竣工验收、备案及工程交接、系统投入使用。

目前，住房和城乡建设主管部门承担建设工程消防设计审核、消防验收、备案和抽查职责。博物馆建设的消防工程，也可参照住建部印发的《建设工程消防设计审查验收工作细则》和《建设工程消防设计审查、消防验收、备案和抽查文书式样》，做好消防设计送审和验收工作。

除以上情形外的小型、微型或依附于其他建筑的博物馆，其消防工程验收应在属地管理的住建部门备案，300 平方米以下的博物馆场所应在属地的消防救援管理部门取得人员密集场所营业前的消防安全检查。

四、博物馆消防安全管理与安全防范管理之间的关系

博物馆的消防安全管理与安全防范管理是既矛盾又统一的：矛盾的方面在于消防安全管理在发生应急事件时需要畅通无阻地对人员进行疏散，疏散路径越短、疏散过程中门越少，越畅通越安全；而安全防范管理则是防范不法分子或未经授权的非法入侵人员进入博物馆，通过人防、物防和技防手段保护文物安全，为了达到这个目的往往需要设置很多障碍阻断非法入侵人员。如何解决这一难题呢？

我们应该认识到，安防和消防都是通过各自专业的管理，最终达到保证文物和人民群众生命财产安全的目的，是博物馆安全管理工作当中最重要的两把抓手，要在管理当中找到平衡点——通过消防系统的火灾报警系统，在发生火灾报警经过确认需要启动消防联动设备时，发送火灾报警信息给安防门禁管理系统联动开启门禁

锁闭的消防疏散门，这样既能在平时保证安全又能在发生火情时畅通疏散。

通过智慧消防系统和智慧安防系统的建设，打通两个不同系统之间的信息壁垒，实现消防系统探测火灾报警与视频监控系统的联动响应，并将火灾探测器附近的视频图像显示在大屏幕上，便于值班员第一时间查看火警现场情况。

消防系统的控制中心常被称为消防控制室并要求独立设置，安全防范系统的控制中心被称为监控中心或者中控室。其实不论是消防控制室还是监控中心，都不仅承担着消防、安防的应急指挥，还承担着反恐防暴、防风防汛和意识形态等突发事件的应急指挥中心功能。因此，可统称之为应急管理指挥中心，并将消防、安防等系统的终端控制设备统一存放于指挥中心进行运行和管理，在发生突发事件时便于应急指挥，在人员成本和时间成本上都有利于博物馆的运行管理。如果分开两个不同的控制室就要准备两套不同的值班人员进行 24 小时值班，必然会加大人员支出成本。安防和消防控制室合二为一，是当前解决博物馆消防与安防矛盾冲突的有效方式。

五、属地派出所、消防救援机构与博物馆消防安全管理的关系

《消防法》规定，派出所开展日常消防监督检查及消防宣传，是公安机关的法定职责。应急管理部消防救援局网站显示，消防救援机构的主要职责是参与起草消防法律法规和规章草案，拟订消防技术标准并监督实施，组织指导火灾预防、消防监督执法以及火灾事故调查处理等相关工作，依法行使消防安全综合监管职能。

从机构职责可以看出，属地派出所和消防救援管理部门对博物馆既有监督检查，也有消防宣传、指导和调查处理的职能。博物馆消防安全的管理者，要主动与属地派出所和消防救援管理部门建立良好的业务往来关系，摒弃被管理被检查的思想，特别建议通过党组织共建的方式加强双方的业务关系。博物馆可以通过属地派出所和消防救援管理部门的专业培训、宣传、实地指导和监督检查，来帮助自己发现消防隐患，改进消防安全管理工作。可以邀请属地派出所和消防救援管理部门来参观展览，以丰富公安、消防人员的精神文化生活；可以通过组织党建活动，参观学习对方单位的业务工作，促进相互理解，实现共赢。

特别是一些小型、微型和非国有博物馆，没有自身稳定的场馆，需要借用或租赁其他场所作为博物馆对外开放，其人员、资金、技术支持能力非常薄弱。以云南茶文化博物馆为例，建有完善的安全管理制度，单位负责人非常重视安全管理，经常与属地派出所、消防救援站进行各种互动，通过这种方式使其员工得到了更专业

的消防培训。但是其消防设备的控制、维护维修属于所在社区、街道进行统一管理，消防的设备设施和管理独立性不强，没有能力对设备设施进行监督管理和解决设备问题。需在签署场馆租赁或借用合同时，明确双方消防安全责任、消防维保责任并建立自身的消防设备维护保养台账。

博物馆应该在消防演练中测试属地消防救援机构的应急反应速度，例如从接到 119 火灾报警电话后到出警，专业消防救援力量到达博物馆所需的时间；并与属地消防救援机构保持密切的联系，利用消防演习的机会加强与救援机构的演练磨合。属地消防救援机构越熟悉博物馆的建筑结构、救援通道等情况，越能在发生火情时帮助博物馆迅速处置。

现代及未来的消防管理是非常专业、非常复杂的一门学科，需要专业的人来做专业的事情。社会在不断发展变化，博物馆在社会中的定位和角色也会不断演变，但永远不变的应当是保护好文物并将文物传承下去造福子孙后代的责任。博物馆消防安全管理人员更是要担负起这样的使命，用高度的责任心、专业的技术能力去发现消防安全隐患，消除安全隐患，确保消防安全。

广东省博物馆孙明执笔

博物馆节能管理

一、导语

随着工业化进程的开启，煤炭与石油等化石能源的开发与利用，二氧化碳排放量急剧增加带来的气候问题，威胁着全人类的生命。碳排放超标，不仅会引发自然灾害、威胁食物供应、增加疾病，还与一个国家的能源、经济、民生等问题息息相关。在这一背景下，我国提出了“碳达峰、碳中和”目标。

“碳达峰”是指在某一个时点，二氧化碳的排放达到峰值后不再增长，之后逐步回落。“碳达峰”是二氧化碳排放量由升转降的历史拐点，标志着碳排放与经济发展实现脱钩，达峰目标包括达峰年份和峰值两部分。“碳中和”是指国家、企业、产品、活动或个人在一定时间内直接或间接产生的二氧化碳或温室气体排放总量，通过植树造林、节能减排等形式，以抵消自身产生的二氧化碳或温室气体排放量，实现正负抵消，达到相对“零排放”。“碳达峰”与“碳中和”一起，简称“双碳”。2020 年 9 月 22 日，我国政府在第七十五届联合国大会上提出：“中国将提高国家自主贡献力度，采取更加有力的政策和措施，二氧化碳排放力争于 2030 年前达到峰值，努力争取 2060 年前实现碳中和。”

“十四五”时期是“碳达峰”的攻坚期、关键期，我国生态文明建设以降碳为重点，促进社会发展全面向绿色转型。为加速构建“1+N”政策体系，坚持稳中求进，稳步推进各项工作，国家文物局下发《关于文物领域贯彻新发展理念落实绿色低碳发展举措的通知》（文物政发〔2021〕39 号），要求贯彻创新、协调、绿色、开放、共享的新发展理念，落实党中央、国务院关于“碳达峰、碳中和”重大决策部署，推动文物保护利用绿色低碳发展。全国博物馆行业作为实现“碳达峰、碳中和”整体目标的重要参与者，亟需结合自身实际情况，进行“碳达峰、碳中和”的标准化、制度化建设，采取相应措施，助力“双碳”事业的发展。

二、博物馆“双碳”管理措施

根据“全国博物馆节能减排课题”调查，国内 47% 的博物馆在建设之初已考虑到节能减排因素，25% 的博物馆建成开放后亦陆续进行了节能改造，32% 的博物馆有进行节能改造的计划。博物馆建设前期采取的节能策略主要从绿色建筑材料、基建设备的合理化设计方面入手，交付后，博物馆场所运营维护、设备合理化使用，是目前博物馆领域的能耗关注重点，每年运维投入的能耗费用主要集中电、水、气等领域。博物馆的机电设备尤其是中央空调系统耗电占建筑能耗最多，约为 50%~70% 的比例，远超电梯、照明及机房用电占比。这也是多数博物馆倾向于采取的实现“双碳”目标的主要着力采取措施的领域。现结合各行业先进经验，从博物馆建设、改造、运营管理与示范推广等几方面，阐述博物馆“双碳”举措如下。

（一）博物馆建设“双碳”措施

“九层之台，起于垒土；千里之行，始于足下。”博物馆在建设时，应该从选址、建设等方面设立“双碳”目标，对“双碳”工作进行规划，并贯彻落实，后续工作将事半功倍。

1. 博物馆绿色选址

博物馆选址，应秉承生态环保的理念，结合自身的质量等级、机构属性、题材类别与观众对象等多方面要素，进行建筑的科学选址规划。在现代新城市规划中，博物馆选址应尽量在交通便利且能源供给绿色便捷的位置，方便观众乘坐公共交通工具到达与绿色能源供给，这是主要的降碳方式。如因城市规划需要而建在郊区的博物馆，也应积极与相关部门沟通，加强公共交通规划与设置，达到降碳的目的。另一方面，博物馆的选址除博物馆的建筑占地以外，还须规划充足的空地用于种植绿色植物美化博物馆，为“碳中和”做好相应准备，且绿色植物可形成天然屏障，减少博物馆文物藏品遭受有害气体、粉尘与震动等不利影响。

2. 博物馆绿色建设

在建筑领域，国家已颁布建筑节能设计、施工等方面的规定和标准，博物馆建设时除按照现有建筑标准扎实推进超低能耗、近零能耗、低碳建筑发展，提升新建博物馆建筑节能水平外，应结合博物馆自身特点，做到以下几点：

（1）博物馆的库房、展厅与文物修复室等需要保存文物的空间，因文物保存环境要求，根据博物馆有关建设规范，需要相对稳定的温湿度，故这些文物保存区域的屋顶、墙体、窗户、玻璃与温湿度控制设备等，应充分考虑节能降碳等因素。设计之初应当充分考虑将文物保存区域与其他办公区域的供冷系统区分开，采取独立的恒温恒湿机组设备提供风量，文物保存区域的温湿度可以独立智能化管控，达到节能减排的目标。

（2）博物馆因文物保护与观众参观舒适度的要求，在环境控制方面所需能耗较大，故在建设时，应充分考虑灯光、电梯、制冷、供暖、水资源与网络服务器等设施设备科学与智慧化管理，做到低碳环保。

（3）博物馆建设完成后，会持续对公众开放，闭馆进行大规模修缮维修的机会较少，故博物馆在建设过程中的选材，例如地板、防火涂料、消防系统、空调系统与天花板等大范围使用的材料，应选用具有耐磨性、耐老化与技术成熟的材料，减少使用未经过时间考验的新材料与普通建筑标准低配材料，减低更换频率也是促进低碳环保的重要措施之一。

（4）博物馆在建设过程中，除固定陈列的展厅外，一般会配置一定数量的可更换展览的展厅。在博物馆建设中，应充分考虑该部分展厅的布局、间隔材料、灯光、控温设备、展板与辅助展品等材料的标准化、便携、便拆卸组装与可循环利用次数等因素，避免与减少在建成后布展工作中的“大拆大建”，降低博物馆碳消耗。

（5）博物馆在建设中应充分考虑新能源汽车与电动自行车的充电保障，停车场须配建与运行需求相匹配的充（换）电设施设备或预留建设安装条件。在设置新能源汽车、电动自行车停车与充（换）电设施设备时，须在保证博物馆消防安全的前提下进行。

（二）博物馆改造“双碳”措施

随着节能减排技术的不断发展，博物馆建成后依然需要不断改造与提升自身的节能降碳能力。主要改造方向包括以下几个方面。

1. 暖通设备节能改造

各博物馆根据自身所在城市与区域，有计划地改造为更为低碳或零碳的区域集中供冷、分户供冷建筑供冷方式与集中供暖方式。从改造条件和节约成本的角度出发，如条件不成熟的博物馆，可以采取在原有暖通设备的优化及智能集成方面进行综合节能改造。一、采取实时监控技术、本地气候补偿调节技术、设备自动轮换技术和设备效率监测技术对中央空调冷源端进行集成优化智能改造；二、采取冷冻水力均衡技术、新风摄入调节技术、末端温控调节技术、末端和冷源端联动调节技术进行末端集成优化智能改造；三、部分区域可采取变风量空调运行策略进行技术改造优化，实现区域温湿度环境的精细化控制；四、通过优化能源管理系统，对重点暖通设备进行实时监控，通过技术手段使得设备合理化运行，达到技术节能的目标，以降低能耗减少碳排放。无法满足以上条件的博物馆，尽量使用变频节能空调代替能耗较大的定频空调，选用更为洁净的能源代替碳排放较大的煤种。

2. 博物馆灯光改造

博物馆可将所有区域的传统灯具全部更换为 LED 高效照明灯具，减少照明系统能耗，实现 100% 高效照明光源使用率。升级改造智能化建筑用电设备调控装置与照明系统，通过调整灯具的种类或分布，实现照度均匀度的提升，达到舒适的同时实现节能减排。提升高效率的供电和控制系统，减少插入损耗，降低线路损耗。将所有照明灯具分组自动控制，无人时，只保留安防值班照明，其他照明自动关闭。人员进入后，自动开启人员活动区域的照明，其他区域仍然只保留值班照明。

3. 博物馆电梯设备改造

博物馆作为公共服务机构，一般会配有足够的电梯供公共使用，合理设置电梯开启数量和时间，可以减少能源消耗，降低碳排放，有条件的博物馆可改造提升电梯智能化控制系统，达到该目的。将电梯连入智能化群控系统中，由群控系统对电梯进行统一调配，使电梯的运行更快捷与高效。同时加强电梯节能领域对新型绿色可再生能源的开发运用。

4. 博物馆绿色能源改造

有条件的博物馆可充分利用建筑屋顶、立面、车棚顶面等适宜场地空间，安装太阳能热利用设施，推动光伏发电与建筑一体化发展。推进太阳能供应生活热水项目建设，开展太阳能供暖。建立太阳能、风能发电路灯等节能设备。不断优化博物馆用能结构，加快推动用能电气化和低碳化，深入推进可再生能源在博物馆的规模化应用。有序逐步降低传统化石能源应用比例，提高绿色清洁能源的应用比例，从源头上减少碳排放。

5. 博物馆“碳中和”改造

为达到博物馆“碳中和”的目标，博物馆除降低碳排放外，应加大绿化改造工作，力争早日实现“碳中和”。鼓励通过购买绿电、碳排放配额等方式减少与抵消碳排放量。有条件的博物馆可充分利用空地、屋顶绿化、垂直绿化、增加自然景观水体绿化等手段，增加博物馆自然碳汇面积。

（三）博物馆运营管理“双碳”措施

除博物馆建设与设备设施改造升级外，博物馆日常运营管理中的“双碳”工作也极为重要，现主要措施如下。

1. 智慧化能源管理措施

运用人工智能技术、云计算、物联网 +、大数据等技术，在用电、用水、用气以及倡导绿色出行等方面全方位进行智慧化绿色用能管理是未来节能降碳的发展趋势。智慧化管理技术可实时跟踪和精准分析能耗变化、实时观测建筑设备的运行工况、远程控制设备的运行情况。监测结果有利于优化设备管理方式、用能结构组成，提升博物馆建筑物的综合能耗管理效率，确保博物馆机电设备处于高效、节能运行状态，减少与避免人为疏忽带来的能源浪费。实现博物馆能源管理的智慧化，助推博物馆绿色发展提质增效、转型升级。

2. 博物馆节能降碳制度建设

为了推动博物馆节能降碳，提高博物馆能源利用效率，通过节能制度建设手段，培养员工节能习惯。在能源管理岗位设置，博物馆节能工作表彰与激励机制等方面制定专门的节能降碳管理制度，可提高节能管理水平。制度可包括节能工作人员配置与培训、用水用电节约管理细则、公务车节能管理、回收利用、节能宣传与节能奖惩机制等部分内容。

3. 博物馆开放服务节能管理

在博物馆对外开放工作中，提倡无纸化入馆参观，餐饮区减少提供一次性餐具，如确实需要，鼓励提供可降解餐具。打造环保型洗手间，鼓励采用雾化式水龙头、节水限流器等节水型卫生间设备，鼓励提供 FSC 环保认证厕纸和 EcoLogo 环保认证洗手液等节能环保服务。提升博物馆新能源汽车与电动自行车的充电与停放保障。

4. 公务用车管理

严格执行公用车配备标准和编制管理。积极推进公务用车服务社会化，优先采购与使用节能环保型车辆。严格执行车辆报废制度，及时报废、淘汰不环保、不达标、能耗高的车辆。按照规定使用公务用车，制定科学驾驶规范，提高车辆的使用效率，减少车辆部件非正常损耗。鼓励单车能耗核算制度，统一定点维修、加油与定期保养，科学核定单车油耗，努力降低油耗。

（四）博物馆“双碳”示范与推广

博物馆在阐释和展示物质与非物质遗产的同时，肩负着向公众开放，为教育、欣赏、深思和知识共享提供多种体验的功能，博物馆可以以自身的方式为“碳达峰、碳中和”做出示范与宣传推广。

1. 博物馆“双碳”示范作用

博物馆不应只是一个城市的地理地标，在其他方面尤其是在“碳达峰，碳中和”中，也应起到自己“地标”的作用。博物馆在做好自身“双碳”工作的同时，应充分利用博物馆观众量的优势，向公众展示“双碳”工作，从而起到引领与示范的作用。例如博物馆可以以全国节能宣传周、全国低碳日、绿色出行月、世界环境日等主题宣传节点为契机，向公众展示已践行的绿色办公、垃圾分类、节能环保产品，以及“碳达峰、碳中和”先进性项目等节能降碳措施，吸引公众参观学习，并组织相关教育推广活动，从而弘扬以低碳为荣的社会新风尚，传递生态环境保护意识，引导勤俭节约、文明健康的现代生活理念，营造良好社会氛围。

2. 博物馆“双碳”展览策划

我国“碳达峰、碳中和”工作已取得较大进展，但是这些成果主要集中在从事该行业的人群范围内，博物馆可发挥自己的特长，结合自身博物馆的特点与当地的

“双碳”科研机构联合，结合当地与行业历史，策划“碳达峰、碳中和”历史与成果主题原创展览，通过历史、文物藏品、博物馆策展专业知识等手段，宣传节约资源理念，传达生态保护意识，普及“碳达峰、碳中和”知识。

3. 博物馆“双碳”宣传推广与生活方式引导

利用博物馆展览、互联网 +、流动博物馆、教育活动、志愿者等自身宣传终端的优势，把我国关于“碳达峰、碳中和”的决策部署和有关内容融入博物馆宣传体系，开展形式多样的节能降碳宣传教育和“碳达峰、碳中和”知识普及工作。

引导观众简约适度、绿色低碳的生活方式，提升观众对“碳达峰、碳中和”重要性的认知，展现博物馆重视节能降碳和保护环境的良好社会形象，发挥博物馆的示范引领作用。可通过开展与地铁、公交汽运、共享单车等出行服务平台的公益合作，对采用低碳出行的博物馆观众，给予相应的低碳荣誉与积分，可在博物馆门票预约、文创产品购买、讲座培训与教育活动预约等博物馆服务方面给予低碳观众相应鼓励，从而宣传引导公众绿色低碳的出行方式。

三、结语

博物馆作为公共服务机构，跟其他行业相比，虽然碳排放量较少，但在示范引领作用方面的影响力不容小觑，故各博物馆应在“碳达峰、碳中和”工作中以身作则，积极开展绿色低碳转型、节能减碳增效、绿色低碳科技创新等活动，有条件的博物馆可科学合理确定达峰目标，力争率先实现“碳达峰”的同时，积极发挥博物馆的示范与教育推广作用，倡导绿色低碳生活方式、引领其他行业履行社会责任，加强生态文明与“双碳”宣传。加大绿化与新能源的使用，提升生态系统碳汇能力，争取早日实现“碳中和”。

全国博物馆节能减排课题组成员陈邵峰、凌丽莉、刁阿磊、王一宸、聂柯妍、卓越、刘潇源、郑颖、王芳、蔡韶葵、刘云凯、唐晓坚、李少华执笔

博物馆发展

博物馆理事会

我们常常会有一个认知上的误区，认为博物馆天然就是公共文化机构，其实并非如此。从全球博物馆起源、发展的历史看，博物馆的确经历了从个人收藏到向社会开放的演变历程，其公益属性和服务公众的职能也在这一过程中逐步确立。在博物馆推行理事会制度并逐步健全法人治理结构，推动社会力量参与到博物馆的决策和发展中，从而促进其公共职能的深度实现，是建立现代博物馆治理体系、实现博物馆高质量发展的必然选择。

2013 年党的十八届三中全会通过的《中共中央关于全面深化改革若干重大问题的决定》对图书馆、博物馆、文化馆、科技馆等公共文化服务机构推行理事会制度、建立法人治理结构做出明确部署以来，我国博物馆在理事会建设的制度设计、组织实施等方面展开了积极探索，建立博物馆理事会并发挥其治理功效，已成为克服博物馆趋行政化和管办不分、效能不高、活力不足、监督机制不健全等短板问题，进而转变政府职能、创新博物馆体制机制、实现法人治理和管办分离的重要途径。

但从近年来各地博物馆定级评估和运行评估中的有关数据看，在现有 204 家一级博物馆中，建立理事会的博物馆约占 2/3；1224 家三级以上博物馆中，设置理事会的，则尚不足半数；等级以下博物馆中，情况更不乐观。这一状况说明：在实际执行过程中，受到现行体制的制约，博物馆的理事会制度总体上的推进还是困难重重；已经成立了理事会的博物馆，其理事会也未真正发挥应有的职能作用。主要症结在于，现有博物馆的理事会大多存在定位模糊、职能不清、功能虚化，以及与博物馆主管部门管理权限不易划分、理事会成员构成不合理与难以发挥实际作用等问题，急需从法治入手，厘清问题，对症下药，不断推进博物馆理事会制度和法人治理体系的发展完善。

一、博物馆理事会制度的含义和内容

建立博物馆理事会并在博物馆治理中规范实施理事会制度，是确立和健全博物馆法人治理体系的核心要义。博物馆理事会通常是由三个或三个以上理事组成的管理组织，依照集体负责的形式，履行对博物馆的领导决策权，是博物馆的最高权力机构。其职能包括：对内要决定博物馆的宗旨和目标，制定政策，规划战略，遴选、任免、监督、评估理事和高级管理层，审核工作和财政预结算报告；对外要建立与社会联系交往的平台，筹集发展所需资金，发展合作伙伴，提升公共形象，维护与其他社会组织及公众的良好关系。

（一）国有博物馆的理事会制度

我国国有博物馆内部管理体制实行的是行政管理体系中对上负责的馆长责任制或党委领导下的馆长责任制，人事、资金等由上级主管部门统一协调管理。

国有博物馆由公共财政提供支撑。在现行体制下，政府对公共文化服务机构的管理基本是以执行政府行政指令的方式运行的。这种方式可以集中力量办大事，在新建大型场馆、举办重大主题活动等方面都有明显的优势。但这种方式的弊端也非常明显，主要表现为政事不分、机制僵化、缺乏有效的社会监督机制，导致优劣不分、无问绩效，直接影响了公共文化服务的质量和效能。国有博物馆的性质从原来的文化事业单位到后来的公益文化事业单位，再到如今的公共文化服务机构，这些称谓上的变化，深刻地揭示了政府对公众文化事业的改革思路。

公共文化服务的核心是服务公众的文化需求，这就势必对博物馆事业的内部体制改革提出更高的要求——要实现去行政化，让博物馆等公共文化服务机构成为独立法人主体，文化行政主管部门减少对公共文化服务机构的直接指示和干预，改为任命理事并通过理事会来间接参与到博物馆的决策中来。因此，基于博物馆事业体制机制改革的需要，突破博物馆事业发展的瓶颈制约，扩大决策面，拓宽国有博物馆资金来源途径，建立多元筹资格局，激发博物馆运行、发展的活力，已日益成为建立国有博物馆理事会制度的重要驱动力。

理事会是公共文化服务机构法人治理的核心，只有通过以理事会为核心的公共文化服务机构法人治理结构的完善，真正意义上的公共文化服务宗旨才可能最大程度地得以践行。

（二）非国有博物馆的理事会制度

非国有博物馆是由社会力量利用或者主要利用非国有文物、标本、资料等依法设立的非营利法人。从非国有博物馆成立、运营、终止清算等方面来与国有博物馆比较，可知两者有着极大的区别。《中华人民共和国民法典》实施后，非国有博物馆明确归入非营利法人中的捐赠法人类别。捐赠法人以包括藏品和资金在内的捐助财产为其成立基础，以服务于不特定公众的文化公益为其运营目的。非国有博物馆不仅是国家公共文化事业的重要组成部分，也是国家慈善公益事业的重要一环。作为非营利的社会团体组织，非国有博物馆成立理事会是有非常明确的法律依据的。《中华人民共和国民法典》第九十三条明确规定：“捐助法人应当设理事会、民主管理组织等决策机构，并设执行机构。”

非国有博物馆成立后的运营经费保障，主要是依靠举办人的投入，随着政府财政补贴的逐步增加，非国有博物馆的经费逐步得到了多元的保障。但要把非国有博物馆事业打造成永久性事业，还是要有赖于社会各界力量的加入。非国有博物馆作为捐赠法人要生存和发展，唯一的出路就是坚持社会组织社会办的原则，将非国有博物馆从举办人控制、内部人治理，逐步转型为有广泛社会参与的公益型社会组织。在这一转型过程中，非国有博物馆理事会的设立与运行，将发挥至关重要的作用。这也是非国有博物馆设立理事会的比例高于国有博物馆且其理事会职能作用发挥往往优于后者的根源所在。

二、博物馆理事会制度的渊源流变

理事会制度最早出现在欧洲，首先在企业及慈善机构中实行，随后才开始进入文化机构。19 世纪中叶，美国波士顿公共图书馆实行理事会制度，这是世界上最早的文化机构理事会制度。美国大都会博物馆 1870 年由纽约的金融家、商人、艺术家和思想家倡建，成立之初即确立理事会制度，由八人组成的理事会负责对博物馆事务和馆藏进行管理。经近一个半世纪的发展，大都会博物馆的理事会制度已较为完善。1963 年，英国国会通过了女王签署的《不列颠博物馆法》，规定不列颠博物馆实行理事会制度。经过一个多世纪的发展，欧美等地博物馆已经形成以理事会为主导的法人治理模式并保持了治理结构的独立性。

美国是世界上博物馆事业最发达的国家，博物馆普遍建有理事会或理事会性质的组织，理事会负责挑选和任命馆长以及博物馆的宏观管理、资产监督和预算审批。美国博物馆理事会的理事普遍分为表决理事、当然理事和荣誉理事三种，其中只有表决理事和当然理事具有表决权，荣誉理事不具有表决权。这些理事以商界、财界人士居多，还有部分律师、收藏家等。

早在20世纪初，中国博物馆的起步阶段，理事会制度就已经作为内部管理体制引入，包括天津博物院、故宫博物院等在内的文博机构都建立了理事会机构。总的来说，在新中国成立前，国内的博物馆较为普遍地实行以理事会为核心的法人治理，理事会对促进该时期博物馆事业的健康发展发挥了积极作用。

三、我国博物馆理事会制度的发展与现状

新中国成立后，理事会制度的实践首先是从非国有博物馆开始的。2004年，观复博物馆开始实行理事会制度。2008年2月，国家文物局发布《博物馆评估暂行标准》，将“有理事会和监事会或其他形式的决策、监督机构”纳入国家定级博物馆的评分标准之中。2010年1月，中宣部、财政部、文化部、国家文物局发布《关于进一步做好公共博物馆纪念馆免费开放工作的意见》（文物博发〔2010〕8号），明确指出“要求博物馆逐步实行理事会决策、馆长负责的管理运行机制”。国家文物局、民政部、财政部、国土资源部、住房和城乡建设部、文化部、国家税务总局发布《关于促进民办博物馆发展的意见》（文物博发〔2010〕11号），则要求民办博物馆健全以理事会（董事会）、监事会为核心的法人治理结构。在国家政策的支持下，国有博物馆、非国有博物馆开始进行博物馆理事会制度的探索。

2011年3月，中共中央、国务院印发《关于分类推进事业单位改革的指导意见》，“明确建立健全法人治理结构，提出面向社会提供公益服务的事业单位，探索建立理事会、董事会、管委会等多种形式的治理结构”。

2013年11月，党的十八届三中全会通过了《中共中央关于全面深化改革若干重大问题的决定》，提出“明确不同文化事业单位功能定位，建立法人治理结构，完善绩效考核机制。推动公共图书馆、博物馆、文化馆、科技馆等组建理事会，吸纳有关方面代表、专业人士、各界群众参与管理”。

2015年3月，国务院颁布《博物馆条例》，并在《博物馆条例》实施首日对外公布了《关于贯彻执行〈博物馆条例〉的实施意见》，要求“完善以理事会为核心的

博物馆法人治理结构，推动事业可持续发展。推动公众和社会组织参与博物馆的决策和评价，使理事会成为公共参与监督管理博物馆建设发展的纽带，吸纳更多的社会参与”。

2015 年 6 月，国家文物局发布《关于推进博物馆理事会建设的指导意见》，对博物馆理事会建设进行引导，明确了博物馆理事会的职责，同时对理事会的组织结构、博物馆主管部门与理事会的关系进行了明确。

2016 年起，博物馆理事会进入全面实施阶段，部分县级博物馆也建立了理事会。同年，国家文物局会同国家事业单位登记管理局制定《国有博物馆章程范本》，鼓励各地结合实际情况开展多种模式探索，健全博物馆法人治理结构，提升博物馆治理水平。

2017 年 9 月，中宣部、文化部、中央机构编制委员会办公室（以下简称“中央编办”)、财政部等七部委联合印发《关于深入推进公共文化机构法人治理结构改革的实施方案》，部署推动在公共图书馆、博物馆等建立以理事会为主要形式的法人治理结构；同时将法人治理结构建设纳入博物馆运行评估和绩效考评体系，完善监督和激励机制，推动实施方案的落实落地。

这些政策的出台为推进理事会制度的建设奠定了基石，具有非常明确的指导意义。

在政策的引导和支持下，2013 年中央编办在全国博物馆系统确立了两家开展法人治理结构建设试点单位，2014 年 11 月文化部确立了 10 家国家公共文化机构法人治理结构试点单位，2015 年国家文物局在全国选取了 142 家博物馆作为理事会制度建设的探索性试点单位，这些试点单位的设立掀起了我国博物馆理事会制度建设的浪潮。

广东省博物馆在 2014 年 3 月和 8 月先后被确定为文化事业单位法人治理结构试点单位，同年 12 月 31 日召开了第一届理事会成立大会及理事会第一次会议，理事会制度正式建立并运行。广东省博物馆理事会由广东省文化和旅游厅举办，理事会成员 11 名，采用委派或推选方式产生，由举办单位履行任免程序。理事会成员按照“三三制”的原则构成，包括政府部门代表三名，由举办单位函请相关政府部门委派产生；社会公众代表四名，包括专家代表、观众代表，由举办单位推选产生；馆方代表四名，其中馆长一名，为当然理事，其余三名由本馆推选产生。理事会成员的候选人需要符合的条件之一为热心社会公益，热爱文博事业。理事会每届任期五年，任期届满前三个月负责组建下届理事会。

四、当下我国博物馆理事会制度存在的主要问题

目前看来，国有博物馆的理事会花费了时间、精力经过了认真组建，也在博物馆发展方面起到了一定作用，但在博物馆理事会制度创立的初衷“选聘高级管理层，获取经费”方面依然是一片空白。自博物馆理事会制度引入到现在，博物馆界同仁都在持续关注这项事业的进展，从不同角度讨论了中国博物馆理事会制度的现状、面临的问题及原因，给出了深刻的见解。

总体来说，国有博物馆理事会制度建设面临的核心问题是：第一，没有财权，不是经费的主要来源，无法享有话语权；第二，没有事权，人事讨论、岗位聘用，理事会都无法置喙；第三，没有责任，属于无责任主体。只要国有博物馆财政来源于依赖财政拨款，人事任免与事业单位体系相联系，理事会制度就不会真正发挥自己的使命。如何在几者之间达到平衡，以及坚守博物馆作为公共文化服务机构的公益属性，是理事会制度建设中需要解决的重大课题。

五、博物馆如何实现卓有成效的理事会制度

（一）一票否决好过主管部门票数等于有效表决数

博物馆理事会的人数可以少至三人，多至几十人，完全可以根据博物馆自身发展的现实状况来合理配置。理事会人数的多少并不重要，组成人员结构是否合理和科学，才是理事会是否能够真正发挥作用的一个决定性因素。现代博物馆的理事会至少可由三类人员构成：第一类是当然理事，由主办单位、主管单位的代表来担任；第二类是馆员理事，由博物馆的馆长及馆员代表来分别担任，其中馆员理事更多的是代表馆员利益参与理事会决策；第三类是馆外理事，主要是由各行业的社会知名人士担任，主要是为博物馆经费的筹集承担义务。在整个理事会成员的构成中，馆外理事的比例占大多数，应该成为现代博物馆理事会组成的重要特征。馆外理事可以来自大型知名企业，也可以来自非主管领域的政府部门，他们在博物馆理事会的兼职属于公益性的兼职。也要更加重视具有教育界背景的馆外理事的加入，他们的加入对于推动博物馆社会教育的落地和馆校共建，都会提供诸多便利和助益。

公共文化服务机构的改革，不仅与政府职能转型的需要相联系，也与公共文化机构自主权的落实密切相关。因此在改革初期，文化文物主管部门的简政放权是改革的难点和痛点。上级主管部门在向博物馆委派理事的时候，如果一味要在理事会

中占据表决权的大多数，政府表决就等同于有效的理事会决议，不仅是对其他理事的不尊重，也很难发挥理事会的真正作用。对于上级主管部门来讲，宁可选择一票否决权，也不要选择上级主管部门票数等于有效表决数。苏州博物馆的理事会中社会成员占比超过 50%，员工占比 20%，该馆这几年取得的成绩和有效的理事会决策机制是有明显的正向关系的。

制度的设置一方面是去行政化，文化主管部门通过委派理事来行使权利，但另一方面更重要的是要打破官本位的藩篱。一位城市法院的院长出任城市法律博物馆的理事，本来是一个很好的选项，但应首先要求出任理事的这位院长能够从内心深处感受到担任博物馆理事的责任和荣耀，而不首先衡量行政级别的对等。

（二）理事会要有自己的权力底线

博物馆理事会的职责、权利可以罗列几十条，但核心权利如果丧失了，理事会的设置就会形同虚设。理事会的三个核心权利是必须具备的：一是馆长的任命权，二是年度预算、决算的批准权和监督权，三是藏品的征集和处置权。藏品的征集和处置，首先要符合国家的相关法律法规，藏品是博物馆的灵魂，理事会对博物馆系统的藏品征集和藏品体系建设要有具体的规划和实施方案。如果没有上面这三个核心权利，理事会就容易沦为顾问委员会或咨询委员会等咨询组织，而非决策机构。

（三）理事会要有自己的筹资目标

国有博物馆由于主要由财政经费来支持，基本的经费保障短期内是没有问题的，但这不等于理事会就不需要承担筹资的义务。原因在于，政府财政对博物馆免费开放的补贴投入并不是一笔小的开支，加上一些地区的公共文化场馆建设的大规模投入，全部靠财政支出来维持场馆长期运营不是可持续发展的模式。因此，理事会在博物馆资金筹措上要有未雨绸缪的意识。

理事会承担的筹资，一方面可以补充博物馆运营经费的不足，另一方面也是社会力量参与公益文化事业的一个重要指标。其目的是通过鼓励社会力量参与公共文化服务，提高公共文化产品和服务与公众精神文化需求之间匹配的精准度，以此提升博物馆社会服务的效能。

（四）进一步健全博物馆理事会制度的路径选择

一要从法治层面确立博物馆理事会的法律地位。应在未来国家立法规划中提出《博物馆法》的立法项目，以法律形式将理事会制度确定为博物馆管理的一项基本制度，明确博物馆理事会的法律地位，突出强调其博物馆决策机构的法定属性。

二要确立博物馆理事会的职责范畴。通过制定相关行政法规，列明博物馆理事会的基本职能和责任范围，形成昭告社会的“权力清单”；明确理事会所承担的博物馆发展规划制定、重大事务决策、预算管理、馆长和高级管理人员推荐任免、资产和管理事项监督、绩效评估等方面的职权及行使办法。博物馆理事会职权的行使，应受博物馆主管部门监督。博物馆主管部门对博物馆理事会决策的预算、馆长和高级管理人员的任免等采取事前审核或审批方式予以监管，对其他重要事务的决策采取事后备案的方式进行监督。

三要确保理事会组成人员的科学化、多元化。应由博物馆行业主管部门或行业协会组织制定、发布博物馆理事会章程范本，载明博物馆理事会组成人员既要有文物行政部门、博物馆上级主管部门的代表，吸纳教育、研究机构和文化、艺术等方面社会组织的专家学者、专业人士，也要吸纳投资、捐助博物馆的企业家、资助者，还应吸收一定比例的服务对象（如观众、社区工作者）的代表。

四要确保博物馆理事会运行和决策的规范化。为防止理事会的权力被架空虚置或被滥用，保障理事会在博物馆治理中的职能得到有效发挥，理事会的权力运行应当在法定框架内予以规范。一方面，应明确理事会与博物馆上级主管部门的权力界限，特别是馆长的任免、规划和预算的审定等重要决策事项，须严格依照上级主管部门与理事会之间的权力分工来实施，既要确保博物馆治理的自主性，又要监督理事会权力行使的理性化；另一方面，博物馆理事会的议事、决策、监督等，必须严格按照法律法规和博物馆章程确立的准则、规则和程序进行；理事会与作为事务执行者的馆长及管理层之间，也应当依据相应的条规进行工作对接。

总之，博物馆理事会制度的建设发展在欧美国家已经十分成熟，能很好地为博物馆发展服务。但我国引入博物馆理事会制度仍须考虑中国基本国情及国内环境的特殊性，不宜简单地套用国外的组建逻辑和模式。譬如：我们的社会是否已经培育出足够多支持博物馆事业发展的企业、组织？我们国家有能力担任博物馆理事会成员的社会贤达是否热心博物馆事业？中国近年经济发展水平、社会公众智识、社会消费水平等都在持续上升，这些对博物馆事业发展来说，总体态势向好。我国博物馆理事会制度的完善，也要紧密结合社会环境发展水平，制定阶段性目标，量化、细化具体措施，最终实现理事会制度对博物馆事业高质量发展的支撑作用。

深圳市金石艺术博物馆吴强华执笔

博物馆基金会

博物馆基金会主要以接受社会捐赠等方式形成公益资产，通过运营公益资产进行资金的保值增值，然后以各种方式投入博物馆公益事业。从世界博物馆发展历史来看，基金会在其中起着举足轻重的作用。以基金会为主的非政府捐助是国外大多数博物馆运营经费的主要来源之一。2010 年开始，国内的博物馆开始积极探索更为多元的博物馆资金筹措机制。国有博物馆如宁波博物院、故宫博物院、中国国家博物馆、广东省博物馆、苏州博物馆等相继成立了博物馆基金会，用以筹措社会资金支持博物馆事业的发展。但在目前，我国博物馆基金会总体发展仍旧较为迟缓，无论从数量还是资金规模、关联博物馆数量等方面来看，都与国外存在差距，尚且处于初期阶段。

一、何为基金会和博物馆基金会

基金会，是指利用自然人、法人或者社会组织捐赠的财产，以从事公益事业为目的，按照《基金会管理条例》的规定成立的非营利法人。通常可分为面向公众募捐的公募基金会和不面向公众募捐的非公募基金会。

非公募基金会，指不直接面向公众募捐的基金会，类似于国外的企业基金会、家族基金会，主要由特定的群体出资发起，仅在非公众范围的小圈子里定向筹募善款；公募基金会则是面向公众募捐的基金会，有着更高的公众参与度，可以向社会不特定多数人进行募捐。

基金会作为一种基本的社会组织和制度形态，不同于政府、企业，也有别于一般的非营利组织，公益性、非营利性、非政府性和基金信托性是基金会的基本特征。而其所表现出的公益性和非营利性，与博物馆的基本特征有很多相似之处。可见，博物馆与基金会虽为两个不同的概念，却又密切相连。而当它们所承担的角色定位与社会责任发生某种程度上的交叉乃至重叠的时候，我们就需要促成它们二者的合作，达到双赢。我们将那些主要致力于支持博物馆建设、运营的基金会称为博物馆基金会。

二、博物馆与基金会的关系

由于博物馆也同样具备接受社会捐赠的功能，即使这方面的功能并不是经常被实现，这还是会使博物馆或举办方在是否有必要成立基金会上陷入概念上的模糊。常见的问题是：博物馆既然具备接受社会捐赠的功能，为何还需要单独设立基金会呢?

博物馆成立基金会，首先是出于募资行为专业化的需要。传统博物馆虽然也具备接受社会捐赠的功能，但这种功能主要是基于捐赠人的自觉行为，博物馆发生的捐赠内容是以接受藏品捐赠为主，资金上的捐赠少而又少，对于股权和其他形式资产的捐赠，博物馆完全缺乏接受的经验和准备。博物馆设立基金会，将募资行为专业化的同时，也使得募资成为主动吸纳社会公益资金和财富的手段，为博物馆的可持续发展提供能量。

其次，博物馆基金会可以对政府在公共文化领域的财政投入做必要的补充。在过去相当长的一段时间里，我国的国有博物馆运营的主要资金来源于门票收入和国家财政支持。2008 年，国家鼓励国有博物馆逐步免费开放，时至今日，博物馆运营发展所需要的资金非常之庞大，现已实难满足博物馆事业飞速发展的需要。博物馆基金会不仅可以对政府在公共文化领域的投入做必要的补充，也可以为今后经济紧缩环境的到来未雨绸缪，提前做好资金准备。

再次，博物馆基金会将是优秀非国有博物馆成为永续事业的动力来源。非国有博物馆举办者自身的财务状况、对博物馆的思想认识、业务类型等都有可能随着时间而变化，对博物馆的投入往往难以得到长期持续保障。我国早期举办的博物馆中，已经有一些因为企业经营困难、举办人的个人财务状况变化和兴趣变化、举办人和政府等机构的合作方式变化，导致博物馆面临关闭的尴尬境地。优秀的非国有博物馆如果能得到博物馆基金会的支持，可以在很大程度上避免这种情况的发生。

最后，博物馆基金会是社会力量参与博物馆事业的重要形式。目前社会力量参与博物馆事业的形式主要是举办非国有博物馆、博物馆基金会、博物馆的社会化运营这三种主要形式。这三种形式中，博物馆基金会得以规范的法治环境相对最为健全。目前国内的基金会总数已经超过了博物馆的总数，但是我国的现有公益资源大多聚集在传统慈善领域，真正将主要业务范围清晰定位为博物馆的基金会数量少、规模小，真正资助博物馆事业的基金会才十来家，通过成立博物馆基金会，广泛动员社会力量参与博物馆事业可以说正当其时。

博物馆最擅长做什么？从某种角度看，博物馆最擅长的事就是花钱和用钱，就是将有效的资金撒播在博物馆人最擅长的领域——征集、展览、研究、交流上面。博物馆最不擅长做什么？就是找钱和赚钱。因此博物馆需要“借鸡生蛋”，把找钱的事交给基金会，基金会可以弥补博物馆举办人投入难以持续的不足。以非国有博物馆为例，举办者自身的财务状况、对博物馆事业的思想认识、业务类型等都有可能随着时间而变化，对博物馆的持续投入是难以保障的，而基金会的经费来源和投入方向相对稳定。通过基金会来筹集所需资金，同时把赚钱的事也交给基金会来干，通过专业理财来“钱生钱”。另外，博物馆通过基金会可以在经济环境较好的时期多筹集一些资金，并且通过基金会的独立运行，为基金会的公益资产实现保值增值。

然而目前，我国博物馆的基金会数量少、规模小。原因在于：第一，基金会很少关注到博物馆；第二，博物馆很少主动向基金会推介自己、寻求帮助；第三，具有广泛社会影响力的博物馆数量还是不多，呈现不均衡即强者愈强、弱者愈弱的状况，头部博物馆不缺基金会支持发展越来越好，中下部博物馆得不到基金会支持无法提升社会影响力，大部分博物馆无法得到基金会的关注；第四，博物馆在主动向社会和基金会证明自己的真正价值方面，做的还是不够，基金会无法量化衡量投入所得的社会效益回报。

三、博物馆与基金会的合作模式

（一）博物馆举办者、其他人或机构等直接设立博物馆主题的基金会

北京故宫文物保护基金会是国内首家国家级博物馆基金会，于 2010 年 10 月 10 日正式成立。故宫文物保护基金会属于非公募基金会，是由故宫博物院发起，由八位企业家以自然人或企业法人身份参与的独立运营组织。八位发起人每人出资 200 万元，募资 1800 万元。其宗旨是维护和扩大故宫博物院藏品和建筑，为故宫博物院

学术研究和公众服务提供支持，并扩大故宫博物院国际、国内影响力。2019 年 3 月，龙湖集团捐资 1 亿元，在故宫文物保护基金会下面设立“龙湖—故宫文化基金”，助益故宫博物院文保事业发展，在文物保护和修复、文化遗产研究与利用、重要藏品征集、中华优秀传统文化传播等领域发挥效能。从公开资料来看，故宫文物保护基金会的资金筹措是非常成功的。

（二）博物馆自身直接设立博物馆主题的基金会

广东省博物馆事业发展基金会于 2012 年 10 月 23 日由广东省民政厅批复成立，该基金会属地方性公募基金会，是全国国有博物馆成立的首家公募基金会。该基金会以整合社会资源关注文博事业，为广东省博物馆开展各项公益活动提供资助为宗旨，为开展文物征集、收藏、保护、研究、展示、教育等公益项目提供资助。广东省博物馆事业发展基金会无疑是目前全国博物馆基金会中业务开展最好的基金会之一。其自成立以来，每年都发布公益资助项目的结项结果公示。资助类型从展览、藏品保护与管理、教育培训、科研到出版等，涉及博物馆事业的方方面面，唯一不足的是对非国有博物馆的上述项目资助稍显不足。

（三）非博物馆主题的基金会在捐助和业务范围中设立博物馆内容

深圳市慈善会·文物保护公益基金于 2019 年 3 月由深圳金石文化资产管理有限公司发起成立，经深圳市慈善会批准成立，是全国慈善系统第一家专注于文物保护和博物馆事业的公益基金。该基金旨在科学传承、弘扬中华优秀传统文化，致力文化遗产的保护与研究，努力推动博物馆领域的社会公共文化服务。深圳市慈善会·文物保护公益基金通过联合大型国有银行，利用成熟的金融理财产品，嵌入有效的慈善捐赠机制，让更多富有文化和爱心的社会人士加入文物修复和保护事业中来。基金成立后，通过中国建设银行深圳分行发行了两期理财产品，分别是“乾元—爱心捐赠”理财产品 2019 年第 2 期和“乾元—爱心捐赠”理财产品 2019 年第 4 期，两期产品合计发行 11.74 亿元，共有 3629 位理财产品的投资人参加了捐助，募集慈善捐助资金 91.3 万。上述捐助资金分别资助了南山区铁炮文物修复和保护、深圳地区石刻题记抢救保护调查工程两个项目，在原来文物保护完全依赖政府拨款的基础上，开拓了一条通过专业公益机构协作分工，将原来默默无闻、不被人关注的文物保护事业，转化为有广泛社会参与度的公共文化行为。慈善募资产品化、公益捐赠碎片化、项目保护专业化是这个基金会的最大特点。

从深圳市慈善会·文物保护公益基金成立后的运行情况来看，募集资金的投向主要是资助国有文物保护事业，并没有直接资助非国有博物馆自身的发展，这其中固然有基金管理人的情怀因素，但可能更多的是因为非国有博物馆在整个基金捐赠体系中的影响力、公信力还有待提升。

四、博物馆设立基金会的一般程序

根据捐赠对象的不同，基金会可以分为面向公众募捐的公募基金会和不得面向公众募捐的非公募基金会。这两种基金会很难说孰优孰劣，要根据自身的需要来成立。目前，全国性公募基金会的原始基金不低于 800 万元人民币，地方性公募基金会的原始基金不低于 400 万元人民币，非公募基金会的原始基金不低于 200 万元人民币。公募基金会和非公募基金会的区别，并不仅仅在于原始基金的金额上，还在于每年用于从事章程规定的公益事业支出比例上。公募基金会每年用于从事章程规定的公益事业支出，不得低于上一年总收入的 70%；非公募基金会每年用于从事章程规定的公益事业支出，不得低于上一年基金余额的 8%。

在目前基金会制度下，博物馆成立基金会要充分地论证这两种类型基金会的利弊，不仅要考虑募资的有效性，也要权衡支出的有效性，选择适合自身需要的基金会类型，有效地满足博物馆的发展需要。目前来看，非公募基金会对基金会的运行、募捐、支出等方面的要求相对较低，博物馆一般会优先考虑设立非公募基金会。

博物馆设立基金会的一般程序：（一）决定基金会的宗旨。每个基金会应该有一个表述存在原因的落在纸面的宗旨。（二）组建理事会。初始的理事会将通过规划和筹资帮助工作团队把基金会背后的想法变成现实。随着基金会的发展成熟，理事会的性质和组成人员也会改变。（三）起草章程。章程是理事会的运营规则，应该在基金会早期发展过程中由理事会通过。（四）准备注册需要的原始基金，原始基金必须为到账货币资金。（五）选择一个业务主管部门，获得业务主管单位同意设立的文件。博物馆基金会的业务主管部门通常为博物馆的业务主管部门，例如各地的文物局、文旅局等。（六）寻找办公场所，招募合适的工作人员。（七）填写法人登记申请书，确定在哪个民政部门登记，向民政部门提交法人登记申请书。国务院民政部门和省、自治区、直辖市人民政府民政部门是基金会的登记管理机关。

五、基金会与博物馆融合发展展望

博物馆基金会现今仍然处于一个初期发展阶段，许多内容和方向还在探索之中。但可以预见的是，博物馆基金会未来必将迎来新一轮发展的高峰期。原因在于：一是我国国民财富不断增长，人们对文化生活的向往必将不断升级迭代，这将成为博物馆基金会繁荣与发展的宏观物质背景；二是基金会和博物馆数量的持续增加、公益市场的蓬勃发展，对博物馆基金会的需求将不断增强，这是博物馆基金会发展的行业背景；三是博物馆基金会将为博物馆和基金会带来正向收益，为博物馆基金会长期发展提供保障。互利共赢的内在机理使得博物馆基金会未来的发展值得期待。

目前国内的基金会很少是靠财政资金来发起成立的，但是与博物馆相关的十来家基金会，几乎都是由政府财政资金资助发起或者由国有博物馆的财政拨款成立的，从根本上违背了基金会组织有效利用社会财富来资助公益事业高质量发展的初衷，这也是博物馆基金会无法得到发展的根本原因。预期在未来几年出现的博物馆基金会，发起主体上将不再单纯依靠财政资金发起。

博物馆基金会以自主筹集等方式获得资金，一方面帮助博物馆更好地实现自身职能和永续发展的愿景，另一方面也帮助资助者实现自我价值，提高全社会的文化归属感。随着我国博物馆社会服务的效能不断提高、公益影响力日渐增强，特别是在国家重视第三次分配作用的战略背景下，为有效实现“第三次分配”税收减免、抵扣配套政策的逐步完善，一定会有越来越多的博物馆设立符合自身发展需要的基金会。

深圳金石艺术博物馆吴强华执笔

博物馆志愿者

近年来，各地博物馆的志愿者在公众服务领域发挥了很大的作用，志愿者的多元性为博物馆注入新的生机和活力，对博物馆形象的提升也是很有利的，志愿者已成为博物馆服务不可或缺的一支重要力量。志愿者是较为特殊的人力资源，目前国内博物馆志愿者队伍及服务质量参差不齐，管理与服务缺乏标准化、规范化，一定程度上制约了志愿者服务水平的进一步提升。因此健全机制，科学管理，逐步使博物馆志愿者服务向制度化、法治化方向健康发展是博物馆志愿者工作的重中之重。本文将从博物馆志愿者定义、志愿者招募、志愿者管理、志愿者工作反思几个方面进行阐述，希望能为博物馆志愿者管理提供理论和实践的依据。

一、博物馆志愿者

志愿服务是利他行为的一种体现。博物馆志愿服务由于其服务的地点和人群的特殊性，使得博物馆志愿者既有所有志愿者的共性特点，也有自己的特性。

（一）志愿者定义

对于志愿者的定义，由于服务情况不同，国际和国内的志愿者定义也会有所差别。联合国对志愿者的定义为：自愿进行社会公共利益服务而不获取任何利益、金钱、名利的活动者。

在中国，志愿者是指在自身条件许可的情况下，参加相关团体，在不谋求任何物质、金钱及相关利益回报的前提下，在非本职职责范围内，合理运用社会现有的资源，服务于社会公益事业，为帮助有一定需要的人士，开展力所能及的，切合实际的，具一定专业性、技能性、长期性服务活动的人。志愿者也叫义工、义务工作者或志工。

（二）博物馆志愿者定义

博物馆志愿者，即义务为博物馆工作的人员，指不计报酬，利用自身的特点，结合博物馆的需求，自愿参加博物馆相关工作，为博物馆提供服务，使自身某方面的价值得以体现的社会个体或群体。

（三）博物馆志愿者的历史

因国家的情况不同，博物馆的发展情况也会有所差距，我国的博物馆与欧美一些发达国家博物馆相比，还有一些差距。欧美博物馆志愿者工作开展较早，已经有完善的体制与制度。我国大陆地区博物馆志愿者工作起步晚，因此应汲取欧美的经验，再结合我国的实际情况，对我国博物馆志愿者工作进行探讨。

1. 国外博物馆志愿者的发展

国际博物馆志愿者服务大约起源于 20 世纪初。1907 年，美国波士顿艺术博物馆开博物馆志愿服务之先河，率先启动志愿者工作。但其成为制度化而普遍为博物馆所采用，是近几十年的事。志愿者的发展已经成为博物馆生存和发展的重要组成部分，尤其是美国人认为“博物馆作为一个人们可以属于它，并每年为它付出认捐额的机构”，志愿者与博物馆职员一起，担当相同的工作。以美国为例，早在 1991 年进行的一次比较全面的调查显示，全美博物馆专职工作人员人数为 15 万人左右，志愿者数量大约 38 万人，是专职工作人员人数的 2.5 倍或者更多。而英国等其他西方国家，由于志愿者是博物馆的重要组成部分，有着举足轻重的作用，博物馆志愿者也逐渐形成自己的制度和模式。

2. 我国港台地区博物馆志愿者的发展

我国港台地区的博物馆志愿者的探索与实践相对较早，如今已经形成了系统、有组织、有规章的稳步发展的状态。

香港地区的义务服务开始较早，服务的领域广、志工人数多是香港志工的特点。香港早在1960年就成立了由政府拨款资助的较大志愿团体——香港青年协会。1970年香港就成立了专门负责志愿者工作的义务工作协会，后改名为“义务工作发展局”。截止到2021年6月，香港特区在册志工人数达到136万多人，每10位香港市民中就有2位志愿者。志愿服务成为香港青年的常态。香港科学馆于1992年3月开设志愿者服务，包括导览服务、实验班服务、小型科学示范、协助推广科技活动四类。香港科学馆的招募周期根据该馆志愿者人数情况进行调整，当在岗服务的人数少于100人时，将启动招募。香港科学馆志愿者培训涵盖三个方面，包括专题展览、科学讲座、实验班培训。

台湾地区自20世纪80年代开始了博物馆志愿者的相关工作。台北故宫博物院1989年率先开展了第一批志工的招募与培训。同年7月便发布了用以规范志工行为的《义务服务人员实施要点》。次年，更为系统的《志工管理工作要点》随即公示。台中自然博物馆目前拥有一支1000多人的志工队伍。2001年台湾地区志愿者相关规定正式颁布，台湾地区的志愿者工作有了具体的规范依据。

3. 我国内地博物馆志愿者发展

我国内地最早的博物馆志愿者工作出现在1986年的北京自然博物馆、鲁迅博物馆与景山学校的合作中，这一次合作也标志着志愿者助力博物馆运营实践在我国内地博物馆的开始。此后，我国内地博物馆陆续开展相关志愿者服务。湖南省博物馆，上海博物馆和吉林大学博物馆分别在1988年、1996年和1998年创建了博物馆志愿者队伍。1990年中国科技馆与北京市五十六中开展志愿服务合作。

2002年3月6日，当中国国家博物馆的志愿者招募启事被刊登在《北京晚报》上时，博物馆才算得上真正公开面向社会范围进行志愿者招募。当天下午3点半接到第一个咨询电话，在10天报名期内共接到2000多个咨询电话，现场560多人报名，220人参加口试和笔试，最后150人通过笔试、面试参加为期2个月的培训，最后76人通过考核，成为中国国家博物馆第一批正式的志愿者。

2008年全国博物馆实行免费开放政策，掀起参观浪潮后，志愿者在博物馆中协助日常运营的重要性逐渐得到体现。

截至2021年7月，全国已备案博物馆达5788家，根据中国博协的抽样调查，全国有将近80%的博物馆拥有志愿者团队。

（四）博物馆志愿者的重要性

志愿者对博物馆的发展和日常运营是非常重要的，他们是博物馆正式员工的重要补充，提升了博物馆项目的质量。此外，通过志愿者服务，博物馆能进一步走近社会群体，走近观众，而促进博物馆与社群之间技能和知识的双向交流。

要充分意识到，志愿者与正式员工相比，在年龄、文化背景、社会经济背景和教育水平等方面都可能不尽相同。正因如此，他们能帮助员工队伍实现多元化，并提供范围更广的技术支持和投入更大的热情。

博物馆志愿者某种程度上是博物馆专业人员和普通观众之间的桥梁和纽带，如果可以有效地运用志愿者的人力及物力等相关的社会资源，博物馆就可以提升对公众的服务品质，扩大服务的领域。

二、博物馆志愿者招募

国内大多数博物馆志愿者都是通过招募而来，一个团队的志愿者服务质量与招募工作落实与科学推进有密切关系，如何更高效地进行招募，根据博物馆需求制订招募计划，科学地组织简历筛选及面试等招募工作，成为博物馆志愿者工作的重点。

（一）招募原则

首先要明确志愿者不能代替员工，博物馆也不会招募志愿者来代替员工。

国内博物馆在招募志愿者时，均要求申请者需遵守国家的法律法规，身心健康，热爱祖国传统文化，热心公益事业，愿意奉献业余时间，具有团队协作精神，能够自觉遵守各馆的志愿者章程，服从志愿者服务队工作安排，弘扬和传播优秀历史文化。

对于志愿者招募年龄，国内省级博物馆均招募 18 周岁以上的志愿者，如故宫博物院招募年龄为 20—60 周岁，南京博物院招募年龄为 22—62 周岁，陕西历史博物馆招募年龄为 25—68 周岁，广东省博物馆及湖南博物馆招募年龄为 18—65 周岁。以成年人为主体的志愿者团队人员流失率低，且成年志愿者在应对馆内相应突发情况时有更沉稳的表现。

而大部分博物馆要求儿童和青少年（18 岁以下）只能在得到许可的项目或博物馆为他们定制的项目中提供志愿服务。

除有年龄要求外，在招募中需告知申请者志愿服务时长要求，让申请者了解加入该组织后每年需完成的志愿服务工作量，更好地评估自己是否可以胜任该服务，也更有利于志愿者队伍的稳定性，降低流失率。

（二）招募流程

1. 发布招募公告

博物馆招募志愿者时，尽可能在博物馆网站及官方媒体上公布招募信息。目前国内省级以上博物馆志愿者服务队，如无特殊情况，每年均会面向社会进行志愿者招募。招募时可以给出具体的时间周期，有利于组织后续的简历筛选。招募公告应涵盖队伍简短介绍、招募岗位、岗位介绍、招募人数、招募年龄范围、招募工作时间安排表以及服务时长要求等相关信息。

招募公告中要涵盖报名表，而志愿者报名表的设计是非常重要的，报名表中所预设和罗列的填报项目，要体现博物馆主观意识，要申请者明晰相关内容，报名表是博物馆对申请者简单了解和综合能力测评的重要依据。因此，填报项目的精细化及问题设定方式的均衡化设计，有助于审核者进行有针对性的量化评估，并在一定程度上降低人为主观因素的干扰。

以广东省博物馆为例，志愿者报名表除了常规个人信息填写外，还设置开放性的问题，给予申请者充分的自荐机会。

2. 报名表筛选

志愿者报名表筛选前要制定合理的筛选制度，一般志愿者队伍更倾向于招募有文博工作经验者、教育工作经验者、社会志愿者工作经验者，以及历史、考古、外语、艺术或社会学等相关专业工作经验者。要充分吸收各行各业的志愿者，丰富志愿者人员结构。还要关注申请者所服务的时间、专业技能等是否与本团队本年度招收重点一致。

随着近些年博物馆志愿者服务关注度的增加，报名志愿者服务的申请人也越来越多，广东省博物馆在2019年收到2085份报名表，2021年收到2266份报名表。

报名表筛选是一项巨大的工作，负责管理志愿者工作的博物馆工作人员与志愿者服务队管理成员有序地共同完成报名表的筛选工作。对于报名表进行严格审核和遴选，可以从志愿者源头进行严控。

从申请人中选择部分人士进行面试，以确定其是否适合作为博物馆的志愿者。

博物馆对这些申请人是否合适成为本馆志愿者有最终决定权。如广东省博物馆2021年志愿者报名表筛选工作，2266份报名表中有524份通过筛选进入到下一轮面试环节。

3. 面试和口试

志愿者招募过程中的面试和口试，是筛选志愿者一个非常关键的环节。因为根据以往的经验能够在面试过程中表现优秀的申请者，在后来志愿者服务中大多都有较好的表现，能尽快适应所管理部门的要求，团队协作意识较强。而通过面试可以淘汰自由散漫、纪律性较差、与本团队价值取向反差较大的申请者，可提升团队整体服务水平。

根据所报名岗位不同分组进行面试及口试，面试的重点不是看重申请者的形象，而是根据所申请的岗位考查其综合能力。有针对性地设计面试问题，通过问题回答情况来评估其是否胜任该岗位。面试问题的设置要全面，综合考量申请者的应变能力、口头表达能力、团队协作与情绪控制能力、责任意识、基本工作技能掌握程度等。最好给出每项的评分标准及分值，便于面试官给出合理分数，并做好登记留档，以备之后申请者对面试结果存疑使用。

在进行志愿者面试时，最好专门设计面试评价表给面试官使用，表格清晰标明评分标准、评分项及面试问题。可根据不同职业背景的申请者设置不同的问题，比如在口头表达能力考核方面，可区分设置常规、在职人员、应届毕业生及退休人员问题。而在团队协作与情绪控制能力考核方面，可设置个人定位、冲突处理、情绪管理相关问题，考核申请者对于工作安排的服从性，协调处理志愿服务、本职工作与家庭生活的能力，提供组内或面对大众服务时的情绪控制能力。

4. 实习、考核及上岗

通过面试的申请者并不意味着成为正式的志愿者，作为博物馆志愿者申请者最好能在培训（后文会做详细阐释）、实习、考核后再进行上岗。

目前各省级以上的博物馆志愿者团队均会设置志愿者实习期，安徽博物馆志愿者章程中就明确写出招募志愿者培训、考核合格后进入实习期，台湾科学工艺博物馆在志工征募配置训练实施要点中明确实习期两个月。

而实习期的长短，其实也可决定志愿者队伍的稳定性。实习期主要考核的是志愿者申请者服务的持久性，绝不是三分钟热度来报考该组织。博物馆在志愿者招新过程中投入了大量的人力、物力等，希望留下的是可持续服务的志愿者。如广东省博物馆志愿者服务队自2010年开始建队招募志愿者就开设实习期，实习期一个月。自2016年开始，对招募志愿者的实习期进行了改革，由原来的一个月改成了四个月，包含了见习、考核和实习三个环节，并对每个环节设置具体的任务量。实习期延长，但每年的流失率却大大降低，由原来30%降低至10%左右。

志愿者申请者在实习期主要是观摩及学习，完成实习期任务者可参与考核，招募期间的考核是非常重要的环节，确保考核的公平公正，考官由博物馆馆方人员、志愿者管理小组成员和优秀志愿者共同参与。

实习期表现良好，完成相应任务，通过考核且服务时间与质量达到要求者，参加上岗仪式。

上岗仪式要庄重而又有仪式感，要对招新工作进行回顾，往届在册志愿者发表感想，接下来颁发正式志愿者证件，颁证后进行宣誓，承诺尽己所能，不计报酬，帮助他人，服务社会，践行志愿精神，传播先进文化，为建设团结互助、平等友爱、共同前进的美好社会贡献力量。

三、博物馆志愿者管理

志愿者管理有别于公司等其他组织管理，主要是由于志愿者为不受薪群体，且大家的职业背景、受教育程度各不相同，对于博物馆志愿者的管理更多要以实现自我管理、自我监督和自我教育为最终目标。

（一）博物馆志愿者管理团队组织架构搭建

随着近些年博物馆志愿者服务关注度增加，各博物馆志愿者人数也在逐年增加。而目前国内各博物馆负责管理志愿者工作的馆方人数较少，为了更好地管理志愿者团队，增强博物馆志愿者的自觉主动意识，各博物馆均会成立志愿者管理委员会或志愿者管理小组。

博物馆志愿者管理委员会是自主管理的，协助博物馆开展活动并分担一些管理职责。管理委员会成员应负责协助博物馆每年招募新人志愿者，组织、安排新人志愿者的岗前培训和服务期培训；确定不同组别新人志愿者的见习期和实习期的考核要求；协助博物馆对志愿者进行日常管理；组织策划志愿者的各项活动；协助博物馆对全体志愿者工作的年度考评和总结；每季度召开工作会议讨论志愿者服务队的各项事宜；向全体志愿者做年度工作报告，汇总、反馈志愿者的意见和建议；每年

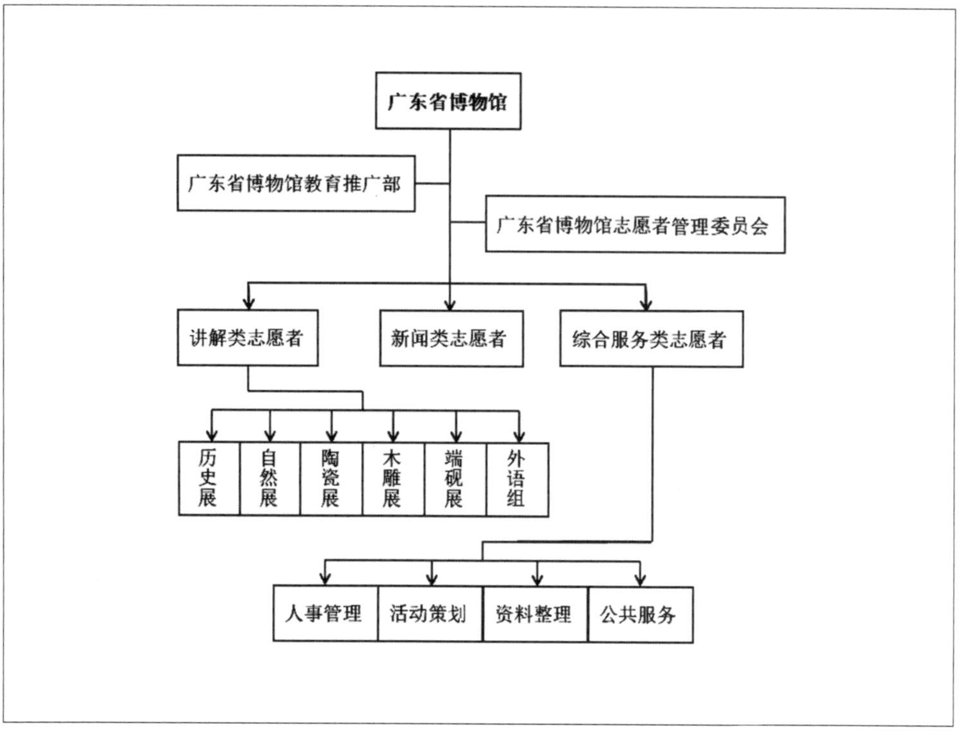

图 1　广东省博物馆志愿者服务队管理组织架构图

组织一次志愿者工作情况问卷调查；等等。志愿者管理委员会成员明确具体工作职责，便于有针对性地协助管理，提高工作效率。

（二）博物馆志愿者培训与考核

博物馆都非常重视志愿者的相关培训，良好的志愿者培训会显著提高志愿者团队服务水平。对于新老志愿者，在培训课程实施方面要有区别。

1. 新人志愿者培训

国内外博物馆均把新人志愿者培训工作作为重点。如波士顿美术博物馆所有志愿者小组新成员都将由专业的博物馆导师进行培训。培训计划非常密集，每周培训7—15 小时，持续 3—4 个月。大英博物馆会根据志愿者承担的不同角色，志愿者办公室或其所属部门将提供相应的岗前培训。培训内容包括岗位职责概况及预计服务时间、所有空间或设备供应的细节以及相关的健康和安全信息等方面。

在我国台湾地区，无论从事何种志愿服务，都要参加一个共同的基础培训。培训内容由台湾地区志愿服务的主管机关制定，包含了志愿服务内涵、志愿服务理论、自我了解及自我认定、志愿服务经验分享、志愿服务法规认识、志愿服务发展趋势六个方面。台湾地区博物馆志愿者职前培训是在结束基础培训后，开展具有针对性的专业培训。培训内容包含博物馆概况介绍、服务须知、考核管理、奖励制度、讲解技巧、展览内容等方面。

我国大陆地区博物馆志愿者管理部门和志愿者服务应视通过面试的申请者人数和工作需要组织相关培训和业务观摩，使申请者尽快熟悉博物馆历史概况、志愿者服务队管理的规章制度、志愿者日常工作内容、工作服务流程及专业背景知识。通常对通过面试的申请者进行的培训称为岗前培训，培训内容包括博物馆业务知识培训、服务礼仪培训、讲解技巧培训、博物馆规章制度培训、志愿服务相关法律法规培训等方面。

由于志愿者申请者的非专业性和个体的独立性，因此制定系统而有针对性的培训方案，对于申请者来说可以更快速地了解服务岗位，提升博物馆公共服务意识。

2. 在册志愿者培训

除了针对新人志愿者的培训外，每年博物馆还应为在册志愿者提供定期专业培训。可对在册志愿者进行文博知识、历史知识、文物常识、藏品管理征集情况、陈列展示、展览导赏、博物馆教育等方面的培训。对于志愿者的培训，不应该是所管理志愿者一个部门的工作，应该是全馆各部门专家共同完成的一项工作。其培训可由博物馆的馆长和部门主任、教育专家、策展人和馆内各领域专家共同完成。所有的授课老师尽可能讲授最新的学术成果，以及在博物馆工作过程中积累的广泛知识，培训课程包括讲座、导赏、研讨会等多种形式。

而经过定期专业培训的志愿者，他们可以通过不断学习最新的学术成果，开阔视野，得到自我提升。对于志愿者而言，他们乐于参加博物馆专业的有针对性的培训。对于博物馆而言，提供专业培训后，志愿者的服务更具有专业性，避免对观众误导，提高突发情况的应对能力。某种程度上，志愿者也是一个博物馆的形象代言人，所以具有专业性的服务势必会增加公众对博物馆整体形象的认可，进而会促进更多公众认可博物馆志愿者，从而激发志愿者的服务热情。

3. 在册志愿者考核

博物馆志愿者日常管理中，对于志愿者服务工作量要有基本的考评要求，目前国内外各博物馆对于志愿者服务工作量有自己的标准，有时长或者天数的要求。如美国大都会博物馆要求每位志愿者全年提供每周 3 小时的工作日服务，或每隔一周提供 3 小时的夜间或周末服务。南京博物院对于志愿者有每周志愿服务一次，每次时间不少于 3 小时，每月不少于 12 小时，每年累计不少于 144 小时的要求。湖南省博物馆对于志愿者有每年完成 24 天服务的要求。无论何种要求，其目的都是考核志愿者的出勤与服务情况，并作为年度续证及奖励的依据。

随着博物馆志愿者服务岗位的多元化，志愿者的考核因涉及的服务岗位种类多，所以在志愿者考核制度上也可进行细致的划分，根据岗位不同设置不同的考核标准，此种方法有利于有针对性的考核，确保志愿者服务的专业性及可持续性。考核一般按照一年周期进行。

（三）博物馆志愿者服务守则制定

志愿者在一个组织内进行服务，就要遵守该组织的服务守则。对于博物馆的志愿者而言，志愿者虽然是不受薪的博物馆工作人员，但博物馆志愿者服务时并不是只代表其个人，某种程度上他们代表着该博物馆的形象，所以对于博物馆志愿者要有规范的服务要求。

我国博物馆志愿者服务的工作范畴，可以用“导览撑起半边天”来形容，其志愿者大多数从事包括讲解和咨询在内的导览工作，也就是大多数的志愿者不只是服务，还带有主观意识的宣讲，所以对于博物馆志愿者要制定详细的服务守则，包括时间要求、着装要求、保密要求及相关注意事项要求等。

（四）博物馆志愿者的权利与义务

博物馆志愿者应与博物馆受薪雇员一样受到平等、合理的对待。博物馆志愿者的权利应该视同受薪工作人员除去其享有的薪酬之外的所有“其他权利”。志愿者的“权利”绝不能薪酬化。如加拿大皇家安大略博物馆承诺为志愿者提供有益而充实的体验、提升知识和个人能力的机会及社区活动的参与；把志愿者当作团队重要成员一样尊重和对待；了解博物馆的使命、愿景、价值观和目标；透明而公平的招募、选拔和筛选程序，提供与其职位相关的工作描述、入职介绍、培训和指导；明晰的管理措施和程序；对志愿者的工作情况给予支持和反馈；认可志愿者的贡献；互助式的、安全的工作环境；试用期结束后，志愿者利用身份证章进入博物馆各展厅和参观特别展览，获得博物馆礼品店 10% 的折扣，以及其他当地景点的互惠福利。而国内博物馆志愿者的权利在章程中会详细说明，大多包含免费参观博物馆的各种收费展览，相关的讲座、导赏等，优先获得专家系统培训的机会；凭证在商店、餐厅享受与馆内带薪职员的同等折扣；享受停车场免费停车；等等。这些权利都和薪酬无关，但是让志愿者可以感受到尊重，要明确志愿者绝非最低级别的博物馆员工。

博物馆应重视志愿者的付出，并尊重他们的意见。博物馆应与志愿者共同商议所有对志愿者服务工作有重大影响的问题。而权利和义务又是相对等的，作为博物馆志愿者要履行相应的义务，博物馆与志愿者之间实际上存在着一定的契约关系，博物馆为志愿者提供了服务的必要条件，志愿者也要完成承诺的服务及相应的义务。在一个博物馆志愿者团队成立之初，最重要的是要有团队的章程，章程应根据本馆情况详细列出志愿者的义务，此义务标准是作为衡量志愿者是否适合在该团队服务及是否劝退的重要依据。

（五）博物馆志愿者表彰及激励措施

有效的志愿者激励制度，可提高志愿者的服务质量，激发志愿者的服务热情。博物馆志愿者的表彰与激励以精神奖励为主，在条件允许的情况下辅以适当物质奖励。表彰与激励在于表彰和激励积极的志愿者与团队，弘扬志愿服务精神，培养博物馆志愿者团队的归属感、荣誉感。鼓励志愿者在博物馆长期从事志愿服务，不断累积博物馆相关文化知识。应对长期进行志愿服务且表现优异的志愿者予以宣传推介。以登记记录的服务时间为主要依据，每年定期开展志愿者评奖评优活动，颁发荣誉证书并予以适当奖励。结合志愿者评优活动，根据志愿者在博物馆服务期间表现，积极推荐参加优秀志愿者评选。博物馆志愿者管理过程中制定一套积极有效、公平的评选机制是非常必要的，尽量淡化奖励过程中的物质奖励，强调志愿者的心理需求、志愿服务意识、个人成就感、自我实现等精神方面。

除集中表彰外，日常管理中，还应经常对志愿者进行激励。志愿者激励的最终结果是要通过影响志愿者的实际个人需要，从而提高其参与服务的积极性和专业性。博物馆志愿者管理经费有限，博物馆可通过各种渠道，组织志愿者参与一些不同于普通观众的参观学习，使志愿者可以充分享受博物馆文化资源。可组织志愿者参观考古工地、其他博物馆展览、文物保护中心探秘学习，等等。志愿者在活动中，可了解更多专业的文博知识，某种程度上也提升了志愿者的专业服务质量，促进了志愿者团队的成长，属于一种互利的激励活动。

（六）博物馆志愿者退归队机制

博物馆志愿者团队与其他志愿组织在管理方面有很多的不同点，对于志愿者的专业性服务要求更高，有服务时长和规章制度的要求。那么每年有完成服务进行续证的志愿者，必然就会存在每年因各种原因无法完成任务或者违反相关规定不能续证的志愿者。为了维护正常志愿服务秩序，规范博物馆志愿者退出和回归流程，博物馆志愿者团队需制定退归队的实施细则。

广东省博物馆志愿者服务队根据本馆志愿者服务特点，有针对性地制定了《广东省博物馆志愿者退归队实施细则》，细则中根据多年的志愿者退归队情况总结，将退队情况分为三类：自主申请退队、自然退队、劝退退队。自主申请退队是指志愿者因为个人工作、学习或生活等原因，主动向志愿者服务队提出退队，终止志愿者资格的行为；自然退队是指志愿者因为不满足年度续证条件而产生的退队情况；劝退退队是指志愿者服务期间，因为违反相关规定，或能力、态度等原因导致其被认为不宜担任志愿者工作，经审议后由馆方取消志愿者资格的行为。

退队情况不同，流程也不相同，对于自主申请退队及自然退队的操作流程，基本是核实确认、交接资料、退队办理三个流程。但劝退退队流程就更为复杂，因其涉及志愿者非主观意愿的退队，劝退流程分为提议、调查、审议、通知、申诉、复议、劝退处理。为确保其公平、公正，退队审议机构成员也做出了明确的规定，人员包括馆方代表、志愿者服务队队长、志愿者服务队副队长、人事组组长、志愿者所属组组长、志愿者所属组组员代表。审议小组成员要对被劝退志愿者的服务行为按照劝退流程进行综合审议并做出决定。

有退出也有回归，广东省博物馆志愿者服务队近几年陆续收到当年因各种原因退队的志愿者的归队申请，因此在该细则当中详细地写明归队流程，对于自主申请退队和自然退队的人员，以是否曾在队伍连续服务满五年为界定，进行流程区分。而对于被劝退志愿者，情节一般者，三年内不得申请广东省博物馆志愿者；三年后申请，按照广东省博物馆志愿者服务队招新流程进行。情节特别严重或累计达到被劝退两次及以上者，终身不得申请广东省博物馆志愿者。

退归队机制实际上是体现一个管理制度的完善程度，广东省博物馆志愿者团队志愿者整体素质高，服务意识强，虽退队的劝退机制已经完善，但是至今还未启动过劝退机制。

总之，博物馆志愿者的职业背景不同，成为志愿者的理由不同，爱好特长不同，专业也不尽相同，这些特点决定了志愿者管理的特殊性，既要强调统一和团队精神，也要对个人充分尊重和理解，增加人文关怀，博物馆志愿者管理是需要管理者用心管理、认真思考，并真心付出的事业。

四、博物馆志愿者工作反思

（一）存在的问题

纵观我国博物馆的志愿者工作，目前还有很多等待解决的问题，我国博物馆志愿者工作起步较晚、队伍新、基础差、整体水平不高。国内还没有相关的博物馆志愿者行业标准，以及统一的激励办法。其他国家的博物馆志愿者管理办法及激励措施因地域和文化等方面的差异，不能完全适用于国内的博物馆。

我国各博物馆志愿者队伍及服务质量参差不齐，管理与服务缺乏标准化、规范化，一定程度上制约了志愿者服务水平的进一步提升。很多博物馆志愿者来源单一，由在校大学生或者退休人员组成，流动性较大且缺乏稳定性。大多数博物馆提供给志愿者的服务岗位单一，集中于讲解、导览岗位，不利于志愿者综合能力培养及队伍的稳定。对于志愿者培训的重视程度也不高，很多博物馆重使用，而轻培训，不利于志愿者服务水平的提高。而各馆志愿者管理者很多是由宣教部门人员进行兼职，除管理志愿者外还要处理其他大量工作，对于志愿者管理的重视程度不够。

（二）对策

建立健全志愿者管理制度，完善的制度和有效的管理是博物馆志愿者工作的基本。只有通过有效的科学管理，才能将具备各专业特长的志愿者凝聚起来，一起推动博物馆公众服务发展。博物馆应在本馆《志愿者章程》的基础上，制定具体的管理细则。

博物馆应为志愿者提供更多的服务岗位，除讲解导赏外，可提供观众指引、前台咨询、教育策划、社会调查、活动协助、外语翻译、残障人士服务、新闻宣传等多方面的服务内容，充分利用志愿者的行业知识、经验、兴趣和热情，提高博物馆整体公共服务水平。

重视志愿者培训，提高志愿者素质，开展灵活多样的培训，可进一步提升志愿者整体服务水平。建立合理的志愿者激励措施，根据他们的动机、需求与期望采取多样化的激励措施，都有助于提升博物馆志愿者的自我管理能力。

志愿者对于博物馆而言，不仅是难得的人力资源，还是非常重要的智力资源。博物馆与志愿者之间的关系需要更为灵活地定位，才能更长久地保持志愿者队伍的稳定性及志愿者服务的回馈性。对于博物馆而言，要牢记志愿者不是在为一个机构服务，他们是在为社会服务，博物馆只是为志愿者搭建一个服务平台，志愿者服务机制越完善，就越能够推进社会的进步与发展。

广东省博物馆于婧执笔

博物馆慈善组织认定

国家文物局最早在 2017 年 7 月的《关于进一步推动非国有博物馆发展的意见》中提出了“支持非国有博物馆依法申请登记为慈善组织，接受社会捐赠并享受相关税收优惠、金融政策支持”。其后各地在陆续推出对非国有博物馆发展的扶持政策中都有类似的表述。但从各地对这一政策的实际落实情况来看，并不是十分理想。厘清非国有博物馆登记为慈善组织后的要求和目的、问题和困难、解决路径和方法，是写这篇文章的主要目的。

一、非国有博物馆与慈善组织的关系

（一）非国有博物馆的界定

非国有博物馆是由社会力量利用或者主要利用非国有文物、标本、资料等依法设立的非营利法人。

2021 年 1 月 1 日《中华人民共和国民法典》正式实施后，非国有博物馆明确归入非营利法人中的捐赠法人类别。捐赠法人是以包括藏品和资金在内的捐助财产为其成立基础，以服务于不特定公众的文化公益为其运营目的。举办人捐出去的藏品和投入的开办资金，自举办之日起，意味着不再从属于举办者，而是从属于一个永久的公益目的，并以此来保障博物馆的持久性，使举办人的初心和博物馆事业得以长久地经营下去。因此，非国有博物馆不仅是国家文化公益事业的重要组成部分，也是国家慈善事业的重要一环。

（二）慈善组织的界定及相关规定

慈善组织是指依法成立、符合《中华人民共和国慈善法》(2016 年 9 月 1 日实施）规定、以面向社会开展慈善活动为宗旨的非营利性组织。慈善组织可以采取基金会、社会团体、社会服务机构等组织形式。

《慈善组织认定办法》(中华人民共和国民政部令第 58 号）第四条、第五条规定了社会组织认定为慈善组织需要满足的条件。具体如下：(1）申请时具备相应的社会组织法人登记条件；(2）以开展慈善活动为宗旨，业务范围符合《中华人民共和国慈善法》第三条的规定，申请时的上一年度慈善活动的年度支出和管理费用符合国务院民政部门关于慈善组织的规定；(3）不以营利为目的，收益和营运结余全部用于章程规定的慈善目的；财产及其孳息没有在发起人、捐赠人或者本组织成员中分配；章程中有关于剩余财产转给目的相同或者相近的其他慈善组织的规定；(4）有健全的财务制度和合理的薪酬制度；(5）法律、行政法规规定的其他条件。

其中,《中华人民共和国慈善法》第三条中规定的慈善活动有：(1）扶贫、济困；(2）扶老、救孤、恤病、助残、优抚；(3）救助自然灾害、事故灾难和公共卫生事件等突发事件造成的损害；(4）促进教育、科学、文化、卫生、体育等事业的发展；(5）防治污染和其他公害，保护和改善生态环境；(6）符合本法规定的其他公益活动。2016 年修订后的《中华人民共和国慈善法》，将“促进文化等事业的发展”纳入大慈善的范畴，本身就是一个新生事物。

（三）非国有博物馆与慈善组织的关系

博物馆具有提供公共服务和非营利性这两大特征，同时还具备接受社会捐赠的功能，这些特征、功能与慈善组织有高度的重合，但博物馆并非就可以简单等同于慈善组织。博物馆具备接受社会捐赠的能力，但这种功能不是博物馆的基本功能，博物馆的基本功能是研究、收藏、保护、阐释和展示物质与非物质文化遗产。而接受社会捐赠是每一个慈善组织的基本功能，接受社会捐赠的能力也是评价慈善组织影响力最重要的指标。

由于非国有博物馆是根据《民办非企业单位登记管理暂行条例》(1998 年 10 月 25 日实施）登记为民办非企业法人，所以非国有博物馆虽然属于博物馆大家庭中的一员，但是在正式登记成为慈善组织之前，还是缺乏接受社会捐赠的相关法律依据。非国有博物馆的民办非企业法人身份，只有主动认定为慈善组织后，才真正具备接受社会捐赠的资格。

根据《中华人民共和国慈善法》的规定，在 2016 年 9 月 1 日之前已设立的非国有博物馆，可向其登记的民政部门申请认定为慈善组织；之后新设立的非国有博物馆，可在登记之时选择登记为慈善组织。国家文物局在《关于进一步推动非国有博物馆发展的意见》（2017 年 7 月）中提出“支持非国有博物馆依法申请登记为慈善组织，接受社会捐赠并享受相关税收优惠、金融政策支持”的政策表述依据的就是《中华人民共和国慈善法》中的相关条款。目的是为了借助慈善组织强大的社会捐赠功能，让非国有博物馆可以依法接受社会捐赠，并让捐赠人可以充分享受有关的税收优惠政策，有效扩大办馆资金和藏品来源，为非国有博物馆的可持续发展创造条件。

二、非国有博物馆登记为慈善组织的目的和要求

传统慈善主要是以“扶贫济困”为目的，随着时代的进步和发展，传统慈善事业逐步包括了“发展科教文卫体”等目的，向现代公益靠拢。以非国有博物馆为代表的现代公益组织，正式登记为慈善组织的目的，就是为了充分有效地利用好慈善组织强大的慈善募捐功能。

慈善募捐，是指慈善组织基于慈善宗旨募集财产的活动，包括面向社会公众的公开募捐和面向特定对象的定向募捐。根据《中华人民共和国慈善法》第二十二条的规定：“慈善组织开展公开募捐，应当取得公开募捐资格。依法登记满二年的慈善组织，可以向其登记的民政部门申请公开募捐资格。”非国有博物馆正式登记为慈善组织以后，可以立即取得定向募捐资格，登记满二年后，才具备向其登记的民政部门申请公开募捐的资格。

非国有博物馆在正式登记为慈善组织以后，需要承担向社会公开披露信息的义务。不仅应当每年向其登记的民政部门报送年度工作报告和财务会计报告。报告中还应包括年度开展募捐和接受捐赠情况、慈善财产的管理使用情况、慈善项目实施情况以及慈善组织工作人员的工资福利情况。另外，《中华人民共和国慈善法》对慈善组织的发起人、主要捐赠人以及管理人员，不得利用其关联关系损害慈善组织、受益人的利益和社会公共利益都有明确和细致的义务规范要求。因此非国有博物馆在有效利用慈善组织的完整捐赠体系的同时，也对如何提高办馆透明度提出了更高

的要求。

三、非国有博物馆登记为慈善组织中存在的问题和困难

据笔者了解，从2016年至2022年的六年间，在深圳市新登记成立的18家非国有博物馆，没有一家自愿选择登记为慈善组织。在《中华人民共和国慈善法》前成立的24家非国有博物馆，也没有一家在2016年9月1日之后去申请登记为慈善组织。

造成这一现象的原因，首先是非国有博物馆在登记为慈善组织后，并不能同步取得公开募捐资格。其次在于博物馆是拥有以藏品类固定资产为主的重资产特殊公益机构，与以无形资产为主的轻资产类传统慈善组织，在服务社会的方式和特点上都有着相当大的区别。

民政部、财政部、国家税务总局《关于慈善组织开展慈善活动年度支出和管理费用的规定》（民发〔2016〕189号）第七条规定："慈善组织中具有公开募捐资格的基金会年度慈善活动支出不得低于上年总收入的百分之七十；年度管理费用不得高于当年总支出的百分之十。慈善组织中具有公开募捐资格的社会团体和社会服务机构年度慈善活动支出不得低于上年总收入的百分之七十；年度管理费用不得高于当年总支出的百分之十三。"第八条规定："慈善组织中不具有公开募捐资格的基金会，年度慈善活动支出和年度管理费用按照以下标准执行：（一）上年末净资产高于6000万元（含本数）人民币的，年度慈善活动支出不得低于上年末净资产的百分之六；年度管理费用不得高于当年总支出的百分之十二；（二）上年末净资产低于6000万元高于800万元（含本数）人民币的，年度慈善活动支出不得低于上年末净资产的百分之六；年度管理费用不得高于当年总支出的百分之十三；（三）上年末净资产低于800万元高于400万元（含本数）人民币的，年度慈善活动支出不得低于上年末净资产的百分之七；年度管理费用不得高于当年总支出的百分之十五；（四）上年末净资产低于400万元人民币的，年度慈善活动支出不得低于上年末净资产的百分之八；年度管理费用不得高于当年总支出的百分之二十。"第九条规定："慈善组织中不具有公开募捐资格的社会团体和社会服务机构，年度慈善活动支出和年度管理费用按照以下标准执行：（一）上年末净资产高于1000万元（含本数）人民币的，年度慈善活动支出不得低于上年末净资产的百分之六；年度管理费用不得高于当年总支出的百分之十三；（二）上年末净资产低于1000万元高于500万元（含本数）人民币的，年度慈善活动支出不得低于上年末净资产的百分之七；年度管理费

用不得高于当年总支出的百分之十四；（三）上年末净资产低于500万元高于100万元（含本数）人民币的，年度慈善活动支出不得低于上年末净资产的百分之八；年度管理费用不得高于当年总支出的百分之十五；（四）上年末净资产低于100万元人民币的，年度慈善活动支出不得低于上年末净资产的百分之八且不得低于上年总收入的百分之五十；年度管理费用不得高于当年总支出的百分之二十。”

博物馆事业的特殊性，决定了非国有博物馆目前的财务指标基本无法符合慈善组织年检的相关要求。比如“年度支出占比净资产”这一硬性指标，对于“扶贫济困”这类轻资产的社会组织自然是合理的，但对于博物馆这类重资产的社会组织却很难达到。再比如“管理费用占比总支出比例”这一要求，博物馆需要充足的场地和空间，大部分的非国有博物馆又都是租赁场地，租赁成本普遍占整体支出的20%以上，更不要说再加上人力成本了。也就是说，只要是一家正常运营的非国有博物馆，基本上都无法满足上述标准。

慈善组织“易进难续”，是非国有博物馆普遍不愿意登记为慈善组织的根本原因。

四、非国有博物馆有效发挥慈善组织作用的路径和方法

非国有博物馆登记为慈善组织的目的，是为了充分有效地利用好慈善组织强大的慈善募捐功能。但在目前的情况下，要通过非国有博物馆登记为慈善组织，来有效发挥慈善募捐功能，其实是勉为其难的。主要原因有：第一，时间漫长。新设立的非国有博物馆选择登记为慈善组织后，首先取得的是定向募捐资格，要取得公开募捐资格，至少需要两年的时间。第二，资质重重。无论是取得了定向募捐资格还是公开募捐资格的慈善组织，要开展有效的社会募捐活动，都还需要进一步取得“公益性捐赠税前抵扣资格”。只有取得“公益性捐赠税前抵扣资格”的慈善组织，才具备向捐赠方开具财政票据的资质。捐赠方只有取得了博物馆开具的公益事业捐赠财政票据，才可以享受在全国范围内有效的税前抵扣的优惠。第三，年检严格。慈善资格每年都需要接受年检，“公益性捐赠税前抵扣资格”的有效期也只有三年，到期了需要接受年检。目前的年检要求，对重资产和强运营的非国有博物馆并不适用。

那么非国有博物馆如何来充分发挥慈善组织的慈善募捐功能呢？深圳市金石艺术博物馆在这方面做了有益的实践和探索。

深圳市金石艺术博物馆的举办方深刻体会到，举办非国有博物馆最大的困难，

是如何把举办人一个人的热情，有效地转化为全社会的热情。为此，深圳市金石艺术博物馆组织力量对慈善组织做了深入的研究，专门让审计机构对以往年度的财务审计报告，重新做了慈善专项审计。审计后发现博物馆的重资产和强运营属性，基本是无法满足慈善组织目前的年审要求的。为此，深圳市金石艺术博物馆决定另找途径。

2019 年 3 月，深圳市金石艺术博物馆通过运营单位，发起成立了深圳市慈善会・文物保护公益基金，这是国内第一家致力于文物保护、从事文化公益事业的慈善基金。截至 2023 年 3 月，深圳市慈善会・文物保护公益基金已支持 10 个项目，捐赠文化公益善款逾 421 万元。2022 年“5・18 国际博物馆日”期间，新华网、央视网等多家媒体对“深圳市慈善会・文物保护公益基金作为探索的先行者，在助力文物保护和博物馆事业方面，积累了大量的好的经验和做法，已成为由社会力量资助深圳市文物保护和博物馆事业发展的重要力量”的有关先行探索与实践经验，进行了积极的推介和报道。公益基金成立以来，深圳市金石艺术博物馆累计收到捐赠款项 371 万，近三年捐赠收入平均占比 22%，有效地改变了博物馆的收入结构，向博物馆的社会化目标迈出了重要的一步。

五、捐赠税收优惠政策对发挥慈善组织功能的重要作用

随着时代的进步，慈善组织的捐赠者已经由早年的个人捐赠行为向以企业法人为主体的复合公益捐赠行为转变。捐赠方是否可以依法充分享受税收减免，成为捐赠主体决定捐赠前不能不反复考虑和权衡的重要因素。发达国家企业和公民之所以能够积极参与慈善捐赠事业，关键在于税收减免的激励措施得当。

要进一步推动非国有博物馆事业发展，充分发挥其在社会文化、公共教育等方面的巨大能量，国家需要彰显税收政策引导的优势，不断依照实际情况制定更为合理的政策法规，最大限度地给予非国有博物馆事业发展上的税收政策支持，切实制定出更多有利于非国有博物馆事业长期发展的税收政策。

非国有博物馆本质上是人民群众自发举办的博物馆，是全社会“私器公用”的典型，是国家慈善公益事业的重要一环。依靠慈善机构的现有捐赠体系，让非国有博物馆搭上慈善组织这部车，可以让更多的人参与博物馆事业的发展。文博单位和主管部门要积极参与国家有关“第三次分配”的法规完善和政策配套，充分发挥税收减免政策对博物馆慈善捐赠事业的正面激励作用，在政策完善方面做出更为细致的制度性配套安排。

在实践中，博物馆事业有着其特殊性，指望依靠传统的慈善机构来主动解决文博事业的困难是不切实际的。在此，还需要依靠文博部门自身组织课题研究力量，积极对接慈善机构，找出解决问题的方法和路径。

回顾慈善组织发展的历史，将促进文化事业的发展纳入大慈善的范畴，本身对慈善组织来讲也是一个新生事物。随着时代的进步和发展，以非国有博物馆为代表的新型现代公益组织，以促进不特定多数人的文化利益为办馆目的，在有效利用慈善组织捐赠体系的同时，也对博物馆自身如何提高社会服务的专业度和透明度提出了更高的要求。当前慈善捐赠的主流风向已经越来越关注教育和文化事业，慈善之风吹向博物馆事业，指日可待。

深圳市金石艺术博物馆吴强华执笔

博物馆协会

每间博物馆都有特定的主题、藏品，根据博物馆的使命、目标与观众举办展览和教育项目，不同博物馆工作人员需要交流、借鉴，当然也要面对共同的挑战。博物馆工作人员组成专业协会，以分享彼此的想法并增进共同利益是必然趋势。本文将梳理国际博物馆协会、英国博物馆协会、美国博物馆联盟、日本博物馆协会和中国博物馆协会的使命、工作目标和推进工作的方式方法，探讨博物馆复合机构特征及其文化传承、融合和创新的作用，以便为博物馆协会业务工作提供参考。

一、博物馆协会简史

博物馆协会晚于博物馆而诞生，是介于政府、博物馆和文博相关企业之间的民间组织，其主要职能有：搭建政府与博物馆之间的桥梁，向政府传达博物馆的共同要求，同时协助政府制定和实施行业发展规划、产业政策行政法规；制定并执行博物馆规定和各类标准，监督博物馆相关工作，维护行业信誉；受政府委托，进行资格审查，签发资格认证；开展博物馆情况调查，了解博物行业现状，开展职业技能培训；开展国内外广泛交流，建立行业网络。

（一）国际博物馆协会

国际博物馆协会是博物馆业界唯一的全球性组织，也是世界上唯一代表博物馆和博物馆专业人员的非政府国际组织。1946 年，国际博协由美国博物馆协会会长 C. J. 哈姆林（Chauncey J. Hamlin）倡议创立，总部设在法国巴黎联合国教科文组织内。

国际博协的使命在于联合全球博物馆和博物馆专业人员，对世界自然与文化遗产进行研究、保护、传承和社会普及。国际博协所制定的《国际博物馆协会博物馆道德准则》是国际博物馆业界普遍认可的专业工作参考准则。

（二）英国、美国、日本的博物馆协会

1. 英国博物馆协会

英国博物馆协会（以下简称“英国博协”）成立于 1889 年，是世界上最古老的博物馆协会。它是由一小群博物馆专业人士发起成立的全球第一个博物馆协会，旨在促进策展人与学院、机构之间的相互合作。历经 100 多年，英国博协目前已发展成为拥有 14000 多个个人会员、1800 多家博物馆会员和 300 多个商业会员的组织。英国博协的服务对象为英国本土的博物馆，是全英唯一一家面向全国博物馆提供服务的机构。作为一个独立的非营利性机构，英国博协的运营不受政府或资助人的制约或者影响。

2. 美国博物馆联盟

自 1906 年以来，美国博物馆联盟（以下简称“美国博联”）一直致力于博物馆的发展，为博物馆的专业人员提供资源、知识、灵感、联系，以推动行业发展。美国博联的使命是通过连接大众、激励学习、促进社区发展、塑造博物馆卓越品质等方式，以维护博物馆的公平属性与影响力。美国博联的愿景是推动各大蓬勃发展的博物馆为维护本社区的活力与公平做出贡献，从而实现世界公平和可持续发展。美国博联是继英国博物馆协会之后建立的第二个博物馆协会，也是目前世界上最大的博物馆协会，唯一代表整个美国博物馆业界的组织，涵盖艺术类博物馆、历史类博物馆、科学中心和动物园等。

3. 日本博物馆协会

日本博物馆协会（以下简称“日本博协”）1928 年成立，作为公益财团法人，致力于突破创办者类别和博物馆类型的限制，努力实现博物馆振兴。日本博协通过审视博物馆所面临的社会现状，在充实和强化协会组织基础的过程中，开展各种活动，使日本博物馆业界在未来能够持续有效地发挥其功能，满足社会的需求。日本

博协一方面会向日本的各大博物馆发布国家和地方博物馆的相关动向；另一方面也会收集汇总各大博物馆的现状和相关问题，向相关行政机构和创办者提出适当倡议，并通过推进各式各样的活动，例如开展调研、进行博物馆职员培训、召开全国博物馆大会等，实现改善现状的目标，努力提升向各方传达最新信息的能力。

（三）中国博物馆协会

1982年中国博物馆学会成立（2010年更名为中国博物馆协会），是新中国博物馆事业和学科发展史上的一座重要里程碑，作为中国博物馆学术研究的核心引领者和博物馆行业发展的重要推动者，是改革开放基本国策在文博领域呈现的成果。1983年中国正式宣布加入国际博协，并于同年成立了国际博物馆协会中国国家委员会（中国自然博物馆协会1980年成立，不在本文的论述范围）。

这40多年中我国博物馆的国际化大致经历了四个阶段：第一个阶段，无论是中国看西方发达国家的博物馆还是西方看中国的博物馆，彼此的好奇心态占了很大比重，较少有深度交流；第二个阶段，是中国在学习西方博物馆的理论和方法的过程中，尝试构建中国博物馆自己的基本话语体系；第三个阶段，是中国经济体量和文化影响扩大后，越来越多的与外部同行业的平等合作关系逐步形成；第四个阶段，是一些传统的博物馆超级大国在对中国博物馆的迅猛发展心存敬意的同时，竞争者甚至挑战意识也在增强。以上这些变化让中国博物馆得到了锻炼，变得更加成熟，并进一步加快了自己的国际化进程。20世纪80年代后，伴随着中国打开通向世界的大门，国际博物馆尤其是欧洲和北美博物馆的理论和方法逐渐较为系统地为中国人所了解和接受，并被赋予了更多的中国内涵。中国博协始终与国家文化遗产事业、公共文化构建、对外文化交流、博物馆学科建设相同步，为推动博物馆学术研究、引领博物馆行业发展发挥了独特的作用。

二、博物馆协会组织架构和主要业务活动

（一）国际博物馆协会：架构与业务活动

国际博协实行会员制，现有来自138个国家的44000多名会员。博物馆业界的全球专家皆汇集于此，讨论文化遗产相关议题并提出建议，促进博物馆专业能力的提升；同时不断更新完善博物馆领域专业知识，制定博物馆活动专业标准。作为一

图 1　2021 年国际博物馆日主题海报
（图片来源：国际博协官网）

个国际化平台，博物馆专业人员可以在此自由交流。除此之外，国际博协与联合国教科文组织、世界知识产权组织等国际组织深入开展合作，通过遍布全球的分支网络和各类合作项目，致力于增强公众的文化意识。

目前，国际博协的下设机构包括：执行董事会、执行委员会、秘书处、常务委员会、32 个国际专业委员会、118 个国家委员会、地区联盟、工作组和附属组织。其中，执行委员会是该组织的民选负责机构，其职责是执行大会确定的战略并采取必要的行动来执行大会的决定。执行委员会还要确保国际博协的良好治理，监督国际博协的各种资源（财务、人力、智力和技术）及其发展，它保护国际博协的声誉，并为秘书处提供指导。国际博协设主席 1 人，副主席 2 人，司库 1 人，委员 8 人。

1. 组织国际博物馆日活动

每年 5 月 18 日为国际博物馆日。自 1977 年以来，国际博协每年都在全球组织开展国际博物馆日的相关活动，旨在帮助公众理解博物馆存在的意义——博物馆作为文化交流的平台，有助于增进文化多样性和相互理解，助力人类和平与合作。如今，每年有超过 37000 家博物馆（来自约 158 个国家和地区）参与此项活动。

2. 组织国际博协大会

自1948年以来，国际博协每三年召开一次国际博协大会。作为博物馆业界的世界级知名会议，该大会汇集全球业界人士，探讨行业主要问题及可行的解决方案。每年约有3000名来自世界各地的代表参会。他们参与辩论、圆桌讨论、小组会议以及相关文化活动，充分表达自己对行业的意见与建议。国际博协第26届大会于2022年8月在捷克共和国首都布拉格召开，大会主题为“博物馆的力量”。

3. 制定《国际博物馆协会博物馆道德准则》

国际博协在1986年的大会中通过了《国际博物馆协会博物馆道德准则》，现行的为2017年修订版本，一直为各地博物馆专业人员的工作提供参考。该准则已被翻译为38种语言，内容主要包括一系列具体的操作指南与指导标准，促进了国际博物馆行业的共同理念得到广泛认可。

该准则涉及博物馆工作的各个环节：采购程序、法律法规、资源管理、安全保障、文化财产送回或归还原有国等。该准则还提倡博物馆应在打击文物非法贩运中承担起应尽的义务。

4. 出版《濒危文物红色目录》

打击非法贩运文化财产是国际博协的首要任务之一。自2000年以来，国际博协出版公布了一系列《濒危文物红色目录》，旨在打击国际非法贩运文化财产的违法活动。这份目录列出了可能被盗取并贩卖的文物类别，帮助各方对文物走私和非法交易提高警惕；同时警察、海关、文物工作者以及交易商家也能够更准确地识别出易被非法贩运的文化财产。

（二）英国博物馆协会组织架构和活动

英国博协的理事会由14名理事组成，其中8名由会员选举产生，其余6名由理事会任命。理事会审议并通过协会战略，并对会员负责。英国博协的高层管理团队由4人组成，直接向理事会汇报工作。具体运营事项则由理事长负责。

协会委员会：英国博协内设若干委员会和工作组，直接向理事会汇报工作。其中包括：区域委员会由来自英格兰、威尔士、苏格兰和北爱尔兰等地区的4名委员组成，负责监督和制定区域政策，并与协会的管理团队合作，以确保上述地区的各项工作得以有效开展；道德委员会始终坚守《博物馆道德准则》的原则并监督协会运作，该委员会是独立的，通过董事会对英国博协的会员、各部门及公众负责，委员会的成员由英国博协招募选任，委员会的主席由英国博协董事会任命；去殖民化指导工作组成立于2019年，隶属于道德委员会，该工作组由英国博协的会员组成，由英国博协的1名委托代理人担任主席，为英国各大博物馆的去殖民化工作提供指导。

1. 组织博物馆专业活动

在成立后的第一个百年间，英国博协在召开年会、出版刊物、发展会员等工作上硕果累累：英国博协年会已发展成为全欧洲最大型的博物馆专业人员交流活动；英国博协自1901年开始出版《博物馆杂志》(*Museums Journal*)，现在该杂志已经有纸质版和网络版，发表的内容包括专家学者观点、实用建议、同行评议、评论和辩论等；截止到2020年，英国博协的个人会员、博物馆会员和商业会员等各类会员总数已经超过16000名。

英国博协倡导教育在博物馆实践中的作用，其最早的成果之一就是实现在《1918年教育法案》中允许英格兰和威尔士的地区政府资助学校参观博物馆，并将博物馆的部分权利移交给当地教育部门。20世纪30年代，英国博协开始推出各类博物馆领域的专业培训课程。一开始，开设为期五天的课程，内容包括“博物馆实践基本要点”等讲座以及在博物馆内的现场教学。到了20世纪30年代中期，英国博协开设可以授予毕业证书的博物馆专业课程，教授各种博物馆工作实务知识，教学大纲涵盖博物馆的基础工作和专业工作的相关知识，课程中有很多实践元素，还设置了严格的毕业考核。

在藏品管理方面，英国博协在20世纪70年代就率先将IT技术引入藏品文档的归档工作。2005年，英国博协开创性地提出“藏品向未来(Collections for the Future)”的倡议，旨在改变博物馆工作人员对藏品的传统观念和使用方式，并促成协会有了第一个针对藏品工作的基金，该基金用于支持“藏品有效利用”(Effective Collections)的项目，该项目源起于希望推动现有的博物馆藏品在未来得以被有效利用。

2. 引领博物馆工作导向

自1998年起，英国博协开始致力于提升博物馆的多元性，其“多元化”项目旨在帮助非白人族裔、残疾人以及弱势群体更容易走上博物馆行业的专业岗位。该项目持续到2011年，共帮助了130名专业人士在博物馆开启职业生涯。2013年，英国博协启动“博物馆改善生活”项目，标志着协会工作的一大进步。英国博协相信博物馆有能力改善大众生活，提升健康与幸福指数，激发思考和讨论，并创造更好的生活和工作场所。这一理念已被英国公众和政策制定者所接受。

（三）美国博物馆联盟

美国博物馆联盟由35000个博物馆单位及专业人员组成，旨在通过以人为本的互动式活动、教育，以及构建历史、文化、自然和人与人之间的连接，改善社区乃至世界。

1. 组织架构

美国博物馆联盟组织架构分为理事会和附属机构，是最具规模的博物馆协会。理事会由主席1人、副主席1人、司库1人、前主席1人、总裁和首席执行官1人，以及14名董事组成。设有行政办公室、博物馆未来中心、观众发展与参与部、发展部、卓越计划部、财务部、政府关系与宣传部、人力资源部、包容性部、信息技术与媒体部、会员和收入计划部、会议和活动部。联盟的理事会和咨询小组帮助塑造和告知博物馆的规划方向。

认证委员会：认证委员会是一个独立和自治的机构，制定“黄金标准”，为符合此严格标准的博物馆授予认可，负责有关联盟认证的所有决定。美国博联承担着认定各种博物馆资质的重任，只有通过认证的博物馆才能被视为非营利机构，从而获得国家减免税的优惠待遇。

附属委员会：美国博物馆联盟业务繁重，其下设有12个常设专业委员会：博物馆管理委员会、观众研究与评估委员会、博物馆专业巡礼委员会、研究员委员会、发展与会员委员会、教育委员会、媒体与科技委员会、博物馆协会安全委员会、博物馆展示协会委员会、公共关系与行销委员会、登录员委员会、小型博物馆馆长委员会。附属委员会作为这些组织、联盟董事会和工作人员的领导层，讨论共同关心的问题并交流有关组织优先事项和活动的信息的论坛。

区域协会理事会：美国博物馆联盟支援六个地区博物馆协会，即东南博物馆协会、中大西洋博物馆协会、中西部博物馆协会、山区—平原博物馆协会、新英格兰博物馆协会和西部博物馆协会。区域协会理事会作为这些组织、联盟理事会和工作人员的领导层，讨论共同关心的问题，并交流有关组织优先事项和活动的信息的论坛。

专业网络委员会：专业网络委员会为专业网络提供领导，促进个人在专业标准和最佳实践方面的卓越表现，并为专业成员提供与工作相关的资源和网络机会。

2. 制定《美国博物馆联盟战略规划（2022—2025 年）》

在制定战略规划过程中，美国博联通过在行业内开展问卷调查、向专家学者征询意见、焦点小组座谈会等方式，收集了数千条意见。为实现目标，美国博联将专注于以下三个优先项：一、社会和社区影响；美国博联将大力宣传博物馆的价值；博物馆具有改变世界的力量；各大博物馆通过丰富教育系统、支持经济发展、优化社会结构、改善人民生活等方式，在维持社区的强大、包容性和适应性等方面发挥着重要的作用。二、多元性、公平性、可及性、包容性和反种族主义：美国博联将全力推动实现多元性、公平性、可及性和包容性。在此基础上，美国博联将与合作伙伴、盟友和专家共同倡导博物馆业界的反种族主义运动，推动和支持博物馆的变革者们在博物馆的组织结构、项目规划等方面更好地实现公平性。三、博物馆社区：美国博联将扩大其在博物馆社区工作的支持、宣传、召集等方面的影响。

在博物馆行业经历变革后，美国博联将全面审查和调整一些具有全局性影响的重点项目和倡议事项，以促进博物馆社区的互联互通与蓬勃发展。美国博联的工作方式——“如何做”与“做什么”同样重要：一是美国博联将严格审查自身工作方式，以确保公平是其文化的核心；二是美国博联的组织结构灵活并可扩展至国家服务层面，带动变革；三是美国博联的商业模式有助于实现财政上的可持续发展。

3. 帮助社会解决问题

博物馆不仅对社区具有重要意义，在帮助社会解决气候危机、种族主义、贫富差距等紧迫问题上也能起到重要作用。博物馆的专业人员可以教育和启发各个年龄段的人，激发好奇心，促进讨论，保护文化遗产，并进行批判性研究。博物馆滋养人们的思想与精神，丰富人们的生活，并为健康的社区提供支持。

4. 未来为期三年的战略规划

在未来为期三年的战略规划中所设立的目标包括：对博物馆专业社区的多元性予以宣扬、强化并承担桥梁作用；支持博物馆专业人员相互学习、应对危机，重新构建强大、切合实际且可持续发展的组织机构；领导博物馆行业向各大博物馆提供更多支持，不仅将博物馆建设成为社区的重要基础设施，也将是更公平、更包容和更具影响力的机构与社区伙伴；严格审查协会的项目和运作。

（四）日本博物馆协会

1. 组织架构

日本博物馆协会设有会长 1 名、副会长 1 名、专务理事 1 名、理事 6 名和监事 2 名。

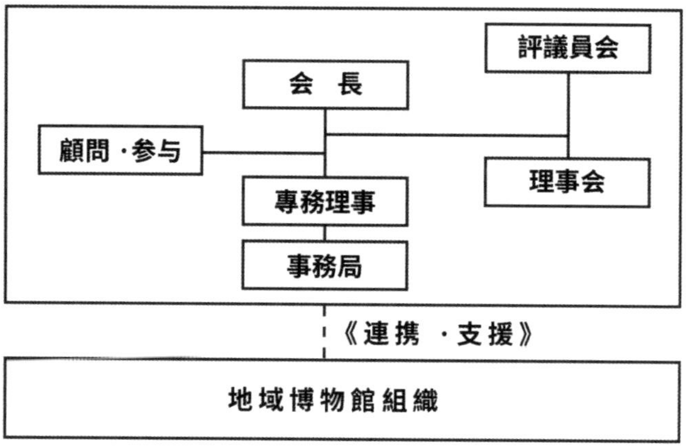

图 2　日本博物馆协会组织架构

日本有 4000 家以上的博物馆，其中包括历史博物馆、乡土资料馆、美术馆、科学馆以及动物园、水族馆、植物园等各种类型。另外，日本博物馆的创办者也呈现出多样性，包括国家、都道府县和市町村等各级地方政府、企业、公益法人、宗教法人、大学、个人等多种类型。观众人数和场馆规模也大相径庭。这些博物馆很多都会开展各具特色的活动。通过这些活动，日本国民可以一边轻松愉快地学习历史、美术、自然、科学、地球环境等多领域相关的知识，一边获取有益于思考未来的精神食粮；而对于很多到访日本的外国人士来说，参观这些博物馆，也有助于加深他们对日本的理解。

2. 常规活动组织

博物馆承担着向人们提供“心灵养分”的重要功能，但事实上，由于日本目前面临着国家和地方上的财政困难、市町村行政区域合并、经济不景气以及公益法人制度改革等复杂的社会问题，博物馆也存在着很多亟待解决的问题。

日本博协通过开展与博物馆相关的各种活动，谋求博物馆的全面发展，推动社会教育的进步，并为教育、学术及文化的发展做出贡献。其出版发行的《博物馆研究》于 1928 年创刊。自 1953 年开始，每年举办全日本博物馆大会，通过演讲、研讨会、专题讨论会等，就博物馆相关的各种问题进行研讨协商；每年召开全国博物馆馆长会议，主要面向博物馆馆长等对博物馆运营、博物馆活动负责的人士，该会议自 1993 年开始与日本文部科学省共同举办，会议除了发布行政报告外，还针对符合时代焦点的主题进行研究协商。

为了推进博物馆的活动及改善博物馆的管理运营，日本博协组织有调查研究委员会，围绕时代焦点问题，开展国内外的调研活动，例如 2011 年“学校的博物馆资源利用现状”、2009 年和 2010 年“博物馆伦理规章”、2008 年“博物馆综合调查”“博物馆评价制度等的构筑”和“亚洲、太平洋地区的博物馆合作”等主题活动。

3. 日本博协的拓展活动

从振兴博物馆的目标出发，针对财政措施、税制改革、法律修正、行政策略、捐款募集等问题，及时推进与行政机关、立法机关、相关团体、企业等组织之间的信息交换以及支援请求等外部活动。

例如，2022 年 1 月 27 日，日本博物馆协会会长钱谷真美向文部科学大臣末松信介提交了《关于修改〈博物馆法〉和完善博物馆制度的请愿书》，提出日本国内博物馆发展现状的困境，已无法满足文化艺术立国的政策方针及相关政策法规所给予的期许，完善振兴全国博物馆的相关支持政策法规刻不容缓；同时，希望文化厅能够充分了解日本博物馆的现状和博物馆的未来发展需求，对《博物馆法》进行与时俱进的修订，以支援博物馆税制优惠为代表，及时制定博物馆振兴政策与预算措施，并继续审议遗留课题。

（五）中国博物馆协会组织架构和主要业务活动

1. 组织架构

随着我国综合国力的不断提高，中国博物馆协会对外交往的日益深入，我国博物馆事业取得了很大的进步，令国际博物馆界刮目相看。目前，中国博物馆协会设有理事长 1 名、副理事长 18 名、秘书长 1 名、副秘书长 2 名。中国博协常务理事会确定了“坚持三性，增强三力，搞好三个服务”的办会方针：坚持学术性，增强工作的创新力，使协会成为中国博物馆领域的学术中心；坚持服务性，增强博物馆专业队伍的凝聚力，使协会成为服务于全国博物馆界的工作平台；坚持开放性，不断增强社会影响力，树立面向全社会和面向国际博物馆界的良好形象。2011 年 3 月，根据国家文物局党组要求，中国博协第五届理事会第七次常务理事会会议进一步明确了协会建设的总体思路，在会员工作、领导机构、会费缴纳、秘书处工作与财务管理，以及协会章程修改等方面提出新要求。2020 年 9 月，第七届理事会第一次会议通过了新的《中国博物馆协会章程》，明确提出：要把中国博协建设成为促进我国博物馆学和博物馆事业繁荣进步的、带有智库色彩的学术机构，建成在博物馆领域沟通中国和世界的国际机构，建成让广大会员信得过、靠得住、用得上的服务平台。

截至 2022 年，协会实有 34 个专业委员会（最多时 38 个），还有《中国博物馆》杂志和中国博协西安培训中心两个分支机构，共有个人会员 14485 个，单位会员 2107 家，其中包括国有博物馆 993 家，非国有博物馆 513 家，高校博物馆 94 家，科研机构 18 个，公司 477 个，其他文博相关机构 12 个，是我国文物考古博物馆领域会员数量最多、覆盖专业领域最多、行业影响力最大的行业组织和学术团体。

2. 主要业务活动

2007 年以后中国博物馆实施的免费开放、博物馆运行评估、十大陈列展览精品推介、精品工程建设等措施对于推动博物馆高质量发展，在指导、引导、规范博物馆发展，在博物馆数量增长的同时保证质量提升等方面作用是巨大的。中国博协组织对博物馆进行定级和运行评估，以评促进，建立指标体系促成博物馆有发展目标和努力方向。中国博协做了大量富有成效的工作和积极的探索：加强博物馆行业自律，促进博物馆建设和发展；积极开展调查研究，为国家制定博物馆政策提供咨询建议；健全博物馆行业规则、标准和服务规范；开展博物馆基础理论和应用学科研究；发挥博物馆行业和行政机关之间的桥梁与纽带作用。

三、如何加入中国博物馆协会

1. 满足个人会员入会条件

拥护协会章程，有加入协会意愿且满足以下基本条件之一者，经由两名以上个人会员或由一家以上单位会员推荐，可申请成为协会个人会员：

（1）协会单位会员或各级、各类型博物馆中的从业人员；

（2）在大专院校、科研机构或常设培训机构中从事博物馆专业教学和科研工作的人员；

（3）在各级行政机关中从事博物馆管理工作的人员；

（4）在博物馆相关产品和技术服务性企事业单位中从事相关工作的人员；

（5）在大专院校、科研机构中正在就读博物馆相关专业的博士、硕士研究生；

（6）积极参加博物馆志愿服务活动的博物馆志愿者；

（7）本协会认为可以接纳的与博物馆活动相关的其他各类人员。

2. 申请加入流程

（1）线上申请：

第一，注册账号，注册成功并登录账号完成会员中心基本信息填写提交；

第二，提交基本信息后，下载《中国博物馆协会个人会员登记表》，如实进行填写；

第三，将《中国博物馆协会个人会员登记表》扫描件上传，上传成功后，将由负责人员审核，审核结果可在会员后台查看；

第四，审核通过后进入缴费页面缴纳会费，完成缴费成为正式会员，协会将寄发会员证。

（2）邮箱申请：

第一，下载《中国博物馆协会个人会员登记表》，准确填写各项，在“照片处”粘贴个人证件照片；

第二，将《中国博物馆协会个人会员登记表》扫描件及一张个人清晰白底电子证件照片一同发至指定电子邮箱；

第三，协会收到资料后会以邮件的方式通知审批结果；

第四，审核通过后，完成缴费成为正式会员，协会将寄发会员证。

四、广东省博物馆协会未来之路

广东省博物馆协会原名广东省文物博物馆学会，成立于1989年；2013年2月，经广东省民政厅批准，广东省文物博物馆学会正式更名为广东省博物馆协会。广东省博物馆协会作为全省性的文博专业团体，在广东省文化和旅游厅、广东省文物局和广东省社会组织管理局的指导与管理下，团结全省各级各类博物馆、相关企事业单位、相关社团组织和个人，发挥专业指导、自律、协调、监督作用。协会目前拥有六个专委会：博物馆公共服务专委会、博物馆陈列艺术专委会、博物馆藏品管理专委会、博物馆宣传教育专委会、非国有博物馆专委会、华侨博物馆专委会。协会职责主要为从事文博理论研究、学术交流、陈列展览、刊物编撰方面工作；完成中国博协交办的博物馆定级评估、组织当地所属文博单位参与全国十大陈列展览精品申报推荐、组织当地博物馆参加“博博会”、组织推荐当地博物馆申报全国最具创新力博物馆、全国社会教育创新案例申报、全国博物馆讲解大赛、全国博物馆志愿者活动等工作；完成广东省文物局交办的全省博物馆绩效考核、博物馆定级申报、优秀展览等项目评审、项目策划推进、宣传推广、区县和行业博物馆建设项目评审等任务；搭建学习交流平台，立足协调服务，推动广东省内各类博物馆发展，为经济社会发展赋能，为丰富市民文化精神生活添彩，打造岭南文化高地，为建设大湾区经济文化圈、南粤文化旅游走廊发挥聚合效应。

未来的广东省博物馆协会希望通过改善服务与沟通、提高参与度、做好能力建设等手段来提高会员价值；围绕协会工作目标和新观众，协会将继续推出富有吸引力和趣味性的活动。同时，协会将继续在博物馆专业的范围内加强对博物馆作为公共文化服务机构及其职业道德的共同认识，在其成员中促进实践经验和科技知识的相互交流，促进博物馆之间藏品和展览的相互交流，强化专业培训的方法，使社会形成对博物馆业务的作用及价值的认识等。协会计划开展一系列新的活动，对会议和展览进行严格评估，优先研究面向新观众的线下和线上活动，并在年度会议和展览方面推陈出新。

广州海事博物馆王芳执笔

博物馆定级

举办博物馆要有目标，目标就是旗帜，可以召唤博物馆全体员工心往一处想，劲往一处使，坚定不移往目标方向努力。目标也是明灯，照亮博物馆前行的路。博物馆树立什么样的目标是合适的？答案可以很主观。博物馆的设立条件和发展环境不尽相同，不同时期的博物馆行业形势也不同，所以不同博物馆的目标也不相同。有的博物馆目标很宏观，有的博物馆目标很具体，宏观目标和具体目标可以结合。从 2008 年开始，我国建立了完整的博物馆定级评估体系，科学评价博物馆工作效果，并评定相应的级别。定级评估相当于给全国博物馆树立了明确的具体目标，所以此后很多博物馆以评上国家一、二、三级博物馆为具体目标。本文详细介绍博物馆定级评估体系，以帮助博物馆找到适合自身的目标。

我国的博物馆定级评估所评出的国家一级博物馆、国家二级博物馆、国家三级博物馆，在作为博物馆目标上具有很多优势：一是全国统一标准，指标详细具体，便于馆内分工合作逐一落实，并得到官方和社会各界认可。二是对新建博物馆和基层博物馆而言，按照定级评估标准的分值要求，可以逐项争取上级部门的支持，每干好一项工作就可以拿下一个分值，总分达到要求就有可能评上级别，评上级别以后就可能得到相关保障扶持或者奖励。接下来，我们将详细介绍博物馆定级评估，其内容主要来源于国家文物局官方网站 2020 年 1 月 20 日发布的《推动博物馆高质量发展　更好满足人民美好生活需要——国家文物局博物馆与社会文物司（科技司）有关负责人解读新版〈博物馆定级评估办法〉等文件》。

一、总体情况

2008年以来，国家文物局、中国博物馆协会对博物馆的评价主要靠博物馆定级评估工作。开展博物馆定级评估工作，是引导博物馆明确职责定位和发展方向的重要方法，是促进博物馆行业持续健康发展的重要手段，是推动博物馆治理体系和治理能力走向现代化的重要基石。世界各博物馆大国都有自己的定级评估标准，自2008年至今，国家文物局、中国博物馆协会先后组织开展了四轮博物馆定级评估工作，共评出国家一、二、三级博物馆1224家，占全国博物馆总数的21.1%。通过评估产生的国家一、二、三级博物馆，在我国博物馆事业发展进程中起到了良好的标杆和表率作用，得到行业内外的广泛认可。

2020年1月，国家文物局修订印发了新版《博物馆定级评估办法》和《博物馆定级评估标准》(以下简称《标准》)，是目前博物馆定级评估工作最新的权威文件和标准。该文件提出，为推进博物馆治理体系和治理能力现代化，完善以展示教育、开放服务为核心的博物馆质量评价体系，更好满足人民日益增长的美好生活需要，对博物馆进行定级。该文件规定，博物馆经定级评估确定相应等级，从高到低依次为国家一级博物馆、国家二级博物馆、国家三级博物馆。

二、《博物馆定级评估办法》要点

博物馆定级评估工作遵循自愿申报、行业评估、动态管理、分级指导和公平、公正、公开的原则。博物馆定级评估，并非主管部门强制管理的，而是由博物馆自主决定是否参加，并主动申请的。凡在中华人民共和国境内，正式登记、经所在地省级文物行政部门备案，向社会开放、正常运行36个月以上的各类博物馆，均可申请参加定级评估。未经备案的博物馆，不具备申请资格。有些博物馆正常运行离36个月只差几个月，也会无缘评估。中国博物馆协会具体负责博物馆定级评估工作，可以委托地方省级博物馆行业组织协助开展相关工作。申请参加定级评估的博物馆应依照《博物馆定级评估标准》开展自评，填写《博物馆定级评估申请书》，向中国博物馆协会提出申请。

参评博物馆应确保数据信息真实可靠。填报的相关数据信息，应与第一次全国可移动文物普查数据库、全国非国有博物馆藏品备案数据库和全国博物馆信息年报系统等的相关数据信息保持一致。第一次全国可移动文物普查是新中国成立以来，我国首次针对国有可移动文物开展的普查，是由国务院组织的对国有可移动文物领域开展的重大国情国力调查项目，是对国家机关、国有文物收藏单位保存的文物进行的一次全面梳理和统计。该项工作从 2012 年 10 月开始，到 2016 年 12 月结束，工作完成后形成第一次全国可移动文物普查数据库。普查的标准时点是 2013 年 12 月 31 日 24 时，在此之后国有博物馆的馆藏可移动文物由于持续的藏品征集逐年都有增加，所以国有博物馆的馆藏可移动文物数和总体藏品数逐年都会变动。为进一步完善可移动文物登录制度，提升非国有博物馆藏品管理水平，2017 年 12 月，国家文物局印发《关于开展全国非国有博物馆藏品备案工作的通知》，决定在第一次全国可移动文物普查工作的基础上，在全国范围内组织开展非国有博物馆藏品备案工作。备案工作从 2017 年 12 月开始，到 2018 年 12 月结束，工作完成后形成全国非国有博物馆藏品备案数据库。2021 年 2 月，为提高全国博物馆数据统计和信息公开水平，国家文物局组织研发了全国博物馆年度报告信息系统，自 2021 年，全国博物馆每年线上填报本馆的主要数据。截至目前，全国博物馆年度报告信息系统集中了全国所有 6183 家博物馆的最全面、最精准的数据。国家文物局于 2022 年 2 月印发的《国家文物局办公室关于做好 2021 年度全国博物馆信息报送工作的通知》首次提出："博物馆年报信息将作为世界一流博物馆创建、国家一、二、三级博物馆运行评估等工作的重要参考依据，国家一、二、三级博物馆需填报所有指标项，其他博物馆需填报基本信息。"博物馆只有认真完成以上工作，才可能在下一次申请定级评估时，以扎实准确的数据，赢得好成绩。有些博物馆不明白以上三项工作的重要性，可能会为了减轻工作量而冒险少填报藏品数，或者草草填报不认真审核，或者为了表面好看虚报数字，这些都会影响到博物馆在定级评估工作中的得分。

博物馆定级评估工作原则上每三年集中开展一次，也可根据实际需要临时组织，具体时间由中国博物馆协会决定。这个规定给博物馆做好各项工作留下了充足的时间，但也意味着如果这次评不上，下次就是三年之后，时间成本很高，所以机会是给有准备的人的。评上以后，并不是高枕无忧的，博物馆还应当保持在稳定的水准，不然可能丢掉牌子。中国博物馆协会对所评博物馆进行监督检查和运行评估，运行评估至少每三年进行一次，运行评估规则由国家文物局制定。对运行评估达不到已获等级标准的博物馆，中国博物馆协会根据具体情况，做出发出警告通知书、通报批评、降低或取消等级的处理，报国家文物局备案后对外公告。

三、《博物馆定级评估标准》新旧比较

新版《标准》共设有综合管理与基础设施、藏品管理与科学研究、影响力与社

会服务 3 个一级评估指标，其下分设 13 个二级指标、78 个三级指标，以及 15 个加分项。与旧版《标准》相比，其主要有四个方面的变化：

一是降低“硬件”限制，同时提高“软件”要求。考虑到广大市县级基层博物馆，以及数量众多的行业博物馆、革命纪念馆、考古遗址和古建类博物馆的客观实际及其在我国博物馆体系中的重要作用，适当降低藏品总量、开放时长和年观众量等硬性指标要求，取消不符合实际的“一票否决”设计，不以藏品多寡等作为衡量博物馆质量高低的核心标准，把更多的博物馆纳入定级评估体系，引导促进全国博物馆同步发展。同时完善了学术研究、青少年教育、志愿者服务、社区活动等“软件”指标要求，推动博物馆更好地实现为社会及社会发展服务的职能。

二是鼓励互相帮扶，推动协同融合发展。增加对中小博物馆、非国有博物馆提供长效化、机制化对口帮扶的要求。支持博物馆积极参与各类博物馆行业组织、区域博物馆联盟、馆际交流平台的联展、巡展、互换展览、人员互派等长效协同发展机制，鼓励藏品、展览、教育、人才资源交流合作。

三是支持创新，激发特色发展。着力避免“千馆一面”，增设学术研究、高清资源开放共享、博物馆资源进校园、馆际交流合作等方面的加分项目，鼓励优秀博物馆发挥各自的特点和优势，通过改革创新，实现高品质、特色化、差异化发展。针对行业博物馆、非国有博物馆，在建立理事会制度、落实法人财产权、推动信息资源公开、规范征藏活动、完善展览服务等内容中，量身定制考察指标。

四是与时俱进，体现国家政策导向。增加对新颁行相关政策和标准规范的援引，如《新时代爱国主义教育实施纲要》《新时代公民道德建设实施纲要》等，更加强调传承弘扬中华优秀传统文化、革命文化、社会主义先进文化。细化了信息化基础设施、智慧博物馆建设，以及通过信息化手段支撑博物馆业务的内容，推动提高智慧管理、智慧保护、智慧服务水平。增加实施互联网售票、二维码验票、设置文创产品销售服务设施的要求，多层次满足观众需求。

《评分细则计分表》的修订幅度较大，一是实行“低槛高值”。细化赋分规则，适当拉开得分档次，鼓励博物馆精细化管理、高质量发展、精益求精。二是增加加分项。包括一般加分项和专属加分项。一般加分项，着重鼓励优秀博物馆改革创新，争创一流，如吸纳教育界人士进入决策机构、免费提供藏品完整高清图片下载、拓展博物馆开放时间等 7 处内容。专属加分项，专为行业博物馆、非国有博物馆量身定制，涉及建立理事会制度、规范征藏活动、落实法人财产权等 8 处内容。此外，还大幅调整、细化了 130 余处得分点及分值，明确一批体现新时代要求的指标，如博物馆章程、中长期发展规划、年度报告、接受捐赠、藏品征集政策、入藏标准和程序等均应向社会公布；增设建筑节能降耗、实验室开放共享、新媒体传播、导览导赏服务、无残障设施等相关内容。

四、《博物馆定级评估标准》要点

《标准》中第 3 点依据的法律法规和文件、第 4 点引用的标准和规范，是制定《标准》的原始参考文件，准备申请的博物馆可以引申阅读，以便于理解《标准》中具体的指标为什么如此制定。同时，评估标准也可以是博物馆负责人考核博物馆内相关工作的有益参考。

关于藏品数量和质量。国家一级博物馆的核心要求是藏品总量 300 件 / 套以上、藏品总体价值特别珍贵，具有极高的历史、艺术、科学价值，其中一类价值具世界意义。国家二级博物馆的核心要求是藏品总量 300 件 / 套以上、藏品总体价值珍贵，具有很高的历史、艺术、科学价值，其中一类价值具全国意义。国家三级博物馆的核心要求是藏品总量 300 件 / 套以上、藏品总体价值比较珍贵，具有较高的历史、艺术、科学价值，其中一类价值具省级意义。粗看起来，藏品数量只要达到 300 件 / 套以上，就有望成为国家一级博物馆了。但是对藏品质量的要求颇高，具有极高的历史、艺术、科学价值意味着博物馆中有一定数量的一级文物。其中一类价值具世界意义，意思是博物馆的藏品中有一部分应该达到一级文物中精品的级别。在《评分细则计分表》中的藏品数量部分，藏品数量 10 万件以上得 20 分，藏品数量 400 件以上得 1 分，我们可以看到，藏品数量的多寡，其实对博物馆定级评估还是影响巨大的。

关于博物馆观众。一级博物馆的核心要求是在国内外有很高的知名度和很好的声誉；公众影响力很强，年观众 20 万人次以上；经常举办出境展览或引进外展。二级博物馆的核心要求是在省内外有较高的知名度和较好的声誉；公众影响力较强，年观众 5 万人次以上；经常举办国内巡展和引进展览。三级博物馆的核心要求是在省内有较高的知名度和较好的声誉；公众影响力较强，年观众 3 万人次以上；定期举办省内巡展和引进展览。粗看起来，一级和三级博物馆对观众数的要求都不是很高，但是在《评分细则计分表》的观众量统计中，年均 300 万（含）人次以上得 20 分，年均 3 万（含）—4 万人次得 1 分，对观众数量的要求其实是不低的。出入境展览、国内巡展、省内巡展，都意味着博物馆需要具备相当的影响力、经济实力、人员专业程度等，要拿到这些分数，博物馆在背后要付出一系列工作。

关于计分。共计 1000 分，共分为三个大项，各大项分值为综合管理与基础设施 200 分，藏品管理与科学研究 300 分，陈列展览与社会服务 500 分。评估时，综合管理与基础设施项最低分值应在 80 分（含）以上，藏品管理与科学研究项最低分值应在 120 分（含）以上，陈列展览与社会服务项最低分值应在 200 分（含）以上。一级博物馆需达到 800 分，二级博物馆需达到 600 分，三级博物馆需达到 400 分。以上意味着，博物馆不仅要在单项工作上达到最低要求，也要在总体工作上达到最低要求。某一项工作短板过大，也会导致博物馆最终不能通过定级评估。

以上对定级评估内容的介绍只是概要，如果想更深入地学习，可以订阅《中国博物馆》杂志 2021 年增刊第 1 期"博物馆定级评估"专题。该专题包括《中国博物馆评估工作回眸》《第四批全国博物馆定级评估结果与数据分析》《全国博物馆定级评估的可持续发展刍议》《中国博物馆协会关于开展第四批全国博物馆定级评估工作的通知》《博物馆定级评估办法》《博物馆定级评估标准》《评分细则计分表》《博物馆定级评估申请书》《推动博物馆高质量发展，更好满足人民美好生活需要——国家文物局有关负责人就修订〈博物馆定级评估办法〉等文件答记者问》《全国定级博物馆名录（2008—2021）》等文章，读完之后可以熟悉博物馆定级评估的规则和要求。2023 年，中国博物馆协会编著出版《博物馆评估工作指南》，也包含定级评估篇，读者也可以查阅学习。

综合以上，树立定级目标既有利于博物馆发动全体员工共同向一个方向努力，也有利于上级主管部门和博物馆管理层对整个博物馆进行监督管理和绩效评价。博物馆定级评估，可以把博物馆的宏观目标具体化，分解为可以逐项落实的工作标准。我们建议博物馆结合自身条件，制定出切合实际的目标，并向目标稳步迈进。

广东省文化和旅游厅程国锋、深圳市宝安区世纪琥珀博物馆刘莹莹执笔

博物馆代际传承

改革开放以来，随着经济发展以及各级政府部门大力推动非国有博物馆发展的政策落地，非国有博物馆如雨后春笋般迅猛发展。截至2020年底，我国登记备案的非国有博物馆数量已达1860家。2022年8月，国际博物馆协会对博物馆的新定义为：博物馆是为社会服务的非营利性常设机构。常设机构的定义是根据宪法或组织法而成立的有固定名称、地址、人员编制及工作程序规则的相对较长时期存在的机构。非国有博物馆自然也是常设机构，其场地和经费通常由举办者提供，馆长及财务人员由理事会聘任，工作人员自主聘用。举办者不仅将自己的藏品捐赠给博物馆，还需为博物馆的日常运营负责，如何将博物馆作为常设机构传承下去成了非国有博物馆绕不开的话题。从第一家非国有博物馆设立到现在已经40多年，非国有博物馆的举办者面临退休的问题，逐渐进入接班高峰期。非国有博物馆并不等同于私人企业，不存在继承的权利，随着举办者退居幕后，博物馆如何持续开办下去成为举办者不得不面对的问题。目前，全国有多少家非国有博物馆已经从举办者移交给传承人？有多少正在面临传承的问题？未来可能还有多少要面对这种情况？非国有博物馆在我国还处于一个初期发展的阶段，但在西方国家已经有些经验，可供我们借鉴参考。我们带着这些问题，去探索非国有博物馆的传承。

一、非国有博物馆传承的现状

（一）传承人的困境

首先，传承人需要面对的第一个问题就是资金来源。目前非国有博物馆除了观复博物馆、建川博物馆、大唐西市博物馆等少数运营较好的馆是有很好的营收和经济效益，其他大部分非国有博物馆资金来源单一，95%依靠举办者投入，其余收入来源于政府财政的门票补助或者免费开放专项资金，还有一些文创销售收入和培训收入等。虽然《博物馆条例》强调公平对待两种性质的博物馆，但地位平等不等于待遇相同。非国有博物馆获得政府补助或项目支持的机会与力度都不可避免地更小，这对非国有博物馆的持续运营是极大的挑战。非国有博物馆通常在地理位置上比较偏僻或者场地狭小，不足以形成旅游目的地。此外不少非国有博物馆都是主题博物馆，藏品类型单一，展览形式过于简单，缺乏二次参观吸引力，没有成功打造自身IP很难做相关文创开发运营，限制了其造血功能。

其次，人才团队。专业文博人才的缺失，在非国有博物馆非常明显。非国有博物馆的举办者，大多数是收藏家，或者还是其收藏领域的专家、行家，但很少是博物馆运营专家。非国有博物馆自身专业度、公信力不高与工资薪金待遇低等问题导致其无法吸引文博专业人才，因此非国有博物馆不得不量体裁衣，自己培养符合其现状的人才团队。工作团队的非专业性与相对高流动性阻碍了非国有博物馆的长期发展。

再次，合格的运营者。大多数人认为举办者的子女后代理所应当成为非国有博物馆传承人，事实上不愿意担任传承人的“二代”不在少数。第一，博物馆作为公共文化服务体系的一部分，它要求运营者不能以盈利为目的，要有公益心和社会责任感。第二，运营者必须要有文博方面的专业知识，对于藏品要有一定的鉴赏能力。另外，如何创收和筹资，如何做大博物馆的影响力，起到更好的宣传和文化教育作用，都是很大的能力考验。

最后，专业背景、社会资源难以传承。博物馆的举办者往往都是专注于自己感兴趣的细分领域的专业人士，有一群兴趣相投的藏友，其专业背景和社会资源的传承需要时间的沉淀。如果传承者能陪伴举办者长期参与博物馆的运营和管理，同时积极参加博物馆协会等行业组织的培训交流，接受主管部门的指导，通过各种渠道，专业知识和社会资源是能慢慢累积起来的。如果传承者对博物馆举办者的收藏爱好不感兴趣，对博物馆运营不感兴趣，忙于自己的事业，那么就很难将专业知识和社会资源接手过去。

（二）举办者眼中的传承

广州市普公古陶瓷博物馆举办者蒲重良，因为古陶瓷收藏爱好走上了博物馆创办之路，先后在广东广州和四川泸州创立了两家非国有博物馆。同时，他还是广东省博物馆协会非国有博物馆专业委员会的主任。他把博物馆当作自己后半生的事业，目前已经有两家博物馆，未来还可能创办更多的博物馆，这得益于他有个好帮手，他的女儿目前已全面负责博物馆的日常运营。除了办好自己的博物馆，他还希望通过行业组织推动行业进入良性循环，计划成立相关的博物馆基金会，让博物馆可以按照国家的相关规定健康地运转下去。

广州市东方博物馆举办者周勇，1988年开始走上收藏之路，通过不断与文物艺术品打交道，2005年开始萌发创办博物馆的念头。2009年广州举办亚运会，周勇筹建的东方博物馆成为政府的督办项目，最终建成坐落在广州亚运城·亚运文化村，为广州举办亚运会做出了贡献。目前广州东方博物馆馆长是张斌，举办者周勇不参与博物馆的日常运营。提到非国有博物馆的传承，周勇表示非国有博物馆的举办者都是有情怀的，东方博物馆是自己付出了大量心血和财产建成的，今后希望女儿能参与博物馆理事会，担任法人，保障东方博物馆能按照自己建馆的初心持续运营下去。

深圳市和畅园博物馆举办者游鹏先生于20世纪50年代出生于广东潮汕地区，2005年步入书画收藏圈子后，他逐渐着迷，并衷心希望凭自己的努力能把散落在海外和民间的艺术珍品购藏起来，并创办一家私人博物馆。2016年3月，深圳市和畅园博物馆正式向大众免费开放。和畅园博物馆开办后，在社会获得了良好的评价，但是随着热度慢慢褪去，办馆开始面临各种难题，如何发展，如何扩大影响力，运营经费从何而来，如何顺利交接班，都是举办者游鹏先生在探索的实际问题。

建川博物馆聚落馆主樊建川，2007年在成都蜀都公证处的见证下立下了遗嘱，将建川博物馆等所有资产捐赠给成都市人民政府，让一已之藏真正成为国家和民族的共同财富。

观复博物馆2004年引入理事会制。2010年，观复博物馆举办者马未都创建观复文化基金会，把他几十年收藏的文物全部捐给观复博物馆，由基金会理事会统一管理。马未都认为，博物馆最终要留给社会，但必须要交给可靠的机构。如果中国有非常成熟的基金会，有成熟的管理能力和良好的品牌，他就愿意把博物馆捐给它。

但是中国目前大部分基金会都是救济型的，还不具备较强的管理能力，所以他自己成立了一个观复文化基金会。按照他的规划，观复博物馆交由基金会运作几年后，将淡化其个人和观复博物馆的联系，让博物馆尽量摆脱对个人品牌的依赖。他也可能会找到一个个人品牌接班人来继续为博物馆带动流量。毕竟，在国内要想长久独立、良好地运作一家非国有博物馆，还没有先例。

二、国外博物馆传承的概况

（一）基本特征

在美国，多数博物馆是由私人赞助成立的，联邦或州立的博物馆、美术馆则数量有限，但无论何种性质的博物馆，大多属于非营利组织，并未对私立博物馆单独定义。英国采用非政府资助的博物馆的概念，法国、日本采用私立博物馆的概念。美国、英国、日本、德国等国家的私有博物馆在管理制度上存在共性，即在确保非国有博物馆基于其公共职能行使所应享受的各项优惠政策的前提下，不主要依靠国家财政，而是通过扩展筹资渠道来解决经费来源问题。这些筹资渠道包括接受社会捐赠、建立会员制度以收取会费、发展文化创意产业，等等，政府的扶持政策只是作为补充。

（二）传承机制

以下以美国私立博物馆为例展开讨论。美国是世界上博物馆最多的国家，共有33098家博物馆，其中大部分都是私立博物馆。美国政府对私立博物馆的管理主要依照非营利性组织管理执行。

美国不存在文化部。艺术界也没有官方代表和直接补贴，美国的文化政策体现在其税收政策上，为了鼓励慈善捐赠和支持非营利组织，美国以减免税收的形式保证了捐赠的个人和组织的经济利益，非营利组织完成备案后可享受许多特殊待遇和免税条款。

美国的博物馆都与基金会有着深厚的渊源，生存和发展都离不开基金会。研究美国博物馆历史，不难发现这样的规律：要办博物馆，得先成立基金会。基金会往往是某些博物馆的创办者、运营资金提供者和捐赠者。例如，以对美国历史文化、美术、戏剧、交响乐团资助闻名的古根海姆基金会，古根海姆博物馆就是它旗下所有博物馆的总称；洛克菲勒基金会捐建了著名的纽约现代艺术博物馆。

在美国，传承一家私立博物馆，不论其馆藏属于博物馆还是基金会，都不存在“继承”其馆藏资产的问题，因为博物馆和基金会都属于非营利组织，具有公共公益性，与其捐赠人没有任何财产关系。传承一家私立博物馆，更多体现在“继承”一家拥有艺术品收藏或博物馆管理权限的基金会的最高管理决策权。

美国大部分博物馆的馆藏往往为基金会所有。收藏家通常会将私人收藏捐赠给自己创办的基金会。既然不存在财产继承问题，捐赠者或创办者有权根据其主观意志进行有条件捐赠，比如对藏品的保护及展示、资金如何使用和博物馆运营有任何主观要求，可在相关法律文件和管理运营程序中体现。博物馆必须遵从这些要求，否则会被收藏家的后代诉诸法律。当然博物馆董事会或专业协会也有明确规则，以防捐赠者提出无理任性要求。

所以不难发现，上述这些基金会有着明显的“家族统治”的特点：决策权掌握在捐赠者或创办者及其关系密切的托管人手中。创办者往往让自己信任的人比如家庭成员、商业合伙人及律师担任基金会主要职务。许多基金会在创办者去世后，由他的妻子或儿女继续管理。

如果基金会要停止运营，美国州法律具体规定了公司式非营利组织停止运营的程序和要求：组织的任何变更都必须获得州检察长的同意（或放弃反对）；州检察长承担确保剩余慈善资产用于慈善目的的责任，以公司形式组建的组织可以与另外一个非营利组织解散或合并，然后将其剩余资产分配给一个或多个非营利组织；无论是解散还是合并，州法律通常都要求组织保证其资产按照章程的规定，只用于慈善或用于捐赠人指明的用途，这一用途也必须是慈善性的。

同时，对私人基金会与其捐赠者、董事会成员、其他内部人员之间的交易的限制也是非常严格的。美国《国内税收法》第 4940 条技术性条款规定：严格禁止基金会与其捐赠人、受托人进行交易，不管这种交易对基金会是否公平、有益。基金会的资产不可转让给任何私人，如要转让给私人，必须以市场公允价格转让。换言之，这些机构的资产在其主体消失后，无论是变卖还是保留，其归属都必须是公共公益性的。

（三）社会效果

美国这个年轻的国家，文化艺术在世界上却有着广泛的影响力，博物馆和艺术馆的数量、馆藏规模和质量能成为全球佼佼者，离不开基金会的长期支持。本土基金会针对文化艺术建立起了一套独特、专业、理性的资助体系，在保护和弘扬文化艺术方面的贡献不可忽视。在美国，博物馆、美术馆、交响乐团、剧院等几乎所有大型的艺术机构都是非营利性的，采用非营利组织的形式运作，因为这种模式为艺术机构的发展带来诸多的好处。例如，有权利接受资金和作品捐赠；有利于艺术机构获得联邦政府的免税身份；艺术机构在获得免税身份后可以享受一系列的优惠，如税收、房产、租金等；拥有独立的法律实体地位；在负责人或会员离开组织后，艺术机构仍然可以作为一个组织而继续存在；等等。

三、非国有博物馆传承的法律思考

（一）举办者权利

《民办非企业单位登记管理条例》第九条规定，申请民办非企业单位登记，举办者应当向登记管理机关提交相关文件。由此可知，举办者首先应是负有设立民办非企业单位职责的单位或个人。非国有博物馆是有举办者的。从国家文物局《民办博物馆章程示范文本》（文物博函〔2012〕2051号）第十一条、第十二条来看，举办者享有的权利是：知情权，即了解本博物馆经营状况和财务状况，有权查阅理事会会议记录和本博物馆财务会计报告；推举权，推荐理事和监事人选；命名权，可以依法以举办者名字命名博物馆馆舍。因此，非国有博物馆举办者并不享有博物馆的任何财产权利，只有部分管理权利，如知情权、推举权和命名权。

（二）出资性质

根据《国家文物局关于进一步推动非国有博物馆发展的意见》（文物博发〔2017〕16号），非国有博物馆在设立之时，对财产归属进行明确，由举办者让渡其财产所有权给非国有博物馆，转化为法人财产所有权。非国有博物馆存续期间，利用现有财产举办展览的门票收入、开展社会教育活动收费、藏品借用费用等从事经营活动取得的收益禁止分配。非国有博物馆终止时不得向出资人、举办者分配剩余财产。剩余财产应当按照法人章程的规定或者业务主管单位的决议用于公益目的；无法按照法人章程的规定或者权力机构的决议处理的，由省级文物主管部门主持转给宗旨相同或者相近的法人，并向社会公告。藏品属于国家禁止买卖的文物的，应当依照有关文物保护法律、行政法规处理。

《中华人民共和国民法典》实施后，非国有博物馆已经不存在出资人的概念，非国有博物馆的举办者就是捐赠人。举办者在设立之初投入的藏品、场馆建设经费、开办经费等，在存续期投入的运营经费都属于捐赠财产。非国有博物馆即捐助法人。

《国家文物局关于民办博物馆设立的指导意见》（文物博发〔2014〕21号）第二条规定，属捐赠性质的藏品、资金等资产，须提交捐赠协议，载明捐赠人的姓名、捐资数额、用途和管理方法，以及相关有效证明文件。这意味着如果是未签订捐赠协议的出资，不属于捐赠性质。

（三）“继承”与传承

《关于进一步推动非国有博物馆发展的意见》（文物博发〔2017〕16号）第四条指出非国有博物馆设立应以永久性为目标，《关于进一步规范非国有博物馆备案登记管理工作的意见》也提出要鼓励非国有博物馆设立以永久性为目标。《中华人民共和国民法典》第一千一百二十二条规定：“遗产是自然人死亡时遗留的个人合法财产。依照法律规定或者根据其性质不得继承的遗产，不得继承。”如果举办者既不能分配利润，又不能分配剩余财产，则难以认定其权利具有财产属性，难以继承。但是举办者毕竟享有一定权利并须承担一定义务，如果作为自然人的举办者死亡，或者作为法人的举办者注销，势必涉及举办者的变更。但从实际情况看，目前民政局没有举办者变更这一项服务。所以在目前的实际情况下，我们认为举办者的权利在法律上是无法继承的，也就是非国有博物馆不存在继承的概念。

非国有博物馆发展过程中出现的上述法律困境，既有一些属于非国有博物馆所特有，又与中国文物、博物馆法治建构甚至国家整体文化政策等息息相关。作为博物馆的举办者，有必要在举办之初就非常清楚：非国有博物馆是国家慈善事业的重要组成部分，博物馆人用自己坚实无声的语言，追求人类长远的利益。博物馆主体虽然无法在法律上让其后代继承，但那种坚守科学和实证至上的现代人文精神，完全可以通过言传身教充分传承给其下一代。博物馆可以传承的不是权利，而是责任和义务。

四、非国有博物馆传承的主要问题

（一）政策壁垒

1. 举办者变更

通过上一节的分析，非国有博物馆举办者既不能分配利润，又不能分配剩余财产，则难以认定其权利具有财产属性，难以继承。但是举办者毕竟享有一定权利并须承担一定义务，如果作为自然人的举办者死亡，或者作为法人的举办者注销，势必涉及举办者的变更。但从实际情况看，目前民政局没有对举办者变更这一项事务的指引或说明。

2. 举办者权利的保障

捐助法人不同于社团法人，不具有社员大会这样的议事机关，捐助法人的章程理论上非经特殊程序不得改变。对举办者权利的保障，比如博物馆举办时的命名权，如果与后续理事会更名决议冲突时，我们是尊重后续理事会的决议，还是尊重举办者命名博物馆时的初心？这些都要依赖今后出台诸如捐赠法人法，才能有效地保障举办者的权利。

3. 税收优惠政策

从我国目前的立法来看，《博物馆条例》规定博物馆依法享受免税政策。2018年2月，《财政部、税务总局关于非营利组织免税资格认定管理有关问题的通知》也进一步对非营利组织免税资格条件、免税资格申请程序、报送的材料、免税资格的有效期限进行了详细的规定。但是对于非营利组织认定过于严苛，主要体现在以下几个方面：一是财产及其孳息不能用于分配，工资福利开支也要控制在规定的比例内；二是注销后的剩余财产用于公益性或者非营利性目的；三是投入人对投入该组织的财产不保留或者享有任何财产权利。从上述规定可以看出，获得税收优惠政策，举办者不享有任何财产权利，同时还要依法保障博物馆的正常运行经费，权利与义务明显失衡，对于举办者而言显失公平，举办者对非营利组织免税资格认定缺乏积极性，严格的条件限制，使非国有博物馆难以达到免税资格认定要求的条件。此外，非国有博物馆也未享受到土地使用税、房产税等其他税收优惠政策。

另一方面，对于社会捐赠而言，现有税收抵扣政策难以起到鼓励捐赠作用。我国《个人所得税法》《企业所得税法》对公益捐赠的税前抵扣进行了规定，将个人或企业的公益性捐赠支出在应纳税所得额中扣除，且对捐赠比例进行了限制，超过比例部分不在扣除之列，或转为下一年度。但是税收抵扣减免的范围较小、比例小，由于我国既没有遗产税，个人、企业捐赠税收减免政策又存在局限性，诚信社会尚未完全形成，社会捐助的热情不高。

4. 剩余财产分配制度

《关于进一步推动非国有博物馆发展的意见》（文物博发〔2017〕16号）关于非国有博物馆剩余财产禁止分配的制度设计既不利于非国有博物馆的设立，也不利于其有序运营和退出。“藏品应优先转让给宗旨相同或者相近的博物馆，或省级文物主管部门主持转让给其他博物馆”的规定缺乏实际可操作性。藏品是非国有博物馆最重要的财产，登记管理机关组织藏品转让给其他博物馆亟须解决以下问题：一是藏品的转让方式。藏品转让是采用有偿还是无偿的方式？如果采用无偿的方式转让，非国有博物馆举办者、出资人、捐助人等利益相关人是否愿意按照要求转让？如果采用有偿的方式转让，是给付对价，还是给予补偿？藏品类型繁多，许多藏品具有唯一性、特殊性，如果采用给付对价的方式如何对这些藏品进行估价？如果采用给予补偿的方式，标准如何确定？二是藏品的转让对象是国有博物馆还是非国有博物馆？如果转让给国有博物馆是否存在化私为公的嫌疑？如果转让给非国有博物馆是否能找到宗旨相同或者相近博物馆愿意接收？如果需要给付对价和补偿金，由登记管理部门组织下被转让的非国有博物馆是否愿意支付？转让双方能否对支付对价达成一致？三是登记管理部门在组织转让过程中扮演的角色难以界定。非国有博物馆作为市场主体、民事主体，登记管理部门介入，显然已经不再是自由的市场交易和民事交易，登记管理部门是否有能力主持转让的完成？因此，转让完成的具体操作须进一步细化，现有的立法显然还没有细化到可操作的程度。

（二）基金会设立问题

研究表明，国外大多数博物馆的运营经费大约三分之一来自以基金会为主的非政府组织捐助。我国基金会的发展起步于20世纪80年代，大多聚集在传统慈善领域，例如各级慈善基金会、红十字会、宋庆龄基金会等。文教行业的基金会数量占比虽然较大，但主要是在助学、济困的慈善事业方面，真正将主要业务范围清晰定位为博物馆的基金会数量少、规模小。

根据基金会管理条例，全国性公募基金会的原始基金不低于800万元人民币，地方性公募基金会的原始基金不低于400万元人民币，非公募基金会的原始基金不低于200万元人民币；原始基金必须为到账货币资金。解决了资金问题后，在实践中，基金会通常是先登记为慈善组织类的非公募基金会，2年后符合公募基金会条件后再申请公募基金会。另外基金会还需要业务主管单位，在实际操作中，非国有博物馆的基金会很难找到业务主管单位。成立基金会后还需要专业的团队进行运营管理，博物馆基金会的运营团队大多依赖关联博物馆，全职专业人才严重缺乏，专业化水平提高缓慢。成立基金会对于一般非国有博物馆来说并不是不愿意尝试，而是门槛太高。

（三）法人治理结构

非国有博物馆属于民办非企业单位，法人治理结构是明确划分理事会、监事会和行政负责人之间权力、责任和利益以及明确相互制衡关系的一整套制度。理事会实际上是法人结构治理的核心内容。理事会的设立体现了博物馆社会公益的属性，以此来保证非国有博物馆内部管理机制的健康运转，确保博物馆社会公益属性的正常发挥。

理事会制度是美国博物馆治理机制的核心，美国博物馆事业的发达离不开理事会的引导。事实证明，该项管理制度能促进博物馆健康、有序、规范发展，推动社会力量参与博物馆建设。目前非国有博物馆理事会的组建工作不尽如人意，大部分都形同虚设，未真正发挥作用。非国有博物馆的举办者和管理者同时也是运营者，这就限制了非国有博物馆的社会化管理、运营、传承。有效的法人治理结构是吸引社会力量参与非国有博物馆运营、传承的基础。

（四）传承人意愿

通过笔者对非国有博物馆举办者的采访，一半以上的举办者是希望自己的后代继续参与到博物馆的运营管理中的。中国社会的传统文化注重家庭，子承父业往往是家族式的非国有博物馆首选的交接班模式。他们认为愿意接班且对非国有博物馆事业高度认可及忠诚的传承人的存在，对非国有博物馆的成功传承至关重要。作为家族传承人愿意作为非国有博物馆事业接班人的不足一半，究其原因还是兴趣。非国有博物馆的建设发展阶段与传承人的职业需求、个性、生命周期阶段契合得越好，家族传承历程就会越顺利。

传承对于非国有博物馆来说是一项系统工程，需要有健全的法人治理结构、过硬的业务能力组合、良好的营收模式以及传承人的意愿，传承才能顺利实现。

五、非国有博物馆传承的模式、路径与展望

（一）模式

1. 家族式传承

在我国现行法律体系下，非国有博物馆对于接班人来说更多的是责任和义务，没有继承的权利。尽管如此，还是有部分“馆二代”在第一代博物馆创办人言传身教的影响下，传承了对博物馆事业的担当与热爱。受中国传统文化的影响，比如宗法制和家文化等，非国有博物馆创始人目前还是希望家族的人来传承博物馆事业的占主体。从博物馆创办之初，就重视对家族成员的培养，让他们参与博物馆运营管理，一步步接过博物馆事业的重任。家族式传承虽然能按照举办者的意愿，将博物馆的运营管理权传承给自己的家族后代，但是很难保证传承人都有意愿和有能力来运营管理博物馆，此外博物馆运营长期依赖甚至依附于举办者而存在，无法实现科学管理和独立运营，法人治理结构无法有效运行，长期看来不利于自身的公信力建设、社会化运营及可持续发展。

2. 理事会制度委托职业经理人管理

随着现代管理理念的融入，借鉴国外私人博物馆运营管理方式，有些非国有博物馆进行了新的尝试。

2014 年国家文物局印发了《关于民办博物馆设立的指导意见》，2016 年国家文物局修订并印发了《非国有博物馆章程示范文本》，对非国有博物馆以理事会制度为核心的法人治理结构提出了专门要求。据统计完成法人登记的非国有博物馆中，超过一半没有成立理事会。即便成立理事会的，也只有不到 5% 的社会人士参与。绝大多数非国有博物馆理事会无法正常履行决策、管理、监督的职责，决策权和管理权实际由举办者掌控。

在众多非国有博物馆中，观复博物馆比较成功地运用了现代经营管理制度来运营博物馆。观复博物馆是由马未都先生创办的，前期它的运营很大程度上也仰赖于马先生，为了实现有赖于制度而非个人进行博物馆的运营，马先生做了一些制度上的改进。2004 年实行理事会制度，理事会负责博物馆的运营管理，馆长是理事会决

策的执行人。2007 年向社会开放会员制，会员享有诸多优惠。2009 年成立北京观复文化基金会，基金会致力于传播中国传统文化，资助观复博物馆的发展，引导公众“公益慈善，文化赞助”的精神。

3. 捐赠

有的非国有博物馆选择捐赠给政府，由国家代为经营管理。比如著名的非国有博物馆——四川建川博物馆的创办人樊建川先生已经决定在身后将他用十多年的时间在四川省成都市大邑县安仁镇建起的 30 余个博物馆，捐赠给成都市人民政府。在 2007 年 12 月 4 日，樊建川做出决定———百年之后，将博物馆捐给国家。在樊建川看来，把博物馆捐赠出去不是舍去，而是得到，让博物馆的生命得到长久的延续。

（二）路径

在非国有博物馆举办者确定好传承方式后，传承人需要根据博物馆的发展阶段做好以下几个方面：

1. 心理准备

传承人需要从零开始学习技能，运营博物馆要懂得让时间“慢下来”，开办博物馆的人是有情怀、有信念、有态度的。传承人要做好足够的心理准备：博物馆是非营利机构，要做好长期人力、财力的投入而没有收入的心理准备。有位馆长朋友曾经形容自己的博物馆，就像是自己的孩子，需要赋予它强壮的身体、健全的人格，最后让它自食其力，任重而道远。

2. 熟悉非国有博物馆运营管理

博物馆运营是一项专业性极强的工作，首先，基于博物馆的职能，传承人需要参加各种业务培训班增长专业知识，参观各类博物馆学习先进经验，与文博界的各个专业专家交朋友，与同行多交流，了解与非国有博物馆相关的法律法规和政策，学习先进的运营方式。其次，需要了解非国有博物馆相关的法律政策、办事流程，以及与主管部门多沟通。

3. 完善理事会制度

理事会制度是非营利组织完善法人治理结构、实现决策管理民主化和科学化的一种行之有效的途径，会进一步激发组织活力。理事会主要行使选举任命、决策和监督三项职能，一般不直接参与日常管理工作，由其任命的馆长执行具体管理事务。传承人需要通过理事会来招兵买马，维护博物馆的品牌，策划重要的筹款活动和募集资金。

4. 筹建运营基金会

利用非国有博物馆的品牌号召力筹建运营基金会，支持和帮助博物馆的事业发展，包括资金的资助、人才的培养、社会资源的整合、业务的拓展等。随着网络募集的兴起，非国有博物馆可以通过慈善机构大平台探索更多灵活的募集方式。

（三）展望

非国有博物馆“一代”专注于前期的创办，“二代”接手后则须更加注重后期的品牌塑造和可持续运营。

1. 品牌塑造

非国有博物馆的经营过程主要分为资源获得、品牌塑造、价值创造三个环节；其中资源获得是经营的前提，品牌塑造是经营的核心，而价值创造则是经营的最终目的。这三个环节相辅相成、互为影响，保证博物馆有充足的资源保障，自然有利于品牌塑造；而良好的品牌形象使得场馆自身价值得以彰显，场馆若创造出巨大价值，则是对自身品牌资产的进一步提升。

优质的品牌形象，良好的品牌资产管理将利于进一步整合丰富有价值的资源，从而使得非国有博物馆的发展更加顺畅，使得非国有博物馆的整个经营过程形成一个良性循环。在秉持品牌标准化管理的理念下，人是文化的核心载体，博物馆举办者与接班人肩负着品牌价值观传承与企业文化塑造的责任与义务。文化的时代观与文化传播在新时代的发展中应该遵循当代化、民族化、国际化的理念标准。

2. 建设公信力

公信力是博物馆重要的社会资本，非国有博物馆是否能够获得社会的捐赠与支持，完全取决于社会或资方对它们的信任程度，或者说取决于它们所能展示出来的公信力。而公信力建设离不开公开透明的管理制度，非国有博物馆应该让理事会发挥应有的作用，真正做到化私为公，由自主运营向社会化事业转变，最终实现公众和社会力量关注并参与博物馆建设。

3. 政府相关法规政策建设与落地

非国有博物馆的良性发展离不开政府的政策导向支持。日本私立博物馆财产权制度有如下几个特点：一是具有完整的博物馆法律体系。日本作为大陆法系国家，更加注重成文法制定，有专门的《博物馆法》《文化财产保护法》《社会教育法》。二是日本的一般法人制度设立更为灵活，更加具有包容性，以公益、共益、收益为目的均可设立，设立环节与公益性认定环节分离，相互转化，动态管理。对盈余分配和剩余财产分配不进行强制性限制，而是根据税收的优惠程度予以限定和调整。三是私立博物馆与公立博物馆享有相同的免税费措施。尤其是日本并不强制性限制剩余财产分配，通过章程约定和会议决议可以决定剩余财产的归属，只是以可能失去税收优待为代价，剩余财产的处置更加具有灵活性。这对完善我国剩余财产处置制度具有借鉴意义。

非国有博物馆的创办人经过多年耕耘，将自己融入博物馆的发展，而博物馆和收藏是一个永续的事业。我国非国有博物馆发展已经到了传承阶段，如何科学妥善地将初代创办的博物馆经营下去，是许许多多非国有博物馆创办人正在面对的重要问题。作为非国有博物馆的“第二代”，我们希望本文能够起到如下作用：一是提醒非国有博物馆创始人，非国有博物馆藏品以及开办与运营经费属于捐赠财产，是无法进行财富上的继承的；二是非国有博物馆的传承更多是人文精神层面的，对社会贡献方面的。针对非国有博物馆的举办者，我们应该予以充分的尊重，希望政府能通过立法来保障举办者合法主张的权利，最终实现非国有博物馆永久性存续的长期目标。三是借鉴国外非国有博物馆发展经验。非国有博物馆捐赠者在选择捐赠项目时应考虑项目是否可持续，如果没有长期预期，那么必定会影响捐赠决策。

广州市普公古陶瓷博物馆蒲亭利、吴与伦、周筱慧、游佳昌、祁素平执笔

博物馆社会传承

谈到博物馆的财富，最重要的当然是博物馆的藏品。但所谓“博物馆与财富管理”，要谈的并不是博物馆的藏品财富，也不是博物馆的资金或资产管理，而是试图换个角度，重点谈谈一个成功的企业家，在对自己合法获得的家族财富进行科学管理的过程中，与博物馆可能产生的交集。为何把博物馆放在财富管理之前呢？因为，相比而言，博物馆作为精神文化的殿堂，其传承性和影响力，远比以金钱为代表的财富本身更为重要。

一、家族财富管理为何会关注博物馆事业

家族财富管理是来自银行服务中的一个概念，指面向高净值人士提供全方位的银行财富管理。私人银行业务就是为这类高净值的个人客户提供一揽子的服务。这些服务不仅涵盖客户个人的资产配置、高端生活、税务法律咨询，还包括投融资、并购服务等企业需求，也包括子女教育、代际传承、家风建设等家庭需求，以及满足客户慈善公益等社会需求。

以家族企业主为代表的高净值人士，也面临着自身财富传承和企业传承的需要，在传承过程中，精神财富的传承又是远比物质财富的传承更难以实现的目标。银行中的家族财富管理涉及许多专业的领域，比如家族财富架构的顶层法律设计、税收的筹划、资产的配置和管理。为何家族财富管理过程中会关注到博物馆，并与之发生交集？这是因为，相比资产配置的收益率，文化传承的重要性已越来越为家族财

富的传承人所关注。家族财富管理的终极目标是通过向善的资本来实现财富的世代传承。

资本就是资本，如何会有向善、向恶之说呢？因为资本的传承，本质上是人的传承。所谓向善的资本，是指资本不仅能够提供好的产品与服务，还要努力让世界更美好，给资本打上真、善、美的烙印。国际上一些知名大家族的财富能够传承几代甚至十几代经久不衰，其家族财富管理的秘诀并不是无休止地把精力放在如何赚取更多的利润上，而是通过几代人甚至十几代人的努力，将家族财富倾力打造成向善的资本。

西方家族财富赞助、收藏艺术品的渊源颇深，活跃在 13 世纪到 17 世纪的美第奇家族是其中的典范。1397 年，乔万尼·德·美第奇在佛罗伦萨创建美第奇家族银行，并以此起家，奠定了家族财富基础。乔万尼对艺术的热忱也一并在家族中传递下去，爱好和资助艺术逐渐成为家族传统。乔万尼去世后，长子柯西莫·德·美第奇继承家业，柯西莫将财力大量投入城市的公共建设中，其中包括建设图书馆、赞助公共场所的艺术作品等。家族下一任继承者——柯西莫的孙子洛伦佐·德·美第奇，出于个人兴趣，从艺术欣赏的角度出发赞助有天赋的艺术家、收藏艺术品，对后世收藏产生了深远影响。基于丰富家族收藏的初衷，美第奇家族的后继者建立了乌菲齐美术馆，现已成为世界著名绘画艺术博物馆，被誉为“文艺复兴艺术宝库”。对艺术的热衷和庞大的收藏让美第奇家族的名誉得以延续至今。

美国标准石油的创办人老洛克菲勒，是美国历史上第一个财富达到 10 亿美元级的富豪。在 1882 年至 1906 年的 24 年中，老洛克菲勒仅每年平均从标准石油股票所获得的分红，就相当于当时一个普通工人年收入的 8500 倍。巨大的财富如何处置，成了他晚年面对的一大难题。1911 年美国政府判定标准石油违反《谢尔曼反托拉斯法》，1916 年上调遗产税，1924 年开征馈赠税，针对的都是老洛克菲勒家族的巨额财富。小约翰·洛克菲勒继承了家族财富后，通过家族信托一改资本原始积累时期的负面形象，积极地参与文化、卫生等慈善事业，对纽约大都会博物馆、现代艺术博物馆以及亚洲协会博物馆等公共文化机构屡有贡献。大都会博物馆的修道院分馆，从土地到建筑以及藏品，都是源于小约翰·洛克菲勒的慷慨捐赠。1957 年，小约翰·洛克菲勒的儿子纳尔逊·洛克菲勒创建了原始艺术博物馆。1969 年 5 月，纳尔逊·洛克菲勒将整个原始艺术博物馆捐赠给大都会博物馆，并成为后来大都会博物馆的非洲、大洋洲及美洲艺术部。正是由于维持了家族财富一个积极、正面的社会形象，洛克菲勒家族的财富整整传承了六代人，至今仍然是美国社会中一支不可忽视的力量。

最近十年，中国的高净值人士的价值取向也发生了很大变化。从招商银行发布的《2015年中国私人财富报告》就已经发现，高净值人士在考虑家族财富管理和传承方案时，不仅关注现金的保值、增值，房产、企业的代际传承，也越来越重视精神价值的延续和传承。招商银行发布的《2021年中国私人财富报告》则显示，以满足社会责任投资、慈善公益基金的需求，占到了高净值人士需求的28%。越来越多的受访者认为精神财富是家族财富的重要组成部分。第一代创业的企业家，希望在将自己毕生创业所创造的物质财富有规划地传承给子女的同时，也能将自己的人生观、价值观通过某种形式或者载体，有效地传承给下一代。改革开放以来，越来越多的先知先觉者将企业财产、个人资产注入博物馆行业，创办非国有博物馆，截至2022年底，我国的5535家博物馆中，超过30%的是非国有博物馆，在完善我国博物馆体系，助推公共文化事业发展的同时，也为个人及其家族财富管理提供了一条向善的路径。

二、资助或创办博物馆可以成为传承家族精神财富的有效途径

创业者，特别是那些位于财富金字塔顶尖的行业领袖人物，如何将自己的人生观、价值观有效传承给下一代呢？通过资助或创办博物馆来达到传承家族精神财富的目的，不失为一条非常有效的途径。

（一）通过收藏“赋精神于实物”，体现家族的财富观

清末的爱国实业家张謇在南通创办了大生纱厂和其他企业，积攒了一定的资金。张謇参观日本的博览会和博物馆后，受到很大启发，回国后便竭力倡议创办博物馆。1905年，张謇上书清政府学部和张之洞，建议在北京创建“帝室博览馆”，然而清政府却对他的上书不予理睬，最后他只好在家乡南通凭一己之力创办博物苑。经过十年的苦心经营，至1915年博物苑面积达32000平方米，至日军占领之前，这座由中国人自己创办的第一座博物馆已有藏品近万件。他办博物馆的宗旨就是辅助学校教育，普及科学文化知识，也体现了中国儒家文化的财富观。张謇一生所获财富，皆为社会服务。习近平总书记在参观南通博物苑时说：“社会是企业家施展才华的舞台。只有真诚回报社会、切实履行社会责任的企业家，才能真正得到社会认可，才是符合时代要求的企业家。”

（二）博物馆可成为家族财富在文化类慈善事业中的核心载体

香港的李嘉诚先生热心慈善事业，把自己的慈善基金会比喻成自己的第三个儿子，并将自己的财富平均分成三份，将三分之一的财富注入基金会。他认为亚洲在奉献文化上的观念要有突破，要视建立社会责任和延续后代同样重要，分配自己的财产做捐助，以推动社会的改善进步。他晚年花巨资在香港大浦建立慈山寺佛教艺术博物馆，历时 17 年始成。在博物馆开幕式上他动情地说："我一生最重要的决定是成立基金会，有缘能尽心之所怀服务社会，能把收藏存展在寺，能和每一位有心人一起弘扬佛法，对这福分感刻至深。"

可以相信，李嘉诚基金会所承担的慈善事业将比他的商业财富具有更加持久的生命力。在未来的岁月，慈山寺佛教艺术博物馆将持续发挥其社会影响力，并成为李嘉诚基金会的精神载体。

三、家族财富参与博物馆事业的途径

（一）将博物馆纳入创办人家族主营业务范畴

围绕创办人的主营业务，博物馆直接或间接服务于创办人经营的业务。比如广州市迪士普音响博物馆是国内首个以音频系统为主题的非国有博物馆，开创了音频行业主题博物馆的先河。这家博物馆由实力雄厚的广州市迪士普音响科技有限公司投资建设运营，建筑面积 2580 平方米，藏品 2 万多件 / 套，种类丰富齐全。博物馆作为企业文化的衍生和拓展，充分体现了文化事业与文化产业有机融合的特色，成功实现了博物馆社会效益与企业经济效益的有机结合。

（二）创办与主营业务无关主题的博物馆

具有代表性的是上海的震旦博物馆。陈永泰先生于 1965 年创办的震旦（中国）有限公司，产业涵盖办公设备、办公家具等产业。陈永泰几十年来致力中华古玉文物的保护和典藏。据报道，其在台北和上海两地设立的艺术博物馆已成为全球收藏中国古玉器的重镇。虽然对于博物馆中个别藏品业界屡有争议，但瑕不掩瑜。就震旦博物馆的办馆理念、办馆实践和社会影响力来看，其创办博物馆传承文化所达到的认知高度是其他企业家不可同日而语的。

（三）资助现有的博物馆

在家族财富的管理中，独立创办博物馆固然是值得考虑的路径，但从资助现有的博物馆的藏品、展览、研究和教育入手，与专业人士共同打造一家博物馆，也不失为一个很好的选项。这是因为：第一，博物馆属于公共文化事业，只要是备案的博物馆，就不存在所谓的私人博物馆之说。参与博物馆公共文化事业，无论是赞助藏品征集，还是赞助展览展示、学术交流、社会教育，都是让赞助人与博物馆事业发生正面和良性的交集。第二，博物馆事业需要持续和巨额的投入，且没有直接的经济回报，创办人在决定举办博物馆时，一定要对投入资金与精力的持续和无限性，举办博物馆的专业和复杂性，缺乏正常收入导致入不敷出的艰巨性都有清醒的认识。通过赞助博物馆事业的某一个环节，积累相关的经验，不失为一个很好的选项。

四、家族财富拥有者对博物馆的常见认知误区

（一）误区一：把创办博物馆等同于财富管理

家族财富的拥有人经常会被邀请参加各种类型的艺术品展览或拍卖会。在香港巴塞尔艺术展、苏富比和佳士得拍卖现场，出现最多的就是家族财富的拥有人和继承人。参与艺术品收藏的大部分个人或机构，只是将艺术品收藏当成家族财富管理的必要组成部分，一方面让财富管理组合中的资产结构更为合理，另一方面能提升家族成员对艺术品的鉴赏能力。这种为财富管理组合需要进行的艺术品收藏和投资，与创办博物馆的行为是完全不同的。前者是一种私密的资产投资和组合行为，后者则要承担更多的社会责任和社会义务。

（二）误区二：创办博物馆的目的是让藏品升值

现代社会是专业分工明确的社会，一些巨额财富的拥有者，由于偶然和个别的案例，突然意识到艺术品的巨大升值潜力，于是想当然地认为，通过创办博物馆，通过博物馆的专业背书，可以让自己的藏品拥有更大的升值潜力，这其实是非常幼稚的认知。首先，博物馆是非营利组织，博物馆不以营利为目的，动机不纯的创办人是无法办成一家优秀的博物馆的；其次，非国有博物馆的藏品属于法人财产，即社会公共文化财产，不属于创办人的私产；最后，艺术品的升值与否，与是否有博

物馆的专业背书没有必然联系。一些收藏赝品的博物馆屡被媒体报道而“见光死”，说明“博物馆”三个字不是万能的，更不会成为赝品的保护伞。要让自己投资的藏品具备升值的能力，唯一的途径是提高自己的鉴赏能力，别无他途。

（三）误区三：创办博物馆的目的是圈地升值

城市的土地一直是稀缺资源，国家为鼓励博物馆事业的发展，各地对社会资本创办博物馆都有各种形式用地政策方面的支持。一些人想当然地认为，可以通过创办博物馆来圈地，依靠土地升值获取更多的利益，这也是完全错误的认知。首先，根据城市用地分类与规划用地标准，博物馆用地属于公共管理与公共服务设施用地中的图书展览设施用地，博物馆不属于传统意义上的房地产，不存在土地升值的概念。其次，博物馆用地不可以抵押和转让。所谓靠创办博物馆来圈地升值，完全是无知者的呓语。

博物馆是一项崇高的公共文化事业，赞助博物馆发展或者投身创办一家博物馆，是基于对家族财富传承路径和传承核心的理性思考，是传承人愿意承担更多社会责任的自觉选择。赞助博物馆发展或创办一家博物馆，一定会消耗一部分甚至全部的家族财富，并不会带来家族财富的量化增值，但是却可以锻造出自己家族的精神，让家族财富与博物馆事业共同成长，并且可以借助博物馆这一永久性事业，使得家族财富在向善而行中达至“永生”。

深圳市金石艺术博物馆吴强华执笔

博物馆案例

如何举办科学类博物馆

自然科学类博物馆创办的主要目的，是自然标本的收藏研究和自然科学知识的普及。自然科学类博物馆的创办或者筹建，与常规博物馆创办的基本程序是一致的。但由于自然科学与人文科学类博物馆，在藏品（展品）和研究方法上都有一定的差异，自然科学类博物馆创办又有其自身特点。因此某些与常规博物馆创办相同的方法和程序，在此不作赘述。本文侧重于对自然科学类博物馆进行阐述，专门探讨如何举办自然科学类博物馆。

一、自然科学类博物馆场馆建设的要点

（一）展览策划前置化

自然科学类博物馆的展品种类繁多，在材质、形状、体量、重量上有着巨大的差异，因此，适用其收藏和展览的场馆要因材而设。比如，作为展厅的场馆要适用于不同类型展览的需求，也就是展览先行。特别是固定陈列，场馆的空间设计要完全适合展览在内容和形式设计上的要求。如广东省博物馆自然展厅内的海洋生物与古生物展览，因鲸鱼标本与恐龙骨架模型的体量特别巨大，特别预设规划了高达 22 米的展厅空间，完成了展览内容的表达，同时也产生了意想不到的观展震撼效果。

藏品库房也同样有特别要求，要根据藏品的重量和大小设置不同的分类库房。例如矿物岩石类标本库房需考虑其重量，应置于库房最底层；如有放射性矿物，一

定要设置在完全密闭，有铅封的空间内；如有易风化的矿物标本，则需考虑保持其稳定状态的相对恒定温度湿度。

通向存放大型标本的库房，其通道与电梯等设施都要达到标本的体积要求。对于生物类标本而言，还需要有过渡的中转库房，大型的冷冻室、消杀室，以便在标本入库前进行必要的防虫、防霉措施。

不同种类的标本修复和保护的实验室，也是必不可少的。而且位置要与库房靠近，位于缓冲地带，减少取放和运送过程中的标本损坏和其他安全风险。

（二）公共空间设计人性化

1. 因自然科学类展览的特殊性，展厅空间多，易高低错落，因此连接通道和楼梯要求较为平缓而且符合人体工学，使老幼观众皆可安全参观，有夹层并以楼梯相联结的展厅，并设置残疾人通道。

2. 观众服务空间尽可能疏朗，各类服务项目分散开来，如售票处（或领票处）、服务台、导览台等标识清晰鲜明，以便于疏散人流。

3. 部分文创商店、咖啡厅、餐厅等服务场所，考虑其经营需要，尽可能相对独立使用，在保证安全的前提下，闭馆后不影响继续营业。

另外，如有小剧场、DIY 工坊、研学培训课堂等，设计上也应考虑在博物馆非开放时间仍可正常使用，增强使用效率，产生更好的经济和社会效益。

4. 尽可能有较大的室外空间，这也是自然科学类博物馆的特性决定的，有一些体积和重量巨大的标本是只能在户外展示的，还有一些类植物园和动物园等的部分也是需要有户外场地的，同时创造了符合自然科学呈现的自然环境。

（三）设备设施超前化

1. 针对不同类型的临时展览，在展厅空间、展柜、展架、展托、活动展墙、通道等设备设施方面有所预判，预留足够空间和适用的设备。如不同规格大小的中心柜，一定数量的自带冷光源照明的展柜，一定数量的恒温、恒湿展柜。

2. 仓库与通道的荷载与大小，也应有前瞻性。在建设成本合理控制下，要预留未来可能出现体积巨大或重量很大的标本，仍可运输和收藏于库房内。

3. 在固定展览的墙柜内，要预留足够的照明与互动装置的维修维护空间。在高大空间的展厅或其他功能区域，保留足够的高空维修马道，为将来的检修维护提供方便，免于影响展览开放和减少大量高空搭架的维修成本。

（四）馆内设备系统智慧化

办公系统、安防系统与强电与弱电安全监控系统同期建设，一体智慧整合设计。整套系统既为博物馆的办公和安全服务，又同时为博物馆的观众研究提供大数据服务，也为节电、节能提供实时监控。

（五）安全防控全面化

在办公、展厅、仓库、实验室、公共空间等不同区域，按风险评估设置不同权限的分区分级门禁。周边环境除了常规的物理性安防消防设施外，有条件的情况下，可以装置红外线栅栏，在夜间和出现人为疏忽的情况下，增加多一层安全保卫措施。

（六）场馆与周边环境或整体建筑协调美化

场馆与周边环境或整体建筑协调，保持独特性而又不突兀。通过一些先进科技设计，使场馆自带有低碳节能的特色，也是自然科学科普工作的自我表达。或许因此成为网红打卡地，创造有利条件利用自媒体进行正向的广泛传播。

二、自然科学类博物馆科普展览的策划

自然科学类博物馆的科普展览（以下简称“科普展览”）的策划是一项系统化工程，其分为展览内容设计和展览形式设计两大部分内容。

（一）科普展览策划的基本程序

1. 陈列展览主题的研究与确定，包括对相关自然环境的实地考察和采样，以及对受众的前期调研；

2. 陈列展览内容的研究与设计，包括可能出现的科学研究方法和成果的使用评估；

3. 陈列展览艺术形式的研究与设计，包括现代科学技术的应用研究；

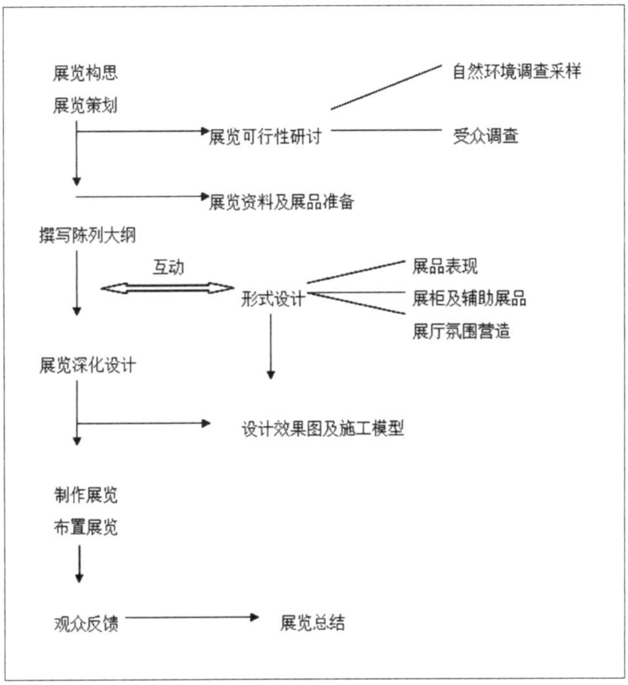

图 1　科普展览策划流程图

4. 辅助展品和设备的设计与制作；

5. 陈列展览的现场安装与布置，包括材料与设备的安全与使用评估；

6. 陈列展览开放前现场的评估和开放准备；

7. 观众反馈与展览后的总结，并有一定的成果生成。

（二）科普展览的基本要素

科普展览是以观众科普需求为中心目的，内容是关心人与自然、人与科学等的关系，展览表达上应破除普通观众与专业研究之间的障碍，展示方式能引起观众认知、审美和情感上的共鸣，构建观众与专业科学知识分享、相伴学习的公共话题空间。其基本要素如下：

1. 科学性。坚持科学精神，以科学知识为支撑，准确揭示科学内涵和科学思想，符合成熟的基本科学原理。如有有争议的科学问题，则可以提出问题或假设，让观众去思考得出结论。

2. 逻辑性。展览内容设计要有主线串联起来，可以是点线面相互联系的树状结构，但要保持内在的逻辑性。

3. 易受性。以自由选择的参观模式，以实物展品、场景还原、科学实验等寓教于乐的沉浸式体验方式，达到厚积薄发、深入浅出、通俗易懂和老少咸宜的目的。

4. 趣味性。通过各种生动的展示方式阐述科学是有趣的而不要说教的，贴近实际、贴近时事、贴近生活、贴近大众，针对不同的时间和不同的人群寻找不同的趣味点。

5. 互动性。针对观众的兴趣和好奇心等，创造基于展示目的的操作体验、基于实践的探究学习等条件，引导观众体力、智力和情感的投入，传播观众易于理解和接受的思想观点、科学信息等。通过可参与性装置设备的互动，内容的互动，相关活动的开展，文创产品的开发，让观众将科学带回家。

6. 启发性。通过展览让观众了解科技发展、理解科学思想和方法，以及科技与社会的关系，对观众产生观念和行为上的启发、感悟，以至于提出问题，引起讨论，触类旁通，达到提高大众科学素质的目的。

7. 创新性。注重科技发展成果、科学概念和科学思想等的内容研究，通过引入新概念、新思想、新方法和新技术等开发新展示方式，或将已有要素和内容等集成创造出全新方式，展现出陈列展览的原创性和多样性。

（三）科普展览的内容设计

1. 团队组建。由策划展览负责人和策展人研讨，组织相关专业研究人员与展览各项目人员组成。

2. 内容研究。包括资料收集和文献收集，主要收集选题领域的科学知识、科技发展状况，以及其与社会发展的关系；注重收集该领域具有重要代表性的展品、人物、事件和典型案例等。

3. 资料研究。根据展览选题、展教目的、目标受众等设定要求，对收集的资料进行整理、研究与提炼。初步挑选与选题关联的重要科学内容，形成选题资料。

4. 撰写内容大纲。提出展览主题，诠释展览主题内涵。包括展览概述、展览背景、展览目的、主要内容、目标受众及展览规模等。

5. 根据展览内容确定主要展示知识点。由此确定展品清单，以及景观和场景等展示项目。

6. 与形式设计的对接。根据展览内容提出展览平面布局、参观动线和重点场景效果等建议。

7. 提出教育活动策划方案。结合展览内容和目标受众需求，提出教育活动策划方案。

8. 与宣传推广的对接。提出展览宣传和推广建议。

9. 与文创产品设计的对接。提出文创产品设计建议。

10. 与形式设计的对接。内容设计团队应与形式设计团队进行深度沟通，由形式设计团队在内容设计方案的基础上完成布展形式设计。

11. 内容大纲评估。邀请相关专业人士对内容大纲进行评估。

（四）科普展览的形式设计要求

1. 满足观众参观、体验和服务等需求，营造舒适、温馨和富有艺术感染力的公共文化环境。形式设计应与展览空间、内容设计有机结合，保证展览整体科学与艺术风格完美统一。

2. 在艺术性上，以符合当代人审美情趣的感性形式，以形象化、个性化、科学和本地相关元素表现展览主题内容，达到良好视觉审美效果。空间形式应表现出独特的艺术风格和形象效果等，其相关设计具有原创性。

3. 低碳环保。采取减量化、再利用和资源回收等绿色设计方式，达到对环境影响最小、资源利用效率最高，以及对生态环境最好的效果。

4. 安全性。空间布局、观众参观动线及相关设施等，必须符合有关安全标准规定。

（五）科普展览形式设计的概念设计

概念设计是指根据内容规划大纲、建筑原始条件等，进行总体创意设计。概念设计应展现展览的内容逻辑、整体形象、空间布局和艺术风格等，以及各展区、重点展示项目的展示效果。概念设计的方案应包括下列内容：

1. 正确地理解展览主题与展览内容，撰写设计说明，包含展示理念和设计思路等。

2. 创造一个良好的展览与参观环境，具有与陈列内容相协调的独特的艺术风格，形成展览平面布局设计和基本造型风格设计。

3. 明确各展品的陈列地位，做出各展区、重点展示项目的效果草图。

4. 展览灯光总体效果设计。

5. 提出经费预算。

6. 邀请相关专业人士或馆内的展陈领导小组对概念设计方案进行评估。

（六）科普展览形式设计的深化设计

深化设计是指在概念设计成果的基础上，对展览的空间布局、造型设计、色彩运用和灯光效果等进一步细化，形成相应的可施工文件。深化设计的方案应包括下列内容：

1. 设计说明。展示理念和设计思路的进一步细化。

2. 展览平面布局及展项布置设计。包含观众参观动线设计，以及疏散通道设计等。

3. 空间艺术造型设计。包含天花、地面、立面、出入口等展示空间设计。

4. 总体环境色彩效果设计。色彩效果设计是指明确色彩谱系色标，统合科普内容特征要求及各颜色之间的对比协调关系，把控展览空间环境造型和平面版式等色彩效果。

5. 灯光效果设计。灯光效果设计应能营造空间氛围，烘托艺术效果，满足展示功能要求，为观众提供舒适的视觉环境。

6. 平面版式设计。平面版式设计包括图文版、展品说明牌，以及宣传折页、海报等印刷品的版式设计，应与展览整体设计风格协调统一。平面版式图文应层次分明、比例尺度适当，满足方便阅览、通俗易懂且符合空间环境要求。

7. 导览标识设计。导览标识的种类、功能应科学合理，与场馆整体导览标识风格及展览艺术风格协调统一。导览标识文字和图案应清晰直观，便于识别。

8. 主要工艺材料的选用设计。

9. 编制经费概算。

三、附录：科普展览的策划案例分析

随着现代科学的发展和新的研究成果的出现，自然科学与人文科学的界限越来越模糊，两者相互借鉴、相互结合，成为大势所趋。自然科学类博物馆的创办，势必要将自然科学与人文科学相互结合，产生创意亮点。下面以广东省博物馆“粤山秀水　丰物岭南——广东自然资源展览”为例，解析科普展览的策划创意源起。

广东省博物馆新馆是一座大型的综合性博物馆，其中的广东自然资源展览是最重要的固定陈列之一，在近 4000 平方米、高度由 8 米到 22 米的高大空间内，将地质地貌、矿产资源、宝玉石、中草药、陆生野生动物、海洋生物、古生物共7个主题展览纳入其中，全面地展示了广东省的自然资源及相关的自然科学知识。下面将每个场馆的不同创意点进行分述：

（一）万变不离自然之宗

自然界的一切生物乃至世界上的一切物质，归根到底，都是由无数微小的粒子，如原子或者分子组成的。而动植物都是由细胞构成的，这是自然与生命存在的基础。由此我们找到了自然资源展览中各类不同展览内容所拥有的共性。设计中将这一共性转化为象征性的装饰符号表现出来贯穿展览始终，使展览更加有机连贯，更具有前后呼应的整体感，而其深层次的意义更在于这蕴含着自然科学与哲学的审美意识。最终，由一组组乳白色的方形挂片通过不同的排列组合并借助艺术照明成功担当了这一重任。挂片象征着物质世界的原子和分子，它们有序地排列组合成不同形状的块面，好似无数的细胞组成了动植物，又好似无数的晶胞组成了矿物（宝石）和化石。在挂片组成的大面上投以蓝色的灯光，使得低处的挂片犹如蓝色的海洋，高处的挂片犹如蓝色的天空，更营造出一种美轮美奂的梦幻感觉。

图2 “粤山秀水 丰物岭南——广东自然资源展览”序厅

展览序厅首先由一组地面上的白色方形花岗岩地砖和一组由地面向天空升起的方形挂片共同组成的背景空间装饰而成，似大海溅起的浪花朵朵。随后这令人耳目一新的系列方形挂片作为装饰元素贯穿展览始终。这些挂片通过排列组合和光影效果，或成线，或成片，或成网，在展览序厅先从地面升向空中，似将天地相接，又似蓝色海洋一片，将观众引入一个充满自然元素的空间；进而挂片沿着展览前进的方向在展览上空时而翻腾，时而直行，引导观众不断向前行进；最后挂片铺展于展厅四楼与三楼之间的中空空间内，其上悬挂着现今最大的动物鲸豚的世界，使它们看上去如同正在蓝色的海洋中游弋，其下坐落着曾经地球上最大的动物恐龙的家园，它们好似正在蓝色的天空下悠哉游哉。

（二）那山那水　粤山秀水

与展览序厅相连的是“我们的家园”——地质地貌馆。这一展区意在展示广东最具代表性的地质地貌特征，主要包括广东的丹霞山、湖光岩、西樵山、阳春、深圳大鹏半岛、封开、恩平的 7 个国家地质公园和七星岩、鼎湖山、罗浮山、莲花山等景区的自然景貌，并重点展现了广东最具代表性的丹霞、岩溶、海蚀遗迹、火山、花岗岩奇峰等地质地貌，使观众在“游览”广东名山秀水的同时，获知相关的地质地貌常识。整个地质地貌景观都采用了实地翻模和现场拼接的方法，将广东的名山

图 3 “粤山秀水　丰物岭南——广东自然资源展览”地质地貌馆

“搬”到了展览现场，同时又将湖光岩、大鹏湾等湖海景观制作成大型景观画并巧妙地嵌于相关的实地复制景观之间，同时还在显示屏上不断滚动展示高清的地貌图片，观众虽置身展厅，却犹如穿行在巨大的山体间，徜徉在波光粼粼的湖水边，沉浸于粤山秀水之中。

（三）山中有宝　藏宝山中

“我们的宝藏”——矿产资源馆实际与地质地貌馆同处一个空间，前者的展柜被巧妙地嵌入复原的大型山体之中，恰似埋藏于山中的宝藏，与展览所要表现的主题有着相互呼应之妙趣。这部分展览旨在展示广东特有的矿产资源及其所提供的丰富产品，并使观众认识到矿产资源与人类生活的密切关系，更加关注对矿产资源的保护和利用。大部分的矿产资源都埋藏于地下，又常缺少华丽的外表，因此观众对于它们倍感陌生，更不知晓它们是对于人类生活至关重要的宝藏。将展示矿产资源的展柜嵌入复原的大型山体，不仅凸显了矿产资源是埋藏于地下的“宝藏”这一概念，同时更增加展览的趣味感，再结合实物标本、矿山采矿图片、趣味模型、漫画等展示形式，观众可以在“游山玩水”的同时怀着“山中寻宝”的好奇心理去轻松地认识这些埋藏于山中、地下的矿产资源，在不知不觉中获得相关的科学知识。

图4 “粤山秀水　丰物岭南——广东自然资源展览”矿产资源馆

（四）月光宝盒

广东省博物馆新馆在外观上犹如古代精雕细琢的宝盒，被美誉为“盛满珍宝的月光宝盒”。殊不知，在这个巨大的“宝盒”中还有一个真正的“宝盒”——“石之精灵”——宝玉石馆。宝玉石馆着重展示的是各种宝石，如玉石、有机宝石、人工宝石及文房石，并突出介绍了广东在国内宝玉石生产、加工、贸易等方面具有的重要作用。这部分展览与地质地貌馆和矿产资源馆相承接，为了达到自然过渡的效果，特意在地质地貌馆最后的地貌景观——溶岩山洞中“凿”出一个个小的洞穴，并将形态各异的宝玉石原生矿陈列其中。观众置身山洞之中，面对晶莹剔透的原生态宝玉石，甚至触手可及，更强烈体会到身临宝藏中的奇妙感受。宝玉石馆中则完全摒弃了传统的展柜形式，设计制作出几组与博物馆建筑外形相呼应的镂空式展柜。展柜中镂空部分的形状完全取材于博物馆外部的镂空几何形状，色彩的搭配也与博物馆外部的色彩组合相契合，最巧妙之处是这红黑的对比色恰好适合宝玉石的展示。各种宝玉石展品因各异的形态、大小被恰当地置于高低错落有致、形式各异的镂空式展柜中，而过渡部分的立面则利用灯箱形式陈列说明文字和图片。展厅内只有展柜内配有亮丽的冷光源，在这略显幽暗神秘的环境中，以红色为背景色的镂空式展柜显得格外玲珑别致，各种宝玉石标本置于其中更显得熠熠生辉。

图 5 “粤山秀水　丰物岭南——广东自然资源展览”宝玉石馆

（五）药食同源

广东是全国主要的中医药材产区之一，同时也由于岭南特别的气候地理条件，产生了独特的药食文化。“岭南本草”——中草药馆旨在展示作为全国中医药材主产区之一的广东所拥有的岭南道地药材和民间药材，使观众初步了解何首乌、巴戟、沉香、春砂仁、广陈皮、广佛手、广藿香、穿心莲和化州橘红等独具特色的“南药”，并通过广东医事、百草堂场景使观众了解广东中医药材起源与中药文化，了解广东老字号企业文化。

如何突破传统呆板的腊叶标本展示，在博物馆中展示五彩斑斓、鲜绿翠滴的中草药植物标本呢？我们大胆探索，最终采用了植物塑化和大体积包埋的先进技术处理。生物塑化技术被首次应用于植物标本制作，使中草药植物标本得以“永葆青春”，同时被保存住的还有植物原有的质感和柔韧。另外还有一批置身于大体量的“人造琥珀”中的植物标本也同样美丽动人。这批标本通过树脂包埋技术，被包裹在一种晶莹剔透的不饱和树脂之中，保存了鲜活时的颜色和姿态，栩栩如生。再加上灯带的环绕漫反射，让观众眼前一亮，这不再仅仅是植物标本，而是一件件美轮美奂的艺术品。

广东的药食文化别具岭南特色，凉茶铺便是其中之一。各名号的凉茶铺散布于

图 6 “粤山秀水　丰物岭南——广东自然资源展览”中草药馆

广东城乡的大街小巷。我们特地将一间凉茶铺“搬”进展厅里面，静候观众的光临。凉茶铺店门大开，里面摆着传统凉茶铺的陈设，如铜葫芦、草药柜、药碾以及喝茶的桌凳等，透着灯光，似乎正在向观众发出邀请：“嗨，来碗凉茶吧！”好奇的观众看见熟悉的凉茶铺，亲切之感顿生，驻足其中后，还会欣喜地发现原来草药柜中的屉子可以开启，拉开抽屉，便可以看到里面盛放着调制凉茶的二十四味药材的包埋标本。观众们在这一进一看、一拉一探的动作间认识了中草药，感受到岭南本草植物与中草药文化间的密切关系。

（六）走入丛林山野

“陆生的动物居民们”——陆生野生动物馆用大量不同分类特征的动物骨骼标本来介绍动物学基本知识，观众得以直接观察到难得一见的动物内部骨骼结构，看到了大自然经过亿万年的“精雕细琢”，造就了这力量之美、和谐之美、几何曲线之美，这是生命的律动，是生命的赞歌。

图 7 “粤山秀水　丰物岭南——广东自然资源展览”陆生野生动物馆

紧接着是全开放式的大型景观，观众穿行于蜿蜒的栈桥和山洞，看到的是山地森林生态景观、灌丛草地生态景观和湿地生态景观，栩栩如生的生态动物标本散布于其中，并与相应的生态环境相结合，有的正在进食，有的正在伫立观望，还有的正在伺机觅食，一派生机勃勃的景象。景观之中倒卧有千年的古树，同时辅以野外现场录制的动听的鸟鸣，给观众身临其境的感觉。展览特别向观众介绍了地处热带、亚热带，具有得天独厚自然条件的广东所拥有的丰富而独具岭南特色的陆生野生动物资源，其中还加入了多个知识窗、趣味园和互动问答等项目，在调动观众兴趣的同时传授生物科学知识。

（七）不期而遇的庞然大物

自然展厅中最吸引观众眼球之处，莫过于“海洋动物世界”——海洋馆和“探寻消失的生命”——古生物馆，开展至今都是网红打卡点。这两部分展览被巧妙地安排在同一个层高 22 米的空间的上下。在这个巨大空间里，作为贯穿展览始终的装饰元素方形挂片大片地连接成网，如波浪起伏般铺展于空间的中部，经蓝色灯光和水纹灯的投射，营造出辽阔深邃的海洋环境。巨大的鲸鱼标本和大群的小鱼被悬吊驻留在方形挂片的上空，就仿佛遨游于蓝色的大海之中。原设计中“如何掩饰悬吊结构”的难题用逆向思维得到了解决，反其道行之，既然吊索难以掩饰，不如增加和强化它，使其产生特别的艺术效果。有意增加大量的小鱼形成类似海洋中的鱼群，在烘托海洋生态环境的同时，悬吊群鱼的吊索被大量而密集地排列在空中，在艺术照明和悬索套管的漫反射下，形成大洋深处时隐时显的波光，从而产生如梦如幻的视觉冲击。

展览特别精选了几种大型海洋哺乳动物——巨大的鲸鱼和海豚，观众可以看到游弋于展厅之中的模制标本，同时又可看到其巨大的骨骼标本置于另一侧，仿佛大型的分身幻术，令人着迷。

巨大的恐龙则分立于方形挂片之下，幽蓝的光线透过挂片的缝隙不连续地投射到下面的古生物馆，恍若游离于另一个世界，引发幽幽思古之情。已消逝的亿万年前地球上最大的动物，与现今地球上最大的动物在这里不期而遇。仿佛穿越了时光隧道，空间和时间在这里重叠，使观众产生了无限的遐想。两种庞然大物的“对话”，引起了人们对自然保护问题的关注和思考。这两部分的展览可谓是将大自然的美、装饰形式的美与建筑结构的美三者完美结合于一体的典范。

最后在即将完成这次自然之旅的出口处，一只由自然保护和环保纪念日相关文

图 8 “粤山秀水　丰物岭南——广东自然资源展览”海洋生物馆

图 9 “粤山秀水　丰物岭南——广东自然资源展览”古生物馆

图 10 “粤山秀水　丰物岭南——广东自然资源展览”

字组成的巨大蝴蝶跃然壁上，让我们不禁想到了著名的混沌理论中所谓的蝴蝶效应：一只南美洲亚马孙河流域热带雨林中的蝴蝶，偶尔扇动几下翅膀，可以在两周以后引起美国得克萨斯州的一场龙卷风，进而产生对自然与生命的哲学思考。

自然科学类博物馆的创办是一个复杂的系统工程，一些专题类的自然科学类博物馆又有其自身独特之处，然而万变不离其宗，我们始终要以自然科学与人文科学相结合为基本方法，实现其终极目标：让观众了解人类在与大自然的共存共生中的奥秘与危机；认识到人类的文明与进步往往以对自然的破坏和消耗为代价，面对那些已经消亡和正在消亡的自然遗存，人类应该感到惶恐和羞愧，报之以敬畏与感恩；建立人与自然和谐共存的宇宙秩序，道法自然，生生不息……

广东省博物馆陈邵峰执笔

如何举办文物类博物馆

文物类非国有博物馆在当今文博事业中扮演了重要角色，并已成为公共文化事业的重要组成部分。随着国家对博物馆事业越来越重视，以及相关法规的出台，全国掀起了社会力量创办非国有博物馆的热潮。在当前非国有博物馆日渐增多的情况下，如何创办高质量、有特色的文物类非国有博物馆成为众多人士关心的问题。本文结合广东大观博物馆的创办经验，就如何创办文物类非国有博物馆谈谈看法。

一、创办文物类非国有博物馆要明晰文物的来源

文物来源不明是文物类非国有博物馆发展的瓶颈之一。过去，一些文物类非国有博物馆的藏品并非来自合法的购买，或缺乏相关手续，存在一定的法律风险，不利于博物馆的健康发展。因此，创办文物类非国有博物馆必须要明晰文物的来源，确保文物来源合法和真实可靠，这是办馆的底线。

为规范博物馆文物的征集渠道，国家相继出台了一系列法律法规。《博物馆条例》规定，博物馆可以通过购买、接受捐赠、依法交换等方式获得藏品，不得征集来源不明或者来源不合法的藏品。《关于进一步规范非国有博物馆备案登记管理工作的意见》也明确要求非国有博物馆的藏品应确保真实可靠且来源合法。可见，确保馆藏文物的真实性和合法性，已成为开办非国有博物馆的必要条件。

广东大观博物馆在征集藏品时，十分注意文物的来源以及可靠性，例如本馆的镇馆之宝——交龙垂麟纹升鼎，原为比利时著名收藏家吉赛尔·克劳斯旧藏，多年

前由广东大观博物馆创办人斥巨资从国外购回，使这件国宝重回中国。广东大观博物馆所藏的绝大多数文物是创办人通过合法的购买和拍卖渠道获得的，少数为社会人士捐赠，确保了藏品来源的合法性、可靠性。为明确文物的来源，非国有博物馆可以向拍卖公司、文物商店索要发票等合法凭证。如果是海外购买的文物，运回国内时，必须熟悉清关流程，并保留相关的清关单据。

二、文物类非国有博物馆的选址以及馆舍建设

（一）博物馆的选址

选址的好坏与否，不仅关系到博物馆自身的发展，而且关系到一个城市的风貌。因此，创办文物类非国有博物馆必须考虑馆址的地理位置、周边环境以及交通条件等因素。

广东大观博物馆创办之时，就充分考虑到地理位置、周边环境和交通条件等因素。

首先，地理位置。广东大观博物馆位于佛山市南海区桂城街道灯湖西路 28 号，这里属于南海城区范围，距佛山市政府、南海区政府均为 3 公里左右，距广州市区也仅 15 公里左右，地理位置优越。

其次，周边环境。周边环境对博物馆的发展影响很大，国内外不少知名博物馆创办时都选址环境优美的地段。广东大观博物馆坐落于千灯湖畔，与礌岗公园毗邻，周围环境优美，对面有多座重要地标建筑，而且博物馆周边有大片民居，人流量较大。

再次，交通条件。交通对人流量的影响很大，博物馆选址应尽量选在交通便利的地段。广东大观博物馆邻近灯湖西路、海五路、海三路，附近拥有多个公交站，距广佛线千灯湖地铁站仅 1.1 公里左右，而且周边具有多个停车场，交通十分便利。

最后，安全因素。安全是博物馆选址的重要考量因素。首先，馆址应选在没有地质隐患的地带，以杜绝泥石流等地质灾害；其次，馆址须选在地势较高的地段，以防止水患；再次，馆址应选在远离轨道交通的位置，以避开列车驶过形成的噪声、振动和沙尘。最后，馆址应避开有污染的场地，以减少污染物对文物的腐蚀。文物和观众安全是博物馆工作的重中之重，只有在博物馆选址时就关注、重视并消除安全隐患，才能使得后续的各项工作得以顺利开展，也才能使博物馆事业获得可持续发展的先决条件。

（二）馆舍的建设

广东大观博物馆创办初期与佛山市岭南金融博物馆共用一个馆舍，场地严重不足，近半数的馆藏文物没有陈列，展示功能受到很大影响。2020年，佛山市南海区文旅局牵头组织金融博物馆项目筹建工作，计划将佛山市岭南金融博物馆迁至佛山市南海区桂城街道千灯湖三期灯湖东路左侧，同时将佛山市岭南金融博物馆的原馆舍交给广东大观博物馆运营。此举扩大了广东大观博物馆的办馆空间，为博物馆的健康可持续发展创造了条件。

广东大观博物馆根据各展厅文物的特色进行设计与装修，尽可能地体现馆藏文物的历史感和特色。博物馆的光环境已经成为衡量博物馆水平的一项重要指标，高品质的照明有助于文物的完美呈现，而舒适的参观环境能够让参观者安静思考，有效提升展览的品质和价值。为了更好地解决博物馆的照明问题以及降低照明对文物的损害，广东大观博物馆携手广东省科泰实业照明公司共同研发博物馆照明灯具，针对博物馆陈列照明深入开展科学研究，从博物馆整体布局、展品陈列方面着手，重点专项研发了高端智能的博物馆照明灯具产品。

三、创办文物类非国有博物馆切忌“千馆一面”

文物是博物馆建立和发展的基础，是文物类博物馆的核心所在，在传承历史文化、维系民族精神等方面发挥着独特作用。习近平总书记指出：“文物承载灿烂文明，传承历史文化，维系民族精神，是老祖宗留给我们的宝贵遗产，是加强社会主义精神文明建设的深厚滋养。”由此可见，文物对于博物馆的作用、意义之大，它可以说是一座博物馆的灵魂所在。

一座文物类博物馆，必须要凸显藏品的特色。现在国内外的博物馆很多，但给人的感觉都差不多，博物馆同质化——“千馆一面”的情况很常见，这主要是馆藏文物缺少特色所致。

不过，世界上也有很多非常专业和有特色的博物馆，例如日本小山美秀子创办的美秀博物馆（又名“美秀美术馆”），该馆收藏的大量错金银文物具有鲜明的风格，它的藏品让人看到了气魄，依靠的就是特色。又如，陕西宝鸡青铜器博物馆里面全部是精美的青铜器，彰显了中国青铜文化的深厚底蕴，展现了自己的藏品特色。西安碑林博物馆专门收藏墓志和碑刻，同类藏品在国内独树一帜，这些墓志和碑刻兼具文物、史料、书法（艺术）价值，由此形成了自己的特色。所以说，我们去参观一座博物馆，看的就是这座博物馆的特色、属性、唯一性以及专业性。一座文物博物馆要吸引人、给人留下深刻印象，必须要构建自己的藏品体系，并形成自己的收藏特色。

广东大观博物馆创办之初就受到社会各界的广泛关注，被列入“2018 年度佛山文博十件大事”。作为一家文物类非国有博物馆，广东大观博物馆十分重视文物的征集和藏品的展示。据《广东省 2020 年度博物馆事业发展报告》，广东大观博物馆经鉴定、评级的珍贵文物共有 584 件 / 套，在广东省非国有博物馆中排名第一，同时也是全国一级文物最多的非国有博物馆，藏品包括青铜器、铜镜、陶俑、佛教文物、明清瓷器、掐丝珐琅、经幢、碑刻、琉璃等门类，共计 12000 多件。再者，广东大观博物馆还根据自己的办馆理念和收藏方向继续征集收藏文物，不断丰富自身有特色的藏品系统。

广东大观博物馆为了充分发掘和展示馆藏文物的历史、文化、艺术价值，参照《博物馆建筑设计规范》，并结合馆藏文物的特色，目前设置了四个基本陈列展览：“青铜之光：中国古代青铜器展”“丝绸之路：中国古代陶瓷展”“镜鉴之明：中国古代青铜镜展”“商贸之本：中国历代纸币展”。广东大观博物馆还将根据馆藏文物的分类、特点，增设“天竺之音”“琉璃之璨”“碑碣之文”“明清之韵”四个展厅。这种陈列展览既符合当前博物馆的设计规范，也凸显了馆藏文物的特色和办馆理念，避免了“千馆一面”。

四、创办文物类非国有博物馆要具备稳定的经费来源

目前，资金缺乏是大多数非国有博物馆面临的主要困境，由于办馆前期资金投入较大，有些博物馆甚至是创办人倾其所有才开办起来的，但是，没有后续的资金支持，博物馆的业务无法正常开展。博物馆在办馆前期和运营阶段都需要投入大量资金，对于非国有博物馆而言，凭创办人的一己之力很难持续下去。因此，创办文物类非国有博物馆必须要有稳定的经费来源，才能确保博物馆的健康可持续发展。广东大观博物馆的经费主要来源于创办人的资金投入、政府的扶持补贴、社会购买公共文化服务以及博物馆商店的文创收入等。经费来源的多元化，为广东大观博物馆的运营提供了保障。

（一）创办人的资金投入

文物类非国有博物馆由社会力量利用或主要利用非国有文物、标本、资料等而设立，所以经费来源往往不太稳定。过去，我国大多数博物馆经费短缺，从而影响了博物馆正常职能的发挥，这种情况在非国有博物馆之中较为常见。因此，政府明确规定创办文物类非国有博物馆必须要有稳定的经费来源。《关于进一步规范非国有博物馆备案登记管理工作的意见》明确要求，创办非国有博物馆应具备必要的办馆资金以及稳定的经费来源，并且规定办馆的注册资金不低于 50 万元人民币。

广东大观博物馆由佛山市民营企业家丁方忠、丁芳桂兄弟共同创办，创办人不仅藏品丰富多样，而且具有企业的收入作为支撑，经费来源较为稳定。实际上，在博物馆创办前期以及运营阶段，创办人均投入了大量资金，为博物馆的健康平稳运营提供了保障。

（二）政府的扶持补贴

随着国家和各级政府对文博事业的重视，非国有博物馆也得到了应有的重视，政府逐渐加大了对非国有博物馆的扶持补贴力度。

“十三五”期间，广东省文化和旅游厅印发了《广东省民办博物馆工作指引》，开展国有博物馆对口帮扶非国有博物馆工作，积极引导社会力量参与文博事业。除政策扶持外，各地还加大了对非国有博物馆建设的资金投入。2018 年 3 月，佛山市南海区政府发布了《佛山市南海区非国有博物馆发展扶持办法》，凡符合扶持条件的非国有博物馆，在经评审合格后，对博物馆的管理运营进行补贴，扶持标准为每年 500 万元。为鼓励非国有博物馆参与创建国家级博物馆，该办法规定若非国有博物馆获评国家一级博物馆，每年补贴 1500 万元，二级博物馆补贴 1000 万元，三级博物馆补贴 800 万元，极大地调动了非国有博物馆参与评级的积极性。

当地政府的经济和政策扶持，确保了广东大观博物馆的健康可持续发展，也让更多人走进博物馆，共享政府扶助政策所带来的红利。

（三）社会购买公共文化服务

根据国家相关规定，各级政府和有关部门开展文物博物馆课题研究、展览、文化交流等文化类活动，行业博物馆、非国有博物馆均可以积极参与、申报。对于文物类非国有博物馆而言，如果能争取到政府相关项目，既可以增加博物馆的收入，缓解资金压力，也可以作为博物馆的业绩，提升社会影响力，同时也可以密切非国有博物馆与政府部门的联系。

从 2018 年开始，广东大观博物馆、佛山市岭南金融博物馆与佛山市南海区金融办、佛山市公安局南海分局、中国人民银行南海支行、佛山市南海区金融行业协会以“防范涉众金融风险　守护百姓财富安全”为主题，连续三年承办了金融文物特展，这是广东大观博物馆、佛山市岭南金融博物馆利用馆藏金融文物优势，与政府相关部门合作，成功争取的一项政府购买公共文化服务的案例。这些金融文物特展既传播了货币背后的历史文化，也让广大市民认识到维护货币稳定和金融安全的重要性，在品鉴金融文物的同时，提高了市民防范金融风险的意识。

从 2019 年 1 月开始，在佛山市南海区文旅局的支持下，广东大观博物馆已连续三年举办了“听鸿夜话”活动，邀请各领域的专家学者在博物馆现场开设讲座，以历史文物、丝绸之路、博物馆管理、非物质文化遗产、乡村振兴战略等为主题，从多角度、多层次进行知识分享，丰富了广大市民的精神生活。2018 年，广东大观博物馆与佛山市食品药品监督管理局合作举办了以“尚德守法　食品安全让生活更美好”为主题的中国古代饮食器皿文化展。2020—2021 年，广东大观博物馆与佛山市南海区里水镇人民政府连续两年在展旗楼举办了专题文物展览。这些临展既传播了文化知识，也扩大了博物馆的社会影响力。2022 年 1 月，广东大观博物馆与潮州市文旅局举办的“红色金融暨革命文物展”对外开放，并受到时任广东省委书记李希、党史学习教育中央第六指导组组长陈强等领导的肯定。除政府购买公共文化服务外，近年广东大观博物馆还将与企业、中小学校等社会团体合作举办展览，实现展览输出的多元化。

社会购买公共文化服务的方式有助于形成共赢、多赢的局面，既让非国有博物馆的藏品充分发挥了文化传播、社会教育的作用，也拓展了非国有博物馆的经费来源。非国有博物馆与社会的合作，实现了优势互补，从依靠政府输血，转变为依靠社会供血，激发了各界社会人士参与文博事业的积极性，这也给当前非国有博物馆的创办、运营提供了借鉴价值。

（四）博物馆商店的文创收入

在欧美地区，博物馆—商店联盟模式已成为大多数博物馆的运营模式。我国也有很多博物馆开设了商店，专门用来销售文创产品，博物馆商店已成为不少博物馆的重要收入来源。

广东大观博物馆从开办之初就开设了商店，主要销售纪念品、工艺品、艺术品等文创产品。博物馆商店是博物馆实现经济效益和社会效益的重要窗口，它既可以弥补非国有博物馆经费不足的缺陷，也可以满足社会民众的物质需求和精神需求，同时也是博物馆社会教育功能的延伸，可以达到博物馆经济效益和社会效益统一的目标，可以说是一举多得。

五、创办文物类非国有博物馆要构建自己的人才体系

一座博物馆要想健康可持续发展，除了具备藏品、经费、管理等要素外，还需要各方面的人才支撑。

文物类博物馆的人才可以分为鉴定人才、研究人才、策展人才、文保人才、管理人才和文创人才等几类：（一）鉴定人才。对于一家文物博物馆而言，聚拢一批高水平的鉴定和鉴赏人才，是博物馆藏品体系朝健康方向发展的有力保障。（二）研究人才。博物馆的藏品种类繁多，很多文物只有经过研究才能阐释它的价值。同时，博物馆的健康可持续发展，离不开学术研究的支撑。（三）策展人才。专业的策展人，必须具备过硬的学识，对历史、艺术和文物都有较为深入的研究，同时对当代展览的策划流程有清晰的认知，一个优秀的策展人，能通过制作展览产品提升整个博物馆的影响力。（四）文保人才，即文物保护人才。如书画装裱人才，陶瓷器、青铜器、漆木器、玉石骨器修复人才，文物防虫、防腐蚀、防干防湿防紫外线伤害人才等，这是延缓文物损害乃至灭失的重要专业技术工作。（五）管理人才。一个博物馆的日常运作，少不了管理型人才的统筹。对于全馆发展方向的把控，也需要具备战略性思维的管理型人才的领导。（六）文创人才。优秀的文创产品，能够让博物馆的品牌迅速打响，建立属于自己的大“IP”。这种把传统文化的精粹进行创造性转化的方式，离不开专门的创意型人才。

相对于国有博物馆而言，文物类非国有博物馆创办之初，由于经费短缺、影响力小、待遇较低等因素，加上没有编制，很难吸引优秀、专业的文物博物馆人才，因此普遍存在人才匮乏的问题。

为了解决这个问题，广东大观博物馆特地聘请了国内部分退休或在职的馆长、专家作为博物馆的学术团队或顾问，为博物馆的学术事业发展助力，其中包括国家博物馆原馆长孔祥星、中国钱币博物馆馆长周卫荣、中国社会科学院考古研究所研究员刘一曼、浙江省博物馆研究馆员钟凤文等具有重要影响力的专家学者，为博物

馆运营提供咨询。他们大多是国内某一领域的权威或知名专家，而且各有所长，一定程度上弥补了广东大观博物馆创办之初专业人才不足的缺陷，同时也为博物馆后期的人才培养奠定了基础。

除聘请国内知名专家以外，广东大观博物馆从创办之初就在培养自己的人才，并逐步提高他们的待遇，先后引进了多名文物与博物馆、历史学、汉语言文学、广告学、艺术设计等专业的研究生、本科生，具体包括文物鉴定、学术研究、管理、策展、文创、文物修复、文物保护等人才。博物馆的人才结构逐渐年轻化，学历、专业结构也得到优化，最终逐渐构建了自己的人才体系，为博物馆的健康可持续发展提供了人才支撑。

六、文物类非国有博物馆的业务活动

（一）陈列展览

陈列展览是博物馆传播文化知识、实现社会功能的主要手段，也是博物馆的一项重要业务活动。广东大观博物馆目前开设了“青铜之光：中国古代青铜器展”“丝绸之路：中国古代陶瓷展”“镜鉴之明：中国古代青铜镜展”“商贸之本：中国历代纸币展”四个基本陈列展览，未来还将开设碑刻、佛教文物、明清瓷器、琉璃等专题展厅。广东大观博物馆自 2018 年 1 月正式开放，平均每年接待观众 40 万人次左右，前来参观的政府机关、企业、社会福利机构、行业协会以及学校等团体超过 400 个，开馆至今累计接待观众 150 万人次以上。

此外，广东大观博物馆还联合西汉南越王博物馆、广州博物馆等国家一级博物馆举办了多场精品临展、特展，广受市民好评。

（二）社会教育

社会教育是博物馆的重要功能，也是博物馆主要的业务活动之一。自 2018 年创办以来，广东大观博物馆积极响应国家建设坚定文化自信的号召，在馆内展示和教育的基础上，通过馆藏精品进校园、开设展览进基层等“文物活化”的举措，满足广大人民群众的精神文化需求，并取得了明显成效。再者，广东大观博物馆是全省首家试行夜间开放的博物馆，“大观之夜”活动已超过 200 天，已成为佛山市南海千灯湖畔最璀璨的文化明灯。

此外，广东大观博物馆还参与了各类科普教育节目的拍摄，包括广东省文物局与南方日报联合打造的新媒体项目《宝览南粤》、广东卫视大型人文纪录片《大美粤贵黔》、广东电视台影视频道承制的《岭南博物》以及深圳市新闻影视中心制作的纪录片《民间博物馆》等，既发挥了社会教育的作用，也提升了博物馆的知名度。

（三）宣传推广

作为一家文物类非国有博物馆，为了更好地参与社会公共文化事业、提高自身的业务水平，广东大观博物馆与政府相关部门、各界社会团体以及国内多家博物馆积极保持联络。同时，为了传播文化知识、宣传博物馆的业务活动，广东大观博物馆还开通了微信公众号、微博、今日头条、百家号等自媒体，推送博物馆动态，普及文物知识，既拓展了社会教育的功能，也有助于提升自身的影响力和知名度。

自广东大观博物馆开馆以来，由于运营效果突出，获得了社会各界广泛关注，中央电视台、人民日报、新华网、凤凰卫视、广东卫视、广州电视台、羊城晚报、珠江时报、南方日报、广州日报、佛山日报等媒体多次对博物馆的事迹予以报道，客观上宣传了博物馆，扩大了博物馆的社会影响力。

创办高质量、有特色的文物类非国有博物馆，除上述方面外，还应该根据博物馆自身的情况确立办馆宗旨、定位以及奋斗目标。自广东大观博物馆创办以来，一直致力于文物保护与文化传承工作，同时通过加强文物展览和文创产品开发，努力使文物“活化”，为社会主义精神文明建设贡献力量。在习近平新时代中国特色社会主义思想指引下，把握好文化继承与发展的关系，我们努力将广东大观博物馆打造成为佛山乃至华南地区的文化名片和城市会客厅，以建设国家一级博物馆为目标，使之成为藏品丰富、特色鲜明、管理科学的非国有博物馆，并致力于将广东大观博物馆打造成为比肩美国大都会博物馆、日本美秀美术馆等举世闻名的优秀博物馆，成为一个锐意创新、能随时代进步的世界级文物殿堂。

广东大观博物馆丁方忠执笔

如何举办艺术类博物馆

艺术博物馆是博物馆的一种重要类型，以收藏、研究、展示艺术类藏品为主。从体制角度看，艺术博物馆包括国有和非国有两大类别，创办和运营方式因此有所不同，关键在以艺术品为中心，因艺制宜。本文综合介绍艺术博物馆的创办，包括调研、建筑、征集、收藏、展览、研究、教育等整套运作流程，结合实际经验，提示艺术博物馆运营的注意事项。

一、艺术博物馆概述

（一）艺术博物馆定义和范围

博物馆类型，根据不同标准有不同划分。目前，国际博物馆学界大多以藏品所反映内容的学科属性为主要依据，将博物馆分为历史、艺术、科学、综合和其他（特殊）五大类。在我国，博物馆分为历史类、艺术类、科学与技术类、遗址类、综合类等五个类别。其中，艺术博物馆是指收藏和研究艺术类藏品的博物馆，包括绘画、书法、摄影、雕塑、戏剧、建筑、工艺美术等艺术形式，主要展示藏品的艺术、美学与历史价值。实际上，艺术博物馆绝大多数是以收藏和展出绘画、书法、雕塑、装饰艺术品等各种造型艺术品为主的美术博物馆。它又可以被细分为两种类型：一类是古代艺术博物馆，主要收藏和展示历史上流传下来的各种美术作品，所以有时也将其划入历史类博物馆范畴，例如意大利乌菲齐美术馆、法国卢浮宫、美国大都会艺术博物馆和我国上海博物馆等，此外也包括一些同类型的民间艺术馆；另一类是现代艺术博物馆，主要收藏和展示现当代艺术家的作品，例如法国的蓬皮杜国家艺术中心、美国的古根海姆博物馆和我国的中国美术馆、上海当代艺术博物馆等。

由于各国国情、文化以及博物馆的实际差异，博物馆分类难以统一或绝对化。一方面，很多艺术博物馆不仅收藏和展示历史流传下来的艺术品，也在不断收藏现当代艺术品，范围日益拓宽。另一方面，我国还按艺术博物馆的体制属性，分为国有和非国有两类，二者发展和管理不尽相同，后者起步较迟，迄至近年才获政府重视和扶持，目前仍在探索之中。从名称来说，很多艺术博物馆通常有美术馆的名称。在国外，艺术博物馆和美术馆基本是一样的，两者在英语中都是“art museum”。在我国，文化部 1986 年出台《美术馆工作暂行条例》，也将美术馆界定为“造型艺术的博物馆”。职是之故，我国美术馆在很长时间里更多被作为展示当代美术作品的展览馆、陈列馆，其博物馆属性和功能没有得到完全发展。在专业属性与服务对象上，我国很多美术馆附属于画院，长期服务于艺术家人群。在行政体制上，我国美术馆总体上不属于文物管理系统，而是分属于不同的行政系统。随着我国美术馆事业的发展，2006 年美术馆专业委员会成立，隶属于中国博物馆协会，其艺术博物馆的属性得到确认。

（二）中外艺术博物馆发展趋势

艺术博物馆从其概念诞生以来，就一直处于变化之中。艺术博物馆在不同历史时期、不同国家，经历了不同演变历程。

建于 16 世纪的意大利乌菲齐美术馆为收藏美术品而设计和建造，收藏有文艺复兴时期和其他各画派代表人物的作品，可以说是最早的艺术博物馆。现代意义上的博物馆起源于西方，以 1683 年开始向公众开放的英国牛津阿什莫尔艺术和考古博物馆为嚆矢，收藏服饰、雕刻、绘画、手工艺品。18 世纪是欧洲博物馆发展的重要时期，艺术博物馆逐渐独立成型。1760 年丹麦建成国立美术馆，1764 年俄国建成艾尔米塔什艺术馆，1793 年法国卢浮宫对外开放。到了 19 世纪，美国财富与人才积累，兴建了集中、大型的艺术博物馆，1846 年建立的史密森学会（现习称“史密森尼学会”或“史密森尼博物馆群”）下设弗里尔美术馆、国立美国艺术博物馆、国立非洲艺术博物馆、国家美术馆，1870 年建成了纽约大都会艺术博物馆。20 世纪，美国还建起了纽约现代艺术博物馆、华盛顿国立美术馆、纽约古根海姆博物馆等重要艺术博物馆。

在我国，艺术博物馆并没有像欧美一样经历一个完整发展过程。晚清西学东渐，艺术博物馆于20世纪初传入我国。1910年成立的南洋劝业会美术馆，是中国第一家艺术博物馆。1928年成立的苏州美术馆，是中国第一座现代私立艺术博物馆。1936年成立的国立美术陈列馆（今江苏美术馆），是中国第一座国家艺术博物馆。艺术博物馆建设在抗战时期基本停滞不前。中华人民共和国成立后，我国艺术博物馆得到了较大发展。上海美术馆（1956年）、广州美术馆（1957年）都是在第一个五年计划时期建立的，是新中国最早一批著名的艺术博物馆。1963年，中国美术馆建成开放。20世纪60—70年代，我国艺术博物馆建设进入沉寂期，改革开放后才重新振兴。

（三）艺术博物馆发展现状与创建的必要性

当前，我国艺术博物馆有了长足发展。2020年，在国家文物局备案的国有和非国有艺术博物馆近400家，包括收藏古今各类造型艺术品的综合类艺术博物馆，收藏艺术家个人作品并以其名字命名的艺术馆，以及收藏某一专题性艺术品的艺术博物馆，如北京艺术博物馆、合肥赖少其艺术馆、深圳市梵亚艺术博物馆。这些博物馆获得了国家与社会支持，整体发展势头良好。未来，创办艺术博物馆仍然具有必要性。

首先，深化分类认识的需要。艺术博物馆符合博物馆的分类趋势，有利于从理论上继续认识和总结各类博物馆的特点与规律，明确发展方向，并在实践中促进人才构成、组织管理、社会职能和经费来源等方面最大程度发挥特长。此外，这还有利于活跃学术活动，同类型博物馆可进行对口交流，不同类型博物馆可相互学习和借鉴。作为其中一种类型，艺术博物馆将会持续创新性发展。

其次，保存艺术新品的需要。随着新时代社会、文化及艺术的发展繁荣，艺术成果不断积累，为动态描绘中华民族伟大复兴的伟大进程，保存更多人类优秀文化艺术遗产，需要建立与之对应的艺术博物馆。而建设现代新型的、更具专业性、更有针对性的艺术博物馆，可以更好地激发博物馆事业的活力。

最后，加强美育功能的需要。艺术博物馆能充分发挥其社会作用，有利于一个国家或地区的美育建设，不仅成为社会公众接受审美教育的重要场所，也是博物馆旅游的重要资源，能够促进国家和地方文化的合理布局，提高公共文化服务水平，推动社会健康发展，更好地满足人民群众的精神文化需求。

二、怎样创办艺术博物馆

创办一家博物馆，一般有调研、立项、基建、布展、申报、登记等环节。由于可能产生各种复杂问题和突发状况，此过程需要深耕细作，对标问题，寻找方法，妥善解决。以艺术博物馆为例，突出的注意事项包括定位特点和建筑艺术两方面。

（一）定位特点

定位决定行动。博物馆定位通常包含目标、主题和功能三方面，在具体实践中，又可以在藏品体系与布局需要两方面探讨。

1. 藏品体系

艺术博物馆，需要建立在艺术藏品的基础上。有些创办前已有藏品，例如 2016 年建成开放的清华大学艺术博物馆，藏品有 2 万多件，绝大多数来自清华大学美术学院自 1956 年以来历年收藏。又如 2014 年建成开放的汴京灯笼张民间艺术博物馆，具有汴京灯笼张 200 多年积累的大量制灯工具、彩灯、相关实物，以及记载制灯工艺和传承谱系的各种文稿资料。有些艺术类博物馆是在筹建过程中征集藏品，例如 1957 年建成的广州美术馆，在筹建阶段开始到北京、上海等地购买历代书画作品，并接收市政府从广州博物馆调拨的书画作品，以及在 20 世纪 50—80 年代接收收藏家的大批捐赠。2000 年建成开放的广州艺术博物院，则是从广州美术馆发展而来的，藏品既有美术馆 40 多年的积累，又在 1995 年立项后陆续收到艺术名家、收藏家等的大量持续捐赠。这些都是各馆创办时的藏品基础和展览基础。因此，博物馆的定位与其收藏体系是相辅相成、相互促进的。

2. 布局需要

国家或地区出于传承优秀文化艺术，加强社会美育，丰富人民群众的文化艺术生活需要，创办艺术博物馆。具体分两种情况：一种是当地缺乏艺术博物馆，可以填补空白。例如广东顺德和美术馆，建在一片工业强区但艺术生态却相对贫瘠的地段。另一种是当地已有艺术博物馆，可以丰富类型。例如广东美术馆与广州艺术博物院，两者同在广州，但一个是省属单位，一个是市属单位，收藏与定位不同，各有鲜明特色。

出于藏品体系及布局需要，这些艺术博物馆形成了自身的定位。广东美术馆按现代多功能目标规划建设，以中国近现代沿海美术、海外华人美术、中国当代美术为收藏方向；广州艺术博物院是华南地区大型的艺术博物馆，以中国历代书画作品为主要收藏对象，尤以岭南历代书画作品为重点，还兼顾其他门类的历代艺术品。

此外，有些民办艺术博物馆还有保存收藏品、宣传企业文化的需要。顺德和美术馆是在家族收藏体系的基础上，心怀回馈家乡的使命与造福大众的愿景而建，形成自身定位。虽然定位有不同，但这类博物馆亦围绕艺术藏品开展各项工作。具体来说，收藏艺术精品，举办艺术展览，研究艺术史论，推广艺术教育以及开展艺术交流等重要活动，为满足人民群众的精神文化需求，推动博物馆事业的发展做出了贡献。

（二）建筑艺术

无论是外观、内部功能设计，还是与周边环境及设施的关系，艺术博物馆建筑都有其独特的一面。

1. 建筑外观本身是艺术

建筑是博物馆给人的第一印象，也代表所在城市的文化和形象，甚至成为地标性建筑。世界上很多艺术博物馆，建筑本身就是一件充满美感的艺术品，使人赏心悦目。建筑还要符合自身定位与特色。广州艺术博物院定位具有收藏、研究、展示和宣传历代书画作品以及古今艺术品的功能，融合多位艺术名人馆、专题展览馆、交流展览馆于一体。该博物馆建筑由著名建筑设计师、中国工程院院士莫伯治主持设计，整体建筑融合岭南传统建筑风格与现代建筑风格，互为依托，既传统又创新，既体现浓郁的岭南特色，又与现代城市环境协调适应。除了建筑外观，内部功能分区也很合理。例如在展厅空间设计上，包括面积、展线、层高、楼板荷载等都满足不同类型、规模艺术展览的需要。公共区域的设计上，还注意展示壁画、雕塑等艺术品，馆内导引与标识，整体氛围皆与收藏和艺术特色相辉映。

2. 内部功能设计须艺术

对于收藏与展示当代艺术的艺术博物馆来说，灵活性也非常重要。例如法国巴黎的蓬皮杜国家艺术中心，主楼设计成一个很大空间，而楼层设备管道外露，能够根据需要随意分割组合。上海当代艺术博物馆也采用了类似方式，建筑由原南市发电厂改造而来，展厅成为自由和灵活的艺术场所，整体可以看作一件艺术品，极具空间冲击力。又如由日本建筑师安藤忠雄设计的顺德和美术馆，最突出的艺术特色就是建筑本身。该建筑通过运用清水混凝土材料，将光、水、风等自然元素融入这座具有岭南建筑文化意境的美术馆中。开馆后，吸引了大批慕建筑之名而来的观众，其收藏与展示一定程度上反而被建筑本身的影响盖过了。

3. 环境、设施融合为艺术

除了外观及内部功能区域的特色，艺术博物馆建筑在选址方面也须讲究。新建馆址最好能与周边环境、设施形成一片，打造成可以提供多种文化艺术活动的综合体。例如广东美术馆旁边是星海音乐厅、广东华侨博物馆，未来新馆还将与广东非物质文化遗产展示中心、广东文学馆一起，在广州白鹅潭建成“三馆合一”重大标志性公共文化设施项目。中国美术馆将在北京奥林匹克公园的“鸟巢”旁兴建新的国家美术馆。广州美术馆新馆选址在广州塔南部，除了受广州地标广州塔辐射影响，未来还将与旁边的广州博物馆、广州科技馆及岭南文化广场等现代化新型文化设施一起，合力打造极具岭南地域特色的“三馆一场”文化设施综合体，成为区域文化中心枢纽。

三、怎样运营艺术博物馆

艺术博物馆的运营，结合职能特点，具体可以分为制度建设与人才队伍、征集收藏与保管利用、展陈体系与学术研究、宣传教育与交流合作、服务对象与发展保障等方面。

（一）制度建设与人才队伍

1. 方向明确

艺术博物馆需要制定符合自身定位与目标的章程和发展规划，体现出不同于其他类型博物馆，属于自身的高品质、特殊性、差异化方向。例如清华大学艺术博物馆就在章程中，明确定位为中国高校最好的艺术博物馆、古今中外优秀艺术品的宝库、东西方艺术与文化交流的高端平台、清华大学的新名片。各项规章制度、部门职能，都遵循此原则与方向制定和实施。

艺术博物馆所建立的学术委员会，成员的职称、专业、研究方向等，要与定位、宗旨和发展方向相一致。专业人员参加学术会议，发表学术论文，申请科研课题及奖项评选建议，亦须与艺术专业相关。清华大学艺术博物馆设立了学术委员会、展览策划委员会、展览评审委员会等组织，这三个学术组织的人员分别来自清华大学美术学院、清华大学艺术博物馆、国家博物馆、中央美术学院、故宫博物院、中国艺术研究院、清华大学历史系、中国美术馆、中国国家画院、清华大学建筑学院等单位。

2. 艺术本位

艺术博物馆作为以专业技术提供社会公益服务的单位，应保证专业技术岗位的主体地位，工作人员的知识结构及其业务培训也应该围绕定位展开，所聘用的人员应与艺术专业、博物馆学、艺术史学相关，再进一步扩展到分类学、目录学、物理学、光学、环境学等多学科内容。同时，加大对稀缺专业人才的培养力度，例如文物修复师，坚持普遍提高和重点培养相结合。坚持以人为本和可持续发展的科学观，不断完善管理人员和组织结构，加强人才队伍建设，实施人才资源开发战略，继续探索适应新形势发展的艺术博物馆管理机制。

（二）征集收藏与保管利用

1. 注意收藏特点

藏品是博物馆运营的基础。藏品的质量和数量既决定一家博物馆的知名度与文化定位，也代表博物馆的未来与发展。艺术博物馆需要根据自身定位形成独特的艺术品收藏体系和特色，且收藏方向是清晰的、持续的、稳定的。典藏部门的专业人员从征集开始，就要围绕收藏方向开展工作，并遵循藏品的特点进行保管、保护、利用。以广州艺术博物院为例，其体系与特色在广州美术馆 40 多年累积的基础上扩展而来，汇聚了宋、元、明、清及现当代各书画名家作品。其在构成上具有独特的结构特色：循年代而论，以明、清书画名家作品最为丰富齐备，数量占多数；就种类而言，以中国书画作品为主体，这些书画作品充分代表着馆里的藏品品位，构成馆藏特色，在全国具有较高知名度。此外，岭南历代书画名家作品也是收藏特色之一。但广州艺术博物院作为艺术博物馆，收藏种类不囿于书画类艺术品，还收藏了其他艺术精品，例如雕塑、剪纸、铜器、陶瓷、玉器、石器、唐卡、外国文物、日本书画等，种类丰富多样。时至今日，在筹建新广州美术馆的契机下，广州艺术博物院开始了优先收购广州市籍和岭南地区美术家作品，优先征集成系列藏品的征集思路，同样符合一贯的收藏定位与发展方向。

2. 保障收藏条件

藏品征集入库后，保管、保护需要有相应的设备、设施，并切实做好预防性保护工作。注意按照艺术品分类设置库区，便于藏品的科学保存及管理使用，有效提高工作效率。此外，还要注意不同艺术品要有不同的保护措施。广州艺术博物院主要收藏历代书画作品，从材质上来说，以纸质或丝质为主，因此需要考虑与之适合的存放器具、密集架装置以及温湿度调节系统等。库房主要是保存、保护场所，此外，大多数博物馆还有一个重要的藏品保护场所，就是藏品修复室。若以书画收藏为主的艺术博物馆，则主要是书画修复室。

（三）展陈体系与学术研究

1. 聚焦藏品，形式多元

对于艺术博物馆来说，大多适合采用以欧洲为代表、审美为导向的文物艺术品展览模式，主要展示文物艺术品本身的审美价值、历史价值、科学价值。具体又分为古代艺术和现代艺术展览、综合艺术和专门艺术展览。其中，专门艺术展览又分为各种二维或三维的造型艺术展，例如书画、雕塑、陶瓷、服饰、玉器以及其他各类民间艺术等。从主题来说，艺术博物馆策划举办的各类艺术展览，陈列须符合该馆的定位、特色，同时满足广大观众对艺术博物馆的认识、审美以及教育需求。因此，展览的策划前期工作必须依据充分，能准确表达艺术展览的主题和思想内容，艺术风格突出，展览设计、展线、辅助陈列、科技手段运用等方面要美观、准确、恰当。例如香港艺术馆在策展理念上，比照古今、中西、本地以至国际，演绎多元万象的艺术世界，期望以香港视点提供新的角度欣赏传统，发展以挖掘新的体验和文化涵养，让艺术连接生活，反映了香港作为国际都会的文化谱系与传承理念。

2. 立足区域，放眼全球

学术研究是博物馆的重要业务，体现了博物馆的内涵。艺术博物馆的学术研究，需要侧重于自身的专业，并在展览、出版物、研讨会等学术活动方面体现出来。以广州艺术博物院为例，一方面，积极营造浓郁的学术氛围，充分发挥院内专业技术人才和外聘专家的作用，重点培养高素质的科研人才；另一方面，明确以明清书画，特别是岭南历代书画为研究重点，加强地域美术研究力度，并着力打造岭南地区中国美术史研究中心的研究队伍。近年来，还鼓励科研人才将眼界放宽，逐步深入全国艺术史甚至世界艺术史的研究工作。在开展学术研究，努力提高学术水平的基础上，指导策划各类艺术展览，同时又以举办艺术展览带动科研工作的发展，达到相互促进，形成合力的效果。

（四）宣传教育与交流合作

1. 以艺定教

在宣传教育工作方面，无论是宣传计划还是具体措施，都要紧扣“艺术”这一关键词，推出品牌，扩大知名度与影响力。例如广州艺术博物院从早期推出的“魅力艺博”，到现在的“艺启学”“讲艺坛”“游于艺”，都成为观众对广州艺术博物院的品牌印象。尤其在新时代，要推动工作，不仅要适应时代发展，充分利用互联网技术，大力通过网站、微博、微信等途径，开展新媒体传播，还要建立自己的特色板块。在教育活动中，包括讲座、论坛或专题活动，教育活动场所布置要有艺术特色，教育人员配置也要符合艺术专业需要，满足艺术活动的教育工作需求。

2. 合以助艺

在文化交流合作方面，除了利用馆藏资源举办精品展，也要引进或送出更多、更好的艺术展览。广州艺术博物院作为艺术博物馆，合作方主要是国内外各大美术馆、艺术博物馆。其从藏品特色出发，尤其注重巩固、加强与香港、澳门、台湾的美术馆及艺术博物馆的学术交流合作，曾推出“故园十香——居巢居廉绘画”（与香港艺术馆、香港中文大学文物馆等合作）、“丁衍庸艺术回顾展”（与香港艺术馆、香港中文大学文物馆等合作）、“岭南画派三杰：高剑父、高奇峰、陈树人书画大展”（在台北孙中山纪念馆展出）、“溯源与拓展——岭南画派特展”（与台北故宫博物院合作）、“岭南独秀——纪念赵少昂诞辰110周年展”（与香港文化博物馆等合作）等。除展览外，还有计划地派出专业人员到国内外的美术馆、艺术博物馆参观学习，进一步加强与国内外同行的交流合作，经过这些年的友好合作与交流发展，目前已成为粤港澳台艺术文化交流的一个重镇。

（五）服务对象与发展保障

1. 稳定对象，拓展受众

艺术博物馆的服务对象包括了艺术家、美术史论专家、学生、其他对艺术感兴趣的人群及一般群众。要明确服务的基本目标人群，包括做好走进艺术博物馆的主要群体的调研工作，有的放矢，保证参观人员稳步增长、结构合理，并系统做好年度活动计划，拓宽受众面。即使志愿者队伍，也必须有计划组建和培训，使之符合艺术博物馆的需求。从文化创意产品研发和经营角度考虑，也要充分体现本馆藏品和陈列展览特色，能够深入持久传播艺术博物馆文化。

2. 公益联动，扩大影响

无论是国有还是非国有艺术博物馆，都要加强事业发展，提供可持续发展的保障。一方面，通过艺术展览和艺术活动成为地区的艺术活动中心，创立自己的品牌，影响周边及行业。另一方面，通过开展公益活动，向公众提供服务，以艺术展览、艺术活动等吸引艺术家、收藏家、企业家，鼓励合法捐赠及资助，将其用于发展本馆事业。

博物馆工作主要围绕功能定位来开展，具体内容和形式万变不离其宗，由于存在国情、社情、体制等差异，在创办和运营过程中，要具体问题具体分析，在规范的基础上灵活变通。艺术的精彩在个性特点，借此管窥时代风貌。艺术博物馆大而全固然很好，小而精未必不行，关键取决于运营者如何结合其拥有的艺术藏品，以艺术定馆，以艺术配人，勇于推陈出新。除了历代艺术精品外，运营者必须响应时代号召，践行为民宗旨，与时代艺术和人民精神需求保持密切关系，注重收藏、展示、研究反映中华民族伟大复兴和人民美好生活向往的艺术珍品。

广州艺术博物院黎丽娜执笔

如何举办金融类博物馆

“金融”是一个内涵仍在不断变化的名词。站在不同的角度，人们看到的金融可能是金融产业，可能是金融资源，可能是金融工具，可能是金融系统，也可能是模模糊糊中一切与钱有关的行为活动。大致上，窄口径的金融被界定在资本市场、金融资产供给与价格形成的领域，而宽口径的金融可以包含银行、保险、证券、信托及相关活动，国外还有观点赋予金融更宽的口径，甚至包含了政府财政等。所谓金融类博物馆，并无明确的概念。在我国，与金融主题相关的博物馆，名称里往往含有“钱币”“货币”“银行”“金融”等词语，其中以“钱币”命名的最多。仅从名称角度看，金融类博物馆就已显现许多分类，因此本文虽然谈论金融类博物馆的创办运行，但显然不能覆盖其复杂多面的情况，只能尽量梳理出一些可能出现的共性问题，并加以讨论。

一、金融类博物馆的源起与现状

创办金融类博物馆始于欧美，最初是银行业在发展中自发产生的一种保护和宣扬行业文化的行为。世界上许多国家的中央银行和一些实力雄厚的商业银行建有自己的博物馆，例如拥有国家中央银行地位的英格兰银行、日本银行、比利时国家银行、摩洛哥银行、巴西银行、阿根廷银行等，以及商业银行中的翘楚如德意志银行、中国工商银行等。银行创建的博物馆，大多会通过展览来呈现本银行的发展历史、本国货币政策的演进和本国货币形态的发展历程等，借助自身的金融历史表达文化自信。

银行之外，其他主体参与金融类博物馆建设的情况在不断增加，更多的金融主题展览被开发出来，其中最负盛名的当属美国史密森学会运营的美国金融博物馆。这家坐落于纽约曼哈顿金融区中心的金融博物馆，被评价为既是现实金融问题的诠释者，又是美国整体金融发展足迹的守护者。

在我国，金融类博物馆的创办同样发轫于银行。1992 年，中国人民银行总行在北京创办了中国钱币博物馆，这是我国首家金融类博物馆。中国钱币博物馆从事古代、近现代货币和银行史相关实物的收藏、陈列和研究，在展览中国货币通史的基础上不断推出不同主题的金融展。中国人民银行的分支机构也先后在武汉、宁波、兰州、昆明、南宁、石家庄、乌鲁木齐、济南、郑州等地建立起博物馆或陈列室，开展钱币历史研究和货币文化展示、教育等工作。

随着我国金融事业的蓬勃发展，以及建设金融文化的内在需要，印钞单位、商业银行、金融院校、政府、企业和收藏家纷纷加入创办金融类博物馆的行列，如中国印钞造币总公司创办了中国印钞造币博物馆，上海工商银行创办了上海市银行博物馆，东莞农村商业银行创办了东莞市钱币博物馆，广东金融学院创办了广州货币金融博物馆，沈阳市文物系统创办了沈阳金融博物馆，南京永银文化发展有限公司创办了南京永银钱币博物馆，收藏家屠燕治先生创办了杭州南宋钱币博物馆，金融人士王巍先生创办了天津金融博物馆，等等。此外，多主体合作办馆的模式也已在探索和实践之中。不同的办馆主体，他们从不同的地域视角、时间轴段、领域空间、文化层面为观众建造起了解经济发展与金融活动的平台，共同促进着我国金融文化建设的繁荣。

截至 2021 年底，已经在我国民政部门登记注册的以“钱币”“银行”“货币”“货币金融”“金融”“印钞造币”“票号”“票证”“保险”“证券”“财税”为名称的博物馆总数超过 50 家，覆盖了 23 个省、自治区、直辖市。其中，山东 7 家，陕西 6 家，广东、浙江各 5 家，北京 4 家，河南、江苏各 3 家，天津、安徽各 2 家，部分省份 1 家。从已登记注册的金融类博物馆的分布来看，东部地区的密度明显高于西部地区。此外，在全国各地还有一些已经建立了陈列厅但没有登记注册或没能实现登记注册的金融主题展示馆，其数量不少，初步估计不下 50 家。

在金融活动深度渗透社会生活的今天，金融类博物馆作为传播金融知识、培育金融观念、传承优秀金融文化的特殊场所，在响应时代需求上具有独特的作用，金融类博物馆的发展空间巨大。

二、金融类博物馆的基本功能建设

我国《博物馆条例》定义博物馆为："以教育、研究和欣赏为目的，收藏、保护并向公众展示人类活动和自然环境的见证物，经登记管理机关依法登记的非营利组织。"金融类博物馆，同样以教育、研究和欣赏为目的，是收藏、保护和展示金融文物的非营利性组织。创办金融类博物馆，既要遵循博物馆建馆的一般要求，也要认真剖析此类博物馆的独特性，了解现阶段的同业发展情况和同业建馆经验。本文就金融类博物馆在建立健全收藏与保护、研究、展示、教育等博物馆基本功能的过程中需要专门注意的事项进行简要介绍。

（一）收藏与保护

1. 厘清金融概念，明确收藏方向

收藏是博物馆最基础的功能之一，金融类博物馆开展收藏工作时要特别注意辨析金融名词对应的文物范围，把准它们对应的文物收藏方向。通常，金融类博物馆的馆名、展览标题中都会含有特定的金融名词，这些名词起到划定展览叙事范围和展品选择范围的作用。

例如，"货币"与"钱币"，这对名词意思接近，在生活中经常混用，但细究起来，"货币"包含"货"与"币"两层含义，而"钱币"则更倾向于指具有专门形态的流通货币。又如，"货币"与"金融"，两个词语常并肩出现，但"货币"只是金融运作的对象，"金融"的内涵显然更丰富、外延也更广阔。所以，博物馆若以"金融"来命名，藏品就不应限制在钱币这一个种类里，债券、票据、股票等金融工具也应当作为收藏与展示的对象；但博物馆若以"货币金融"来命名，那么以实物货币和各种钱币作为核心的收藏对象就无可厚非了。

藏品与馆名之间良好的对应关系，既能体现办馆者的金融素养，也能为收藏工作指引明确的方向，避免散乱征集浪费经费。

2. 注重藏品体系化建设，提升藏品质量

在历史的长河中，经济活动一旦开始就不曾停止。金融文物是社会经济活动遗留的物证，自身的社会属性决定了它们在历史长时段中的体系性价值。金融文物的种类不少，常见的有货币、金融票据、债券、股票、金融文书、金融器具等，但是单件藏品发挥的证史作用远不及体系化藏品。

建立和完善藏品体系，对于金融类博物馆来说十分重要。以钱币藏品为例，每枚钱币都有它的时空坐标，从它的身上可以读到一个时代的政治、经济、文化、科技等信息，而将各个时代的钱币连贯起来，则能反映出历史长时段中的政治更迭、经济发展、审美变化、技术创新等社会发展情况。倘若钱币藏品时序跳跃、彼此关联性差，那么这些钱币传递给观众的信息质量就会大打折扣。

金融类博物馆开展藏品体系化建设的维度是多种多样的，主要依据自身的任务而定。不同的藏品体系，承担不同的展览任务；藏品体系化建设越完善，藏品对展览的支撑力越强；体系中的精品越多，展览的档次越高；体系的维度越多，博物馆开展不同主题展览的资源越丰富。

总之，藏品体系化建设非一日之功，博物馆在组织藏品时切忌急于求成，要避免藏品五花八门不成体系、数量大、质量低等问题，勿使七拼八凑甚至真伪不明的藏品成为展品。一些所谓“博物馆”达不到注册条件，藏品质量低未必不是其中原因。

3. 注重藏品保护，延长藏品寿命

创办金融类博物馆，同样需要掌握文物保护的专业知识。曾经因为保护不力而导致的铜钱锈烂、银锭变黑、纸币虫蛀等桩桩教训令人心痛，今天的博物馆应当引以为戒。

金融类文物藏品，通常有铜、银、金、木、纸等材质，不同材质的文物藏品有不同的保护原则，如青铜文物喜干不喜湿，湿度最好不超过 35%；青铜文物一旦出现粉状锈，要立即与其他藏品分开放置，以免病害传染；纸质藏品怕光、怕水，入库以密封避光保存为宜，库房相对湿度保持在 50%—55%，展览时的标准照度不宜超过 50 勒克斯，相对湿度以 65% 为安全上限；银质器物对空气中的硫化物极为敏感，展柜密闭性不足或使用普通粘接剂可能导致银锭变得灰黑暗沉；木质藏品干湿变化过大则容易开裂，并且需要做好除虫处理。

以上这些文物保护常识，运用在金融类博物馆里并不复杂，但若在思想认识上忽视保护、经费投入上不愿付出，那么时间一长，后果恐怕就是难以逆转的了。

（二）研究

博物馆本身也是研究机构，研究在金融类博物馆的各项工作中具有大脑中枢的作用，它为精准征集藏品、科学管理藏品、深挖藏品价值、开发展览题材、提升宣教水平等一系列工作提供智力支持，是博物馆良好运行和可持续发展的重要保障。

金融类博物馆的研究工作通常涉及三个方面：一是博物馆学方面的研究，即博物馆工作方法和理论的研究；二是藏品研究，包括鉴定藏品真伪、藏品时代和揭示藏品的内在价值等；三是在特色专业学科方面的研究。在实际工作中，以上三个方面的研究往往相互渗透，如对经济史、科技史的学科研究通常会与金融文物研究相结合；考古成果也会应用在金融文物的研究中，对文物真伪鉴别和内涵揭示发挥作用；经济学、金融学方面的研究会转化在展览与教育中，为创新工作方式提供思路；金融文物研究的结果，反过来又会作用在藏品征集和运行管理等具体的工作中。

金融类博物馆的运行，需要复合性的学科知识作为支持，涉及经济史、金融史、经济学、金融学、文物学、考古学等，学科跨度比较大。我国目前此类博物馆的从业人员，相当大部分是以金融单位工作者的身份介入的，少数是以文物工作者的身份介入的，还有少数是以收藏家的身份介入的，工作人员知识结构“偏科”的情况在所难免。因此，金融类博物馆应在研究人才的培养上做好长期投入的准备，从运行机制上为引入和培养复合型人才铺路。

（三）陈列展示

金融类博物馆在展览策划上，应当突出金融的个性，避免模式僵化。在处理展览内容与藏品的关系上，要克服两种倾向，一是展品堆砌但内涵揭示不足，另一种是图文信息丰富但缺乏实物印证。

在藏品陈列上，要摸索符合自身藏品特点的陈列方式，针对金融文物体量较小、外形相对扁平、艺术表达含蓄的特点，从展柜、灯光、辅助手段上量身定制方案，注重展品与观众的距离关系、展品分布与展柜的关系、展品与历史情境的关系，注重灯光与展柜的选择以及说明牌的规范与美观等布展细节。

随着多媒体和数字技术的广泛应用，博物馆在展览形式上引入沉浸式、交互式、体验式展项的情况增多，这虽有助于提高展览的趣味性和观众的参与性，但过多的多媒体、数字化展项可能会带来喧宾夺主和审美疲劳的负向观感。总之，在应用多媒体、数字化展项时，恰到好处才是关键。

此外，在展览文字的使用上，既要保持经济学、金融学的严谨性，又要做到深入浅出，尽量照顾不同文化背景的观众，不宜过度理论化和学术化。

（四）教育

金融类博物馆在教育功能上应当突出金融教育的内涵，把文物欣赏与金融知识教育结合起来，通过自身所长，主动承担起为社会提供金融启蒙教育、填补学校教育空缺的社会责任。

以货币通史类展览为例，展览中呈现货币由天然形态到人工形态、从金属形态到纸质形态、从实物形态到信用形态的进化过程，当中会触及许多的金融知识，如一般等价物、虚值货币、信用货币、通货膨胀、通货紧缩、发行准备金、发行量、货币制度、汇率等，知识延展性非常强。

所以，作为金融类博物馆，在策展前期就应当充分考虑如何把金融知识渗透在展览中，把各种知识点与文物藏品有机结合，而不是仅仅对展品做个简单串联。而在开展宣讲教育时，则应当积极借助文物的实证力量、丰富的展览手段、生动的讲解和有趣的体验，把金融教育融入参观的全过程中。

三、金融类博物馆的社会影响力建设

每家博物馆都有自身生存与发展的独特土壤，办馆背景、办馆资源和运营条件不尽相同，甚至差别巨大。尽管起点不同，但在平稳运行后，多数博物馆会更加聚焦自身的社会影响力建设。社会影响力越大，博物馆的社会价值才会显现得越充分。关系博物馆社会影响力建设的因素很多，以下仅列举主要几点。

（一）馆址、馆舍影响力

优越的馆址、良好的馆舍为博物馆的建设铺垫非常重要的基础，使许多工作产生事半功倍的效果。优越的馆址为博物馆的公众联系打开“绿灯”，而位置偏僻、交通成本高昂的博物馆，获得观众主动选择的机会就会低许多。

中国钱币博物馆，坐落在天安门广场西侧北京西交民巷，以原北洋保商银行和原中央银行北平分行两幢历史建筑为馆舍。沈阳金融博物馆，西傍张氏帅府，依托张作霖、张学良父子控股的边业银行旧址建馆。这种馆舍置于金融历史建筑内部，馆址位于游客密集区域的金融类博物馆，是观众最易亲近的。馆舍置于公共文化休闲区内，也非常吸引人流，如佛山岭南金融博物馆设馆于千灯湖畔，公园城市名片与博物馆文化名片效应叠加，博物馆在城市生活中的影响力就会迅速扩大。馆舍位于出入便利的现代金融建筑体内也是一个不错的选择，如东莞市钱币博物馆，建馆于城市 CBD 区域东莞农商银行总部大楼首层，出入方便，内外环境舒适，博物馆与现实的银行生态衔接，金融氛围浓厚，也能符合观众多层次文化体验的需求。

馆址、馆舍对博物馆影响至深，所以一些博物馆会以迁址来打开新的发展局面。如上海市银行博物馆，原址位于上海工商银行办公大楼内部，不太方便观众前往参观，但在运行了十六年后，成功地创造条件，在复兴中路原上海律师公会旧址建筑内开辟了新馆。

（二）展览影响力

各行各业都有从量变到质变、厚积薄发的发展过程。金融类博物馆影响力提升与展览开发、展览升级紧密相关。

以同业中建馆时间最长的中国钱币博物馆为例，自其建馆以来，固定陈列部分至少经历了三次大的改陈。目前的货币通史展览，不仅延续了其一贯以来展览脉络清晰、内容丰富的特点，还汲取了许多新的学术成果，增加了文物展示的品种与数量，尤其是精品文物出展的数量显著提高，展柜灯光的运用更加专业，艺术手段和多媒体使用也有所变化，展览质量不断拔高。中国钱币博物馆的改陈，为同类博物馆提供了一个很好的示范，越是优秀的博物馆越关注进步，通过优化展览保持自身的影响力。

再以上海博物馆为例，上海博物馆虽是综合类博物馆，但馆中常设一个钱币展厅，有不少观众专程奔着这个展厅去，厅里展览的是杜维善先生捐赠的丝绸之路沿线古国的货币。这个展览的展厅布置极简，但藏品却非常精美，平实的墙面上嵌着包装好的钱币，除了有藏品的名称、时代等基本信息之外，几乎没有其他说明文字。这样的展览，普通观众可能看着不热闹、不明白，但专业人士欣赏起来却津津有味，因为这些藏品离人足够近，品相足够美，档次足够高。这种展览，可以说是将影响力直指专业人士的。

以上是两个比较极致的案例，其他博物馆不一定能仿效，但却能借此对自身举办的展览进行思考，实事求是地分析自身的展览能力、观众结构和展览目标，制定符合自己情况的展览方案。

（三）行业影响力

金融类博物馆的各项建设是否达到专业水准，综合水平如何，既需在同业交流中进行自我判断，也需要获得来自博物馆行业的专业评价。

规范的行业组织为博物馆带来不少学习交流机会，这是博物馆与同类型博物馆开展横向学习、交流和自我评价的机会。中国博协钱币与银行博物馆委员会、中国钱币学会，都是适合金融类博物馆参与的交流平台。中国博协下属的钱币与银行博物馆委员会，是中国博物馆界最早参加国际博协的委员会之一，委员会下属近百家钱币、银行类文化单位和博物馆，定期组织学术与信息交流，活动质量较高。中国钱币学会，是在民政部注册登记的全国性钱币学与货币史领域的群众性学术团体，专注于学术交流，它对促进金融类博物馆的研究工作具有十分积极的作用。

国家文物局颁布的《博物馆定级评估标准》，则对于所有的博物馆都是一份很好的办馆指引和对标提升指南。博物馆尽早树立起定级评估意识，制定稳步提升方案，走规范发展道路，将对博物馆的长期建设大有裨益。

（四）社会互动与宣传影响力

与社会的深度互动，是博物馆影响力延伸的重要途径，这种互动在当今世界博物馆的发展趋势中显得越来越重要。而金融类博物馆与社会的互动，既可以聚焦于传统的历史文化，又可聚焦于现实的金融教育，这是金融类博物馆的独特优势。

在教育功能开发上，金融类博物馆实在是大有可为的。一方面，来自社会的需求非常大，人自出生起就是经济人，与货币、与金融发生着各种各样联系，金融教育与辅导人人都需要；另一方面，在我国中小学学校教育中，金融教育是缺乏的，即使大学阶段，也只有学习相关专业的学生能够系统学习相关学科。大多数人的金融知识是在家庭教育、阅读社会信息和办理金融业务的社会实践中积累的，而金融知识不足往往是人们落入诈骗陷阱的重要原因。金融类博物馆面向各个年龄层的观众开放，既是学校教育的有益补充，也是传导诚信价值观、正确金钱观的最佳场所之一。在对金融教育的探索上，天津金融博物馆颇具前瞻性，率先引入国外先进的理念，举办论坛活动，在国内引发博物馆金融启蒙教育的探讨。东莞市钱币博物馆结合长期以来的银行工作经验，开发了适合不同年龄层的“阶梯金融”系列教育讲座，坚持开展金融知识普惠教育，实实在在成为当地学校和家庭的校外金融课堂。

但在社会互动与宣传方面，目前总的来看，金融类博物馆与其他博物馆相比尚显保守。国内一些大型博物馆通过网站、微信公众号、抖音号运营等方式，已经搭建起打破时空限制的综合性互动平台，展览赏析、知识延伸、文创购物等都实现了平台传播，影响力无限延伸。金融类博物馆有必要进一步打破原有思维和传统定式，投入更多的精力建设传播平台，将博物馆和实用金融进行趣味的、有机的结合。

概言之，金融类博物馆的成功创办，既要求掌握一般博物馆创办的常识，又要善于利用自身的优势和克服自身的局限。只有开启智慧，扬长避短，在做好基础工作的同时，与时俱进，大胆创新，金融类博物馆才能在不断探索的过程中最大程度发挥出自身服务社会发展的价值与作用。

东莞市钱币博物馆邱山执笔

如何举办遗址类博物馆

考古遗址类博物馆是考古博物馆的重要分支，也是遗址博物馆的一种重要类型，它有独特的内涵属性与发展模式，又区别于传统综合性博物馆。随着考古遗址类博物馆的数量不断增长，它逐渐成为国际博物馆体系中的一个重要分支。在中国，考古遗址类博物馆的发展已有六十余年，但对其相关研究起步较晚。本文将结合我国考古遗址类博物馆的基本现状，重点探讨如何创办和运营考古遗址类博物馆。

一、考古遗址类博物馆的基本概念

关于什么是考古遗址类博物馆，目前学界尚未有清晰而统一的定论。我们认为，考古遗址类博物馆应包括三大要素：考古、遗址和博物馆，三者缺一不可。在充分了解考古遗址类博物馆之前，还需引入两个概念：考古博物馆和遗址博物馆。考古遗址类博物馆不完全等同于考古博物馆和遗址博物馆，但又与它们密不可分。

（一）什么是考古遗址类博物馆

考古遗址类博物馆是考古博物馆的重要分支，也是遗址博物馆的一种重要类型。其中，“考古博物馆”这一概念出现最早，约始于 19 世纪的欧洲国家。然而，考古遗址类博物馆这种博物馆形式的出现早于“遗址博物馆”这一名称的产生，同样在 19 世纪，欧洲国家已经出现了建立在考古遗址原址上的博物馆。但是，“遗址博物馆”一词直到20世纪50年代才正式在博物馆学文献中出现。相关研究表明：“遗址博物馆”一词最初特指考古遗址类博物馆，随着其内涵和外延不断拓展，遗址博物馆的类型变得多样，逐渐发展成为一个广义的概念。从这一时期开始，在考古遗址原址上建设专题性的考古遗址类博物馆在国际社会大量发展，逐渐成为潮流，“考古遗址类博物馆”这一概念也开始明晰。

考古遗址类博物馆是指在考古遗址原址上所建立的博物馆，一般是在室内（或保护棚形式）保护较为重要的、具有可观赏性的、在材料和结构上具备展示可能性的空间考古资源，它是考古资源维系、保护、展示、利用的基本模式之一。通俗地说，考古遗址类博物馆主要展示该遗址考古出土的文物和标本，诠释遗址背后的历史文化内涵，通过举办各类活动，在弘扬和传承文化遗产方面发挥重大作用。根据类型，考古遗址类博物馆具体可以分为建立在古人生活居住遗址、生产遗址、陵墓遗址、古代都城遗址之上的博物馆，它们的共同点是都依托考古遗址，以发掘、保护、研究、展示、传承、弘扬为主要功能，是文化景观、自然环境、考古遗迹和博物馆有机结合的场域空间。随着考古遗址类博物馆的数量不断增长，它逐渐成为国际博物馆体系中的一个重要分支。

（二）我国考古遗址类博物馆的发展现状

1949年，新中国的成立迎来了中国考古学的新时代，中国科学院考古研究所先后启动并部署安阳殷墟、西安史前半坡遗址、西周丰镐遗址、汉长安城遗址、隋唐长安城遗址、河南三门峡仰韶文化庙底沟遗址、汉魏洛阳城遗址、隋唐洛阳城遗址等重要考古工作。1958年，半坡遗址博物馆的建立，正式掀起中国考古遗址类博物馆建设的浪潮，同时期的还有定陵博物馆等。此后陆续建成开放的较著名考古遗址类博物馆有秦始皇陵兵马俑博物馆、汉景帝阳陵博物馆、洛阳天子驾六博物馆、西汉南越王墓博物馆、南越王宫博物馆、梁带村芮国遗址博物馆、鸿山遗址博物馆等。这些考古遗址类博物馆在多年的运营中，既有自身优势，但也面临发展瓶颈。其中一些博物馆经过发展已经成为国家一级馆，有些博物馆则发展为国家考古遗址公园。

考古遗址类博物馆往往是考古遗址公园的重要组成部分，甚至在很多遗址，博物馆就是其核心的展示内容。根据相关学者研究：作为博物馆形态的拓展，考古遗址类博物馆是对考古遗址较早的一种利用形式，而在对考古遗址的阐释方面，它是早于园区模式的一种尝试。在中国，近些年还延伸出考古遗址公园这一概念。国家文物局颁布的《国家考古遗址公园管理办法（试行）》对国家考古遗址公园的定义为：以重要考古遗址及其背景环境为主体，具有科研、教育、游憩等功能，在考古遗址保护和展示方面具有全国性示范意义的特定公共空间。近十余年来，考古遗址公园在我国发展较快，2010 年，国家文物局公布了殷墟国家考古遗址公园、良渚国家考古遗址公园、三星堆国家考古遗址公园等作为第一批国家考古遗址公园。至 2022 年，国家文物局已开展四批国家考古遗址公园的评定工作。

近年来，以“考古博物馆”命名的博物馆大量涌现。2019 年 12 月，中国考古博物馆在北京建成；2020 年 4 月，山西考古博物馆成立；2020 年 10 月，洛阳考古博物馆开馆；2022 年 4 月，陕西考古博物馆开馆；2022 年 6 月，湖北考古博物馆开馆。中国历史研究院中国考古博物馆馆长巩文指出，考古博物馆的建设是顺应社会发展的必然。这些考古博物馆，有的依托遗址，如洛阳考古博物馆依托隋唐洛阳城遗址，有的则无特定遗址，但展示文物均以各遗址考古出土的文物为主，呈现出我国新时代考古博物馆类型多样性的特点。

考古遗址类博物馆区别于综合性博物馆和普通专题博物馆，也有别于生态遗址博物馆、民族遗址博物馆、历史遗址博物馆等其他遗址类博物馆，它有其专属的内涵属性与发展模式。我国的考古遗址资源丰富，类型多样，考古遗址类博物馆在我国出现较早，后来还延伸出考古遗址公园类型。厘清考古遗址类博物馆的概念，梳理我国考古遗址类博物馆的发展过程，有助于更好地研究如何在中国创办运营考古遗址类博物馆的相关问题。

二、考古遗址类博物馆的建立

对于考古遗址类博物馆自身来说，考古遗址的发掘、考古遗址的展示、文物的保护等工作都是必不可少的。不同地方的考古遗址的特性各不相同，有不同程度的意义和价值，这些因素为依托遗址而建的博物馆明确了不同的定位和发展方向。

（一）考古遗址的发现和发掘

我国考古遗址的发现往往具有一定随机性，如秦始皇陵兵马俑是农民打井时意外发现的，而位于城市内或周边地区的遗址通常是基建时发现的，如广州南越文王墓、成都金沙遗址等。一般来说，遗址发现后并不能马上确定是否在原址上修建遗址博物馆，第一步骤要开展的是考古调查、发掘和整理工作。考古调查是田野考古的重要组成部分，有利于掌握遗址文物分布的概况和性质，以便确定后有目的、有计划地发掘和有重点地保护。第二步骤，便是收集遗迹和遗物两类实物资料。第三步骤，是把考古调查、发掘所得资料进行系统梳理、登记、撰写研究报告并予以公布发表，供进一步综合性理论研究之用。

就中国考古发掘的遗址而言，并非所有考古遗址都能在原址上建立考古遗址类博物馆，一些具有突出考古成果的考古遗址才有机会进行原址保护并就地建立考古遗址博物馆。此外，考古的调查、发掘和整理的情况，也影响了该遗址是进行原址保护还是填埋，是在原址上修建博物馆还是在他处另辟博物馆等问题，对考古遗址类博物馆的建立起着关键作用。

随着考古遗址类博物馆的建立，其范围可能还包含尚未进行科学调查和发掘的区域，如三星堆遗址、南越国宫署遗址等，考古工作在博物馆建立后仍按照若干阶段陆续开展。对于这种情况，除了对已完成考古发掘的遗址本体结构做好保护措施外，还要对尚未进行科学调查和发掘的区域做好监测调查，并适度保持遗址园区的保护范围，做好发掘、保护、展示的合理规划，并为今后遗址范围内的后续考古工作的开展预留充足空间。此外，还有一些考古遗址类博物馆，由于遗址范围过大，位于博物馆以外的区域，如湖北省盘龙城遗址博物院等，这一类考古遗址博物馆还要负责馆外整个遗址区和周边环境的安全和监测工作。

（二）考古遗址的展示与原则

遗址是考古遗址类博物馆最重要的内容，其展示应遵循真实性、完整性、可持续性等基本原则。尊重其真实性与完整性，应包括物质形态与非物质形态两个方面。考古遗址作为面向社会的公共空间，面对不同文化背景与年龄层次的观众，在考古遗址呈现方面应尊重科学性和可达性。此外，遗址展示是多方面共同参与和作用的结果，应尊重可持续性，以利于今后继续优化与拓展。

对于考古遗址的展示，一般会有两种情况：一种为建设遗迹馆，对重要考古遗迹进行原址保护与展示；一种为建设保护棚，可以保证对遗迹的发掘清理工作能够持续进行。无论哪种情况，均须处理好考古发掘和回填处理等技术难题，且最终目的均为建设永久性展馆。值得一提的是后者的情况，这种是适合持续开展考古工作的重要遗迹，可以保证遗迹的发掘清理工作能够持续进行，将考古工作现场与遗迹展示相结合，为参观者提供第一视角，增强文化遗产与社会公众的互动，有效提高公众对考古工作的认识。如秦始皇帝陵博物院对三个秦兵马俑坑采取边发掘，边开放的展示模式；再如最近三星堆遗址的祭祀坑考古工作，积极面向公众，实现考古发掘的公开化和线上化，极大提高了遗址的可读性。这也许是未来考古遗址类博物馆筹备前必不可少的重要环节。

此外，要注重遗址和周边环境的平衡问题。对于遗址博物馆以外的空间环境，地貌环境与遗址本身息息相关，应避免开发过度，对遗址形成不可逆的破坏。还须注意的是，在遗址中所使用的建筑材料应避免体量庞大和过于醒目，应充分考虑遗址和周边环境的协调性，保证遗址本体展示的真实性、完整性、科学性。如位于秦皇岛的秦行宫遗址博物馆，充分利用遗址遗存的秦文化素材，不仅博物馆主体建筑仿制秦代建筑，就连展厅内所铺的地砖也带有秦代砖瓦代表性的回形纹路，这与遗址中宽厚的夯土墙、粗壮的柱础石、广阔的厅堂形成了很好的呼应。

（三）不可移动文物的本体保护

从我国考古遗址类博物馆的现状来看，大部分都是依托不可移动文物而建。考古遗址类博物馆的不可移动文物本体保护应遵循保护至上的原则，并施行有效监测。具体保护措施和监测方式，不仅针对已发掘的遗址，还应包括已进行考古勘探但未进行科学发掘的区域，须划定好遗址保护区。不少考古遗址类博物馆所在的考古遗址，本身已是文物保护单位，考古遗址类博物馆应设置文保部门，并配有专业人员，对文物本体进行保护，包括做好即时保护、预防性保护和保护规划等措施。我国《文物保护法》第二章第十六条规定："使用不可移动文物，必须遵守不改变文物原状的原则，负责保护建筑物及其附属文物的安全，不得损毁、改建、添建或者拆除不可移动文物。"因此，须严格遵照《文物保护法》做好不可移动文物的本体保护，并将考古遗址保护和利用两者有机统一起来。如南越王宫博物馆包含南越国曲流石渠、南汉宫殿和南越国水井等多个文物本体，涉及土质、石质、砖质、木质等方面的保护工作，其作为考古遗址类博物馆对外开放的同时做好文物本体保护，成为我国大遗址保护项目的优秀案例之一。

（四）可移动文物的科学保护和管理

可移动文物是考古遗址类博物馆用于展示和利用的最主要内容，它的三个核心是保护、管理和研究。为了使考古遗址出土文物能够长期稳定地保存下去，博物馆应针对不同材质的文物采取行之有效的修复方法和保护措施。文物藏品保护的基本原则是保持其原状，尽可能消除隐患保护文物的原状，同时做好预防性保护措施，并适当使用新技术、新材料对文物进行养护和修复。对文物的修复，应以《威尼斯宪章》的要求为原则，包括可逆性、对文物做出最少干预、可辨识性等。在不改变文物器形与纹饰的基础上，对残破器物进行补配复原，达到修旧如旧的效果。

对于可移动文物的管理，最重要的是维护文物藏品的质量。文物的预防性保护是长期性任务，考古遗址类博物馆的设立应充分考虑文物的保存环境，库房入藏、养护修复、陈列展览、外出展示等环节，都要把文物维持在一个相对稳定的环境。此外，在拟定文物管理制度和文物编号、入档后，还应积极引入信息化、新技术，实现对文物的数字化管理。近年来，NFT 数字藏品等新模式，也被广泛讨论如何应用于考古遗址类博物馆。

（五）遗址、建筑、环境三者的关联

在考古遗址上所修建的博物馆建筑本体，本身也是对外展示的重要内容。我们要充分考虑其设计风格和建筑材料，使得建筑外观与遗址主题相互兼容。此外，建筑与周边的地形地势、人文环境、生态环境是否协调且可持续发展，也需要专门机构来开展评估和设计。如西汉南越王博物馆，整个博物馆以古墓为中心，外以回廊环绕，构成一个保护区，两幢陈列楼分别在古墓东面和北面，都尽可能远离墓区，避免墓室所在的山岗失形，建筑结合陡坡和山势，依山构筑，将综合陈列楼、古墓区和主体陈列楼三个不同序列的空间有机联系起来。

考古遗址的建筑，一般设立在考古遗址分布范围内或周边。根据我国考古遗址类博物馆的建设情况，一种是在遗址上或遗址内建设，如陕西秦始皇帝陵博物院、湖北铜绿山古铜矿遗址博物馆等；另一种是在遗址保护区外选址建馆，如河南二里头夏都遗址博物馆，博物馆位于遗址保护区距离约 300 米的位置。

在过去相当长的时间内，考古遗址类博物馆容易陷入一个误区，即过多重视博物馆建筑的内部展示，而忽视建筑以外的遗址展示。考古遗址类博物馆的户外设计，应重视考古地层与地形地貌等问题。考古遗址类博物馆面临的另一个问题是土地资源的稀缺，尤其是位于或靠近城市中心的遗址，其建设范围的划定很难保证覆盖整个遗址，且在建设过程中会遇到各种困难，因此必须坚持保护第一的原则，防止对遗址和遗存造成不可逆的损害。

随着考古遗址类博物馆的建立，一些遗址的发掘工作还将有序推进，一些已完成发掘的遗址，随着博物馆对外开放，工作人员对遗址的历史诠释和文化弘扬也会随着藏品、展览、教育活动等内容陆续开展，这些业务活动将会不断拓展考古遗址

类博物馆的发展空间。

三、考古遗址类博物馆的活化利用

考古遗址承载着丰富的历史信息和文化内涵，考古遗址所在的博物馆，除了展示遗址原状，有的考古遗址还有非常丰富的出土文物，除了全方位展示可移动与不可移动文物外，为了更好地让公众了解这些不同类型的文化信息，博物馆需要从陈列展示、公众考古、科学研究、宣传教育、文化创意等方面着手，充分活化利用遗址与文物。

（一）陈列展示

辟建博物馆，进行全方位展示，是考古遗址活化的有效方式。考古遗址类博物馆与传统博物馆相比，展览展示以“原物 + 原址”为核心，在展示内容方面具有一定优势，不仅包括出土文物，还包括考古遗址周边的生态环境资料，以及历史地理等丰富内容。为了使古代遗址“活”起来，考古遗址类博物馆还要适当融合传统博物馆与现代博物馆的展示方式，并借鉴最新科学展示方式，让考古遗址通过数字化、信息化、可视化、线上化等模式，以有效、快捷、亲民、活泼的方式传达给公众，这是考古遗址类博物馆活化利用的关键。

在遗址规划范围内修建综合性室内展示空间，其功能应涵盖遗址专题展示、地层分布信息、导览服务信息等内容，展陈方式应包含但不局限于博物馆中常见的文物实物、模型、沙盘、照片、多媒体、复原场景等传统展陈手段，也应多尝试三维视觉模拟、沉浸式情景模拟等新展示方法，以及注意传播语言和叙事方式的创新性，从而大大提高展览的感染力。如 2021 年提升开馆的跨湖桥遗址博物馆，展览依据跨湖桥遗址出土的文物，结合量子光学透光膜、触控飞屏、三体数据交互、多屏联动、三体成像系统和光影艺术装置等手段，塑造虚实结合、动静相宜的沉浸式体验；再如 2022 年开馆的湖北考古博物馆，在室外打造阳光房展厅，模拟田野考古和考古整理的场景氛围。此外，近期在我国文博行业中推广的博物馆 AI、AR 等新技术手段，可在展览中实现三维立体视觉 + 语音 + 手势交互的多重观展模式，也是考古遗址类博物馆未来在陈列展示上发展的方向。

（二）公众考古

一些遗址特别是史前遗址，有的因年代久远与公众之间产生了距离，有的则因遗址本身观赏性不足而缺乏吸引力。为了将遗址考古信息进行充分阐释，并通过深入浅出的方式有效传达给公众，从而培养公众对考古遗产的兴趣和关注，这个时候就需要公共考古学介入。所谓“公众考古学”，是以考古工作者为主导，从社会公众利益出发，对考古遗址进行科学管理，并向公众宣传考古学，鼓励公众积极参与考古活动与文化遗产保护，使公众获得文化归属的自我确认和文化传承的责任担当。在这一过程中，考古工作者极为重要，须充分利用公共考古资源传播历史文化，不仅仅是单纯去满足公众的兴趣，而是唤起公众的本土集体记忆，增强公众对历史文化的认知与理解。

在以前，考古发掘报告都是在遗址发掘完成较长时间之后才对外公布，出土文物也不会立刻与观众见面，而是送到文物库房统一修复，由考古工作者做好研究后，通过展览才能与观众见面。随着公众考古学的推广，以及考古发掘、文物保护、光棚建设等科技手段不断提升，文物及时获得保护并尽快对外公开成为可能。三星堆遗址的祭祀坑发掘目前就尝试“边发掘、边保护、边研究、边展示”的模式，通过线上直播、线上专访等多种模式、多种平台对外公布考古进展情况，让公众能即时了解遗址的考古进程和重大发现。随着考古遗址类博物馆的建设，也应多举办拉近考古与公众的距离的各类活动，如广州南汉二陵博物馆在近两年先后推出“我在南汉二陵博物馆修文物”“公众考古体验探索营”等活动，并定期组织考古工地现场研学活动，邀请公众走进考古现场，观摩遗迹、遗物，体验考古工作，既帮助公众加深了对乡土历史文化的认知，又增强了公众对考古工作的理解、关注和参与热情，进一步提升了考古工作和考古遗址类博物馆的影响力。

（三）科学研究

科学研究成果是考古遗址类博物馆对遗址进行解读的依据。考古遗址类博物馆建设完毕后，应设置专门的研究中心或机构，并配有不同专业领域的科研工作者。考古遗址类博物馆的根本目的在于实现遗址的文化传承功能。传统科研主要立足遗址的发掘，田野考古工作结束后，博物馆的科研人员对考古资料进行详细、科学的整理，并对出土文物和标本开展后续的研究工作，充分发掘遗址的历史文化价值，通过考古报告、相关的研究文章等形式，为后续考古工作的开展提供便利。随着考古遗址类博物馆的运营，科研工作者还应围绕遗址主题开展专家讲座、学术研讨会等，以及出版研究丛书，并持续开展科学研究工作，做好遗址的文化传承。

（四）宣传教育

考古遗址属于社会公共文化资源的重要空间载体，开展不同层面、多种形式的宣教活动是考古遗址和文物活化的有效手段。宣传教育活动是博物馆重要的日常工作，从最基本的讲解活动，到针对不同层面举办的教育活动、送展活动、新媒体宣传、教育出版物等，考古遗址类博物馆应围绕这几个方面开展具体工作。如鸿山遗址博物馆策划的“快乐考古”实践课程，通过多媒体教学、模拟考古实践，唤起学生探究历史的兴趣，培养学生的文物保护意识。再如位于南越文王墓的西汉南越王宫博物馆，研发了墓室裸眼 VR 等全景导览模式，让观众可以通过手机微信浏览墓室所有细节以及更多的信息，同时还推出《古墓探秘》VR 游戏，实现墓室发掘可视化。

一些考古遗址类博物馆因其独特性，如享誉世界的秦始皇帝陵博物院，里面的秦兵马俑遗址本身就吸引了大量观众前往，在宣传教育工作方面具有先天优势。对于其他考古遗址类博物馆，也可以提炼其特色做好宣传教育，如二里头夏都遗址博物馆，以“最早的中国”打造了强有力的宣传攻势；依托陕西华清宫遗址所建的唐华清宫御汤遗址博物馆，以深入发掘古代沐浴史和唐代皇家沐浴文化为看点。另外，宣传媒介与使用渠道的拓展也很重要，博物馆应充分利用网站、微博、微信等平台，以及时下流行的抖音、小红书、喜马拉雅等新媒体渠道，全方位推广博物馆的文物、展览、活动等内容。

（五）文化创意

对于考古遗址类博物馆来说，开发和经营博物馆文化创意产品，是传播博物馆文化、促进馆藏文物“活”起来的重要途径。文创产品包括装饰品、生活用品、文具、摆饰、挂画、文物仿制品、印刷出版物等多方面内容，这些设计的初衷，是让观众在参观结束后，可以捎带上具有精美图案和实用性强的纪念品回去。随着近些年全国多个博物馆的文创产品蓬勃发展，一些博物馆的文创产品获得了较好的口碑，并被其他博物馆所借鉴。随着我国相关政策的出台，博物馆可以采取自主开发、合作开发、文物版权的有偿转让、商标使用权的出借等多种方式，开创博物馆文创产品开发和经营之路的新模式。文创产品的设计应依托馆藏文化资源，选取具有代表性的文物的图案、纹饰、颜色等元素，从生活、工作中的实际出发，并结合消费者的需求而设计开发。近些年，一些考古遗址类博物馆还开始向食品方面开发新创意，如三星堆遗址博物馆在2021年利用考古新发现的金杖推出了“杖中之月”月饼，可谓创意满满。

对于坐拥这些考古遗址和文物的博物馆而言，如何进行文物活化实践，并与广大公众共享珍贵的历史文化，是博物馆需要思考、探索和努力的方向。如今，信息科技日新月异，公众对博物馆的需求和要求也在提高，对于博物馆来说，这既是机遇也是挑战。

对于考古遗址类博物馆的创办和运营，是一个不断探索、不断研究的过程。考古遗址类博物馆的建设，受到考古学、博物馆学、城市规划、文物保护、文化遗产、旅游开发等多方面的影响，同时也是多学科的交汇点，需要各方共同努力推进、协同完成。2021年是中国考古学诞生100周年，对于考古遗址类博物馆的工作者来说，应积极贯彻落实习近平总书记《建设中国特色中国风格中国气派的考古学，更好认识源远流长博大精深的中华文明》的重要讲话精神，做好出土文物和遗址的研究、阐释与展示工作，把我国文明起源和发展以及对人类的重大贡献更加清晰、更加全面地呈现出来，丰富全社会的历史文化滋养，在继承中发展，在发展中继承，坚持实现传统文化的创造性转化、创新性发展。

南越王博物院霍雨丰执笔

如何举办纪念类博物馆

纪念馆是博物馆系列的组成部分，为纪念有卓越成就和贡献的人或重大历史事件，或者依托相关文物或遗址而建立，在博物馆系列中属于纪念类博物馆。在我国，依托近代人民革命的相关人物、文物和历史事件遗址建立的纪念馆又称为“革命纪念馆”，与相关人物关联密切或以人物名字命名的亦称“人物纪念馆”，这都属于纪念馆的范畴。各个纪念馆任务各有不同，但其性质和职能等同于博物馆的性质和职能。

一、纪念类博物馆的概念

这里叙述的“纪念馆”概念，是指具有相关人物或历史事件的遗址和文物，具有管理机构和人员，经政府行政主管部门批准登记备案的纪念馆实体，不包括网络虚拟纪念馆和数字化博物馆。当然，也有纪念馆实体在本馆网站上开辟虚拟纪念馆或虚拟纪念献花、致敬等栏目和建设数字化博物馆的，另当别论。

革命纪念馆承载着近代人民革命的光荣历史、辉煌业绩，记录着近代人民革命的真实历程；它是革命运动和先辈英烈的纪念殿堂，它肩负继承革命光荣传统，弘扬先辈思想精神和英雄品格的使命。一系列的革命纪念馆以其自身特有属性，成为革命历史教育的最好课堂。

创办博物馆，应依据国务院颁布的《博物馆条例》第二章的规定办理；而创办纪念馆，还应依据《中共中央办公厅、国务院办公厅关于重申严格控制建立纪念设施的通知》《中共中央办公厅、国务院办公厅关于严格执行建立纪念设施有关规定的通知》《中共中央、国务院关于严禁擅自修建已故领导同志纪念设施的通知》等相关文件的规定，“必须从严控制”，“必须报经党中央、国务院批准”，“未经党中央、国务院批准，不得新建个人纪念馆和设立个人故居，也不得在公共场所、工作区域修建任何历史事件的纪念设施和个人塑像、纪念碑、纪念亭”等。关于如何创办博物馆（纪念馆）及具体事项，见本书《博物馆设立手续》相关内容，此处不再赘述。

本书其他章节，也已就博物馆（纪念馆）工作的共性原则、要求、做法，博物馆建设、业务、运行、管理所涉收藏保管、展览传播、社会教育、公众服务、学术研究、安全防范、信息化建设等相关专题，有较多的、专业的、充分的论述，具有工作指导意义，本文尽可能避免重复这些叙述。

纪念馆必须具有博物馆的共性，即相关机构须符合关于博物馆性质、任务的定义、定位及相关原则，否则相关机构不能称为博物馆；然而博物馆在建设发展过程中，亦应结合自身所处环境、业务特点等，做出个性，做出特色，在坚守共性的前提下，充分发挥自身个性，以个性彰显共性，从而彰显影响力与生命力。

2007 年 5 月，翠亨村被国家公布为中国历史文化名村后，我的同事们都很高兴，当时我对几位同事说，在城市建设方面，有人说要防止“千城一面”；翠亨成为中国历史文化名村，在保护、建设过程中我们要有定力，防止“千村一面”；在博物馆（纪念馆）建设方面要避免“千馆一面”。后来，在全国革命旧址保护管理单位负责人培训班上讲课等其他场合，我也讲了这个观点，就是希望坚持文化自信和文化定力，强调保持个性和特色。

这里以本人多年来参与全国博物馆定级评估和运行评估、广东省内三级以下（含非国有）博物馆运行评估、新博物馆设立备案评估、为其他博物馆（纪念馆）提供业务咨询等，接触了解到的相关博物馆业务运行、管理情况，从孙中山故居纪念馆几个方面的工作，以个案为例，从个性入手，叙述纪念馆的建设、运行、管理、业务等工作的一些具体做法。当然，各个纪念馆情况各异，有些做法不能照搬照抄，但可以从一些具体做法中了解该馆的思维理念和管理运作方式并加以借鉴。

二、立足自身业务开展征集收藏、注重文物及环境保护

纪念馆日常运行、管理，非常重要的就是保护、管理好人物或相关历史事件的遗址和文物，这是纪念类博物馆得以设立和维系的根本。同时，应根据自身业务，制定文物藏品征集范围，开展征集收藏工作，建立具有本馆特色的收藏体系，并且

要按照文物藏品管理规定，做好藏品保护、管理工作。征集收藏是博物馆的重要职能。可以这样说，没有藏品就不能成为博物馆，藏品的类型影响博物馆的类型。

由于对自身业务的认知有一个逐步成熟的过程，个别基层博物馆（纪念馆）在藏品征集方面存在误区：一是不重视，建馆时注重旅游景观建设，文物藏品征集工作无所作为；二是觉得有难度，认为不同于综合性博物馆，纪念馆自身业务面比较窄，社会上人们的文物价值观不断提升，有偿或无偿均难以征集到藏品；三是没有结合自身业务界定征集范围，征集收藏的物品与自身业务定位缺乏关联；四是缺乏科学鉴定，把一些赝品当成文物收藏；等等。

这里可以看一看孙中山故居纪念馆征集收藏的情况。该馆建立了符合自身业务主题——“孙中山及其成长的社会环境”的藏品体系，征集收藏范围主要包括：孙中山和夫人宋庆龄（中华人民共和国名誉主席）及其家庭成员、亲属与后裔的相关文物；孙中山领导的革命运动相关人物（特别是本地香山籍人物）的文献文物；等等。然而，这个征集收藏范围也是根据自身业务变化而变化的。例如，为保护文物环境使管理范围不断扩大，建设翠亨民居民俗展示区、农耕文化展示区，增挂“中山市民俗博物馆”牌子之后，该馆征集收藏范围增加了民俗类物品；不断出现的与自身业务主题相关的艺术品和工艺品、馆区范围和陈列展览中的名家雕塑与画作等艺术品，使其征集收藏范围又增加了该类物品；当出现孙中山相关邮票、邮品的收藏契机时，馆里果断决定增加了孙中山邮票的收藏品类；等等。该馆 2020 年新征集藏品 104 件 / 套；2021 年新征集藏品 137 件 / 套，完成藏品鉴选 2516 件 / 套。

藏品数量和质量是衡量博物馆规模地位的一项重要指标。广东省文化和旅游厅发布的《广东省 2020 年度博物馆事业发展报告》《广东省 2021 年度博物馆事业发展报告》显示，孙中山故居纪念馆是 2020 年位列全省藏品数量前十位和 2020 年、2021 年位列全省珍贵文物数量前十位的博物馆。

在做好文物藏品征集的同时，也要做好藏品管理和藏品研究工作。孙中山故居纪念馆依据国家关于博物馆藏品管理的相关规范开展藏品管理工作，并从自身工作实际出发，结合自身特点，做好藏品管理和藏品研究工作。一是重视建立藏品管理制度，依据相关法规和规范，建立本馆的《藏品管理规定》《藏品范围和分类办法》《档案藏品编号办法》《藏品管理员工作规范》《展场展品管理规定》等系列程序、规范和制度；二是重视做好现代化藏品库房的设施建设、运行工作，控制库房温度、湿度等，每日记录相关数据便于管理分析，做到科学保护、科学管理；三是加强文物安全防范，积极采用各种技术防范手段和办法，防盗、防火、防虫、防潮、防各种气象灾害、防人为失误等，做好人员和藏品入出库记录，全方位保护文物藏品安全。2021年，馆藏“秋波古琴”保护修复项目获“全国优秀文物藏品修复项目”荣誉。经历多年的研究整理，2021年出版了《馆藏辛亥革命前后中外文档案》(共5册)，收录馆藏中文、英文、法文、日文、德文、西班牙文、意大利文等孙中山1911年和1912年前后的相关文物932件。

1964年5月，从事历史文物建筑的建筑师和技术员国际会议在威尼斯通过了《保护文物建筑及历史地段的国际宪章》的决议，我们一般称其为“威尼斯宪章”，其中指出了关于“历史文物建筑的概念，不仅包含个别的建筑作品，而且包含能够见证某种文明、某种有意义的发展或某种历史事件的城市或乡村环境”的原则。我国文物保护的相关法规，也非常明确地提出文物环境风貌保护的原则。

依附于人物故居、相关遗址遗迹而设立的纪念馆，在做好可移动文物征集收藏的同时，征集、保护、控制在文物建筑和遗址遗迹周边的不可移动的文物建筑和旧民居等相邻、相近建筑物和环境空间，这对于保护、控制文物环境氛围与拓展纪念馆自身业务是极其有利的，建议相关纪念馆在此方面应予充分注意，并在条件允许时（或创造条件）积极主动实施这些有意义的工作。当然也希望这些工作得到城乡建设规划部门和各级政府的支持。纪念馆在从事文物征集收藏保护的同时，做好文物环境和历史氛围的保护工作非常重要。

孙中山故居纪念馆在注重保护孙中山故居等文物主体的同时，在全国同行中率先开展了征集、保护、控制在重点文物保护单位周边的不可移动的、具有历史文化价值的文物建筑以及旧民居等，既保护、控制了文物环境，又扩大了管理范围，拓展了业务空间，并且活态利用这些历史文化资源，“经营”博物馆、“经营”文物环境，为增强自身活力奠定了坚实的基础，观众也在纪念馆这样的展示中更好地体验真实的历史氛围。这是孙中山故居纪念馆文物征集、保护工作的一大特色。

自20世纪50年代建馆初期，馆里就以购买的方式，使用旁边的民房作为办公用房，而没有在孙中山故居旁新建房屋，保护了环境风貌。自1978年起，面对改革开放的新形势，馆里的工作人员就经常召集孙中山故居周边的村民和村干部开座谈会，宣传文物保护的重要性，与相关民居业主签订保护孙中山故居环境，不随便迁建、改建其自有房屋的协议。后来，通过捐赠、交换、赎买、租借等各种方式，征集、保护、控制孙中山故居周边的文物建筑、旧民居等文化遗存。

长期坚持的“保护文物及其环境求发展”理念，守护记忆、持续创新，坚持真实性、完整性、原生态的原则，在改革开放，珠江三角洲社会迅速城市化、工业化、商品化的浪潮中，抢抓机遇，采取灵活的措施，保护了以孙中山历史遗迹为典型代表，包括村中杨殷、陆皓东、杨心如、杨维学、杨日暲、杨日韶等革命先辈故居和冯氏宗祠、“瑞接长庚”闸门、杨兼善祠遗址、仰仙祖祠等 20 多处文物点及至清末民初时期的整个村落，成功申报使之成为“中国历史文化名村”“中国传统村落”，孙中山故居纪念馆大致具备了生态（社区）博物馆的基本要素。成功帮助和推动与馆区一墙之隔的中山纪念中学（省重点中学）申报其民国建筑群成为全国重点文物保护单位，孙中山故居和中山纪念中学相邻的两个国家级重点文物保护单位和中国历史文化名村翠亨旧村落及其他省级、市级文物保护单位，其他不可移动的历史文化遗存等，形成区域性连片、整体保护态势。

2012 年国家开始评定首批“全国最具创新力博物馆”，把这个荣誉首先授予了坚持文化遗产保护、“守旧”守护历史文化的孙中山故居纪念馆，这是国家文物局和评审专家组对该馆办馆理念、实践成绩以及创新思维，以新的技术手段和创新方式保护文化遗产、建设纪念馆和拓展业务等系列做法的肯定与褒扬。

三、建立符合自身业务主题、具有特色的陈列展示体系

陈列展览是纪念馆的基本业务，是纪念馆业务研究成果的展示，是纪念馆与观众沟通的桥梁，是纪念馆实现社会教育职能的纽带，是纪念馆彰显特色的重要环节。纪念馆的陈列方式包括（但不限于）原状陈列、主题陈列、模拟陈列以及相关的艺术陈列等。各个纪念馆可以结合本馆的实际，根据本馆的特点，组织相关的陈列展览，能够多种陈列方式并用，形成以自身业务主题为核心的陈列展示体系，会使陈列更具特色。

一般纪念馆的陈列方式，是以文物主体——人物故居或遗址的原状（或复原）陈列，辅以与其相关的主题陈列的模式。孙中山故居纪念馆设立之初，也是以这样的模式开始的。后来，他们把为保护文物环境而逐步拓展的资源空间加以合理利用，在纪念类博物馆主体原状（或复原）陈列加辅助陈列的二元模式的基础上，逐步走出辅助陈列仅仅依托展厅的陈列路子，突破了展品—展柜—展墙的框子，利用保护、控制孙中山故居文物环境、整体保护翠亨村的成果，在逾 20 万平方米的空间，形成以“孙中山及其成长的社会环境”为主题、独具特色的陈列展示体系，做到了主题突出，立体空间，陈列手段多样，内容丰富，基本涵盖了纪念馆的各种陈列方式。

孙中山故居纪念馆的陈列展示体系传统与现代展示手段相结合，纪念性与民俗性相结合，展厅陈列与周边历史环境氛围相结合，常设展览与临时展览相结合，现场展示与网络虚拟展示相结合，大致可归纳概括为以下区域或内容：

（一）以孙中山故居、孙中山纪念馆（含孙中山生平史迹陈列和孙中山亲属与

后裔陈列等常设展览)、中山故居公园和辛亥革命纪念公园两个相邻公园等区域构成的孙中山纪念展示区，这也是该馆的核心展示区域。

(二)以翠亨村各层次、各历史阶段的乡村民居(包括改革开放之初1984年所建的民居)、地方民俗展览等基本内容构成的民居民俗展示区，既有效保护了孙中山故居环境，又丰富了陈列展示体系的内涵。

(三)以稻田、桑基鱼塘、家禽家畜、蔬果种植、农具等传统农业和无土栽培等现代农业区域构成的农耕文化展示区，展示珠江三角洲地区农耕文化，以现代绿色生态农业理念，传播传统农耕文化，烘托孙中山成长的环境氛围。

(四)利用翠亨村部分旧民居展示本地列入国家级和省级、市级非物质文化遗产保护名录的非物质文化遗产展示区，从另一个侧面展现孙中山成长环境的各种传统文化元素。

(五)依托两个省级文物保护单位杨殷故居和陆皓东故居，以及辅助的纪念展览构成的“杨殷、陆皓东纪念展示区”(陆皓东，青天白日徽设计者，参加孙中山组织的第一次武装起义时牺牲，孙中山誉其为“为共和革命而牺牲者之第一人”；杨殷，早年追随孙中山革命，中共六届中央政治局常委，中央军事委员会主任，省港大罢工和广州起义的重要领导者，著名工人运动领袖，中共早期军事工作和情报保卫工作的重要开拓者之一)。

(六)配合全国廉政教育基地建设而设置的“孙中山廉政思想及实践”展览及周边区域、“孙中山家风展”等构成的廉政教育展示区。

(七)配合中共党史教育基地建设，以抗日战争时期先烈杨日暲、杨日韶、杨维学等故居和先烈史迹展览，相关历史建筑和遗址，中共中山市地方史展览等构成的党史教育展示区。

(八)其他展示内容。包括村中与孙中山活动相关的遗迹、孙中山革命追随者故居以及宗祠、村庙、闸门、“韵园”遗址等历史遗迹，并做好位于馆区外的省级、市级文物保护单位和不可移动文物孙妙茜、孙秋绮、程君海、郑观应、朱卓文与朱慕菲父女等历史人物故居，孙氏亲属和其他人物墓地等开放展示及社教活动。

(九)组织临时性专题展览和流动性展览。在本馆较为固定的常设展览外，结合本馆业务主题和相关的活动，不断举办临时性的专题展览、引进展览，推出流动展览等，推动展览进学校、进社区，丰富、充实陈列展示体系的内涵，扩大外延。2021年，策划展出临时展览15个，其中“孙中山与医学”“坐言起行：孙中山与陈少白、尢列、杨鹤龄”“振兴中华——香山人与辛亥革命文物文献展”等原创专题展览6个；合作引进“那个年代的武汉——晚清民国明信片”等展览6个；向市内、省内和香港地区推送“四大寇——从照相重塑革命记忆”“用生命捍卫信仰——杨殷烈士纪念展览”等原创展览3个，展出27场次。

（十）网络上的展览。把展览推送上网络，观众可以在网上浏览相关展览内容，包括常设展览、临时展览、专题展览等，还利用微信公众号举办线上展览。2021年与中山市外事局、日本长崎市国际交流课联合主办“双城·双贤·百年情缘——中山与长崎、孙中山与梅屋庄吉图片展”，在该馆和中山市外事局、长崎县、长崎市等相关网页展出。除此之外，还针对网络特点，2020年和2021年共推出了线上展览33个，并可以线上与公众互动。

可见，孙中山故居纪念馆陈列展示体系内容众多，但都紧紧围绕业务主题，在保持博物馆的共性的同时，根据自身任务，突出了自身个性，丰富了展示内涵，提升了观众的体验感。一些呆板、枯燥的旧物，通过这一独具特色和内涵丰富、兼具历史性、纪念性、民俗性、立体空间和多元化的陈列展示体系，焕发生机与色彩。特别是有效利用了物质文化遗产保护得来的浓厚的历史文化氛围，以物质文化遗产保护的成果展示本地的非物质文化，利用翠亨村部分民居群落，设立非物质文化遗产展示区，为观众带来新的感受、新的体验，主题鲜明、氛围自然，同时很好地延伸了自身收藏展览、研究等业务范围。这比新建一座非遗展览馆节省投资且更具特色。

在展览中如何恰当处理好现代设备与历史文化氛围的关系，是基层纪念馆和一些办馆初期的同行遇到的普遍问题。孙中山故居纪念馆在信息化建设和现代技术应用方面起步较早，使用的技术设备量多面广，在1999年，馆里就明确提出了适度运用科技手段辅助陈列展览的原则。但是，该馆在整个陈列展示体系和观众服务体系所涉及的供水、排水、供电、光缆、网络线及其他弱电信号传输等管线，设备安置、天线设置等方面，都尽可能做到伪装隐蔽，使现代设备尽量避开观众的视线，让观众看到的、感觉到的是孙中山成长的历史文化环境氛围。

纪念馆展示的应该是历史、是文物，而不是技术设备（自然、科技馆和游乐场或许可作他论）。要保持纪念馆的庄重、严肃性，避免过分的声、光、电设置给人以电子游戏机室的感觉，五光十色的浮躁会干扰历史陈列严肃和庄重的氛围。使用现代电子设备和技术手段做一个展览，已经有较成熟的技术，亦有纪念馆使用虚拟技术等制作网络展览或辅助陈列。但是，全部或大部分以这样的展览替代历史文物的基本陈列，也许会引发这是否还具有博物馆共性的讨论。

此外，要处理好博物馆业务与旅游建设的关系。文旅融合发展是纪念馆展示与服务不可忽视的课题。博物馆（纪念馆）兼具文化与旅游双重属性。纪念馆不应因大量旅游者的到来而模糊自己的发展定位和原则，首先应强调自己的文化属性，紧扣自身业务主题建设展示体系，努力营造高雅的文化品位和深厚的文化内涵，积蓄深厚的文化底蕴，以满足旅游者的需求。寓教于乐、寓教于游，让游客在纪念馆的服务中体验、感受文化，收获知识。这样，既能使纪念馆的社会职能得以实现，也在旅游服务方面独具特色，有效避免个别受拉动地方经济思维的影响，有意或无意地忽视自身文化属性，脱离主旋律，侧重搞旅游项目的偏向。

坚持自身文化属性，也可以更好彰显自己的特色。文化是旅游的内涵，旅游是文化传播的载体之一。特别是对于人文历史类主题的旅游景区，要有深厚的文化内涵才有生命力。要把做好纪念馆业务置于旅游建设之前，将文化、旅游融合，既促进自身博物馆事业，也推动做好旅游建设和旅游服务。

孙中山故居纪念馆因孙中山的影响力以及翠亨村位于珠江三角洲、粤港澳大湾区的位置，成为旅游热线中的热点，而该馆较好地处理了文化与旅游的关系，走出了纪念馆建设发展颇具风格和特色的路子，在文化和旅游方面均获得国家级称号——国家一级博物馆和国家 AAAAA 级旅游景区。

该馆较早实施建设的具有自身个性的展示体系、保护文物环境求发展、文旅融合求发展、建设生态农业展示区域等相关理念和做法，对地方历史文化保护、对地方文化和旅游建设、对各地纪念馆同行起到了导向作用，对中山市获得国家历史文化名城和国家环保模范城称号起到了重要作用。该馆的做法有效引导了中山市政府城建、规划、文化、旅游、环保等部门规划建设导向。受该馆案例的影响，在珠江三角洲地区、在广东省乃至全国的一些同类或情况相似的纪念馆，他们在地方政府的支持下，在准备拓展空间、拓展业务的时候，到翠亨村借鉴孙中山故居纪念馆的做法。有些纪念馆在已经拥有了一定的发展空间、考虑如何利用的时候，也借鉴孙中山故居纪念馆的做法，围绕主题建设陈列展示体系，文旅结合，以文为本、以文为先，营造个性。还有一些地市政府领导率领宣传、文化、城建、规划、文物等部门乃至社区、村镇负责人和村民代表来实地考察调研，借鉴孙中山故居纪念馆的做法。

四、建立与业务活动相适应的管理体系和制度规范

纪念馆的管理是一项系统工程。程序、制度、规范是博物馆（纪念馆）建立管理秩序、开展业务、维护藏品及财产安全、维系观众服务的重要保障。关于博物馆（纪念馆）的管理工作，可查阅本书其他章节，在此仅简要介绍孙中山故居纪念馆导

入 ISO 9001 质量管理标准和 ISO 14001 国际环境管理标准，建立管理体系、提升管理水平的一些情况。

ISO 是国际标准组织（International Organization for Standardization）的简称，中国是该组织的常任理事国。该组织制定的 ISO 9001 国际质量管理标准和 ISO 14001 国际环境管理标准，得到了包括中国在内的 100 多个国家的认同，具有普遍的适用性，适用于各类组织或机构，包括企业、事业单位、政府机关、社会组织等各行各业。我国把它整体移植为国家标准，中国国家标准 GB/T 19001 等同于 ISO 9001 国际标准，中国国家标准 GB/T 24001 等同于 ISO 14001 国际标准。

质量管理标准和环境管理标准强调，依据标准的要求建立管理体系，必须对机构自身的质量管理和环境管理具有充分性、适宜性、有效性。即纪念馆若导入推贯该标准，均应视自己的具体情况，按标准要求，建立适宜本馆的管理体系，做到持续改进和持续有效运行，持续提升自身质量管理和环境管理水平，而不能生搬硬套地做不切实际、不适合自己的东西。

纪念馆应该建立与业务活动相适应的制度规范做好管理工作，这是国家有关博物馆（纪念馆）管理运行相关规范的要求。但是，是否需要导入质量管理标准和环境管理标准，并没有相关的规定，各个纪念馆可以自由选择，而且可以选择单独导入质量管理标准或单独导入环境管理标准。

作为文博单位，对管理范围以外的大环境问题，能够干涉的力度有限，这需要依靠政府的相关职能部门的支持配合。但是，根据环境管理标准的要求，应该对环境因素的相关方给予积极的干预，施加影响。新时期的博物馆（纪念馆）建设，应该树立良好的环境意识，做好生态环境的保护建设，改善生态和环境效果。

从孙中山故居纪念馆的实践中可以看到，导入推贯质量管理标准和环境管理标准，对纪念馆工作具有诸多利好：一是有利于提升运行管理能力与水平，缩小与先进管理模式的差异。二是有利于纪念馆树立服务意识。三是有利于纪念馆树立法治意识遵守法律规章。四是有利于纪念馆树立良好的环境意识。五是有利于纪念馆建立和完善制度规范。六是有利于纪念馆对业务运行的过程管理。七是有利于纪念馆纠正管理运行过程中现存和潜在的问题。八是有利于纪念馆消除模糊管理方式，量化管理目标指标。九是有利于纪念馆保持整体活力。

我国现有纪念馆大多数属于国有，作为公益类事业单位由政府在财政上全额供养。这样的机制对纪念馆发挥自身职能、推动社会公共服务，推进事业发展是有利的。然而这也导致了个别“吃皇粮”状况，个别人员希望工资待遇越多越好，工作上的事情和工作责任则越少越好。从孙中山故居纪念馆导入管理标准，建立管理体系的实践来看，细化、明确每个人的岗位职责，细化、明确每个岗位的任务和目标指标，减少扯皮推诿，个别有“吃皇粮”不干活思想倾向的人没有了空间。管理标准的导入推贯及“管理评审”“内部审核”“外部审核”等相关机制，为管理体系的有效实施、纪念馆有效防止僵化，保持整体的活力提供了保障。

孙中山故居纪念馆自 2000 年 11 月开始导入 ISO 9001 国际质量管理标准和 ISO 14001 国际环境管理标准，并持续取得认证机构的认证，未有中断，是全国首个全面导入国际质量管理标准和国际环境管理标准的博物馆。当该馆导入管理标准，建立管理体系的时候，在整个博物馆（纪念馆）系统中，了解该管理体系的并不多。馆里聘请顾问公司帮助培训、推贯和建立管理体系，顾问公司和管理体系的认证机构均认为，这是他们在博物馆领域开展推贯和认证工作的第一个尝试，通过国家认证网络检索，未发现国内有其他博物馆通过认证的记录。

孙中山故居纪念馆至今已持续 20 多年连续取得认证机构的认证，长期的潜移默化，使全馆上下形成了自觉的意识、严谨的工作态度、创新上进的思维模式，使自身业务、运行、管理等各方面得到实实在在的提升。

五、围绕自身业务开展社会教育与公众服务

开展社会教育和公众服务，是博物馆（纪念馆）重要的职能和目标。特别是革命纪念馆，发挥社会教育职能，积极开展社会教育活动，是对群众特别是青少年群体开展爱国主义教育重要的、不可替代的场所。各个纪念馆可以按照本馆自身情况，灵活多样地开展社会教育与公众服务工作。这里简要介绍孙中山故居纪念馆全方位开展社会教育和公众服务工作，学术研究与普及教育相结合，为青少年和成年人社会教育服务，为学校和科研单位科研服务，为社会文化建设服务，为公众旅游休憩服务的情况，希望可起到相关借鉴参考作用。

该馆设立游客中心统筹一线为观众服务的相关工作。这个面向观众的综合服务平台，为观众提供咨询、多种语言的讲解、临时寄存行李物品、失物招领、广播通知或寻人、参观预约和轮椅、童车、雨伞、多媒体导览设备等暂借服务等，还担负志愿者服务的组织管理。多年来，馆方与共青团中山市委员会、中山市教育体育局和相关学校等机构合作，持续培训学生志愿者、讲解员等志愿服务团队，在引导学生走向社会的同时，纪念馆公众服务的队伍得到有效补充。

提升讲解队伍综合素质和服务水平，提升业务人员服务意识。在不影响专业工作的前提下，馆里长期坚持安排业务和研究人员到游客中心轮值，为观众提供讲解

服务，使不在一线服务观众的业务和研究人员摈弃与服务无关的思想，让他们在一线接触观众，培养服务意识，使他们通过为观众提供导览的过程，了解全馆业务和展示体系情况。这些从事业务和研究的专业人员的讲解，颇受广大观众欢迎。

该馆充分利用自身资源，开展丰富多彩的社会教育活动。不断丰富的馆藏，持续拓展、改善和提升的展示体系，为游客提供朴素、庄重、高雅、有深刻历史和文化内涵的参观游览氛围，为开展形式多样的社会教育活动夯实了基础。例如，开展“体验伟人农耕生活”水稻插秧或收割活动，“我们的节日”传统节日文化体验活动，“小讲解员”夏令营活动，“红棉傲骨”读书分享会活动，“寻找建筑中的文化密码”翠亨村研学活动，“志存高远·发奋为雄”少年孙中山研学活动，“悦读中山故居·感受多彩非遗”活动，“亲子共读红色故事·英雄家风代代相传”活动等系列社会教育活动和研学活动。

2016—2020 年，全馆共服务观众逾 1000 万人次，策划实施社会教育活动约 1000 场次，提供免费讲解导览服务约 2 万批次，讲解满意率连续多年达 100%，在馆内举办各种展览 49 个，向全国各省多个城市和港澳台地区以及亚洲、欧洲、美洲多个国家推送展览 112 个。2021 年向全市相关单位推送“为廉政事业奋斗一生的孙中山”等两个主题讲座 13 场，497 人次参加讲座。

持续完善和更新服务设施。坚持全馆全部展示项目面向社会免费开放。完善参观预约机制。完善老年人、青少年、残疾人等各类人群的服务设施，包括服务标识、星级公共厕所、路面防滑、电子导览系统建设，完善覆盖全馆的网络系统等。与中山市特殊教育学校合作，推出手语导览视频，“让文化无障碍传播”手语云导览作品入选“2021 年度全国文化遗产云传播优秀云讲解项目”。

文创产品是服务的一项内容。孙中山故居纪念馆是文创产品国家试点单位。加入广东省文化和旅游厅部署成立的粤港澳大湾区文创联盟，成为首批成员单位。加入中国国家博物馆倡议成立的红色文创联盟，并作为联盟共同发起机构。多年来，馆方在质量目标中，规定文创产品每年须保持的品种数量和规定每年须增加的新品种数量，不断创新纪念品、工艺品等文创产品的设计制作，可供游客选择的品种数量不断增加，文创产品的品质不断提高，一些文创产品设计还荣获省级和国家级奖项。

做好观众的安全保障也是服务。该馆从管理层到员工均树立安全意识，在做好文物安全和本馆财产安全保障的同时，贯彻相关安全法规，订立治安和消防的相关程序、制度、规范，完善安全保障设施，与公安、医疗急救机构建立互动，制定游客伤害应急响应程序和制度，加大科技手段的运用等，保障观众的人身和财产安全。

六、学术研究是纪念馆工作的重要支撑

学术研究是博物馆（纪念馆）实现收藏、展示和社会教育职能的重要支撑，做好学术研究是博物馆（纪念馆）的主要职能之一，关于博物馆（纪念馆）学术研究工作，可见《博物馆条例》《博物馆定级评分标准》等相关文件的要求。人物纪念类博物馆，其学术研究工作应兼顾三个方面，即人物研究、文物研究、博物馆学研究。

博物馆（纪念馆）的研究并不应该仅局限于研究室之类的研究部门，涉及博物馆（纪念馆）征集收藏、陈列展示等各个业务部门及人员，均应该在自己的岗位上，深入研究自己所从事的专业和业务，例如，负责收藏管理的研究藏品管理相关的专业技术，负责陈列展览的研究陈列策划、陈列艺术、陈列环境等专业课题，即使是办公室人员也应该研究纪念馆管理体系，从而更好地、更专业地做好工作。孙中山故居纪念馆的学术研究工作，走过了一条逐步发展的道路。

早在建馆之初，该馆就着手研究工作。从 20 世纪 50 年代到 60 年代，即建馆的最初十年，省内相关研究机构的专家学者积极参与，开展了孙中山相关历史遗迹和孙中山童年在家乡活动情况的调研工作，趁孙中山同时代的人尚健在，抢救、积累了一批有价值的调研材料、口述史料和文物。

此后，该馆持续进行馆内学术研究机构的建设。20 世纪 80 年代初期，馆里人员较少，当时成立了研究小组。1992 年在馆内设立专门的研究部门——研究室。2002 年向上级申报升级本馆研究机构获得批准，孙中山故居纪念馆增挂了“中山市孙中山研究所”牌子。2005 年，为夯实研究工作的基础，又申报在馆内设立逸仙图书馆，获市里主管部门批准。

在此前没有研究专项经费的时候，馆里每年从年度经费中尽力满足安排研究方面的费用，每年安排经费用于图书采购、数据库建设等学术研究的基础性工作，并重视推动人才队伍建设。

在中山市孙中山研究所挂牌成立之后，馆方进一步明确立足自身业务，夯实图书、文献等科研工作的基础。进一步明确研究工作涵盖的范围，包括：孙中山生平经历及其领导的革命运动研究；孙中山出生、成长的社会环境（含珠江三角洲地区民俗）研究；孙中山的家世、亲属与后裔研究；与孙中山同时代的（特别是香山籍或翠亨村）人物研究；孙中山相关文物藏品研究；孙中山思想研究；博物馆业务和观众服务项目研究；承担孙中山文化建设相关项目；承担相关的科研组织工作；等等。

近年来馆里组织和参与的主要出版项目有：“孙中山著作丛书”已出 12 册，“孙

中山与翠亨历史文化丛书”已出18册，“大型地方文献丛书——中山文献”已出116册，已出《孙文全集》20卷，约1200万字，还有关于人物研究和藏品研究的各种论著、图册、年谱等出版物，有些出版物还荣获国家级、省级、市级奖项，在此不一一列举。

该馆还积极开展科研组织工作，提升在相关领域学术研究的影响力。主办和参与主办孙中山、宋庆龄研究大型国际学术研讨会，主办汇聚国内顶尖专家学者的孙中山研究高峰论坛和旨在发掘青年学者的博士论坛，组织青年学者研学活动等各种学术活动，积极参与国际、国内科研机构、高等院校、孙中山和宋庆龄纪念机构以及相关博物馆的学术交流活动。鼓励本馆成员参与国家和省、市各级学术研究课题项目，以项目锻炼人。通过引进与培养、培训相结合的办法，建设研究人才队伍。2016—2020年，举办国际、国内大型学术会议、论坛11场，本馆成员发表论文110多篇，主持或参与各类学术研究课题项目近20项。

成立学术委员会，为业务和科研工作提供咨询、参谋、指导，借此提高本馆研究水平，提升研究质量，并加强了与国内外相关学术研究机构和专家学者的业务与交流合作。国内（含港澳台地区）及国外数十位著名的中国近代历史和孙中山研究相关领域的专家学者欣然应聘加入孙中山故居纪念馆学术委员会，为馆方学术研究工作注入了很强的支撑力，进一步加大了该馆在中国近代史学研究、海内外孙中山和宋庆龄纪念机构、博物馆和纪念馆同行、孙中山和宋庆龄研究等相关领域的影响力与凝聚力。

我们还看到，相关机构与该馆合作建设了数个科研基地，其中有广东省社会科学院在此设立“广东省社会科学院孙中山研究基地”，中山大学在此设立“中国近现代史教学实践基地”，民革中央在此设立“中国国民党革命委员会孙中山研究基地”，由广东省委宣传部和省社科院共同组织管理的“广东地方特色文化研究基地”系列，在此设立了“孙中山文化研究基地”等，这些基地的建设也进一步促进了馆里的科研工作。

2016年11月，出席纪念孙中山诞辰150周年国际学术研讨会的中国社会科学院院长王伟光视察孙中山故居纪念馆，赞赏馆方在业务和研究方面的坚实基础，提出中国社会科学院要与中山市联合建立孙中山研究院。3个月后，王伟光率中国社会科学院相关负责人到中山市出席“孙中山研究院”成立挂牌仪式。孙中山故居纪念馆利用置于本馆的“孙中山研究院”平台，开展系列学术活动，使自身科研工作在国家级的层面又多了一个强有力的支撑点。

中共中央、国务院印发《粤港澳大湾区规划纲要》，这是中央关于粤港澳大湾区建设发展的纲领性文件，其中提出“支持中山深度挖掘和弘扬孙中山文化资源”的意见，中山市在孙中山故居纪念馆又增挂了“孙中山研究交流中心”牌子，并加紧这一平台的建设，该馆亦借此进一步推动研究工作。如何“深度挖掘和弘扬孙中山文化资源”成为馆里学术研究工作的重要课题。2021 年，馆里在制定“十四五”发展规划时，提出“研究型博物馆建设项目”，这将促使该馆研究机制更加完善，有利于进一步提升该馆的研究水平。

七、加强信息化建设、应用数字技术推动业务进步

信息化建设是现代博物馆（纪念馆）业务、运行、管理、服务的重要依托。我们已经进入了一个全新的数字化、信息化社会，博物馆（纪念馆）的从业者应该顺应潮流，应用数字技术推动业务进步。数字博物馆、智慧博物馆等相关技术前沿的探讨与实践不断发展，我们当然也应该朝着这样的方向前行。孙中山故居纪念馆这方面在全国同行中起步较早。以下从几个方面简要介绍孙中山故居纪念馆信息化建设的做法，希望能够对建设初期的纪念馆有思维的启发和工作的借鉴。

（一）重视信息化基础设施建设

多年来，孙中山故居纪念馆一直没有放慢信息化建设的脚步，开通本馆的网站后，逐步建设起覆盖全馆范围的有线与无线传输相结合、高速宽带（主干千兆）、高技术含量、支持数据高速运行的网络系统，并着手云计算系统的建设。2008 年馆里与中国移动公司合作建设全国第一个博物馆（旅游）信息服务示范基地，WIFI 信号覆盖全馆范围，外部网络由 2014 年初 4G 信号全覆盖到 2020 年实现了馆区 5G 信号全覆盖，2021 年完成了 5G 信号室内分布系统。这为满足游客对视频、音频、图像的高质量需求，为 5G+ 旅游智慧应用提供了必要的网络支撑，也为智慧型博物馆系统建设打下良好基础。

（二）建设、运行、管理信息平台

平台先后接入的系统包括（但不限于）财务系统、文物藏品管理、文创商品管理、电视监控系统、档案管理、观众流量自动统计、图书管理、消防管理、防盗系统、员工食堂管理、员工考勤管理、办公系统等。平台支持各部门工作过程记录，

资料档案自动归档，规范了业务流程，公文处理自动化，信息资源共享，实现了异地（远程）办公、移动办公，有效提升内部管理和监督的效率，可追溯、防扯皮。

（三）建设支持业务发展和科学研究的数据库系统

馆内设立有以馆藏文物、档案、图书等传统文献与现代电子数据相结合的逸仙图书馆和孙中山研究信息中心。到目前为止，共收藏图书（含电子出版物）12.7 万多套 / 册。通过自行组织开发和购买等方式，持续建设各类数据库。目前主要大型数据库包括 10 个子库的《孙中山数据库》，包括 11 个子库并还在继续开发完善的《近代中山（香山）名人数据库群》，包括国内相关机构典藏的历史档案中有关中山（香山）本地文献的《中山文献数据库》，以及《香山（中山）民国档案数据库》《中国文史资料集粹》《晚清期刊全文数据库（1833—1911）》《民国时期期刊全文数据库（1911—1949）》《中国知识资源总库》等。数据库容量 75TB，现存有数据量 35TB（1TB ＝ 1000GB ＝ 100 万 MB）。大量的数据资源，夯实了本馆研究工作的基础，同时与海内外相关文物文献资料的收藏、研究机构广泛合作与资源共享，为专家学者、各界人士以及社会公众提供文献检索、查阅服务。

（四）建设智慧博物馆平台，实现纪念馆业务和服务需求的信息化、数字化和智能化

一是为本馆的公众服务提供技术支持。公众通过本馆官网（可选择手机版）和微信公众号，可以预约参观、查询资料、查看通知公告和展览预告、畅享智慧讲解导览等。二是为本馆的网络展览提供技术支持。本馆展示体系通过网络向外延伸，在官方微信、微博平台上还开辟微课堂，内容包括“孙中山与翠亨村”“孙中山与宋庆龄”“中西文化交流视野下的孙中山个人形象”等 10 多个专题。现场观众可通过触摸屏设备，远程观众可通过微信和本馆官网观看孙中山故居、杨殷故居高清 3D 展示和全馆 720 度虚拟全景展示。三是为本馆的运行、管理提供技术支持。包括办公系统、质量管理和环境管理系统和全馆业务运行的其他支持系统等。四是为举办网上视频会议提供技术支持，并不断完善相关设备和技术。五是为新冠疫情防控提供技术支持。为做好新冠疫情防控管理，2021 年启用了健康防疫核验系统，既能智慧防疫，又能实现便民服务。

（五）文物及环境保护的数字化建设

依托藏品管理系统实施藏品管理的数字化建设。依托地理信息系统，在全馆范围和翠亨村扫描数据、3D 建模的基础上，开发全馆地理数据管理平台，国家、省级市级文物保护单位管理平台、智慧导览平台等。建立《孙中山故居纪念馆基础地理信息数据库》，包括对馆内房屋、重点文物保护点的数据、影像采集，建立矢量库及三维模型库等。最近，馆里推出了首套数字藏品——《孙中山手迹“博爱”横幅》，是孙中山手迹和馆里典藏的国家一级藏品首次以数字化形式与观众见面。

（六）建设数字化安防系统

依据 GA 27—2002（代替 GA 27—1992）《文物系统博物馆风险等级和安全防护级别的规定》，馆里安防系统采用一级风险和一级防范规定设置。规划时充分考虑技术设备系统接口和进一步扩充的技术条件，以及各系统互联运行的兼容性。电脑网络中心与安防监控中心互联。以监控中心为指挥枢纽，与公安部门联网。目前技防网络主要包括（但不限于）下列系统：防入侵（微波、红外、震动传感）警报系统、消防（感烟）警报系统、水喷淋自动消防系统、气体自动消防系统、电视监控系统、电子门禁系统、保安巡逻系统等，还有电子防雷系统、灯光联动系统等。

（七）保障网络和技防系统自身安全

在电脑网络和技防系统建设、运行、管理过程中，采用集群和虚拟化技术，提高网络各系统的可用性、安全性和扩展性，实现各种系统的安全防护、安全隔离、安全审计、安全管理、安全备份。建设网络中心机房智能网管系统、网络中心机房环境监控系统，使用专用的计算机控制系统，对网络机房设备进行集中监控和维护，实施网络系统和网络机房的安全管理。设置独立的光纤和专用设备接入市里党政办公信息平台，保障政府内部网络系统安全、通信保密。

（八）建立和完善保障网络安全运行的工作制度

例如《电脑网络和电脑设备操作管理规范》《电脑网络安全应急预案》《监控中心应急响应规范》《监控系统验证工作规范》等系列规范、制度和预案，有效规范了操作、避免失误，在设备或系统出现故障时，有较为完善的维护或恢复的快速处置方案。2020 年全馆服务器类设备年平均故障时间 0.14 小时。2021 年全馆服务器类设备年平均故障时间 0.13 小时，展示类设备年平均故障时间 5.32 小时，办公类设备年平均故障时间 2.03 小时，各项指标均达到馆里制定的质量目标要求，网络长时间不中断安全运行得到保障。在纪念馆各项业务、管理与服务对网络系统的依赖度逐步走高的当今，低网络故障环境，也是保障全馆业务、管理、服务质量的重要因素。

孙中山故居纪念馆在国家一级博物馆运行评估中，曾分别在纪念馆和人物类纪念馆中多次获得总分第一，其建设、运行、业务、管理、服务诸方面能够取得一定的成效，在于其能够准确把握自身的性质、任务和工作原则，把文物及其环境保护放在首位，扎实做好博物馆基础建设，综合推动各项业务，提升文化内涵和自身品位，保持文化自信与文化定力；树立新思维、新理念，勇于站在时代进步的潮头，持续创新发展；依据国际公认的质量管理和环境管理标准体系实施系统、科学、规范的管理；重视信息化建设以夯实智慧型博物馆建设的基础；努力做好优质服务和为达到优质服务提供各种保障，把服务公众作为重要的工作目标、重要的工作落脚点。

孙中山故居纪念馆萧润君执笔

如何举办国企类博物馆

国有企业博物馆是依据创办主体划分的博物馆类别，指的是由国有企业创办和运营的博物馆。国有企业创办博物馆并非新鲜事，近年来更是蔚然成风，已经引起政府主管部门的高度重视。然而，对于国有企业博物馆的概念、定位、建设、管理等关键问题，学界目前的研究还不够充分。基于筹建和管理不同类型博物馆的实践经验，结合前人研究成果，我们在此尝试分析国有企业创办和运营博物馆的几个核心问题。

一、国有企业博物馆

（一）企业博物馆的概念

顾名思义，企业博物馆是由企业创办的，以企业历史、文化、核心业务和产品等作为主要展示内容的博物馆。最早关于企业博物馆的定义来自英国学者丹尼洛夫，1992 年他在《企业博物馆和展览厅》（*Corporate Museum and Exhibit Halls*）中，把企业博物馆定义为一个展览和教育服务场所，其展览内容围绕企业历史展开，附带功能包括提升员工归属感和荣誉感、宣传推广企业、扩大社会影响力和提供游览空间等。该定义最重要的一点是确立了企业博物馆为企业服务的宗旨，之后对企业博物馆的研究都在该宗旨的基础上展开。

我们认为，分析和研究企业博物馆可以着眼于两个层面：首先，企业博物馆是博物馆类型之一，应当具备博物馆的诸要素。其次，企业博物馆在举办者、展陈内容、管理架构和功能服务等方面又有其自身的特殊性。

（二）举办企业博物馆的意义

企业是市场经济活动的主要参与者之一，企业行为是国民经济和社会生活的重要组成部分。企业建设博物馆，除了实现博物馆的基本功能和普遍价值外，对于企业发展也具有特殊意义。

1. 企业博物馆是展示企业核心竞争力的重要窗口。企业的核心业务、技术和产品，专家团队，市场区域等，都是企业博物馆展示的主要内容。观众通过参观企业博物馆，可以深入了解企业的发展情况和核心竞争力。

2. 企业博物馆是传承企业历史、文化的重要载体。企业博物馆收藏、保护与企业相关的物质和非物质遗产，展示企业发展历史和成就，广泛宣传企业精神和文化理念，对于凝练、传承和发扬企业文化，提升员工的归属感，提高客户的认知度，扩大品牌在社会上的影响力均大有裨益。

3. 企业博物馆是履行企业社会责任的重要方式。现代企业管理制度要求企业在追求利润最大化的同时，关注人的价值，关注企业对环境、消费者和社会的贡献。博物馆天然具有公益性，建设博物馆借以回馈社会，是企业履行社会责任的重要途径。

4. 企业博物馆是国家公共文化服务体系的重要补充。企业博物馆集中展示企业经济活动，为反映国民经济运行全貌提供有力支撑，在国家公共文化服务体系中，企业博物馆理应占据一席之地。2021 年 5 月，中宣部等九部委联合印发《关于推进博物馆改革发展的指导意见》（以下简称“九部委意见”），明确提出要“将高校博物馆、国有企业博物馆等纳入行业管理体系”，首次将国有企业创办博物馆纳入宏观政策考量。

（三）企业博物馆的特点

如前所述，企业博物馆由企业创办和运营，主要展示企业历史、文化、核心产品等，与传统意义的国有和非国有博物馆相比，具有明显的特殊性。此外，我们还可以将企业博物馆与其他同类展馆做比较，以进一步界定其内涵和外延。

1. 企业博物馆与企业展厅。二者通常都以企业历史、文化、核心业务和产品等作为主要展示内容，其最主要的区别在于是否具有公共性——企业博物馆需要履行自身作为公共文化设施的职能，必须面向不特定的社会公众开放；而企业展厅则不必然。此外，企业展厅的研究和教育功能也不明显。

2. 企业博物馆与企业档案馆。二者都注重收藏，在功能上有一定重合，但是侧重点不同——企业档案馆侧重收集保管研究，在展示教育欣赏等功能方面明显弱于企业博物馆，一些涉密档案更是无法像博物馆藏品一样可以任意展示。同时，二者在开放性上也存在差距。当然，近年来出现一种新趋势，就是档案馆的展示教育功能正在不断增强。当前从国家到地方各级档案馆举办展览的情况非常普遍，展览形式和内容也常有突破，大有比肩博物馆之势。另有如招商局集团等，以档案馆为基础建设了企业博物馆，与档案馆并行运营。然而在公共性和开放性上，档案馆终究无法与博物馆相提并论。

3. 企业博物馆与行业博物馆。二者的区别主要在于展馆定位和展示内容的不同上，前者侧重企业本身，后者则是从整个行业的角度叙事。在一定条件下，如企业在行业内的地位举足轻重，其历史足以代表行业历史时，二者可以归于统一，此时企业博物馆实际上就具有了行业博物馆的地位。

（四）国有企业博物馆

国有企业是中国特色社会主义的重要物质和政治基础，长期以来为我国经济社会发展、科技进步、国防建设、民生改善等做出了重大贡献。与此同时，国有企业积极履行社会责任，在推动就业、消除贫困、保障民生、建设生态文明等方面始终走在最前列。这其中，也包括建设公益性的企业博物馆。

依据九部委意见，本文将国有企业举办的博物馆称为“国有企业博物馆”。截至目前，对于国有企业博物馆，尚缺乏权威可靠的统计数据和专门研究，但是国有企业举办博物馆的热情依然可从下列数据中窥见一斑：在 2021 年国务院国资委命名的首批 100 个中央企业爱国主义教育基地中，三分之一强为博物馆或科技馆。除此之外，据我们了解，未申报上述爱国主义教育基地，而由国有企业举办的知名博物馆还有很多，如由中央企业举办的中国铁道博物馆（隶属中国铁路总公司）、保利博物馆（隶属中国保利集团）、张之洞与武汉博物馆（隶属中国宝武钢铁集团）等，以及由地方企业举办的博物馆，如北京的同仁堂博物馆和红星二锅头博物馆，上海的纺织博物馆和无线电博物馆等。应该说，国有企业举办博物馆早已不是什么新鲜事，在当下和可见的未来，也正方兴未艾。

二、国有企业举办博物馆的法律依据

对于国有企业创办博物馆，目前尚缺乏明确的法律规定和操作路径，我们需要从现行法律法规中寻找依据。就我们了解的情况而言，其散见于以下三类法律法规中。

（一）国有企业及国有资产监督管理类

2009 年 5 月 1 日起施行的《中华人民共和国企业国有资产法》第十六条规定，国有企业对其动产、不动产和其他财产依法享有占有、使用、收益和处分的权利。2003 年 5 月 27 日起施行的《企业国有资产监督管理暂行条例》第二十八条规定，获得国有资产监督管理机构授权的国有独资企业和国有独资公司，对其全资、控股、参股企业中的国有资产依法进行经营、管理和监督；第四十二条规定，上述国有及国有控股、国有参股企业，其组织形式、组织机构、权利和义务等依照《中华人民共和国公司法》等法律法规执行。

国务院国资委 2007 年发布的《关于中央企业履行社会责任的指导意见》提出：中央企业要“热心参与慈善、捐助等社会公益事业，关心支持教育、文化、卫生等公共福利事业”。其 2016 年发布的《关于国有企业更好履行社会责任的指导意见》再次明确国有企业要“积极参与社区发展，主动投身公益事业”。

以上规定，是我国国有企业创办博物馆的政策和法律依据。

（二）博物馆类

2015 年 3 月 20 日起施行的《博物馆条例》（以下简称《条例》），对博物馆的设立、变更和终止程序进行了较为详细的规定，是目前指导国有企业创办博物馆的最为权威的法律文件。其第四条指出，可以依法设立博物馆的主体包括企业、事业单位、社会团体和公民；第二条明确，利用或者主要利用国有资产设立的博物馆属于国有博物馆；第十二条对于登记备案流程进行了规定：设立、变更、终止国有博物馆依照有关事业单位登记管理的规定办理，并向所在地省级文物主管部门备案。对照上述规定，国有企业利用国有资产举办的博物馆属于国有博物馆，应依照事业单位登记管理的规定办理登记手续，并在省级文物主管部门备案。

然而，《博物馆条例》第五条关于国有博物馆运行经费要列入财政预算的规定，实际上又把国有企业举办的博物馆排除在国有博物馆之外。这是《条例》规定不够明确的地方，也造成国有企业在举办博物馆时无所适从。我们认为，未来在《博物馆条例》进行修订时，应理顺相应关系，消弭上述狭义和广义两种国有博物馆概念之间的矛盾之处。在此之前，国有企业举办博物馆可以适用《博物馆条例》关于国有博物馆的规定，按照事业单位登记管理的相关规定执行。

（三）事业单位登记管理类

关于事业单位登记管理，目前施行的法律法规主要是《事业单位登记管理暂行条例》（以下简称《暂行条例》）和《事业单位登记管理暂行条例实施细则》（以下简称《暂行条例实施细则》），其中对事业单位的设立、变更和注销做了较为详细的规定，具体此处不赘。

值得注意的是，中央机构编制委员会办公室（简称“中央编办”）于2015年12月21日发布了《事业单位、社会团体及企业等组织利用国有资产举办事业单位设立登记办法（试行）》（以下简称《试行办法》），对不纳入机构编制核定范围的事业单位如何设立登记进行了明确规定。该规定指出，事业单位、社会团体及企业等组织可以为了社会公益目的，利用国有资产举办从事教育、科技、文化、卫生等活动的事业单位，从而为国有企业举办博物馆如何设立登记提供了更为清晰的依据。一些地方政府，如山西省、深圳市等，先后根据上述文件出台了类似规定。我们认为，中央编办出台《试行办法》，实际是为了鼓励和规范政府以外的社会力量利用国有资产举办公益性事业单位。也是基于这样的判断，我们主张在《博物馆条例》规定不明确的情况下，国有企业举办博物馆按照国有博物馆相关的规定办理。

这里还需要特别指出两点：一是上述国有企业（国家出资企业）既包括由国务院代为履行出资人职责的企业，即通常所说的中央企业，也包括地方人民政府代为履行出资人职责的企业，即地方企业；二是国家对于金融企业国有资产的管理监督，通常另有规定，但主要是针对金融业务的特殊性，在利用国有资产举办博物馆上，则与其他国有企业应无不同。

三、国有企业博物馆的设立登记

（一）国有企业博物馆名称的确定

在《暂行条例》及《暂行条例实施细则》规定的事业单位法人登记事项中，第一项就是关于名称。国有企业在创办博物馆时，首先要合理合规地确定博物馆名称，这也直接关系到后续的设立登记流程。

按照上述事业单位登记管理类法律法规的规定，事业单位名称由字号、所属行业和机构形式三部分依次组成。以中国电信集团下属的“上海电信博物馆”为例，“上海”为字号（所在区域，或者举办单位，或者单独字号），“电信”为所属行业，“博物馆”为机构形式。同时，名称应具有唯一性，符合《暂行条例实施细则》第十九至二十二条的规定，未经政府或者有关部门批准的，不得冠以国家机关、政党名称。

在确定博物馆名称时，能否冠以“中国”是很多国有企业尤其是中央企业较为关心的问题。《暂行条例实施细则》第十七条对此的规定是：地方登记管理机关不得登记名称冠以“中国”“全国”“国家”“中华”等字样的事业单位。也就是说，名称冠以“中国”的博物馆，必须在国家级登记管理机关也就是国家事业单位登记管理局登记。实践中，据我们了解分为两种情况：第一种是将“中国”置于名称首位的，如“中国铁道博物馆”“中国化工博物馆”等；第二种是将“中国”置于地方行政区域之后的，如“上海中国航海博物馆”“重庆中国三峡博物馆”等。前者需要先经国务院批准使用该名称后，再到国家事业单位登记管理局进行登记；后者通常是国务院未批准“中国”居首的名称后给出的建议方案，如《国务院办公厅关于景德镇陶瓷博物馆冠名问题的复函》。

国务院办公厅关于景德镇陶瓷博物馆冠名问题的复函

国办函〔2001〕41号

江西省人民政府：

你省《关于在景德镇市准备兴建的陶瓷博物馆冠中国景德镇陶瓷博物馆馆名的请示》（赣府文〔2001〕15号）收悉。经商有关部门并经国务院领导同志同意，现函复如下：

拟在景德镇建设的陶瓷博物馆名称可定为“景德镇中国陶瓷博物馆”。

国务院办公厅

二〇〇一年八月四日

现实中，亦有从第二种方案成功转为第一种方案者，如《国务院办公厅关于同意河南中国文字博物馆更名的函》。

国务院办公厅关于同意河南中国文字博物馆更名的函

国办函〔2007〕107 号

河南省人民政府：

你省《关于河南中国文字博物馆更名为中国文字博物馆的请示》（豫政文〔2007〕144 号）收悉。经商有关部门并报国务院领导同志同意，现函复如下：

拟建的“河南中国文字博物馆”可更名为“中国文字博物馆”。

国务院办公厅

二〇〇七年十月二十日

（二）国有企业博物馆的设立批复

按照上述事业单位登记管理类法律法规的规定，经审批机关批准设立是事业单位设立登记的必要条件，审批机关批准设立的文件是必须提交的文件之一。

《暂行条例》第 3 条规定：“事业单位经县级以上各级人民政府及其有关主管部门（以下统称审批机关）批准成立后，应当依照本条例的规定登记或者备案。”《试行办法》第 7 条规定：“审批机关批准设立的文件，是指县级以上人民政府、相关行业主管部门等，以批复、通知、函等规范公文批准设立的文件，或者核发的教育、医疗机构等资质许可证明文件。”由此可知，审批机关是指县级以上政府及其行业主管部门，批准设立的文件包括批复、通知、函等规范公文以及资质许可证明。

具体到国有企业举办博物馆，我们认为可以在上述规定的框架下分类加以分析：中央企业的审批机关应为国务院及国务院国资委，地方企业的审批机关应为地方人民政府及地方国资委，金融类国有企业的审批机关应为国务院或者地方人民政府及其金融监管机构；国有企业的子企业举办博物馆，也适用上述审批流程，但是政府及其行业主管部门已经特别授权的除外。

（三）国有企业博物馆设立登记的流程

在厘清了名称和审批两个关键性问题之后，我们尝试依据上述法律法规的规定及实践经验，对国有企业举办博物馆的流程进行归纳总结。一般而言，包括以下主要步骤：

1. 确定博物馆名称并报政府或行业主管部门批准。名称冠以“中国”的，报国务院批准。

2. 就举办博物馆报中央或地方政府或其行业主管部门批准。

步骤 1 和 2 可以合并进行。

3. 在中央或地方事业单位登记管理局登记，取得事业单位法人证书。

4. 向馆址所在地省级文物主管部门备案。

四、国有企业博物馆新馆建设

我们认为，国有企业博物馆在新馆建设方面与其他种类博物馆并无重大差异，亦应遵循新建博物馆的普遍规律和流程。在此，我们仅就较为突出的筹建团队问题略述一二。

国有企业博物馆主要的展示内容是企业历史、文化、核心业务和产品等，因此在筹建团队中，需要纳入熟知上述内容的资深企业内部人员；同时，新建博物馆是一项复杂的综合性工程，涉及规划、建筑、展览、藏品、艺术等多个专业领域，需要延请专业的外部咨询和工作团队；另外还涉及报批、资金管理、后期运维筹备等，这类专业人员也不可或缺。

我们的建议是：组建企业内部团队和外部专业机构（国有博物馆团队尤佳）联合组成的工作专班，采用项目管理的模式，具体负责国有企业博物馆筹建。早在 2011 年，国家文物局就启动了国有博物馆对口帮扶民办博物馆的试点工作，帮扶内容涵盖了新馆建设、展厅升级、馆藏完善、人员培训、文创开发等方方面面。这一做法应作为国有企业建设博物馆的参考。在新馆筹建和运营方面，国有企业完全可以积极寻求所在地文物主管部门和国有博物馆的支持。

五、国有企业博物馆的管理

国有企业博物馆是企业的文化衍生品，属于国有企业的“副业”而非建立现代企业制度的必备内容，博物馆业务更多是与企业“主业”平行开展。因此，在我们看来，国有企业博物馆以独立或者相对独立于企业自主运营管理为佳。在实际操作中，国有企业博物馆可以参照博物馆管理的普遍经验和行业模式，并重点关注几个与自身特殊性相关的问题。

（一）组织架构

1. 理事会。建立博物馆理事会制度，完善法人治理结构，是当前推动博物馆体制机制创新的重要内容，《博物馆条例》等都对此做了明确规定。具体到国有企业博物馆，国家文物局 2015 年 6 月发布的《关于推进博物馆理事会建设的指导意见》明确规定："国有企事业单位所属博物馆，具有多个举办主体的，可通过举办单位委派、社会人士征选等方式组建理事会，增强博物馆的公共性和运营独立性。"

国有企业博物馆建立理事会制度具有天然的合理性。国有企业通过组建理事会和委派人员担任理事，对博物馆重大事项进行决策，一方面既可以将自身意志施加于博物馆，保证博物馆"不跑偏"；另一方面也可以避免管得过多过细，较好地平衡主次关系，可谓两全其美。

关于国有企业博物馆理事会的组成、议事规则、决策事项等，此处不赘，参照行业惯例即可。我们认为，最关键的是三点：①保证博物馆的公共性；②保证理事会的决策地位；③保证举办单位意志的贯彻。

2. 管理层、业务部门和专委会。国有企业博物馆的日常运营管理由博物馆管理层负责。管理层包括博物馆负责人（馆长）及其他主要人员，执行理事会决议，并向理事会报告工作，其中馆长的角色尤为关键。

业务部门的设置并无定式，一般根据博物馆体量大小和实际工作需要确定，以能够保证收藏、展示、研究、教育等博物馆基本功能的正常实现为宜。

国有企业博物馆还可根据业务需要，设立学术委员会或者专家委员会，对藏品鉴定保护、学术课题研究等业务工作进行指导。理事会理事可以兼任学术委员会 / 专家委员会成员。

（二）人员聘任和培养

博物馆馆长的角色至关重要。国有企业博物馆的馆长，既要熟悉企业，又当通晓文博知识，还需要在文博界拥有自己的朋友圈，一时找到合适的人选并不容易。现实中可以采用以下多种解决方法：或全国公开招聘，择优选拔；或从企业现有人员中精挑细选，辅以文博知识培训；或任命主管企业社会责任的中高层管理人员为馆长，延聘文博专业人士为执行馆长；或直接将博物馆整体委托专业团队运营……如此种种，各有千秋，不一而足，皆是解决问题的可靠方案。

博物馆其他工作人员也非常重要，可以通过企业内部遴选或者招募相关专业毕业生的方式进行补充。国有企业博物馆包括馆长在内的所有工作人员，都可以也应当积极参加国家文博专业技术职称评定。

（三）运营管理

1. 基本运营内容。除了收藏、展示、研究、教育等基本功能，博物馆在开放服务、安全保卫方面自有特定的运行规律。同时，当代博物馆越来越重视文化创意和休闲娱乐功能，而关于虚拟博物馆、数字博物馆、智慧博物馆等课题的研究和实践也方兴未艾。国有企业博物馆在进入常态化运营之后，可以结合自身实际，有选择有侧重地开展上述工作。

值得一提的是，与传统国有博物馆相比，国有企业博物馆在市场拓展方面（如文创产品的开发销售、研学课程的开发实施、休闲旅行产品的开拓等）具有天然优势，制度和政策限制相对较少，灵活性更大，可以有所作为。

2. 创新运营模式。当前，主管单位将博物馆整体委托专业团队进行社会化运营正在成为一种趋势。如 2020 年开馆的深圳华强北博物馆是福田区政府主办的国有博物馆，由福田区文化广电旅游体育局通过公开招标的方式，选定专业机构进行运营，开创了具备专业条件的社会力量受托运营国有博物馆的先例。相较政府主导的国有博物馆，国有企业博物馆的专业力量相对薄弱，将日常运营管理或业务板块进行委托的理由更为充分。

在委托运营模式中，KPI 考核指标的全面、科学、明晰至关重要，国有企业可以参照国家文物局《博物馆定级评估办法》系列中的项目分类，结合自身的服务需求进行设定。

（四）财政管理

国有企业博物馆的资产管理、资金使用必须符合国家关于国有资产管理的相关规定，这是国有企业博物馆财政管理的先决条件。

1. 建馆资金的管理和使用。对于建馆资金包括博物馆开办费用的管理和使用，国有企业可依照内部专项资金使用管理相关规定，专项划拨，专款专用，单独核算。

2. 运营资金的管理和使用。国有企业投入其博物馆的运营资金，可以选择通过以下形式下达：第一种是博物馆作为国有企业内部部门，按照部门年度预算的方式上报和下达资金，相关收支单独建立账目。第二种是由国有企业成立基金会，通过基金会向博物馆注入运营资金。第三种是由国有企业成立独资文化公司，负责博物馆日常运营和资金流转。以上三种形式各有利弊，在现实中均有实例，我们认为以第二、第三种形式为佳。

上述建馆和运营资金，最终均可纳入企业社会责任支出结算。

六、探索国有企业举办博物馆新模式

（一）国有企业博物馆面临的困境

当前，在国有企业改革创新更加深化、规模实力不断增强、布局结构持续优化、引领能力更为突出的背景下，因应公共文化事业蓬勃发展、博物馆建设日新月异的好势头，国有企业建设博物馆的热情持续高涨，国有企业博物馆作为文博行业的生力军，正展示出旺盛的生命力。

与此同时，针对国有企业博物馆这一并不新鲜的新生事物的规则和制度建设却没有与时俱进。如前所述，在现有法律法规中，对国有企业如何举办博物馆缺乏明确和系统性的规定，更缺乏具有前瞻性的引导措施，因而造成国有企业博物馆面临诸多困境。就我们的观察，其主要体现在以下几个方面。

1. 定位尚须进一步明确。国有企业博物馆究竟是国有博物馆还是非国有博物馆，抑或是两者之外的第三类博物馆？对此，《博物馆条例》条文存在模糊之处，其他明确的规定亦付之阙如。定位的不明确，直接造成国有企业博物馆处于“两不沾、讨人嫌”的尴尬境地——在国有博物馆眼里，国有企业博物馆是不懂传统、没有文化的“大老粗”，削尖了脑袋想进入“上流社会”；在非国有博物馆眼里，则是穿金戴银、为富不仁的“暴发户”，富得流油还老想着“分一杯羹”。现实中，国有企业博物馆设立时名称难以确定，无法获得政府和行业主管部门批复，设立后既不能享受国有博物馆免费开放的相关补贴，也无法获得非国有博物馆的扶持资金的现象屡见不鲜，而这无疑与《博物馆条例》主张的公平精神背道而驰。在我们看来，明确国有企业博物馆的定位，理顺它们与其他博物馆在设立条件、专业技术职称评定、税收优惠、扶持政策方面的关系，是下一步文博体制改革创新的重要环节。

2. 投入缺少回馈机制。尽管现行法律法规中有部分关于企业建设博物馆可享受优惠政策的规定，如《博物馆条例》第六条规定“依法设立博物馆或者向博物馆提供捐赠的，按照国家有关规定享受税收优惠”，但是“有关规定”具体指向哪里并不明确，也缺乏明确针对投资建设博物馆的规定，欠缺扎实有效的可操作性。这在很大程度上限制甚至打击了企业投资建设博物馆的积极性。我们建议，未来在修订《博物馆条例》时，文物主管部门应联动财政、税收等部门，针对企业建设博物馆设置更详细的、具有可操作性的回馈机制。

3. 人员发展面临瓶颈。从内部来说，博物馆不属于企业的核心业务，其工作人员不可避免地存在着“被边缘化”的倾向，尤其与围绕企业核心产品和业务的部门相比，博物馆人员上升通道窄，转岗机会受限。从外部来说，企业博物馆在整个国家文博体系中尚处于弱势地位，在同行业交流中话语权不强，存在人员流进显著多于流出的现象。以上种种，是企业博物馆包括国有企业博物馆普遍面临的问题。这一方面需要企业博物馆从业人员具备高度的认同感和超强的职业定力，能够沉下心来专注于自身业务；另一方面也有赖于文博体制改革创新，消除不同类型博物馆在职业培训、资格认证等方面客观存在的不平等现象，打通各类型博物馆人员之间的流动渠道。

（二）运用 PPP 模式原理举办国有企业博物馆?

1.PPP 模式基本原理。PPP（public-private partnership）模式，是在公共服务领域，政府采取竞争性方式选择具有投资、运营管理能力的社会资本，双方按照平等协商原则订立合同，由社会资本提供公共服务，政府依据公共服务绩效评价结果向社会资本支付对价的项目运作模式，主要适用于基础设施建设和公共服务产品。在这种模式下，政府和社会资本形成利益共享、风险共担、全程合作的伙伴关系，其优势在于使合作各方达到比单独行动预期更为有利的结果：政府的财政支出更少，企业的投资风险程度更低。

PPP 模式主要包括以下三方面核心内容：第一，由社会资本承担融资责任。这样可以有效减轻政府财政负担，加快基础设施和公共服务产品建设。第二，社会资本拥有项目的所有权或项目的经营权和收益权。这样可以激励社会资本进行管理和技术创新，提高项目的建设和运营效率，同时也可以有效避免政府冗员。第三，政府和社会资本按照约定分担风险，可以有效降低各自的风险程度，并加强对项目的风险控制。

我国在 20 世纪 90 年代引入 PPP 模式，经过 20 多年的发展壮大，如今已进入规范化发展阶段。目前 PPP 模式广泛应用在供水、交通、卫生服务、公共设施建设等诸多领域，并形成了 BOT（建设—运营—转让）、O&M（运维合同）等多种亚型模式。

2. 对于运用 PPP 模式原理举办国有企业博物馆的思考。我们认为，国有企业举办博物馆在客观上与 PPP 模式存在较多共通之处：博物馆属于公共文化设施，具有明显的公共性，文物主管部门对其负有监管责任；博物馆建设和运营资金由国有企业自行筹集；设立须经政府或行业主管部门审批，报省级文物主管部门备案；建成后纳入国家文博体系，接受文物主管部门业务指导。二者主要的区别在于一般 PPP 模式项目的需求来源于政府，而国有企业博物馆的建设需求来源于企业。当然，如果我们将其置于文博事业蓬勃发展、国家鼓励社会力量积极参与博物馆建设的大背景下的话，则这个谁主导的区别就没必要过于强调了。

按照我们的设想，文物主管部门可以会同财政等相关部门出台规定，鼓励各级政府与国有企业按照 PPP 模式合作新建博物馆：双方通过签订合作办馆协议，对责权利进行明确——政府及其行业主管部门负责审核博物馆命名，审批博物馆设立，依法对博物馆进行事业单位登记，在建馆过程中提供专业指导，新馆建成后依法对其实施行业监督管理，并通过参与博物馆理事会决策，保证博物馆的正确发展方向；国有企业具体负责博物馆的筹建和运营，确保企业相关内容得到充分展示，博物馆服务企业长期发展，保障持续性资金投入，依法享受税收等优惠政策。如此，可以把政府鼓励社会力量举办博物馆的需求和愿望与国有企业举办博物馆的热情融合在一起，突破国有企业博物馆当前面临的困境。

实际上，PPP 模式不独适用于国有企业举办博物馆，而是在所有类型博物馆建设中都可以引入的普遍经验，相关内容也已经受到业内人士的关注和探讨。我们期待，文博界可以国有企业博物馆建设为突破点，尝试引入 PPP 模式，探索有效路径，总结有益经验，形成可以推而广之的范例，为我国文博事业的大发展开拓新的路径。

现阶段关于国有企业创办博物馆的主要矛盾，是国有企业日益高涨的投身博物馆事业的热情，与法律法规不明晰、相关研究不深入、运营模式不科学之间的矛盾。我们希望本文能够为心存困惑的国有企业解答一些具体问题，也能够引起行业主管部门对一些实际问题的关注。我们欣喜地看到，九部委意见已经将国有企业博物馆列为重要的博物馆类型，一些地方如深圳已经成立了企业博物馆行业协会。相信在未来，国有企业博物馆能够也必将在新时代中国特色社会主义文化事业中发挥更大作用。

深圳中国钢结构博物馆张利锋执笔

如何举办商业类博物馆

一般都讲文旅融合，其实文旅融合都离不开商。正是得益于包括商业、旅游在内的经济、社会发展，我国博物馆数量迅速增长，类型不断丰富。当下，不管国有博物馆，还是非国有博物馆，都处在趋向文商旅深度融合发展的时代。深度融合发展意味着竞争更加激烈，不仅是博物馆之间的竞争，博物馆与其他公共文化机构、商业机构、旅游业态等都处在竞争之中。博物馆作为融合中重要的一环，必须认识到，单个博物馆无法在竞争中获得优势，会遇到更加严峻的生存危机，应强化融合意识，积极去实现博物馆间的合作，与教育、旅游、商业等其他业态的合作，各取所长，获得生存与发展机会。一些博物馆顺应时代发展的潮流，在商旅发展中主动建设、运营博物馆，并形成了文商旅融合发展的博物馆新模式。位于广州城市中心AAAA景区正佳广场的正佳自然科学博物馆就是一个典型的案例，本文结合该案例，分析如何创办和运营这类文商旅融合发展的博物馆。

一、找准定位

博物馆找准自己的定位至关重要，很多博物馆没有清晰的定位，导致同质化严重，难以吸引观众。博物馆定位如果用一句通俗的话讲，就是“你要为观众建一家什么特色的博物馆”。借用著名商业营销学专家艾·里斯（Al Ries）与杰克·特劳特（Jack Trout）的定位理论转化一下就是“你的博物馆在观众心智中要成为某些方面的第一”。创办博物馆，要用定位体现与其他博物馆的差异，可从以下几个方面考虑。

（一）定位一定区域内类型空缺的博物馆

目前全国博物馆中最多的就是历史文化类，自然、科技类相对少很多，很多地区存在空白。正佳自然科学博物馆就填补了广东目前没有专门自然科学博物馆的空白。

（二）展品特色定位是重要依据

可以根据现实情况，以一种、一类展品为主，创办专题鲜明的博物馆。这种属性特色也体现在很多博物馆的名字上面，比如古陶瓷博物馆、家具博物馆、糕点博物馆等。深耕细分展品特色的博物馆，大有文章可做，比如徐州圣旨博物馆、上海玻璃博物馆。上海玻璃博物馆是一座展示玻璃艺术与设计的专题性非国有博物馆，门票不免费，一年近 30 万的观众量。

展品综合性强的博物馆在发挥展品特色上也可以寻找独特定位，便于宣传并在同业竞争中获得优势。例如正佳自然科学博物馆，其展品为矿石、化石、数字互动展品等，大多数自然类博物馆也都常有。普通的展品很难让正佳自然科学博物馆出众。正佳自然科学博物馆发现国内拥有真正恐龙化石的博物馆并不多，且绝大多数为本土遗址出土，没有大众熟知的美洲恐龙化石，于是就从美洲引进全球只有三具（国内唯一）的梅杜莎角龙、埃德蒙顿龙、异特龙等知名度高的恐龙化石，打造博物馆明星展品，进而有利于形成专业恐龙科普博物馆的品牌宣传定位。

（三）目标观众、在地文化特色、服务范围、展示方式等诸多可以细分的特色都是博物馆创办者可以尝试的

例如儿童博物馆国内还是极少的，大多数博物馆的目标人群都是宽泛的，期望服务全年龄段的观众，但是实际受制于地理位置、场馆规划、展览内容等，很难满足全部人群的需求。因为正佳自然科学博物馆所处的正佳广场很重要的客群就是亲子群体，同时这部分群体的文化消费力最足，所以正佳自然科学博物馆将主要目标人群锁定亲子群体，并结合儿童博物馆的方式优化展陈及服务，达成文商旅融合发展效果，博物馆为正佳广场带来适合广场亲子群体的新服务项目，广场也源源不断地为博物馆输送观众。

上述列举的定位属性是可以叠加的。为观众创造一家什么特色的博物馆？观众

与特色都考虑了，博物馆在创办者这里是什么样的定位也同样很重要。有的创办者建立博物馆就是收藏展示自己所富藏的文物，与自身产业并无关联；有的是自身产业深度融合的一部分，这类博物馆有特色，发展相对稳定，例如东莞市唯美陶瓷博物馆、广东环亚美容化妆品博物馆。正佳自然科学博物馆是在成熟商业与旅游综合体整体向文商旅融合转型过程中构建的文化板块，是正佳广场成为世界级城市文化旅游目的地的重要组成部分。

二、做好规划与建设

（一）定位

博物馆规划建设，先找准定位。定位可以借商业的眼光来考虑问题，寻找市场的空白点，做到人无我有，人有我优，避免市场中的同质化竞争，获得更多的观众。关于博物馆类型定位上面有详述，这里还有一个文化属性定位需要强调：文化是旅游的灵魂，博物馆拥有无可比拟的文化旅游资源，所以博物馆只有坚持自己的专业文化定位，才能在文商旅融合发展中充分突出自己的优势。

（二）选址

博物馆选址受政府规划、交通位置、场地成本、博物馆类型、文物保护等诸多因素的制约，但是作为对外开放的公共文化服务机构，尽可能将博物馆放在交通位置便利的地方，可以服务更多的观众。这与商业、旅游规划选址都是一脉相通的，好的位置是成功关键的一步，当然也会面临高额的场地成本问题，这需要博物馆创办者全盘统筹考虑，在多种条件下选取最优解。正佳自然科学博物馆突破想象，把博物馆选在了城市最核心的正佳广场。广场高额的场地成本、改造困难等诸多因素都不利于博物馆选址这里，当时也有考虑在市郊位置建设更大博物馆的可能。最终决定选址正佳广场内，主要有两个方面的考虑：第一是利用购物中心最便利的交通和最日常的生活方式，让更多观众最便利地接触到正佳自然科学博物馆的文化服务，博物馆也可以获得稳定的观众量。第二是丰富了正佳广场文商旅整合发展中的文化消费服务内容。

（三）陈列设计

博物馆陈列设计也要围绕其定位展开，形成内容、形式上的特色。正佳自然科学博物馆定位为以“寓教于乐”为理念的自然科学博物馆，其在专业自然科学知识之上，围绕寓教于乐进行陈列设计，加入了大量动态的互动展项，将科学性、趣味性和娱乐性很好地融合起来，让观众在欢乐轻松的氛围中探索自然科学的奥秘。互动性强就是该博物馆展览的突出特色之一。

三、建设高效团队

博物馆应依法落实法人治理结构，实行理事会领导下的馆长负责制。理事会制度中，理事会是权力机构，负责博物馆战略方针制定，监督日常工作；理事会成员多是专家学者、社会贤达等，负责参与制定重大决策、任命馆长等；博物馆的日常运营事务由馆长负责。博物馆馆长必须十分了解博物馆运营管理业务，有条件的博物馆最好借鉴职业经理人制度，聘请专业专职的博物馆管理人员作为博物馆馆长。依据博物馆实际情况，馆长负责制下面可以设立副馆长及各职能部门，部门主要满足博物馆收藏、展示、教育、宣传、安保及后勤管理等需求。部门名称、职能划分及人员配置都是各馆根据自身规模、实力、特色等实际出发。对于大部分中小博物馆来讲，分工无法也不适合做到像国家级博物馆、省级博物馆那般细致划分，应更加讲究人才通用性和兼容性，也就是一人可以多能多岗。

正佳自然科学博物馆运营团队常年保持 60 人左右 ，团队架构分为管理层（馆长、副馆长）、人力行政部、业务部、开放部和营销部等部门。博物馆的陈列、保管、教育活动、宣传、申报项目等在业务部。现场管理、安保、设备维护、讲解服务、文创商品销售、开发等在开放部。在一些项目工作中，不同部门的人员可以灵活调整，组成临时项目组，互相支撑。相对于大多数博物馆比较特殊的一点，正佳自然科学博物馆存在一个专门的营销部，这也是博物馆在文商旅融合发展过程中因实际需求设置的。因为该博物馆日常运营费用主要由博物馆自筹，目前收入以门票、文创商品为主。营销部是博物馆的造血部门，负责博物馆营销推广活动、票务系统，对接线下旅行社、线上旅行社（OTA），异业间合作等工作。

博物馆是人力服务成本高的机构，要在做好服务的同时，尽可能减少人力成本支出。所以，作为非国有文商旅融合发展的博物馆更应该建设两支不在编的队伍：第一就是博物馆专家库资源，这是博物馆重大决策的智囊团，也可以扩展博物馆科研力量。第二就是志愿者队伍，可以有效减少博物馆人力成本，丰富博物馆人才队伍。志愿者经过培训可以参与讲解、现场管理、社教活动；依据志愿者特长，博物馆还可以开放更多的岗位，如有条件允许，有能力的志愿者可以参与研究、文创商品开发甚至兼职管理工作。

四、维系良好市场环境

（一）面对市场实现自我造血

博物馆是一个非营利性的公共文化服务机构，不能以营利为目的进行经营活动，但可以在不偏离其文化公益性本质下，进行经营活动以求盈利，盈利必须反哺博物馆文化事业，支持博物馆保藏、展览、研究、教育等基本功能。文商旅融合发展的博物馆可以借鉴商旅项目的经营模式，通过输出优质的公共文化服务盈利，最终达到自我造血的可持续发展。博物馆所面向的市场，不仅仅是博物馆之间竞争的市场，更是文化、商业、旅游高度融合的市场，是与购物中心、景区、娱乐活动、教育活动等一切充实人们休闲生活的业态竞争，竞争异常激烈。作为文商旅融合发展的博物馆想在这样的环境中谋求生存，就要完全将自己置身市场中，以观众服务为导向，提供市场中需求高、竞争少且优质的文化产品。正佳自然科学博物馆位于 AAAA 景区正佳广场内，提供专业优质的自然科学博物馆服务，实现与服装、餐饮、海洋馆景区等错位发展，在竞争中获得生存机会。

生存就得有真金白银的收入。从国际上看，很多国家的博物馆生存并不完全依赖财政拨款，国内的非国有博物馆获得的财政扶持也远远不能覆盖博物馆的支出，所以文商旅融合发展的博物馆可以为观众提供多样化、差异化的文化服务，进而获得收益，补充博物馆运营经费。正佳自然科学博物馆通过文商旅融合发展，多渠道获得收入，基本形成收入覆盖运营费用的模式。文商旅融合发展的博物馆通过提供服务获得收入的科目有门票、科普服务、展览服务、运营服务、文创商品收入、赞助等。目前全国 6183 家博物馆，90% 多是免费开放，但是自我造血的文商旅融合发展的博物馆没法实现免费。因为即使当下的旅游业发展程度高，逐步向去门票化发展，但是门票还是其最主要的收入来源。正佳自然科学博物馆门票收入占全部收入的 6 成以上。门票是观众在选择休闲消费时很好的投票手段，只有博物馆服务获得高度认可，观众才会投票。博物馆要结合自身与竞争对手情况，制定一个合理且具有市场竞争力的门票策略，同时也要更多考虑公益属性，为青少年、优待人群等群体开展优惠活动。博物馆还可以向景区学习，为博物馆深度爱好者提供会员年卡服务，降低单次入馆费用，增加观众入馆频次，获得更高收入。文商旅融合发展的博物馆更要调整收入结构，努力降低对门票收入的依赖，提升其他科目收入占比。博物馆文创商品一直是热点，也是博物馆重要的收入来源，但是从实际经营情况来看，文创商品开发投入巨大，获得盈利周期较长，更建议先以市场上已有的文创商品销售为主，然后逐步进行自我 IP 开发。在教育“双减”的大趋势下，可以积极发挥博物馆公共教育服务属性，开展丰富的研学活动，获得收入。展览服务、运营服务就是博物馆在完成自身展览、运营的情况下，可以向其他博物馆、机构提供展览、运营服务，获得收入。正佳自然科学博物馆已经通过“梅杜莎角龙和它的远古朋友们展览”向机场、旅游景区输出，获得了相应的收入。在国外赞助这项收入是很多博物馆主要的收入来源，但在国内博物馆很少有这一项收入。国内国有博物馆也有尝试企业赞助个别展览或者活动，但是大部分都对商业敬而远之，不敢触及更不敢合作，作为文商旅融合发展的博物馆，只要坚守自己的文化底线，与商业合作获得赞助是可开发的收入来源，当然商业赞助对于博物馆品牌的要求也会比较高。

（二）与商旅产业互相赋能

博物馆与商业、旅游业的关系越来越密切，商旅的发展为博物馆建设积累原始的资金，保障博物馆的建设，也会为博物馆带来大量观众。以正佳自然科学博物馆为例，受惠于正佳广场商旅项目支持，博物馆以市场化的方式聚集到了最优质的资源。博物馆考察了全球范围内优秀的自然博物馆和其他类型博物馆，在海外进行珍稀藏品征集；快速建设了一支能力强的队伍，拥有高效的建设模式，从立项、考察、建设到开馆仅仅只用了一年多时间。文商旅融合发展过程中，各个项目之间可以跨界形成诸多深受观众喜爱的活动。例如，正佳自然科学博物馆与正佳广场内广东传统餐饮企业陶陶居合作进行了“恐龙晚宴”活动，与正佳万豪酒店合作了“侏罗纪恐龙下午茶”活动，和正佳大剧院合作举行了数场知名科学家讲座活动，与海洋馆、雨林馆、广场商户联动举行了夜游活动等。

博物馆热已经成为中国社会的新时尚，即使新冠疫情严重的 2020 年，全国博物馆也接待了 5.4 亿人次的观众。在文商旅融合发展中，博物馆热也为商旅带来了可观的利益。从正佳自然科学博物馆分析，博物馆观众以亲子群体为主，往往是一拖二、一拖三甚至是一拖四的家庭出行，多数会在商场吃饭、旅游、购物，所以博物馆为商场带来了消费链条较长的优质客源。对博物馆对于所在地的经济贡献价值，南京博物馆、苏州博物馆进行了一些研究：2018 年南京博物院为南京市带来了约 16.19 亿元的旅游收入，带动了 7.25 亿元的 GDP，对 GDP 的综合贡献为 26.956 亿元，带动了 1349 个直接就业岗位和 4722 个间接就业岗位。苏州博物馆在社会、经济、文化方面产生了很强的影响力，2017 年其直接经济影响力估计为 25 亿元，占姑苏区 2017 年 GDP 的 4%，占苏州市 2017 年 GDP 的 0.14%。博物馆在公共文化服务中不仅社会效益明显，也能带来巨大的经济效益。

博物馆具有较强的创新能力，会不断地创造新的文化经济消费热点。2020 年 6 月，正佳自然科学博物馆举办“夜光博物馆”“夜探博物馆”活动，助力正佳广场成为第一批国家级夜间文化和旅游消费集聚区。博物馆可以连带增强商旅项目的品牌及美誉度。博物馆作为公共文化服务机构可以进校园、进社区、进机场开展公益科普活动，无形中对企业品牌进行了延伸宣传。

（三）处理好与其他主体的关系

文商旅融合发展的博物馆面对的政府机构不仅是文化部门，还会涉及商业金融、旅游、科技等部门。这些部门会在经济发展、专业发展、运营管理上提供指导，有时也会提供一定的产业扶持、部门奖励资金。这么多部门，分工不同，要求不同，要熟悉不同部门的工作要求和流程，要主动及时沟通信息，便于博物馆获得扶持、奖励，参与评比，顺利过检等。文商旅融合发展的博物馆，本身已经是景区或者即将参评景区，都会加入相关的景区、旅游协会。协会会提供行业资讯、行业交流、奖励扶持、景区等级评定等服务。

博物馆之间，国有博物馆与非国有博物馆、跨地域甚至跨国境的博物馆都可以开展合作，建立战略合作伙伴关系，进行展览资源交换、业务人员支持、文创商品开发、项目合作等。作为非国有博物馆的正佳自然科学博物馆与加拿大北方科学馆、广东省博物馆都签署了战略合作协议，并开展了“自然科学类博物馆的生存与发展之道探索”的国际研讨会；与共建单位广州南汉二陵博物馆开展了冬令营合作项目，获得学生、家长一致好评。

科研成果对于博物馆评级很关键，但是大部分非国有博物馆基本没有专门的科研力量。利用自有馆藏资源与高校、科研院所团队开展合作，可以较快弥补科研能力不足的劣势，同时也可以逐步培养自己的科研人才队伍。博物馆是一门实践性很强的学科，可以与有文博相关专业的高校开展实习基地合作。教育“双减”政策下，博物馆也应该加大与中小学开展研学实践活动合作。博物馆是文化领域内积极寻求跨界合作最活跃的一分子，与互联网、科技企业、文化创意企业、旅游企业、教育机构、公交与地铁、公益机构等，都可拓展合作，坚持博物馆本色，应该尝试更多可能。

五、提升品牌影响力

博物馆营销是指借用市场营销的方式让博物馆提供的文化服务达到效益最大化。博物馆营销过程中最难的是品牌建设，博物馆的品牌建设之路与其他行业有诸多不同之处，但是有一点相同，那就是观众对某类博物馆及相关服务的认知程度。通常观众会把博物馆归为一类，怎么能让观众认识到你，记得你？首先就是要有一套自己的品牌形象标识，类似其他行业的商标。在宣传推广方面，博物馆可以采用“传统媒体+自媒体矩阵+广告营销+社群宣传”等线上线下合力的模式，并可以利用与其他行业的跨界合作提升博物馆的品牌影响力。

本文以正佳自然科学博物馆文商旅融合发展的实际案例为基础，大致梳理了如何创办和运营文商旅融合发展博物馆的一些要点，以便大家参考。正佳自然科学博物馆本就是在“吃螃蟹”，还需要不断探索。《“十四五”公共文化服务体系建设规划》对我国未来五年公共文化服务体系建设做了全面部署，明确了发展方向和重点任务，其中要求“推动文化和旅游融合发展，抓好文化和旅游公共服务机构功能融合试点工作”，未来会有更多的公共文化服务机构主动参与到文商旅融合发展之中，会涌现更多文商旅融合发展的博物馆。

广州正佳自然科学博物馆杜春磊执笔

参考文献

报纸

◎《申报》《人民日报》《中国文物报》《中国文化报》《光明日报》等

法规与标准

◎《安全标志》（GB 2894–1996）

◎《安全标志及其使用导则》（GB 2894–2008）

◎《安全防范工程技术标准》（GB 50348–2018）

◎《博物馆藏品管理办法》

◎《博物馆陈列展览形式设计与施工规范》（WW/T 0089–2018）

◎《博物馆定级评估办法》

◎《博物馆管理办法》

◎《博物馆和文物保护单位安全防范系统要求》（GB/T 16571–2012）

◎《博物馆建筑设计规范》（JGJ 66–2015）

◎《博物馆开放服务规范》（GB/T 36721–2018）

◎《博物馆评估定级标准》

◎《博物馆条例》

◎《博物馆展览内容设计规范》（WW/T 0088–2018）

◎《博物馆照明设计规范》（GB/T 23863–2009）

◎《电子会议系统工程设计规范》（GB 50799–2012）

◎《公共服务领域英文译写规范》（GB/T 30240–2013）

◎《公共信息导向系统　要素的设计原则与要求》（GB/T 20501–2006）

◎《公共信息应急导向系统设置原则与要求》（GB/T 23809–2009）

◎《古人类化石和古脊椎动物化石保护管理办法》

◎《馆藏文物登录规范》（WW/T 0017–2013）

◎《国有博物馆藏品征集规程》

◎《会议电视会场系统工程设计规范》(GB 50635-2010)
◎《计算机信息系统安全保护等级划分准则》(GB 17859-1999)
◎《建筑灭火器配置设计规范》(GB 50140-2005)
◎《建筑内部装修设计防火规范》(GB 50222-2017)
◎《建筑物与建筑群综合布线系统工程设计规范》(GB/T 50311-2000)
◎《建筑物与建筑群综合布线系统工程验收规范》(GB/T 50312-2000)
◎《可移动文物修复管理办法》
◎《旅游景区公共信息导向系统设置规范》(GB/T 31384-2015)
◎《美术馆藏品二维影像采集规范》(WH/T 81-2019)
◎《美术馆照明规范》(WH/T 79-2018)
◎《事业单位登记管理暂行条例实施细则》
◎《事业单位工作人员培训规定》
◎《视频显示系统工程技术规范》(GB 50464-2008)
◎《厅堂扩声系统设计规范》(GB 50371-2006)
◎《图形符号表示规则总则》(GB/T 16900-2008)
◎《图形符号基于消费者需求的技术指南》(GB/T 7291-2008)
◎《图形符号　术语》(GB/T 15565-2008)
◎《文物保护行业标准管理办法(试行)》
◎《文物藏品定级标准》
◎《文物出境展览管理规定》
◎《文物复制拓印管理办法》
◎《文物认定管理暂行办法》
◎《文物系统博物馆风险等级和安全防护级别的规定》(GA 27-2002)
◎《无障碍设计规范》(GB 50763-2012)
◎《信息安全技术网络安全等级保护定级指南》(GB/T 22240-2020)
◎《信息安全技术信息系统安全等级保护测评要求》(GB/T 28448-2019)
◎《信息安全技术信息系统安全等级保护基本要求》(GB/T 22239-2008)
◎《展览服务(布展工程)企业资质评估指标》(SB/T 10839-2012)
◎《展览展示工程基本服务要求》(GB/T 33490-2017)
◎《展览展示工程企业能力评价导则》(GB/T 37037-2018)
◎《智能建筑设计标准》(GB 50314-2015)
◎《中国博物馆协会关于博物馆陈列展览设计施工资质管理办法(试行)》
◎《中国文物古迹保护准则》(2015 年修订版)
◎《中华人民共和国文物保护法》

《中华人民共和国文物保护法实施条例》

图书

艾晶:《光之变革——博物馆、美术馆 LED 应用调查报告》，文物出版社 2016 年。
艾晶:《光之变革美术馆篇——照明质量评估方法与体系研究》，文物出版社 2018 年。
北京博物馆学会主编:《博物馆社会教育》，北京燕山出版社 2006 年。
贝奇·布查特·阿德勒,《美国慈善法指南》，社会科学文献出版社 2002 年。
曹兵武:《记忆现场与文化殿堂：我们时代的博物馆》，学苑出版社 2005 年。
陈端志:《博物馆学通论》，上海市博物馆 1936 年。
陈红京:《博物馆学概论》，高等教育出版社 2019 年。
陈向明:《质的研究方法与社会科学研究》，教育科学出版社 2000 年。
程丽臻、钱红:《博物馆讲解工作研究》，湖北人民出版社 2014 年。
大卫·吉布森编，王晨晖、周洁译:《导视设计的基本原理》，辽宁科学技术出版社 2016 年。
蒂莫西·阿姆布罗斯、克里斯平·佩恩著，郭卉译:《博物馆基础》，译林出版社 2016 年。
段勇:《当代美国博物馆》，科学出版社 2003 年。
冯乙:《城市导视系统色彩设计》，中国林业出版社 2012 年。
弗雷德·里克马特尔:《论美国的文化——在本土与全球之间双向运行的文化体制》，商务印书馆 2013 年。
耿超、刘迪等编著:《博物馆学理论与实践》，科学出版社 2018 年。
宫崎桂著，张彦芳译:《体感标识设计》，中国建筑工业出版社 2019 年。
国家文物局博物馆与社会文物司（科技司）:《博物馆工作手册》，科学出版社 2021 年。
韩天云、陈进茹、王建平:《博物馆照明》，山西人民出版社 2021 年。
何玉莲、章宏泽:《导向标识系统设计》，中国电力出版社 2016 年。
胡适:《胡适留学日记》（下），安徽教育出版社 1999 年。
简·杰弗里、余丁著，徐佳译:《向艺术致敬——中美视觉艺术管理》，知识产权出版社 2008 年。
姜涛、俄军:《博物馆学概论》，兰州大学出版社 2014 年。
克雷格·博格著，谢琳译:《导向标识》，电子工业出版社 2013 年。
克里斯·卡罗利著，张嘉馨、辛跃译:《标志与路标设计：创建环境图形设计系统完整指南》，电子工业出版社 2013 年。
李万万:《博物馆的历史》，人民美术出版社 2019 年。
中国博物馆协会社会教育专业委员会:《中国博物馆青少年教育工作指南》，文物出版社 2018 年。
刘继承:《“互联网 +”时代的 IT 战略、架构与治理——传统企业信息化转型的顶层设计》，机械工业出版社 2016 年。

◎刘婉珍：《博物馆观众研究》，三民书局 2011 年。

◎陆建松：《博物馆建造及展览工程管理》，复旦大学出版社 2019 年。

◎陆建松：《博物馆展览策划：理念与实务》，复旦大学出版社 2016 年。

◎中国大百科全书总编辑委员会《文物·博物馆》编辑委员会、中国大百科全书出版社编辑部主编：《中国大百科全书·文物博物馆卷》，中国大百科全书出版社 1993 年。

◎美国博物馆协会：《美国博物馆国家标准及最佳做法》，外文出版社 2010 年。

◎尼尔·科特勒、菲利普·科勒斯著，潘守永等译：《博物馆战略与市场营销》，北京燕山出版社 2006 年

◎皮耶·冯麦斯：《建筑的元素》，原点出版社 2017 年。

◎乔治·E. 海因著，李中、隋荷译：《学在博物馆》，北京燕山出版社 2010 年。

◎莎伦·E. 谢弗著，于雯、刘鑫译：《让孩子爱上博物馆》，译林出版社 2018 年。

◎史吉祥、郭富纯主编：《2002：博物馆公众研究——以旅顺日俄监狱旧址博物馆为例》，吉林人民出版社 2003 年。

◎史墨、倪春洪：《标志与导视系统设计》，辽宁科学技术出版社 2015 年。

◎宋娴：《博物馆与学校的合作机制研究》，上海科技教育出版社 2016 年。

◎苏东海：《博物馆的沉思》，文物出版社 1998 年。

◎苏联博物馆学科学研究所：《苏联博物馆学基础》，文物出版社 1957 年。

◎唐琳：《现代博物馆讲解》，中西书局 2014 年。

◎王宏钧：《中国博物馆学基础》，上海古籍出版社 2001 年。

◎王韬：《漫游随录》，钟叔河主编：《走向世界丛书（第Ⅵ）》，岳麓书社 2008 年。

◎文物保护领域物联网建设技术创新联盟：《智慧博物馆案例》（第一辑），文物出版社 2017 年。

◎修·傑诺维斯著，林洁盈译：《博物馆行政》，五观艺术管理有限公司出版社 2007 年。

◎阎宏斌、郑智：《社会化视野下的博物馆教育》，文物出版社 2006 年。

◎杨应时：《美术馆的公共教育》，东方出版社 2020 年。

◎约翰·H. 福克，郑霞、林如诗译：《博物馆观众：身份与博物馆体验》，浙江大学出版社 2022 年。

◎张芸：《湖北省博物馆导向系统设计研究》，中南民族大学出版社 2015 年。

◎张子康、罗怡：《艺术博物馆理论与实务》，文化艺术出版社 2017 年。

◎赵丽、张晶：《人力资源管理》，清华大学出版社 2019 年。

◎郑洁、伍培：《智能建筑概论》（第 3 版），重庆大学出版社 2016 年。

◎中国博物馆学会：《回顾与展望：中国博物馆发展百年——2005 年中国博物馆学会学术研讨会文集》，紫禁城出版社 2005 年。

◎朱钟炎、于文汇：《城市标识导向系统规划与设计》，中国建筑工业出版社 2015 年。

◎ Ann H. L. Sontz, Philanthropy and Gerontology, The Role of American Foundations, New York Greenwood Press, 1989.

◎ Harold Skramstad, Susan Skramstad, A handbook for museum trustees, Washington, D.C., America

Alliance of Museums, 2003.
Mark Dowie, American Foundations : An Investigative History, Cambridge, Mass : MIT, 2001.
Sid Ahmed Baghli, Patrick Boylan, Yani Herreman, History of ICOM, International Council of Museums, Paris, 1998.
Steven Lawrence & Dia Ganguly, Foundation Yearbook, New York, NY : The Foundation Center, 2002

论文

安来顺、毛颖 :《国际化、高质量、可持续：中国博物馆事业发展的方向与战略——国际博物馆协会（ICOM）副主席安来顺先生专访》,《东南文化》2019 年第 2 期。
安来顺 :《今天的博物馆站在了哪里？——对 ICOM 博物馆定义修订的初步观察与分析》,《东南文化》2020 年第 1 期。
伯纳德·希尔著，李响、楚惠萍译，刘萱校 :《博物馆观众研究简史（一）——20 世纪 60 年代以前》,《自然科学博物馆研究》2020 年第 1 期。
伯纳德·希尔著，李响、楚惠萍译，刘萱校 :《博物馆观众研究简史（三）——20 世纪 90 年代至今》,《自然科学博物馆研究》2020 年第 3 期。
陈嘉文 :《浅谈如何更好地开展博物馆宣教工作——以佛山市祖庙博物馆为例》,《文物鉴定与鉴赏》2022 年第 6 期。
陈建平、司戈 :《吉林市银都夜总会特大火灾分析》,《消防技术与产品信息》1995 年第 4 期。
高维娜 :《从翁丁火灾事故探究传统村落火灾防控对策》,《中国消防》2021 年第 6 期。
陈瑞近、李喆 :《苏州博物馆经济影响力研究报告》,《中国博物馆》2019 年第 4 期。
成明 :《电子导览系统在博物馆中的应用》,《新世纪博物馆的实践与思考——北京博物馆学会第五学术会议论文集》，2007 年。
崔愷 :《安阳殷墟博物馆》,《城市环境设计》2009 年第 12 期。
单霁翔 :《博物馆的社会责任与社会教育》,《东南文化》2010 年第 6 期。
段颖 :《从传播学角度浅议“让文物活起来”——以故宫博物院为例》,《博物院》2018 年第 1 期。
傅立兵 :《建立社会化消防基金的探讨》,《消防技术与产品信息》2006 年第 1 期。
高扬、孔超 :《我国考古遗址博物馆建设现状分析》,《文化月刊》2016 年第 23 期。
巩文 :《博物馆视角下的考古学——中国考古博物馆的建立与实践》,《中国博物馆》2020 年第 3 期。
关红 :《博物馆讲解工作的创新策略探索》,《传播力研究》2020 年第 24 期。
郭晓瑛 :《浅谈和谐博物馆理念下的志愿者工作——以甘肃省博物馆为例》,《丝绸之路》2011 年第 22 期。
贺德孝 :《新时代博物馆讲解工作的思考》,《中共珠海市委党校珠海市行政学院学报》，2019 年第 3 期。
黄小娇 :《美国博物馆的非营利运营模式——以大都会艺术博物馆为例》,《博物馆管理》2020 年第 3

期。

◎黄志华：《免费开放后湖南省博物馆目标观众研究——基于 2008—2010 年度观众调查的分析与思考》
陈建明主编：《博物馆学文集》（第 7 集），岳麓书社 2011 年。

◎吉林大学考古系博物馆学专业：《辽宁省博物馆观众调查报告》，《中国博物馆》1999 年第 2 期。

◎潘守永：《2004—2005 年中国博物馆观众调查报告——“关于加强博物馆展示宣传和社会服务工作的调
查研究”之“观众调查研究”报告》，《中国博物馆》2005 年第 2 期。

◎孔利宁：《考古博物馆的缘起与演进》，《文博》2018 年第 2 期。

◎蓝庆伟：《美术馆的转向：从知识生产到智识生活》，《艺术工作》2017 年第 5 期。

◎乐俏俏、杨述厚：《从受众角度探析博物馆的信息传播功能》，《世纪桥》2007 年第 3 期。

◎李晓羽：《博物馆观众基本信息对观众满意度的直接影响分析——以广西壮族自治区博物馆问卷调查为
例》，《文物鉴定与鉴赏》2021 年第 11 期。

◎李莹：《考古遗址博物馆的保护与利用》，《中国博物馆协会博物馆学专业委员会 2014 年“未来的博物
馆”学术研讨会论文集》，中国书店 2014 年。

◎李正华：《博物馆讲解的三个重要“接点”——从〈近代中国〉陈列的讲解实践谈起》，《中国博物馆》
2006 年第 1 期。

◎刘慧颖、安北平：《“汴京灯笼张”民间艺术博物馆设立与运营个案研究》，《开封大学学报》2015 年第
1 期。

◎刘言：《巴黎圣母院大火的启示》，《现代职业安全》2019 年第 5 期。

◎刘勇：《非国有博物馆的法律保护：现状、困境与出路》，《中国博物馆》2019 年第 3 期。

◎刘振东：《推行社会单位消防安全“四个能力”建设的探讨》，《消防科学与技术》2010 年第 2 期。

◎陆建松：《博物馆观众：调查与分析》，《东南文化》1993 年第 2 期。

◎陆建松：《论博物馆展览各级传播目的的设定及执行》，《自然科学博物馆研究》2016 年第 3 期。

◎栾巧梅：《新形势下如何做好博物馆讲解工作》，《遗产保护与研究》2018 年第 9 期。

◎吕文静：《连锁经营与创新运营：艺术博物馆运营模式研究》，《艺术管理》2021 年第 1 期。

◎吕舟：《中国文物保护原则的发展与演变》，《遗产与保护研究》2016 年第 3 期。

◎孟庆金：《学习单：博物馆与学校教育合作的有效工具》，《中国博物馆》2004 年第 3 期。

◎孟茹、刘洁：《美国的非营利组织管理对我国的启示》，《经济视角》2011 年第 3 期。

◎盛之翰、王美诗等：《文旅融合背景下南京博物院旅游贡献度研究》，《东南文化》2020 年第 1 期。

◎潘路、姚青芳：《文物的科技保护及科学实验室的建设和发展》，《中国博物馆》1998 年第 3 期。

◎潘路：《国外文物科技保护的思潮与发展》，《中国文化遗产》2004 年第 3 期。

◎潘笑云：《新形势下博物馆讲解工作之我见》，《黔南民族师范学院学报》2013 年第 1 期。

◎齐吉祥：《以人为本　服务至上　开拓创新　持续发展——北京地区博物馆近年社教工作概况》，阎宏
斌、郑智主编：《社会化视野下的博物馆教育》，文物出版社 2006 年。

◎秋颖：《博物馆讲解员讲解的技巧》，《收藏界》2019 年第 2 期。

史吉祥：《博物馆观众调查的几个问题》，《中国博物馆》2000年第1期。
史吉祥：《博物馆观众研究是博物馆教育研究的基本点——对博物馆观众定义的新探讨》，《东南文化》2009年第6期。
宋向光：《论陈列讲解效果》，《中国博物馆》1997年第1期。
宋向光：《社交媒体博物馆知识传播模式与传播生态谈》，《博物院》2021年第2期。
宋向光：《博物馆展览标准及卓越展览的标志》，《自然科学博物馆研究》2017年第3期。
宋新潮：《关于博物馆理事会制度建设的若干思考》，《东南文化》2014年第5期。
宋新潮：《关于智慧博物馆体系建设的思考》，《中国博物馆》2015年第2期。
孙文斌：《对消防技术中灭火原理与灭火方法分析》，《消防界》2019年第18期。
田甜、王奇志：《新时代博物馆定位与宗旨的实现》，《东南文化》2020年第2期。
铁付德、刘冰、于鲁冀：《文化遗产保护的国际现状》，《中原文物》1999年第4期。
王劲颖：《美国基金会发展现状及管理制度的考察与借鉴》，《中国行政管理》2011年第3期。
王启祥：《国内博物馆观众研究知多少》，《博物馆学季刊》2004年第2期。
王刃馀：《考古遗址公园发展语境中的考古遗址博物馆》，《博物院》2020年第3期。
王思怡：《博物馆观众研究的反思与演变：基于实例的观众体验分析》，《中国博物馆》2016年第2期。
韦玲：《试论博物馆陈列展览评估体系的构建》，《中国博物馆》2015年第3期。
吴昌稳：《保育文化　扶翼国家——1935年中国博物馆协会成立之考查》，《中国博物馆》2016年第3期。
吴卫国：《京津地区博物馆观众调查报告》，《中国博物馆》1987年第2期。
肖方：《2021年全国消防救援队伍处置警情创新高》，《中国消防》2022年第1期。
许玉华：《浅谈讲解队伍建设与博物馆的社会教育职能》，《才智》2011年第22期。
严建强：《博物馆观众研究述略》，《中国博物馆》1987年第3期。
严建强：《计算机网络时代博物馆展示的传播与体验》，《中国博物馆》2004年第1期。
严建强：《拓展式教育：博物馆文化的新内涵》，《中国博物馆》2013年第1期。
杨凤明：《浅谈"博物馆之友"的发展及其现状》，《丝绸之路》2011年第16期。
杨晓琳：《非国有博物馆发展现状、问题与对策》，《经济师》2020年第3期。
游振群：《"博物馆之友"的性质与职能初探》，《中国博物馆》1990年第3期。
约翰·福尔克、朱迪思·科克著，吴蘅译：《博物馆观众研究：过去、现状和未来》，《东南文化》2020年第1期。
岳清春、李全政：《基于网格化理论的社会消防安全管理研究》，《中国应急救援》2021年第5期。
张斌盛、徐湮、韩海丽等：《博物馆基金会的概念、现状与发展趋势》，《博物院》2021年第5期。
张丹：《浅谈"体验"在博物馆中的意义和作用》，《黑河学刊》2014年第12期。
张娟：《博物馆讲解队伍建设中应注意的几个问题》，《科技视界》2014年第22期。
张凯：《上海高校博物馆的定位、功能与发展对策》，《科学教育与博物馆》2017年第5期。

◎张胜芳：《宣教视角下的博物馆讲解员角色定位与培养发展》，《文物鉴定与鉴赏》2021 年第 24 期。
◎张岩、尹钰：《博物馆展柜的观众参观痕迹研究——以内蒙古包头博物馆“包头历史文物陈列”为例》，《包头职业技术学院学报》2018 年第 3 期。
◎张芸：《湖北省博物馆导向系统设计研究》，中南民族大学 2015 年硕士学位论文。
◎张泽坤、于策：《遗址博物馆观众行为的实证研究——以新乐遗址博物馆为例》，《赤峰学院学报》20[illegible]年第 9 期。
◎赵菁：《博物馆元素融入儿童绘本创作方法研究》，《中国博物馆》2019 年第 4 期。
◎赵昆：《RFID 技术在博物馆观众行为研究中的应用》，《文物保护与考古科学》2015 年第 1 期。
◎赵星宇、史吉祥：《研究、评估与调查的关系——对博物馆观众研究几个关键概念的辨析》，《东南文化》2020 年第 1 期。
◎赵星宇：《从教育到休闲：博物馆观众研究思路的转向》，《博物馆管理》2020 年第 1 期。
◎赵星宇：《试析中国的博物馆观众研究发展脉络——基于“观众研究”“观众评估”与“理论方法”的视角》，《自然科学博物馆研究》2020 年第 4 期。
◎周鼎凯：《遗址博物馆的发展优势与瓶颈研究》，《中国博物馆》2021 年第 2 期。
◎周婧景、林咏能、王文彬、王倩、刘晴贤：《博物馆观众参观的休闲动机研究——以长沙馆为例》，《中国博物馆协会博物馆学专业委员会 2019 年“新时代博物馆专业能力建设”学术研讨会论文集》，中国书店出版社 2019 年。
◎周婧景、马梦媛：《博物馆教育理论及其发展初探：内涵、发展和未来》，《博物院》2021 年第 4 期。
◎周婧景、严建强：《阐释系统：一种强化博物馆展览传播效应的新探索》，《东南文化》2016 年第 2 期。
◎周婧景、严建强：《民国时期的博物馆理事会及其启示》，《东南文化》2014 年第 4 期。
◎周丽英：《试论博物馆传播与观众认知关系的实质及其发展》，《博物院》2017 年第 3 期。
◎周瑶：《中国博物馆观众研究方法的现状与反思》，《中国博物馆》2018 年第 2 期。
◎祝笋：《我国非国有博物馆可持续性发展初探》，《遗产与保护研究》2018 年第 7 期。
◎ B.Schiele，Visitor Studies：A Short History，Society and Leisure，vol.39，2016（3）.
◎ Eilean Hooper-Greenhill，Studying visitors，Sharon Macdonald（Ed.），A companion to museum studies，MA：Blackwell，2006.
◎ Roger Miles. Grasping the greased pig：Evaluation of educational exhibits. In Sandra Bicknell and Graham Farmelo（Eds.），Museum visitor studies in the 90s. London：Science Museum，1993.

附

录

附录一

“风·尚——18 至 20 世纪中国外销扇”展览策划案

展览名称：“风·尚——18 至 20 世纪中国外销扇”展

展览时间：2018 年 12 月 18 日—2019 年 5 月 5 日

展览地点：广东省博物馆三楼展厅

主办单位：广东省博物馆

支持单位：中国扇博物馆、广东民间工艺博物馆、广州十三行博物馆、广州迪士普音响博物馆

展览简介：中世纪的欧洲，扇子是女性优雅时尚的化身，是社交礼仪和服饰装扮中不可或缺之物。因格昂贵，宫廷贵妇往往以拥有一柄小巧精致的扇子作为炫耀攀比的资本。18 世纪是全球贸的黄金时代，广州生产制作出大量奢华名贵、巧具匠心、精致华美、具有浓郁东方风情的子，极大满足了西方市场对扇子的热切渴望和需求。本次展览甄选广东省博物馆收藏的 1件 / 套中国外销扇及相关物件，立体还原，倾情演绎惊艳世界的中国扇和扇动世界的中国风

选题意义：外销扇是清代中西贸易与文化交流的产物，是粤港澳大湾区历史记忆的承载，体现着精益精的工匠精神，扇动起西方中国风的时尚。为坚定文化自信，同时为擦亮广东省博物馆外艺术品系列展览品牌而特别策划。

策展理念：扇子在东西方都有悠久的发展历史，最初都是身份、地位、礼仪的象征。中世纪以来，扇被欧洲女性视为服装必不可少的点缀品，是优雅、时尚的体现，也是社交礼仪中的必需因此本展览以“女性”“优雅”“时尚”“礼仪”为策展理念进行内容策划、形式设计和教推广活动。

展览目标：

※ 对世界扇子的发展史有所了解

※ 对中西融合、精致华美的中国外销扇有较为全面的认知

※ 对东西相遇的海贸背景和西方社会盛行的中国趣味的审美时尚有所了解

※ 对欧洲中国风扇的出现和特征有一定的认识

观众定位：女性、学生及时尚设计界等业内人士

展览结构：

- 前言
- 第一部分　东西相遇
- 第二部分　艳惊西方
- 第三部分　香扇物语
  - 第一单元　草木花香
  - 第二单元　亭台楼榭
  - 第三单元　珍禽瑞兽
  - 第四单元　港口风光
  - 第五单元　人物故事
  - 第六单元　纹章定制
- 第四部分　扇艺纷呈
  - 第一单元　中西扇面
  - 第二单元　中国扇
  - 第三单元　欧洲扇
  - 第四单元　中国风扇
- 结语

展览的重点与亮点：

展览的亮点是第一部分“东西相遇”和第二部分“艳惊西方”，这也是其他馆曾经举办过类似专题展览中忽略展示的内容。

第一部分讲述在东西相遇的海贸背景下，西方商人来到广州十三行商馆区，在闻名遐迩的商业街上，出现了林林总总的外销扇铺，生产制作着材质名贵、奇巧华美的外销扇。展览以扇铺外销画为素材营造当年外销扇铺的氛围，通过将有扇铺商标的外销扇与扇盒进行组合展示，让观众感受到这些精致华美的外销扇就是备受西方人追捧、被视为最新时尚的奢侈品。

第二部分讲述这些漂洋过海的中国外销扇对西方社会及西方女性产生的深刻影响。扇子的使用阶层从皇室专享普及到中产之家，外销扇成为欧美名媛淑女服饰装扮的必备之物，是女性优雅、时尚、身份、礼仪的重要代言。本部分选取外销扇中的精品辅以欧式礼服、外销披肩、外销首饰，以场景组合的方式展现外销扇是西方女性服饰装扮的必备单品。

展览的重点是第三部分“香扇物语”，也是本次展览展品最多的一个部分。以解读外销扇的画面题材为切入点，对外销扇的形制、材质、工艺及不同时期流行的不同风格元素进行全面而细致的展示。

此外展览序厅以时间轴的方式展示世界扇子发展史与展览最后一部分“扇艺纷呈”讲述 18—20 世纪中西方制扇工艺特色，首尾呼应，自成特色。

形式设计概念：

※ 围绕策展理念女性、优雅、时尚、礼仪进行设计

※ 整个展览空间由序厅—东西相遇—艳惊西方—香扇物语—扇艺纷呈—尾声与互动六组空间内容组成

※ 平面设计以提取扇子的元素及外销扇中西艺术风格共融的元素为特征进行设计

※ 场景展示：外销扇铺及18世纪宫廷舞会或英式下午茶场景，展现扇子是欧洲女性社交礼仪的必需品，是女性服饰不可或缺的点缀品。

※ 多媒体：展览宣传片；广东外销扇的发展；影响欧洲的扇子；折扇与麦秆扇制扇工艺流程

宣传推广、教育活动概念：

宣传方式：传统媒体、新媒体、地铁或机场公共空间的配套展览

学术活动：学术讲座

推广活动：与时尚界、设计界合作，举办时尚沙龙、博物馆之夜、下午茶或咖啡的品鉴活动

教育活动：针对不同受众群体，举办相应教育活动

展厅内的互动：视频、多媒体、扇语体验、绘扇面

文创开发概念：以扇子为元素开发台历、笔记本、丝巾、装饰扇等

展览经费预算：

编号	项目\展览编号（用款时间）	外销扇（2018年12月18日—2019年5月5日）
1	借展费	略（下同）
2	文物包装运输保险费	
3	展览设计制作费	
4	宣传推广费	
5	教育活动费	
6	文创研发费	
7	新媒体互动费	
8	观众调查费	
9	图录出版费	
10	大纲翻译费、稿费与评审费	
11	差旅费	
12	讲座费	
13	开幕式	
14	办公费（综合费）	
15	公务接待费	
小计		

工作进度：

序号	时间	内容	负责单位（部门）	负责人	备注
一、展品组织					
1	2018 年 4 月	展品甄选	藏品部杂项库	略（下同）	
二、图录出版					
1	2018 年 3 月	展品拍摄	网络信息部		
2	2018 年 3 月	联系出版社报选题、申请书号	陈展中心		
3	2018 年 3-11 月	联系印刷厂、编辑设计图录	陈展中心		
4	2018 年 12 月 18 日前	印刷与送货、接收书籍	陈展中心 图书馆		
三、展览筹备					
1	2018 年 3 月	制定展览策划方案、编写展览大纲	陈展中心		
2	2018 年 9—11 月	展览设计、制作	陈展中心		
3	2018 年 5 月	制定宣传推广方案	教育推广部		
4	2018 年 5 月	制定新媒体、互动方案	网络信息部		
5	2018 年 4 月	制定文创开发方案	开发经营部		
6	2018 年 3 月	制定文物安全、文物维护方案	文物保护科技中心		
7	2018 年 11 月 18 日前	签订施工合同	陈展中心		
8	2018 年 11 月	进场施工	陈展中心		
9	2018 年 12 月 13 日	展品布展	藏品部杂项库 陈展中心		
10	2018 年 12 月 17 日	预展	陈展中心		
四、展览开放					
1	2018 年 12 月 18 日 —2019 年 5 月 5 日	设置大堂显示屏、摄影、嘉宾、媒体、公众接待	网络信息部 教育推广部		
2	2018 年 12 月 18 日 —2019 年 5 月 5 日	展览开放期间观众调查、教育宣传推广活动	公众服务部 教育推广部		
3	2018 年 12 月 18 日 —2019 年 5 月 5 日	展览开放期间安全保卫工作	保卫部		
4	2018 年 12 月 18 日 —2019 年 5 月 5 日	工程验收、结算审计、支付尾款	陈展中心		
六、展览结束					
1	2019 年 5 月 6 日	撤展	藏品部杂项库 陈展中心		
2	2019 年 6 月	展览总结、展览资料归档	陈展中心		

策展团队（名单略）：

总策划：

监　审：

学术顾问：

策展人：

策展助理：

内容设计：

形式设计：

宣传推广：

教育活动：

新媒体：

文创开发：

文物保护：

观众调查：

筹展小组：

“风 · 尚——18 至 20 世纪中国外销扇”展览教育活动方案

一、学习纸：马丁的海淘日志

（一）内容：以英国商人马丁来广州采购商品的经历为故事主线，介绍 18—20 世纪中国外销扇的贸易背景、扇子形制、扇面题材、扇骨材质、制扇工艺及在西方的影响。

第一部分：设定英国商人马丁到广州采购商品，介绍中国外销扇盛行的时间、背景以及外商来华贸易的航海路线和入关的流程。

第二部分：设定行商卢茂官带领马丁购扇，引出行商、商馆区及相关店铺。以一把作为礼物的官扇为例，介绍外销扇扇面上的“满大人”装饰题材、丰富的扇骨材质和精湛的制作工艺。

第三部分：展示象牙骨扇、帽章扇、羽折扇、Cabriolet 等不同形制的外销扇。

第四部分：以马丁回到家乡的见闻，介绍中国外销扇在西方掀起的风尚。并通过绘画互动，介绍扇面题材。

（二）形式：通过填空、绘图和提问等形式的互动增加儿童观众的参与感。

二、教育活动

针对不同年龄层的观众，本次展览为成年人设计了戏剧工作坊，为青少年设计了扇文化系列工作坊，通过戏剧、粤剧、文学和绘画等不同的艺术形式加深观众对展览的理解。

在展览中，观众能够直观地欣赏到精致华美的外销扇，感受“广州制作”的精湛工艺。“Fan 起涟漪”——外销扇展戏剧工作坊活动通过观察、体验与互动的方式呈现西方的用扇场景、“扇语”文化等，突出中国外销扇在西方的地位及影响。

（一）主题：“Fan 起涟漪”——外销扇展戏剧工作坊

活动对象：18 岁以上观众

活动时间：2018 年 12 月 23 日 13：30—17：00

2019 年 1 月 12 日 13：00—17：00

2019 年 2 月 17 日 13：00—17：00

活动场地：二楼大堂、三楼展厅（三）

中国有自己独特的扇文化，西方也是如此。西方上流社会女性以精致奢华的扇子作为礼仪、优雅、身份和地位的象征，并发明出了一套以扇子为媒介的独特语言——扇语。香扇开合，眼波流转，传达的是这些淑女们无法诉诸言语的浪漫情思。

在戏剧工作坊中，观众通过肢体语言演绎西方用扇场景，并用静态画面展示自己对扇子地位的理解，在展厅中与观展的观众进行现场互动，让参与活动的观众了解扇子在西方的使用场合、作用和地位，“扇语”的内涵及 18—20 世纪中国外销扇在西方的影响。以轻松的戏剧形式加深观众对外销扇及其背后历史文化的理解，同时也给在展厅中观展的观众制造惊喜。

青少年活动“明眸‘扇’睐——名画中的外销扇”将通过带领观众欣赏名画中的扇子，引出外销扇与 18—20 世纪西方文化及生活的千丝万缕的联系。

扇子在东西方都有悠久的历史和迥异的扇文化，在“扇中天地，功在传神”和“扇韵——古诗词中的扇子”活动中，将介绍中国传统扇与广东传统戏曲粤剧中的扇，与外销扇形成对比、呼应与补充。

（二）扇文化系列

1. 扇中天地，功在传神——粤剧中的扇

活动对象：亲子家庭

活动时间：2019 年 1 月 19 日 10：00—11：30

活动场地：二楼大堂

目标观众：7—11 岁亲子家庭（一名家长陪同）

粤剧戏台上，执扇之人的一举手一投足，一颦一笑，成为舞台中最为细腻传神的表演形式之一。扇子在粤剧舞台上，不但千姿百态，而且风情万种。

徜徉在优雅扇中天地，感受生旦净丑行当各异之扇的传神，体会余音绕梁之妙，特邀的粤剧大师带领小朋友们以情舞扇，以扇传情。一把小小的扇子，出神入化，不可思议，千言万语尽在扇中矣。

活动将回溯粤剧和扇的历史，介绍粤剧中的扇面题材及运用。展示粤剧中各个行当使用的扇子及执扇方式。演绎粤剧经典曲目《白蛇传》《三借芭蕉扇》《艳阳楼》《牡丹亭之游园惊梦》等，展示身段唱腔，讲述其中扇的使用与扇的涵义。最后设体验环节，让青少年执扇，学习粤剧片段。

2. 扇韵——古诗词中的扇子

活动对象：青少年观众

活动时间：2019 年 3 月 17 日 9：30—11：00

当诗词遇上扇子，怎一个情字了得？扇子在诗词里的出镜率很高，从班婕妤开始，她赋予了扇子悲伤的基调，多为后人引用。但扇子又不止于此，它在诗词中扮演了怎样的角色，抒发了怎样的情感呢？或喜或悲，或乐或愁，或激昂慷慨或消沉寂寞。摇一把古扇，任徐徐清风拂面，贯通古今，逍遥晨昏。

3. 明眸“扇”睐——名画中的外销扇

活动对象：青少年观众

活动时间：2019 年 4 月 28 日 14：30—16：00

无论古今中外，名画中的美人，常常都透过一把扇子平添风情。而这些画中扇子，竟有不少和外销扇展览中的展品有千丝万缕的联系。本次工作坊邀请你来做一个名画小侦探，用你的火眼金睛发现名画里外销扇的万种风情，体验一次有故事的艺术欣赏之旅。

三、讲座与导赏

（一）扇子的世界与世界的扇子

活动对象：16 岁以上观众

活动时间：2018 年 12 月 23 日 10：00—12：00

活动场地：学术报告厅

主讲嘉宾：杨祥民，南京邮电大学传媒与艺术学院副教授、硕士研究生导师、中国扇子艺术学会理事。

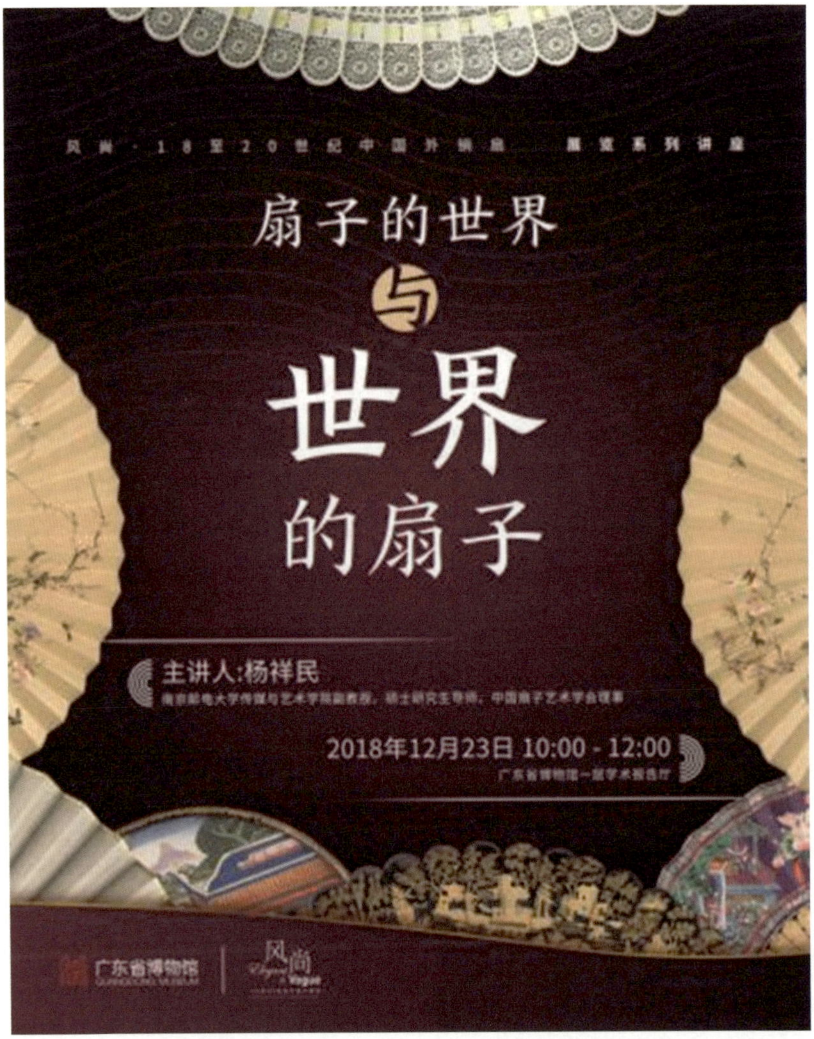

讲座内容：

过去几千年里，人类智慧已经促使扇子得到充分的发展，取得了极大的成就。在这与人类长期相伴的扇子身上，凝聚着社会的文化思想、人类的审美创造。人们在制作、使用、赏玩扇子的过程里，也在不断地提炼扇子的外在形式之美、内在精神之趣。

“扇子的世界与世界的扇子”一方面讲述扇子与书画艺术、设计艺术、文学艺术、礼仪文化、政治宗教等领域的密切联系，呈现丰富多彩的扇文化世界；另一方面也讲述世界其他国家民族的扇文化发展历程和现状，内容既包括世界扇子的过往历史，也包括扇子的当下发展，是对人类扇文化大餐与扇艺术盛宴的一次集中展示。

（二）华美致远——中国外销绸与扇

活动对象：16 岁以上观众

活动时间：2019 年 1 月 5 日 14：30—16：30

活动场地：学术报告厅

主讲嘉宾：蔡琴，浙江省博物馆研究馆员、副馆长，中国博物馆协会博物馆学专委会副主任委员兼秘书长。

讲座内容：柔软曼妙的丝绸是中西交流的主要产品，带有异域装饰图案的中国丝绸织品，有一部分是作为外来的“胡风”时尚供应中国本土市场，更多的是作为外销商品，迎合西方买主的需求。尽管中国外销丝绸的历史悠久，但一般概念的外销丝绸是指明清以来，为西方市场生产的中国丝绸。既洋溢着中华民族的传统风格和审美趣味，又散发着西洋异国情调的外销丝绸，不仅柔曼华美，而且也是 18—19 世纪中西海贸背景下中国文化与西方文化的一次相遇和对话。外销丝绸进入欧洲，受到消费者的欢迎，风靡一时的中国风尚体现在当时整个欧洲社会中，并渗透到欧洲人生活的各个层面，带来了新的审美形式，形成了新的文化趣味，创造了新的时代风尚。

（三）导赏——策展人导赏（时间待定）

活动排期：

一、【讲座】扇子的世界与世界的扇子

时间：2018 年 12 月 23 日（周日）10：00—12：00

地点：学术报告厅

主讲人：杨祥民

二、【活动】“Fan 起涟漪”——外销扇展戏剧工作坊

时间：2018 年 12 月 23 日（周日）13：30—17：00

地点：二楼大堂、三楼展厅（三）

主办：广东省博物馆

承办：Artogether（艺汇）教育艺术中心

三、【讲座】华美致远——中国外销丝绸

时间：2019 年 1 月 5 日（周六）14：30—16：30

地点：学术报告厅

主讲人：蔡琴

四、【活动】“Fan 起涟漪”——外销扇展戏剧工作坊

时间：2019 年 1 月 12 日（周六）13：00—17：00

地点：二楼大堂、三楼展厅（三）

主办：广东省博物馆

承办：Artogether（艺汇）教育艺术中心

五、【活动】此物最相思——粤剧中的“风情扇”

时间：2019 年 1 月 19 日（周六）10：00—11：30

地点：二楼大堂

主办：广东省博物馆

承办：广州市少年宫、广东粤剧院

六、【活动】“Fan 起涟漪”——外销扇展戏剧工作坊

时间：2019 年 2 月 17 日（周日）13：00—17：00

地点：二楼大堂、三楼展厅三

主办：广东省博物馆

承办：Artogether（艺汇）教育艺术中心

七、【导赏】策展人导赏

时间：2019 年 2 月 23 日（周六）

地点：三楼展厅（三）

主讲人：白芳

八、【活动】扇韵——古诗词中的扇子

时间：2019 年 3 月 17 日（周日）9：30—11：00

地点：一楼青少年活动中心

主办：广东省博物馆

承办：广州市少年宫

九、【活动】明眸“扇”睐——名画中的外销扇

时间：2019 年 4 月 28 日（周日）14：30—16：00

地点：一楼青少年活动中心

主办：广东省博物馆

承办：广州市少年宫

“风 · 尚——18 至 20 世纪中国外销扇”展览观众调查报告

一、展览概况

“风 · 尚——18 至 20 世纪中国外销扇”（以下简称“风尚”）于 2018 年 12 月 18 日至 2019 年 5 月 5 日在广东省博物馆三楼展厅三展出。该展是白芳博士策划的原创展览，共展出外销扇及相关展品 155 件套。展览共展出 40 天（至 2019 年 1 月 31 日），参观观众 111087 人次，观众到访率为 38.61%。展览期间观众流量如下图所示。

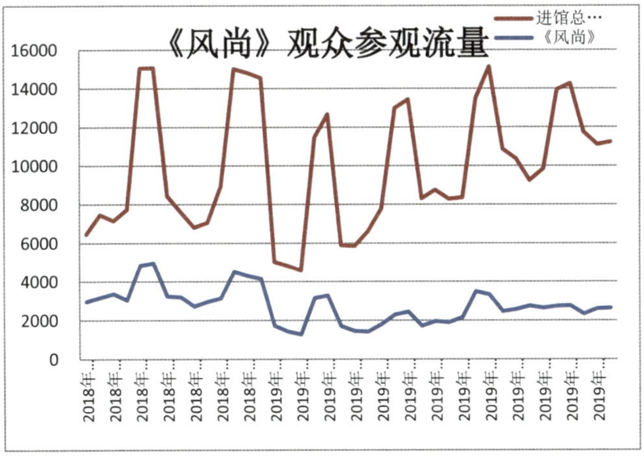

二、观众调查概况

“风尚”展进行了展前调查和展中调查。在正式开展调查之前，广东省博物馆提议陈家祠对其当时正在展出的“扇子上的东风与西方”展进行问卷调查，旨在与陈家祠开展馆外合作，探索专题调查的新模式。首先，调查结果有助于陈家祠了解本展的观众情况与评价，为日后的展览提供改进建议；其次，通过对陈家祠外销扇展的观众进行问卷调查，可分析获取对广东省博物馆“风尚”展有益的信息，及时

完善前期准备；最后，结合两馆各自的观众调查结果，可对我馆与陈家祠展览的特点进行比较。此次
查时间从 2017 年 12 月至 2018 年 3 月，每周约三天，选取不同时段进行。共发放随机问卷 250 份，回
有效问卷 210 份。

广东省博物馆开展的展前调查自 2018 年 4 月 20 日始至 27 日止，持续一周，回收有效问卷 140 份
主要了解观众对临时展览的建议和期许，对展览的策划和相关活动提供参考信息，提高观众对展览的
意度。在问卷的设计上，主要是涉及观众对展览基础信息和配套活动的期许，同时也对展览初步设想
动进行观众参与意愿和兴趣度调查。展前调查的结果及时反馈给策展人。

展中调查以观众满意度调查为主，涉及展览评价、互动体验、导览服务、教育活动、公众服务、
观环境等，贯穿展览始终。

三、展前调查

1. 调查数据

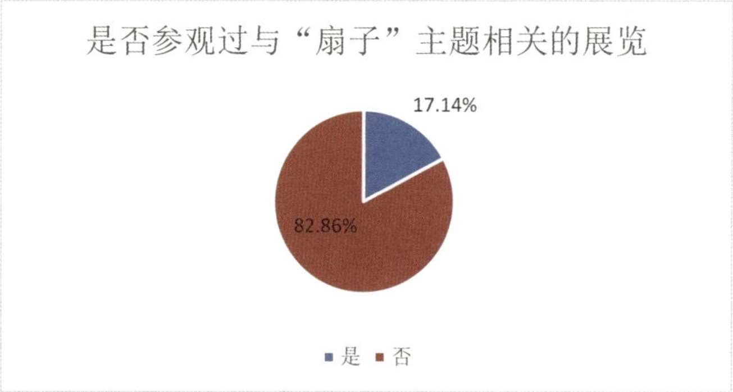

图表 1

从图表 1 中可看出，绝大多数观众都未参观过“扇子”主题展览。

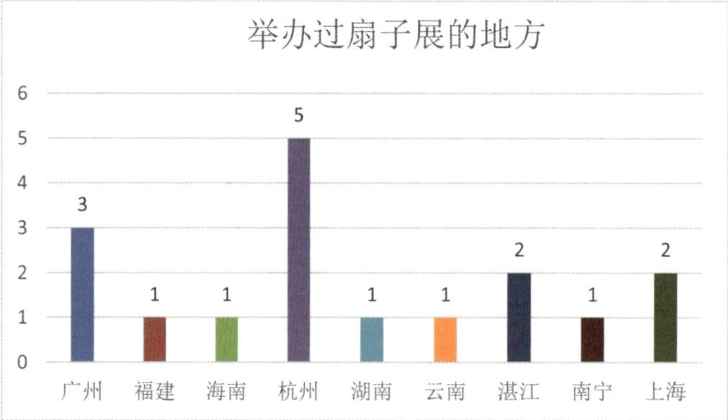

图表 2

从图表 2 中可知，参观过“扇子”主题展览的 24 人中，地方最多的是杭州。

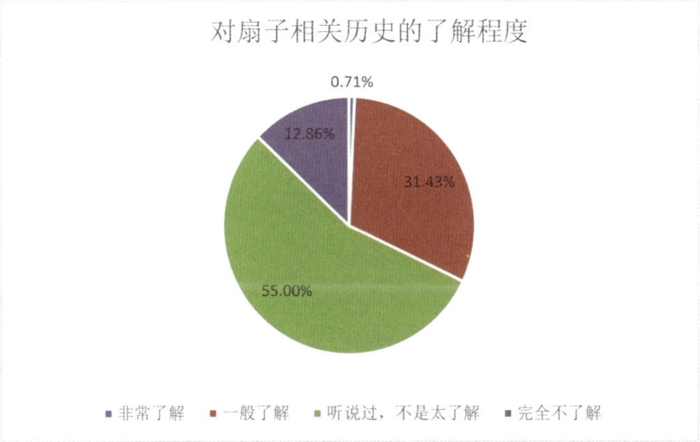

图表 3

从图表 3 中可知，超过半数的观众对扇子相关历史缺乏了解，多数人都是听说或看过零散的相关介绍。

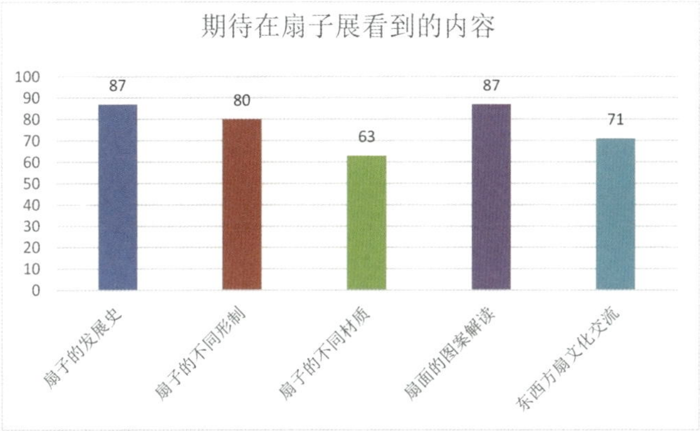

图表 4

从图表 4 中可知，观众最感兴趣的是扇子的发展史和图案解读。

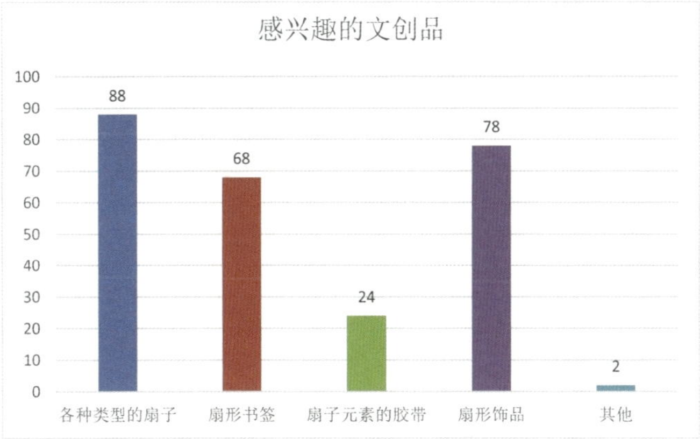

图表 5

从图表 5 中可知，观众对扇子本身更感兴趣，扇形饰品的文创品多数来自女性观众的选择。选择其他选项的观众填写了明信片。

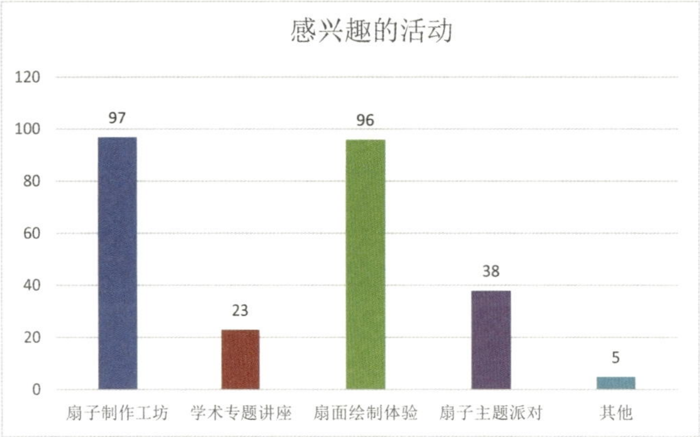

图表 6

从图表 6 中可知，绝大多数观众选择了与扇子制作相关的手工活动，对讲座的兴趣不大。

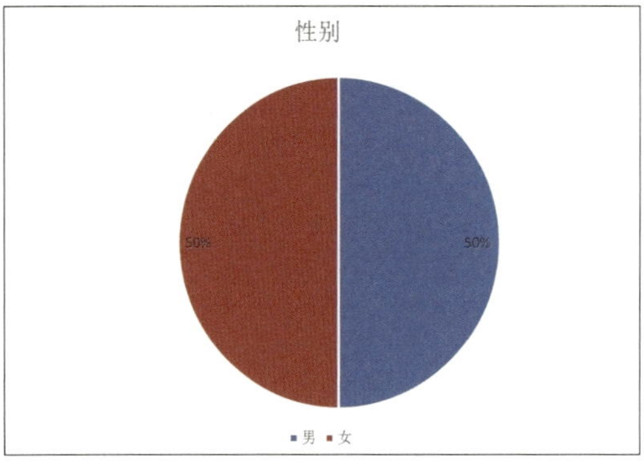

图表 7

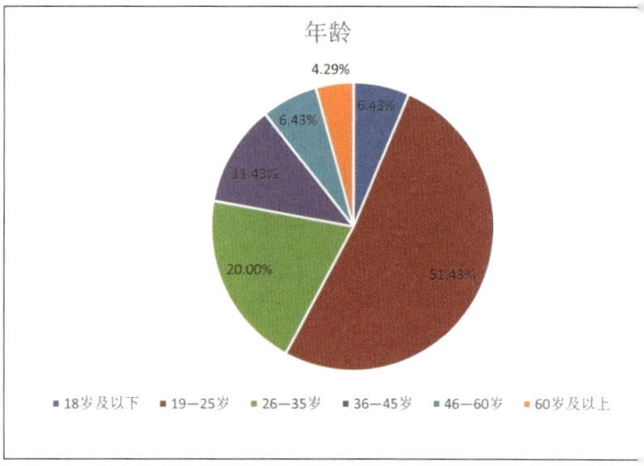

图表 8

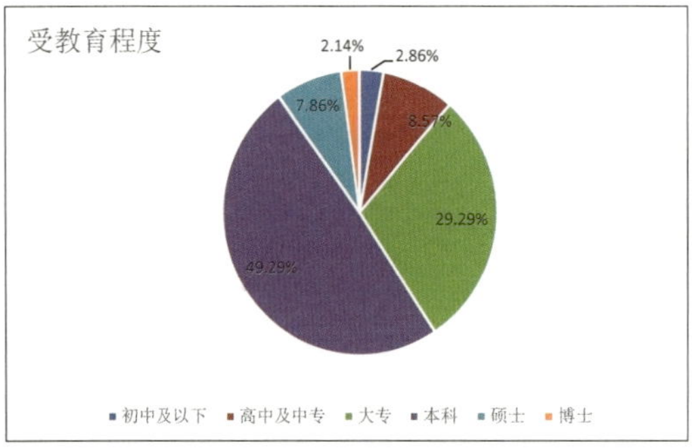

图表 9

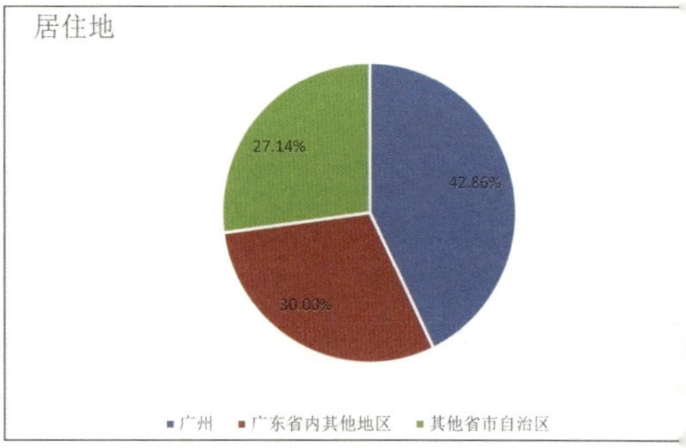

图表 10

2. 数据分析

从参与人群来看，学生仍然是主体，性别比例、年龄分布与我馆整体观众结构基本吻合，广州居民占比最多，其他省、自治区、直辖市的观众则相对较少。

从调查结果来看，绝大多数观众都未参观过“扇子”主题展览，这也表明亟须高质量的“扇子”主题展览来填补空白。超过半数的观众对扇子相关历史缺乏了解，多数人都是听说或看过零散的相关介绍，由此可见对观众进行知识普及的必要性。问卷中涉及展览大纲的内容，观众都表现出很大兴趣。

在参观过“扇子”主题展览的24人中，地方最多的是杭州，这与当地的中国扇博物馆有很大关系。若将广州、湛江的数据合并，广东省可与杭州市持平，可见广东省此类展览相对而言不算太少，但缺乏影响力。据查找，上海的“扇子”展览是2014年的“上海博物馆藏明清扇面精品展”，福建的则是2010年“摇曳的翰墨丹青：福建博物院藏明清扇面精品展”。

针对本展览，在内容方面，观众最感兴趣的是扇子的发展史和图案解读。文创方面则对扇子本身更感兴趣，扇形饰品的文创品多数来自女性观众的选择。选择其他选项的观众填写了明信片。教育活动方面，观众更愿意参与扇子制作、扇面绘制等手工项目，因此可考虑加强此类活动的宣传力度，并丰富其形式，比如将扇子工坊与主题服饰活动相结合、评选并展示优秀扇子作品等。

总的来说，观众对扇子主题展览的兴趣和期待程度较高。除中国扇博物馆这类专题博物馆外，其他扇子展多是较传统的扇面展示或常设陈列。我馆的“风尚”展可根据大纲情况，在形式设计上下功夫，借助场景复原、近距离接触实物等方式，制造沉浸式的观展体验。

四、展中满意度调查

1. 调查数据

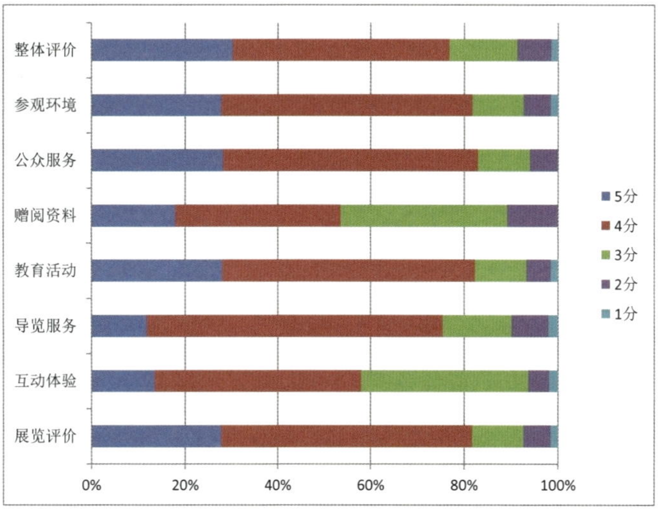

2. 数据分析

截至2019年1月31日共收到137份随机有效反馈。从数据来看，绝大部分观众对展览评价较高，展览评价和整体评价大部分在4—5分之间。从观众留言情况来看，对该展的评价出现最多的关键词是“精美”“精致”“惊艳”“工艺精湛”。

在展品方面，象牙扇和羽毛扇被提及最多。此外，展厅的背景音乐、灯光、配色以及展柜下部的白页设计作为亮点也受到观众的关注和一致好评。

此外从展厅现场的观察以及网络反应来看，“风尚”展是观众拍照行为最为频繁的展览，网络关于“风尚——18至20世纪外销扇”的话题近1000条且均带照片，反响热烈。

五、观众意见及建议

“风尚”展自开展以来观众通过微信、微博及留言等各个渠道发表了对展览各方面的意见和建议总结如下：

1. 展厅的独立柜较多，在展线上希望能够更清晰地指引；

2. 展品类型较为单一，陈列较为密集，希望可以增加与主题相关的辅助展品或更多的场景；

3. 部分展柜尤其是大场景的说明文字偏小，希望展品标志和说明文字更好对应；

4. 希望可以展示更多展品的细节，尤其是纹饰较多较复杂的展品，希望可以有放大镜或者其他辅助措施以让观众更全面、细致地观看；

5. 在灯光的设置上，希望能够更加满足拍照需求；

6. 建议增加纪念章和更多的互动设施。

广东省博物馆临时展览装修消防安全管理流程

展陈装修公司办理进场手续之前会要求施工单位提供展览的装修方案、图纸和物料清单等材料进行三级技术审核和进场流程审批（详见下图）。首先，由物业公司聘请的一级注册消防工程师初步审查其装修方案、图纸和物料清单是否符合以下消防要求并签字确认：是否遮挡原有消防设备设施（一般展厅常设有消火栓、声光警报器、手动报警按钮），是否能达到展厅内最不利点的疏散距离要求，是否满足消火栓的有效覆盖等；检查装修材料清单及其防火证明文件，按相关规范要求展览所用装修材料必须要达到

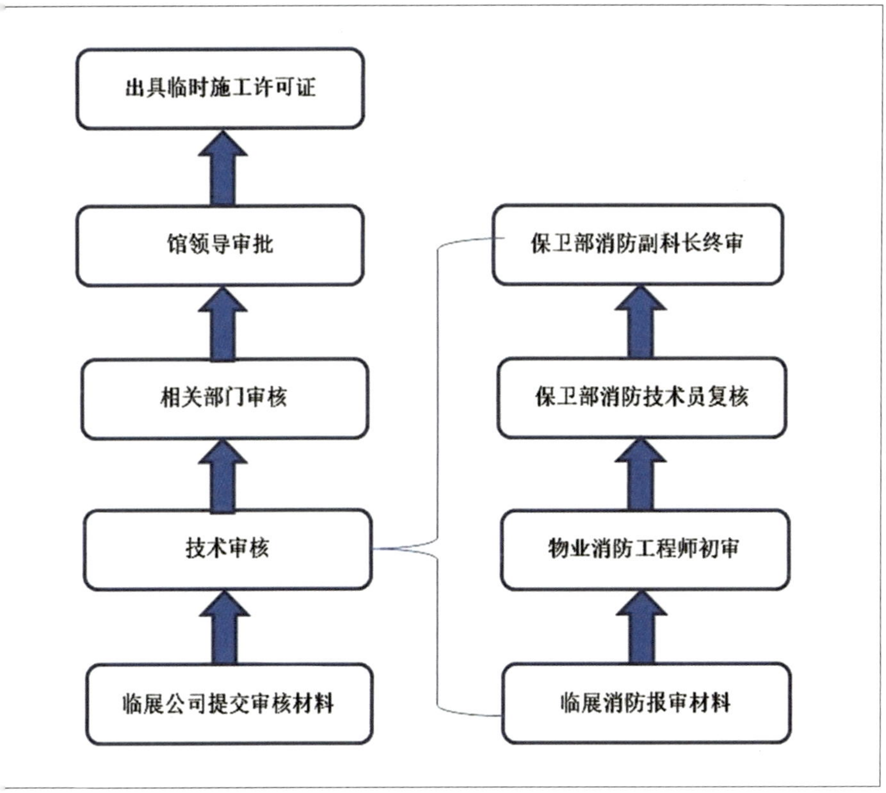

展陈装修施工三级材料审核和进场流程审批流程

难燃（B1）级以上，一些特殊装饰材料没有检测报告等证明材料是否进行特殊的防火处理。其次，保卫部消防管理岗和主管消防的副科长再对物业初审的材料复核并签字确认。最后，展陈装修公司将此签字确认的装修方案、图纸作为施工方案的附件再由相关部门审核，最终由馆领导审批，审批后由物业公司出具施工许可证。中小博物馆可以简化此审批流程。

在以上展陈装修施工三级材料审核和进场流程审批制度的前提下，还要对展厅装修施工现场进行严格的管理，大致可分为以下几个方面：

1. 核查其装修材料清单是否与报审材料内容一致，核查所供材料是否与消防检测报告为同一品牌、同一产品、同一型号，核查其材料是否达到耐火等级 B1 级的要求（核查方法：对装修材料现场取样后进行燃烧试验并录像存档，观察样品是否出现持续燃烧、滴落物和浓烟的现象，以此判断其是否能达到阻燃的性能）。

2. 在施工过程中进行检查，是否有遮挡原有消防设备设施的现象、阻挡消防疏散通道、违规用火用电等情况，如有立即整改并做好记录。

3. 核查现场所用电线负载，是否存在私接、乱拉、飞线等情况，如有条件宜对临展用电进行一次电气检测确保用电安全。

4. 合理安排展陈装修施工与文物布展的衔接，应在装修工作完成通过内部消防验收后再安排文物进入展厅进行布展工作，在布展期间采取严格的人员与物品进出管控措施。

后记

本书是“博物馆工作指南”课题的最终成果。课题由广东省文化和旅游厅立项资助并予以全过程指导，广东省博物馆协会具体组织实施，深圳市博物馆协会协助组织实施。广东省博物馆事业发展基金会为课题成果的出版提供了部分经费。同方知网（北京）技术有限公司广东分公司和广州超星信息技术有限公司为本书作者们撰写课题内容提供了数据库资源。项目的顺利实施端赖以上机构的鼎力支持，谨致以最衷心的感谢。

本书作者（按姓氏拼音排序）有白芳、蔡韶葵、陈慧、陈进茹、陈宇、陈邵峰、陈肇禧、程国锋、崔孝松、丁方忠、杜春磊、胡锐韬、黄青松、黄瑜、黄兆麟、霍雨丰、雷愉香、黎丽娜、李飞、李历松、李仁杰、李少华、凌丽莉、刘冬媚、刘潇源、刘云凯、刘莹莹、罗兴连、聂柯妍、潘杨柳、蒲亭利、祁素平、邱山、孙明、唐晓坚、王芳、王军、王玲、王建平、王亚楠、王一宸、吴昌稳、吴强华、吴与伦、习阿磊、萧润君、肖洽龙、肖婧怡、杨畦、游佳昌、于婧、张欢、张利锋、卓越、曾玲玲、郑少鹏、郑颖、郑运霞、周筱慧等。审核专家（按姓氏拼音排序）有艾晶、白芳、蔡惠尧、蔡明、曹雪、陈建明、陈邵峰、陈宣中、陈滢、程旭、段小红、段勇、付莹、郭青生、何鉴菲、何晶、黄春雨、黄海妍、黄洋、蒋凡、蓝韶清、李宝才、李晨、李莉、李民昌、李天凯、李耀申、林华煊、刘东、刘刚、刘健、刘俊、刘克成、刘秀枝、吕静、欧阳辉、潘路、彭文、丘海明、阮华端、盛之翰、石金鸣、史吉祥、孙星、王彬、王芳、王毅辉、魏峻、吴凌云、吴武林、冼剑雄、肖洽龙、徐玲、叶扬、张莅坤、张希玲、张源、郑晶、周卫荣、朱博、朱铭、朱志昊、邹国颐等。

本书主编是陈邵峰、程国锋、胡锐韬、吴昌稳和吴强华。工作联络人是朱依、程国锋、雷愉香、刘莹莹、潘杨柳和何嘉文。统稿人是程国锋、胡锐韬和吴昌稳。论文查重人是邹尚良。体例梳理人是陈邵峰、程国锋、胡锐韬、吴昌稳和吴强华。初校人是艾力玛、魏佳玲、郭文隽和谢琛。文稿确认人是吴昌稳。文稿审核人是陈邵峰、程国锋、胡锐韬、吴昌稳、吴强华和肖洽龙。

本书的作者均为广东省内各文博单位及相关行业的一线工作人员，长期参与广东省内各级各类博物馆的建设、运营和管理等工作，有着较为丰富的实践经验和较为系统的理论功底。各篇选题基本涵盖了当下博物馆业务的方方面面，书中所举案例则主要为广东省内具有典型代表性的博物馆。本着文责自负的原则，文章中的不足由作者承担。需要说明的是，由于本书不以学术论文面貌示人，但是不少作者在文中做了注释，为保持整体风格统一，注释全部改为参考文献列于正文之后。

本书是一个初步探索的结果，希望以通俗、实用、专业和前瞻性的内容为有意于、有志于从事博物馆工作的读者朋友提供较为系统的参考；同时也希望能够抛砖引玉，激发更多文博同行推出更高水平的著作，为中国博物馆事业的高质量发展提供更强有力的支撑。最后，期待读者朋友们的赐教，以便今后再版时修订。

本书编写组

2023 年 5 月

再版后记

《博物馆工作指南》首版于 2023 年 5 月，很快便承担起为博物馆从业者提供方法指导、为文博爱好者赋能的使命。这部凝聚着工作在第一线的文博专家心血的行业指南，在见证新时代博物馆事业跨越式发展的同时，也在两年间以扎实的专业积淀和鲜活的本土实践，成为文博工作者案头的“行业宝典”。

本书出版以来，作为专业性、严谨性与实用性兼备的“工具书”，首年度即创下 3500 册的销售佳绩，次年持续热销 1200 册，至 2025 年 3 月首版 5000 册全面售罄，我们和出版社方面都收到不少的再版咨询。而在本书出版之际，就有《中国文物报》《广州日报》等十余家权威媒体对其做了深度报道，南方财经频道对主编和部分作者进行了专题访谈，更有授权“广东文旅”“文博圈”等新媒体专业平台逐节发布后，累计超百万次的阅读传播。当纸质书页走上云端，当专业指南应用于行业实践，本书的社会效益已远远超越传统出版的范畴，这是对我们编者最大的肯定和褒奖。

本书在撰写上以“基础建设—运营管理—创新发展”为逻辑主线，在系统梳理中国特色博物馆体系建设的理论基础上，通过 63 篇理论与实践相结合的力作，构建博物馆全链条的知识图谱，为博物馆事业的规范化、专业化、可持续化发展提供坚实支撑，既能帮助文博新人快速掌握工作要领，也能陪伴已从业者不断精进专业能力，从而持续不断地为推动博物馆事业的高质量发展作出重要贡献。

当我们站在 2025 年的时间节点回望，博物馆的形态正经历着更新的技术变革：AI 策展系统重构叙事逻辑，数字孪生技术打破时空界限，“元宇宙博物馆”重塑参观体验。特别是博物馆观众和文博爱好者的与日俱增，对博物馆从业者提出了更高的要求。

值此《博物馆工作指南》再版之机，希望它能继续给更多人提供专业博物馆知识服务，提高大众的博物馆文化素养。也希望能够有更多的博物馆受益于它而诞生和成长起来，让更多的人走进博物馆、认识博物馆、爱上博物馆，推动我们的博物馆事业继续勇往直前。

最后，再次感谢所有为本书的初版和再版付出心血的专家、学者与编辑团队，更感谢每一位读者的支持与信任。恳请大家提出更多建议和意见，也期待更多更优秀的博物馆专业书籍的涌现。

广东省博物馆协会理事长 陈邵峰

2025 年 5 月于广州